Strätling · Allegorien der Imagination

THEORIE UND GESCHICHTE
DER LITERATUR
UND DER SCHÖNEN KÜNSTE

Texte und Abhandlungen

Herausgegeben von

ALEIDA ASSMANN · HERMANN DANUSER
WOLFGANG KEMP · RENATE LACHMANN
HELMUT PFEIFFER · WOLFGANG PREISENDANZ
JURIJ STRIEDTER

Band 111 · 2005

Susanne Strätling

Allegorien der Imagination

Lesbarkeit und Sichtbarkeit im russischen Barock

Wilhelm Fink Verlag

Gedruckt mit Unterstützung des Förderungs- und
Beihilfefonds Wissenschaft der VG WORT

Die für diese Monografie notwendigen Archivrecherchen in Moskau
und St. Petersburg wurden unterstützt mit einem Stipendium des DAAD.

Umschlagabbildung:
Detail einer Miniatur aus Karion Istomin, *Kniga ljubvi znak v česten brak*,
hg. v. L.I. Sazonova, Moskau 1989

Bibliografische Information der Deutschen Bibliothek

Die Deutsche Bibliothek verzeichnet diese Publikation in der Deutschen
Nationalbibliografie; detaillierte bibliografische Daten sind im Internet über
http://dnb.ddb.de abrufbar.

Geduckt auf alterungsbeständigem Papier

(Wilhelm Fink GmbH & Co. Verlags-KG, Jühenplatz 1, D-33098 Paderborn)

www.fink.de

Einbandgestaltung: Evelyn Ziegler, München
Herstellung: Ferdinand Schöningh GmbH & Co. KG, Paderborn

ISBN 3-7705-4123-5

Inhalt

II. SEHFIGUREN

III. LESEFIGUREN

Einführung

Allegorien sind im Reiche der Gedanken
was Ruinen im Reiche der Dinge.[1]

Ob die Dinge zu lesen oder zu sehen seien, ist eine kulturgeschichtlich ebenso brisante Frage wie die, mit welchem Auge das Lesen oder Sehen zu geschehen habe – mit dem inneren des Geistes oder dem äußeren des Leibes? Wenn diese Frage im Zeitalter des russischen Barock gestellt wird, gewinnt sie einiges an Brisanz hinzu, denn in dieser Epoche durchlebt die russische Kultur einen schrift- und bildmedialen Umbruch sondergleichen. Was die westeuropäischen Kulturen über Jahrhunderte schrittweise entwickeln, adaptiert Russland in wenigen Jahrzehnten: Nach zwei fehlgeschlagenen Anläufen etabliert sich um 1660 der Buchdruck, im gleichen Jahrzehnt wird ein auf der Zentralperspektive basierendes Bildprogramm eingeführt, und schließlich kommt es seit den 70er Jahren des 17. Jahrhunderts zur Herausbildung einer eigenständigen rhetorischen Tradition. In einem bisweilen gewaltsamen und an Hybridbildungen überaus reichen Verdichtungsprozess werden Schrifttechniken, Bildtechniken und Sprachtechniken einem Transformationsprozess unterzogen, der die Frage nach Lesbarkeit oder Sichtbarkeit der Welt völlig neu stellt. Den Paradigmenwechsel, den die russische Kultur in der zweiten Hälfte des 17. Jahrhunderts durchschreitet, könnte man als Durchsetzung eines Sichtbarkeitsprimats nach der Periode eines Schriftprimats in der altrussischen Kultur beschreiben.[2] Wo zuvor Sehverbot herrschte, verschafft sich nun Augenlust ihr Recht, wo über Jahrhunderte eine Ordnung des Lesens noch die Bildwahrnehmung prägte, wird nun eine Ordnung des Sehens auch die Textlektüre bestimmen. Sei es durch die Wahrnehmung des typographischen Wortes als visuellen Dinges, die linearperspektivische Sichtbarkeit des Bildes oder die enargetische Bildlichkeit der Trope. Der Barock ist damit eine neue und vielleicht die erste Phase einer (artifiziellen) Bilderkultur Russlands.

---

1 Benjamin, *Ursprung des deutschen Trauerspiels*, 156.

2 Dieses „Schriftprimat" wurde von Konrad Onasch, *Die Ikonenmalerei,* überzeugend für die Ikonenmalerei nachgewiesen. Auch Foucault spricht von einem „absoluten Privileg der Schrift" in der ‚vorklassischen' Zeit; vgl. Foucault, *Die Ordnung der Dinge*, 70. Wie sich das Schriftprimat zur „Schriftsakralität" steigert zeigt Murašov, *Jenseits der Mimesis*. Zum „Schrift-Kult" und seinen Konsequenzen für die Literalitätskonzepte bis in den Samizdat hinein vgl. Hirt/Wonders, *Präprintium*.

Allerdings erfolgt die Untergrabung der altrussischen Schrifthörigkeit keineswegs so unverhohlen, wie man es vermuten möchte und wie man es aus dem westeuropäischen Barock kennt. Das Projekt eines barocken Sichtbarkeitspostulats wird mit größter Ambivalenz betrieben. Neben der lustvollen Erregung an der Optik stehen kaum weniger machtvolle Mechanismen ihrer Hemmung und Sublimation zur Verfügung. Vorbehaltszonen sperren sich gegen panoptische Repräsentation, doppelte Sichtbarkeiten laden zum Übersehen des Gesehenen ein und locken den Blick in die Fallen neuer Unsichtbarkeiten.[3] Das bedeutet eine grundsätzliche Revision der immer wieder behaupteten barocken *visual culture*. Der russische Barock läutet keine Epoche der optischen Aufdringlichkeit ein, er betreibt vielmehr den höchst spekulativen Versuch, die Alternativen von Lesen und Sehen zu einem lesenden Sehen zu verbinden. Damit markiert er nichts weniger als den Beginn einer Geschichte der Einbildungskraft in der russischen Kultur.

Begreift man die Veränderungen der russischen Kultur des 17. Jahrhunderts, die sich um den *raskol* (Schisma) als Gravitationszentrum der Verschiebungen im Zeichen- und Machtgefüge gruppieren, als Auseinandersetzung um ein barockes Sichtbarkeitspostulat, so gilt es, in der vordergründigen Befriedigung von Schaulust eine Ästhetik des Unsichtbaren aufzuspüren, die den ontologischen Status des sakralen Unsichtbaren der altrussischen Kultur aushöhlt. Das Erkenntnisinteresse besteht im Folgenden darin, genau diesen Bruch zwischen einem Unsichtbaren, das aus dem orthodoxen Blickverbot, und einem Unsichtbaren, das aus den barocken Blendungen herrührt, zu fassen. Die historische Empirie konfrontiert den Leser und Betrachter hier mit einer doppelten Ambivalenz: Aus dem Paradigma einer optischen und verbalen Ikonizität des

3 Die bisher skizzierte paradigmatische Ablösung ist demnach als höchst widersprüchliche Konfliktgeschichte zu begreifen. Eine solche Perspektive legt auch die wegweisende Studie Robinsons, *Bor'ba idej v russkoj literature XVII veka*, nahe, die jedoch die Techniken und Medien der Artikulation (Buch, Theater, Malerei, Architektur, Rituale, soziale Performanz) im Sinne zeichenhaften Handelns primär im Hinblick auf ihre Pragmatik kultureller Selbstverständigung zur Verfestigung einer kulturtypologisch binären Ordnung überprüft. Damit ist die bis heute vorherrschende Tendenz der Beschäftigung mit dem russischen Barock als Phase einsetzender Säkularisierung benannt. In der slavistischen Forschung wird primär mit Modellen gearbeitet, die das Phänomen einer ideologischen, gesellschaftlichen, künstlerischen Spaltung mit den Begrifflichkeiten der dichotome Strukturen ausdifferenzierenden kultursemiotischen Analyse zu fassen suchen. Ähnlich und nicht weniger einflussreich z.B. Uspenskij, Raskol i kul'turnyj konflikt. Diese Geschichte Russlands am Übergang zur ‚Neuzeit' alternativ dazu im Sinne der von Foucault in *Die Ordnung der Dinge* beschriebenen Herausbildung einer klassischen Episteme im Rahmen des Umbruchs von ähnlichkeitsbestimmten hin zu repräsentationsästhetischen Modellen zu schreiben, ist ebenso verführerisch wie problematisch. S. dazu weiter unten.

Barock gilt es nicht nur die Resistenzen des altrussischen Graphozentrismus herauszupräparieren, der sich einer aus den Ikonoklasmen geborenen Bilderskepsis verdankt, sondern daneben – und davon sorgfältig zu unterscheiden – die negative Bildlichkeit einer neuen Textpraxis, die über figurative Sprachcodierung ihre Bildlichkeit auflöst in ein Imaginäres. Der diskursive Konflikt spielt sich also nicht so sehr nur als einer zwischen Lesen und Sehen ab, sondern als Oszillation zwischen Modellen der Unsichtbarkeit, die auf divergente Weise Bildlichkeit in Schrift implementieren. Es wird sich zeigen, dass die – in Abwandlung einer Formulierung von Jay – skopischen Ordnungen des Barock nicht ein homogenes Feld eines einzigen visuellen Raums darstellen. Vielmehr ist hier die Ausdifferenzierung einer orthodoxen Kultur der Unsichtbarkeitsgläubigkeit in verschiedene interferierende „visuelle Subkulturen", die sich zwischen einem Medialen und einem Imaginären verorten, beobachtbar.[4]

Die Diskurse, in denen sich der Konflikt um die Inbesitznahme einer sichtbaren Welt über und gegen Textualität/Literalität maßgeblich inszeniert, sind die Rhetorik[5], der Buchdruck, das Theater und die Ikonenmalerei. Die sich hier abspielenden semiotischen und medialen Verschiebungen beschreibt die Arbeit als Allegorisierungen. Mit der Allegorie wählt sie sich einen Leitbegriff, der in sich schon als Trope und Figur gedoppelt (oder gespalten) ist und dessen Strukturprinzip auf einer paradoxen Verschränkung von begrifflicher Abstraktion und materialer Sinnlichkeit gründet. Die Allegorie fokussiert die immer schon problematische Schaltstelle zwischen Sprachlichkeit und Bildlichkeit, die de Man als „potentielle Verwirrung von figurativer und referentieller Aussage" bestimmt hat.[6] Darüber hinaus wird die Allegorie, die noch Haverkamp als eine Figur der Rücksicht auf Darstellbarkeit charakterisiert[7], als Schlüsselfigur einer tiefgreifenden Krise der Darstellung zu begreifen sein, die sich der Abbildbarkeit gegenüber so subversiv verhält, wie sie sie ausnutzt. Sich der Autorität einer ‚absenten Präsenz' entziehend unterwandert die Logik der Allegorie als Figur der Ersetzung die sinnvolle Neusetzung. Vielmehr inszeniert sie einen ‚Schauplatz der schriftlichen Performanz', indem sie die Dissoziation von Referenzialität und Figurativität, Semantik und Materialität des Zeichens betreibt. Sie ist die Figur, die zugleich für die Wende vom Ähnlich-

4 Jay, Die skopischen Ordnungen der Moderne.

5 Vgl. zur Rhetorik als Movens einer neuen Regelkultur im Russland des 17. Jahrhunderts Lachmann, *Die Zerstörung der schönen Rede*.

6 de Man, Rhetorik der Tropen, 160.

7 Haverkamp/Menke, Allegorie. Haverkamp formuliert deutlich die Sekundarität der Allegorie zu seiner eigentlichen Lieblingsfigur. Anders Bettine Menke, die Co-Autorin des Artikels, die im zweiten Teil des Lexikonartikels die Thesen (u.a. zur Darstellbarkeit, zur Kontinuität) des ersten subtil widerlegt.

keitsdenken zum Repräsentationsdenken steht wie auch für die Kritik der Repräsentation. Sie gibt das Bild und ist doch immer auch dessen Blockade. Sie formt Gestalt und zersetzt sie als Entstaltung.

Entgegen immer noch gängigen Verkürzungen auf eine „syntagmatisch grammatisch-rhetorische Substitutionstheorie" im Gefolge strukturalistischer Achsenmodelle soll die Allegorie hier gerade als tropischer Bildkörper eingesetzt werden.[8] Denn die Allegorie scheint genau die Figur zu sein, an der sich der Konflikt zwischen Sehen und Lesen als Konkurrenz von sensorischer Wahrnehmung der Leiblichkeit und Durchstreichung des Körpers in seiner Funktion als Zeichenträger als produktives Prinzip realisiert. Sie ist zugleich die Trope der Verkörperung, der Somatisierung eines zeichenhaften Begriffs und die Figur des *integumentum*, der Verhüllung ihrer eigenen zur Schau gestellten sinnlichen Präsenz hinter einem hermeneutischen Modell des Ausdeutens. In ihr begegnen sich zwei optische Dispositive: dasjenige der *visio spiritualis* und dasjenige der *visio corporalis*. Aus dieser Verschränkung heraus figuriert die Allegorie im frühen russischen Barock als zentrales Diskursivierungsmedium zur Etablierung einer Wahrnehmungstechnik von Text als Bild, die sich als ganzheitliche Affizierung des Körpers begreift. Bei dieser Profilierung belässt sie es jedoch nicht, denn sie macht Körpermaterie durchlässig für imaginäre Anschaulichkeit, für die Phantasmen des Bildes, die auf imaginativ erzeugten ‚Perzeptionen' beruhen und Sensorik simulativ erfüllen können.

Die Entschälung der Tropik aus dem Paradigma reiner Semiotechniken fußt damit auf einer dekonstruktivistischen Re-Lektüre der Rhetorik als performativer Theorie. Bereits der Titel dieser Studie alludiert de Mans *Allegorien des Lesens,* die „von der Unmöglichkeit des Lesens" erzählen, von einer „Unmöglichkeit [, die] sich notwendigerweise auch auf das Wort ‚Lesen' [erstreckt]."[9] Nun ist es nur ein erster Schritt der folgenden Überlegungen, das dekonstruktivistische Aufspalten denotativer Akte und die unausweichlichen signifikativen Fehlleistungen für einen sich rhetorisierenden Literaturbegriff nachzuvollziehen, wie er sich in der russischen Kultur des 17. Jahrhunderts immer in prekärer Nähe zum Häresieverdacht vollzieht.[10] Dass deren Semio-

8 Auch in den aktuellsten begriffsgeschichtlichen Systematisierungen der Allegorie ist der Bereich der Personifikation weitestgehend ausgeklammert. Man beklagt die „strukturalistische Abmagerung des Repertoires der Tropen auf das Paar Metapher und Metonymie", konzentriert sich aber auf die „grundlegende" Verwendung der Allegorie als fortgesetzte Metapher. Siehe z.B. Haverkamp/Menke, Allegorie, 49 und 67. Die hier profilierte ‚Lesart' der Allegorie schneidet bewusst den Bereich der Prosopopoiie, der *fictio personae*. Vgl. Menke, *Prosopopoiia,* die beide Figuren voneinander sondert und die Prosopopoiie als Trope der maskierten Arbitrarität analysiert.

9 de Man, Lesen, 111.

techniken tendenziell in Somatechniken zu kippen drohen, erkennen besonders hellsichtig die Altgläubigen. Am schärfsten wird der Verdacht einer „fleischlichen Weisheit" („plotskaja mudrost'") allegorischer Figurationen von deren ideologischem Vordenker Avvakum formuliert: „Ein Rhetor(iker) und Philosoph kann kein Christ sein."[11] Diesem Verdacht der Physiologisierung des Wissens und der Wahrnehmung durch rhetorische Figurierung folgend, zielt die Allegorie bzw. der Bezug auf de Man hier auf mehr. Aus den allegorischen Schriftsinnen erwächst eine Schriftsinnlichkeit des allegorischen Bildkörpers, der allein mit den *Allegorien des Lesens* nicht beizukommen ist. Konzentriert sich de Man auf den Spalt zwischen Zeichen und Figur, so geht es nun darum, den Riss in der somatischen Figur des Bildes selbst zu verfolgen. Dieser Riss zwischen Figur und Bild sowie Figur und Körper kommt jedem Beharren auf der Materialität der Figur, das phänomenale Substanzialität unterstellte, zuvor. Er öffnet hingegen den Blick für die Konsequenzen, die sich aus dem Theorem des *misreading* für die Entzugserscheinungen des Imaginären allegorischer Körperbilder ergeben. Die *Allegorien der Imagination*, so wäre der Titel dieser Studie lesbar, figurieren im russischen Barock als Dispositiv zur Einführung eines rhetorisch motivierten Imaginären.

Der Begriff der Imagination markiert ebenso wie derjenige der Allegorie eine Verschiebung im diskursiven System der russischen Kultur. Bisher fehlt ei-

---

10 Noch in seinen avanciertesten Positionen postuliert der frühe Barock eine Variabilität des Signifikanten nur unter sakrosankter Stabilität des Signifikats. Auch die Galionsfigur der Epoche, Simeon Polockij, beharrt in seinem vielzitierten Vorwort zum *Psalter in Versen* (*Psaltyr' rifmotvornaja)* darauf, dass die Versifikation des biblischen Urtextes zwar neue *verba* gefunden habe, die *res* aber unverändert und identisch sei: „So wundere dich nicht, wenn du ein anderes Wort siehst, – / der Sinn ist der gleiche, nur der Ausdruck ist neu." („Těm ne divisja, vidja ino slovo, – / razum edin est', rečenie novo.") Simeon Polockij, *An den frommen Leser/K blagočestivomu čitatelju*, 216. Zum Konzept der durchschlagenden Arbitrarisierung eines Zeichenbegriffs vgl. Lachmann, Die Problematisierung der Rhetorik. – Bei aller Berechtigung hier von einem Plädoyer für sprachmanipulative Sensibilisierungen, für arbiträre Zeichenstrukturen und paralogische Konstruktionen zu sprechen: Die Hinzuziehung ‚postmoderner' Theoreme der Sinnproliferation darf keinesfalls verdecken, dass die Entdeckung semiotischer Spielregeln unter aufwändigen Verteidigungsstrategien und heftiger Polemik zuallererst den hermeneutisch strengen Regulativen einer Schriftallegorese zu Akzeptanz verhelfen will. Man könnte so auch argumentieren, dass die Moskoviter Rus' mit der Rhetorik auch die Hermeneutik ‚einführt'. Denn die Vorlage der sog. *Makarij-Rhetorik* (ca. 1620), des ersten rhetorischen Handbuchs Russlands, stellt vermittelt die Rhetorik Melanchthons dar, die von Campe (der sich auf Diltheys und Gadamers Einschätzung der Melanchthonschen Rhetorik als genetischer Vorstufe der Hermeneutik beruft) in ihrer Zwischenstellung zwischen Rhetorik und Hermeneutik diskutiert wird. Campe bezieht sich dabei gerade auf die Doppelnatur von Allegorie und Allegorese. Vgl. Campe, Melanchthons Allegorie.

11 („Ritor i filosof ne možet byti christianin.") Avvakums Brief an Feodor Rtiščev, den Initiator der ersten Moskauer Schule, ist abgedruckt in Demkova, Iz istorii rannej staroobrjadčeskoj literatury.

ne Geschichte der Einbildungskraft für die altrussische Kultur. Die Gründe dafür liegen vermutlich zum einen darin, dass ein Begriff der Imagination oder ein (ästhetisches) Konzept der Phantasie aus dem orthodox bestimmten Charakter der menschlichen Vermögen und ihrer Objektivationen weitestgehend ausgegrenzt wurde. Dennoch wird ein Diskurs der Einbildungskraft geführt, der sich freilich auf andere Bereiche verlagert. Ohne eine umfassende Lösung für den gesamten Zeitraum der altrussischen Periode anbieten zu können, greifen die folgenden Überlegungen auf zwei Stränge zurück, die Imagination systemisch an Praktiken des *myslenno viděti* (*visio spiritualis*) anschließen und die für barocke Modellierung der Einbildungskraft relevant werden: Zum einen betrifft das die aristotelisch-(neo)platonische Tradition der patristischen Anthropologie (Imagination als *měčtanie* (Phantasieren)), zum anderen die Stimulierung imaginativer Praktiken im Kontext der (Ikonen-)Vision. Diesbezüglich hat die ‚Einbildungskraft' im 17. Jahrhundert eine lange Geschichte hinter sich, die sie vor allem im Dienste der Schau des göttlichen *logos* disziplinierte. Sie wird nicht nur toleriert, sondern gefördert als inneres Sehen, als Sehen mit den *oči umnyja* (geistige Augen) im Sinne eines Erkenntnisvermögens, das der sinnlichen Anschauung nicht bedarf bzw. ostentativ von dieser absieht. In der Ikonentheologie ist die *visio spiritualis* als Verfahren der transzendenten Wahrnehmung funktionalisiert, die von der materiellen Oberfläche der Dinge und der Bilder absieht, um zu ihrer Idee, d.h. zur meditativen Schau Gottes vorzudringen.[12] Sehen mit dem geistigen Auge der (Gottes-) Erkenntnis grenzt sich dabei gegen das Konzept der – tendenziell freieren – Vorstellung ab und nutzt doch auch deren psychotechnische Konditionierungen. Am diachronen Bedeutungswandel des Lexems *voobraženie* (in seiner Doppelbedeutung von *Darstellung* und *Vorstellung* kaum adäquat übersetzbar), das bis zum 17. Jahrhundert fast konsequent den Darstellungstechniken vorbehalten war und erst im Barock den zuvor ausgeklammerten Bereich der Vorstellung semantisch dominant setzt, lässt sich die hybride Situation eines Wahrnehmungsdispositivs der altrussischen Kultur als Vorstellungsdispositiv pointiert aufzeigen. In heuristischer Vereinfachung könnte man formulieren: Wenn der Wahrnehmungsakt des altrussischen Menschen im Grunde ein Vorstellungsakt ist, so ist der Vorstellungsakt des barocken Betrachters im Grunde ein Wahrnehmungsakt.[13]

---

12 Dem entgegengesetzt artikuliert sich in der *visio corporalis* eine unkeusche Begehrlichkeit der sündigen und wollüstigen Augen (*tentatio oculorum*, *voluptas oculorum*), eine Aufwertung der Materialität des Artefakts und der ‚Naturdinge', die nicht mehr funktional als transitives Medium transzendentaler Kommunikation durchbrochen werden kann.

13 Wobei eine solche schematisierende Formel natürlich zu berücksichtigen hat, dass Perzeption und Imagination in beiden Epochen stark divergierende Bedeutungen tragen.

Die seit dem 17. Jahrhundert wachsende bzw. kippende Bedeutung der Imagination geht einher mit der Inbesitznahme der sichtbaren Welt, wird aber in diesem neuen Gefüge des (frührationalistischen) Wissenserwerbs auch als Gegenmodell zur sensorischen Beobachtbarkeit der dinghaften Empirie entworfen.[14] Erstmals profiliert sich ein Imaginäres als konstitutives Element sowohl des ästhetischen Objekts wie auch von dessen Wahrnehmung und bestimmt so das Verhältnis zwischen Realem, Visionärem und Illusionärem neu. Beginnend mit dem Barock kann in Russland von einer Konzeptualisierung der Imagination im Rahmen der Diskurse einer produktiven Einbildungskraft gesprochen werden. Anhand der Neubewertung von Trugwahrnehmungen und Bildfiktionen, die mit der Realität möglicherweise nicht deckungsgleich sind, gewinnt die Imagination im Barock poietisches Potenzial.

Damit ist umrissen, worauf die Formulierung *Allegorien der Imagination* zielt: Über semantische Irritationen hinaus handeln diese vom Entzug des Bildes, das an das allegorische Sprachzeichen gebunden ist. Zielt de Man über die Allegorie auf den Verlust der stabilen Bedeutungsebene, so fokussiert diese Arbeit den Verlust eines konsistenten Bildes, das als imaginäre Virtualität erfahrbar wird. In dieser Hinsicht bauen die Allegorien der Imagination auf den Allegorien des Lesens auf oder werden von diesen ausgelöst. Die Variabilität und tendenzielle Polylogik, die das spätestens mit den Reformen um 1660 Fuß fassende Zeichenkonzept hervorbringt, affiziert auch das Bildzeichen. Über die Neu- und Unlesbarkeiten hinaus generiert der russische Barock Allegorien einer Unsichtbarkeit, die Ikonizität schon in deren gestalthafter Figuration durchstreicht. Imagination ist Allegorie der Bildlosigkeit oder, um das Benjamin-Zitat aufzunehmen, das diesen Überlegungen voransteht, Allegorie der ruinösen, der ‚ikonoklastischen' Bildlichkeit – Figur der Defiguration. In dieser Hinsicht setzt die Allegorie auf paradoxe Weise das orthodoxe Konzept einer ‚apophatischen', einer immer nur negativ denkbaren Sichtbarkeit des Bildes fort, indem sie die „Unmöglichkeit der sichtbaren Repräsentation des Repräsentierten und Nicht-Repräsentierbaren"[15] auslebt. Allegorie und Imagination verschränken sich damit in einem doppelten Oxymoron von Materialisierung und Dematerialisierung: In der Allegorie gewinnt das imaginäre Bild einen Körper, bzw. die Allegorie tritt gerade als Medium auf, der Imagination zur perzipierbaren Sichtbarkeit zu verhelfen. Im Status des Imaginären geht dieser Körper wieder über in den Zustand eines Irrealen. Es handelt sich also um eine Kippfigur zwischen Somatisierung und Transitorik. Sie steht

14 Zur wachsenden Bedeutung der ‚Naturwissenschaften' seit dem 17. Jahrhundert vgl. z.B. die Beiträge im Sammelband von Simonov, *Estestvennonaučnye predstavlenija Drevnej Rusi*.

15 Haverkamp/Menke, Allegorie, 98.

zwischen der Allegorie als imaginärem Körper und dem Körper als allegorischer Imagination.

Die Profilierung der Allegorie als Bildkörper und der Imagination als Körperbild präzisiert den Aspekt, der eingangs noch sehr schematisch als ‚sensuelle Komponente von Zeichensprache' umschrieben wurde. Die Skizzierung einer subversiven Semantik und Optik der Lektüre, wie sie die sinn- und bildzerstäubenden Effekte der Anders-Rede auslösen, sollte verdeutlicht haben, wie eingespielte Verfahren des Bedeutens und Dechiffrierens überstiegen werden. Mit dem Verlust semiotischer Sicherheit werden ‚senso-rhetorische' Formen der Kommunikation relevant, die sich auf den Signifikanten, den Körper, die Sinne verlagern. Die Debatten um Fleischlichkeit und Sinneslust, die sich um die bereits zitierte ‚fleischliche Weisheit' (‚plotskaja mudrost'') abspielen, belegen die veränderte Rolle, die der Körper im Barock sowohl als Objekt wie auch als Medium von Wahrnehmung spielt. Die Pole, zwischen denen sich die Lese- und Betrachtertechniken abspielen, können als signifikative Rezeption und sensuelle Perzeption markiert werden. Eine solche vereinfachende Dichotomie darf gleichwohl weder den geschilderten Befund einer Auflösung somatischer Substanzialismen hin auf ein Imaginäres unterschlagen, noch die Tatsache ignorieren, dass der russische Barock erst über die Pluralisierung der Sinnschichten des Textes in polysemantische Lesetechniken und eine ubiquitäre Les- und damit Interpretierbarkeit der Welt einübt. Die komplexen Affektionen des Körpers und seiner Sinne ebenso wie seine Fähigkeit zu imaginativer Erzeugung imaginärer Bilderwelten können möglicherweise auf gesteigerte Semiotizität zurückgreifen, die gerade den rhetorischen Bildordnungen des Bedeutens entnommen sind.[16] Sie überlagern sie jedoch hin auf ein Imaginäres, das ‚Realitäten' zugrunde legt, die selbst bereits simulationsmedial verfasst sind. Der doppelte Blick auf den Körper der (allegorischen) Figur impliziert ein methodisches Problem, das nur als Kombinierbarkeit von Hermeneutik und Mediologie gefasst werden kann. Lösbar werden diese widersprüchlichen Verflechtungen nicht mehr mit rezeptionsästhetischen Ansätzen oder interaktionistischen Wirkungsästhetiken, sondern über Modelle, die neben der funktionalen Verlängerung von Texten und Bildern in die Leser und Betrachter hinein die medialen Träger und materiellen Codes kommunikativer Akte und damit deren sensorische Wirkung berücksichtigen.[17] Das meint keine irreduzible Dinglichkeit, die methodisch versuchen würde, die oben konstatierten Destabilisierungen zu relativieren oder bestenfalls aufzuheben. Sie visiert im Gegenteil an,

16 Das zeigt für den Nexus von Mnemotechnik und virtuellen Cyberwelten Rieger, Medienwissenschaft der Literatur.

17 Vgl. z.B. den einschlägigen Sammelband von Gumbrecht/Pfeiffer (Hg.), *Materialität der Kommunikation.*

die Determinierung semantisierender Er- und Entmächtigungen, die sensorisch-konkreten und imaginär-ephemeren Reaktions- und Erlebnisformen des frühen russischen Barock als ein Konglomerat aus verhaltenskonditionierenden Dispositiven der Schrift- und Bildperzeption aufzuarbeiten, das die technischen Implementierungen von Körper und Geist mitberücksichtigt. Das ästhetische Paradigma der genannten Theorien verschiebt sich damit auf eines der Aisthesis. Und zwar einer Aisthesis als Inkorporation von Manipulation und semiotischer Kalkulierbarkeit, d.h. einer Aisthesis des Zeichens.

Die Argumentationsfolge der Kapitel ist an jener sensorischen und mentalen Sensibilität orientiert, die in einer barocken *visual culture* eine neue Blüte der Textkultur mit visualisiertem Textverständnis stimuliert. Fokussiert auch die Herausarbeitung eines allegorischen Imaginationsprinzips ein neues Bildprimat des Textes, so soll doch keine gradlinige Ablösungsbewegung suggeriert bzw. konstruiert werden, die auf ein antagonistisches Verhältnis von Bild und Schrift hinauslaufen würde, innerhalb dessen sich in der zweiten Hälfte des 17. Jahrhunderts ein Höhepunkt des Bildes im Koordinatennetz der Kulturtechniken bei gleichzeitigem Absinken von Schrift und Wort abzeichnen würde. Im Gegenteil basiert die Struktur der Arbeit auf eben jenen Interferenzen von Schrift und Bild, die Bildlichkeit als Imaginäres entwerfen.

Der Entzug des Bildes, von dem die Rede war, könnte sich also als ein funktionaler Verzicht entpuppen. Funktional in Richtung einer Bildlichkeit der Schrift, die sich nicht in ihrer materiellen Ikonizität zeigt, sondern in der Evokation von Bildlichkeit aus dem Text heraus. Mit anderen Worten: Die sich zunehmend artikulierende (selbstwertige) Lust am Bild tut dies gerade in einer vermittelnden Bewegung durch die Schrift, so wie zuvor sich die Schrift im Bild vermittelte. Sie bedient sich also einerseits durchaus eingeschliffener Paradigmata eines altrussischen Schriftprimats aller ‚Künste', wertet dieses Primat jedoch gründlich um. Zitiert Simeon Polockij 1666 in einer *Bittschrift über die Vervollkommnung der Ikonenmalerei* Johannes Chrysostomos mit den Worten „wir hören die Worte nicht nur, sondern malen sie auch sichtbar für die Augen"[18], so setzt er gegen diese Theorie des Bildes als Wort/Schrift mit seinen eigenen Texten zunehmend ein anderes Prinzip des anschaulichen Wortes durch, das der ikonisch materialisierten Bildlichkeit kaum mehr bedarf, da es selbst bereits als ‚sichtbar für die Augen' gedacht werden kann. Während sich in der altrussischen Kultur die Schrift ins Bild hineindrängt, um dort ihren hegemonialen Anspruch einer Schriftkultur zu behaupten,

18 Simeon Polockij, *Bittschrift über die Vervollkommnung der Ikonenmalerei/Proščenie ob usoveršenstvovanii ikonnogo pis'ma*, 16 („da ne prosto slyšim sloves no da napišem eja i voočesěch").

drängt sich mit dem beginnenden Barock das Bild in die Schrift hinein. Mit der Konsequenz, dass sich hier ein Ikonozentrismus des nicht sichtbaren, aber imaginativ erschließbaren und präsenten Bildes ausbildet. Treibende Kraft dieser Entwicklung ist die Rhetorisierung des Wortes, in deren Sprachfigurativität die Kulturtechniken der Typographisierung der Graphie und der Linearperspektivierung des Bildes hineinspielen. Damit führt die barocke Bewegung zur Visualität paradoxerweise in ein Register der Textualität, das Bildlichkeit über Allegorien der Imagination vermittelt.

Die Kapitelstruktur entspricht dieser Gegenläufigkeit, indem sie in drei Teilen, *Sprachfiguren*, *Sehfiguren* und *Lesefiguren*, die Felder markiert, in denen immer aufs Neue das Problem der Etablierung eines Imaginären über sensorische Schnittstellen verhandelt wird. Ihre Folge spiegelt die zentrale Argumentationslogik: Erläuterung der Allegorie als Bildkörper und Bildersprache (Teil I), Erläuterung der Regeln des Bildersehens und der optischen Konditionierungen (Teil II), Erläuterung des Bilderlesens und Freisetzung eines allegorischen Imaginationspotenzials in der Schrift durch die Schule des Bildersehens (Teil III). Die Arbeit bewegt sich also von semiotischen Prozessen der Verbildlichung durch einen Zeichenkörper über ikonische Prozesse der Textualisierung hin zu sensorischen Prozessen der Schriftimagination als Bildkörper. Diese Linie bestimmt auch den Aufbau der drei Teile in sich:

Teil I verfolgt fortlaufende Übersetzungen der Allegorie als verbalen Bildkörpers, der schon in seiner rhetorischen Verwendungspragmatik von *ars inveniendi* und *ars eloquendi* als performative Etablierungsinstanz eines somatischen Bildkörpers aufscheint. Auf der Basis der im 17. Jahrhundert kursierenden russischen Rhetoriken zeichnet dieser Teil nach, wie sich die präskriptive rhetorische Theorie eines textuellen Bildkonzepts immer als Autoallegorisierung artikuliert. Ist so zunächst ein Bildkörper der ‚theoretischen Praxis' bestimmt, gilt es, diese Bildhaftigkeit als autonomes Element der Allegorie herauszupräparieren. Die Partizipation der Allegorie an typologischen und präfigurativen Schemata verweist dabei neben der Abbildlichkeit auch auf ihre Gebundenheit an die Schrift, die den Korpus eines Textes als Textkörper erfahrbar macht. Im vierten und letzten Abschnitt dieses Teils „Transfigurationen" geht es dann darum zu zeigen, wie sich die stufenweisen Übersetzungen der Allegorie hin zur barocken Vorstufe einer *eloquentia corporalis* entwickeln, in welcher der affektbehaftete Körper des Redners als performative Materie figuriert, die Wort und Tat in suggestiver *actio* zusammenschließt.

Teil II beschreibt rhetorische Bildlichkeitsstrategien als Implementierungen skopischer Dispositive. Ausgehend von einer Ausdifferenzierung der Arten des Sehens, die Erkenntnis-, Wahrnehmungs- und Vorstellungsabläufe betreffen, wird die Herausbildung eines Imaginationsvermögens als Neu-Erfindung des Mentalen über einen widersprüchlichen Okulozentrismus verfolgt. Auf der Folie orthodoxer Modelle aus der Patristik, der Ikonentheologie und der mittelalterlichen Anthropologie wird es zentral um die Schlüsselbewegung der barocken Geschichte der Einbildungskraft gehen: die semantische Verschiebung des Begriffs *voobraženie* von der Darstellung auf die Vorstellung. Auf dieser Basis fördert eine Aufarbeitung des Ikonendiskurses in barocken Bildtraktaten und ihren medialen Umsetzungen tastende Versuchungen fleischlicher Sichtbarkeit eines neuen perspektivischen Sehens zu Tage, das einen visionären Begriff des numinosen *thaumaton* zur spektakulären Praxis populärer *curiositas* macht. Damit entwickelt die Argumentation den genuin rhetorischen Begriff der Allegorie aus medialen Konzepten der Perspektivik. Wie die Allegorie diejenige Schlüsseltrope ist, die den altrussischen Text aus den stabilen Codes der altrussischen Literatur herauslöst, so ist die Planperspektive Verfahren der ‚Befreiung' des Bildes aus den Ordnungsmustern der Ikonik. Im letzten Kapitel dieses Teils wird dann szenisch ‚offensichtlich', wie beide Diskurse in den Spektakelkünsten des Barock zusammenlaufen, wie die barocken Ordnungen der Sichtbarkeit, die durch die Medien des Buchdrucks, der reformierten Ikonenmalerei und des Theaters errichtet werden, in eine Allegorisierung ausagierter Bildlichkeit münden.

Teil III entwickelt das Umschlagen der Sichtbarkeit in erneute Unsichtbarkeit aus den Disziplinierungsregeln einer optisch erregten Imaginationstätigkeit. Ruinöse Formen emblematischer Sinnbildlichkeit, in denen sich die *pictura* zunächst vor paratextuellen Kommentierungen in den Vordergrund drängt, um sich dann ganz in die Sprache zurückzuziehen, in Schrift aufzulösen, zeigen dies ebenso wie die didaktischen Einübungen in ein alphabetisches Auge. Die Einbildungskraft des Schriftrezipierenden wird zur Schnittstelle einer äußerlich gezügelten, nach innen verlagerten Schaulust. Lesen lernen mag sich ostentativer Bildlichkeit einer Schrift als Bild der Dinge bedienen. Sie tut dies jedoch, um zum medialen Bildverzicht eines lesenden Sehens zu kommen, das auf einer Bildtheorie der Sprache beruht. Barocke Lektüretechniken bauen den Körper des Schriftlesenden zur allegorischen Bildproduktionsmaschine aus. Was schon für die optischen Medien exploriert wurde, wird nun für die Schriftmedien untersucht, speziell für die Rolle einer körperentbundenen Druckschrift, in deren Erscheinungsbildern sich Schrift und Bild – sei es in homogenen, sei es in labyrinthischen Rasterräumen – neu miteinander zu arrangieren haben. Das Spannungsfeld, in dem sich dieses Kapitel bewegt, ist durch zwei Pole markiert: Auf der einen Seite die Erfindung eines Imaginären als das aufs Neue nach innen verlagerte Sehen, auf der anderen Seite die Entdeckung des anthropologischen Potenzials der Sinnlichkeit, der Sensomotorik und damit Ausbildung eines Wahrnehmungsdispositivs, das den Körper vermehrt einzusetzen sucht. Am Abschluss der Ausführungen über die Allegorie als verbildlichtes Sprachmodell der Welt steht die Geburt des imaginären Bildes aus dem Körper des Buches.

I. Sprachfiguren

Tropen sind weder ästhetisch, als Ornamente,
noch semantisch als figurative Bedeutungen,
die sich von buchstäblichen, eigentlichen
Benennungen herleiten, zu verstehen. […]
Die Trope ist keine abgeleitete, marginale oder
anormale Form der Sprache, sondern das
linguistische Paradigma par excellence.
Die figurative Struktur ist nicht ein Sprachmodus
unter anderen, sondern sie zeichnet die
Sprache insgesamt aus.[1]

1 de Man, Rhetorik der Tropen, 148.

1. Präskription: Rhetorische Theorie des frühen Barock als Allegorik

1.1. Auto-Allegorisierung und Performanz

Fragt man danach, wie Texte durch rhetorische und mediale Strukturierungen eine Textualität generieren, die Lesetechniken erfordert, welche als psychophysische Affektion des Auges dechiffrierende Prozesse des Bedeutens überschreitet, so gerät vor allem die Allegorie ins Blickfeld semiotischer Figurativität, die einen somatischen Bruch in sich trägt. Zugleich beschränkt sich die tropologische Spezifik der Allegorie nicht auf die Implikation einer sensorisch fundierten Rhetorik. Was Allegorie in der ganzen Breite ihrer begrifflichen Aufspaltung in ‚fortgesetzte Metapher' (*metaphora continua*), Personifikation (*fictio personae* und *prosopopoiia*), Figur (Typologie) und mehrfachen Schriftsinn sein kann und wie sie zudem in der Allegorese ein eigenes Lektüreverfahren ausbildet, signalisiert das Spektrum ihrer Verwendung als Sprachfigur, Bildfigur wie auch als Lesefigur. Um die Beweglichkeit der Allegorie von einer enigmatischen Figur signifikativer *obscuritas* über eine somatische Figur des Sichtbaren bis hin zu einer halluzinogenen Figur des Imaginären nachzuvollziehen, ist man zunächst auf die präskriptiven Texte des Barock zurückverwiesen, in denen das Regelwerk der Allegorik systematisch entwickelt wird.[2]

Auf den ersten Blick scheint die empirische Ausgangslage hier recht dürftig. Neben die in einer breiten handschriftlichen Tradition überlieferten rhetorischen Grundbegriffe der *Dialektika* des Johannes Damascenus sowie die *azbukovniki* (Wörterbücher) und *grammatiki* (Grammatiken) mit ihren Ausführungen zu sprachtheoretischen Fragen der Äquivalenz und Adaption von Terminologie tritt erst ab dem ersten Drittel des 17. Jh. ein eigenes Genre rhetorischer Unterweisungen, die im Zusammenhang mit dem Übergang von einer Textkultur in eine Regelkultur[3] stehen und neben einer funktional engen Begrenzung auf die *ars oratoria* vor allem zwei ästhetikgeschichtliche Wendepunkte markieren: die Herausbildung einer nicht religionspragmatisch gebundenen Literatursprache und ihrer poetischen Theorie einerseits und die Formierung eines selbstverantwortlichen, manipulativen Autors, der

---

2 Für einen annähernden Überblick über die Fülle allegorischen und allegorieverwandten Sprechens vgl. Michel, *Alieniloquium*, §§ 475–625.

3 Zu diesem Paradigmenwechsel vgl. Lachmann, Die Problematisierung der Rhetorik, sowie dies., Vorbarocke Rhetorik in Rußland.

an die Stelle des ‚unselbständigen' Textproduzenten als Medialisierungsinstanz göttlicher Offenbarungssprache tritt, andrerseits. In der Regel handelt es sich bei den ersten rhetorischen Handbüchern um übersetzte und gekürzte Bearbeitungen griechischer und lateinischer Vorlagen. Gleichwohl nehmen diese einschneidende Veränderungen vor, um die Adaptierung fremdkultureller Sprachkonzeptionen an den altrussischen Kontext mit seinem spezifischen Vorverständnis unveränderlicher Textfassungen zu gewährleisten. Drei große Gruppen von Rhetoriken können dabei unterschieden werden: eine latinisierende Ausprägung, wie sie beispielsweise für die *Rhetorische Hand* (*Ritoričeskaja Ruka*) von Stefan Javorskij oder die *Rhetorik* (*Ritorika*) Andrej Belobockijs kennzeichnend ist, denen auch die Attribute ‚jesuitisch' und ‚scholastisch' zugeschrieben werden, eine byzantinische, wie z.B. die *Rhetorik* (*Ritorika*) des Sofronij Lichud, die entsprechend der obengenannten Klassifizierungen den orthodoxen Pol vertritt, sowie einen erst um die Jahrhundertwende auftretenden hybriden Typus, den die Altgläubigenkultur aus ihrer Skepsis gegenüber ästhetisch-artistischer Redekodifizierung hervorbringt.[4]

Es wird nun weniger darum gehen, diese drei Paradigmen weiter auszudifferenzieren. Vielmehr sollen zunächst zentrale frühbarocke Regelkompendien auf ihren Allegoriebegriff hin zugespitzt werden. Die Allegorie als analysierte und analytische Kategorie ist an den Orten aufzusuchen und zu bestimmen, an denen sie sich im Kontext barocker Textkultur überhaupt erstmals konzeptuell artikuliert. Die hier gegebenen Vorschriften zur elokutionären Gestaltung allegorischer Bildkörper lassen dann ihrerseits Schlussfolgerungen in Bezug auf umfassendere Lesbarkeits- und Sichtbarkeitsordnungen zu.

Eine erste, vorerst holzschnittartige Rekonstruktion der rhetorischen Theorie zeigt, dass die Rhetoriken nicht nur Vorgaben für allegorische Sprachfor-

4 Eine derartige Untergliederung erweitert in gewisser Hinsicht das binäre Schema, das von Lotman/Uspenskij, O semiotičeskom mechanizme kul'tury, und von Lachmann, Die Problematisierung der Rhetorik, vorgeschlagen wird, zu einem triadischen Modell. Beide legen eine antinomische Kultur jesuitisch vs. orthodox, rhetorisch vs. antirhetorisch an, wobei als Protagonisten dieser Oppositionen zumeist Simeon Polockij und Avvakum genannt werden. Diese Position wäre dahingehend zu ergänzen, dass beispielsweise die Lehre der Brüder Lichud an der Moskauer Slavisch-Griechisch-Lateinischen Akademie (die entsprechend dem dualistischen Modell den Gegenpol zur Kiever Geistlichen Akademie verträte) keineswegs mit den Positionen der Altgläubigen zur Deckungsgleichheit zu bringen ist. Vielmehr weist etwa Ponyrko – freilich auf einen Untersuchungszeitraum der ersten Jahrzehnte des 18. Jahrhunderts bezogen – auf eine eigenständige rhetorische Kultur der *staroobrjadcy* (Altritualisten) hin, die ein heterogenes Konglomerat beider oppositionär verstandenen Positionen unter Integration weiterer Rhetoriken, z.B. der Lullischen, ausbilden. Vgl. Ponyrko, Učebniki ritoriki na Vygu. Zur Übersicht über die während des 17. Jh. entstehenden Rhetoriken vgl. auch Vomperskij, *Ritorika v Rossii XVII-XVIII vv.*

men entwickeln, sondern selbst allegorischen Gesetzen gehorchen und diese produzieren. Der rhetorische Sprachgebrauch der Regelhandbücher wendet die Regeln allegorischen Sprechens vor aller Ausübung durch den Schüler immer schon auf sich selbst an, d.h. sprachpräskriptive Rhetorik ist selbst sprachperformative Allegorik. Darin zeigt sich nicht nur ein grundsätzliches Verständnis der unaufhebbaren Allegorizität jeder zeichenvermittelten Kommunikation, wie sie de Man formuliert hat und die Foucault im Zusammenhang mit der gegenseitigen – medialen und referenziellen – Destabilisierung von Schrift und Bild auf die Formel zugespitzt hat: „Das Wesen der Rhetorik liegt in der Allegorie."[5] Für die Rhetorik des frühen russischen Barock wäre noch pointierter zu postulieren: Der rhetorische Diskurs kann hier nicht nur aus seinem Allegoriebegriff heraus entwickelt werden, sondern er zeigt eine starke Tendenz zur Auto-Allegorisierung. Das meint die allegorische Form des Sprechens über ein rhetorisches Alieniloquium; jenen allegorischen Diskurs, den die Rhetoriken in ihrer Selbstexplikation führen. Die Theorie der Sprache als Sprache ihrer Theorie performiert das rhetorische Prinzip des Einkleidens und Ausschmückens, Substituierens und Semantisierens, indem sie sich selbst in den *ornatus* der Allegorie hüllt. Über die Exempla, die wesentlich zum rhetorischen Formular beispielsweise der Rhetoriken Stefan Javorskijs oder Sofronij Lichuds gehören, geht eine solche Praxis weit hinaus. Allegorik ist hier nicht explikativ oder illustrativ eingesetzt. Vielmehr erfüllen die Rhetoriken zugleich die Regel, deren Gebrauch sie exemplarisch darstellen. Konzentriert sich die struktural-semiotisch geprägte Darstellung der Rhetorik vorrangig auf ihre Beschreibung als Technik der persuasiven Rede – als „sekundäre Grammatik eines rhetorischen Verhaltens"[6], als Code linguistischer Regulierung (normativ, deskriptiv und kreativ), als Medium der Ausdifferenzierung einzelner Sprachfunktionen – und erweitert diesen Katalog kulturtypologisch zu Modellen kultureller Selbstbeschreibung, so müsste sie im Anschluss an eine dekonstruktivistische Lektürepraxis der Rhetorik als Auto-Meta-Sprache ergänzt werden um eine Begrifflichkeit der Rhetorik als allegorischer Performanz.

Eine solche Lektüre der barocken rhetorischen Theorie bezieht sich vor allem auf zwei Faktoren: Zum einen auf die Problematisierung des Begriffs der Figurativität und der Bildlichkeit selbst, d.h. der Sichtbarkeitsillusion literarischer Anschaulichkeit, die Barthes lediglich als Zwischenstufe zu einer selbstreflexiven Rhetorizität der Sprache begreift.[7] Zum zweiten fokussiert sie diese Zwischenstufe als eine spezifische Figurierung im Sinne somatisierter Ikoni-

---

5 Foucault, *Dies ist keine Pfeife*, 13.
6 Lachmann, Einleitende Untersuchung, XXXIX und LII.
7 Barthes, *Sade*, 38ff.

zität, die Effekt selbstevidenter Ausdruckshaftigkeit des Zeichens ist. Die frühbarocken Rhetoriken generieren tropische Bildlichkeit primär über Personifikation und damit über allegorische Bildkörper, alieniloquiale Körpermasken. In fast aufdringlicher Weise ist der *ornatus* allegorischer Rede der des Fleisches oder der Fleischsubstitute. Allegorisches Sprechen verläuft in den Rhetoriken über den Körper, rhetorische Zeichen werden in anthropomorphe Materialität eingekleidet. Damit schält sich bereits in einer ersten Sondierung der sprachpräskriptiven Empirie allegorischer Formen eine Somatisierung des ästhetischen Diskurses bzw. eine Ästhetisierung des Diskurses über Somatizität heraus. Somatisierung bedeutet jedoch nicht Substanzialisierung. Wieder mit Barthes gesprochen wäre damit rhetorische Bildlichkeit die Vorstufe zu einer rhetorischen Immanenz, die nicht Körper darstellt, sondern Sprache als Gliedergeflecht konstruiert.[8] Diese Korporalität, die dem Begriff rhetorischer Performativität anhaftet, kann nicht im Sinne eines letzten organischen Referenten am Abgrund arbiträrer Artifizialisierung gefasst werden. Im Gegenteil profiliert sie ein Ausagieren des Sprachkorpus selbst. Diesen Korpus organizistisch zu denken, verunmöglicht die Allegorie, indem sie ihn als Medium (der) Sprache performativ einsetzt. Ihre figurative Zurichtung des Zeichenmaterials auf einen Körper hin, sei es ‚unmittelbar' in der Personifikation oder ‚mittelbar' in anderen allegorischen Materialisierungsformen, stellt die sensuell erfahrbare Gemachtheit, die Dinghaftigkeit der Trope und damit auch die Brüchigkeit ihrer Repräsentationsbeziehung aus. Ein Sprachsystem, das sich selbst allegorisch performiert, kann keine Repräsentation über sich selbst hinaus leisten. Diese Aporie ist nicht aufzuheben. Sie kennzeichnet eine Konstellation, deren Produktivität darin liegt, das Objekt ihrer Abbildung selbst performativ zu erzeugen, und zwar als ein allegorisches. Am Beginn einer frühneuzeitlichen ästhetischen Theorie in Russland steht damit die poietische Performativität der Sprache als korporaler Sprechakt, die genau diese uneindeutige Stellung der allegorischen Anschaulichkeit zwischen poetischer Verfremdung und poietischer Vergegenständlichung formuliert.[9]

Diese Lesart der Allegorie bzw. der Allegorizität unterschlägt keineswegs die skeptische Grundhaltung gegenüber einer kommunikations- und textsteuernden Instanz, die signifikative Proliferation zulässt. Dass gleichwohl die Schulung durch ein regulierbares Ensemble von Techniken, welche strukturierte Neu-Zuordnung von Zeichen und Dingen ermöglichen, das Bewusst-

---

8 Barthes, *Sade*.

9 Zur Relation von Nachahmung und Erzeugung als performativem Mechanismus vgl. Iser, *Das Fiktive und das Imaginäre*, 481–504.

sein für die subversiven Effekte rhetorischer Rede schärft, zeigen weniger die vehementen Rhetorikkritiker auf der Seite der Altgläubigen, welche die ideologische Integrität der Textmanipulation von vornherein anzweifeln. Subtiler und radikaler zugleich führen das im Gegenteil die Rhetoriken selbst vor, indem ihre Anwendung der Methode auf sich selbst in die ästhetische Erfahrung des Sprachumgangs ein Moment des unkontrollierten Sprechens sich einschleichen lässt.

1.2. Materien: Rhetorische Körper aus Wachs

Bereits die Redaktionen der ersten russischen Rhetorik, der sogenannten *Makarij-Rhetorik* (ca. 1620), weisen Spuren der allegorischen Inszenierung rhetorischer Theorie auf. Diese Rhetorik stellt die Übersetzung der kurzen lateinischen Rhetorik (1577) Philipp Melanchthons in einer durch Lucas Lossius überarbeiteten Fassung dar. Ihr präfigurativer Stellenwert für die gesamte Tradition der Barockrhetorik in Russland kann trotz ihrer Isolation im kulturellen Kontext kaum überschätzt werden. Sie „eröffnet die Theorie der Rede in Russland".[10] Lachmann sieht die Funktion des ‚*Makarij*'-*Handbuchs* in seinem „normalisierend-stabilisierenden Akzent". Es greife noch nicht voraus auf eine sprachliche Deregulierung, wie sie im Barock auftrete. Die kulturpragmatische Funktion der ersten russischen Rhetorik bestehe vielmehr in der Regulierung einer bestimmten Beziehung zwischen *res* und *verba*. Sie suche nach neuen sprachlichen Normen und sprachbildenden Regeln, die ein tradiertes Muster überschritten bzw. in eine bestimmte Kommunikationssituation ein neues System integrierten, ihre eigene Entgrenzung jedoch noch nicht vorsähen.[11]

In den zahlreichen Redaktionen dieser Rhetorik, die bis zum Ende des Jahrhunderts verbindlich blieb, wird der auf zwei Bücher („O izobrětenii děl" [*De inventione*] und „O ukrašenii slova" [*De elocutione*]) konzentrierte Lehrtext um paratextuelle Elemente erweitert, welche die präsentierten Wissensbausteine al-

10 Steinkühler, Die Theorie der Rede in Russland zu Beginn des 17. Jahrhunderts, 153. Darauf, dass das ‚*Makarij*'-*Handbuch* mit der Rhetorik auch eine Theorie der Hermeneutik rezipiert, wurde bereits mit Campes These über die Melanchthonsche Rhetorik als Eröffnung einer protestantisch-humanistischen Geschichte der Hermeneutik hingewiesen. Vgl. Campe, Melanchthons Allegorie. Gleichwohl gilt diese These für Russland nur sehr eingeschränkt, denn von den Passagen, auf die sich Campe bezieht (Melanchthons Wittenberger Fassung von 1531), ist in der kurzen Fassung, die der ‚*Makarij*'-*Rhetorik* zugrunde liegt, nur in nuce etwas aufzuspüren.

11 Lachmann, Vorbarocke Rhetorik, 97. Lachmann betont an dieser Stelle, dass es der Rhetorik um die Etablierung eines „edinyj jazyk", d.h. einer einheitlichen Sprache gehe.

legorisierend verbildlichen. So stellt die *Ritorika* in späteren Fassungen dem eigentlichen Regelkompendium zwei Vorworte voran.[12] Als erstes ein kurzes Autopanegyrikon, „Lobrede und Erzählung über die Rhetorik" („O ritorii pochvala i skazanie"), in dem sich die Rhetorik als Personifikation der freien Kunst einführt, die ihre Gestalt durch die menschliche Figur des Redners erhält. Dieser Text ist in abgewandelter Form der *Erzählung über die sieben freien Künste* (*Skazanie o sedmi svobodnych mudrostěch*) entnommen, die spätestens ab der zweiten Hälfte des 17. Jahrhunderts in der Rus' bekannt war und aus der einzelne Passagen mit Vorliebe als Vorworte für sehr unterschiedliche Texte verwendet wurden.[13] In der Lobrede ist eine Allegorisierung der Rhetorik angelegt, die aufgrund ihrer Relationierung von Rhetorik und Rhetor Aufmerksamkeit verdient:

> Und wer mich praktiziert, heißt Redner: nicht er um meinetwillen, sondern ich um seinetwillen, denn er ist in seinem Wesen wie Honig und Wachs, und ich wie eine Akzidenz, wie eine Figur oder ein Stempel auf ihm; oder er und ich sind wie das Fleisch und das Wangenrot [die Schminke/Maske; der Schmuck], denn er ist ein Mensch und ich bin eine Wissenschaft. [14]

Hier gewinnt die Rhetorik ihre *evidentia* aus der Medialität des Sprechers. Sie erhält sichtbare Gestalt, formbare Figur in der Performanz und Präsenz ihres *agens*. Sich durch ihn inszenierend, in ihm sichtbar auftretend, in ihm sich zuallererst hervorbringend verleiht sie dem Körper Form/Figur wie er der Rhetorik eine anthropomorphe Gestalt gibt; in ihm institutionalisiert sie sich als Instanz der Rede mit corporalem Bild bzw. als corporale Sprachfigur. Anders gewendet ist dieser rhetorische Körper, der den Menschen erst zum Sprechenden macht, ein Produkt der Sprache. Mit Menke gesprochen hat er seinen Körper nur insofern, als er an der Sprache teilhat.[15]

---

12 Auch hier handelt es sich um die Übertragung eines lateinischen Originals. Vgl. Annuškin, *Pervaja russkaja ‚Ritorika'*. In einigen Handschriften sind der Rhetorik sogar drei Vorworte vorangestellt. Im Folgenden wird die erste russische Rhetorik als *‚Makarij'-Handbuch* wie auch – entsprechend der Edition Annuškins – als *Ritorika* zitiert.

13 So z.B. auch das Kapitel über Dialektik für die *Dialektika* des Johannes Damscenus. Die Textgenese des *‚Makarij'-Handbuchs* wurde von Annuškin, *Pervaja russkaja ‚Ritorika'*, 221ff. nachgezeichnet.

14 *Ritorika*, 16. („i iže ko mne upražnjašesja ritor toj naricašesja, ne mene radi on, no az těm, toj bo est' suščestvo aki med i vosk, az že slučaj, jako zrak i pečat', ili on i az aki plot' i rumjanstvo, poneže on syj čelovek, az že bě nauka.") „zrak" übersetze ich hier mit „Figur". Eine solche Entscheidung legt die Übersetzung der *Dogmatik* des Johannes Damascenus durch den Fürsten Kurbskij nahe, der an einigen Stellen *forma* (141a24), *visus* (48b7), *praesentia* (134b2) und *species* (70b23; 98a3; 138a18) als *zrak* übersetzt. Vgl. Besters-Dilger (Hg.), *Die Dogmatik des Johannes von Damaskus.*

15 Menke, *Prosopopoiia*, 172.

Wachs, Honig, Fleisch erscheinen als Zeichenmengen oder sichtbare, schmeckbare, fühlbare Massen, als *signa* oder *substantia*: Im Verhältnis von Redner und Redelehre ist ersterer das Medium zur Realisation eines abstrakten symbolischen Codes. Im Ausagieren („upražnjaśesja“) der auf performative Textpraktik angelegten Theorie gewinnt diese sensorisch perzeptible Qualität. Was gestaltloser Begriff war und ins wahrnehmbare Bild drängt, wählt sich einen tropologischen Körper der Versinn(bild)lichung und des Ausagierens. Damit ist die Körperlichkeit der Allegorie eine übergestülpte, äußerliche, imprimative, eine, die sich einen anderen Körper leiht, um diesen in variablen Strukturierungen oder Einkleidungen in immer neue Aggregatzustände zu versetzen. Die Rhetorik erhält ihren Namen vom Redner, dessen Körpers sie sich als anthropomorphen Schemas bedient. Doch der Redner erhält seine (sprachliche) Gestalt durch die Rhetorik, die seinen Leib nach der abstrakten Ordnung der Rede (prä)figuriert, und zwar beliebig neu und beliebig anders. Denn Wachs und Fleischüberzüge sind Verwandlungsmaterien, die flexible Oberflächen schaffen. Sprache ist – und das ist der allegorische Kern des Paratextes – anthropomorphe und metamorphotische Modellierungsmasse.

Die impressive Wachs- oder expressive Fleischmetaphorik, mit der die Rhetorik sich als Formgebungsinstanz und Oberflächenphänomen figurativer Materialisierung inszeniert, führt mit der Sensualisierung eines semiotischen Systems auch die Säkularisierung sakraler Diskurse über die Schule der (häretischen) Zeichenmanipulation vor. Denn rhetorische Sprachkritik reicht gerade an der Schwelle zur Neuzeit hinein in Religionskritik. An den Fronten beider stehen einander Inkarnation und Personifikation, Abbildlichkeit und Trugbildlichkeit als Strategien einer medialen Vermittlung gegenüber. Die Fleischwerdung der Rhetorik im Fleisch („plot'“) des Redners, dem sie kosmetische Schönheit („rumjanstvo“) des Redeschmucks (*ornatus*) verleiht, wendet das Dogma der inkarnatorischen Einsprechung bzw. der Einkleidung des Wortes ins Fleisch in ein Theorem sprachlicher Maskierung, sprachlichen *facements*.[16] Das Sichtbar-Werden des rhetorischen Wortes und Systems in der Gestalt des Sprache performierenden Körpers erfüllt einen Anspruch, nach dem der *logos* den Sinnen zugänglich, wahrnehmbar gemacht werden muss. Doch an die Stelle der göttlichen Stimme als autoritativer Instanz dieser Materialisierung setzt sich die Wissenschaft („nauka“) als Regelwerk aisthetischer Sprechakte, als das „Performativ (der (Ein)-Setzung)“[17], das jeden Transsubstanz-Begriff aushöhlt. Hypostase wird durch Hypotypose abgelöst.

Ist das Fleisch als Medium der Materialisierung des Wortes im Körper des-

16 Zur genaueren Kontextualisierung der Rhetorik innerhalb des christologischen Dogmas der Fleischwerdung vgl. Kap. I.3.2.

17 Menke, *Prosopopoiia*, 170.

sen, der das (göttliche) Wort ohne jede Rhetorik zu verkünden hat, rhetorisch verfremdet, so verstärkt das Wachs diese Tendenz noch. Aus der Metaphorik der *inscriptio*, der schriftlichen Aufzeichnung des Wortes kommend, verschiebt sich das Wachs im westeuropäischen Mittelalter aus dem Paradigma der Literalität heraus in den Kontext der Bildlichkeit hinein und gewinnt breite Anwendung im Votivbild. In dieser Eigenschaft ist es spätestens im 17. Jahrhundert den Verdachtsmomenten eines Panoptikums der falschen Abbildlichkeit ausgesetzt, die in Russland kaum hundert Jahre nach der ceroplastischen Konstruierung des ersten russischen Redners in der *Ritorika* dann in der Wachsfigur (voskovaja persona) des Zaren in der ersten russischen Kunstkammer ihren Prototypen erhält.[18] In der Zwischenzeit reüssiert es als Illusionsträger der ersten russischen Theateraufführungen. An zahlreichen Stellen vermerken die Rechnungsbücher der Moskauer Ämter Ausgaben für wächserne Kulissenelemente.[19] Anders als Fleisch ist Wachs keine Einsprechungs- oder Eingießungsmaterie, sondern der Stoff, aus dem Modelle, Kopien, Doppelgänger, „Pseudo-Organismen"[20] und Simulakren sind.[21] Als (nach)bildsames Fleisch ist es von vornherein dem Verdikt der Manipulation und Maskerade ausgesetzt, und gerade das macht es zur idealen Abdrucksmaterie für den imaginären Leib der Rhetorik. Über diese Allegorie des Schwellentexts des ersten rhetorischen Lehrbuchs Russlands erhält die Rhetorik einen keineswegs „normalisierend-stabilisierenden" allegorischen Körper aus halluzinogener Materie, mehr noch wird die Rhetorik als Allegorik

---

18 Zur Rolle des Wachses in den Konzeptualisierungen einer Ebenbildlichkeit des Menschen vgl. Gerchow (Hg.), *Ebenbilder.* Zur Veränderung eines ‚Begriffs des Begriffs' vgl. Wurm, Wachs/Persona.

19 Beispielsweise werden für die Inszenierung des Dramas über den Feldzug des transoxanischen Herrschers Timur (Tamerlan) gegen den osmanischen Sultan Bajasid I. (*Temir-Aksakovo dejstvo*, 1675) für drei Rubel Wachsäpfel benötigt, die neben bemalten Messingblättern und farbigen Gläsern an den wächsernen Bäumen des Paradieses hängen sollen („Da jablok voskovych, čto byt' na drevach rajskich, na 3 rub. […] Da k tomu-ž kamidějnomu dělu nadobno: na rajskije dreva vosku pud, vosk est' gotovyj v Volodimirskoj četi"). Dokumente dazu sind ediert in: *Moskovskij teatr pri carjach Aleksěe i Petrě*, 49. Vsevolodskij-Gerngross schreibt die Ausstattung dem Drama *Über Adam und Eva* (*Ob Adame i Eve*) zu. Vgl. Vsevolodskij-Gerngross, *Russkij teatr*, 121.

20 Wurm, Wachs/Persona.

21 Höchstens erlaubt Wachs in der Tradition westeuropäischer Votivbilder, „das Fleisch zu gewinnen" bzw. zurückzugewinnen. Vgl. Didi-Hubermann, Heuristik der Ähnlichkeit.

22 Das zweite Vorwort, das vermutlich konkret für die *‚Makarij'-Rhetorik* verfasst wurde, führt die in der *Erzählung über die sieben freien Künste* vorgegebene Allegorisierung modifizierend fort, indem sie das rhetorische System in die auch in der Antike beliebte Allegorie eines Staatswesens fasst. Körper und Verortungen fungieren hier als *imagines* und *loci argumentiae.* Zur systematischen Abfrage der *města* (*loci*) heißt es im Abschnitt *izobrětenie* (*inventio*): „Ein König erwarb ein großes und schönes Land und mit ihm viele Menschen. Da befahl der König, alle Menschen in ihm mitsamt ihren Häusern zu beschreiben und zu zählen." („Car' někto obrěte zemlju udobnu i krasnu i ljudej v nej množestvo. Povel car' tu zemlju i v nej lju-

eingeführt. In diesem Körper wird die Grenze des Sagbaren als Grenze des figurativ Sichtbaren in der Sprachmaske des phantasmatischen Körpers markiert. [22]

1.3. Masken: Prosopopoiia der Rhetorik

Noch einmal zurück zur *Erzählung über die sieben freien Künste* (*Skazanie o sedmi mudrostěch*). Dieser kurze Text wird aus seiner paratextuellen Randposition, die er noch im *'Makarij'-Handbuch* einnimmt, in Nikolaj Spafarijs kompilativ angelegtem Traktat *Über die neun Musen und die sieben freien Künste* (*Kniga izbranaja vkratce o devjatich musach i o sedmich svobodnych chudožestvach*, 1672) in den Status einer eigenwertigen 'Rhetorik' erhoben. Während das Buch über die Musen zunächst Lehrbuch für die Zarenkinder war, werden zehn Jahre nach Erscheinen der Schrift die *artes liberales* dem Curriculum der Moskauer Slavisch-Griechisch-Lateinischen Akademie zugrunde gelegt (wobei das Bildungscorpus der westeuropäischen *humaniora* zum Lehrprogramm aus Grammatik, Poetik, Rhetorik, Philosophie und Theologie mutiert). Spafarij, der das *Buch der Musen* während seiner Arbeit als Übersetzer im Moskauer Auswärtigen Amt (Posolskij prikaz) verfasst, erhebt hier seine Translationstätigkeit zum Strukturprinzip synkretistischer Textmontage und -kompilation. Das *Buch der Musen* stellt eine vielschichtige Zusammenschau antiker Mythologie, griechischer und lateinischer Philosophie und Dichtung mit der scholastischen Allegorik der *septem artes liberales* dar. Aus dieser Collagetechnik heraus ist der kulturpragmatische Ort des Musen-Buches klar benennbar. Die Überblendung antiker Gottheiten, das Zusammenspiel von Musen und Allegorien der Künste figuriert dort als topischer Fundus der *inventio*, wo eine trinitatische *arche* allen Sprechens und Schreibens verschwunden ist.

---

di i domy ich opisati i izčesti." (18)) Der Prozess der *inventio* mit seinen komplexen Parametern zur Zergliederung von Stoffmengen ist allegorisch vorgestellt als Kombinationsaktivität aus Beschreiben und Berechnen eines *locus communis*. Rhetorische Erfindungskraft präsentiert sich damit als ein Akt der topographischen Systematisierung und umfänglichen Erfassung von Daten. Das demographische Modell einer Volkszählung ergänzt der Verfasser der Allegorie in der Mnemotechnik um das ökonomische Modell des Handels und der Migration. Techniken zur Erzeugung einer *memoria artificialis* aufgrund von Resystematisierung der inventiven *loci* und ihrer Ausstattung mit dynamischen *imagines agentes* geraten so zu einem komplexen Bewegungsbild anthropomorphisierter Topik: „[Gedächtnis] Danach führte der König aus anderen Ländern kluge Menschen unterschiedlichen Standes herbei und befahl ihnen, in jenem Land Handel zu treiben und in ihre Ländern zurückzukehren, und er führte wieder anderer Länder Kinder und Söhne herbei und siedelte sie in dem Land an." (Ebd.) („[Pamjat] Potom že privede car' ot pročich stran razumnyja ljudi različnych činov i povelě im v toj zemli kupiti i prodajati i vo svoja strany otchoditi, ot iněch že stran dětej i synovcev privede i vseli v tu zemlju.")

Auch wenn es sich bei Nikolaj Spafarijs Musenbuch um kein klassisches rhetorisches Regelkompendium, sondern um eine allegorisch gestaltete Entfaltung der *translatio* als textpoietischen Strukturmusters handelt, so führt doch noch Vomperskij die Bearbeitung der *Erzählung über die sieben freien Künste* durch Spafarij als eine der wenigen Rhetoriken des 17. Jahrhunderts an. Und er kann sich dabei auch auf die (beschränkte) Empirie der Handschriftenüberlieferung stützen, in der die Abschrift des *Buchs der Musen* als Eröffnungstext rhetorischer Sammelhandschriften auftritt.[23] Vomperskij begründet seine Zuordnung Spafarijs zum rhetoriktheoretischen Inventar des frühen Barock mit der polyphonen Struktur des Textes. Die Genese rhetorischen Sprechens und rhetorischer Theorie aus den Mustern der Kombinatorik und der Translation interessiert hier vor allem aus einem Grund: Deutlicher als in Nikolaj Spafarijs Lehrbuch kann man das Verständnis der Rhetorik *als* Allegorik, die Geburt der Rhetorik aus der Allegorik kaum demonstrieren. Das ist umso provokativer, als der Text selbst an keiner Stelle von Allegorie spricht. Als obskurer rhetorischer Pseudo-Lehrtext nennt er diese Trope und ihr Verfahren nicht einmal. Dennoch funktioniert er vollständig allegorisch. Denn der identisch aus der *Erzählung über die sieben freien Künste* übernommenen Passage über die Rhetorik schaltet Nikolaj Spafarij einen allgemeineren Teil vor, der zentrale Begriffe der rhetorischen Theorie in eine fragmentarische Systematik bzw. Mystik der Zahlen einordnet.

Mit einer Lehrbuchdefinition eröffnend, die auch das ‚*Makarij*'-*Handbuch* einleitet, suggeriert das Rhetorik-Kapitel des Musenbuchs einen deskriptiv-analytischen Zugang im Stil der klassischen Rhetoriken als *ars ornate et recte dicendi*: „Die Rhetorik ist die Kunst, die den Schmuck und den Vortrag der Rede lehrt. […] Ziel der Rhetorik ist es zu lehren, jede Rede schön und kunstvoll vorzutragen."[24] Doch schon die knappe Inhaltsangabe der fünf rhetorischen „Argumente" („viny"), vier „Werkzeuge" („orudija") und acht „Teile" („načatki") ersetzt die antike Fachterminologie durch eine ungewöhnliche Begrifflichkeit und Ordnung. Mit den *viny* sind nicht die *officia oratoris* oder die klassische Aufteilung von Argumententypen gemeint, sondern fünf gute

---

23 Vomperskij, *Ritorika v Rossii*, 54–59. Der Text der *Kniga izbranaja vkratce o devjatich musach i o sedmich svobodnych chudožestvach* wie auch des *Skazanie o sedmi mudrostěch* sind abgedruckt in Nikolaj Spafarij, *Ėstetičeskie traktaty*. Bei der entsprechenden Sammelhandschrift handelt es sich um das Exemplar Q.XV.119 der RNB. In dieser Abschrift fehlen Anfang und Ende des Textes. Vgl. zur Editionsgeschichte auch die Anmerkungen in *Ėstetičeskie traktaty* von der Herausgeberin Belobrova, sowie dies., K izučeniju „Knigi izbranoj vkratce o devjatich musach", 308ff.

24 Nikolaj Spafarij, *Das Buch der Musen/Kniga o musach*, 31. („Ritorika est' chudožestvo, jaže učit slovo ukrašati i veščevati. […] Konec ritoriki est' učiti krasno glagolati i uveščevati na kujuždo reč'.")

Gründe, die Rhetorik zu erlernen. Diese Argumente variieren die Eingangsdefinition der kunstvollen Rede: Die Rhetorik sei eine antike Kunst, über die schon der weise Gorgias geschrieben habe („jako drevnee chudožestvo est' i drevnejšij Gorgia mudrec o nej pišet"), zudem schmücke sie die Rede und sei deshalb der Mühe wert („jako ukrašet slovesa i ispolnjaet, jaže učenija dostojna est' i truda"), sie sei eine nützliche Angelegenheit („poleznaja vo vsem živote našem"), denn die Rede, die nicht kunstvoll geschmückt und vorgetragen werde, bereite den Zuhörern Mühe („tugu slyšaščym sotvorit").[25] Nach den fünf „Argumenten" folgen die vier „Werkzeuge" als *obraz* [*tropus*], *načertanie* [*schema*], *iskusstvo glasa* [*pronuntiatio*] und *dejstvo* [*actio*] einer klassischen Schematisierung, die gleichwohl in der Klassifizierung zwischen Redeteilen und Tropologie springt. Ebenso unklar bleibt die achtgliedrige Systematik der *načatki*, die um den Begriff des *obraz* kreist, diesen ein Mal erneut der Vierzahl der *orudija* zuordnend, ein anderes Mal der Vierzahl der *obrazcy*, ein drittes Mal der Zehnzahl der Exordialtopoi.

Mit diesen eigenwillig uminterpretierten und rekombinierten Versatzstücken rhetorischer Theorie bricht der erste Teil unvermittelt ab und fährt mit der Rede der Rhetorik als *fictio personae* fort: „Viele betrachten mich, verstehen mich aber nicht".[26] Was in den kaum noch rekonstruierbaren Ordnungen von Spafarijs rhetorischer Sprachsystematik verloren ging, soll durch eine figurale Einschreibung ins Bild gerettet werden. Der Zusammenhang von Blick und (Un-)Lesbarkeit konkretisiert sich als rhetorischer Blick auf die Prosopopoiia der Rhetorik. Durch die prosopopoische Figurierung der Rhetorik, die Spafarij vorangehend als symbolischen Zahlen- und Buchstabencode präsentiert hatte, der unter dem Primat schönen und richtigen Sprechens eine strukturelle *obscuritas* in die Theorie des Verstehens einführte, verleiht er dem System der Rede ein sprechendes Gesicht und macht sie zur redenden Person. „Eine Stimme", so de Man, „setzt einen Mund voraus, ein Auge und letztlich ein Gesicht, eine Kette, die sich in der Etymologie des Namens der Trope [Prosopopöie] manifestiert: *prosopon poiein*, eine Maske oder ein Gesicht (*prosopon*) geben" und die eine „Fiktion der Apostrophierung einer abwesenden, verstorbenen oder stimmlosen Entität" gewährt.[27] Sich als tropischer Sprachkörper maskierend erwirbt die Rhetorik Stimme und Gestalt. Die Stimme, die belehrt, stellt das

---

25 Nikolaj Spafarij, *Das Buch der Musen/Kniga o musach*, 31f.

26 Ebd. („Zrjat mi ubo mnozi i ne vnimajut o mně") Diese Klage wird in Abwandlungen von allen *artes* vorgebracht. Die Dialektik beschwert sich mit ähnlichen Worten: „Was staunt ihr mich an und wundert euch, wenn ihr mich betrachtet, und traut euch doch nicht an mich heran." („čto čjuditsja i na mja zrjašče pomyšljaete i ko mne mnimago radi stroptivstva ne pristupaete.") (Nikolaj Spafarij, *Das Buch der Musen/Kniga o musach*, 34.)

27 de Man, Autobiographie als Maskenspiel, 140.

Zu-Sehende heraus, um Unlesbarkeit zu suspendieren. Doch (auch) als gesehene Figur verfehlt, zerlegt sie das konstruktive Prinzip der Anschaulichkeit. In der Doppelstruktur von Auge und Ohr bricht das audiovisuelle Lese-Paradigma einer (semi)oralen Kultur. Die Maske bleibt Ornament, das den Blick fängt und vom Lesen ablenkt.[28] Doch eine Einordnung der rhetorischen Klage um das Nicht-Verstehen mitsamt ihres Sichtbarkeitsanspruchs in das Mosaik eines frühbarocken Bildlichkeitspostulats muss die semantischen Abstufungen von kontemplativer Schau, konsiderativer Betrachtung oder optischer Anschaulichkeit berücksichtigen, die im „viele betrachten mich" („zrjat mi ubo mnozi") der Stimmkulisse anklingt.[29] Das Spektrum von *visio spiritualis* bis *visio carnalis*, das die tropische Figuration evoziert, ist in der Prosopopoiia der Rhetorik auf die Konfrontation von (dechiffrierender, verstehender, sinn-konjunktiver) Lesbarkeit und (äußerlicher, sensorischer, sinn-disjunktiver) Sichtbarkeit zugespitzt.[30] Aufgespalten in eine Figuration bildlicher Präsentation und eine Figur sinnverfehlenden Sprechens, auseinandergebrochen in Soma und Sem wird die Prosopopoiia Nikolaj Spafarijs zur Allegorie bildlicher Rede als visuellem Fremdkörper im semiotischen System der frühbarocken Kultur. Die Medialität der prosopopoischen Figur ist der Ort, an dem die allegorische Materialität des Bildes in ihrer uneinlösbaren Bedeutungshaftigkeit präsent wird. Kleidete sich die Rhetorik zunächst noch in den Schmuck des Redens, so kündigt sich im klagenden Lob der Rhetorik die Ambiguität figurierten Sprechens an, mit der sie fortan nicht mehr aufhören wird zu ringen.

Das letzte Kapitel des *Buchs der Musen* nimmt den Topos der rhetorischen Sprachpermutabilität als Zahlenkombinatorik noch einmal auf und verbindet ihn mit der Trope fiktiver Impersonation. Es entfaltet sowohl die Logik der Zahl wie auch die des bildhaften Rechenkörpers der Rhetorik und die der allegorischen Totalisierung in der figurativen Konstituierung, um alle drei in ei-

---

28 Vgl. Menke, *Prosopopoiia.*

29 Vgl. auch hier die *Dogmatik* zur Übersetzung von *zrěti sja* für *considerari, conspici, contemplari, videri.*

30 Menke sieht die Prosopopoiia als Gegenfigur zur Allegorie, da erstere die Kontingenz des Bedeutens durch Maskierung hinter dem stimmhaften Gesicht zu verbergen suche, während die Allegorie semantische Disjunktion ausstelle. Eine solche Gegenüberstellung verdeckt gleichwohl, was Menke an anderer Stelle hervorhebt: dass die oral-visuale Hülle der Personifikationstrope immer auch ihre Defiguration, den Gesichts-Verlust in sich trägt. Auf eine weitere Abweichung von dem hier vorgenommenen Verwendungsmodus weist sie hin, wenn sie die Prosopopoiia von der Verkörperung und vom Soma abgrenzt, sie stattdessen auf das sprechende Gesicht begrenzt und mit Hirzel von einem „Reden- und Agieren-Lassen" spricht. Menke, *Prosopopoiia*, 11f. und 138. Die lateinische Übersetzung Quintilians als *fictio personae* legt eine Verwendung nahe, wie sie hier vorgenommen wird. *persona* übersetzt das gr. *prosopon* (Gesicht) als Gesamtheit des äußerlichen Körpers.

31 Vgl. zu einer ausführlicheren Analyse Kap. I.2.1.

nem numerischen Code miteinander zu verrechnen.[31] Das Musenbuch nimmt in diesem Teil die lullische Tradition auf, ein universales Modell des *mundus combinatus* zu entwerfen, das auf der Basis einer komplexen Zahlenlehre Körper und Kosmos, Wort und Welt, Seele und Sinne in Analogiebeziehung setzt und miteinander kombinierbar macht.[32] Unter dem Titel „Von der Redekunst" („Ot ritorstva") werden Körperteile und Körpersinne in Dezimalgruppen organisiert:

> Gesichtssinn, Geruchssinn, Geschmackssinn, Gehörsinn, Tastsinn, zwei Hände, zwei Beine, und als Zehntes der Kopf – das ist die erste Zehnzahl; die zweite Zehnzahl [besteht aus] Magen, Milz, Luftröhre, Kehle, zwei Augen, Zähnen, Nasenlöchern usw.[33]

Auch wenn Spafarij diese nicht explizit Redeteilen äquivalent setzt, so deutet doch die Schlussfolgerung „[d]ieses ist die Ordnung der Rede [*ordo oratoris*], das heißt die Schönrednerei, das heißt die Kunst des Schreibens und Sprechens"[34] auf eine anatomische Ordnung der Rede hin. Im gegenseitigen Unterwerfungsprozess der Rede unter die Struktur des Körpers und des Körpers unter die Regeln der Rede reflektiert sich die Allegorie der Sprache als Hybrid aus berechenbaren Sinnen und organischen Zahlen.

Alle bisherigen Überlegungen zur systemischen Genese einer Bildfigur ließen unberücksichtigt, dass der umkleideten Stimme der Rhetorik in der Handschrift bereits ein Bild voranging, welches die Lesbarkeit des Textes optisch vorcodierte. In den zwei Prachtexemplaren des *Buchs der Musen* für den Zaren

---

32 Zu diesem Traditionsstrang gehört auch die von Andrej Belobockij verfasste Rhetorik. Belobockijs *Ritorika* fällt fast vollständig mit der ebenfalls 1698–99 von ihm verfassten *Ars Magna des Raimundus Lullus* (*Velikaja nauka Rajmunda Ljullija)* zusammen. Sie erwächst einem umfassenden Anspruch zur Konstruktion nicht nur eines rhetorischen Inventariums der künstlerischen und theologisch pragmatisierten Rede, sondern eines Weltmodells aus der Sprache heraus, deren Beherrschung demiurgische Potenzen verleiht. Zugespitzt auf die Ausformulierung eines allegorischen Bildes des Universums als Sprache, steht im Zentrum dieser universalistischen Sprachtheorie die Problematik des Namens als einer ontologischen Entitäten zuordenbaren Größe. Nach den Konstruktionsprinzipien eines *mundus combinatus* gruppieren sich Dinge und Sprache als permutative Komplexe. Figurative Anordnungen, die das Regelwerk der Verknüpfungsmöglichkeiten regulieren, bestimmen den Rhetor als Teil einer Maschine, die sprachliche Zuordnungen, Syntagmenbildungen, Affektregulierung, tropische Ersetzungen und semantische Verschiebungen vornimmt. Vgl. dazu Leinkauf, *Mundus combinatus*. – Keiner der beiden Texte Andrej Belobockijs ist bisher ediert. Hss. der *Velikaja nauka Rajmunda Ljullija* u.a. RNB, F III.1.

33 Nikolaj Spafarij, *Das Buch der Musen/Kniga o musach*, 47. („Videnie, obonjanie, vkušenie, slyšanie, osjazanie, ruce dve, noze dve, desjatoe – glava; pervaja desjatica; vtoraja že desjatica – stomach že est' želudok, seleznja, dušnik, gorlo, oka dva, zuby, nozdry i pročaja.")

34 Ebd. („sej že čin ritorstva, zaneže rečetočstva, zaneže razumeet pisati i glagolati.")

Aleksej Federovič sind zu Beginn eines jeden Kapitels Miniaturen mit allegorischen Personifikationen der *artes liberales* enthalten (vgl. Abb. 1 und 2).[35] Sie geben der Verbildlichungs-Frage nach dem „Wer spricht?" proömisch ein Vor-Bild. Damit ist Nikolaj Spafarijs ‚Rhetorik' unter den Handbüchern des 17. Jahrhunderts das einzige, das nicht nur für seine allegorischen Text-Figuren eine bereits in Bildern fixierte Vorlage vorzuweisen hat, sondern das der allegorischen *evidentia* bis ins Bild folgt, indem es die Allegorie der Rhetorik selbst piktural umsetzt. Scheint es auf den ersten Blick so, als sei hier der Anspruch der Rhetorik, sich durch die Allegorie als anthropomorphe Sistierung einen Körper zu geben, voll einlösbar, als bekäme sie nicht nur einen allegorischen Bild-Körper, sondern als würde dieser auch materiell Bild, so erweist sich doch bei näherem Hinsehen, dass das Sichtbarkeitsprinzip der Rhetorik als Allegorik qua Bebilderung nicht in die ungebrochene Ikonizität des rhetorischen Wortes führt.

Ikonographisch weisen die Miniaturen beider Handschriften bei überwiegend analoger Gestaltung starke Unterschiede auf. So kennzeichnet die Miniatur aus dem Exemplar des Historischen Museums in Moskau (GIM) das deutliche Bemühen um zentralperspektivische Darstellung mit plastischer Licht-Schatten-Optik (*svetoten'*), während diejenige aus dem Exemplar der Russischen Nationalbibliothek in St. Petersburg (RNB) sich noch stärker an die Flächigkeit der altrussischen Ikonographie anlehnt.[36] Beide Miniaturen zeigen eine bekrönte, in weite Gewänder gekleidete Frauenfigur, wobei im Fall der Hs. Sinod. sobr. No. 527 der barockisierend reiche Faltenwurf stärker herausgearbeitet wird. Hingegen ist der Thron, auf dem die Frauenfiguren sitzen, im Fall der Hs. Q.VXII.13 mit barockisierendem Schnitzwerk versehen. In der rechten Hand halten beide Figuren eine Schriftrolle, in der linken einen Caduceus. Im Bildraum (bzw. diesen schon fast nach außen durchstoßend) verteilt befinden sich aufgeschlagene Bücher, die im Fall der Hs. Q.VXII.13 mit Schriftspuren versehen sind. Die Miniatur aus dem Exemplar der RNB weist zusätzlich den Namensschriftzug RITORIKA auf. Dieser alludiert die *nomina sacra* der Ikonen, erfüllt als lesbares Element jedoch nicht deren Funktion eines sakralen Schriftindikators, der den Urtext der Heiligen Schrift als Bildgrundlage evozieren soll.[37] Im Gegenteil spielt er in der allegorischen Mi-

---

35 Belobrova, Allegorii nauk, weist als westeuropäische Vorbilder sowohl der Musenbeschreibungen wie auch der Miniaturen die *Imagini delli Dei degli antichi* von Vincenzo Cartari (1647) und *Della novissima Iconologia* von Cesare Ripa (1625) nach. Vgl. zur Überlieferungsgeschichte der antiken Mythologie, die in das Musenbuch eingeht, auch dies., K izučeniju „Knigi izbranoj vkratce…".

36 Auf die Gründe und die Details der unterschiedlichen Ausführung kann hier nicht eingegangen werden. Vgl. dazu einige wenige Hinweise bei Belobrova, Allegorii nauk. Vgl. zur Perspektivik Kap. II.2. und II.3.

37 Vgl. dazu Daiber, *Aufschriften auf russischen Ikonen.*

Abb.1.: Nikolaj Spafarij: *Kniga o musach (Das Buch der Musen)*, RNB, Q.XVII.13, 20v. Siehe auch Farbtafel I.

niatur die Folie eines graphozentristischen Bildmodells aus, um im Eingangsbild einer ästhetischen Programmschrift der Bilderrede ein ikonozentristisches Schriftmodell zu propagieren.

An diesem Punkt treten sowohl die Funktion der Miniatur innerhalb der allegorischen Konfiguration des Musenbuchs wie auch die Funktion der Alle-

Abb. 2: Nikolaj Spafarij: *Kniga o musach (Das Buch der Musen)*, GIM, Sinod. Sobr., No. 527, 16v. Siehe auch Farbtafel II.

gorie für ein Bildlichkeitskonzept des 17. Jahrhunderts zusammen. Stört solche allegorische Recodierung von Schriftlichkeit und Bildlichkeit in der Lesbarkeit des Bildes ein orthodoxes Bildkonzept, so suspendiert doch auch die Miniatur den Bildlichkeitsanspruch, den die Allegorie zu entwickeln sucht. Beide lassen in ihrer wechselseitigen Bezugnahme hinter der rhetorischen Figurativität die allegorischen Miniaturen als äußerlich säkularisierte Ikonen hervortreten. Damit wird nicht nur eine altrussische Bildkultur der Schrift zitierend desavouiert – auch die Allegorie trägt noch die Spuren dieser Bildtradition. Es ist gerade diese gegenläufige Strategie von Schriftlichkeit und Bildlichkeit, welche die Allegorie als Manifestation eines rhetorischen Sichtbarkeitspostulats wieder bricht. Zwar realisiert sich die Allegorie der Rhetorik, deren visuelle Konkretisierung im Text selbst an keiner Stelle auch nur angedeutet ist (ganz im Gegenteil zu den Musen des Apollo, die ausführlich imaginär bebildert werden), als ikonische Präambel eines präskriptiven Textes, sie beantwortet die Frage des „Wer spricht?" Doch führt gerade die Visualisierung der grammatischen *fictio personae* mitten hinein in die konfliktträchtige Unentschiedenheit medialer Figurierung als Sichtbarmachung.[38]

1.4. Manipulationen: Taktile Rhetorik

Steht auch das *Buch der Musen* als Ausnahme unter den visuell-verbal gedoppelten Verfahren der allegorischen Personifikation da, so arbeiten doch auch andere Rhetoriken des russischen Barock mit Illustrationen, um allegorische (Körper-)Bilder ihrer Sprachmodelle zu geben. Neben der *Ritorika* (1698) des Sofronij Lichud ist hier vor allem die *Rhetorische Hand* (*Ritoričeskaja Ruka*,

38 Ein indirektes Nachspiel hat die bebilderte Allegorik von Nikolaj Spafarij dreißig Jahre später. Der prosopopoische Monolog, der mit der Miniatur ein Ikonen-Gesicht bekam, verweist als Zwischenschritt auf eine Inszenierungsform der allegorischen Rhetorik, die das petrinische Theater hervorbringt. Im *Spiel über die sieben freien Künste* (*Dejstvo o semi svobodnych naukach,* 1702/5) wird es möglich, die prosopopoische Sprechweise des Handbuchs als allegorische Deklamation eines Schuldramas auf der Bühne der Moskauer Akademie vorzutragen. Die Rhetorik tritt hier mit eben jener Skepsis auf, die sich seit der *Erzählung über die sieben freien Künste* durch alle Sprachlehrbücher zieht und die auch die Bearbeitung Nikolaj Spafarijs markiert. In einer einzigen Konsonantenverschiebung verrät sich jedoch die Spaltung in eine imaginäre Rollenfigur und ein Trägermedium: Hieß es zuvor: „Viele sehen mich, aber verstehen mich nicht", so lautet die Klage nun: „Viele sehen dich, aber verstehen mich nicht." („Mnozi ubo tii zrjat', a ne vnemljut o mne.") (*Spiel über die sieben freien Künste/Dejstvo o semi svobodnych naukach,* 151) Was die ersten Rhetoriken an performativer Autoallegorisierung vorführen, erhält szenisch gedoppelte Gestalt, Körper, Stimme, Kulissenhaftigkeit eines Theaters der Rhetorik. Dass diese schon mit einer allegorischen Notwendigkeit wie auch dem Phänomen des verfremdeten, entstellten Sprechens hinter der Maske kalkuliert, verdeutlicht einmal mehr die Vorrede. Hier spricht der erste Schüler davon, dass sich die Rhetorik durch sich selbst, und das heißt: durch die *fictio personae* des Schauspielers realisiere: „Durch uns hat sie bereits sich selbst ganz verkündet; über sie und in ihrem Namen wollen wir nun die Wissenschaft darzustellen versuchen." („Sama o sebe črez nas dejstva vozveščala / Svoja vsi, / Nyne že my, ašče zde čto budem veščati, / O nej ot eja lica nauku javljati / Potščimsja, […].") (Ebd.) Die Figur des Lesens kommt hier als inszenierte Maskenhaftigkeit der verstellenden Sichtbarkeit zu sich selbst.

Ende d. 17. Jh.) von Stefan Javorskij zu nennen, die sich einen didaktisch schon über Jahrhunderte präfigurierten Körperteil wählt, um an ihm Redeteile zu demonstrieren. Stefan Javorskij, der bei Varlaam Jasinskij an der Kiever Akademie und später in L'vov, Poznań und Vilnius studierte, verfasste vermutlich während der Tätigkeit als Dozent der „svobodnye chudožestva" (*artes liberales*) an der Slavisch-Griechisch-Lateinischen Akademie in Moskau[39] seine *Rhetorische Hand.* Die lateinische Textfassung Stefan Javorskijs wird 1705 von Feodor Polikarpov ins Russisch-Kirchenslavische („na slovenski jazyk") übersetzt.[40] Hatten die Miniaturen von Spafarijs Musenbuch die Funktion, die textuell formulierte Kluft von optischer Evidenz („viele sehen mich" / „zrjat mi ubo mnozi") und semantischer Dechiffrierung („doch verstehen nicht" / „no ne vnimajut") medial zugunsten einer Visualisierung der tropischen Figur zu lösen (was die Diskrepanz eher vertiefte, als sie aufzulösen), so setzt Stefan die Verbindung von Körper- und Schriftsprache im Bild der lehrenden Hand als veranschaulichende Merkhilfe ein. Die *Rhetorische Hand* entwirft ein rhetorisches Feld zwischen Hand, Auge und Wort.

Um die Definition dieses Feldes einzuordnen, ist ein Rückbezug auf die anthropologischen Markierungen desselben durch Leroi-Gourhan sinnvoll, der die Paare Gesicht-Lesen (Gesicht-Sprache) und Hand-Zeichnen (Hand-Werkzeug) in ihren gegenseitigen Koordinationen und Usurpationen als kulturtechnisches Tetraeder beschrieben hat. Ohne die evolutions- und kulturgeschichtlich unterschiedlichen Subordinationen und Verschiebungen im Gefüge dieser Werkzeug-Paare hier detailliert nachzuzeichnen, können die Überlegungen Leroi-Gourhans zu den Koordinationsversuchen von Hand und Sprache als kulturtechnisches Phänomen begründen helfen, warum diesem Prinzip der Handhabung von Laut- und Zeichenbildung auch ein Paradigma der Sprachgestaltung nicht entgehen wird.[41] Bereits in Quintilians *Institutio oratoria*, die eine wesentliche Quelle für Stefan Javorskijs Rhetorik darstellt, ist die Hand exponierter Agent der Rede, „da sie fast die ganze Fülle, die

---

39 An der latinisierenden Umgestaltung der Akademie war Stefan Javorskij führend beteiligt. Vgl. zur Geschichte der Akademie Smirnov, *Istorija Moskovskoj Slavjano-Greko-Latinskoj Akademii.* Einige knappe Ausführungen zu dieser ‚Vorgeschichte' eines russischen Wissenschaftsbetriebs bei Vucinich, *Science in Russian Culture.*

40 Sowohl die Datierungen wie auch die Autorschaft der *Rhetorischen Hand* sind nicht vollständig geklärt. Möglicherweise stammt die lateinische Fassung Stefan Javorskijs auch aus der Zeit seiner akademischen Tätigkeit in Kiev (um 1690). Vgl. dazu Uhlenbruch, Rhetorica Slavica, der auch aufgrund einer terminologischen Analyse die lateinischen Quellen und Vorbildwerke der *Rhetorischen Hand* identifiziert (Quintilians *Institutio oratoria*, die *Rhetorica ad Herennium*, jesuitische Lehrbücher von Cyprian Soarez, François Pomey und Nicolaus Caussinus).

41 Leroi-Gourhan, *Hand und Wort,* hier insbes. 239ff.

den Worten eigen ist", erreicht.[42] Ihr wird eine umfangreiche Systematik gestischer Ausdrucksmöglichkeiten gewidmet, welche die Ordnung der Rede zu einer Ordnung des Körpers macht. Die Abstimmung der Redegebärde auf den rhetorischen Text, die Umwandlung der Hand in ein tragendes Element des *sermo corporis* nimmt – immer in Abgrenzung zur Pantomime, aber auch immer im Dienste der optischen Anschaulichkeit – eine Umformung des Leibes vor, die ihn zur Figur werden lässt.[43]

Deleuze/Guattari formulieren das von Leroi-Gourhan entworfene zweipolige Schema um, indem sie Stimme, Hand und Auge zur Triade eines „beseelten Graphismus" relationieren, der dem Körper ein Gedächtnis eingräbt, ihn zum mnemonischen Territorium umschreibt, ohne ihn ganz unterwerfen zu können.[44] Innerhalb dieses Koordinatensystems ist die manuell-manipulative rhetorische Hand Stefan Javorskijs zu verorten. Verknüpft mit der rhetorischen Tradition innerer Visualisierung der Redeteile – einer der Grundübungen der antiken Rhetorik – ruft sie die Schemata körperorientierter Mnemotechniken auf.[45] Ist es in erster Linie das Gesicht, das als Figur des Sprechens rhetorisch funktionalisiert wird, so nimmt hier die Hand dessen privilegierten Ort ein.[46]

Als Basismedium der deiktisch-didaktischen Veranschaulichung ist die Hand schon im westeuropäischen Mittelalter beliebt.[47] Mnemotechnische und körperliche Gelehrsamkeit überlagern sich hier in der Instrumentalisierung psychophysischer Dispositionen:

> The hand-diagram was both a mnemonic and a pedagogical device. The association of a clef and its syllables with a specific place on the hand helped memory and provided the teacher with a convenient method of demonstrating and practicing [...]. The hand itself, its finger tips and joints, function as a system of places, providing an order to the images located within them. [...] In other words, the function of the system of places is exactly the same in both the musical and the mnemonic theories. [48]

Jede Verwendung körpergebundener Memorialtechniken ist zunächst assoziiert mit illiteralen Rezipienten, verlagert sich aber mit der breiteren Literalisie-

---

42 Quintilian, *Institutio oratoria*, XI 3, 85.

43 Vgl. dazu Göttert, *Geschichte der Stimme*, 72ff.

44 Deleuze/Guattari, *Anti-Ödipus*, 243.

45 Zu den Imaginationstechniken der antiken Rhetorik im Kontext der Gedächtniskunst (der Anfüllung imaginärer Räumlichkeiten mit inneren Stellvertreter-Bildern) vgl. Yates, *The Art of Memory*.

46 Vgl. dazu Menke, *Prosopopoiia*, 137ff.

47 Vgl. dazu Wenzel, *Hören und Sehen*, 75ff. Auch die *Kosmografija* Kozmas des Indienfahrers (Koz'ma Indikoplov) arbeitet in einigen Abschriften des 17. Jahrhundert mit dieser Versinnlichung (vgl. Abb. 3).

48 Berger, The Hand and the Art of Memory, 97 u. 102. Zit. nach Wenzel, *Hören und Sehen*, 78.

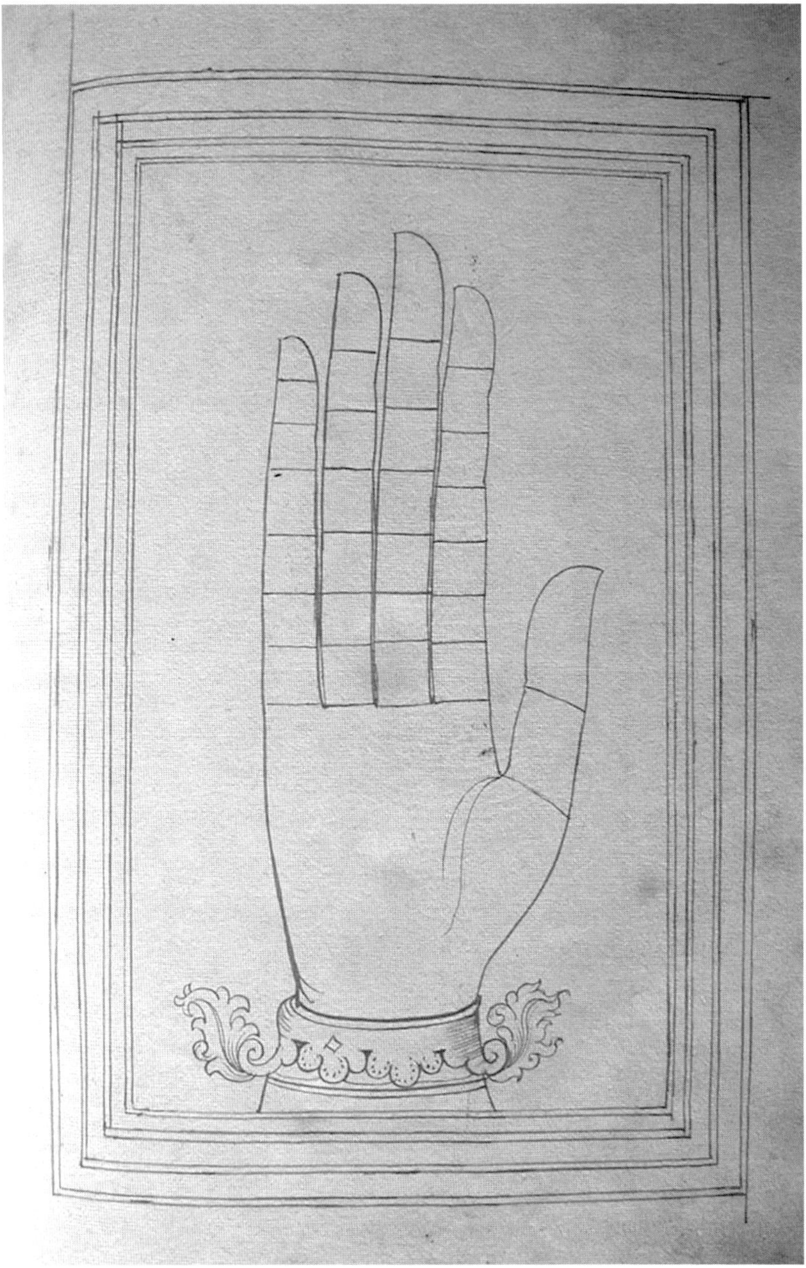

Abb. 3: *Kosmografija*, Ende 17. Jh. BAN, P.I.A 68, 105.

Abb. 4: Elias Salomo: *Scientia artis musica* (14. Jh.). Aus: Wenzel, Hören und Sehen – Schrift und Bild, 8.

rung zunehmend auf schriftgebundene Techniken der *memoria*. Früheste Belege mnemonischer Hände sind ins 14. Jahrhundert zu datieren, noch davor figuriert die Hand als optische Veranschaulichung, z.B. in der Guidonischen Hand, die als Visualisierung eines Tonsystems in mehreren Varianten belegt ist (vgl. Abb. 4).[49] Strasser beobachtet eine Intensivierung der Verwendung des menschlichen Körpers als *locus* seit dem späten 16. Jahrhundert, wobei die Kartographie des Körpers zu Merkzwecken immer stärker die Hände, z.B. in Fingeralphabeten, einschließt.[50] Als prototypisch verweist Strasser auf Hieronymus Marafiotus' 1583 erschienene *De Arte reminiscentiae per loca, & imagines, ac per notas, & figuras in manibus positas*. Hier wird der *locus*-Begriff der traditionellen Mnemonik durch eine Ausarbeitung derjenigen Verfahren variiert, die die Antike zur Stützung von Rechenarbeit und die mittelalterliche Musik zur Memorierung von Harmonien einsetzt (vgl. Abb. 5).

Die *Rhetorische Hand* steht damit in einer mnemonischen Tradition der Verbildlichung des Leibes, die mindestens seit dem 14. Jahrhundert das Zusammenspiel der Hände als symbolisches und manuelles Begreifen und Er-

49 Gerade in der musiktheoretischen und -praktischen Literatur ist diese Darstellungsform verbreitet; der Nexus von Hören und Sehen steht damit stärker im Vordergrund als bei der Rhetorik, die im Barock nicht mehr nur Sprechakttheorie, sondern gleichermaßen Schreibregelwerk ist. Die beschrifteten Hände wären noch im Zusammenhang mit dem ikonographischen Motiv der schreibenden Hände zu betrachten, die in den altrussischen Miniaturen als schreibende Hand Gottes auftreten. Vgl. dazu das Kap. III.3. Dazu auch Wenzel, *Hören und Sehen*, 82.

50 Strasser, *Emblematik und Mnemonik*, 31ff. Schon die Rhetorik *Ad Herennium* gibt vor, die fünften und zehnten Örter hervorzuheben, wodurch sich die Hand bzw. beide Hände als Merkschema anbieten. Im *Congestiorium Artificios[a]e Memori[a]e* (1520) Johann Horst von Romberchs, das die *loci* in zahlreichen Abbildungen illustriert, ist nach jedem fünften Objekt eine Hand einfügt. Vgl. dazu auch Strasser, *Emblematik und Mnemonik*, 29.

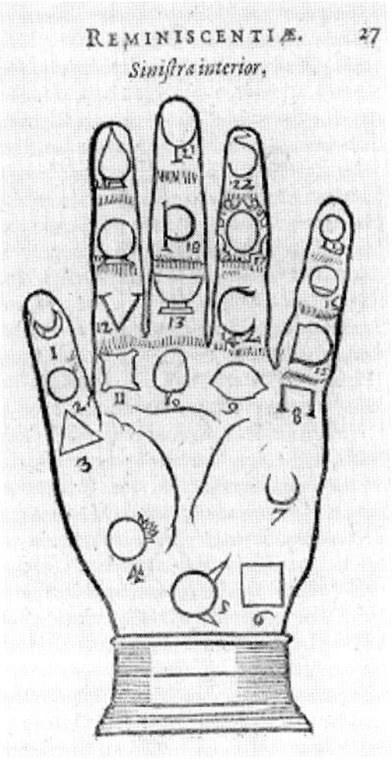

Abb. 5: Hieronymus Marafiotus: *De Arte reminiscentiae per loca, & imagines, ac per notas, & figuras in manibus positas* (1583). Aus: Strasser, Emblematik und Mnemonik, 32.

greifen im Buch bebildernd verschränkt. Auch hier ist zu beobachten, dass die Hand nicht primär zur Leistungssteigerung der Memorierung beliebiger Sachverhalte eingesetzt wird, sondern zur *memoratio* der Rhetorik selbst – allegorische Mnemonik wird auf Rhetorik angewendet. Im Barock erfährt diese analphabetische Form eine Literalisierung und Visualisierung in der rhetorischen Ausbildung. Sie reaktiviert damit die Situierungen und Elemente unzerdehnter mündlicher Kommunikation, wozu in erster Linie der Schauraum einer direkten vis-á-vis-Kommunikation gehört, in der der Körper des anderen mitsamt seinem mimisch-gestischen Ausdrucks- und Affektionspotenzial sichtbar bleibt.[51] Wurde die Hand seit jeher als abzählende Merkhilfe eingesetzt, so kommt sie im Genre der taktilen *ars memorativa*, deren fünf Finger die Schritte der rhetorischen Tätigkeit von der *inventio* bis zur *actio* darstellen, zu einer neuen Form der sensorischen Bildlichkeit rhetorischer Technik. Haptik, Optik und Rhetorik schließen sich zusammen.

Die *Rhetorische Hand* konkretisiert das Bild der allegorischen Verkörperung zur besseren mnemonischen Einprägsamkeit im Vorwort zur Rhetorik zunächst verbal. Nach der bloßen Nennung der fünf Redeteile heißt es im Text: „Nun gibt es fünf Finger, deshalb heißen diese Finger von nun an rhetorische Hand, die durch fünf Teile oder fünf Finger zusammengesetzt ist. In ihrer Linken liegen Reichtum und Ruhm."[52] Unmittelbar anschließend ist das Körper-Bild die-

---

51 Wenzel, Hören und Sehen – Schrift und Bild, insbes. 4ff.

52 Stefan Javorskij, *Die rhetorische Hand/Ritoričeskaja Ruka*, 9f. („Byti aki pjat' perstov, ot sich pročee pjati perstach zdě po edinomu rečetsja ruka ritoričeskaja pjatiju čast'mi ili pjatiju persty ukrěplennaja. V šuicě eja bogatstvo i slava.")

ser Allegorie piktural umgesetzt durch die Zeichnung zweier ohne Körperanbindung auf der Fläche angeordneter Hände, von denen die eine mit den fünf *officia oratoria* beschriftet ist: „izobrětenie“ (*inventio*), „raspoloženie“ (*dispositio*), „krasnoslovie“ (*elocutio/ornatus*), „pamjat’“ (*memoria*) und „proiznošenie“ (*pronuntiatio/actio*) werden jeweils einem Finger der Hand des Redners zugeordnet (vgl. Abb. 6). Auf dem Handgelenk findet sich ein erläuternder Zusatz: „Rhetorik ist die Kunst der schönen Rede; sie besteht aus fünf Teilen“ („Ritorika est’ chudožestvo dobrě glagolati eja časti sut’ pjat’“). Die Hand bzw. das Bild der Hand wird hier zur Schreib- und Zeigefläche gleichermaßen. Zu Beginn des folgenden Kapitels ist die Zuordnung von Körper- und Redeglied noch einmal ausgelegt und die Übersetzung der Schrifthand in die Bilderrede vorgenommen:

> In der rhetorischen Hand ist jeder Finger etwas besonderes: Der Daumen verfügt über große Kraft, der Zeigefinger zeigt den Weg zu den Sternen, der Mittelfinger lehrt die goldene Mitte, der Ringfinger schmückt die Weisheit mit einem Ring, der kleine oder Ohr-Finger reinigt die Ohren und öffnet sie zum Hören.[53]

Gibt die rhetorische Linke dergestalt die Quintessenz des rhetorischen Wissens als kontagiöses *manual* dem Redner an die Hand, so benötigt sie doch noch eine rhetorische Rechte, oder zumindest noch einen Zeigefinger, der ihre Finger benennt und vorführt. Stefan Javorskijs Manu(in)skription der Rhetorik wird deshalb so interessant, weil sie ihrer zeigenden Hand eben jenen Index-Finger, jene Zeigehand hinzufügt, die allenthalben an den Glossen der Manuskripte aufzufinden ist und die in der Frühphase des Drucks noch in die typographische Kultur hinübergerettet wird (vgl. Abb. 7, 8, 9).

Von unten, aus dem Paratext hervorstoßend, nähert sich die zweite, ebenfalls beschriftete Hand und zeigt indexikalisch-erläuternd auf die Eintragungen im Bild der anderen. Die demonstrative Ergänzung zur tastbaren Rede ist in Mennige mit dem Wort „siehe!“ („zri!“) versehen. Sie performiert damit den Vorführakt, der ihr eingeschrieben ist. Zeigt die Hand in den deiktischen Marginalien auf Schrift, so zeigt sie bei Stefan Javorskij auf ein Schriftbild. Auch in einem Beispiel der Guidonischen Hand findet sich die zweite Zeigehand (vgl. Abb. 4), doch verzichtet sie in der *Rhetorischen Hand* auf ihre Verwurzelung im Körper des Lehrers und weist eine zusätzliche Beschriftung auf. Nicht zufällig erwächst diese Hand aus der Textpassage, die die Namen von Autor und Übersetzer nennt, also derjenigen, die die Formen und Funktionen der Andersrede (*inoglagolanie*) systematisierend und anschaulich vorführen.

---

53 Stefan Javorskij, *Die rhetorische Hand/Ritoričeskaja Ruka*, 11f („V ritoričestvěj ruce vsi persty iměјut něčto osobnoe. Perst velikij možet siloju. Ukazatelnyj: ukazuet vědenie i put’ ko zvezdam. Srednii: zlatom naučaet sredstvu. Perstnevyj: perstnem obručaet premudrost’. Mizinec ili ušesnik ušesa otiraet i otverzaet ko slyšaniju.“)

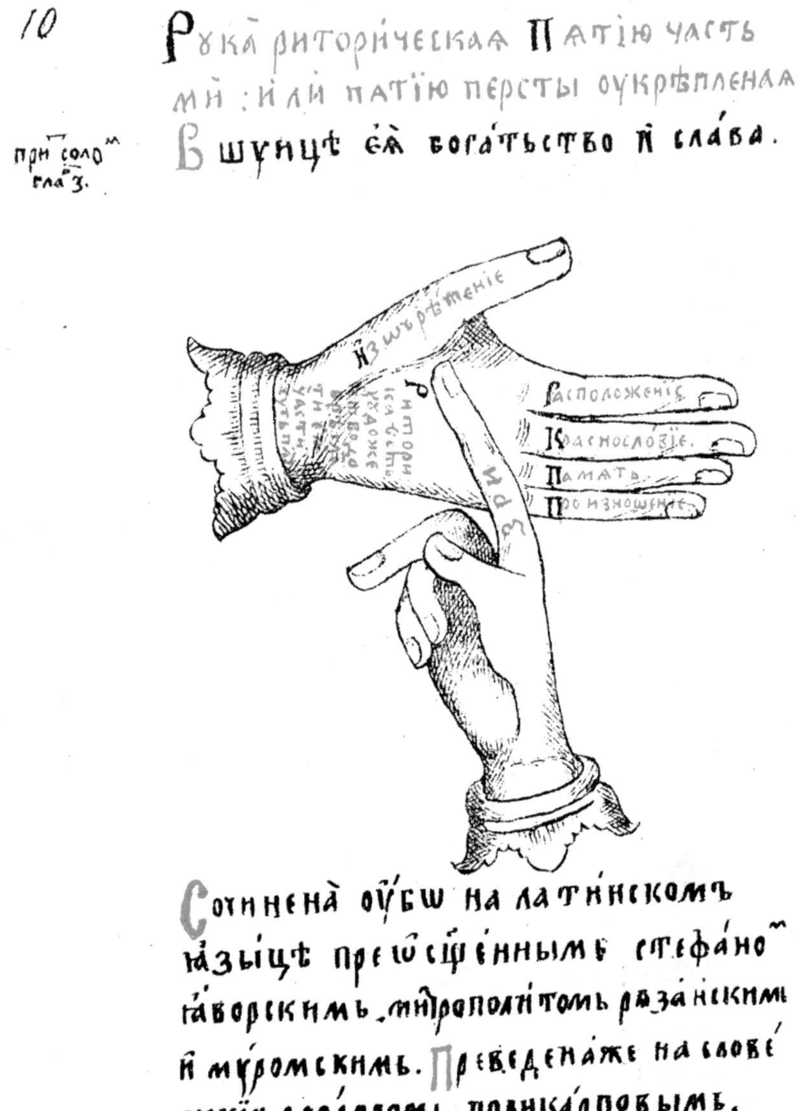

Abb. 6: Stefan Javorskij: *Ritoričeskaja Ruka (Die rhetorische Hand)*.
St. Petersburg 1878, 10.

Abb. 7: *Grammatika*, RGB, f. 299, No. 326, 163v.

Abb. 8: *Grammatika*, RGB, f. 299, No. 326, 161.

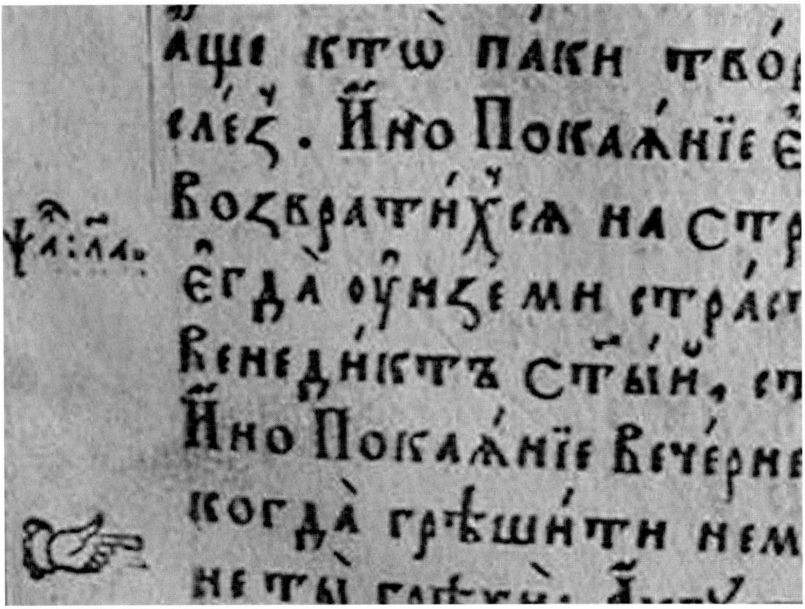

Abb. 9: Lazar' Baranovič: *Truby sloves propovědnych (Die Predigtposaune)*, Kiev 1674, 2. Ausgabe, RK RNB, IV.4.5[a], 203v.

Die Szene zitiert die audiovisuelle Lehratmosphäre zwischen dozierendem Lehrer und (hier ausgeblendetem) Schüler. Doch die Hör- und Sichtbarkeit der präsentischen Lernsituation ist einer Les- und Sichtbarkeit des repräsentierten Stoffes gewichen, die ein illiterales Prästadium aufruft, um die mediale Ablösung eines ‚digitalen' (lat. *digitus* = Finger) oder manualen Wissensmodells umso eindringlicher hervortreten zu lassen. Von einem kommunikativen Dreieck Hand – Auge – Stimme verschiebt sie sich auf eines von Hand – Auge – Fläche. Der Einsatz eines solchen Körperschemas als Kompensationshandlung zu verstehen, die durch sprechende Hände die Schrift aus ihrer Isolation in den ganzheitlichen Zusammenhang von Stimme, Sprecher und Auge zurückführen will, griffe zu kurz. Vielmehr scheint diese phonozentristische Formation der Ko-Präsenz hier ganz bewusst über eine rhetorische Tropik in ihre divergenten Medien aufgebrochen und allegorisch rekombiniert. Wenzel verweist auf eine ontogenetisch und phylogenetisch motivierte Bedeutung der Hand, die kognitive Wissensaneignung in die buchstäblichen Zusammenhänge des Er-Fassens und Be-Greifens zurückführe und Spracherwerb mithin als „symbolisches Ergreifen von Gegenständen" vollziehe, so dass die „Hand als Memorialfigur den Übergang und Zusammenhang der manuellen und symbolischen Aneignung zugleich" demonstriere.[54] Indem das körperliche Partialobjekt gestischer Beredsamkeit durch Beschriftung einem rhetorischen *ordo* unterworfen wird, vollstreckt die *Rhetorische Hand* die Lehr- und Lernstrategien rhetorischer Inkorporalisierung. Das Bild der Hände als Tropus der *officia oratoria* nutzt das Schema des Körpers. Und indem dieses Schema ihm eine rhetorische Ordnung inskribiert, unterzieht es zugleich die Ordnung der Rhetorik einer taktilen Ikonisierung.

1.5. Bildkörper: Rhetorik – Allegorik – Sensorik

Was die Prologe dreier vor- und frühbarocker Handbücher an Strategien einer Auto-Allegorisierung der Rhetorik entwickeln, speiste sich aus einem Verständnis der Allegorie zum einen als Trope der somatischen Materialisierung, zum anderen als Figur der verstellten Lektüre. Die Sensorik rhetorischer Figurativität als tastbarer, wahrnehmbarer, sinnlich erfahrbarer Zeichenmaterie verschränkte sich mit dem Wissen um die *obscuritas* der Andersrede oder erwuchs erst daraus. In den Präskriptionen der entsprechenden tropologischen Kapitel der Redelehren findet sich diese Rätselhaftigkeit sprachlicher Manipulation in kurzen Definitionen formuliert. In Bezug auf Ausführlichkeit und inhaltliche Bestimmung der Allegorie weichen alle der bisher genannten Rhetoriken in ihren *elocutio*-Kapiteln z.T. erheblich voneinander ab.[55] An dieser Stelle soll keine Terminologiegeschichte betrieben werden, die es sich zur Aufgabe machen würde, den Sammelbegriff der Allegorie, die nach unterschiedlichen Graden der Familienähnlichkeit in einem Zug mit so differenten wie ähnlichen Formen obliquer Rede wie Ironie, Paroimia, Antiphrasis, Sarkasmus etc. abgehandelt wird, umfassend zu bestimmen. Wie schon oben geht es darum, die Proteus-Natur der Allegorie, ihre figurativ-mediale Vielgestaltigkeit, aber damit auch ihre Profilierung für optische Kippfiguren zu beobachten.

Die Makarij zugeschriebene *Ritorika* stammt aus einer Tradition, die sich gegen die quintilianische Tropologie abgrenzt, um sich nicht in der Dunkelheit des Rätsels und der Unverständlichkeit zu verlieren, die Quintilian der Allegorie im Extremfall attestiert. Melanchthon als Archetypos der ‚*Makarij*'-*Rhetorik* betont die Notwendigkeit einer Rhetorik, die sich nicht in tropologischer Enigmatik verwirrt. Noch in den *Elementorum rhetorices libri duo* (1531), die auch eine ausführlichere Abhandlung der Allegorese und ihrer negativen Verkehrungen enthält, schließt Melanchthon: „Wenn Figuren vorkommen, dann müssen sie ja nicht viele Sinne hervorbringen, sondern nach Maßgabe des gewöhnlichen

---

54 Wenzel, *Hören und Sehen*, 79f.

55 Das *Buch der Musen* von Nikolaj Spafarij muss hier natürlich ausgenommen bleiben, da es, wie oben erläutert, kein klassisches rhetorisches Lehrbuch darstellt.

Sprachgebrauchs einen bestimmten Sinn, der zum Kontext paßt."[56] Diesen Passus zur semantischen Homogenität und den gesamten Teil zur falschen und schlechten Allegorie übernimmt das russische Handbuch jedoch nicht, wenn es sich für die Bearbeitung durch Lossius entscheidet, der die reformatorisch inspirierte Rhetorik requintilianisiert.[57] Nach dessen Ordnung fasst sie die Allegorie unter den *tropy rečenija* (*tropus orationis*) in der Lehnübersetzung von *metaphora continua* als „večnaja i postojannaja metafora" (71) und untergliedert dann noch weiter in Rätsel (*enigma*), Paroimia (*paramija*), Ironie (*ironija*) und Sarkasmus (*sarkasmus*). Stefan Javorskijs *Rhetorische Hand* entnimmt ihre gesamte *elocutio*-Lehre Cyprian Soarez' *De arte rhetorica libri III* (1631). Bildgemäß behandelt sie die Allegorie unter dem Zuständigkeitsbereich des dritten Fingers, und hier wiederum unter dem Glied der *obrazy krasnorěčija* (Tropen). Die *Rhetorische Hand* nennt in der Übersetzung Polikarpovs zunächst den griechischen Begriff (*alligoria* [sic]) und gibt dann die russisch-kirchenslavische („slovenski") Übersetzung der Allegorie als *inoskazanie*, das er wiederum mit dem Prinzip des *aliud verbis, aliud sensu* („eže ino reč'mi, a ino razumom pokazueš'") erläutert. Diese Definition verweist unmittelbar auf die Ironie, zu der Javorskij die Allegorie auf eine Art abgrenzt, die mehr einer Zusammenführung und Überblendung durch das gemeinsame Verfahren der *translatio* als einer Unterscheidung nahe kommt: "Wenn im Alieniloquium das eine gesagt, aber das andere gemeint [dem Verstand gezeigt] wird, dann kommt es zur Ironie."[58] Neben der Andersrede verweist die *Rhetorische Hand* auch auf die Möglichkeit der Allegorie als immanenter ‚Gegenrede'.[59] An klassischen Beispielen nennt Stefan Javorskij die Allegorie des Volksaufstandes („o vozmuščennom graždanstvě") als stürmisches Meer oder alternativ als Feuersbrunst. Beide Varianten werden in wenigen Sätzen entfaltet. An die Beispiele schließen sich Merksätze an, die auf die Gefahr eines Umschlagens der Allegorie in enigmatische Formen hinweisen: „Die Rede darf nicht zu dunkel sein [*obscuritas*], sonst verwandelt sie sich in ein Rätsel [*aenigma*]."[60] Diese Hinweise scheinen wieder einer rhetorischen Tradition der *claritas* und *perspicuitas* entnommen, in der das *‚Makarij'-Handbuch* steht. So formuliert Melanchthon in den *Elementorum rhetorices libri duo*: „Wenn die Allegorie zu häufig ist, macht sie die Rede dunkel und verworren [oratio inepta]."[61]

---

56 Melanchthon, *Corpus Reformatorum*, 466.

57 Zur Rhetorik Melanchthons vgl. Campe, Melanchthons Allegorie.

58 Stefan Javorskij, *Die Rhetorische Hand/Ritoričeskaja Ruka*, 44f. („ašče inoskazanie ino slovesy, a ino razumom pokazuet: iže togda byvaet ironija.")

59 Stefan Javorskij, *Die Rhetorische Hand/Ritoričeskaja Ruka*, 42: „Oder wenn man das Gegenteil sagen möchte." („ili ešče někogda protivno tako chotjaj rešči.")

60 Ebd. („da ne budet mračno, a inače bo prevratitsja v gadanie.")

61 Melanchthon, *Corpus Reformatorum*, 466. Den folgenden Satz, eine Polemik gegen die Unsitte des vierfachen Schriftsinns, findet man in einer Rhetorik, die Multisignifikanz erst ein-

Verrätselung in der *tota allegoria,* Ironisierung in der *permixta allegoria* und Selbstwiderspruch (*contrarium*) in der *allegoria cryptica* treiben das hervor, was die Allegorie der Rhetorik kennzeichnet: die *mutatio* als schrittweise Entfernung in der Substitution bis hin zu semantisch nicht mehr reduziblen Komplexen, die in rhetorische Sensorik drängen. Sich dem freien Spiel der Ersetzungen nicht überlassend, hören die Rhetoriken gleichwohl nicht auf, diesem den geschlossenen Rahmen eines Sinns zu geben, der das Spiel der Substitutionen wieder einschließen soll. Das Körperschema, das die diskutierten Rhetoriken anlegen, steht in dieser doppelten Funktion von Gestalt: als dinghafte Konjunktion innerhalb einer anthropomorphen Figur, die Geschlossenheit simuliert, in ihrer Figurativität aber sowohl die Kohärenz präsenzemphatischer Leiblichkeit der Kommunikation wie auch die organizistische Strukturierung referenzieller Dissemination am Bau von Gliedmaßen suspendiert.

Die *elocutio*-Lehren der barocken Rhetoriken implementieren über Theorie und Praxis des allegorischen Sprechens die Erfahrung eines transformativen Umgangs mit Sprache in die russische Textkultur. Diese Erfahrung kann in zweierlei Hinsicht spezifiziert werden: Sie bringt zuallererst die Eigenschaften von manipulierbaren Zeicheninventaren als Sprachbildlichkeit zu Bewusstsein. Mit einer neuen Ordnung der Sprache, die Worte (*verba*) auf streng regelhafte und zugleich unkonventionelle, regellose Art Dingen (*res*) zuordnen kann, führen die Rhetoriken, oder genauer noch die Figuralrhetorik, auch eine neue Ordnung der Sichtbarkeit ein. Diese Ordnung zeichnet von vornherein ein prekärer Status aus. Was das Zeichensystem Sprache ist, wird damit zugleich virtueller als auch dinghaft konkreter. Indem es die *enargeia* des ästhetischen Wortes in einem Fort-da-Spiel aus Enthüllen und Verhüllen, das *eine* Sagen und das *andere* Vorstellen verortet, spaltet es den Begriff des Sichtbaren und des sprachlich vermittelten Bildes. Auf diese Unsicherheit scheinen die Rhetoriken zu reagieren, indem sie mit der Allegorie eine *master trope* der imaginativen Bildzeichen zur Sprachfigur der Rhetorik selbst stilisieren. Die Allegorie artikuliert nicht nur die Apologie rhetorischen Sprechens selbst – häufig genug wie z.B. bei Nikolaj Spafarij aus der Erfahrung des *mis-reading* heraus –, sie ist zugleich auch ihre Aporie, indem sie sich in fiktive Materien kleidet, die ihre Wandelbarkeit wie auch ihr Streben nach Resistenz zeigen. Sie führt die verschiedenen Aggregatzustände rhetorischen Sprechens in Form- und Transformationsmaterien der Ge- und Entstaltung vor. Hauptanliegen der so zur Allegorik geronnenen Rhetorik ist das sich hier ausdrückende Streben hin zur Sensorik. Die in den Prolegomena programmatisch postulierte allegorische

---

führen will, dann freilich wieder nicht: „Darum sind ja auch die im Höchstmaße geistig verwirrt [ineptissimi], die in der Heiligen Schrift alles in Allegorien umformen."

Bildlichkeit der Rede ist eine, die sich des Körpers bedient, sei er geliehen, sei er aus Wachs, sei er aus Fleisch, sei er fragmentiert oder total. In und mit diesem Körper als Medium rhetorischer Bildersprache agiert sie ihr persuasives Potenzial aus, in und mit diesem Bildkörper gewinnt die Performativität der Verteidigungsrede in eigener Sache sichtbare, wahrnehmbare Gestalt. Doch die Erweiterung der Dyade Rhetorik – Allegorik zur Triade Rhetorik – Allegorik – Sensorik treibt eine weitere Ambivalenz hervor, welche die allegorische Performanz prägt. Denn wie das neu formierte Bildbewusstsein der Sprache aus der gespaltenen Sphäre der imaginären *evidentia* in die der sensorisch erfahrbaren Visualität hinüberdrängt, so unterliegt auch der Begriff des Medialen, durch den sich die imaginäre Allegorie inszeniert, einer Erosion, da er den Effekten der durch Sprachfiguration erzeugten Permutationen, den figurativen Differenzen unterliegt.[62] Wird Sprache Körper, so zerfällt Körper in Figur.

Diese Konstellation steckt den Rahmen ab für die theoretische Konkretisierung des Problems in den folgenden Kapiteln. Die Zurichtung des rhetorischen Zeichens als Bildkörper wäre noch einmal in ihren semiotischen und medialen Konfigurationen zu beobachten. Wort, Schrift und Bild als zeichenhafte und materiale Träger der rhetorischen Verarbeitungs- und Verkörperungssysteme weisen hier kulturhistorisch bedingt spezifische Privilegien, aber auch Stigmatisierungen auf. Die schon in den Vor-Schriften der einzelnen Rhetoriken angeklungenen Reizsyntagmen des Bildes als Abbildlichkeit, des Wortes als Inkarnationsmedium und der Schrift als Sakralitätsgarant verweisen auf wirkungsmächtige kulturhistorische Diskurse, die die intra- und intersystemischen Transfigurationen als Verarbeitungskapazität des rhetorischen Codes im 17. Jahrhundert maßgeblich prägen. Um diesen Aspekten der allegorischen Performanz des Bildes im Barock Rechnung zu tragen, wird zunächst der Komplex der allegorischen Bildlichkeit (auch in ihrem medialen Konkurrenzverhältnis zur Schrift) verhandelt, um von dort aus die Frage nach der Somatizität der Allegorie und ihrer Perzeption im Sinne einer sensitiv gesteigerten Texterfahrung der Anschaulichkeit anzugehen. Wie die Einstellung auf figurative Bildlichkeit durch abbildtheoretische, typologische und transsubstanziologische Konzepte von Sprachlichkeit zwischen Materie und Immaterie jeweils angelegt ist, kann dann zeigen, wie eine Doppelung des Blicks auf die Allegorie als rhetorische Sensotechnik Ort der Ausbildung eines Sichtbarkeitspostulats figurativer Sprache ist.

---

62 Vgl. dazu auch de Man, Rhetorik der Persuasion, 176: „Als Persuasion aufgefaßt ist Rhetorik performativ, doch als ein System von Tropen betrachtet dekonstruiert sie ihre eigene Performanz."

2. Präfiguration

2.1. Allegorie und Bild

In der Allegorie ist der rhetorische Anspruch der *evidentia*, einer zu den Augen sprechenden Sprache, gestalthaft pointiert. Dabei ist die Allegorie auch im Diskurs einer Anschaulichkeit des Wortes traditionell primär im Hinblick auf ihre verbale Semantisierungsleistung untersucht worden. Ihr ikonisches Drängen hat man erfolgreich ins Unbewusste des Zeichens verlagert und zur Funktion als „Bedeutungsbild" sublimiert.[63] Die unbestreitbare Rolle der Allegorese innerhalb semiotisch hypersensibilisierter Welt- und Textwahrnehmung für eine hermeneutische Praxis muss sicherlich gerade in ihrem Anspruch auf eine Dechiffrierbarkeit der Dinge in Text und Bild berücksichtig werden. Genuin allegorische Formen, wie z.B. das Emblem, stellen diese Kettung der Bildlichkeit an das Wort durch paratextuelle Apparate buchstäblich aus. Auch die These, dass die Integration von Textelementen in allegorische Bilder von einem „Primat des Wortes"[64] zeugt, weist schlüssig auf die Rückverweise von Bildelementen auf Texte hin, derer sie zu ihrer Entschlüsselung bedürfen. Gleichwohl bleibt die Frage offen, inwiefern die Verschlüsselung, die „völlige Einbettung in die sprachliche Kommunikation"[65], nicht ein Moment des Unübersetzbaren in sich birgt, das den allegorischen Code der Rückversprachlichung sprengt, und welche Rolle in dieser Decodierungsstörung das ikonische Moment spielt. Inwiefern also die Allegorie als Garant einer Lesbarkeit nicht in ihrem Sichtbarkeitsanspruch unterschätzt bleibt. Wenn auch Willems von dem „eigentümlich punktuellen, zugleich starren und brüchigen Bezug zwischen dem Bezeichnenden und dem Bezeichneten" in der Allegorie spricht, also ihre Nähe zu einer Figur der Unlesbarkeit schon andeutet, so zieht er doch aus dieser relationalen Problematik keine Rückschlüsse zum einen auf ein Auseinanderbrechen von Signifikant und Signifikat, zum anderen auf dessen Konsequenzen für den Sichtbarkeitsstatus der Allegorie, sondern attestiert dieser Verbindung bei aller Problematik ein konsequentes und sinnvereindeutigendes Transzendieren der wahrnehmbaren, sichtbaren Welt hin zu einer „Welt des Geistigen", der „Allgemeinheit, Klarheit und

63 So z.B. Willems, *Anschaulichkeit*; Vgl. auch die Beiträge in: Haug (Hg.), *Formen und Funktionen der Allegorie* [darin insbes. Hellgardt und Meier].

64 Willems, *Anschaulichkeit*, 124.

65 Willems, *Anschaulichkeit*, 118.

Eindeutigkeit des Begriffs".[66] Dass der damit zementierte Logozentrismus der Allegorie, der jede Darstellbarkeit auf die Ebene reiner Begrifflichkeit verschiebt, die Unterwerfung des Bildes nicht vollständig zu leisten vermag, dass also die Strategie der Versprachlichung des Bildes zum reinen Bildzeichen auf eine subversive Gegenbewegung trifft, bleibt hier ausgeklammert.

Dieser Perspektive, die das Bild der Allegorie auf das reine „Begriffsbild"[67] einengt, wird hier eine Lektüre entgegengesetzt, die den Implikationen und Effekten der Segregation von Bild und Begriff folgt. Die folgenden Überlegungen orientieren sich dabei im Wesentlichen an zwei theoretischen Vorgaben: der Sprachphilosophie einer melancholischen Entseelung, wie Benjamin sie im Trauerspielbuch gibt, und der Dekonstruktion rhetorischer Referenzialität durch de Man. Als Hypothese wäre dabei zu formulieren, dass die dezentristische Bewegung des allegorischen Zeichens hin zur Irritation seiner signifikativen Funktion gerade aus einem Konflikt zwischen Lesbarkeit (Allegorie als Schrift der Dinge) und Sichtbarkeit (Allegorie als Bild der Dinge) herrührt. Eine paradigmatische Konfrontation des frühen russischen Barock kondensiert und verkörpert sich hier in einer Figur. Damit sind Erklärungsansätze zurückgewiesen, die den Sprung der allegorischen Konstruktion vom Bedeutungsbegriff zum Bildbegriff der Verkörperung im „Überspringen des Zeichenstatus' der allegorischen Formulierung" sehen, welche „eine Identifizierung des Zeichens und der körperlichen Erscheinung als sinnliche Wahrnehmung" ermögliche und letztlich in der „Verwechslung der Kunst mit dem Leben' […] zu ‚Realitätseffekten'" führe.[68] Diese illusionistische Komponente allegorischer Ikonik erweist sich zwar als Baustein des Verfahrens, jedoch als äußerst poröser.

Benjamin wendet sich gegen eine Definition der Allegorie, wie sie sich im Gefolge klassizistisch-romantischer Kunsttheorie für die Abgrenzung zwischen Symbol und Allegorie durchgesetzt hat und die grundsätzlich zweierlei Verzerrungen mit sich gebracht habe: zum einen die Entstellung des eigentlich theologischen Symbolbegriffs zu einem profanisiert-ästhetischen, der die Beziehung von Erscheinung und Wesen zu fassen suche, und zum anderen einen auf Spekulativität sich gründenden Allegoriebegriff als Schau des Allgemeinen im Besonderen, der die Allegorie zum von der *Idee* sich negativ abhebenden *Begriff* reduziert und von „Zeichenallegorie" spricht. Benjamin bezieht sich hier auf Creuzer, der Repräsentation und Präsentation, *logos* und *corpus* einander gegenüberstellt:

---

66 Willems, *Anschaulichkeit*, 116ff.
67 Alt, *Begriffsbilder.*
68 Schade/Wagner/Weigel, *Allegorien und Geschlechterdifferenz*, 5.

> Diese [= die allegorische Darstellung] bedeutet blos einen allgemeinen Begriff, oder eine Idee, die von ihr selbst verschieden ist; jene [= die symbolische Darstellung] ist die versinnlichte, verkörperte Idee selbst. Dort findet eine Stellvertretung statt... Hier ist der Begriff selbst in die Körperwelt herabgestiegen und im Bilde sehen wir ihn selbst und unmittelbar.[69]

Diese Definition Creuzers bildet den Umschlagpunkt von Benjamins Denken der allegorischen Verkörperung. Wo der Begriff zum Körper wird, kann er zum Bildträger werden, indem er als Bild agiert, zum visuellen Performativum wird. In dem Maße, wie dieser Bildkörper seine Sichtbarkeit zu materieller Evidenz zu steigern, zu einem Ding in einer Welt der (Körper)Dinge zu werden sucht, erweitert er gerade jenen semiotischen Spalt, der durch Konvention aneinander gebundene arbiträre Elemente auseinanderdriften lässt bzw. zur Freisetzung eben dieser Arbitrarität und zum Aufschub jener allegorischen Sinnpräsenz führt, an der Anschaulichkeitstheorien festhalten. Damit wird die Allegorie zur Figur, die sowohl die Rhetorizität von Literatur als auch deren Materialität und/als Ikonizität reflektiert. Bildkörper des allegorischen Sprechens und des sprachlichen Bildes heißt im Barock Figurativität eines Körpers als sein Bild und Figurativität des Bildes als sein Körper. In dieser Form ist der Bildkörper Modus eines Allegorischen, das sich keineswegs auf die Gegebenheitsweise der Personifizierung als anthropomorpher Konkretisierung eines Abstraktums beschränken muss. Körperbilder im hier anvisierten Sinn meinen damit nicht quasi-naturalisierte Repräsentationen, als welche sie in der Kunst- und Literaturgeschichtsschreibung verhandelt werden.[70] Vielmehr werden hier Übersetzungen ins Bild relevant, die den Körper als Bildmedium einsetzen, ihn erproben und als optischen Träger (de)formieren. Ihre selbständige, weil verdinglichte Materialität gewinnt die Allegorie eben aus dem Zerbrechen des Begriffsbildes:

> In den Anagrammen, den onomatopoetischen Wendungen und vielen Sprachkunststücken anderer Art stolziert das Wort, die Silbe und der Laut emanzipiert von jeder hergebrachten Sinnverbindung, als Ding, das allegorisch ausgebeutet werden darf. [...] Dergestalt wird die Sprache zerbrochen, um in ihren Bruchstücken sich einem veränderten und gesteigerten Ausdruck zu leihen. [...] Die zertrümmerte Sprache hat in ihren Stücken aufgehört, bloßer Mitteilung zu dienen und stellt als neugeborner Gegenstand seine Würde neben die der Göt-

69 Zit. nach Benjamin, *Trauerspiel*, 143.

70 Nach einer solchen Sichtweise würden Allegorien als „Personifizierung, Verkörperung von Begriffen und [...] Ideen, Körperschaften, Institutionen, Städten und Nationen" der „Repräsentation von Kunst-, Staats- oder Gemeinschaftsidealen durch vorwiegend weibliche Körperbilder der Naturalisierung der jeweiligen Konstruktion" Vorschub leisten und „sie also als natur- oder gottgegeben" legitimieren. Vgl. Schade/Wagner/Weigel, *Allegorien und Geschlechterdifferenz*, 2.

ter, Flüsse, Tugenden und ähnlicher, ins Allegorische hinüberschillernder Naturgestalten.[71]

In der Verdinglichung des Zeichens müssen die Effekte seiner gleichzeitigen Desemantisierung und potenziellen Omnisemantizität ebenso zusammengedacht werden wie die Verkettung von „Ausdruck", „Ding", „Naturgestalt", „Bruchstück" und „neugebornem Gegenstand" im dekonstruktiven Prozess allegorischer Sprachverwendung und Sprachzertrümmerung. Doch jenen vergegenständlichten Aggregatzustand allegorischer Materialität, auch die „Naturgestalten" als, wie es Bürger genannt hat, „organizistische" Sinnträger misszuverstehen[72], davor ‚schützen' die „Antinomien der Allegorese" dieses Übersetzungsprozesses. Die Allegorie als manipulierte Vision der Dinge ist in dieser Eigenschaft Figur der Artifizialisierung, dem Versuch jeder Naturalisierung eigensinnig widerstehend. Sie ist Einführungsinstanz eines Kunstwerkbegriffs, indem sie eine Zeichenvorstellung, die immer in der Spannung einer transitorischen Position als Transzendenzvermittler, als Übersetzungsmedium eines Unsichtbaren und Ungegenständlichen in ein Sichtbares und Gegenständliches bleibt, grundsätzlich umcodiert. Über die allegorische Artifizialität und die semantische Ambivalenz, die allegorische Objekte durch die Dissoziation von Dargestelltem und Bedeutetem aufweisen, wird im frühbarocken Russland die Diskussion um Bild und Text als ästhetische figurative Objekte geführt.

Mit der melancholischen „allegorischen Entseelung" des Fragments ist im Zerreißen konventionellen Beziehungen von Signifikant und Signifikat eine Bildlichkeit freigesetzt, die unweigerlich die Lesbarkeit des Zeichens durchkreuzt und zum Aufbrechen der gewaltsam hergestellten Beziehung zwischen Bild und Bedeutung führt. In ihrem Drängen zum Bild wendet sich die enigmatische Figur gegen sich selbst: „Die Kluft zwischen bedeutendem Schriftbild und berauschendem Sprachlaut nötigt, wie das gefestete Massiv der

---

71 Benjamin, *Trauerspiel*, 183f.

72 Bürger, *Theorie der Avantgarde*, zieht den Benjaminschen Allegoriebegriff zur Differenzierung von organischem und nicht-organischem Kunstwerk heran. „Das organische Kunstwerk sucht die Tatsache seines Produziertseins unkenntlich zu machen. Das Gegenteil gilt für das avantgardistische Werk. Es gibt sich als künstliches Gebilde, als Artefakt zu erkennen." Montage als Element des Allegoriebegriffs „setzt die Fragmentierung der Wirklichkeit voraus und beschreibt die Phase der Werkkonstitution." Bürger liest die Komponenten des Benjaminschen Allegorie-Begriffs (Fragmentierung, Isolierung, Montage, Geschichtspessimismus) als geschult an den Erfahrungen des avantgardistischen Kunstwerks und dessen „Nicht-Organizität" als Verfahren einer Durchbrechung des „Scheins der Totalität" (92–98). Auch de Man, Rhetorik der Zeitlichkeit, 120, spricht der Allegorie (gemeinsam mit der Ironie) die Fähigkeit zur „Entmystifizierung einer organischen Welt, wie sie von einer symbolischen Form der analogischen Entsprechung oder von einer mimetischen Form der Repräsentation, wo Fiktion und Wirklichkeit noch als übereinstimmend gedacht sind, als gegeben vorausgesetzt wird" zu.

Wortbedeutung in ihr aufgerissen wird, den Blick in die Sprachtiefe."[73] Paul de Man hat mit einem Blick in diese Tiefe den Nexus allegorischer Rhetorizität und figurativer Materialität neu bestimmt. Denn eine ornamentale Figurativität der Rhetorik birgt die Aufhebung der Logik und eröffnet schwindelerregende Möglichkeiten „referentieller Verirrung"[74]. Sie ist zugleich Basis und Konsequenz einer De-Figuration, die sich der Kontrolle des Sprechenden entzieht. Die von Benjamin konstatierte Gewaltsamkeit der allegorischen Signifikation und Designifikation als Zwingen des Zeichens in eine Figur, die es zerbricht, begreift de Man als ihre spezifische Performanz:

> Daraus folgt, daß die Figur nicht von Natur aus gegeben oder hergestellt worden ist, sondern durch einen willkürlichen Akt der Sprache gesetzt wird. [...] [Es handelt sich] um einen einzigen und daher gewaltsamen Machtakt, der der setzenden Macht der Sprache, an sich und für sich allein betrachtet, innewohnt.[75]

Rhetorik der Performanz, die ihre Materialität inszeniert, indem sie Bedeutungen generiert, prädestiniert die Allegorie als Figur der Machtergreifung über die Welt der Zeichen durch Verdinglichung wie auch der Distanzierung von einer Weltordnung, der gegenüber Sprache als Medium harmonischer In-Beziehung-Setzung fungiert. Um nichts weniger geht es hier, als um die Setzungsautorität von Figurativität im Dienste der Sprache, in deren Verfügbarkeit sie sich wiederum nicht ergibt, sondern innerhalb derer sie eine „prosaische Materialität"[76] erlangt. So löst die (dekonstruktive) Unentscheidbarkeit zwischen Figurativität und Referenzialität als „Irritation des Bedeutens"[77] den bildlichen Teil der Bedeutungsübertragung los und konzentriert sich in der Figuration auf die nicht-signifikative Medialität und Materialität des Zeichens, das vom Bedeutungsträger zum Bildkörper mutiert. Von der Rhetorik des Bedeutens spaltet sich die Rhetorik der Bildlichkeit ab, setzt deren Bildlichkeit als ihre Materialität gleichsam frei. Einer Bildlichkeit gleichwohl, die a-mimetisch ist und keine Funktion der Repräsentation zu erfüllen vermag, denn sie missbraucht Codierungen, und ihr eignet in ihrer puren Gesetztheit eine ‚sinnlose' Materialität. Eine Tropik des Bildes in der Rhetorik deplaziert das Bild in der Rhetorik. Es ist der sich hier eröffnende Spalt, den Benjamin als die Kluft, den „Abgrund zwischen bildlichem Sein und Bedeuten"[78] beschrieben hat.

---

73 Benjamin, *Trauerspiel*, 178. Dazu auch Paul de Man, Lesen, 111, über Proust: „All das, was in solch einer Allegorie dargestellt werden wird, wird vom Akt des Lesens ablenken und den Zugang zu seinem Verständnis blockieren."

74 de Man, Semiologie und Rhetorik, 40.

75 Vgl. de Man, Shelleys Entstellung, 170.

76 de Man, zit. nach Menke, „Unglückliches Bewußtsein", 286.

77 Menke, Dekonstruktion, 120.

78 Benjamin, *Trauerspiel*, 144.

An dieser „zackige[n] Demarkationslinie zwischen Physis und Bedeutung“[79] bricht sich die Überlegung, die rhetorische Figur in ihrer sinnlichen, bildlichen und körperlichen Präsenz der Personifikation nicht als „bloße Verengung“[80] zu betrachten, sondern als sichtbaren Bild-Körper zu problematisieren. Die wirkungsmächtige Tradition einer Verortung der Allegorie primär als Funktion rhetorischen Bedeutens ist damit zurückgestellt.[81] Ihr ist die buchstäbliche Figurativität der Rhetorik entgegenzuhalten, die selbst parasitär einen Wirts-Körper nutzt und mit diesem den Schritt aus der Welt der Zeichen in diejenige der Dinge sucht. Ein solcher Ansatz akzeptiert voll die unbestreitbare Codierung der Allegorie als *Sprach*figur der Verbildlichung, operationalisiert also die methodische Fruchtbarkeit der rhetorischen Analyse und baut seine These einer Sichtbarkeitsrhetorik auf einer Unlesbarkeitsrhetorik auf.

Nimmt er die methodischen Implikationen seiner Basistexte ernst, kann dieser Ansatz so uneingeschränkt nicht stehen bleiben. Er muss vielmehr die Frage stellen, inwiefern die sensorische Materialität des Bildkörpers eine Kohärenz vorschützt, welche die semiotische Transitivität des Begriffsbildes schon nicht mehr gewährleistet? Oder ob nicht vielmehr in den Verfahren „einer rein bildlichen Sprache [...] die sich für ihre eigenen Zwecke willkürlich der äußeren Welt bedient“[82], in ihrer barocken Ausformung der Bilderlust ein spezifischer Ikonoklasmus statt hat, der Effekt ihrer Rhetorizität ist. Die Ausnutzung der „medialen Eigenschaften des Körpers, sich in ein Bild zu verwandeln“[83], muss mit der Wandelbarkeit der Bildmedien selbst rechnen.

Eine solche Bilderskepsis legt gerade einer der Texte nahe, der in der Reihe der vorgestellten Rhetoriken seine Praxis am weitesten auf Allegorik umgestellt hatte und dabei am wenigsten den theoretisch-präskriptiven Anforderungen eines normativen Sprachregelwerks nachkam. Nikolaj Spafarijs *Buch der Musen*

---

79 Benjamin, *Trauerspiel*, 145.

80 Haverkamp/Menke, Allegorie, 97.

81 Zugleich ist damit ein zentrales Theorem der struktural-semiotisch orientierten Barockforschung in der Russistik erweitert. Die neueren Untersuchungen zum kulturellen Paradigmenwechsel in der russischen schismatischen Kultur zielen auf die treibende Kraft der sprachlichen Transformationen hin zu einer Rhetorisierung der Sprachkultur im Sinne eines verfügbaren semiotischen Instrumentariums zur Produktion neuer Texte. Vgl. Lachmann, Die Problematisierung der Rhetorik; dies., Vorbarocke Rhetorik in Rußland; dies., Polnische Barockrhetorik; Hippisley, Cryptography in Simeon Polockij's Poetry; Morozov/Sofronova, Ėmblematika i ee mesto v iskusstve barokko; Uhlenbruch, Die Lehre vom „vierfachen Schriftsinn“ in Rußland; ders., *Simeon Polockijs poetische Verfahren*; die Polysemantik der rhetorischen Permutationsverfahren in die „geistige Einheit des Buches“ zurückführend Sazonova, *Poėzija russkogo barokko*.

82 de Man, Rhetorik der Zeitlichkeit, 99.

83 Ebd.

präsentiert seine eigene Sichtbarkeitsrhetorik als eine Unsichtbarkeitsrhetorik. Was sich dort als unlesbarer Korpus aufbaute, verzerrte diesen systematisch nach arithmomantischen Regeln, ohne in deren Wissensordnungen seine Dechiffrierbarkeit wiederzuerlangen. Es gehorchte kaum mehr den Gesetzen rhetorischer Andersrede, sondern folgte einem hermetischen Konzept der Form-Artistik, in dem „Sprache aus dem Zielfeld unmittelbarer Mitteilung in ein imaginäres Feld mittelbarer Zeichengebung gerückt" ist.[84] Im vorangegangenen Kapitel wurde auf den Epilog der Para-Rhetorik Nikolaj Spafarijs eingegangen, der die Rhetorik an die Allegorie eines zahlenmystisch durchdeklinierbaren Körperkonzepts bindet. Vom Titel des Schlusskapitels wurde dort jedoch nur die erste Hälfte zitiert. Nach „Von der Redekunst" folgt noch ein zweiter Teil „Wie die Weisheit, das heißt der Sinn verschwand, und wie sich das Wort verbarg"[85], mit dem die melancholische Klage über den Verlust des Wortes am Ende eines Textes über den allegorischen Gebrauch desselben eingeleitet wird. Wovon die ‚Rhetorik' sprechen kann, ist die Abwesenheit des rhetorischen Wortes, und was das tropische Zeigen enthüllen kann, ist nicht die Vorstellung, sondern die Verstellung eines Bildes. Am Ende entzieht sich die Rhetorik Nikolaj Spafarijs Stimme und Bild, die er seinem System als *prosopon* verlieh. Wie kommt es von der Einkleidung in einen fiktionalen Körper zu seinem Entzug?

Als Grund des Rückzugs in die Unlesbarkeit nennt die Überschrift die semantische Entstellung, den Verlust des Sinns und damit das Ende der Rede. Der Epilog selbst motiviert das Absterben der Sprache mit dem Zerfall des Leibes. Als erstes kommt es zum Tod der Seele, die Spafarij mit Platon dreigliedrig anlegt: „Das Dreiteilige stirbt: das Worthafte, das Muthafte, das Triebhafte."[86] Es ist nur konsequent, am Ende eines rhetorischen Translationsprogramms die nach dem Triebhaft-Begehrlichen und dem Muthaften dritte Komponente des platonischen Konzepts des Verstandesmäßigen als das ‚Worthafte' zu übersetzen. Nach dem Begriffsträger erfasst die Zerstörung den optischen Sinn: „Als viertes zerfällt der Augensinn."[87] So schreitet die Defiguration fort, bis auch die bereits zitierte „doppelte Zehnzahl" der Sinneswahrnehmungen und Körperteile „abstirbt" („desjatica sugubaja pogibe"). Spätestens mit der Ausschaltung der Funktionen des allegorischen Rede- und Bildkörpers ist signalisiert, dass auch die Einkleidung der Rhetorik in das allegorische Körperfleisch keine Sichtbarkeitsgarantie bereithält. Kein allegorischer Bild-Körper verfügt autoritativ über seine ikonische Ausdruckhaftigkeit. Spafarijs Kolophon zeigt, wie

84 Hocke, *Manierismus*, Bd. 2, 26.
85 Nikolaj Spafarij, *Das Buch der Musen/Kniga o musach*, 47. („O eže kako izčeze mudrovanie sireč' smysl, i eže kako skrysja slovo.")
86 Ebd. („Tričastnoe pogibe: slovesnoe, jarostnoe, želatelnoe.")
87 Ebd. („Četvertoe rastle – videnie telese.")

die Entstellung stabiler Textsemantiken und revozierter Referenzfähigkeiten als subversiver Effekt instabiler somatischer Korporalisierungen zu begreifen ist. Das anthropologische Raster, nach dem er die Rhetorik formt, kann diesen Zerfall nicht aufhalten. Die Apotheose der Rhetorik als verbaler Manipulationstechnik, um so mehr einer Rhetorik, die sich einem obskurantistischen Kryptowissen verschrieben hat, initiiert mit der Feier der Rhetorizität den Rückzug des Wortes aus dem Zentrum des Körpers. Schon im Sprechen kommt es zum Absterben der gesamten verbalen, säkularen und korporalen Allegorie. „Dasjenige, was zu sprechen ermächtigt, lässt *Gestalt, Gesicht oder Figur* in eben jenem Moment verloren gehen, in dem sie gewonnen werden."[88] Mündet die Rhetorik in den Rückzug des Wortes aus der Sprachkunst, so kann für die Bildlichkeit der Trope analog formuliert werden, dass ihr Evidenzanspruch mit affiziert ist. Der Text darüber, „wie sich das Wort verbarg" („eže skrysja slovo"), wird zur Allegorie darüber, ‚wie das Bild zerfiel' (‚eže skrysja obraz'). Was Hamacher mit de Man als „Rhetorik einer Ontologie des endlichen Seins, deren negative Semantik in der Selbstrevokation aller ihrer Aussagen mündet"[89], bezeichnet, führt hier zur allegorischen Schwundform einer negativen Ikonizität, zu einer Nekroästhetik der „Bilder ohne Bild" („obrazov bez obrazov")[90]. War die Allegorie nach Barthes das Eigentliche der Rhetorik, so erscheint sie nun als ihr blinder Fleck. Den Körper, den sich die Rede zu ihrer Verbildlichung schafft, zerstört sie auch. Als Fiktion einer halluzinatorisch werdenden Stimme spricht die Rhetorik schon in ihrer einleitenden Klage des Nicht-Verstehens von dem, was sie eigentlich verstellt: von ihrem Tod, ihrer Abwesenheit, ihrer Arbitrarität, ihrem *de-facement*. Damit begibt sie sich auf das Territorium einer „toten Metaphysik des Erhabenen" („mertvoj metafizičeskoj territorii ėstetiki vozvyšennogo"[91]), eines verfehlten Erhabenen, das sich der Darstellbarkeit und der Vorstellbarkeit entzieht. Als mortifizierende Fiktion eines Bildkörpers spricht sie, die symbolische Umcodierungen überhaupt erst reflektierbar macht, von nun an vom Imaginären des Undar- und Unvorstellbaren, das als ein irreduzibles Anderes in sie eingelassen ist und das sie defiguriert.

Folgt man weiter der Benjaminschen Bestimmung der Allegorie, so ist man über die dissoziativen Elemente des allegorischen Zeichens auf die Gründe für das bei Nikolaj Spafarij zu beobachtende Verschwinden aufmerksam gemacht. Denn das Allegorische bedeutet, so Benjamin, „genau das Nichtsein dessen, was es vorstellt."[92] Über diesen Nichtungszwang führt das Trauerspiel, das den

88 Menke, *Prosopopoiia*, 173. Kursiv im Original.
89 Hamacher, Unlesbarkeit, 11.
90 Mazin, *Kabinet nekrorealizma*, 99.
91 Ebd.
92 Benjamin, *Trauerspiel*, 106.

Körper immer nur als zerstörten und damit schon absenten zeigen kann, seine Klage. Die Allegorie, die „nur in den Stadien ihres Verfalls“[93] auftritt, ist im Prozess ihres Zerfallens „gehemmter oder verstellter ‚Ausdruck‘ oder besser: ‚Medium‘ der Klage“.[94] Benjamin verlagert also das allegorische Bild, das bei ihm den Status eines Dings hat, in die Sphäre des Chimärischen, ohne doch die widerständige Spur des Realen, des ruinierten, ruinösen Dings, des Dings als Ruine, die neben der Leiche bzw. als steinerne Leiche für ihn das Zentrum des barocken Trauerspiels bildet, damit aufzugeben. Verbindungselement beider Pole ist die tödliche Deformation des Körpers. Die abtötende Gewaltsamkeit, die der Verdinglichung (die wiederum jeder neuen Verbildlichung vorangeht) inhärent ist, läuft auf eine Ästhetik der Unsichtbarkeitsrhetorik, des immer verfehlten Bildes zu:

> Und auch heute ist es nichts weniger als selbstverständlich, daß im Primat des Dinghaften vor dem Personalen, des Bruchstücks vor Totalen die Allegorie dem Symbol polar aber ebendarum gleich machtvoll gegenübertritt. Immer hat die allegorische Personifikation darüber hinweggetäuscht, daß nichts Dinghaftes zu personifizieren, vielmehr durch die Ausstaffierung als Person das Dingliche nur imposanter zu gestalten ihr oblag.[95]

So entsteht der paradoxe Fall einer imaginären Materialität oder eines materialen Imaginären als imaginaler Mortifikation. Jampol'skij führt diese allegorisch-oxymorale Konfiguration aus, wenn er die fakturale Nacktheit des abgestorbenen Zeichens, das seiner repräsentativen Fülle enthoben ist, mit der ephemeren Substanzlosigkeit eines ausgehöhlten Objekts als „anwesende Abwesendheit“ („prisutstvie otsutstvija“[96]) der allegorischen Ruine fasst. Gerade hier scheint, so Jampol'skij, die nicht zu schließende Differenz zwischen Körper und Sichtbarkeit auf, die der Torso des allegorischen Bildkörpers als seine illusionäre Vorstellung und Totalität sucht.

Die Dissonanz der allegorischen Figur nun scheint hier möglicherweise nicht so sehr eine – auf dem Gedanken „reiner Vorgänglichkeit“ basierende – unausweichliche Vergänglichkeit aufzuzeigen, sondern eine spezifische ikonische Differenzialität des Unsichtbaren zu erfüllen, die einem Nicht-Darstellbarkeits-Postulat gehorcht. Haverkamp fasst das von Benjamin geschilderte ‚Zerbrechen‘ der Trope als Moment „negativer Darstellung“ und „negativen

93 Benjamin, *Trauerspiel*, 145.

94 Menke, *Sprachfiguren*, 163. Damit ist die Allegorie für Menke Figur „scheiternder ‚Erhabenheit‘“. Vgl. zur Verstellung und Verzögerung auch de Man, *Allegorien des Lesens*, der die Allegorie als Figur des unendlichen Aufschubs beschreibt.

95 Benjamin, *Trauerspiel*, 164f.

96 Jampol'skij, *O blizkom*, 128f.

Wissens"[97] und rückt sie damit unbeabsichtigt in die Nähe einer für die altrussische Kultur ausgesprochen wirkungsmächtigen Tradition negativer Semiotik, die vom apophatischen Wort bis zur unähnlichen Ähnlichkeit des Bildes (*anaplaseis*) reicht. Noch im 17. Jahrhundert bestimmen (in Russland hauptsächlich über die Schriften des Dionysios Areopagita vermittelte) neoplatonistische Theoreme unaussprechlicher Umschreibung der göttlichen Natur und unsichtbarer Sichtbarkeit der göttlichen Gestalt den Diskurs um die Integration ‚fremder' verbaler und ikonischer Zeichenordnungen. In *De ecclesiastica hierarchia*, in der die Bildertheologie einer strengen emanationslogischen Hierarchie von göttlichen Fassbarkeitsgraden eingeordnet wird, kommt der Pseudo-Dionysios nach einer Analyse der Widersprüchlichkeit der Attribuierungen bzw. der unstimmigen Kennzeichnungen (*eikonographias*) des Göttlichen in der Bibel zu dem Schluss, dass die doppelte Codierung das göttliche Wesen bezeichne „nicht durch das, was es ist, als vielmehr durch das, was es nicht ist. [...] Wenn nun die Negationen (*apophaseis*) Wahres über das Göttliche aussagen, so ist die Enthüllung durch unähnliche Bilder (*anaplaseis*) dem Göttlichen gemäßer."[98] Gemeinsam mit den Topoi des spätantiken Bilderstreites sind diese Theoreme Bezugspunkte noch der barocken Bild- und Textkonzepte. Über sie wird die Ablösung eines nach Analogien strukturierten Welt- und Bildmodells durch ein allegorisches verhandelt.[99]

Offensichtlich können jedoch beide Positionen nicht nur in ihrer Diskrepanz, sondern in einem Partizipationsverhältnis begriffen werden. Sie weisen einen Weg zu jener Ausdünnung des Allegoriebegriffs, den Benjamin beklagt. Subtile Umcodierungen vornehmend kann die allegorische Verflechtung von Bilderskepsis und Verbildlichungslust an ein orthodoxes Dispositiv des Sprach- und Bildzweifels anschließen. Wenn präallegorische negative Bildlichkeit versinnlichende Abbildlichkeit in unauflösbarer Verknüpfung mit einem unsinnlichen Urbild sieht, so hat das Konsequenzen für das Verständnis des irreduziblen Anderen, das sich in die Figur der Allegorie als ‚Anders-Rede' einschiebt und das die Identität des Bildkörpers immer wieder angreift. Um die bis hierher getriebene Analyse eines korporalen Bildlichkeitsstatus der Allegorie plausibilisieren zu können, ist es also unumgänglich, diesem Zweig einer kultisch begründeten Negation des Bildes im Bild zu folgen. Das umso mehr, als die frühbarocke Rhetorik Russlands sich mit Vorliebe Formen wählt, die zwischen Allegorie und Typologie oszillieren. Wie die typologische Erfüllung im Barock im Gegensatz zur Anähnelung an das ideale Urbild dem Ver-

---

97 Haverkamp/Menke, Allegorie, 97.

98 Pseudo-Dionysios, *De ecclesiastica hierarchia* (6. Jh.), zit. nach Belting, *Bild und Kult*, 550.

99 Ausführlich wird die Bedeutung der Durchsetzung neuer Bildkonzepte in ihrer Bindung an ein rhetorisiertes Textverständnis in Kap. II.3. diskutiert.

dikt des Doppelzeichens ausgesetzt ist, welches das Urbild entstellt, werden die folgenden Textstudien zeigen. Denn hier geht es nicht mehr um die Gottesebenbildlichkeit, sondern darum, Bildlichkeit zu produzieren, indem Imaginäres mit einem Körper ausgestattet wird, der dann Gegenstand typologischer Lektüre wird, die unter diesen Bedingungen fehlgeht. Es scheint, als sei die allegorische Artifizialisierung von Text und Bild eine Perversion analoger Ikonik.

2.2. Allegorie und Abbild

2.2.1. Typos und Tropos: Von der Hypostase zur Hypotypose

Unter der Optik der Hypotypose fällt die
Figuralrhetorik zusammen mit semiotischer Ästhetik [...].[100]

Die Positionierung des allegorischen Bildbegriffs im Spannungsfeld von Sinnenschau und/vs. geistiger Anschauung ist aus dem Zusammenhang orthodoxer Sakralsemiotik heraus zu entwickeln. Bildlichkeit ist hier immer im tendenziell skeptischen Modus einer „Bildverstrickung" zu begreifen, die sich aus einem monotheistischen Begründungskontext herleitet.[101] Sie sucht das Abbild im unsicheren Feld zwischen Bestätigung eines Urbildes und Austreibung von Trugbildlichkeit zu stabilisieren. Das Paradigma von Urbild und Abbild ist in seiner Funktion gerade für die Ikonenmalerei herausgearbeitet, in letzter Zeit aber auch für die russische Orthodoxie als umfassenderes Prinzip kultureller Organisation gedeutet worden.[102] Auf die ikonentheologischen Implikationen der platonischen Zwei-Welten-Ontologie wird im nächsten Teil näher eingegangen, in dem beschrieben wird, wie sich über die repräsentationsästhetisch reformierte Ikone Elemente des Spektakulären in das Bild einschleichen. Bevor aber der im engeren Sinne bildtheoretische Diskurs der Epoche zur Sprache kommt, soll es um eine sprachfigurative Nutzung der typologischen Muster gehen, in denen das Abbild aus der Logik von Identität und Begriff heraus entsteht, aber seine Funktion als differenzminimierende Denkstruktur überschreitet.[103] Davon ausgehend können dann die

100 Campe, Vor Augen stellen, 211.
101 Assmann, Bildverstrickung.
102 Durch Soldat, *Urbild und Abbild*.
103 Zur Repräsentationskritik am und im Abbild im Barock vgl. Deleuze, *Die Falte*; als umfassenderes Projekt, unter den mächtigen Traditionen von Urbild und Abbild Energien eines subrepräsentativen Denkens aufzuspüren, die der Logik von Identität und Begriff diejenige von Simulakrisierung und Immanenz entgegensetzen, vgl. ders., *Differenz und Wiederholung*.

Möglichkeiten der Allegorie für das Konzept einer transfigurativen Bildlichkeit, die das Unsichtbare mit zu fassen sucht, eingeschätzt werden. Virulent wird dabei die Frage nach der Unterwerfung eines Unsichtbaren unter die Setzungsautorität des Sichtbaren oder nach der Subversion des Sichtbaren durch ein Unsichtbares, das sich den Allegorien sowohl entzieht wie von ihnen erzeugt wird. Um die Wendung der (unähnlichen) Ähnlichkeitsbeziehung des Abbildes in ein allegorisches Bild beschreiben zu können, muss auch das Trugbild immer mitbedacht werden. Aus den vorangegangenen Überlegungen ist gerade die Rolle der Bildsimulakrisierung für die Hervorbringung eines qualitativ neuen – differenten – Unsichtbaren deutlich geworden. Gerade sie vermag die Hierarchien von Ursprünglichem und Abgeleitetem, Modell und Kopie, Primärem und Sekundärem, die auch für die omnikulturelle Pragmatisierung der Urbild-Abbildlehre in der Rus' so zentral sind, in Frage zu stellen.

In forschungsgeschichtlich umstrittener Nähe zur Abbildlehre steht die Typologie als Ausformung analoger Zeichenbeziehungen, die eine christozentrische Figurenlehre begründet. Die typologische Lehre wurzelt in der Prototypos-Vorstellung des platonischen Idealismus. Nach Onasch wertet dieser – typologisch motiviert – das Abbild nicht so sehr ab, als dass er es vielmehr notwendig braucht: „Eine sehr betonte Seins-‚Mechanik', ein bestimmter Zwang wird sichtbar, nach dem die Menschwerdung des Prototypos ihm ähnliche irdische Bilder notwendigerweise forderte."[104] Das typologische Denken setzt Altes Testament als Typos und Neues Testament als Antitypos in eine hermeneutische Auslegungs- und Realisierungsbeziehung. „Die Wiederkehr des Typos im Antitypos ist nicht nur zyklische Wiederholung, sondern den Typos erfüllende und ihn in sich aufnehmende, gesteigerte Vollendung."[105] Damit ist eine komplexe Heteronomie zeitlicher Verweise aufgebaut, die über heilsgeschichtliche Periodisierungen hinaus Urbild und Abbild als Typos und Antitypos in eine neue Beziehung stellt. Adam/Moses/... werden als *typos/typoi* bzw. *figura/figurae* Christi, Christus als Antitypos Adams, d.h. als Erfüllung einer prophezeiten Wahrheit betrachtet. Basierend auf der typologischen Lehre und ihren assoziativen Analogien entwickelt sich im (westlichen) Mittelalter auch eine allegorische Deutungen zulassende exegetische Praxis, die aber als Lehre für Russland erst der Barock erschließt.[106] Die für die russische Orthodoxie maßgebliche Vermittlung der Urbild-Abbild-Lehre mit der christlichen Typologie leistet Johannes Damascenus, der in zweien seiner *Drei Reden über die Bilderfeinde* (um 730) zur Abgrenzung von Idola und Ikonen

104 Onasch, *Die Ikonenmalerei*, 17.
105 Keller, *Wort und Fleisch*, 186.
106 Vgl. dazu näher das Kap. III.4.

sechs Bildkategorien entwirft, innerhalb derer insbesondere die fünfte typologische Muster zugrunde legt.[107]

Der russische Frühbarock nutzt die komplexen neoplatonistischen Beziehungsgeflechte zwischen antiker und christlicher Ontologie aus, um aus diesen einen Allegoriebegriff zu erarbeiten, der ideologische Legitimation ermöglicht und zugleich zur Profilierung eines Bildbegriffs der Sichtbarkeit beizutragen vermag, aufgrund dessen sich die strikten Analogiebeziehungen der Darstellungen zu einem Arche-, Proto- oder Urbild lockern. Man könnte davon sprechen, dass die Tropologie auf das Gebiet des dogmatisch und theologisch Wahren übergreift, indem sie theologische Paradigmen eines Denkens der Typologie, der Hypostase und der Transsubstantiation in rhetorische Kategorien der Transfiguration umschmilzt. Auffällig konstant wird beispielsweise dort, wo im 17. Jahrhundert Inhaber der und Anwärter auf die Zarenwürde als allegorische Figuren auftreten (*Sofija – mudrost'/Weisheit, Ioann – blagodat'/Gnade* usw.), zur Integration dieser in einen heilsgeschichtlichen Kontinuitätsstrang hypostatisch argumentiert. Allegorische Figuren binden sich als Somatisierung der Konzepte von Weisheit, Gnade, Mildtätigkeit und Ehre in den Texten argumentationslogisch zurück an die hypostatische Union Christi und rufen damit ein Begründungsmuster auf, das seit der Entscheidung des spätantiken Bilderstreits den visuellen Materialisierungen von Schrift und Wort in der orthodoxen Kultur zugrunde liegt.[108] Gerade die allegorische Panegyrik, die sich auf die Zarenfamilie (Sof'ja, Ioann, Petr...) bezieht, steht im Kontext eines Urbild-Abbild-Verhältnisses, das sich mit der typologischen Relationierung von Zar und Gott überlagert. So motiviert beispielsweise Lazar' Baranovič in seinem Herrscherlob *Gnade und Wahrheit* (*Blagodat' i istina*, Kiev 1674) die Namen Ioann und Petr über eine etymologische Translation der göttlichen Attribute ‚Gnade' und ‚Wahrheit' hinaus mit der Analogie „himmlischer Herrscher – irdischer Herrscher" („car' nebesnyj – car' zemnyj"). Der Text entfaltet die Anähnelung der irdischen Vertreter Gottes an ihr himmlisches Urbild zur Allegorie des sinnlich gedachten Begriffs.

Christus- und Marienabbildlichkeit fungieren über ihre realpolitische Zwecksetzung als Machtinstrument hinaus textuell und medial als Instrument

107 Vgl. Soldat, *Urbild und Abbild*, 51f. und Baraš, *Icon*, 223ff. Die Argumentation des Johannes Damascenus bildet eine der Grundlagen für die Beschlüsse des VII. Ökumenischen Konzils von 787.

108 Soldat, *Urbild und Abbild*, zeigt, wie die Herrschaftslegitimation der Kiever und Moskoviter Rus' nach dem Urbild-Abbild-Modell verläuft. Sie arbeitet das Muster typologischer Urbild-Abbild-Beziehungen zur Herrschaftslegitimation primär an Ivan IV. (Ivan Groznyj) heraus, vermutet aber, dass es bis in die sowjetische Zeremonialkultur hinein strukturleitend bleibt.

zur Einführung eines allegorischen Bildbegriffs. Ein festes ikonographisches Repertoire typologischer *topoi* des Bildes wird im Kontext der gesamtkulturellen Rhetorisierung nach tropologischen Techniken umorganisiert. Die Präfiguration des *topos* mutiert zur Präskription eines *tropos*, womit das Abbild über den Typos eine Recodierung zur Allegorie durchmacht. Kultische Abbildlichkeit erfährt eine Ästhetisierung gerade über die Verfahren der Allegorisierung.[109]

Die barocke Dichtung beutet den sich öffnenden Spalt zwischen (Ur)Bild und Abbild als eine Krise der Ähnlichkeit aus. Die Analogie, die es nicht erlaubt, ein Zeichen willkürlich zu wählen oder mit einem anderen zu kombinieren bzw. gegen ein anderes auszutauschen, verliert Zuordnungshoheit. Stattdessen wird Analogie „als Paralogie entworfen".[110] Mit der Umordnung der Zeichenlogik, der Variierung von Bedeutungszuschreibungen, die eine nicht mehr analog verstandene und durch Abbildlichkeit und Ähnlichkeit geregelte, sondern repräsentativ bestimmte Zuordnung als Schauspiel inszeniert, ist es erlaubt, in den Formen des trompe l'œil, des Spektakulären und Theatralischen das Trugbild zum Leitbild zu erheben. Bild und Wort werden damit zu Medien der „fiktiven ‚allegorischen' Similarität, der *Erschaffung* der Ähnlichkeit, ihrer *Erfindung* und nicht ihrer Bestätigung".[111] Die über Bildmedien und Blickcodierungen diskutierten Verschiebungen im Bereich der Analogiebildung, auf der das Abbild fußt, signalisieren, dass sich der Bildbegriff aus seiner Präfigierung des *Ab-* löst und ein *Als-ob* einschiebt. Gleichzeitig führt diese Lockerung der Zeichenbeziehungen jedoch nicht gradlinig auf die Ästhetisierung einer theologisch geregelten altrussischen Episteme zu. Mit Benjamin weist Menke darauf hin, dass die barocke Allegorisierung auf einen „uneinholbaren" theo-

---

109 *typos*, Abbild, und Analogie bilden allesamt Koordinaten im Wissensraster der Ähnlichkeit, sie sind das Erkenntnisinstrument einer Konstellation, die Foucault, *Ordnung der Dinge*, als „vorklassisch" beschreibt. Jede Form der Darstellung, der materiellen oder immateriellen Bezugnahme, sei sie stellvertretend, kommentierend oder subordinierend, kann nur über eine ähnlichkeitsbestimmte Äquivalenz gedacht, jede Erkenntnis eines gegebenen Unsichtbaren kann nur über Ähnlichkeitsbeziehung zu einem Sichtbaren zugelassen werden. Innerhalb dieses breit abgesteckten Rahmens unterliegen die Ähnlichkeitskonzepte historisch gravierenden Verschiebungen. Als eines der wichtigsten soll hier das hartnäckige Insistieren eines anthropozentrischen Deutungsmodells der Ähnlichkeit genannt werden, da es mittelbar zur Allegorisierung zu führen scheint. Auffallend häufig zitieren die frühbarocken Autoren den Topos des „Menschen als kleinen Kosmos" („čelovek mal mir"), in dem sich der Makrokosmos spiegelt. Karion Istomin beispielweise fundiert damit im *Buch der Liebe* die Allegorisierung von Körpersinnen und Körperteilen als personifizierten Gratulationsträgern zur Hochzeit Peters I. Die Entsprechung von Mikrokosmos und Makrokosmos ist ein antikes Konzept, das den platonischen Leib-Seele-Dualismus harmonisieren half. Sie geht auf Platons *Timaios* selbst zurück. Vgl. Keller, *Wort und Fleisch*, 63.

110 Lachmann, Die problematische Ähnlichkeit, 102.

111 Ebd.

logischen Bereich verweise und auf das „Eingreifen Gottes ins Kunstwerk" setze.[112] Es bleibt „Gottes Welt", in der „der Allegoriker [erwacht]."[113]

In dieser Überkreuzung von Setzung eines Begriffs des Identischen im Bild zum einen und Einführung der Differenz in das Begriffsbild zum anderen müssen gerade die zahlreichen frühbarocken Allegorien gelesen werden, deren typologischen Rahmen die Urbild-Abbild-Schematik „Zar – Gott" bildet. In ihnen konkretisiert sich das Problem, den Körper sensorisch als Materie eines identitätslogisch verpflichteten Begriffs oder als „Sein des Sinnlichen" (Deleuze) und damit als Medium des Verschiedenen, der paralogischen Verschiebung zu lesen. Im Folgenden soll deshalb ein Text näher betrachtet werden, der über die Thronanwärterin Sofija Alekseevna eine Allegorie der göttlichen *mudrost'* (Weisheit) aufbaut.

Silvestr Medvedevs Epikedeion *Vom Übergang aus dem irdischen Zarentum ins himmlische zur seligen Erinnerung an den großen Herrscher und Zaren und Großfürsten Feodor Alekseevič* (*O prestavlenii ot zemnago carstva v nebesnoe blažennoj pamjati velikogo gosudarja i carja i velikogo knjazja Feodora Aleksěevića*, 1682) inszeniert über die Ineinanderschachtelung von Sichtbarkeitsmetaphern das Szenarium der Inthronisation als optische Wahrnehmbarkeit eines unsinnlich gedachten Urbildes.[114] Es handelt sich hierbei um eine panegyrische Widmung, die Teil eines umfangreicheren Textes anlässlich des Todes von Feodor Alekseevič, Sofijas Bruder, ist. Den historischen Hintergrund des Textes bildet die heftige machtpolitische Auseinandersetzung zwischen den Parteien der Miloslavskijs und der Naryškins, die nach dem Tode Feodors entbrennt. In diesem Konflikt behält nach dem Strelitzenaufstand Sofijas Seite vorläufig die Oberhand – 1682 wird Sofija als Regentin eingesetzt. Silvestrs Widmungsgedicht kombiniert nun das Epikedeion (*plač*) um Feodor mit einem Lobeshymnus (*utešenie*; eigtl. ‚Trostlied') auf Sofija, die mit allen zeichenhaften Attributen der neuen Zarin versehen wird. Unter diesen Attributen erweist sich für die gesamte Konstruktion die biblische Metapher des „Sonnenhauses" („dom solnečnyj") als semantisch komplexeste. Im zentralen

---

112 Haverkamp/Menke, Allegorie, 79.

113 Benjamin, *Trauerspiel*, 208.

114 Der vollständige Titel nimmt bereits den typologischen Topos ‚himmlischer – irdischer Zar' auf: *Vom Übergang aus dem irdischen Zarentum ins himmlische zur seligen Erinnerung an den großen Herrscher und Zaren und Großfürsten Feodor Alekseevič, den Herrscher über Groß-, Klein- und Weißrussland, Klagelied und Trostlied in zweiundzwanzig Versen, nach der Zahl der Jahre, die der herrliche Zar auf der Welt gelebt hat* (*O prestavlenii ot zemnago carstva v nebesnoe blažennoj pamjati velikogo gosudarja i carja i velikogo knjazja Feodora Aleksěeviča vseja Velikija i Malyja i Bělyja Rossii samoderžca plač i utěšenie dvadesjatma i dvěmja věršami, po čislu lět ego carskogo presvetlogo veličestva, jaže požive v mirě, opisano*). Im Folgenden zitiert als *Klagelied*.

Bildbereich des Textes, dem „Sonnenhaus (der) Sofija als Gefäß und Abbild göttlicher Weisheit", wird der Sachbereich des Textes, seine Pragmatik als Herrscherlob und die Positionierung des Verfassers innerhalb dieses „Hauses" als Zarenhof gefestigt. Um die politische Funktionalisierung des *Klagelieds* knüpft Silvester Medvedev ein sophiologisch-allegorisches Netzwerk, innerhalb dessen er Sofija als Inkarnation göttlicher Weisheit auf Erden einsetzt. Das *Klagelied* entwirft die Ebenbildlichkeit der Sofija als Sonnenhaus als metaphorischen Kern expressiver Allegorien der optischen Wahrnehmung, die wieder Gegenstand allegorischer Auslegung im Text selbst sind.[115] Als Hauptlinien überlagern sich hier Marien- und Augenallegorie. In dieser Konstellation wird die für den Barock charakteristische Rezeption optischer Erkenntnisse in allegorischen Figurationen, die theologische Topoi zitieren, sichtbar.

Die Herauslösung des Bildbegriffs aus seiner Abbildlichkeit im Kontext eines Funeralpanegyrikons ist mit Benjamin als Kristallisationsform barocker Melancholie zu lesen. Benjamin beschreibt den trauernden Dichter als melancholischen „Grübler über Zeichen". Seine gewaltsam-manipulativen Umcodierungen sind Auslöser für das Scheitern einer melancholisch anvisierten transzendentalen Erhabenheit.

> Wird der Gegenstand unterm Blick der Melancholie allegorisch, läßt sie das Leben von ihm abfließen, bleibt er als toter, doch in Ewigkeit gesicherter zurück, so liegt er vor dem Allegoriker auf Gnade und Ungnade ihm überliefert; eine Bedeutung, einen Sinn auszustrahlen, ist er von nun an ganz unfähig;[116]

Verdinglichung, Abtötung und semantische Ausreizung bis zum semiotischen Bruch machen die Allegorie zum prädestinierten Medium der Totenklage: „Soviel Bedeutung, soviel Todverfallenheit, weil am tiefsten der Tod die zackige Demarkationslinie zwischen Physis und Bedeutung eingräbt."[117] Aber es macht sie auch zum Ort, an dem losgelöste Bildhaftigkeit und semantische Regulierung, stabile Verknüpfung voneinander abgeleiteter Ur- und Abbilder

---

115 „Von der sich entwickelnden Sakralisierung der Zarenmacht legt die Bezeichnung des Zaren als „wahrhafte Sonne" Zeugnis ab" („O razvivajuščejsja sakralizacii carskoj vlasti svidetel'stvuet naimenovanie carja „pravednym solncem"). Uspenskij/Živov, *Car' i Bog*, 216. Auch Simeon Polockij wendet sich an Aleksej Michajlovič, den Vater des von Silvestr beweinten Feodor Alekseevič „Wir grüßen Dich, rechtgläubiger Zar, wahrhafte Sonne." („Vitaem tja pravoslavnyj carju pravednoe solnce.") (Zit. nach Uspenskij/Živov, *Car' i Bog*). Vor diesem Hintergrund stellt sich die Allegorie des vorliegenden *Klagelieds* auch als typologische Realisierung der Imago durch die Vater-Sohn-Beziehung dar. – Auf die Bedeutung der Sakralisierung des weltlichen Herrschers für die Entwicklung der bildenden Kunst (Zaren-Ikonen und Herausbildung der *parsuny* (Portraits) aus diesen) wird im Kap. II.3. zurückzukommen sein.

116 Benjamin, *Trauerspiel*, 161.

117 Benjamin, *Trauerspiel*, 145.

und deren Entzweiung einander widerstreiten. Assmanns oben zitierter Ausdruck der „Bildverstrickung" zielt auf eben jene Doppelung von Bildbegründung und Begründung des Bildverbots aus dem Zusammenhang von Totenkult und Herrscherrepräsentation. Unmittelbarkeit und Realpräsenz sind, so lautet der monotheistische Idolatrievorwurf, im Bild nicht herstellbar.[118] Diese beiden Pole spannt Silvestr Medvedev zusammen, um aus ihnen die Begründung einer imaginativen Optik zu entwickeln.

2.2.2 Panegyrik der *perspicuitas*

„Womit beginne ich mein Klagelied? Mit deiner Schönheit, oh Feodor? Meine Augen waren immer voll unstillbaren Verlangens, durch deine Gestalt erfreut zu werden."[119] Mit diesen Worten beendet Silvestr Medvedev sein Trauerpanegyrikon auf den verstorbenen Zaren Feodor Alekseevič. So rhetorisch die Frage ist, so sehr kann sie auch nur rhetorisch, und das heißt hier: allegorisch, beantwortet werden. Auf der Suche nach dem geeigneten *genus dicendi* und dem passenden Exordialtopos am falschen Ort (nämlich am Schluss) für eine epideiktische Rede, die allen Ansprüchen des *aptum* und der Wirkungsabsicht des *movere* genügen könnte, verfällt das Klagelied um den Toten als *genus sublime* auf den Topos der Aporie, der elokutionär und medial programmatische Bedeutung trägt. Denn die Verlegenheit des Redners und die Unmöglichkeit des Sprechens beziehen sich auf einen zweiten Topos der Unmöglichkeit des Sehens, in dem sie sich sprechend auflösen. Worüber man nicht sprechen kann, ist das, was man zu sehen begehrt. Und was zu sprechen nötigt, ist das traumatische Erlebnis des visuellen Entzugs der von nun an nicht mehr optisch wahrnehmbaren, sichtbaren Figur, die in der rhythmischen Wiederkehr des „Womit beginne ich mein Klagelied?" ausgeleitet, umgeleitet wird. Worüber man nicht sehend (nicht) sprechen kann, ist dann das, wovon man ex negativo rhetorisch Anschaulichkeit produzieren will, die sich immer als eine von vornherein entzogene präsentieren muss. Um zur Bildfigur werden zu können, löscht sich die Sprachfigur selbst aus.

Vom Ende an überlagern sich hier zwei unterschiedene Texte, die Silvestrs *Klagelied* kontinuierlich doppelt codiert lesen lassen: Die Klage um den Tod

---

118 „Gott ist präsent und duldet keine Repräsentation. Wer sich ein Bild macht, unterstellt die Abwesenheit Gottes. Solange Mose als Repräsentant Gottes gegenwärtig war, bedurfte es keiner Repräsentation. Aber als das Volk davon auszugehen begann, dass Mose tot war, wurde die Repräsentation unvermeidlich." Assmann, Bildverstrickung, 61.

119 Silvestr Medvedev, *Klagelied/Plač*, 25v. („Otkudu načnu plač moj? Ašče ot tvoeja krasoty Feodore? Zěnicy moeja nesytnym želaniem sija vsegda bjaše zrak tvoeja vsěch uveseljaše."

des Zaren ist die Klage um das Verstummen der Rede, und das Enkomion auf die designierte Regentin ist das Enkomion auf das Auge. In dem Maße, wie die Rede das Auge, das Sichtbarkeitsereignis des begehrlichen Auges („nesytnoe želanie"; „zrak uvesěljaše") verbal einzuholen sucht, wird die Klage um die Rede zum Lob des Auges. Die *voluptas oculorum* erweist sich damit als uneinholbarer und resistenter Überbau einer ästhetischen Melancholie des Sprachtodes. Was an die Wahrnehmungsdispositionen eines unersättlichen, gefräßigen Auges (zěnica) geknüpft wird, sind die Topoi zaristischer Schönheit (die typologische Nähe zum Göttlichen verrät). In dieser kurzen Passage scheint damit eine Sichtbarkeitslust auf, die die altrussische Zurückdrängung des begehrlichen Auges (*plotskoe zrenie)* ablöst. Wie reibungsvoll dieser Transformationsprozess einer Sprachfigur zur Bildfigur verläuft, verdeutlicht die Allegorie des Sonnenhauses, die Silvestr Medvedev zu seinem Eingeständnis der Augenlust führt.

Teil dieses Transformations- bzw. Transfigurationsprozesses ist das Wissen um einen medial stimulierten optischen Reiz. Die Konstruktion der sophiologisch fundierten Leitallegorie des Sonnenhauses weist Spuren zweier Bildmedien auf, die Sichtbarkeitsregimes entscheidend umgeformt haben: *camera obscura* und albertische Glasscheibe. Die These einer solchen Verschränkung scheint riskant, liegen doch bisher keine empirisch gefestigten Hinweise auf eine auch nur ansatzweise Verbreitung der *camera obscura* im Russland des 17. Jahrhunderts vor. Gleichzeitig kann davon ausgegangen werden – und die Bildtheorie der Sprache des *Klagelieds* bietet dafür triftige Anhaltspunkte –, dass die Autoren mit lateinisch-jesuitischer Bildung, unter denen Silvestr Medvedev als Schüler Simeon Polockijs eine der herausragendsten Figuren war, mit den zeitgenössischen optischen Apparaturen, darunter auch der *camera obscura*, durchaus vertraut waren und dieses Zentralmedium jesuitischer Propaganda kannten. Umso mehr gilt das für das in Westeuropa schon seit zwei Jahrhunderten bekannte *vetro tralucente*, dessen Konsequenzen für die Bildperspektive in der russischen Ikonenmalerei des 17. Jahrhunderts bereits umgesetzt werden. Silvestr Medvedevs rhetorischer Einsatz eines Wissens der optischen Medien ist beispielhaft für den Einsatz einer Apparatur als textualisierter Metapher, losgelöst von ihrem unmittelbaren technischen Einsatz. Die *camera obscura*, Apparatur der Exteriorisierung eines optischen Sinneseindrucks, macht als Metapher für eine Rationalisierung des Sehens in der frühen Neuzeit Karriere. Sie sondert das Auge aus dem Verbund einer omnisensorischen Welterfahrung mit dem ganzen Körper heraus. Isoliert vom Betrachter erfährt es eine, so Crary, „Apotheose", die es in einen „immateriellen Status" erhebt.[120]

---

120 Crary, *Techniken des Betrachters*. Crary versteht die technische Apparatur als veränderliche Wissensmetapher und zeigt, wie sie Motor und Effekt eines Subjektivierungsprozesses ist,

In medientheoretischen Szenarien, die menschliche Wahrnehmungsorgane und Erkenntnismechanismen als Implementierungen technischer Gerätschaften analysieren, tritt ähnlich folgenreich und radikal die Glasscheibe auf, die, als Medium der exakten Abbildbarkeit eingesetzt, nach dem Modell der extrahierten Netzhaut funktioniert, welche zwischen Betrachter und Objekt geschaltet ist. In der Allegorie des Sonnenhauses, einer zunächst dunklen Zelle, die mit Glasscheiben versehen wird, verschränkt Silvestr Medvedev die Sakralisierung optischer Theorie mit der Technisierung sakraler Topik, die inneres und äußeres Sehen lichtmystisch miteinander kurzschließt. Ziel dieser Operation ist ein rhetorisch-poetisches: die visuelle Ermächtigung der Rede. Statt Zeichenhilfe und Sehprothese sind die Abbildungs- und Illusionskünste von *camera obscura* und gläserner Trennwand zwischen Auge und Objekt hier Sprechhilfe der allegorischen Anschaulichkeit. Sie realisieren die *perspicuitas* der Rede, sie medialisieren die Tropologie der Durch- und Anschaubarkeit und reflektieren damit die rhetorische Figur als optisches Dispositiv. Gerade die Tatsache, dass die Apparaturen nicht als materielle Formation vorliegen, sondern nur als Wissenschimäre existieren, macht sie interessant für energetische Versprachlichung.

Diese mediale Konstellation, die sich im allegorischen Sonnenhaus der Sofija zusammenfügt, bildet das „Äußerungsgefüge"[121], das als medial motivierte Sprachfigur und diskursive Struktur auf der Basis materieller Praktiken die melancholische Rede über das verlorene Bildobjekt ermöglicht. Sie scheint medienaggregativ genau die Figur zu bilden, an der sich der Konflikt zwischen sensorischer Wahrnehmung der Leiblichkeit und Durchstreichung des Körpers in seiner Funktion als Sprachträger produktiv realisiert, indem sie den Körper zu einer Bildproduktionsmaschine umbaut. Dabei birgt das allegorische System des Sonnenhauses aus Dunkelkammer und Glasscheibe in sich eine Überlagerung zweier Prinzipien. Es ist Trope einer repräsentationslogischen Visualisierung und zugleich einer Verhüllung zur Schau gestellter sinnlicher Präsenz hinter einem hermeneutischen Schema analogischen Ausdeutens. Im Sonnenhaus der Sofia als göttlicher Weisheit begegnen sich zwei optische Paradigmata: das der *visio spiritualis* als transzendenter Wahrnehmung, die unter Ausgrenzung ihrer eigenen Körperlichkeit die materielle Oberfläche der Dinge und der Bilder ignoriert und eine optische *Denk*figur darstellt, und

der Erkenntnis unter Umgehung einer unmittelbaren körperlichen Sinneswahrnehmung ermöglicht. Vgl. dazu auch Alpers, *Kunst als Beschreibung*. Alpers weist nach, wie die *camera obscura* als Instrument zur Erforschung des Sehvorgangs und der Tätigkeit des Auges nicht nur zur Erkenntnis der Perspektive beiträgt, sondern wie daraus der „handwerkliche" Begriff eines Bildes als Serie von einzelnen Ansichten, als Aspektakkumulierung entsteht.

121 Crary, *Techniken des Betrachters*, 42. Crary bezieht sich dabei auf den deleuzianischen Begriff des ‚agencements'.

das der *visio corporalis*, die unter vollem Einsatz ihres Sensoriums sowohl eine unkeusche Begehrlichkeit der sündigen und wollüstigen Augen (*tentatio oculorum*) wie auch eine Aufwertung der Materialität des (artifiziellen und natürlichen) Objekts als *Wahrnehmungs*figur in sich vereint. Das Oszillieren zwischen Leiblichkeitsschau und Leiblichkeitsverlust, zwischen Versuchung durch und Verdrängung des optischen Begehrens, zwischen sinnlicher Wahrnehmung und rationalisierter Anschauung, zwischen Repräsentations- und Ähnlichkeitsdenken ‚verkörpert' sich in der Allegorie der Sofija.

Silvestr Medvedev bereitet die zentrale Widmungsallegorie des Sonnenhauses in der Eingangspassage des *Klagelieds* vor, die alle Parameter der folgenden Sprech- und Sehordnung nennt und in ein komplexes Abhängigkeitsverhältnis rückt. Blickobjekte stehen gegen Sprechobjekte:

> Nichts ist den ehrbaren Sinnen zu ihrer Wahrnehmung angenehmer als die wunderbarsten Dinge, Wesen und Vollkommenheiten, die mit scharfsichtigem Auge betrachtet werden können, o edle Zarin und Großfürstin Sofija Alekseevna. All dies zum unsterblichen Ruhm Alexanders des Großes zu erbeuten, so, wie auch einen großen Teil der Erde unter seine Herrschaft zu bringen, vermochte er nicht, doch er hörte von scharfsinnigen Dichtern, dass es unter den östlichen Reichen ein wunderbares SONNENHAUS geben solle [...].[122]

Das schaulustige Auge, mit dem Silvestr Medvedev sein Panegyrikon ausklingen lässt, führt auch in es ein. Exordial gibt es hier nun ohne aporetische Einschränkung den Ton eines optischen Optimismus vor. Er wählt sich zum Lobtopos eine visuelle Metapher, die ein Fest der sinnlichen Wahrnehmung feiert. Kulminationspunkt der optischen Sinnenfreude ist die apostrophierte Zarin, die über eine metaphorische Verschiebung vom Unbelebten zum Belebten in die Reihe der Sichtbarkeitsfetische eingereiht wird. Doch die von der Zarin gekrönte *accumulatio* artifizieller Schauobjekte zerfällt unmittelbar darauf wieder: Im Gegensatz zu den Sammelobjekten, die (als Kriegstrophäen) das Auge (der Feldherrn) erfreuen, erweist sich die russische Regentin Sofija als doppelt uneinnehmbares Territorium: machtpolitisch und optisch.

Zusammen mit dem Anspruch auf Unterwerfung unter den Blick wird auch das Konkurrenzmedium des Auges eingeführt, denn was man retinal nicht se-

---

122 Silvestr Medvedev, *Klagelied/Plač*, 5f. Hervorh. im Original. („Ničtože blagoprijemnějšago mužestvennym smyslam ko prijatiju byti možet, jako načudesnyja veščy, estestva, i soveršenstva, bistrozritelnoju smotrěti zěniceju: Blagorodnaja gosudarinja carevno i velikaja knjažno, Sofie Aleksěevno. Sie vo bezsmertnuju slavu Aleksandra Velikago pochiti, tako, jako i širokij krug zemnyj pod vlasť emu dajuščym blagopolučiem ne udovoljašesja, no slyša ot ostrorazumnych poėtov, vo vostočnych suščyj gosudarstviich, prečudnyj DOM SOLNEČNYJ [...].")

hen kann, das erscheint imaginativ durch die Worte der „scharfsinnigen Poeten“ („ostrorazumnye poėty“), d.h. der die Verfahren des *acumen* und des *concetto* beherrschenden Sprachkünstler. Mit dieser Konstellation ist auch die Konkurrenzsituation bestimmt, in die Silvestr eintritt. Gegen die Unmittelbarkeit des Blicks auf die wunderbare Welt der Dinge ist das Wort gestellt. Die ästhetische Herausforderung besteht nun darin, den enkomiastischen Hymnus auf die neue Regentin der retinalen Anschauung ebenbürtig zu machen, die Sprache als Erfahrungsmedium der Visualität zu etablieren. Nachdem die Zarin als Objekt der Betrachtung präsentiert wurde, gilt es nun, sie als Objekt des Sprechens zu rekonstruieren, das sich über seine rhetorisch vermittelte *evidentia* mit der Sinnenfreude des Schauens messen kann. Die Figur, die zur Einlösung dieses Anspruchs eingesetzt wird, ist die Allegorie. Mit ihr ist das Prädikat der Sprachlichkeit sichtbar orientiert, mit ihr spielt Silvestr Medvedev den Gegensatz rhetorisch vermittelter Evidenz und materieller Sichtbarkeit aus.

Einen ersten Eindruck davon vermitteln die concettistischen Dichter, die vom Sonnenhaus berichten. Den Wechsel von der Kunstkammer der Wunderdinge zur arguten Rhapsodie präsentiert der Text selbst als Sprachfigur narrativer Verbildlichung. Poetische Imagination steht in einem antithetischen, doch auch nach Analogie strebenden Verhältnis zu den „wunderbaren Dingen“ (način̆udesnyja veščy“), die das scharfsichtige Auge („bystrozritelnoju zěniceju“) erfreuen. In dieser Konfiguration, die retinales mit imaginärem Sehen zusammenspannt, sind bereits der Kernkonflikt und die Motivierung des Allegorischen bei Silvestr benannt: Imagination und sinnliche Wahrnehmung, optischer Optimismus und Skeptizismus als Ideologie der häretischen und orthodoxen Überschneidung des *oculus tentationis*, dessen Gefahr darin besteht, dass es über das wahre Wesen einer Erscheinung hinwegtäuscht/getäuscht wird[123], sind als Gefüge auszuloten.

Insbesondere Spekulationen über das Licht als Agens und Ziel der allegorischen Entfaltung stehen in Zusammenhang mit der visuellen Leitidee des *Klagelieds*. Als Herrschaftstopos evoziert das Sonnenhaus gleich mehrere ideen-, wahrnehmungs- und medienhistorische Stränge, die Licht als Medium optischer Perzeption, imaginativer Schau und spiritueller Transluzenz thematisieren. Licht ist bei Silvestr Medvedev Emanationsmedium und optischer Informationsträger zugleich. In ihm überlagern sich lichtmystische Theoreme des Neoplatonismus zur Körperhaftigkeit oder Unkörperhaftigkeit von Licht mit

123 Diese Täuschungsbewegung verläuft gleichsam in einer wechselseitigen Korrumpierung: Auge und Sehobjekt korrelieren dahingehend, dass entweder das Sehobjekt auf das Sehen und die Blickgebärden einwirkt oder umgekehrt das Sehen seine Sehobjekte bereits in einer gewissen Absicht (*intentio*) auswählt. Vgl. dazu und zum ‚sündigen Auge‘ speziell Schleusener-Eichholz, *Das Auge im Mittelalter*, 797ff.

der Rolle des Lichtes als Unsichtbarkeitsmedium, das nicht für die Sichtbarkeit, sondern für die Intelligibilität des Sinnlichen und Unsinnlichen steht. Konzepte der emanativen Selbstentfaltung des Kosmos über Licht[124] treten in Beziehung zu antiken Vorstellungen von der Lichthaftigkeit des Auges und dem Sehen als projektivem Augenstrahl.[125] Optisches Wissen über die Lenkung des Lichts als Abbildungsträger verbindet sich mit symbolischen *loci*

124 Vgl. dazu Beierwaltes, Plotins Metaphysik des Lichts. Vgl. dazu auch die Licht'darstellung' in der Ikone, die keine irdisch-optische Quelle kennt, sondern durch Emanation Partizipation am göttlichen Urlicht, Erstrahlen der inneren Erleuchtung ist.

125 Die Sonnenhaftigkeit des Auges erweist sich als ein integraler Bestandteil der Lehre vom Menschen als Mikrokosmos; gleichwohl geht sie auf die makrokosmische Vorstellung vom Kosmos als anthropomorphem Wesen zurück, der die Augen Sonne und Mond waren. Das mikrokosmische Menschenbild ordnet dem rechten Auge die Sonne, dem linken den Mond zu. In der altrussischen wie in der westlichen mittelalterlichen Ikonografie sind die Miniaturen, die dieses anthropologische Modell nachzeichnen, extrem stabil. Vgl. dazu auch Istomins *Buch der Liebe*; Harsdörffers *Poetischer Trichter* III, 313, über „Leib" (als Reimwort zu „Weib"): „Der Leib ist eine kleine Welt / das Haubt vergleicht dem Himmelszelt / ist von der Seel als GOTT bewohnt / die Augen sind wie Sonn und Mond / das Blut ist gleich so manchen Fluessen / die sich mit Lebenssafft ergiessen." Daraus ergeben sich dann auch die Metaphern der Sonne als *oculus coeli* oder *oculus mundi*. – Simon, *Der Blick, das Sein und die Erscheinung in der antiken Optik*, 43, verortet die platonische Lehre wissenschaftsgeschichtlich in der Tradition der pythagoräischen Emissionshypothese. Der Sehstrahl wird bei Platon als das Feuer des Blicks aufgefasst, das von der Seele aus dem Körper herausprojiziert und damit zu einem „psychischen Auswuchs", einer Art „sensitivem Psychopodium" wird. Vgl. *Timaios* 45, b-d: „Unter den Sinneswerkzeugen bilden sie [die Götter] zuerst die lichtbringenden Augen, die sie aus folgendem Grund anbrachten. Soviel von dem Feuer zwar nicht die Eigenschaft besaß, zu brennen, wohl aber, mildes Licht zu gewähren, das ließen sie zur eigentümlichen Substanz eines jeden Tages werden. Sie bewirkten nämlich, daß das in uns befindliche, diesem verwandte lautere Feuer durch die Augen glatt und dicht hervorströme, indem sie das ganze Auge, vorzüglich aber dessen Mitte, so verdichteten, daß es dem übrigen gröberen Feuer durchaus den Durchgang wehrt und nur derartiges in reiner Form hindurchfiltert. Umgibt nun des Tages Licht den Strom des Sehens, dann fällt Ähnliches auf Ähnliches, verbindet sich und tritt zu einer einheitlichen, verwandten Substanz immer dort zusammen, wo das von innen Herausdringende sich dem entgegenstellt, was von den Dingen außen mit ihm zusammentrifft. Nachdem es nun als Ganzes vermöge seiner Ähnlichkeit den gleichen Einwirkungen unterliegt, verbreitet es die Bewegungen desjenigen, womit es und was mit ihm je in Berührung kommt, durch den ganzen Körper bis zur Seele und erzeugt diejenige Sinneswahrnehmung, mittels derer wir, wie wir sagen, sehen. Schwand aber das Feuer gegen Nacht, dann ist es abgeschnitten; denn indem es zu etwas ihm Unähnlichen herausdringt, erfährt es selbst eine Veränderung und erlischt, indem es nicht mehr mit der benachbarten Luft verschmilzt, da diese kein Feuer hat. So hört es auf zu sehen." Vgl. dazu auch Schleusener-Eichholz, *Das Auge*. – Den Blick als Sichtstrahl und Emission eines Feuers zu verstehen, das Auge zur Sonne zu machen, die Strahlen aussendet, statt Schatten zu empfangen – diese Anordnung eines auf dem Sehstrahl (statt auf dem Lichtstrahl) beruhenden optischen Dispositivs des Platonismus, das Simon ausführlich beschreibt, inkorporiert externe Medien des Sehens bzw. modelliert einen idealen Betrachter, der in einer maximalen medialen Implementierung selbst zu diesen wird. Das (innere) Auge ist als erkennende Sonne und als empfangender Spiegel zugleich gedacht.

communes und emblematischen Schemata.[126] Anliegen der komplexen Struktur des *Klagelieds* ist es nicht, einen der Stränge auf kohärente Weise durchzuführen oder für einen Beweisgang abzusichern, vielmehr nutzt Silvestr synkretistisch den argumentativen Fundus einer ideengeschichtlichen Umbruchkonstellation, um tradiertes Wissen, das einer Kultur der Sichtbarkeitsscheu entstammt, mit Konzepten zu vermitteln, die sich einer optischen Bestandsaufnahme der Welt verschreiben. In der Verknüpfung beider macht er das mediale und philosophische Wissen für eine ästhetische Allegorie rhetorischer *enargeia* nutzbar. Das göttliche *lumen* des Sonnenhauses verwandelt sich hier in das *lumen orationis*, das Qunitilian in der anschaulichen Rede wirken sieht.[127]

Ein solches Vorgehen verfügt über beträchtliches häretisches Potenzial, das im Falle Silvestr Medvedevs sehr konkrete existentielle Folgen hatte.[128] Wie um einer solchen Diskussion zuvorzukommen, charakterisiert das *Klagelied* den poetisch imaginierten, „auf Sonnenfäden aufgehängten Ort“[129] als „rhetorische Fabelei“ („basnoslovija vě̆tijskaja“) und stellt dem eine „wahre“ Lesart gegenüber, die das Sonnenhaus in den heilsgeschichtlichen Zusammenhang der Christianisierung der Rus’ stellt und diese zum „Wohnsitz Christi, des wahren Herrn“[130] macht. Der Ambivalenz des Exordialtopos ist dadurch nichts genommen. In der Parallelisierung des Sonnenhauses mit den sensorisch affizierenden Objekten retinalen Sehens sind poetische Artefakte und dinghafte Objekte Gegenstand einer Wahrnehmungsform, die zwischen häretisch und heilig oszilliert. Mit der vokativen Einreihung der Sofija in die Ordnung der schönen Dinge, mit der Aufforderung, sie ebenfalls als wunderbar zu betrachten, qualifiziert sich die Allegorie des Sonnenhauses als visuelle Kippfigur, die heilsgeschichtlich und machtpolitisch dechiffrierbar sein will, die sich transparent macht für die Schau Gottes und zugleich die Augenlust des Mate-

---

126 Das Symbol der Sonne übernimmt Sof’ja Alekseevna von ihrem Vater, der wiederum durch dieses Attribut an die Tradition des Sonnenkönigs, Ludwigs des XIV., anknüpfen will. Robinzon, *Bor’ba idei*, 141ff, führt Belege zur Attribuierung des Zaren als Sonne an. Er versteht die Analogisierung mit Himmelskörpern oder kosmischen Figuren streng im Sinne der Vergöttlichung des Zaren.

127 Quintilian, *Institutio oratoria*, Buch VIII, 6.

128 1691 wird Silvestr Medvedev nach Folterungen auf dem Roten Platz hingerichtet, seine Schriften werden mit dem Anathema belegt und verbrannt. Für ihren Schützling und Hofpoeten kann die im *Klagelied* besungene Sofija, deren Eingreifen Silvestr Medvedev 1689 noch vor der Verhaftung auf Betreiben des Patriarchen Ioakim bewahrte, zu diesem Zeitpunkt schon nichts mehr tun.

129 Silvestr Medvedev, *Klagelied/Plač*, 5v. („prečudnyj DOM SOLNEČNYJ, po mněniju ich, na saměch světlějšago solnca lučach pověšennyj […].“)

130 Ebd. („no az derzaju rešči voistinu, jako dělom saměm vrěsnotu i vopravdu vaše presvětloe veličestvo, est’ dom solnečnyj žilišče solnca istinnago Christa Gospoda […].“)

riellen erweckt. Im Zusammenschluss von „smysl'" (Sinn) und „zěnica" (Pupille) werden zu diesem Zweck nicht nur Sinn und Sinnlichkeit verschränkt, sondern auch hermeneutische Semantik und optische Sensorik.

Vermutlich greift Silvestr nicht nur auf den biblischen Topos der Weisheit Gottes, die ihr Haus gebaut hat (Spr 9, 1–4), zurück, sondern auch auf eine emblematische Tradition, in der die synkretistische Figur, die er konstruiert, ebenfalls aufscheint. In der Emblematik gerinnt der Chiasmus von Bildlichkeit und Ausdeutungspraktiken zur bimedialen Form. Hier spiegeln sich Darstellungs- und Wahrnehmungsveränderungen unmittelbar in Versuchen, Bilder an semantische Komplexe zu binden. Und auch hier ist eine tendenzielle Emanzipierung des Bildes aus den Verweisungszusammenhängen von *inscriptio* und *subscriptio* beobachtbar.[131] Auf eine der möglichen emblematischen Quellen soll näher eingegangen werden. Henkel/Schöne verzeichnen in ihrer Emblemsammlung unter der Rubrik „Die Sonne scheint durch ein Fenster" ein Emblem aus Johann Mannichs *Sacra emblemata* (1624), das die Marienallegorik inkarnatorisch weiterdenkt. Das Motto „Tamen haut violata recessit" („Hernach und vor bleibt zu diß Thor") ist dem beim Propheten Hesekiel geschilderten Tempelbau entnommen (Hes 44, 2). Es umschließt eine *pictura*, die Jesus, das fleischgewordene Wort, vor den Fenstern eines Sakralbaus zeigt. Im Hintergrund ist eine Kirche zu sehen. Alle Elemente des Bildes sind von den Strahlen der göttlichen Sonne beschienen (vgl. Abb. 10). Die *subscriptio* gibt folgende Deutung:

Die Sonn die steht am Himmel schon /
Bedeutet die ander Person /
In der unzertrennten Gottheit /
Der ist der Glantz der Herrligkeit /
Der alls erträgt mit seinem Wort /
Erfüllet alle end und ort /
Das Fenster mit der Scheiben fein /
bedeutet die Mariam rein.
Dann wie die Sonn durchscheint das Glaß /
Und doch nimmer versehret das;
So hat die Sonn der Gerechtigkeit /
Da nun erfüllet ward die zeit /
Sich in Marias Leib gethon /
Und da verricht die Union/
Daß Gott ein waarer Mensch geborn /
Von der Jungfrawen außerkorn.
[...][132]

---

131 Vgl. zur Emblematik genauer das Kap. III.4.
132 Henkel/Schöne (Hg.), *Emblemata*, 30.

Abb. 10: Johann Mannich: *Sacra emblemata* (1624).
Aus: Henkel / Schöne, Emblemata, 29.

In seiner Komplexität durch den Schrift-Bild-Charakter des Emblems gesteigert zeigt sich, wie die Allegorie der Sofija als Haus der Sonne das Konzept eines doppelten Blicks, eines zweifachen Auges entwickelt. Beide verbinden sich durch die Überlagerung von Sehendem, Gesehenem und Sehorgan in einer Art „visueller *unio mystica*“[133], die die hypostatische *unio mystica* optisch zitiert. Die Steigerung, die die Marienallegorie damit von der Inkorporation göttlicher Weisheit hin zur Inkarnation[134] vollzieht, verweist noch einmal auf

133 Keller, *Wort und Fleisch*, 268.

134 Eine ähnliche Konstellation suggeriert Karion Istomin im *Buch zum Gruß der Weisheit* (*Kniga želatelno privětstvo mudrosti*). Während es Silvestr Medvedev um eine Apologie der Poesie geht, zielt Karion Istomin auf die Etablierung der Wissenschaft bzw. die Profilierung der Weisheit (mudrost') als Wissenschaft (nauka). Der Text beginnt mit dem christologischen Dogma der Inkarnation als Beweis der Weisheit des Schöpfers. Im Schwenk auf Sofija als die Verkörperung der göttlichen Weisheit wiederholt sie die Hypostase Christi und wird kraft ihres allegorisch ausgedeuteten Namens ebenfalls zum Abbild eines göttlichen Urbildes. An anderer Stelle nimmt der Text dies wieder auf: „Denn die Weisheit ist Jesus, Gottes Sohn“ („Mudrost' ubo est' Isus syn božij“). Das christologische überlagert sich auch hier mit dem mariologischen Dogma, wenn Sofija analog zur Marija erscheint. Im Gegensatz

die Rolle der Schrift- und Bildmedien im Prozess der Versinnlichung eines Immateriellen. Gleichzeitig unterliegen alle Materien der Allegorie einer emanativen oder inkarnatorischen Transzendierung. Im Glas kristallisiert sich diese zwischen Sichtbarmachung und Spiritualisierung, Materialität und Transitorik stehende Duplizität heraus. Und gerade auf dieses Glas zielt Silvestr Medvedev mit zwei Gleichnissen, in denen subtil mediale Mythen implementiert werden.

Dazu unterzieht Silvestr das Bild des Sonnenhauses zunächst einer typologischen Allegorese. Mit einer streng ekklesiologischen Deutung der Schriftsinne gibt er vor, die Wahrheit über das im Osten gelegene Haus der Sonne zu berichten. Die heilige Rus' wird zum Ort der Materialisierung einer göttlichen Allegorie, für die der Tempelbau Salomos den Prototypos gibt.[135] In zwei Gleichnissen entfaltet Medvedev sodann das topographische und architektonische Modell des Sonnenhauses weiter. Das erste Gleichnis erzählt vom (falschen) Haus der Dunkelheit:

> So erzählt man von einem ungeschickten Baumeister, der sich ein Haus ohne ein einziges Fenster, durch welche Häuser gewöhnlich erhellt werden, baute. Nachdem er es fertiggestellt hatte, ging er hinaus, in seinen Händen einen Schlauch, den er gegen die Sonne öffnete, um in ihm die Lichtstrahlen einzuschließen. Vorsichtig trug er ihn wieder hinein, schloss die Tür der Kammer hinter sich und glaubte nun, sie so mit Licht erfüllen zu können. So mühte er sich viele Male vergeblich. Schließlich ließ er sich ratlos nieder. Von einem Vorübergehenden befragt, was ihn so betrübe, eröffnete er ihm den Grund seines Kummers. Dieser riet ihm, Fenster in die Wände des Hauses zu schneiden. Nachdem er so den Anweisungen gefolgt war, erblickte er ohne jede Mühe sein Haus von Licht erfüllt.[136]

---

zum *Klagelied* stellt Karion Istomin auch typologische Beziehungen zu antiken Figuren her, ein Verfahren, das Silvester in der *Beischrift zum Porträt der Zarevna Sofija* (*Podpis' k portretu carevny Sof'i*) aufnimmt. Hier wird die Allegorie der Sofija durch die Figuren der Semiramis, Elisabeth der I. und der Pulcherija gestützt. In: *Russkaja sillabičeskaja poėzija*, 201f.

135 Gleichwohl verhält sich die Charakterisierung der sakralen Topographie noch komplexer. De facto unterstreicht Silvestr Medvedev die Auffassung von Moskau als Drittem Rom, womit der russische Zar messianische Funktion erhält und die heilsgeschichtliche Deutung sich auf russisch-orthodoxem Boden erfüllt. Zur Konzeption Moskau – Drittes Rom vgl.: Uspenskij, Vosprijatie istorii v Drevnej Rusi i doktrina ‚Moskva – tretij Rim'; Lotman/Uspenskij, Otzvuki koncepcii ‚Moskva – tretij Rim' v ideologii Petra Pervogo. Vgl. dazu auch Soldat, *Urbild und Abbild*, 138ff, die die gesamte altrussische Sakral- und Repräsentationsarchitektur als Abbildschaffung bis hin zum Aufbau der Kiever und Moskoviter Rus' als „gigantisches Abbild des himmlischen Jerusalem" (148) interpretiert.

136 Silvestr Medvedev, *Klagelied/Plač*, 8f. („Pověstvujut o někoem neiskusnom zodčii iže sozdav sebě chraminu ne sotvori ne edinago okna. Imi že obyčně domy světlost' priemljut. Soveršiv že tu, ischoždaže iměja v ruku svoeju měch i toj otverz protivu solnca javljajuščies-

Dieses Haus steht in seiner Anlage dem guten, vom göttlichen Architekten gebauten Haus entgegen, kann aber durch weisen Rat transzendiert, d.h. für das spirituale Licht der Weisheit durchlässig gemacht werden. Ist das erreicht, so verkörpert sich in ihm die Allegorie der Sofija als göttlicher Weisheit: „Eure lichte Herrlichkeit wird zu Recht SONNENHAUS genannt, denn es ist mit der Herrlichkeit des wahrhaften Gottes angefüllt.“[137] Doch die Verwirklichung der *imago Dei* verläuft über eine Erweiterung der architektonischen Allegorie zu einer optisch-instrumentalen. Diese metonymische Verschiebung der Allegorie ist in einem zweiten architektonischen Gleichnis ausgeführt.

2.2.2. Allegorie des Auges

Auch dieses zweite Gleichnis bleibt im Bild der Haus-Allegorese, indem es die Metapher des Fensters der Augen (okonce očnoe[138]) entfaltet und damit den Schlüssel der allegorischen Gesamtkomposition stellt, die sich als optisches Medium entpuppt: Wurden dem ersten Haus nur Fenster ausgeschnitten, so sind es nun gläserne Fensterscheiben, die das Bild des Sonnenhauses in seinen semantischen und optischen Valenzen voll entfalten.

> Fenster sind gemeinhin aus Glas gefertigt; Glas ist hervorragend zum Sehen geeignet, noch besser Kristall. Denn mehr noch als dies in silbernen oder goldenen [Gefäßen] gefunden werden könnte, verbinden sich in ihnen Stärke und Schönheit zu kostbaren gläsernen oder kristallenen Gefäßen.[139]

Dreh- und Angelpunkt des Umschlagens der Allegorie des weisen (premudryj) Gottes in Sofija (mudrost'), die göttliche Vertreterin auf Erden und Schlüsselfigur der neuen und gleichsam gedoppelten Allegorie des Hauses, ist

---

ja v nem luča solnečnyja sokryvaet, i so tščaniem vnosja zaključaet dvery chraminy, mnja tako světlosti siju ispolniti. Bez čisla že vsue truždsja, i v nedouměnii syj sěde. Voprošen byvaet ot někoego mimo grjadušča, čto tako bědstvuet neuspěšně vinu že pečali svoej otkriv. Prijat poučenie da isséčet okna vo stěnach chraminy, i sego poslušav, beztrudně světa dom svoj / ispolnen uzrě.“)

137 Silvestr Medvedev, *Klagelied/Plač*, 8v. („Vaše presvětloe veličestvo dostojno i pravedno narešči DOMOM SOLNEČNYM, světlosti istinnago Boga napolnennym.“) (Hervorheb. im Original.)

138 Die anatomische Terminologie des Altrussischen setzt diese Metapher der Augenfenster für ‚Pupille‘. Vgl. Bogojavlenskij, *Otečestvennaja anatomija i fiziologija*, 147.

139 Silvestr Medvedev, *Klagelied/Plač*, 9. („Okna obyčně ot stekla sotvoreny byvajut; dobra ko viděniju est' vešč' steklo, dobrějšaja že kristall. ašče by krěpost' krasotě ich soedinenno dražajšye sosudy stekljannye ili kristalovye, pače srebrenych i zlatych obrětošabysja.“)

das Licht und die Frage, wie für dieses Transparenzen, Durchlässigkeiten geschaffen werden können. Streng folgt Silvestr Medvedev hier dem antithetischen Prinzip Licht – Dunkel (svet – t'ma). Die Dunkelkammer des ersten Hauses bedarf künstlicher Lichttransportmedien (Schläuche), die jedoch ihren Dienst versagen. Licht ist nicht technisch medialisierbar und transportabel – denn Licht ist Emanationsträger göttlicher Weisheit. Die dunkle Kammer muss, um Ort göttlichen Verstandes und göttlicher Weisheit zu sein, umgebaut werden: ein Fenster für den direkten und regulierten Lichteintritt muss geschaffen werden. Licht ist in dieser Funktion kaum mehr deutlich als das göttliche *lumen*, nicht das Optik ermöglichende *lux* prädiziert.[140]

Damit setzt die eigentliche Auseinandersetzung mit mechanistisch-optischen Modellen des Sehens ein. Literal hebt die Allegorie auf die technische Beschaffenheit eines Sichtbarkeitsmediums der Dingwelt ab: „Fenster sind gemeinhin aus Glas gefertigt; Glas ist hervorragend zum Sehen geeignet, doch noch besser ist Kristall." Diese buchstäbliche Fokussierung der Materialqualitäten, die mittels apparativer Verstärkung optimale Sichtbedingungen garantieren, führt der Text weiter, indem er die Produktionsbedingungen unterschiedlicher Glassorten diskutiert. Wie man zuvor die Wahl zwischen schlechten (dunklen, fensterlosen) und guten (hellen, mit Fenstern versehenen) Häusern hatte, so nun zwischen minderwertigen und hochwertigen lichtdurchlässigen Instrumenten, die sich hauptsächlich in einem Punkt zu unterscheiden scheinen:

> Glas wird gewöhnlich aus Asche gemacht. Doch aus solch einem verschmähten Stoff entsteht eine ausgezeichnete Sache. Kristall hingegen entsteht aus Eis und Schnee. Wenn es lange Zeit auf den höchsten Bergen liegt, erscheint es so hart, als hätte es sich in Stein verwandelt.[141]

Im Führen eines nach naturwissenschaftlichen Kategorien fingierten Nachweises erweist sich Kristall als das bessere Sichtbarkeitsinstrument, Glas jedoch als das bessere Medium zur Schau des Unsichtbaren. Kristall ist stabiler, Glas jedoch ideell valider, da es durch das Feuer der Liebe Gottes aus der Asche der Demut gebrannt, gehärtet und damit zum „Glas der Demut" („ste-

140 Zu den zahlreichen antiken und mittelalterlichen Quellen Westeuropas, die die Zusammenhänge von Auge und Licht für die Gotteserkenntnis belegen, vgl. Schleusener-Eichholz, *Das Auge*, 140ff.

141 Silvestr Medvedev, *Klagelied/Plač*, 11. („Steklo obyčně dělajut s pepela. No ot tako prenebregajuščojsja vešči izrjadnoe to ustroevajut dělo. Kristall že byvaet ot leda i sněga. Iže na vysočajšich gorach množestvom vremene tako tverd javljaetsja, jako i vo kamen' pretvoritisja semu.")

klo smirenija" (9v)) aufgewertet ist. Durch das Feuer der Liebe und des Glaubens wird es zu mikroskopischer Genauigkeit einer gläsernen Lupe geschärft, die allerdings nicht die empirische, sondern die transzendentale Welt schauen lässt. Scheinbare Schwäche einer fragilen Transparenzmaterie erweist sich so als rein äußerliches Defizit – unsichtbar im Glas verborgen ist die Glaubensstärke. Ohne diese psychische Disposition bleibt die natürliche Sehkraft funktionslos, und nur dieser Umstand vermag den Körper der Sofija zum transparenten Gefäß des göttlichen Glaubens, zur *ecclesia* umzudeuten.[142] Figurierte Sofija Alekseevna zu Beginn noch als spektakuläres Schauobjekt retinalen Sehens, so ist sie nun Ort der *visio spiritualis*. Das Glas zum Sehen der „wunderbaren Dinge" („načudesnyja veščy") ist über die Konstruktionsverfahren des Augenglases des Herzens expliziert und funktionalisiert für die Schau des Göttlichen selbst und der göttlichen Eigenschaften, sichtbar gemacht in der Personifikation der Weisheit:

> Wie tief ist deine Weisheit. Von dieser Art des Glases der Demut und vieler anderer Tugenden, die durch das Feuer der göttlichen Liebe gereinigt sind, sind die Fenster deines Hauses, durch die das Licht der Gnade des Herrschers strömt. Doch wer vermöchte alle deine Tugenden aufzuzählen?[143]

Damit scheint der Höhepunkt einer optischen Allegorie als Strategie der Unsichtbarkeit erreicht, die ihre Materialität in die Bahnen der Typologie zurückführt. Silvestr Medvedev manipuliert das optische Medium in kontinuierlichen semantischen Verschiebungen hin zur Materialisierungsform des Transzendenten, der Durchlässigkeit der Dinge bis zur Schau auf ihren sakralen Gehalt. An die Stelle des *oculus materialis* tritt so schrittweise das *oculus immaterialis*. Sein Ziel ist die *illuminatio* des Schauenden. Auch das unvorsichtige, begehrliche, wollüstige Schauen der Seele durch die Fenster des Körpers scheint bezwungen. Die Wendung vom Sonnenhaus zum Seelenhaus und die Einrichtung der lichtdurchlässigen Fenster für die Seele / die Augen führt zur Einheit von Auge und Seele, in der die Sonnenähnlichkeit des Auges mit der Gottähnlichkeit der Seele zusammengeführt wird. Die Metapher des Fensterglases als Teil der Sonnenhausallegorie vermag Sofija nicht nur über die Personifikation der Weisheit in eine typologische Beziehung zu stellen, sondern das Spektakuläre mit der Ur- und Abbildlichkeit zu vermitteln, indem sie als per-

---

142 Bezug auf Mt 6, 22f.

143 Silvestr Medvedev, *Klagelied/Plač*, 10. („O glubina premudrosti tvoeja – ot togo že stekla smirenija vašego presvětlogo veličestva, so iněmi priměšennymi blagimi děli, ognem ljubvi božoj pretvorennogo, imašy okna v domu svoem vovodjaščye svět blagodati vyšnjago von, no kto dovolně dobrodětelej tvoich isčitaet?")

sonifizierte Weisheit auch die Personifizierung der Augen, der Augenweide (*visio beatifica*) und der Sonnenhaftigkeit des Auges ist.

Schnittstelle dieses Wandels von der Augenlust zur optischen Demut ist eine mediale Konstruktion der Bildproduktion. In der fast monadologisch anmutenden Kontrastierung von fensterlosem und mit Fenstern versehenem Haus, in der Verwandlung von dunklen in helle Kammern, in der schrittweisen Schilderung von Glas- und Kristallerzeugung, in der Exegese des Glases als durch Liebe gebranntes Transparenzmedium der *visio spiritualis* etc. verknüpfen sich über die tropologische Funktionalisierung der Sofija mediale, sophiologisch-theologische und poetologische Diskurse. Entsprechend der kulturellen und situativen Pragmatisierung enkomiastischer Epideiktik fungiert die materielle, faktuale Konstellation als Hilfsdiskurs eines exegetischen *master plots*, der die literale Ebene semantisch überschreitet.

Ganz auflösen und semantisch wegreduzieren lässt sich die materielle Stützkonstruktion jedoch nicht. Ebenso hartnäckig, wie Silvestr Medvedev Dinge und Medien zu *topoi* und *tropoi* macht, um *antitypoi* zu generieren, artikuliert er eine technische, physikalische und vor allem optische Spezifik heraus, die sich den transitorischen Wegen der Offenbarung entzieht. Was die *curiositas oculorum* zu brechen suchte, birgt in sich den Kern einer ebenso mächtigen Inbesitznahme der Welt durch die Optik. Das Glas, das in Russland erst mit dem Ende des Barock zum Protagonisten ästhetischer Texte wird und in Lomonosovs *Brief über den Nutzen des Glases* (*Pis'mo o pol'ze stekla*, 1752) zum Sujet der Ode aufsteigt, steht zu seinem Beginn in mindestens ebenso prekärer Position zwischen Medium und Metapher. In der kulturellen Umbruchsituation des 17. Jahrhunderts evoziert die Transparenzerfahrung des Glases neben seiner spirituellen Qualität die Prinzipien perspektivischen Projizierens und damit eines Modells berechenbarer visueller Wahrnehmung, wie sie Alberti durch das *vetro tralucente* entwirft, das neben der *camera obscura* als zentrales optisches Medium der frühen Neuzeit gelten kann. Die Glasscheibe, die sich seit dem 14./15. Jahrhundert in Westeuropa zwischen den Beschreiber/Beobachter und die Gegenstände der Welt zu schieben beginnt, trennt bei Silvestr Medvedev Schauenden und Offenbartes. Und in dieser Trennlinie der Perspektive zeigt sich die Herausforderung der Umcodierung eines perzeptiven Instruments in ein visionäres. Gegen alle Transzendierung des Blicks bleibt es vom Konzept seiner Erfindung für ein den Gesetzen der *perspicuitas* gehorchendes durchsichtiges Be-Schreiben, für die Darstellung der wahrnehmbaren Welt als Projektionsfläche gezeichnet. Die Einbindung eines optischen Mediums, das die exakte Darstellung eines sinnlichen Eindrucks, der mittels rechnerischer Formeln wie dem Strahlensatz normativ bestimmbar ist, betreibt, in ein theologisches Modell kann und soll nicht bruchlos aufgehen. Die Sakralisierung der Glasscheibe als Baustein einer Allegorie der technisierten Welterfassung muss unvollständig bleiben. Sie lässt das Pendel der domestizierenden Zurichtung des Auges zurückschlagen. Das zeigt gerade auch der Einbau des Fensters in eine architektonische Allegorie des Sonnenhauses.

Hier tritt deutlich hervor, wie ein panegyrischer Text implizit optisches Wissen der frühen Neuzeit diskutiert, mehr noch dieses überhaupt zu seiner figurativen Grundlage hat. An keiner Stelle seines Werkes bezieht sich Silvestr Medvedev auf entsprechende Quellen, vielmehr beschränken sich seine Glossen nach den Gepflogenheiten der altrussischen Schriftkultur auf die Bibel und die Texte der Kirchenväter. Doch entgleitet seine poetische Sakralarchitektur dem Rahmen typologischer Exegese, wenn man sie mit den zentralen optischen Texten der Frühaufklärung konfrontiert. Gerade der Übergang der dunklen Kammer des ersten Hauses, das mit Fensterscheiben versehen wird, um zum Haus der Sonne zu werden, offenbart diesen Übergang von einer christlichen Allegorese zur allegorischen Optik. Das Bild der *camera obscura*, das spätestens mit der cartesianischen *Dioptrique* (1637) bis mindestens hin zur Leibniz'schen *Monadologie* (1714) eine Neubelebung des seit der Antike geführten Disputs um Sehen und Erkennen sowie des Bildbegriffs initiiert, schiebt sich damit als Vexierbild zwischen Urbild und Abbild des Sonnenhauses der Sofija. Vorformuliert (chronologisch betrachtet: nachformuliert) ist diese texttheoretische Dimension in einer der ersten Versuchsanordnungen aus Newtons *Opticks* (1704):

> In einem ganz dunklen Zimmer stellte ich ein Glasprisma vor eine runde, etwa ein Drittel Zoll breite Oeffnung, die ich in den Fensterladen gemacht hatte, damit die in diese Oeffnung gelangenden Sonnenstrahlen aufwärts nach der gegenüberliegenden Wand gebrochen würden und dort ein farbiges Bild der Sonne entstünde.[144]

In der Gegenlektüre dieses Passus zu Silvestr Medvedevs Epikedeion werden zunächst nur die Differenzen sichtbar: Bei Silvestr Medvedevs gut zwanzig

144 Newton, *Optik*, 19. Zit. nach Crary, *Techniken des Betrachters*, 50. Schon Descartes Beschreibung des Sehvorgangs in *La Dioptrique* zeigt eine Beschreibung der Wissensmetapher, die bei Silvestr Medvedev Allegorie wird: „Ein Mensch befindet sich in einem völlig verschlossenen Zimmer, das nur ein einziges Loch besitzt, vor das eine gläserne Linse gebracht wird. […] Das Loch ist die Pupille, das Glas entspricht dem Kristallwasser, oder besser allen Teilen des Auges, die eine Brechung hervorrufen." (Zit. nach Crary, *Techniken des Betrachters*, 56.) Wenn auch selbstverständlich das cartesianische Kristallwasser eben keine Validitätsmetapher ist, sondern ein anatomisches Element, das in den hier unterschlagenen folgenden Ausführungen Descartes' Gegenstand des Sezierens wird. Aber gerade jene mineralogischen Materialien, die in einem optischen Diskurs zu anatomischen Metaphern werden können, erweisen sich offensichtlich als einsetzbar für eine allegorische Konstruktion.

Jahre früher entstandenem Text handelt es sich nicht um einen optischen Traktat, zudem geht es ihm weder um eine Beobachtung empirischer Phänomene, noch um die Konstruktion einer Apparatur, die physikalisch objektive Wahrheiten produziert. Medvedev schleift keine Linsen zur empirischen Beobachtung, er brennt Gefäße der Gottesliebe. Am deutlichsten werden die Unterschiede wohl im letzten Teilsatz: Newton will Bilder der Sonne als zweidimensionale Repräsentationen eines Naturphänomens, die sich wissenschaftlicher Untersuchung unterziehen lassen, während bei Silvestr Medvedev die Sonne als allegorischer Kern einer Urbild-Abbild-Beziehung fungiert, die nicht Beobachtbarkeit, sondern visionäre Schau ermöglicht.

Gleichwohl bleiben neben dieser klaren Abgrenzung doch konfigurative Assonanzen, die aufdringlich darauf verweisen, dass hier mechanische Versuchsaufbauten für Apparaturen, die „transzendentale [...] Repräsentationen der Objektivität der Welt“[145] hervorbringen, als mediale Folie einer Allegorie eingesetzt sind, die den Transzendenzanspruch ihres Abbild-Konzepts in paradoxer Verschränkung mit camera-obscura(n)tischen Modellen der Bildproduktion formuliert. Eben jenes Modell eines ‚optischen Bildes‘, welches das mit einer ontologischen Nabelschnur an seine Bild-*origo* gebundene Abbild autonomisiert, scheint umso attraktiver für ein rhetorisches Textverständnis (und wohl auch nur hier überhaupt verhandelbar), als es als konsequente Fortentwicklung eines Abbilds unter perspektivischen Bedingungen vermittelt werden kann. Wird die *camera obscura* in den repräsentationsphilosophischen Ansätzen Newtons, Lockes und Descartes zum Raum der Vernunft, so deklariert Silvestr Medvedev sie im Wissen um die aufdringliche Selbstevidenz des Mediums zum allegorischen ‚Haus der Weisheit‘ um, wohl wissend um die Brisanz dieses Erkenntniskonzepts unter technisch konstruierten Vorzeichen.

Lockes im *Essay on Human Understanding* (1690) entworfenes Verstandesmodell, dessen Dunkelkammer dann Leibniz in den *Neuen Abhandlungen über den menschlichen Verstand* (1704) mit perzeptiven Falten auskleiden wird, bringt auf den Punkt, wie paradoxerweise gerade die Theorie des Sensualismus über die epistemologisch-mediale Metapher der *camera obscura* eine Verstandeskategorie zu entwickeln versucht, die nicht nur das menschliche Sensorium als rationalisierte Kategorie rein imaginativ entschärft, sondern auch Abbilder und Urbilder ontologisch nivelliert:

> Sie [= die äußeren und inneren Sensationen] allein sind, soviel ich sehen kann, die Fenster, durch die das Licht in diese camera obscura Einlaß findet. Denn meines Erachtens ist der Verstand gar nicht so unähnlich einem Zimmer, das gegen das Licht vollständig abgeschlossen ist und in dem nur einige Öffnungen

145 Crary, *Techniken des Betrachters*, 51.

> vorhanden sind, um äußere, sichtbare Abbilder oder Ideen von den Dingen der Umwelt einzulassen.[146]

Auch eine medienanaloge Applikation dieses Perzeptionsentwurfs auf Silvestr Medvedevs Trauerpanegyrikon würde dessen Verankerung im orthodoxen Denken verkennen. Gleichwohl kann auch die Nutzung diskursiver Elemente aus der optischen Erkenntnislehre bei der Elaborierung eines rhetorischen Inventars der imaginativen *enargeia* nicht so blank zurückgewiesen werden. Was bei Locke ein durchsichtiges Medium der Repräsentation ist, in dem sich Licht bricht, ist bei Silvestr ein transparentes Emanationsmedium, durch das lichthafte Weisheit erfahrbar wird. Wo Locke ein entkörperlichtes Szenarium intellektueller Anschauung entwirft, konstruiert Medvedev allegorische Szenarien ästhetischer *evidentia*. Wenn Locke versucht, den optischen Prozess auf die neutrale Funktion eines Apparates zu reduzieren und damit analysierbar zu machen, so lädt Silvestr Medvedev eine optische Allegorie als hochgradig ideologisierte Funktion ontologisch auf und macht sie damit semantisch (poly)valent.

In und trotz dieser Antinomien scheint doch eines auf: Die Negierung eines möglichen Einflusses des Wissens von der Sinnesvermittlung durch Lichtbilder und dessen Abbildung in den Sonnenhäusern der dunklen Kammern würde unterschlagen, dass der frühe russische Barock Versatzstücke eines Diskurses aufnimmt, der den Rahmen typologischer Sichtbarkeitsmodelle sprengt. Sie würde übersehen, dass die rationalistischen Zusammenspannungen von Sehen und Erkennen Wissensmetaphern verwenden, die auch das russische 17. Jahrhundert in stark abweichendem ideologischem und kulturellem Kontext für eine Neukonfigurierung eben dieser Pole heranzieht und dadurch akzeptierte Zwei-Welten-Ontologien ins Wanken bringen. Entgegen gängiger Schematisierungen erweist sich schließlich, dass Positionen der klassischen Philosophie der Sinnlichkeit des Sehens Anschlussmöglichkeiten in der orthodoxen Sichtbarkeitsscheu und Körperverneinung finden. Diese Anschlüsse beziehen sich nicht nur auf die Entwicklung eines neuen Bildbegriffs nach fast sieben Jahrhunderten Kultbildlichkeit. Daneben steht eine verdeckte, sekundäre Spiritualisierung des Erkenntnismodells der, nach Foucault, klassischen Episteme. Crary hat gezeigt, wie die optischen Experimente des Rationalismus über die *camera obscura* physische und psychische Modelle entwickeln, die den Mechanismus der Apparatur zu einem „metaphysischen Au-

---

146 Locke, *Versuch über den menschlichen Verstand*, 11. (Zit. nach Crary, *Techniken des Betrachters*, 51f.) Vgl. auch ebd. zu den epistemologischen Prämissen und Konsequenzen der *camera obscura* als Wissensmetapher des 16./17. Jahrhunderts, die hier nur angedeutet werden können.

ge" steigern bzw. den Blickwinkel, den die Apparatur verabsolutiert, als Analogon zum „Auge Gottes" verstehen.[147] Zugespitzt formuliert hätte man es hier also mit einem sensualistischen Zwischenschritt zu tun, der den Blick in einen perzipierenden Körper einfügt, diesen in eine Maschine umdefiniert, damit das Sensorium extrahiert, um es neuerlich zu einem Organ der *visio spiritualis* zu läutern.[148]

Die Engführung der allegorischen Optik mit den apparativen Aggregaten der Neuzeit zielt nun nicht darauf, aus Silvestr Medvedevs Enkomion eine verkappte Abhandlung über physikalische Optik zu machen und damit zu unterstellen, dass Medvedev mit seiner Allegorie das Modell einer *camera obscura* nach den Prinzipien des perspektivischen Rationalismus beschrieben habe. Beim *Klagelied* handelt es sich nicht um eine Anweisung zum perspektivischen Sehen. Gerade dieses zentralperspektivische Referenzmodell wird durch die disseminative Struktur der Allegorie zerstreut. Was das Panegyrikon zu einem Schlüsseltext des frühen russischen Barock macht, ist Folgendes: Es steht als Sichtmodell für ein epistemologisches Konzept, das vom cartesianischen Perspektivismus berührt ist[149] und das diese Berührung über aufwändige allegorische Sprachfiguration in einen ‚typologischen Perspektivismus' umformt. In Silvestr Medvedevs Sophien-Allegorie gibt das mediale Wissen der frühen Neuzeit den Hintergrund für die optische Motivierung einer Allegorie der Sichtbarkeit, die in ein Ordnungsraster der Repräsentation einzuordnen ist und sich aus dem Weltbild der Urbild-Abbild-Strukturen löst. Die Entfernung zum Paradigma der *camera obscura* ist beträchtlich, doch gerade in diesen zum Schatten verblassten Lichtvisionen rationaler Bilder wird das anvisierte Erhabene des Göttlichen verfehlt. Ohne schon von der realen Allgegenwart künstlich hergestellter visueller Räume umgeben zu sein, konzipiert Silvestr einen solchen allegorisch und damit den Text als architektonisch-konstruktives Kunstwerk.[150] Die Allegorie trägt damit zur Profilierung eines autonomisierten Bildkonzepts bei, indem sie den Blick als Sichtbarkeitsorgan kodiert. In dieser Entstellung verbergen sich – und darauf baut Bexte eine Theorie des Sehens im 17. Jahrhundert auf – jene Blindheiten und blinden Flecken, über die ein Sichtbarkeitsdiskurs überhaupt erst geführt werden kann.[151] Die Allegorie ist die Vermittlungsfigur einer sensorisches Denken integrierenden und zugleich

147 Crary, *Techniken des Betrachters*, 57.

148 Diese Zusammenhänge werden im Teil II über „Sehfiguren" ausführlich zur Sprache kommen.

149 Zu diesem Terminus vgl. Jay, Die skopischen Ordnungen.

150 Und aus den Schriften Leibniz', insbesondere aus den *Neuen Abhandlungen über den menschlichen Verstand*, konstruiert dann Deleuze, *Die Falte*, 13, schließlich ein Haus, das mit zwei Etagen eine dunkle und helle, verfinsterte und verfensterte Kammer kombiniert.

151 Vgl. Bexte, *Blinde Seher*.

die schiere Physiologie übersteigenden Bildlichkeit. Schlugen die Parabeln der *visio spiritualis*, des emanativen Sehens mit dem sonnenhaften Auge in ein optisches Sehen um, so zeigt sich auch die Optik durch die Allegorie affiziert.

Allegorische Konzepte inszenieren dergestalt sakrale Modelle der Urbildlichkeit, der Typologie, der Hypostase anthropologisch-sensorisch als Allegorien der Sinne, die sich auf theologische Konzepte rückbeziehen, ohne diese noch voll erfüllen zu können.[152] Der konzeptuelle Aufbau des Sonnenhauses ist der Versuch zur allegorischen Vermittlung perspektivischen Wissens mit einem göttlichen Blickwinkel universellen Wissens. Dass dies kaum harmonisch gelingen kann, wird nach dem bisher über das dissoziative Wesen der Allegorie Erschlossenen nicht verwundern. Es kommt zu einer doppelten Lesbarkeit und zu einem zweigleisigen Sehmodell, das um objektive Techniken der Darstellung weiß und deren Mechanismen für eine Allegorie der Undarstellbarkeit nutzt. Indem ein Glaubensmodell ein Wissensmodell zitiert, formen sich beide zu einer Hybride des ästhetischen Textes. Die irreduzible Duplizität der Lektüren, die „verdrängte und verstellte Ambivalenz“[153] der Sophien-Allegorie, deren Sichtbarkeit immer nur Verstellung eines anderen Unsichtbaren ist, muss als eine begriffen werden, die nicht so sehr die Differenz von Meinen und Zeigen, als vielmehr die von Bedeutungsbild und optischem Bild ausspielt. Damit bricht die Sophien-Allegorie die theologisch gedachte Unsichtbarkeit einer mariologischen Bezugsebene in der Materialität der optischen Sichtbarkeitsmedien. Doch sie gibt auch das bildlich Repräsentierte dem Verlust anheim, denn „sie dementiert die phantasmatische Schließung einer Darstellung, die ihr Modell an der imaginären Ganzheit der Gestalt des Körpers“ fand.[154] In diesem Sinne wäre die Sophien-Allegorie nicht oder nicht allein Personifikation der göttlichen Weisheit, sondern vor allem „Personifikation der allegorischen Paradoxie der Darstellung“[155] qua Medialisierung als *camera lucida*.

2.2.3. Diatypose: Abgesang auf das Bild

In ihrer letzten Rolle, die der Text für sie bereithält, spielt die Allegorie dieses Paradoxon als Suspendierung der scheinbar erworbenen Bildlichkeit aus. War es zuvor lebens- und machtspendendes Medium, so verkehrt sich das licht-

---

152 Um dann beispielsweise im *Buch der Liebe* Karion Istomins als Personifikation von Körpersinnen und -teilen ganz auf die Urbildlichkeit als Argument zu verzichten.
153 Haverkamp/Menke, Allegorie, 101.
154 Haverkamp/Menke, Allegorie, 102.
155 Vinken, *Dekonstruktiver Feminismus*, 20.

durchlässige Fenster nun in ein Organ des Todes. Die Fenster sind die Sinne, durch die der Mensch das Leben, das Licht oder den Tod empfängt, und gerade deren Begehrlichkeit, die *voluptas* der okularen Sinnesfenster, lässt den Tod in das *habitaculum mentis* einsteigen. Auch der Tod, der Feodor Alekseevič ereilt, tritt durch das Fenster ins Haus und erfüllt damit die Worte des Propheten Jeremia (Jer 9, 20):

> Wenn der Tod in das hell strahlende Haus unserer Herrscher, der hell strahlenden Hoheit des Zaren kommt, so kommt er nach den Worten des Propheten durch das Fenster: Der Tod ist zu unseren Fenstern hineingestiegen und in unsere Häuser gekommen. Und er hat uns zum seligen Gedenken an Gottes Gnade den mächtigen Herrscher, unseren Zaren und Großfürsten Feodor Alekseevič, den Selbstherrscher über Kleinrussland, Weißrussland und Großrussland genommen.[156]

Mit der Realisierung der alttestamentarischen Prophezeiung ist auch der Tod Feodors in ein typologisches Modell der ontologischen Urbildhaftigkeit eingesenkt: „Denn der Zar ist ins göttliche Reich eingegangen, hat er doch ohne Zweifel durch seine Tugenden schmerzlose und ewige Seligkeit erlangt und in Ewigkeit mit Christus sein Zarentum dem Guten zugeführt."[157] So wird das Abbild, das sich vom Urbild zu lösen drohte, wieder an dieses gebunden. Die Ableitung findet zu ihrem Ursprung zurück, und das Schauglas scheint erfolgreich re-spiritualisiert. Im trauergeschwärzten Leichenschauhaus Feodors, welches das strahlende Sonnenhaus der Sofija verdrängt, findet die weltliche Position des Zaren als *imago Dei*, die in der irdischen Existenz der Wahrnehmbarkeit quasi entstellt war, zurück zu ihrer urbildlichen Intelligibilität.[158]

Mit diesem Schlusspunkt scheint die bisher nachgezeichnete Bändigung einer aufdringlichen Materialästhetik durch Anbindung des optischen Diskurses an ein skopisches Regime des spirituellen Unsichtbaren und der Lichtmystik erfüllt. Ausgehend vom Ende des *Klagelieds* scheint es, als sei das Fenster als Kernmetapher der visuellen Allegorie des Sonnenhauses genau jene Mittlerinstanz (eben im Wortsinne von Medium), die zwischen zwei einan-

---

156 Silvestr Medvedev, *Klagelied/Plač*, 12. („Egda smert' v presvětlyj dom velikich gosudarej našich ich carskogo presvětlogo veličestva, jako oknom vnijde vo slovesěch proroka: vnijde smert' vo oknach našich i pochiti ot nas blažennyja pamjati božieju milostiju velikago gosudarja // našego carja i velikogo knjazja Feodora Aleksieviča, vseja Velikija i Malyja i Běly-ja Rossii samoderžsca.")

157 Silvestr Medvedev, *Klagelied/Plač*, 12vf. („I on v bozě počivšyj car, jako nesumenně radi dobrodětelej svoich [...] spodobisja neboleznennago // věčnago blaženstva, i bezkonečnoe so christom ulući carstvie.")

158 Vgl. über das Verhältnis von Gott und Zar Uspenskij/Živov, *Car' i Bog*.

der analog gesetzten ontologischen Bildbegriffen vermittelt, indem sie eines in das andere überführt: Urbild und/in Abbild, Unsichtbares und/in Sichtbares, Profanes und/in Sakrales. Man könnte das mit Keller als textuelle Realisierung einer „Tauschformel" verstehen, die der Menschwerdung Gottes im panegyrischen Teil des Sofienlobs die Gottwerdung des Menschen im vanitatischen Schlussteil der Klage gegenüberstellt.[159] Das Fenster ist aber auch diejenige Instanz, die die Übersetzungsinstanzen erneut gefährlich weit auseinander spannt. Denn die Erfüllung des Urbildes bzw. seine Wiedereinsetzung durch das Eingehen in den Schoß des Himmelreichs fordert eine neue Konstellation der Allegorie, die dem *memento mori* der von Benjamin eingeklagten „Todverfallenheit" nicht mehr entrinnt. Kellers Tauschformel enthüllt sich als Vexierbild, das die Allegorie des Lebens im Sonnenhaus in eine Allegorie des Todes im Leichenschauhaus umschlagen lässt. Sie schreibt sich ein in das barocke Paradigma der Doppelcodierung, der paradoxen Verweisung auf diametrale Referenzen, die in „semiotischer Überspannung"[160] den Riss zwischen Bild und Bedeutung zum Kern der Bildlichkeit selbst werden lassen. „Im harten und paradoxen Aneinanderfügen von Fleisch und Knochen, Leben und Tod" realisiert die Allegorie „ihr Prinzip selbst auf der Ebene ihrer Bildlichkeit."[161] Mit diesem Bildriss formt sich der Unsagbarkeitstopos, dessen Aporie die Allegorie umtreibt, aufs Neue zum Undarstellbarkeitstopos einer Nekro-Allegorik.

Indem dieses Negativ eines Bildes ausgeführt wird, schleicht sich in die Schlusssequenz der Totenklage eine weitest mögliche Distanz zur Vorstellung sakraler Deutungs- und Schriftkomplexe ein. Die analogen Bildverhältnisse der Typologie treiben auseinander. Hypostase stürzt durch Allegorik in Diatypose, die „rhetorischer Term für die lebendig darstellende, abbildende Einführung von Abwesenden oder Gestorbenen"[162] ist. Die Apotheose des Herrschers ist nicht ohne die Diatypose des Bildes zu haben. In der Schlussformel des Todes für einen Text, der mit der allegorischen Sinnenfreude beginnt, wird nun eine fast schon zwingende Erfüllung seiner strukturellen Bestimmung lesbar. Als solche ist sie nicht so sehr vanitatisch bedeutend, wie sie den Tod selbst vollzieht. Hier vollendet der Text seinen Weg vom Register der Bildhaftigkeit zum Register der Bildlosigkeit, hier bringt sich die Sichtbarkeit der Figur in der Vernichtung des Körpers selbst zu Tode, hier erfüllt sich die mortifizierende Kraft der Allegorie, ihre melancholische Energie, in der „zackigen Demarkationslinie" zwischen Soma und Sem. Tod und Bedeutung

---

159 Keller, *Wort und Fleisch*, 507.
160 Horn, „Ehren-Zeichen", 138.
161 Horn, „Ehren-Zeichen", 136.
162 Campe, *Affekt und Ausdruck*, 83.

liest die Allegorie als Bedeutungstod zusammen. Noch vor Benjamins Re-Lektüre der Allegorie steht diese im Verwesungsgeruch des Mortifizierenden und Mumifizierenden. Horn summiert die Vorliebe der Diskursivierungen des Todes in allegorischen Undarstellbarkeitsfiguren folgendermaßen: „Als Figur, die die Differenz der Heterogenität zwischen Bild und Bedeutung, Zeichen und Bezeichnetem ausstellt und radikalisiert, wird die Allegorie seit ihrer goethezeitlichen Verabschiedung in Termini der Leichenkonservierung gefasst [...].“[163] Erneut vom Ende her gelesen scheint es, als würde die Kunstkammer der einleitend ausgestellten Schauobjekte des *Klagelieds* diese emotionale, semiotische und mediale Spannung des *memento mori* schon mitreflektieren. Nur die der Melancholie inhärente „Verwandtschaft von Trauer und Ostentation“ vermag sowohl die Schaulust, das „Gefühl, die entleerte Welt maskenhaft neubelebt, um ein rätselhaftes Vergnügen an ihrem Anblick zu haben“, wie auch die Abtötung der Affekte, die „Distanz von der Umwelt bis zur Entfremdung vom eigenen Körper“[164] als untrennbar voneinander zu begreifen. Im Modus der Allegorie kann sich so der Künstler als Meister einer architektonischen Konstruktionskunst optischer Opulenz und zugleich der Körper-Zeichen des Verfalls artikulieren. Wenn das Schema der Abbildlichkeit durch die Bildlichkeit abgelöst, also ein autonomes ikonisches Moment in die Poetik eingeführt wird, kann sich die dichterische Phantasie erstmals mit eigener Stimme zu Wort melden. Genau um dieses Selbstbewusstsein, um die Positionierung der imaginären Setzungsautorität des Künstlerdemiurgen im Verhältnis zur Staatsgewalt des Zaren und der Ursprungsaura des Göttlichen, geht es letztlich.

Mit dem nekrologischen Ende des Bildes enthüllt der Text seine Poetizität. Hier zeigt sich, dass seine Allegorik nichts anderes im Blick hatte als die Steigerung eines Leseobjektes zu einem Schauobjekt durch optische Codierung von Sprachfiguren. Die im Exordium präsentierten, mit scharfsinnigem Blick zu erfassenden schönen Dinge und poetischen Fiktionen waren Matrix einer medialen Umcodierung sakraler *topoi* zu visuellen Sprachfiguren, Ausgangspunkt zur Steigerung der Wahrnehmungsfähigkeit von Sprache jenseits ihrer Ausdeutungsfähigkeit. Optisch wahrnehmbares Ding und sprachlich verfasster, mehr noch: rhetorisch gemachter Text sind perzeptionsästhetisch gelesen äquivalent – beide sind Objekte des artifizialisierten Genusses gestalteter Oberflächen. Lesetext und Betrachtungsgegenstand handeln von dem auratischen Sakralbild, das Silvestr Medvedev im Überbietungsgestus zur Allegorie umgestaltet. Indem er die die fabulöse Imagination der Dichter der Allegorese

163 Horn, „Ehren-Zeichen“, 133. Vgl. auch Briesemeister (Hg.), *Bilder des Todes*.
164 Benjamin, *Trauerspiel*, 120f.

unterzieht, macht er sie zum typologischen Topos, um diesen dann tropologisch zu unterminieren.[165] Damit kippt der gesamte Text in eine doppelte Lesart, und die bis hierhin nachvollzogene Allegorienkette erhält eine neue Schattierung. Das Haus der Sonne wäre lesbar als autoreferenzielle Allegorie des Panegyrikons Silvestr Medvedevs, die Allegorie des göttlichen Baumeisters wäre diejenige des Dichters, der seinen Text als Ort der Tugenden wie auch als Ort der Sinnenfreude konstruiert, die beide auf ihre Weise sichtbar sind: durch das Schaufenster der materialen Perzeption und durch das innere Fenster der lesend-sehenden Seele.[166] Silvestrs Text ist so als programmatische Begründung einer doppelten Art des Sehens lesbar. Sie macht über eine medientechnische Verschiebung die Differenz zwischen dem sakralen Topos, dem auratischen Kultbild des Sonnenhauses und der von ihm ausgelösten poetischen Phantasiewelt selbst zum Thema und erzeugt gerade durch diese Selbstreflexivität ästhetischen Genuss. Der Blick des Poeten verwandelt theologische Theoreme in ästhetische Artefakte, und er bedient sich dabei der optischen Schärfe rationalisierter Weltwahrnehmung. Folgt man der Apologie des Textes bis zu diesem Punkt, so definiert Silvestr Medvedev seine Rolle in einer zweipoligen Konstellation. Er ist derjenige, der mediale Sichtbarkeitsapparaturen in ein orthodoxes Denkbild der Unsichtbarkeit einspeist, und er ist derjenige, der diese Sichtbarkeitsapparaturen für eine imaginative Anschaulichkeit panegyrischer Rhetorik nutzt. Er zieht erst aus den *typoi* literale Materialität, dann aus den technischen Medien symbolischen Mehrwert, der sich weder restlos in die Parameter eines religiösen Kultbildes einbinden lässt, noch die objektivierenden Ansprüche der Erzeugung von empiririschen Weltbildern erfüllt, sondern auf ein sprachfiguratives Kunstbild hin orientiert ist. Parasitär an beiden Paradigmen partizipierend setzt Silvestr Medvedev aus den Techniken visionärer Gottesschau und sensueller Dingschau die imaginativen Effekte artifizieller

---

165 Um es hier noch einmal zuzuspitzen: Die nachgezeichnete Allegorienkette zeigt deutlich, dass man die Lektüre des *Klagelieds* Silvestr Medvedevs auch auf eine vierfache Auslegung des Schriftsinns hin beschränken könnte, die den Literalsinn des ‚Sonnenhauses' als Rus' verstünde, den Moralsinn als Seelenhaus, den allegorischen Sinn als russische Orthodoxie und den anagogischen Sinn als Himmelhaus Christi. Die implizite Parallelisierung Moskau – Zion (siehe v.a. *Klagelied/Plač,* 7) fügt sich ein in die bereits angesprochene heilsgeschichtliche Kontinuität. Dem entgegen kommt es hier darauf an, die Allegorie als Vermittlungsfigur eines sensorischen Denkens zu verstehen, die sich der semantischen Topik einer normierten Schriftsinnlichkeit bedient, um sie zu medialisieren. Die Potenz des Textes besteht gerade darin, dass er diese doppelte Lesart ermöglicht und ineinander bricht.

166 Vgl. zu weiteren autoallegorischen Texten die Allegorisierungen der *artes liberales* bei Nikolaj Spafarij im *Buch der Musen* und vermittelt über die Idee des prophetischen Sehens und Deutens als Allegorien der Imagination im *Buch über die Sybillen* (*Kniga o sivillach*, 1673). Der Text des *Buchs über die Sybillen* sowie einige Schwarzweiß-Abbildungen sind ediert in: Nikolaj Spafarij, *Ėstetičeskie traktaty*, 48–86.

Sprachfiguren der *evidentia* frei. Die unter Fiktionalitätsverdacht stehenden Poeten Alexanders des Großen, gegen die sich der Vorwurf zur potenziell ikonoklastischen Religionskritik verdichten konnte, bieten nun den Anschluss für eine Textproduktion, die sich freischreibt von exegetischen Zwängen. Eine so gewonnene Sprachbildlichkeit weitet die Aufgabe des literarischen Mediums in der altrussischen Kultur, das den Blicken Entzogene vorstellbar und zugänglich zu machen, nicht nur erheblich aus – sie wertet sie vollkommen um.

3. Transsubstantiation: Semiotechniken – Sensotechniken – Somatechniken

3.1. Allegorie und Schrift

3.1.1. Grammatozentrismus – Graphozentrismus

War bisher primär von rhetorischer Figurativität als Sprachbildlichkeit die Rede, so verwiesen doch schon die präskriptiven Anleitungen des *bene et recte dicendi* wie auch die Präfigurationen der Allegorisierung typologischer Muster auf die Graphie als dritte Komponente im medialen Feld der Rhetorik von Bild, Stimme und Schrift. Wenn die Sprache des Anderen (*inoglagolanie*) zu einer Sprache für die Augen geworden ist, die gleichwohl immer eine geöffnete, zerrissene Bildlichkeit kennzeichnet, scheint die Allegorie nicht mehr als ihre eigene Literalität zu zeigen. Das allegorische Zeichen, das die Abstraktion in das Kleid einer Gestalt hüllt, ist damit selbst nur noch als literale Gestalt lesbar bzw. nun: sichtbar.

Bereits einführend wurde der Begriff des Graphozentrismus als Charakteristikum der altrussischen Kultur ins Spiel gebracht. Graphozentrismus als kulturhistorische und mediale Kategorie bezog sich auf die Konsequenzen eines schriftsakralen Kulturkonzepts im Alten Russland und damit auf die Unantastbarkeit und kulturelle Priorität eines heiligen Urtextes, der jede Veränderung an (Schrift-)Form und Inhalt als Sakrileg verwirft. Dieses Verdikt erstreckt sich auch auf die durch den Urtext dominierten schriftbezogenen anderen Künste.[167] Besonders wurde das für die Ikonenmalerei hervorgehoben, für die Onasch die schlüssige Formel vom Primat der Schrift geprägt hat.[168] Murašov wählt in Anlehnung an die Derridasche *Grammatologie* den Begriff des „Grammatozentrismus" und unterstreicht damit sowohl die oral-literale Spaltsituation der Diglossie in der russischen Kultur wie auch die Doppelkodierung von Texten in Bezug auf ein rhetorisches und ein „schriftmystisches" Konzept. Aus dieser Doppelkodierung resultieren zwei dichotome Lesarten, welche sich im russischen Barock eigentümlich überschneiden: im Hinblick auf Verstandeswahrheit und im Hinblick auf Offenbarungswahrheit.[169] Mit

167 Zu den kulturhistorischen Gründen, der Sprachsituation der Diglossie und den rhetorischen Konsequenzen vgl. Murašov, *Jenseits der Mimesis*, insbes. 38–42.

168 Onasch, *Die Ikonenmalerei.*

169 Murašov, *Jenseits der Mimesis*, 48ff.

der Doppelung des Wahrheitsbegriffs wird dieser grundsätzlich zweifelhaft und offen für jene Möglichkeitsdiskurse, die neben der bildenden Kunst vor allem in der sich ästhetisch neu definierenden Literatur durchgespielt werden. Beginnend mit den rhetorischen und poetologischen Schriften Lomonosovs zeigt Murašov, wie die Überlappung beider Strategien „auf dieses Durchkreuzen oder Unterlaufen logischer Prozesse durch elokutionelle Sprachbewegungen hin konzipiert" ist und damit trotz aller Anleihen das auf dem *logos* der oralen Präsenz basierende westeuropäische Denken verkehrt.[170] Innerhalb des konzeptionellen Netzes, das der Begriff des Grammatozentrismus aufspannt, schließen die hier vorgenommenen Überlegungen zur Allegorie insbesondere an Murašovs Thesen zur rhetorisch-performativen Textualität als Wissensgenerator an. Gleichwohl erscheinen Begriff und Konzept des Graphozentrismus produktiver, wenn es darum geht, weniger die Opposition zwischen den Paradigmen von *phoné* und *gramma*, von gesprochener und geschriebener Sprache in einer Rhetorik der Stimme und die Auslöschung des Signifikanten mittels oraler Selbstaffektion ins Visier zu nehmen[171], sondern vielmehr den medialen und phänomenologischen Konflikt zwischen ikono- und schriftzentristischen Modellen, die Affizierbarkeit der Schrift durch das Bild und diejenige des Lesers durch das Bild der Schrift herauszuarbeiten. Eine Rhetorik nicht der Stimme, sondern des Bildes fokussiert eben jene mediale Spezifik des Textes, die die Bildlichkeit der Schrift mit in eine Diskussion der Tropologie hineinnehmen will. Sie berücksichtigt jedoch zugleich die Implikationen eines grammatozentristischen Modells insofern, als sie der Tatsache Rechnung zu tragen hat, dass es bei aller diskursiven Schriftfixiertheit, bei aller hypertrophen Beschwörung der Graphie als Sakralitätssiegel und -garant eine semi-orale Kultur ist, die gerade an der Schrift ihren kulturstiftenden Medienbegriff entfaltet. Nur aus dieser medialen ‚Asymmetrie' eines oralitätsbestimmten ‚Schriftfetischismus' kann dann die Schrift gerade zu dem Zeitpunkt als graphozentristische Herausforderung wirksam werden, an dem sich mit der Rhetorik eine Kunst der Rede etablieren will, die sich auch aus der Illiteralität zu befreien sucht. Mit anderen Worten: Es ist erst diese neue Stufe im Literalisierungsprozess (zu dem auch die Typographisierung gehört) im Verbund mit der Rhetorisierung, die überhaupt einen Ikonozentrismus *in* der Schrift ermöglichen kann. Und zwar im Gegen-

---

170 Ebd.

171 Murašov betont gleichwohl explizit, dass die von ihm konstatierte Perpetuierung einer grammatozentristischen Episteme der russischen Kultur dem Phonozentrismus nicht in einer „symmetrischen Konstellation" gegenüber gestellt werden dürfe, da die Selbstbeschreibungsmodelle die Opposition Stimme – Schrift im Komplex Wahrheit, Erkenntnis, Bedeutung nicht reflektierten. In gewisser Hinsicht wäre das für die altrussische Periode insofern zu ergänzen, als die Lektürepraxis, die mediale Gestik des Schriftvollzugs die Bindung der Schrift an die Stimme als ein unbewusstes Wissen der Zeit immer implizieren.

satz zu einem Graphozentrismus des Bildes. Die Ablösung eines Kommunikationstypus auraler und zugleich auratischer Literalität durch einen Kommunikationstypus visueller Literalität ist in der hier nachvollzogenen Form nur möglich, weil sich die altrussische Kultur als eine schriftzentrierte inszeniert. Es ist dieses Schriftphantasma einer oral bestimmten Gesellschaft, das die Schrift im Barock als Medium des Imaginären schlechthin produktiv macht. Mit der Befreiung des Bildes aus dem Code der Schrift kann die Schrift Bild, Schrift-Bild werden.[172] Diese Verlagerung bzw. Umakzentuierung birgt auch noch eine zweite Ergänzung gegenüber dem Begriff eines „(präphonozentristischen) Grammatozentrismus". Dieser will ausdrücklich einer Ausgrenzung der Mimesisproblematik aus dem theoretischen Diskurs Rechnung tragen. Für die altrussische Epoche scheint dieser Aspekt jedoch gerade dann wieder relevant zu werden, wenn man die Bildmedien mitberücksichtigt und verfolgt, wie das hier manifeste Problem der Abbildlichkeit und ‚unähnlichen Ähnlichkeit' im Barock als eines des mimetischen Illusionismus diskutiert wird, was ein neues, ‚virtualisiertes' Bild-Bewusstsein voraussetzt. Auch hier befindet man sich „jenseits der Mimesis", jedoch auch diesseits von ihr, denn die Bilderkonzepte auch noch des 17. Jahrhunderts beziehen sich vermittelt über die spätantike Verschmelzung platonischen und christologischen Wissens im Neoplatonismus auf genau jene Trugbildskepsis, die mit der platonischen Mimesiskritik in bis heute erfahrener Brisanz für jede Theorie des Virtuellen vorformuliert ist.

Diese Brisanz lässt die Schrift als ikonoklastisches Werkzeug für eine Religion, die sich zuallererst in Tafeln und Bundesbüchern als gesetzgebende und paktierende Schriftreligion durchsetzt, so attraktiv werden. Als Komplementär- wie als Konkurrenzmedium des Bildes.[173] Dessen Status ist gleichwohl durch die neoplatonistischen Elemente der Orthodoxie kaum eindeutiger geworden: „Was im Verhältnis von Urbildlichkeit und Abbildlichkeit steht, muß allem anderen voraus in seiner Bildlichkeit erfaßbar sein. Es ist nicht das, was in Büchern steht."[174] Dieses These Blumenbergs trifft den wunden Punkt der orthodoxen Kultur, die ihre Buchschriftlichkeit unter größten Anstrengungen zum Dogma des Bildes zu erheben sucht. Normativ im zweiten Gebot und narrativ in der Geschichte vom Goldenen Kalb formuliert das alttestamentarische Bildverbot eine visuelle Repräsentationskritik, die spirituelle Präsenzer-

172 Vgl. zur Rolle der Stimme als Halluzinationsträger in der oralen Kultur Mattl, Sichtbares und Unsichtbares, 37.

173 Witte verweist auf eine „Sakral-Äquivalenz von Bild und Schrift", die gerade die Hochphase des Bilderstreits zeitigt. (Witte, Bilder des Unsichtbaren.) Und gerade hierin folgt der Neoplatonismus der platonischen Mimesiskritik nicht mehr, denn diese verwirft nicht nur das Bildmedium, sondern – pointiert im *Phaidros* – die Schrift als Entfremdung vom phonologisch-präsentischen Wissensmodell der Stimme.

174 Blumenberg, *Die Lesbarkeit der Welt*, 22.

fahrung in der Offenbarungsschrift stärken soll. Denn das Grundsatzproblem der Erzeugung von sichtbaren Abbildern eines unsichtbaren Urbilds zwingt geradezu zur Profilierung der Schrift zum einen als reinen Ausdrucks des Unsichtbaren, zum anderen als vermittelter Anschauung dieses Unsichtbaren über die geistige Schau. Nur die *visio spiritualis* vermag die in der Schrift niedergelegten inneren Bilder des Unsichtbaren zu geben, die vor dem idolatrischen Verbot, sich nicht der Verstrickung in die Faszination des Sichtbaren der äußeren Bilder hinzugeben, bestehen. Was die Schriftreligion damit von Anfang an produziert, sind Bilder als Schriftphantasmen. Genau davon sprechen die Ikonen, die das Bilderverbot zwar überwinden, aber sich der von ihm erzwungenen Entbildlichung des Bildes beugen und das Stigma ihrer Verschriftlichung als Siegel tragen.

Eine solche Argumentation suggeriert freilich die Orientierung schon der alttestamentarischen Offenbarungsreligion auf so etwas wie eine ‚theologische Phantasie'. Kaum eine Behauptung wäre problematischer, denn dem Darstellungsverbot kongruiert hier noch das Vorstellungsverbot. Das innere Auge liefert nicht gleichsam kompensatorisch oder sublimiert die Bilder, die materialisiert dem Verdikt unterliegen. Erst in der Philosophie des Neoplatonismus wird das denkbar. Belting zitiert die entscheidende Stelle bei Theodoros von Studion: „Wenn das, was wegen seiner Abwesenheit nur geistig geschaut werden kann, nicht auch in bildlicher Darstellung geschaut werden kann, dann verschließt es sich auch dem geistigen Auge."[175] Hier wird spirituelle Imaginabilität geradezu Voraussetzung der Darstellbarkeit eines materiellen Bildes. Doch auch die neoplatonistische Lizensierung einer funktional gelenkten Einbildungskraft sucht noch dem Konstrukt eines sich entziehenden, sich verbergenden Bildes in paradoxen Wendungen negativer Imagination gerecht zu werden.[176] Wenn in den bis heute kanonischen Beschlüssen des ikonodulen Konzils von Nicaea das Vorstellungsverbot mit dem Darstellungsverbot aufgehoben wird, so bleibt doch die Schrift als Basis und Legitimationsinstanz jeder Bildlichkeit, der imaginären wie der faktischen, unangefochten. Sie bricht das Bild in der Schrift. Entscheidendes argumentatives Glied in der Kette beider Medien ist ein drittes: der Körper. Der Körper Christi als Fleisch gewordenes Wort, und zwar als ebenbildlich Fleisch gewordenes, ist das Schlüsselargument ikonoduler wie ikonoklastischer Positionen. Der Korpus eines sich schriftlich offenbarenden Gottes ermöglicht schließlich das Bild. Dieses inkarnatorische Bild wiederum als Bildkörper zu lesen und zu sehen, leistet die Rhetorisierung der Schrift zur Figur.

---

175 Belting, *Bild und Kult*, 174.

176 Zum Komplex Darstellung – Vorstellung sowie zu einer ‚apophatischen Imagination' beim Pseudo-Dionysius Areopagita vgl. das Kap. II.2.

3.1.2. Schrift als Kon/Figur/ation

Mit dem Barock zeichnet sich eine Wende in der Konstellation von Schrift, Bild und Körper ab. Um die Frage zu lösen, wie sich Schrift hier zum Bild verhält, ist es sinnvoll, noch einmal Benjamin heranzuziehen, der das Wesen der Allegorie wesentlich aus ihrem Schriftcharakter bestimmt. „Allegorie [...] ist nicht spielerische Bildertechnik, sondern Ausdruck, so wie Sprache Ausdruck ist, ja so wie Schrift." Der erste Teil dieses Benjamin-Zitats spielte bereits eine Rolle für die Bestimmung des verdinglichten Bildkörpers der Allegorie und ihrer Strategie, Ausdruckhaftigkeit aus der Auflösung von Zeichenbeziehungen zu entwickeln. Benjamin geht noch weiter. Er setzt die Allegorie in Beziehung zur Schrift und diese dann wieder zum Bild und nimmt dabei mit Bezug auf Ritters romantische Sprachtheorie eine Position ein, deren Nähe zum orthodoxen Schriftprimat der bildenden ‚Künste' frappiert. Alles Bild sei nur Schriftbild, heißt es bei Ritter, und Benjamin attestiert dieser These, sie treffe „mitten ins Zentrum allegorischer Anschauung".[177] Denn Schriftbild heißt hier entblößte Figurativität der Graphie. Gerade durch die Einschränkung, dass das Bild der Schrift nicht Wesen, sondern Signatur der barocken Allegorie sei, erweist sich Ritters These als tragfähig für die Materialität der barocken Kommunikationsmedien. Schrift, so Benjamins Konsequenz, „fällt beim Lesen nicht ab wie Schlacke. Ins Gelesene geht sie ein als dessen ‚Figur'."[178] Präziser als im Begriff der ‚Figur' lässt sich die Umcodierung kaum bestimmen. Sie pointiert jene Präsenz des Signifikanten als unausstreichbare Figurativität des Textes gegen ein mimetisches Verständnis der Figur als dargestellte Referenz. Eine semantische Verschiebung, wie sie die Tropologie zur Erzeugung von Sprachbildlichkeit steuert, wird rein material, faktural greifbar als graphisches Schriftbild. Wenn es heißt, die Trope als Sprachfigur sei zur Schriftfigur geworden, so begreift Rhetorizität sich nun als schriftmediale Figurativität. In diesem Umschmelzungsprozess formt sich das Bedeutungsbild in den Linien der Graphie zum aisthetischen Bild der Schrift, zur Figur, die die Technik des Lesens als Teil einer graphischen Kon-Figuration begreift.[179] Dass dieses Schrift-Bild der allegorischen Schrift ganz konkret in seinen materiellen Ausformungen beobachtbar ist, verdeutlicht Benjamin an

177 Benjamin, *Trauerspiel*, 190. Freilich gehören die Ritterschen Überlegungen in den Kontext phonographischer Experimente Chladnis, die die These beweisen, dass „das Sprachorgan selbst schreibt, um zu sprechen. Nur der Buchstabe spricht, oder besser: Wort und Schrift sind gleich an ihrem Ursprunge eins" (ebd.) Vgl. dazu auch Menke, *Sprachfiguren*, 163, und dies., Aufgezeichnete Bewegung.

178 Benjamin, *Trauerspiel*, 190.

179 Damit ist nicht gemeint, dass man es nun mit einer asemantischen Figuration zu tun hätte: „Lautliches ist und bleibt dem Barock ein rein Sinnliches; die Bedeutung ist in der Schrift zu Hause." Benjamin, *Trauerspiel*, 185.

graphischen Entwicklungen wie der Einführung der Majuskelschrift, in der das dissoziative Sprachprinzip des Allegorischen deutlich hervortrete, und er nennt – schon weniger spezifisch – intermediale Formen wie die Schriftornamentik, die Bildergedichte, die der barocke Buchdruck und die barocke Gravur hervorbringen.[180] Gerade die ausufernden barocken Buchtitel bieten Gelegenheit, das Frontispiz eines Werkes zur ornamentalen Konstellation auszugestalten. Spätestens hier wäre allerdings zu unterscheiden zwischen einer Herausarbeitung der Materialität der Letter, die sich in ihrer Visualität ausstellt, und einer Steigerung dieses visuellen Elements hin zu Bildformen, die die denotative Funktion der Graphie überwuchern und den Schriftkörper nutzen, um illustrative Bildlichkeit hin zur Darstellung zu inszenieren.

Wie Schrift und Bild über die buchstäbliche Einverleibung des Bildes durch die Graphie in Konfigurationen eintreten, die die altrussische Kultur so nicht kannte, soll an mehreren Beispielen weiter expliziert werden. Das ausgewählte Material bewegt sich in den Koordinaten, die oben für eine Verortung der Schrift im medialen Verbund der altrussischen Kultur bestimmt wurden. Im Spannungsfeld von Bild, Schrift und Körper gilt es zu beobachten, wie die barocke Allegorie parasitär am Fleischwerdungsdogma partizipiert, um Schrift und Bild einer graphozentristischen Formation gegeneinander auszuspielen und in neue mediale Relationen zu setzen, in denen Schrift zur Figur wird. Dabei wird sich zeigen, dass die Geburt des Bildes aus dem körpergewordenen Wort bzw. des Bildes als körpergewordene Schrift letztlich zu einer Abspaltung der Schrift vom Körper führt. Von jenem Körper, der ihr zu typologischer Materialität verhalf. „Das Medium der Schrift muss sich vom Körper trennen", denn „Schrift kann kein Bild vom Körper herstellen [...], noch von ihm abgebildet werden."[181] Sich vom Körper zu trennen, heißt aber, selbst zum Körper zu werden. Sobald die Abbildfunktion leer läuft, setzt die allegorische Funktion ein, die Schrift als Korpus begreift. Was Bildkörper war, wird Schriftkörper, ohne damit noch das graphozentristische Apriori einer schriftfixierten Bildkultur zu erfüllen.

---

180 Die verschiedenen schriftfigurativen Konstellationen sowie die perzeptiven Effekte von figurativem „Schriftgestöber" und „Schriftwellen", die Benjamin an anderer Stelle bespricht, werden in Teil III dieser Arbeit ausgeführt. Zur Majuskel vgl. Benjamin, *Trauerspiel*, 184. – Der Schriftcharakter der Allegorie wäre noch auf eine Spezifizierung hin zu überprüfen, die in Benjamins Trauerspielbuch angedeutet ist und in seinen Untersuchungen zur Rolle der Medien für Wahrnehmungsprozesse weiter ausformuliert wurde. Man könnte vermuten, dass die Allegorie des russischen Barock nicht nur eine der Literalität ist, sondern dezidiert eine der Druckschriftlichkeit. Eine solche These hätte die spezifische Körperproblematik der Schrift zu berücksichtigen, die gerade der Handschrift als Körperspur einen korporalen Charakter nachweist. Im Barock stellt sich diese Verbindung als typographisches Paradox dar. Vgl. dazu Kap. III.2.

181 Belting, *Mediale Körper*.

3.2. Wort und Fleisch

> Die Optik der Barocke ist [...] die des Künstlers und des homo religiosus.[182]

Zuvor aber noch einmal zurück zur Empfänglichkeit der christlich-orthodoxen Schrift- und Bildkultur für die Verbindungen von Ab-Bilderrede und Fleischlichkeit des Wortes im Zusammenhang allegorischer Materialisierungskonzepte. Das Bild als sichtbares Bild eines Unsichtbaren wird aus der Inkarnationsthese entfaltet. Johannes von Damaskus argumentiert noch in der dritten *Rede gegen die Bilderfeinde*: „Nicht die unsichtbare Gottheit bilde ich ab, sondern ich bilde die Gottheit ab, die im Fleisch gesehen werden konnte".[183] Denn

> [w]enn der Körperlose um deinetwillen Mensch wird, dann darfst du das Bild seiner menschlichen Gestalt malen. Wenn der Unsichtbare im Fleisch sichtbar wird, dann darfst du ein Bild des sichtbar Gewordenen machen. Wenn er, der ohne Gestalt und Grenze, unermesslich in der Grenzenlosigkeit der eigenen Natur, als Gott existierend, die Gestalt eines Knechts in Wesen und Statur auf sich nimmt, dann darfst du sein Abbild malen und es jedem zeigen, der es betrachten will.[184]

Abbildbarkeit des im Menschen sichtbar gewordenen unsichtbaren Göttlichen leitet sich damit zentral aus dem christologischen Fleischwerdungsdogma her. Dabei begreift sich die Abbildbarkeit im Fleisch selbst als Umschreibung. In den Beschlüssen des VII. Ökumenischen Konzils heißt es: „Das unumschreibbare Wort des Vaters hat durch seine Fleischwerdung aus Dir, Gottesgebärerin, Sich Selbst umgeschrieben. Und indem Es das befleckte Bild in seiner Urgestalt wieder herstellte, durchdrang Es dieses mit göttlicher Schönheit."[185]

Die Begründung des Bildes aus dem Körper als Zeichenmaterie konfrontiert den russischen Barock mit einer schon in der altrussischen Periode paradoxen Situation gegenläufiger Zuschreibungen an den Körper. Der Diskurs über die Fleischwerdung des Wortes kreuzt sich mit dem der Wortwerdung des Fleisches, die Materialisierung eines Spirituellen geht der Spiritualisierung des Materiellen voran und bedingt sie, Transzendenz bricht sich in Immanenz, Leibverachtung streitet mit Leibtheologie, der *corpus carnalis* tritt

---

182 Friedell, *Kulturgeschichte der Neuzeit*, 482.
183 Zit. nach Soldat, *Urbild und Abbild*, 53f.
184 Zit. nach Döpmann, *Die Ostkirchen vom Bilderstreit bis zur Kirchenspaltung*, 53.
185 Zit. nach Ouspensky/Lossky, *Der Sinn der Ikonen*, 31.

gegen einen *corpus spiritualis* an.[186] In diesen nur scheinbar zu dichotomen Paaren gruppierbaren Konzepten überlagern sich anthropologische, christologische, ekklesiologische, eschatologische, rhetorische und hermeneutische Aspekte, die alle funktional auf die Somatisierung als Prozess der Sinntransformation und Versinnlichung bezogen sind. Auch in den Apostrophierungen des Buches als Körper der Schrift, die nicht nur kontemplativ zu lesen, sondern sinnlich wahrzunehmen ist, spricht sich diese Ambiguität aus.[187] Die „inkarnatorische Grundbewegung des Wortes ins Fleisch"[188], die Einsprechung des göttlichen Wortes ins menschliche Fleisch begreift das göttliche Wort als körperhaft, wie sich Körperlichkeit als worthaft transzendiert. Nach der Fleischwerdung des Wortes wird das Fleisch sakramentales Wort.

---

186 Die hier wurzelnde wirkungsmächtige Leib-Seele-Dichotomie bestimmt auch noch ikonodule Positionen der Somatizität als (bildhafter) Verleiblichung. Diese sind immer auch eingedenk eines antiken und schon vorsokratischen Topos von *soma*/Körper = *sema*/Grab zu sehen, der bei Platon, *Kratylos*, 400c, dann auf die Formel antithetischer Gleichzeitigkeit gebracht wird: „Denn einige erklären den Körper (σώμα) für ein Grabmal (σήμα) der Seele, als läge sie während ihres jetzigen Lebens im Grabe." Noch in der Benjaminschen Bestimmung der Allegorie als Todesverfallenheit und Ruine findet diese Formel ihren theologisch-thanatologischen Nachhall. Schipperges bemerkt zur ideengeschichtlichen Resistenz dieses Leiblichkeitsverdikts: „Trotz der zweitausendjährigen Geschichte des Christentums sieht die Religionswissenschaft immer noch die platonische Seelenlehre über den Auferstehungsleib dominieren. Der Leib ist eine unbekannte Welt [...] und die Religion der Fleischwerdung oft nur blosse Inkarnationstheorie." Schipperges fasst sein Unbehagen an einer leibfeindlichen Philosophie in die nicht ganz glücklich gewählte Formel von „Hirn, Herz und Hoden", die es als Einheit zu berücksichtigen gelte. (Schipperges, Historische Aspekte einer Symbolik des Leibes, 180.) Zur Abgrenzung von Inkarnation und Fleischwerdung vgl. Gadamer, *Wahrheit und Methode*, 422: „Es gibt aber einen Gedanken, der kein griechischer Gedanke ist [...]. Es ist der christliche Gedanke der Inkarnation. Inkarnation ist offenbar nicht Einkörperung. Weder die Seelenvorstellungen noch die Gottvorstellung, die mit solcher Einkörperung verknüpft sind, entsprechen dem christlichen Begriff der Inkarnation. Das Verhältnis von Seele und Leib, wie es in diesen Theorien, so in der platonisch-pythagoreischen Philosophie, gedacht wird, und der Vorstellung der religiösen Seelenwanderung entspricht, setzt vielmehr die völlige Andersheit der Seele gegenüber dem Leib. Sie behält in allen Einkörperungen ihr Fürsichsein, und die Lösung vom Leibe gilt ihr als Reinigung, d.h. als Wiederherstellung ihres wahren und eigentlichen Seins. Auch die Erscheinung des Göttlichen in menschlicher Gestalt, die die griechische Religion so menschlich macht, hat nichts mit Inkarnation zu tun. Gott wird da nicht Mensch, sondern zeigt sich den Menschen in menschlicher Gestalt, indem er zugleich seine übermenschliche Gottheit ganz und gar behält. Demgegenüber schließt die Menschwerdung Gottes wie sie die christliche Religion lehrt, das Opfer, das der Gekreuzigte als der Menschensohn auf sich nimmt, a.d. aber ein geheimnisvoll anderes Verhältnis ein, dessen theologische Ausdeutung in der Lehre von der Trinität geschieht."

187 An dieser Stelle sei nur verwiesen auf Müller, Der Körper des Buchs. Vgl. dazu näher die Kap. III.2. und III.3.

188 Keller, *Wort und Fleisch*, 16.

Die Sicherheit gleichwohl, mit der die Transformationen von Immaterie in Materie und umgekehrt vorgenommen werden, gerät im russischen Barock ins Schwanken. Aus diesem Grunde zielen die Polemiken der Altgläubigen gegen die nikonianischen Reformen immer wieder auf den Sinnbereich der Fleischlichkeit. Ästhetische Annäherungen an die kenotische Selbstentleerung Gottes ins Fleisch und die Selbstentleerung des Menschen ins Wort weist das Altgläubigentum als häretisch zurück. Postuliert deren Vordenker Avvakum: „Wir sind die geistigen Kinder Abrahams, ihr aber die fleischlichen“[189], so konzentriert sich in dieser Fleischlichkeit (plotskost') ein Konglomerat von Schrift-, Bild- und Lesepraktiken, die sich in mehrsinnigen Lesarten der kanonisierten Texte, in rhetorischen Neu- und Umschriften wie auch in perspektivischen Gestaltungsprinzipien der bildenden Kunst durchsetzen. Im semantischen Feld der Fleischlichkeit konzentriert sich die Frage nach den Medien. Und in diesem Feld erfährt der gesamte Komplex der Fleischlichkeit eine Umstrukturierung. Er steht seit der barocken Umcodierung einer kulturellen Ordnung nicht mehr für inkarnationstheologisch garantierte Stabilität, sondern für ästhetisch motivierte Variabilität und deren aisthetische Ausbeutung.

3.2.1. Die Einverleibung des Bildes im Körper der Schrift

Das Syntagma ‚Wort wird Fleisch‘ ist als allegorische Formulierung selbst mehrfach dechiffrierbar. Die inkarnationstheologische Ausgangsbedeutung der Materialisierung des göttlichen Wortes im Körper des göttlichen Sohns als hypostatische *unio mystica* wird in den barocken Darstellungen zusehends überlagert und überschrieben, indem Inkarnation und Inskription als korrespondierende (nicht analoge) Medialisierungsformen verstanden werden. In heuristischer Abkürzung könnte man diese Veränderungen auf folgende Formel bringen: Die allegorische Verkörperung formt den biblischen Ausdrucksleib des Göttlichen um, indem sie seine anthropomorphe Gestalt in literale Figurativität wendet. Medien- und ideengeschichtlich wäre die Verschiebung so zu fassen: Das logozentristische Problem der Fleischwerdung des Wortes, das eine graphozentristische Kultur des Bildes begründet, kippt in ikonozentristische Figurierung der Schrift. Möglicherweise kristallisiert sich hier eine Logozentrismuskritik der Verschriftlichung des göttlichen Wortes heraus, die Kelber noch vor aller performanzorientierten Relektüre der biblischen Texte schon in den Evangelien selbst angelegt sieht: „Der Eintritt ins Fleisch spielt sich in der

---

189 *Pamjatniki istorii staroobrjadčestva XVII v.*, 357. („My – duchovnyja deti Avraamu, a vy – plotskija.“)

Körperlichkeit des Textes ab."[190] Das pneumatische Wort wird zum nährenden Leib der Schrift, zum tastbaren Körper der Graphie, zum sichtbaren Bild. Das gesprochene, unsichtbare Wort verfestigt sich zur sichtbaren und haptisch erfahrbaren Schrift, die *vox spiritualis* erhält einen graphischen Körper im Leib der Schrift und im Corpus des Buches. Inkorporation und Exkorporation stehen so in einer eigentümlich chiastischen Verschränkung zueinander. Der menschliche Leib, den das göttliche Wort erhält, transformiert sich in einen Schriftkörper. Blut wird zu Tinte, Haut zu Pergament. Diese Transformation leitet eine Allegorisierung des Wortes ein, die der Barock in vielgestaltigen Variationen durchspielt. Es kommt hier gleichsam zu umgekehrten Einkörperungen, die schon vom Konzept der Personifizierung affiziert sind. Nicht des Zeichens in einer anthropomorphen Figur, sondern einer Figur in der Schrift. Die Vorstellung von der Leiblichkeit des Wortes als Schriftkörper manifestiert sich in Schriftbildern, die zu einer deutlich markierten Ersetzung des Menschenkörpers durch den literalen *corpus* gelangen.

Beispielhaft für diese Praxis ist die Ikonographie der Eucharistie. In deren Tradition gestaltet der Graveur Afanasij Truchmenskij das Frontispiz zu Simeon Polockijs Predigtsammlung *Das Abendmahl der Seele* (*Večerja duševnaja*, Moskau 1683) zur eucharistischen Szene aus den Korpora der Schrift (vgl. Abb. 11).[191] Dass gerade in einem Buch diesen Titels eine solche Bildgestaltung von besonderer Bedeutung ist, bedarf einer kulturhistorischen Zusatzbemerkung. Im Abendmahlsstreit, der seit Beginn des 17. Jahrhunderts schwelte und ab 1685 an Brisanz noch gewann, spitzt sich die Frage nach Schrift, Bild und Körper zu. In diesem Konflikt zwischen den Gräzisierenden und Latinisierenden spiegelt sich eine analoge Auseinandersetzung zwischen der römischen Kirche und den Reformatoren in Westeuropa.[192] Die Schlüsselfrage

---

190 Vgl. Kelber, Die Fleischwerdung des Wortes in der Körperlichkeit des Textes, 38. Kelber sucht die oralitätsorientierte Deutung des Johannes-Evangeliums hin auf die Präsenz des mündlich vermittelten *logos* durch eine dekonstruktivistische Lektüre zu entkräften und verweist stattdessen auf die unausweichlichen Formierungen eines Textes durch den medialen Zustand der Schriftlichkeit. Damit widerlegt er auch den Mythos des ‚einen' Wortes als *arche* des *logos* durch den Nachweis, dass am Anfang die Worte im Plural waren. Diese Vorstellung sei erst von der Schriftkultur geschaffen.

191 Die Gravur wurde nach einer Zeichnung des an der Moskauer Rüstkammer tätigen reformorientierten Ikonenmalers Simon Ušakov angefertigt. Abbildungen und Daten zur Entstehungsgeschichte dieser und der folgenden Gravur bei Guseva, Oformlenie izdanij Simeona Polockogo, 457–475.

192 Morgner, *„Das Wort aber ist Fleisch geworden"*, 27, fasst zusammen: „Der katholischen Transsubstantiationslehre, nach der die *substantia* von Brot und Wein in der Wandlung durch den Priester zu Fleisch und Blut Christi werden, hält Luther entgegen, dass die *signa* sowohl Leib und Blut seien als auch Brot und Wein blieben. An der damit angerissenen Frage nach der Realpräsenz Christi entzündete sich im folgenden der Abendmahlsstreit der

Abb. 11: Simeon Polockij: *Večerja dučevnaja (Das Abendmahl der Seele)*, Moskau 1683, RK RNB, IV.7.5[a].

dieses Streits bestand in der Uneinigkeit darüber, wann während des Rituals die Transsubstantiation erfolgt: während der Einsetzungsworte durch die Konsekration (das war der Standpunkt der latinisierenden Partei, allen voran Silvestr Medvedevs[193]) oder erst während der nachfolgenden Epiklese (das war der Standpunkt Efimij Čudovskijs und der Brüder Lichud). In der Tat erweist sich der Transsubstantiationsstreit über den Glaubenskonflikt hinaus als Schlüsselkonflikt im medienhistorischen Sinne.

In der Gravur von Simeon Polockijs homiletischer Sammlung ist die Schädelstätte (*lobnoe mesto*) als Altar, als Schriftstätte, in Szene gesetzt. Dornenkrone (*ternovyj venec*), Rohr mit Essigschwamm und Lanze (*trost'* und *kopie*) verweisen noch indexikalisch auf die Vernichtung des Körpers. Der Leib selbst ist hier schon Schrift geworden und als solcher zu Füßen des siebenendigen Kreuzes, an dem das Martyrium des Fleisches sein Ende findet, positioniert. Hierin jedoch ein Prioritätssignal der Schrift gegenüber dem Bild zu vermuten, geht fehl. Im barocken Buch, in der bucheröffnenden Gravur (das Frontispiz wird in den ersten Versen des Textes auch „Tür ins Buch" („dver' v knigu") genannt), behauptet sich die Schrift als Bildkörper. Indem der Kupferstich im Zentrum des Bildes auf die Darstellung jeder noch so entbildlichten Körperlichkeit verzichtet, sondern diese an den Rand verlagert und sich stattdessen auf die Darstellung des Körpers der Schrift, des Schriftkörpers konzentriert, übererfüllt er den Anspruch nach Literalisierung des Ikonischen. Die Wirkungsmächtigkeit der Hypostase für den bildtheologischen Diskurs ist in der demonstrativ ausgestellten Schrift subvertiert. Allerdings mit einer deutlichen Verkehrung: Hier geht es nicht um eine Transzendierung des Fleischlichen, sondern um ein selbstbewusstes Ausstellen des Schriftkörpers als Gegenstand der fleischlichen Schau. Hier fungiert Schrift nicht mehr als Bildlizenz. Sie lässt den Bildkörper in sich eingehen und usurpiert seinen Platz. Die Gravur zeigt die Schrift als Bild, nicht das Bild als Schrift. Ihren Status als Gegenbild, als Markierung eines ikonoklastischen Rests im Bild hat die Schrift damit nicht nur verloren – sie erhebt ihn zur Trophäe ihrer eigenen Ikonizität.[194]

Reformatoren, da Ulrich Zwingli und Johannes Calvin die Einsetzungsworte „[D]as ist mein Leib" – „[D]as ist mein Blut" [...] tropisch und das Abendmahl deshalb als Erinnerungsmahl verstanden."

193 Silvestr Medvedev verfasst einige theologische Traktate zu diesem Thema: *Das Brot des Lebens* (*Chleb životnyj*), das *Buch über das Manna, das Brot des Lebens* (*Kniga o manne chleba životnogo*) und den *Wahrhaften Bescheid für die Rechtgläubigen und klare Weisung über Verbesserungen der Bücher und andere Dinge* (*Izvestie istinnoe pravoslavnym i pokazanie svetloe o novopravlenii knižnom i o pročem*). Einzig der *Wahrhafte Bescheid* ist ediert und mit Vorwort und Kommentar versehen von S.A. Belokurov.

194 Auch die Konzentration auf das blanke Kreuz spielt eine Rolle in diesen Umcodierungen von Ikonoklasmus und Ikonodulie. Der antike Bilderstreit weist beiden konträre Positionen zu: Während die Ikonodulie das Bildnis/die Ikone (*eikon*) verehrt, beten die Ikono-

Die unter dem Kreuz dargestellten fünf Bücher finden sich an anderen Orten der Gravur wieder. Guseva sieht in den fünf Büchern einen Verweis auf die „philosophische Idee“ („filosofskaja ideja“) Simeon Polockijs, der zufolge die Welt ein Buch sei, welches aus fünf Seiten bestehe (dem Himmel und den vier Elementen). Als Beleg hierfür zieht sie den Text *Die Welt als Buch* (*Mir est' kniga*) aus dem *Blumenreichen Garten* (*Vertograd mnogocvetnyj*, 1678) heran.[195] Eine solche Interpretation, die auf den Topos der Lesbarkeit der Welt bzw. des Buches der Natur zielt, erfasst zwar ansatzweise die mit den Schriftsinnen aufkeimende Lesbarkeitsmetaphorik des russischen Frühbarock, blendet jedoch den spezifischen Kontext der Gravur sowie die Einbettung der Bücher in die Gesamtkomposition aus, die ein Netz von Literalitätskonzepten nahe legen. Das mittig stehende geöffnete Buch hält oberhalb des Kreuzes Christus als Hohepriester in den Händen. Im Gegensatz zum oberen zeigt das untere Buch keine graphischen Spuren, die Schrift simulieren würden. Die dieses Buch flankierenden geschlossenen vier anderen Bücher sind den Evangelisten zuzuordnen, die in den Ecken des Bilderrahmens (*klejmo*) platziert sind. Hier sind die „Personifikationen unmittelbarer mündlicher Rede im Evangelium“[196] dargestellt, deren schriftliche Materialisierung das Bildzentrum einfasst. Die rahmenden Evangelisten geben als Biographen der Vita Christi thematisch und medial den Nexus von Inkarnation und Literalisierung vor. Spielt sich im Zentrum der Seite die Inkarnationsbewegung des Wortes ins Fleisch und die Supplementierung dieses Fleisches durch die *corpora* der Schrift ab, so stehen die Evangelisten für den Literalisierungsschritt, d.h. für die Niederlegung des göttlichen Wortes im Medium der Schrift (im Bild des Johannes, rechts unten, ist dies ikonographisch als emanationstheologische Reminiszenz zusätzlich durch den Lichtstrahl aus der Wolke visualisiert). Die literal-ikonische Verschränkung, die die Gravur auszeichnet, lässt im zentralperspektivischen Fluchtpunkt des Blickes eine fleischliche Leerstelle und ersetzt diese durch das Zeichen des Kreuzes und die Materialität der Schrift.[197] Ihre programmatische

---

klasten den Typus/das Kreuz an, das jede Verwechselung mit dem unsichtbaren Symbolisierten ausschließt. Bildhaftigkeit und Zeichenhaftigkeit nehmen oppositionäre Positionen ein, wobei das Kreuz als Zeichen zum Antibild aufgebaut wird: „Als Objekt [...] ist es nichts, als Bedeutung alles.“ (Belting, *Bild und Kult*, 177.) Auch in den *carmina figurata* der Schriftkreuze, z.B. im *Buch für den neugeborenen Sohn* (*Kniga novoroždennomu mladencu*), das Simeon Polockij anlässlich der Geburt des Zarewitsch Feodor Michajlovič verfasst, ist das als Subtext zu berücksichtigen (vgl. Abb. 12). Im Zusammenhang mit den Figureninitialen Ioanikij Galjatovskijs wird darauf zurückzukommen sein.

195 Guseva, Oformlenie izdanij Simeona Polockogo, 469. Zu einer Lektüre von *Die Welt als Buch* im Kontext der Lesbarkeitsmetaphorik vgl. Kap. III.5.

196 Kelber, Die Fleischwerdung des Wortes, 31.

197 Der Verweis auf die Wahrnehmungsmuster zentralperspektivischer Bilder im Spannungsfeld von „fleischlichem Sehen“ („plotskoe zrenie“) und rationalisierter Betrachtung muss

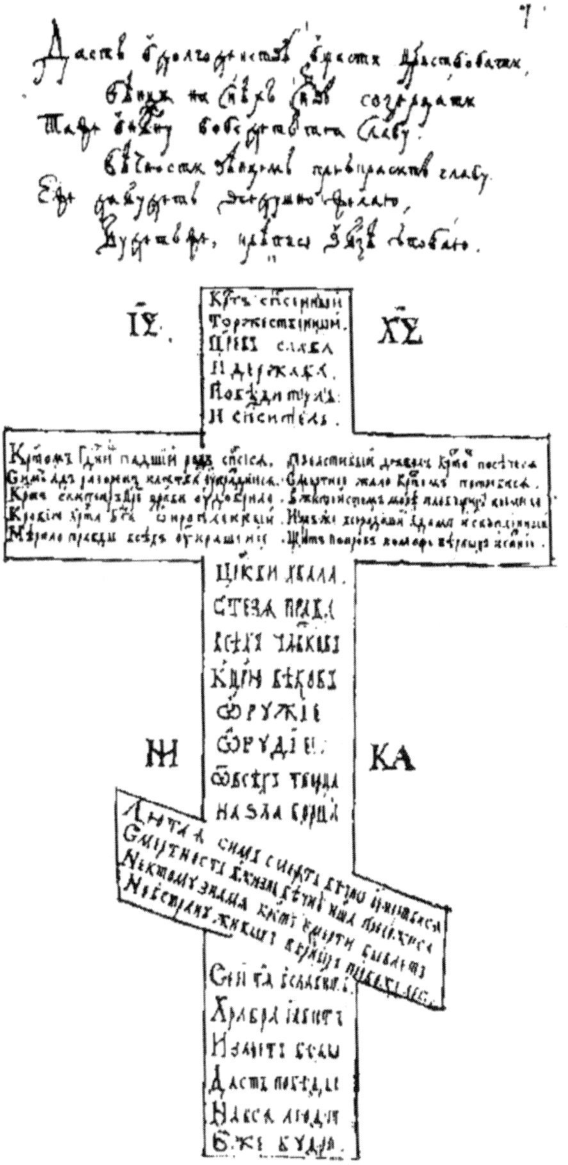

Abb. 12: Simeon Polockij: *Slovo novoroždennomu mladencu (Rede auf den neugeborenen Sohn)* (1665), RGADA, f. 381, No. 389, 40. Zur Dechiffrierung der Kreuzesinschrift vgl. Sazonova, Poėzija russkogo barokko, 80.

Funktion für ein homiletisches Kompendium, d.h. für ein oratorisches Genre, ist richtungsweisend. Sie verweist auf einen Modus der Textwahrnehmung, der die Wirkungskomponente des pneumatischen Wortes als literale Korporalität begreift.

Die ästhetische Lösung aus dem *Abendmahl der Seele* tritt in ihrer Spezifik erst voll hervor, vergleicht man sie mit zwei weiteren Kupferstichen aus dem *Seelenmahl* (*Obed duševnyj*), einer nur wenige Jahre zuvor (1681) entstandenen Predigtsammlung desselben Autors. Hier ist auf dem Titelkupfer eine ebefalls von Afanasij Truchmenskij realisierte Christusfigur mit geöffnetem Buch zu sehen. Ganz in der traditionellen Ikonographie der Vitenikonen Christi, umrahmt von Szenen aus dem Alten und Neuen Testament, zeigt sie das, was die vorangehende Gravur verbarg bzw. in den Buchkörper zurückgezogen hatte: den Leib des Erlösers (vgl. Abb. 13).

Daneben, und darum wird es hier gehen, enthält dieses Homiliarium eine allegorische Konstruktion aus Büchern, die das verkehrte Verhältnis von ikonischer Sichtbarkeit des Bildes und literaler Lesbarkeit der Schrift ganz anders löst (vgl. Abb. 14). Im Gegensatz zur vorherigen steht diese von Afanasij Truchmenskij nach einer Vorlage Simon Ušakovs geschaffene Gravur der Eucharistie weit weniger in der Tradition der Ikonenmalerei.[198] Sidorov nennt sie das „erste Stillleben in der Geschichte der bildenden Kunst Russlands" („pervyj v istorii našego izobrazitel'nogo iskusstva čistyj natjurmort"), was gleichwohl nur ungenau den Charakter des Kupferstichs bestimmt.[199] Seine bildstrukturelle Basis ist das Emblem, das emblematische Medaillon, das durch üppige ornamentale Muster in vegetabilem Stil, wie sie im russischen Barock zuerst im Buchdruck auftreten (*staropečatnyj ornament*), ausgeschmückt ist. Die *inscriptio* des Frontispiz bildet ein Bibelvers (Spr 9, 5): „Kommt, esset von meinem Brot und trinkt von dem Wein, den ich gemischt habe."[200] Die *pictura* ordnet wieder fünf Bücher auf einem Altar an, der in einem halboffenen, perspektivisch mit Durchsichten versehenen Raum steht. Wieder ist das mittlere geöffnete Buch gerahmt von vier geschlossenen. Das Spruchband, das den Buchaltar umschlingt, führt einen weiteren Bibelvers (Matt 4, 4) an: „Der Mensch lebt nicht vom Brot allein, sondern von einem jeden Wort, das aus

hier fragmentarisch bleiben, wenngleich das in den gesamten Komplex der Fleischlichkeit gehört. Vgl. dazu das Kap. II.3.

198 Laut Sidorov geht auch die Zeichnung Simon Ušakovs noch einmal zurück auf eine Vorzeichnung Simeon Polockijs aus Entwürfen von 1675. Vgl. Sidorov, *Drevnerusskaja knižnaja gravjura*, 274.

199 Ebd.

200 Simeon Polockij, *Das Seelenmahl/Obed duševnyj*. („Priidite i jadite moj chlěb, i pijte vino eže čerpach vam. Prišt. gl. 9.")

Abb. 13: Simeon Polockij: *Obed duševnyj (Das Seelenmahl)*, Moskau 1681, RK RNB, IV.7.1[a].

Abb. 14: Simeon Polockij: *Obed duševnyj (Das Seelenmahl)*, Moskau 1681, RK RNB, IV.7.1[a].

dem Munde Gottes geht."[201] In der *subscriptio* wird die nutriologische Metapher der Heiligen Schrift mit einem Zitat aus den Schriften des Johannes Chryostomos respiritualisiert, das Matt 4, 4 paraphrasiert: „Ein Mensch aber ist für uns, wer sich nicht nur vom Brot ernährt, sondern wer zuvor der Nahrung der göttlichen Worte teilhaftig wird [wörtl.: das heilige Abendmahl empfängt (pričastit'sja)] und der geistigen."[202]

Die sakramentale Konfiguration aus Bild – Wort – Schrift – Körper ist hier grundsätzlich anders gelagert als in Abb. 13. Entfaltete die eucharistische Schädelstätte der Schrift im *Abendmahl der Seele* die Konnotation Fleisch – Corpus – Schrift aus einer deutlich markierten Leerstelle des inkarnatorischen Leibes, an dessen Stelle Buchcorpora traten, so konzentriert sich der Kupferstecher im ikonischen Teil des Emblems auf die Präsentation der Schrift im Zentrum der Seite. „Wenn wir Christi Leib zu essen nehmen und sein lebenspendendes Blut trinken, wieso sollen wir ihn dann nicht gemalt zeigen, dessen Leib doch auch darstellbar ist?"[203] – auf diese abbildbegründenden Argumente verzichtet Truchmenskij und formuliert sinngemäß um: ‚Wenn wir Christi Leib zu essen nehmen und sein lebensspendendes Blut trinken, wieso sollen wir dann nicht die Materialität des schriftgewordenen Leibes zeigen?' Mit dem ganzen Selbstbewusstsein barocker Sichtbarkeitslehre vermag sich Truchmenskij über die dogmatischen Theoreme der Abbildlehre hinwegzusetzen und wählt als eucharistisches Sujet für diese Herausforderung des Bildes Schrift als Bild, als Buchkörper. Dieses Selbstbewusstsein des nicht mehr abbildenden Bildes artikuliert sich gerade darin, dass es das Nicht-Bildliche schlechthin als Bild zeigt: Schrift. In der Doppelfigur von Auseinanderfallen und Verflechten von Bild und Schrift im Emblem, das die Ikone ablöst, erhält diese literale Bildtheorie ihre Gestalt.

Nur über die schriftlichen Elemente der Gravur, *inscriptio*, Medaillonrahmung und *subscriptio,* verweist das Kupfer zurück auf die Fleischwerdung des göttlichen Wortes, die sakramentale Funktion gewonnen hat. Aber auch diese Elemente, als umschlingende, umarmende, ins ornamentale Geranke verwobene oder klar abgesetzt rahmende, müssen nun anders gelesen und gesehen werden. Sie bieten die Schrift im Sinne der Aufnahme der Sakramente als perzeptionsorientierte Lektüre dar. Die Allegorik der Schrift als transsubstantiierter Körper schreibt dem Leser neue Formen der Aufnahme vor. Essbare Worte und fleischliche Bilder werden nicht nur gesehen. Als Sakramente werden sie aufge-

---

201 Simeon Polockij, *Das Seelenmahl/Obed duševnyj.* („Ne o chlěbě edinom živ budet čelovek: No o vsjakom glagolě ischodjaščem iz ust božiich. Matf. gl. 4.")

202 Simeon Polockij, *Das Seelenmahl/Obed duševnyj.* („Čelovek est' iže po nas, ne ašče kto chlěbom pitaetsja tokmo: no ašče kto prežde pišči onyja božestvennych sloves pričastnikom budet, i duchovnych.")

203 Theodoros von Studion, *Bildgedicht* Nr. 31, zit. nach Belting, *Bild und Kult*, 565.

nommen, mit der Transubstantiation werden sie haptisch erfahrbar, erlangen physische Präsenz. Das Immaterielle, Ungesehene und Unfassbare erhält substanzielle Gestalt. Schriftrezeption als Zusichnahme einer Speise wäre in diesem Kontext definierbar als fleischliches Lesen (*plotskoe čtenie*). Die rituelle Nahrung der Heiligen Schrift, die den bereits medial substituierten göttlichen Leib inkorporiert, schafft den dritten Körper der Schrift: den des Lesers. Im fleischlichen Lesen inskribiert sich das göttliche Wort somatisch in den Körper des Lesers.

Mit den Parametern einer exegetischen Lektüre kann solche Leseerfahrung nicht mehr erfasst werden. Nicht nur in den Elementen des Emblems, die aus ihrer gattungstypologischen Struktur von Schrift oder Bild heraustreten, ist das ablesbar. Auch an den Elementen, die scheinbar semantisch indifferent als Füllornament hinzutreten, ist diese Entgrenzung zu beobachten. In den zu Ornamenten des Emblems ‚degenerierten' Bildrandfeldern der Ikone wird die Zurückweisung von Abbildlichkeit zugunsten eines Abgleitens in Ungegenständlichkeit wirksam. Zweidimensionale Bildformen der Rankenarabeske nähern sich der Schriftlinie an, die sich vom perspektivisch heterogen (Zentralperspektive und umgekehrte Perspektive sind ineinander verschachtelt) aufgebauten Zentrum des Emblems scharf absetzt. In der Dimensionalität des vegetabilen Ornaments, das sich mit dem Schriftband des Medaillons verflicht, welches wiederum Grenze und Übergang zum Bildraum der Schriftkörper ist, zeichnet sich eine Bildlichkeit der Schrift ab, die Referenzialität auf den christlichen Leib über- bzw. unterschreitet.

Eine dritte Variante der Verschriftlichung des sakramentalen Körpers ist in einem ukrainischen Frühdruck, den *Seelen der Verstorbenen* (*Duši ljudej umerlych*, Černigov 1687) Ioanikij Galjatovskijs, gegeben.[204] Was zuvor als Einverleibung des Bildes in die Schrift beschrieben wurde, hat hier die Gestalt der Bilderschrift angenommen. Bei Ioanikij Galjatovskij verläuft die Diskussion der Medialisierungseffekte des Fleischwerdungsdogmas über die Nichtung des Leibes in der Kreuzigung. Sein Kupferstecher formt die Kreuzigungsszene um die ausgesparte Abbildung jenes Körpers, der den Ungläubigen die sensorische Vergewisserung des *logos* bietet. Im Unterschied zu den vorangehend vorge-

204 Der vollständige Titel lautet: *Die Seelen der Verstorbenen verlassen den Körper und gehen an drei Orte: die einen in den Himmel, die anderen in das Fegefeuer, die dritten in die ewige Pein* (*Duši ljudej umerlych iz těla vichodjačii odchodjat na tri měcsja, inšii do neba, inšii do pekla, inšii do mytarstva*). – Im *Siebenfachen Gedichtkranz* (*Venec molitv sedmičnych,* Kiev 1694) von Varlaam Jasinskij findet sich eine ähnliche Konstellation aus Figureninitialen, die in ihrer Bildlichkeit jedoch explizit allegorisch motiviert ist. Varlaam lässt den Namen der Gottesmutter aus vegetabilen Elementen formen (vgl. Abb. 16) und verbildlicht damit die in der barocken Literatur beliebte Allegorie der Maria als Garten (Marija ogorodok). Vgl. zum Topos der Maria als *hortulus conclusus* auch Kap. III.5.

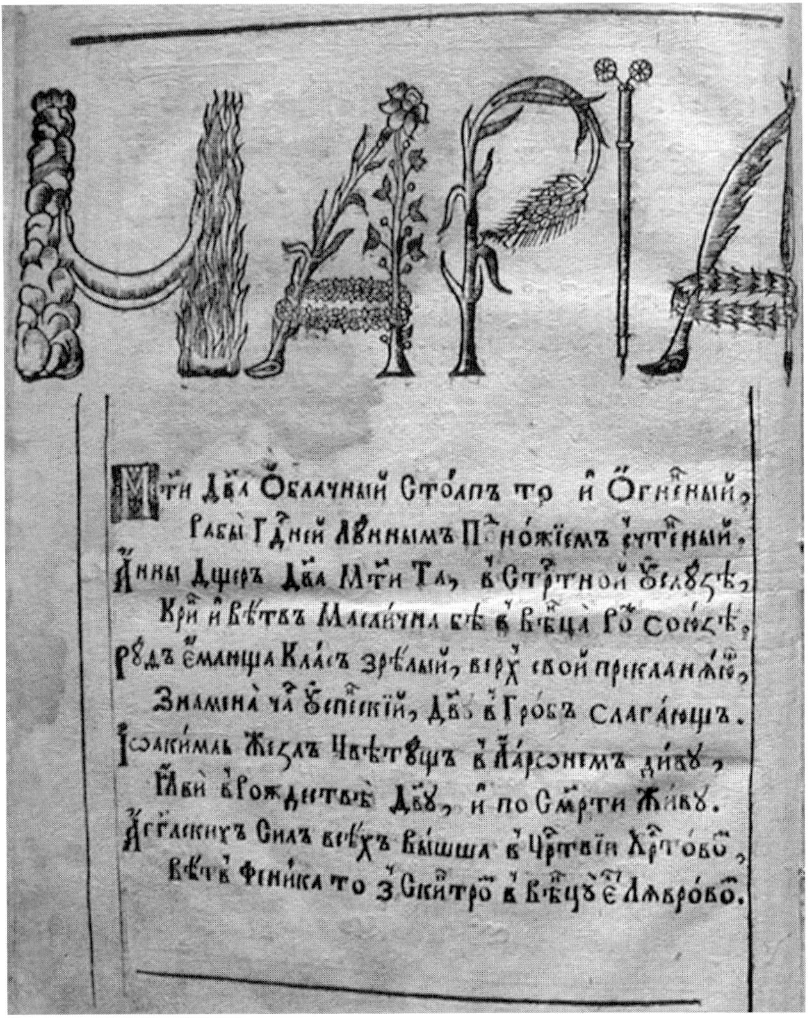

Abb. 16: Varlaam Jasinskij: *Vĕnec molitv sedmičnych (Der siebenfache Gebetskranz)*, Kiev 1694, RK RNB V.8.18, 9v.

stellten Abbildungen orientiert sich die bimediale Konstruktion hier strukturell nicht an der Ikone und auch nicht am Emblem (wenngleich durch die paratextuelle Komposition so etwas wie eine *subscriptio* gegeben ist). Die Ideographie der *Seelen der Toten* basiert auf Figureninitialen, die in Kombination mit ihrem Subtext eine Art auseinandergebrochenes *carmen figuratum* darstellen (vgl. Abb. 15a, b, c). Über sechs Blätter wendet Galjatovskij den Namen *Isus*

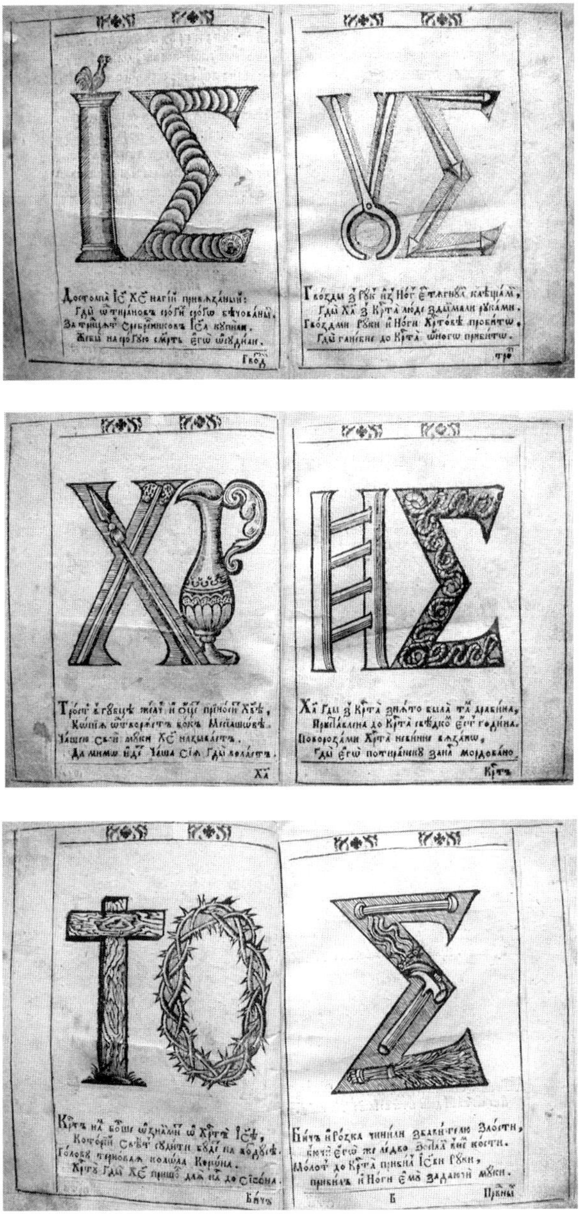

Abb. 15a, b, c: Ioanikij Galjatovskij: *Duši ljudej umerlych (Die Seelen der Toten)*, Černigov 1678, 2. Ausg., RK RNB, V.7.9ᵛ, 2v-5.

Christos in eine Bilderschrift der Passion. In Buchstabenform eingefasst finden sich die Stationen und *arma christi* der Leidensgeschichte als allegorisches Füll- und Ersatzornament figurativer Initialen.[205] Ioanikij Galjatovskij konstruiert Schriftbilder, die das Bild buchstäblich in die Letter hineinnehmen, die den Korpus der Graphie zur *chora* der *pictura* machen. Der Zeigegestus, der auch dem (geschlossenen wie geöffneten) Buch als dreidimensionalem Schrift-Objekt noch inhärent war, ist ganz in die Zweidimensionalität der Schrift hineinverlagert. Dabei ist die Graphie zum Rahmen einer Abbildung umgeformt. Durch schattenhafte Schraffuren verleiht der Kupferstecher schließlich dem Letternrahmen selbst skulpturale Plastizität. Die Auseinandersetzung mit barocken Umcodierungen der Schrift zum Bildkörper ist damit subtilisiert: Ioanikij zeigt den Crucifixus nicht, er schreibt ihn. Das allegorische Spiel zwischen Zeigen und Sagen mit all seinen psychophysischen Implikationen ist hier um das Verfahren des Bilderbauens aus und in Schrift erweitert.

Durch das Medium der Schrift signalisiert Galjatovskij das Register der Lesbarkeit. Doch die in der ikonischen Zurichtung demonstrativ ausgespielte Materialität des graphischen Signifikanten drängt die Schrift in die Nähe der Unlesbarkeit und ruft das Register der Sichtbarkeit auf. Die ornamentale Formation der Bilderschrift zeigt, wie die Konzeptualisierung des Alphabets nach dem Grundmodell einer ikonologischen Ordnung des Bildes die Schrift infiltriert. Galjatovskijs Figurencode sucht gleichwohl zu vermeiden, was bei ornamentalen Ausgestaltungen der Schrift zu Figureninitialen häufig beobachtbar ist: Die Steigerung der Referenzerschwerung bis hin zur arabesken Dekomposition des Buchstabens.[206] Um der Lesbarkeit der Bilderschrift willen sind fast alle figurenkonstitutiven Elemente mit einem Rahmen oder einer Grundierung versehen – hier verbiegt, verdreht, verzieht sich nichts, nichts büßt seine materielle Spezifik ein, nichts muss widerwillig in eine graphische Makroform gezwungen werden. Die Rückführung gegenständlicher Konturen auf die abstrakte Linienführung der Schrift, die diesen Objektkörper nach den Richtlinien von Parabeln, Winkeln und Geraden neu (be)schreibt, hält die Relation von Ornament und Objekt unter Beachtung der Formgesetze der Schrift in Balance und damit seine Bezeichnungsfunktion aufrecht. Sowohl der Bildaufbau der Gravuren wie auch die Figurenschrift zeigen sich bestimmt von einer graphischen Formensprache der Quadrierung, Horizontalisierung und Vertikalisierung. Zudem stellt jeweils ein Distichon, das jeder Figureninitiale zugeordnet ist, deren Dechiffrierung sicher und bindet den Zierbuchstaben zurück in eine symbolische Ordnung.

---

205 Zu den Varianten des *filling*, *adding* und *substituting* der Schmuckinitiale vgl. Nordenfalk, *Studies in the History of Book Illumination*.

206 Das gilt insbesondere für die sog. Ersatzinitialen, die zur Gänze aus einem fremden Träger geformt sind, der dabei extremen Verformungen ausgesetzt sein kann.

Ist auch das Kippen in die Unlesbarkeit durch die gezügelte Verfremdung im Zusammenspiel von Text und Bilderschrift reguliert, so bleibt doch auffällig, wie das den Erlöser bezeichnende Schriftzeichen gegen eine transitorische Leseleistung die Resistenz des Materiellen inszeniert. Auch die Geometrisierung der Formensprache, die auf den ersten Blick deren leichtere Identifizierbarkeit zu garantieren scheint[207], führt doch zu einer aufdringlichen Persistenz des Mediums. Und schließlich arbeitet noch die Kombinierung des Bildbuchstabens mit einem referenzstützenden Kommentartext die mediale Kippkonstellation eher heraus, als dass sie sie bändigte. Ihre eigentliche Brisanz aber erhält die materielle Präsenz des Buchstabenkörpers aufgrund seines Referenzbereiches, der die Doppelcodierung von Bild und Schrift mit der von sichtbarem (ikonisch vermitteltem) und unsichtbarem (in der Schrift vermitteltem) Bild verschränkt. Denn gerade durch ihre demonstrativ zur Schau gestellte Sichtbarkeit der Graphie profiliert die Figurenschrift die Unsichtbarkeit und Undarstellbarkeit des in der Schrift Repräsentierten, des Erlösers. Trotz ihrer ausgestellten Visualität scheint Galjatovskijs Bilderschrift damit zunächst mehr ikonoklastischen als ikonodulen Ideologemen zu folgen. Gleichwohl ist in den Initialen *Isus Christos* das Paradoxon der Sichtbarkeit des Unsichtbaren realisiert, ohne dessen Gestalthaftigkeit grundsätzlich in Frage zu stellen – Gestalt erhält sich als eine tropische, als eine der Figurativität. Entscheidend ist dabei, dass die figurativen Initialen des Textes eben jene ikonodulen Argumente ausspielen, die sich auf die Doppelnatur Christi stützen. Erlaubt allein sie, das ins Bild zu fassen, was nur in der Schrift fixiert war, und trug sie dergestalt den Hoheitsanspruch der Schrift als Medium des göttlichen Wortes ins Bild, so nimmt Galjatovskij nun eine doppelte argumentative Verschiebung vor. Er macht aus dem Recht auf Abbildung einen Prozess der Verschriftlichung, geht damit jedoch nicht zurück zu den primären Positionen des Bilderverbots oder gar zu schrifttheologisch begründeten A-Mimetismen und Abbildungsverboten des Gegenständlichen, sondern verschiebt in einem zweiten Schritt die Schrift bzw. mehr noch das *nomen sacrum* hin zum darstellenden Bild. Der Chiffrencharakter der Schrift bleibt erhalten, zielt aber nicht unmittelbar auf ein ontologisch Unsichtbares, sondern lenkt die Aufmerksamkeit auf die Irreduzibilität der Materie als Figur. Diese ist damit mehr als die Erscheinungsmatrix eines Immateriellen. Sie ist Konkretisation einer Figurativität des Zeichens. Die Ambivalenz von demonstrativer visueller Materialisierung und einem Jenseits des Sichtbaren, von wahrnehmbarer Gestalt und gestaltloser Vorstellbarkeit bleibt voll erhalten. Die subversiven Effekte dieses Schachzugs beziehen

207 Vgl. z.B. die Buchstabenkonstruktionen Dürers, die die einzelne Letter in ein homogenes Raster einspannen. Das ist der Schritt zur druckmechanischen Uniformisierung des Buchstabens.

sich auf jene mediale Konstellation, deren Neuordnung das 17. Jahrhundert als roter Faden durchzieht. Schrift und Bild treten auseinander, um sich neu miteinander zu verschränken, aber diesmal nicht in der Matrix des Bildes, sondern in derjenigen der Schrift. Bezog in der altrussischen Kultur das Bild seine Lizenz aus der Schrift, die ostentativ auf der Bildfläche vertreten sein musste, so konstruiert Galjatovskij seine Schrift aus dem Bild und setzt damit das Bildprimat der Schrift an die Stelle des Schriftprimats des Bildes.

Interessanterweise führt das bei Ioanikij Galjatovskij zu einer ganz anderen Lösung bezüglich der Präsentation der Schrift als Körper, des Schriftkörpers, des schriftgewordenen Körpers, als bei Simeon Polockij. Galjatovskij zeigt keinen Buchkorpus an der Bild-Stelle des Leibes, der fleischgewordenes Wort ist, sondern baut den einzelnen Buchstaben zu einem Bildträger auf, der all die Elemente zeigt, die indexikalisch auf das Martyrium dieses Leibes verweisen, die ihre Spuren auf dem Leib Christi hinterlassen. Alle Buchstaben bilden zusammen eine allegorische Collage, die gleichwohl die Synthetisierung zu einem Bild, das den gemarterten Körper zeigen würde, verweigert. Das Kreuzigungsbild Christi ist hier in die Attribute des Martyriums zerfallen, und die somatische und ideelle Entität, die sie repräsentieren, hat sich mit der Fragmentierung aus dem Bild zurückgezogen. Hier liegt das Spezifikum der *figura*, die immer als De-Figuration des Bildes gesehen werden muss. Die Säule, an die man Christus bindet, bleibt leer, ebenso das Kreuz, an das man ihn nagelt, und die Dornenkrone, die man ihm aufsetzt. Der schriftgewordene Leib, Referent sowohl der Initialen wie auch des Begleittextes und Garant orthodoxer Bildlichkeit, bleibt ausgeschlossen aus dem Raum der verbildlichten Schrift. Schriftkörper und in der Schrift fleischgewordener Leib befinden sich in einem Ausschließungsverhältnis. Damit funktioniert Ioanikij Galjatovskijs Ideogramm nicht wirklich tautologisch. Seine Linien grenzen Gegenstände ab, die zu Bildkörpern werden, aber sie zeigen nicht den Körper, den sie bezeichnen. Der sinnlich-übersinnliche Leib wird von der sichtbaren Form der Schrift buchstäblich durchkreuzt.

Die de-figurative Letter wiederholt die Verse im Bild, verdoppelt sie, doch unter Aussparung des Körpers, den sie supplementiert. So heißt es beispielsweise in den Versen unter dem letzten Sigma:

> Geißel und Rute fügten dem Erlöser Schmerzen zu,
> sie zerschlugen ihm fast alle Knochen.
> Der Hammer nagelte Christi Hände ans Kreuz,
> er nagelte auch die Füße daran und verursachte ihm Qualen.[208]

---

208 Ioanikij Galjatovskij, *Die Seelen der Toten/Duši ljudej umerlych*, 5. („Bič i rozka činili zbavitelju zlosti, / bjuči ego že ledvo zostali v nem kosti. / Molot do kresta pribil isusovi ruki, / pribil i nogi emu zadajuči muki.“)

Wovon die Legende spricht, das verbirgt das Bild oder zeigt es doch nur metonymisch. Der Leib hat sich aus der Allegorie zurückgezogen, er ist in die „Falle eines zweifachen Zeichensystems“[209] geraten und zum Schriftkörper der Graphie geworden. Von Letter zu Letter geführt bildet der anthropomorphe Körper einen Hohlraum dort, wo sich das befindet, was Buchstabe und Bildattribute, Namen und Körper zusammenführt. Was deshalb oben als Ausschließungsverhältnis bezeichnet wurde, markiert nicht nur den Abstand zweier Positionen als Aufschub der Referenz, vielmehr besteht zwischen Text und Figur ein Netz der Untergrabungsversuche und Angriffe. Antithetische mediale Verschränkungen tragen hier den Kampf um Unterwerfung und Hierarchisierung aus, von dem der Barock gezeichnet ist und den Foucault als die „Trennung zwischen figürlicher Darstellung (welche die Ähnlichkeit einschließt) und sprachlicher Referenz (welche die Ähnlichkeit ausschließt)“ beschreibt.[210] Der gravierende Unterschied zur These Foucaults besteht darin, dass der Begriff der Figur hier eben für jene Entähnlichung und Rhetorisierung steht, die der Figur unaufhörlich ihre Defiguration einschreibt. Sie tut dies, indem sie den Rezipienten zum Leser und Betrachter gleichzeitig macht und doch beide Handlungen auseinander bricht, weil die Figur nicht zeigt, was der Buchstabe sagt. Indem ikonisches und graphisches Element sich zugleich in einem Komplementär- und Ausschlussverhältnis befinden, thematisieren sie die Durchsetzung eines neuen Wahrnehmungsdispositivs von Schrift.

Galjatovskijs figurale Komposition nutzt die Implikationen eines schrift- und bildtheologischen Dogmas, das Darstellbarkeit auf der Basis von Schriftzeugenschaft erlaubt, für ein Modell gestörter Anschaulichkeit einer allegorisch zerfallenen Bilderschrift, deren Komponenten durch den heiligen Namen zusammengehalten werden, ohne dessen Denotat zeigen zu können. Im Rückgriff auf das Benjaminsche Konzept der Schrift als allegorisches Medium der Klage betrifft diese Klage hier den Verlust des Bildes. Figurierte das Buch auf den Gravuren der Predigtsammlungen Simeon Polockijs als Bildkörper(z)ersetzung der Schrift, so zerfallen Schrift und Bild in den *Seelen der Toten* in figurative Teile, die einer Bildordnung der Schrift unterliegen und sich dennoch nicht synthetisieren lassen.

In allen betrachteten Beispielen ist die Tendenz zur Exkorporalisierung des Bildes bei gleichzeitiger Korporalisierung der Schrift festzustellen.[211] Genauer

---

209 Foucault, *Dies ist keine Pfeife*, 12.
210 Foucault, *Dies ist keine Pfeife*, 25.
211 Der Begriff der Korporalität der Schrift mag im Zusammenhang mit den Gravuren der *Seelen der Toten* paradox anmuten, da der Zusammenhang von Schrift und Körper sich in der Medientheorie in der Regel auf die Handschrift, auf die Körperspur des Schreibenden

noch eine Tendenz zur Entfernung des referenzierten Leibes als eines Objekts der bildlichen Darstellung und stattdessen zur Betonung der medialen Spezifik der Schrift als sinnlich wahrnehmbaren Körpers. Eine inkarnationstheologische Bildlizenz wird zitiert, um das Bild zu brechen und in Schrift zu überführen. Beginnend mit Simeon Polockijs *Abendmahl der Seele* ist eine sukzessive Entfernung weg von der Verschriftlichung des Bildes hin zur Verbildlichung der Schrift zu beobachten. Bildentzug kettet sich an Schriftbildlichkeit. Bei aller Heterogenität besteht die Gemeinsamkeit der diskutierten Text-Bild-Formen darin, dass sie ein semiotisches Problem bzw. ein Problem der negativen Semiotik (die Unzeigbarkeit des Gezeigten) explizit als ein mediales fassen, indem sie die Materialitäten von Schrift und Bild als (defigurative) Figurativitäten sichtbar machten.

---

auf dem Papier bezieht, während hingegen mechanisierte Schriftformen eine Apparatur zwischen Körper und Papier treten lassen und damit zu einer Exkorporalisierung der Schrift führen. Interessanterweise treten dann gerade in den Figureninitialen des Frühdrucks anthropomorphe Formen auf, die den Bildkörper an die Stelle des wegrationalisierten Schreibkörpers setzen. Das lässt sich beispielsweise an der *Russischen Fibel* (*Bukvar'*, 1694) Karion Istomins beobachten. Vgl. dazu näher Kap. III.2. Insofern könnte man Ioanikij Galjatovskijs Konstruktion als eine mediale Autoreferenz lesen, die den Körperverlust des Schreibens/Schreibenden in der maschinisierten Reproduzierbarkeit von Schrift über eine bimediale Konstellation wieder einführt.

4. Transfiguration: Der Körper als rhetorische Ausdrucksmaterie

4.1. Allegorie und Affekt

4.1.1. Affekt – Ausdruck – Darstellung

Von der Transsubstantiation, die über die Figurierung der Schrift verläuft, indem sie den Körper rhetorisch als Medialisierungsinstanz einsetzt, führt der Weg zurück zur rhetorischen Figurativität als Transfiguration des Körpers, seiner Bildlichkeit und affekthaften Stimulierung. Die Funktionszusammenhänge, in denen die Rhetorik auf Anschaulichkeit, Imagination als Vorstellungs- und Vergegenwärtigungskraft und auf Performanz als Sprach-Handlung zurückkommt, überschneiden sich mit denjenigen, in denen sie die Affekte thematisiert. Das ‚*Makarij*'-*Handbuch* übernimmt die Affekte als „Erregung oder Entzündung" („vozbuždenie ili voskurenie") in den Systemort des ersten Kapitels *O izobretěnii* (*De inventione*) im Zusammenhang mit der Affektentopik und nennt als deren Ziel Lebhaftigkeit und *enargeia* (vgl. hier den Topos des *ante oculos ponere*): „*hypotyposis*; wenn Zeichen und Bewegungen in Erinnerung gebracht werden, das Bild einer Sache buchstäblich vor den Augen erscheint und Augen und Herz Gewalt antut."[212] In der Mnemotechnik sind die Affekte als eine der sieben Techniken zur Ausprägung eines artifiziellen Gedächtnisses sowohl des Geistes als auch des Körpers genannt („da chranitsja na poslědok cělost' sověsti i tělo" (85)). Sie stehen in der *Rhetorischen Hand* Stefan Javorskijs neben häufiger Repetition („častoe obučenie"), kleinteiliger Gliederung des Merkstoffs („po časticam"), externen Speichern wie z.B. chiffrierten Aufzeichnungen („na listach čtomago priznaki někija, ili čislo, ili azbučnaja pismena da pišet"), körperlicher Gesundheit („zdravost'") und einem beherrschten Verstand („tichost' uma"). Die affektiven Merkzeichen der Mnemonik werden in der *elocutio* zu Anzeichen des Affekts und damit seiner Darstellungsfähigkeit: „Die Affekte werden in der Rede durch Figuren ausgedrückt", heißt es bei Stefan Javorskij, womit über die affektive Aufladung der Trope hinaus eine Tropologie des Affekts impliziert ist.[213] Das, was beim *exci-*

212 *Ritorika*, 62. („Chipotiposes, egda znamena i dějstva vspominaetsja i egda kotorago děla obraz pred oči prichodit, kotoryj silu očem i serdcem pridaet.")
213 Stefan Javorskij, *Rhetorische Hand/Ritoričeskaja ruka*, 80. („Affekty ubo javstvujutsja v slově črez figury.")

tare, provocare, afficere, inclinare freigesetzt wird, wird in der Ausdruckslehre der *strasti* oder auch *zalogi* (Leidenschaften, *pathoi*) bei Stefan Javorskij als „Seele des Wortes" (duša slovu") bezeichnet. Sie animiert den Körper der Rede und des Redners. Rede ohne Affekte ist „mortifizierte Rede" („bez kotorych slovo mertvo i ne sladostno izdaetsja").[214]

Drei Aspekte müssen in der Affektualität als figurativem Verfahren des Übergangs der Sprache zur Optik zusammengedacht werden: ein imaginationsästhetischer der artistisch gesteigerten Einbildungskraft, ein darstellungsästhetischer der *evidentia*, des Vor-Augen-Stellens (*predočijavlenie*), und ein wirkungsästhetischer der Affekterregung, des *movere*. Alle drei befinden sich zueinander im Verhältnis einer Übertragungsrelation.

Performanz des Affekts im tropisch erregten Körper setzt die rhetorische *cernas*-Formel in doppeltem Sinne ein: Damit der Redner Artikulationsmedium eines sprachfiguralen Phantasmas werden kann, bedarf es imaginativer Anstrengung. Bevor die Bildung des Affekts eine Figur elokutionär ausdrückt oder abbildet, muss sich die rhetorische *visio* den Stoff schon imaginativ einbilden. In einem ersten Schritt steigert also der Redner das ihm geistig präsente Bild in dem Maße, dass er es durch seinen Körper zu re-präsentieren, ein imaginäres Bild durch seinen Leib zu verkörpern vermag. (Vorgestelltes) Bild wird in (wahrnehmbare) Bewegung und (dargestellten) Körper übersetzt. Der zweite Schritt führt zum wirkungsästhetischen Aspekt der Affektrede: Die agierten Bilder vergegenwärtigen sich auf diese Weise vor den Augen der Hörer, die damit zu Zuschauern werden, und intensivieren den perzeptiven Akt bis hin zur imaginativen Ausgestaltung des Geschilderten, die zur Auslösung eines analogen ‚Befalls' im Empfänger führen kann. Darstellungsästhetisch gewendet ist die Lehre der Affekte Ausdruckslehre, die sich auf den Körper wie auch auf die Sprache bezieht, indem sie das eine zum anderen macht: Einerseits werden Mimik und Gestik des Körpers semiotisiert zu merkmalhaften Körperzeichen, denen kodifizierte Signifikate zuordenbar sind, andrerseits gewinnen die Zeichen der Sprache für die Figur ihrer Anders-Rede durch die Affektivität ihrer tropischen Worteffekte einen allegorischen Körper. Auch wenn die rhetorische Figurenlehre nicht zugleich Affektenlehre ist (dies bleibt der Affektentopik vorbehalten): Apostrophische Figuren der Wendung (*voprošenie, ustuplenie*), *exclamatio* (*zaklinanie, vozglašenie, glasnoe objavlenie*) und Aufmerksamkeitslenkung richten die Wahrnehmung immer auf den Körper des affizierten Redners, der Bild-Körper der erregten Rede ist. Über Affekte soll Sprache mit dem Auge erfassbar werden. Oder: Ohne Affekte schiene das rhetorische Sprechen trotz aller Eloquenz und Bildhaftigkeit stumme und

---

214 Ebd. („Ohne die das Wort erstirbt und nicht angenehm klingt.")

blinde Rede zu sein. Gestik, Mimik und Stimmmodulation als Expressionsfiguren treten neben die sprachlichen Figuren und zu diesen in eine Darstellungsbeziehung ein. Die Affektenlehre antwortet damit gewissermaßen auf die Frage, wie sich Sprache und Körper in der rhetorischen Figur zueinander bringen und regulieren lassen, wie Körper, Sprache und Handeln miteinander kommunizieren und im Sprechakt medial ineinander greifen.

Eben jener wirkungsästhetische Aspekt der *vis oratoria*, der besagt, dass in der Rezeption eine affektive Entzündung statt hat, bei der die Phantasie abwesende Dinge plastisch vor Augen führt, versteht die imaginative Potenz der Rede gerade in ihrer starken Bindung an körperliche Affizierung. Indem der Redner seinen Körper als „materielle[s] Substrat eines vorstellenden Bewußtseins“[215] einsetzt, lenkt er die Sinne der Zuhörer und Zuschauer. Über deren körperliche Erregtheit werden dann Vorstellungsbilder in einem Intensitätsausmaß produziert, das ohne Affekt nicht möglich wäre. Affektion und Imagination funktionieren mittels Auslagerung des Vorstellungsbildes in den erregten, provozierten, befallenen Körper. Gleichzeitig ist es Aufgabe des affektbesetzten Körpers, seine Materialität nur transitorisch einzusetzen und sie durchsichtig zu machen auf ein imaginiertes Bild, das gleichwohl die Spuren dieser Übertragung zurückbehält. Für die Transfiguration des Leibes nach rhetorischen Vorgaben gilt in dieser Beziehung das gleiche wie für die sich figurisierende Transsubstantiation. Die aisthetische Qualität des Affekts schlägt zurück auf den Status der bloßen Einbildung: Sie suggeriert über physiologische Präsenz die Evidenz der agierten Bilder und macht die rhetorische Kommunikationssituation zu einem Akt ineinander verschränkter sinnlicher und imaginativer Erfahrung. Die *techne* des *movere* siedelt die rhetorische Rede zwischen Einbildung und Wahrnehmung an, zwischen transparenter Repräsentation des Redegegenstandes durch seine affektlenkende Inszenierung und Präsenz der medialisierten Figurativität. Rhetorik als Verheißung und Erzeugung sinnlicher Effekte ist in diesem perzeptionsästhetischen Sinne als Affektenlehre auch allegorische Wahrnehmungslehre. In Erweiterung der These über den darstellungsästhetischen Aspekt der Affektensemiotik ließe sich formulieren, dass Sprache im theatralischen Raum perzipierbarer Vorstellungen in einem doppelten Blick mit dem *oculus corporalis* wie auch dem *oculus imaginationalis* erfassbar werden soll.

Die Kategorie des m*overe* verweist noch auf einen weiteren Aspekt der Affektualität. Sie lässt die Affektenlehre als eine „Semiotik von „Bewegungen“, als „dynamische *theoria mutationum*“ verstehen, die *enargeia* gerade auch als *energeia* versteht.[216] Bezeichnung und Bewegung des Körpers (und/in) der Re-

---

215 Bahr, *Imagination und Körper*, 34.
216 Campe, *Affekt und Ausdruck*, 102.

de implizieren die affektbedingte Modifikationsbereitschaft von Redner und Publikum wie auch des *tropos* selbst. Drehungen und Wendungen, wechselnde Positionierungen des Körpers, sich wandelnde Gesichtsausdrücke überschreiten eine statische Theorie der Benennung. Basiert der Affekt auf einer Semiotisierung des Körpers, so vermag eine Zeichenlogik des Pathos keineswegs wegzurationalisieren, dass dem Affekt trotz seiner gesteuerten und gezielt eingesetzten Funktion ein Moment des inszenierten Lapsus und damit des Kontrollverlusts eignet. Die antike Rhetorik stellt keine eindeutigen Bezüge zwischen den *figurae* und den Affekten her. Auch die *Rhetorische Hand* Stefan Javorskijs belässt es bei eher unscharfen Verweisen auf Apostrophe, *exclamatio*, *interrogatio* u.ä. Doch der Affekt unterliegt als Ausdruck von Bewegung selbst einer zeichenimmanenten Beweglichkeit und entgrenzt stets die Bezeichnungsfunktion, auf die hin er geschlossen werden soll. Er ist Transfiguration im Begriff und des Begriffs.

4.2. Auge und Affekt

Die Träger des Affekts, insbesondere Stimme (*vox/golos*) und Gestik (*gestus/dviženie*), sind für die Darstellung und den Ausdruck der Rede nach den Regulativen (*moderatio/ustroenie*) der *pronuntiatio (vygovorenie, proiznošenie)* und *actio* (*dejstvo*) als rhetorische und soziale Techniken zu formen und in approximative Übereinstimmung zu bringen. In der Präsentation erst beweist sich die kunstvolle Stilisierung des Körpers in der Rede und die Steuerung des „kurzen Wahnsinns des Affekts“[217]. Die Beredsamkeit des Körpers verlangt hier von der Stimmführung ein breites Register („različen“; „po raznosti“) an Klang, Farbe und Stärke, um Gefühlsregungen („jarost’“, „pečal’“, „želanie“) auszudrücken, zudem müsse ein gesangsartiger Tonfall vermieden werden ebenso wie zu große Lautstärke („čerez sily“) und zu hastiges Atmen („častoe dyšanie“). Die Stimmmodulation (*modulatio vocis*) umfasst die Palette rekurrenter Negativmerkmale wie Näseln („v nozdry ne izglašalsja“) und Husten, Kreischen („kriklivo“) und Verschlucken der Endsilben.[218] Diese phonetische Normierung ist zu koordinieren mit dem *corporis motus*, dem in der Bewegung zunächst analytisch ruhiggestellten und dann remobilisierten Körper, für den in der *Rhetorischen Hand* Stefan Javorskijs folgende Vorgaben zur Homogenisierung der Ausdrucksmedien und zur Realisierung des intermedialen *aptum* im Vortrag gemacht werden: Den Anfang macht die Normallage des

217 Campe, *Affekt und Ausdruck*, 248.
218 Sämtliche Zitate sind entnommen: Stefan Javorskij, *Rhetorische Hand/Ritoričeskaja ruka*, 86ff.

aufgerichteten gestreckten Körpers (*status erectus*), der dem ethischen Identifikationsgebot der Aufrichtigkeit entspricht. Der Redner muss überzeugt sein von dem, was er sagt, sonst vermag er nicht durch Wahrhaftigkeit zu überzeugen. Gleichfalls unterliegt die Mimik dem Homogenitätsgebot von Körper und Sprache.[219] Der Redner soll extreme Bewegungen vermeiden, darf aber die Hand indexikalisch einsetzen und auf die bezeichneten Dinge zeigen („rucě mesto da pokazujut"); er soll seine Muskeln dem Emotionalitätsgrad entsprechend anspannen.[220]

Wird auf diese Weise der gesamte Körper einer allegorischen Konditionierung unterworfen, so ist im Kontext einer Visualisierung der Sprache über die Glieder des Körpers dem Auge eine gesteigerte Affektqualität zugeschrieben: „Die Augen sollen dasselbe sagen wie die Zunge"[221], formuliert Stefan Javorskij im Sinne des bereits angesprochenen Homogenisierungsgebots für den fünften Finger seiner *Rhetorischen Hand*. Seit der Antike ist das Auge dasjenige Organ, das als expressives Zentrum von Körper und Seele gelten kann und „einziges Medium der Bewegung und der Veränderung selbst war"[222]. Schleusener-Eichholz hat in ihrer detaillierten Studie über *Das Auge im Mittelalter* eine umfassende Kompilation der seit der Antike bestehenden Auffassungen über den Konnex von Auge und Affekt beigebracht, die das präskriptive Register der Rhetorik um das deskriptive ergänzen.[223] Die Topoi vom Spiegel der Seele und der Sprache der Augen markieren als Leitmetaphern zwei durchsetzungsstarke Diskurse, die zum einen auf eine Semiotisierung und Semantisierung des Blicks, zum anderen auf seine emblematische Verbildlichung hin orientieren. In beiden Fällen geht es auch um die rückläufige Bewegung. Das Auge wird versprachlicht, um Sprache optisch wahrnehmbar zu machen. Beide Ansätze fließen ein in die Praxis der (physiologischen) Allegorese wie die der Physiognomik, Blickgebärden und Affekterregungen zu relationieren. Die bei Schleusener-Eichholz nur prospektiv angedeuteten diskursiven Verbindungslinien zwischen barocker Rhetorik der Affekte, physiognomischer wie pathologischer Semiotik und Sprachphilosophie führt Campe aus, der auf der Basis des von Foucault angesetzten Bruchs in der klassischen Episteme zeigt, wie das Affektwissen von Rhetorik, Seelenkunde und Medizin mit der Einfügung des

219 Zur „Homogenisierung der Expression im Ausdruck der Sprache" vgl. das gleichnamige Kapitel in Campe, *Affekt und Ausdruck*, 190ff.

220 Hier unterscheidet sich die Bestimmung der *actio* entscheidend von jesuitischen Redelehren, in denen die *actio* sich als Expression verselbständigt und zu mehr als einem „Verarbeitungsschritt" der Rhetorik wird. Dazu näher Campe, *Affekt und Ausdruck*, 191f.

221 Stefan Javorskij, *Rhetorische Hand/Ritoričeskaja ruka*, 89. („Očesa tožde da glagoljut eže jazyk.")

222 Campe, *Affekt und Ausdruck*, 252.

223 Schleusener-Eichholz, *Das Auge*, 685–825.

Affekts in die Repräsentation von Sprache auseinander- und in einen neuen funktionalen Zusammenhang eintritt.[224] Im vorklassischen Zeitalter der Vernetzung von sichtbarer und unsichtbarer Welt über Ähnlichkeitsrelationen steht der Mensch im Zentrum dieser Verweise. Er ist privilegierter Punkt, auf den die Verhältnisse zulaufen und den sie durchlaufen. Daraus resultiert zum einen die Spiegelung des Kosmos in der anthropomorphen Physiologie – der Körper des Menschen ist hier „immer die mögliche Hälfte eines Atlas".[225] Zum anderen gerät aus dieser Position eines Weltverweises heraus der menschliche Körper in die Rolle eines universalen Lexikons der Dinge. Er beginnt chiffriert zu sprechen und verwandelt sich in Schriftzeichen. Damit ist die Voraussetzung gegeben, den beschrifteten Körper zum Sprechen zu bringen, zum sprechenden Gesicht zu machen. Die rhetorische Maske, die sich der Redner anlegt, überlagert die Ähnlichkeitsbeziehungen durch ein figurales Darstellungsdispositiv. Die Zeichenhaftigkeit des Körpers im performativen Akt rhetorisch manipulierend kann er in die Rolle des sprechenden Gesichts, des *prosopon*, schlüpfen.

Welche spezifischen Effekte die neuimportierte Lehre über die rhetorische Koordination von Wort und Körper für die russisch-orthodoxe Kultur des 17. Jahrhunderts zeitigt, lässt sich aus diesen Thesen nur eingeschränkt bestimmen. Für die Herausbildung des Rhetorischen und damit einer sprachlich vermittelten Lehre der Affekte müssen noch andere Traditions- und Entwicklungslinien angesetzt werden, die auf neoplatonistische und scholastische Diskursschichten zurückverweisen. Hier zeigt sich eine eigenständige Theorie und Praxis, den Körper in Ausdrucksmaterie umzuformen, auf die barocke Rhetorik dann reagiert. Auch der frühe Barock greift in Russland noch im Wesentlichen zurück auf zwei Stränge, die den Körper als Senso-Chiffre verstehen und damit seiner somatischen Figurativität vorbauen: zum einen die über das *Hexaemeron* (*Šestodnev*) des Exarchen Johannes vermittelte aristotelische Klassifizierung des Körpers, zum anderen die sog. *Problemata Aristotelja*. Beide Texte formulieren den Chiasmus von Semiotisierung des Körpers und Aisthetisierung der Semiotik vor, der in der Figuralperformanz rhetorischer *actio* die Lesbarkeit des Leibes von ontologischen Wissbarkeiten in sensuelle Stimulationen wendet. Kompilativ angelegt verarbeitet gerade die sechste Predigt des *Hexaemeron* von der Erschaffung des Menschen über theologische Quellen[226] hinaus in der Differenzierung des Leib-Seele-Dualismus die antike Philosophie, insbesondere Platon und Aristoteles. Die *Problemata* hingegen

224 Campe, *Affekt und Ausdruck*.
225 Foucault, *Die Ordnung der Dinge*, 52.
226 Dem *Hexaemeron* des Ioann Ėksarch Bolgarskij liegen Übersetzungen versch. Genesiskommentare (u.a. von Basilius dem Großen) zugrunde.

gehören zum Bestand der pseudo-aristotelischen Texte, die im westeuropäischen Mittelalter zu den von einem pluralen Autorenkollektiv verfassten *Secreta secretorum*/*naturam* (*Tajnaja tajnych*/*Aristotelevy vrata*) zu rechnen sind. Die *Problemata* gehen zurück auf die *Physiognomica Pseudoaristotelis*, die sich selbst wiederum auf Aristoteles, Plinius, Galen und Hippokrates stützt.[227] Sie suchen (unter Heranziehung kosmographischer, biologischer, zoologischer, botanischer und ökonomischer Daten) eine schon enzyklopädisch angelegte Ordnung physiologischen Wissens zu geben.[228]

Auszüge aus dem sechsten Kapitel des *Hexaemeron* verbinden sich mit Passagen aus den *Problemata* in den populären *personniki* (Physiognomiken) zu einer Zeichensprache des Leibes. In den *personniki* verschmelzen antike Moralistik („Über Charakter, Alter und Arten des Menschen"), Seelenlehre („Über die Seele, den Verstand und den Geist", „Über die menschlichen Sinne", „Über die Seele") und anatomische Lehre („Über den Schädel", „Über die Augenbrauen", „Über die Ohren", „Über das Trommelfell [die inneren Ohren] des Menschen") mit kosmologischen („Woraus die Welt entstand", „Über die Elemente") Fragmenten zu einer anthropologischen Enzyklopädie.[229] Dem untereinander zu einem hierarchischen Funktionszusammenhang verbundenen Inventarium der Körperteile werden spezifische Charakteristika der Ausdruckshaftigkeit zugeordnet. Das betrifft jedoch nur ausgewählte Organe. Ei-

227 In der Übersetzung heißt die Physiognomik hier „premudrost' porsunnoj" (Menschenkunde). Was an der angegebenen Stelle an Merkmalen gegeben ist, deckt sich im Großen und Ganzen mit den anderen Quellen.

228 Während das *Hexaemeron* des Exarchen Johannes in der altrussischen Kultur eine nahezu lückenlose Rezeptionsgeschichte vorweisen kann, werden die *Problemata* 1504 vom Moskauer Konzil und 1551 vom Stoglav-Konzil als häretisch verdammt und erlangen erst in der zweiten Hälfte des 17. Jahrhunderts in einer Neuübersetzung aus dem Polnischen wieder an nachhaltiger Bedeutung. – Stefan Javorskij fügt in *Das Szepter der Herrschaft* (*Žezl pravlenija*, 1666) Auszüge aus den *Problemata* ein. Vgl. zu den *Problemata* in einer überblicksartigen Darstellung Bogojavlenskij, *Drevnerusskoe vračevanie v XI – XVII vv.*, 85ff. Die *Secreta naturam* werden 1475 in Köln gedruckt und vermutlich gegen Ende des 15. Jahrhunderts ins Altrussische übersetzt. In den *Secreta* wird eine Symptomatik verschiedener Krankheitsbilder gegeben, auch werden Anweisungen zur systematischen Untersuchung des Körpers auf Krankheitsanzeichen hin genannt. Der ksl. Titel *Aristotelevy vrata* rührt daher, dass die *Secreta* einen vermeintlichen erzieherischen Dialog des Aristoteles mit Alexander dem Großen enthalten.

229 („O nravech i o vozrastech i obrazech čeloveka"; „O dušě i o umě i o myslě"; „O čuvstvii čelovečeskich"; „O duševlennem sěmeni"; „O brovech"; „O čele"; „O ušesech"; „O vnutrennich ušesech v čelovečech"; „Ot čego mir sostavisja", „O stichijach") Vgl. die Reihenfolgen in der „Menschenkunde" („premudrost' porsunnaja"): „Über die Augen" („O bělosti"), „Über die Haare" („O vlasech"), „Über die Augenbrauen" („O brovech"), „Über die Nase" („O nozdrěch"), „Über den Schädel" („O čele"), „Über den Mund" („O ustech"), „Über das Gesicht" („O licě"), „Über die Ohren" (O ušiju"), „Über die Stimme" („O glasě"). Psevdo-Aristotel, *Tajnaja tajnych*, 584ff.

ne Semiotisierung der Sinne, die das Auge zum Spiegel der Seele umdeutet und im Stile einer allegorischen Physiognomik Charaktereigenschaften an Farbe, Form und Ausdruck koppelt, führt die Zusammenstellung der „Zeichensprache der Augen" („očnye znamenija") vor:[230]

> Über die Augenzeichen. […] wenn jemand tiefblaue Augen hat, so bedeutet dies, dass er jähzornig ist und den Frauen untreu. Und wenn jemand schwarze Augen hat, so bedeutet dies, dass er schüchtern und klug ist und die Frauen fürchtet, und wenn jemand große Augen hat, so bedeutet dies, dass er fremde Sünde und fremdes Schicksal weissagen kann und sehr anständig ist und die Frauen beherrscht; doch wenn die Augen zu groß sind, so ist er sehr redselig und rücksichtslos, und wenn die Augen mittelgroß sind, nicht klein und nicht groß, der ist sehr umsichtig, und bei wem die Augen hervorstehen, der liest scharfsinnig den Gedanken eines jeden Menschen, [...] und wessen Augen lange nicht zwinkern, der ist ohne Laster und beherrscht, und wenn die Augen mittelgroß sind und selten oder gar nicht zwinkern, der ist von gutem Charakter und gerecht, und wenn die Augen tief liegen, der liest scharfsinnig in jedem Geschöpf.[231]

Die *signa* (*znamenija*) verweisen außerhalb und vor aller rhetorischen Instrumentalisierung auf eine Beziehung von Affekt und Affektzeichen, die semiotisch den physischen Ausdruck als natürliches Zeichen auffasst. Augenattribute und Blickgebärden funktionieren als Symptome. Sie signalisieren innerhalb klassifizierbarer Systeme die körperliche wie die seelische Verfassung des Menschen. Über die Physiognomik verweisen sie auch auf Ansätze zu einer Moralistik – die Körperstudie, die die Oberfläche des Menschen abtastet, impliziert eine „Seelenführung"[232]. In ihrer Eigenschaft als physiologische Sichtweise auf den Körper ist die Anthropologie der *personniki* gleichzeitig auch partiell eine (zumindest prä-) psychologische. Ein anthropologischer *ordo corporalis*, wie ihn die *Physiognomik* anlegt, wäre die Vorstufe zur disziplinatorischen Hand-

230 Die altrussischen Texte gehen hier wie auch die zahlreichen westeuropäischen Körper-Kataloge (z.B. Vinzenz von Beauvais *Speculum Naturale*; Albertus Magnus *De animalibus*; Konrad von Megenburg *Buch der Natur*; Hildegard von Bingen *Causae et curae*) der Physiognomik zum großen Teil auf die *Physiognomica Pseudoaristotelis* zurück.

231 *Physiognomik/Personnik*, 177v-178v. („O očnych znamenijach. […] iže u kogo oči sini togo znamenaet vovremja ustrašitsja i na ženy neistov, a iže eže oči u kogo černy togo znamenaet krotka i vysokoumna i ženam strašliva, a eže oči u kogo veliki togo naznamenaet pytliva č-žago grěcha i č-žago žitija mnogi imat' v sebě nravy i ženami vladěet, a eže oči zělo velmi veliki to mnogo glagoliv i ne rasmotren ni na čto že, a eže oči sredni ni maly ni veliki toj na vse rasmotren, a eže oči vytreščeny dnutytě ostrěši mysli zrja vo vsjakom čeloveke, [...] a eže oči dolgo ne mžěšče to bez srama i bez studen', a eže oči srednij i nečasto mžěšče ni paki mžšče sego dobra nrava i pravedna javljaet, a eže oči vglubleny vnutr' toj ostro vidit vo vsjakom živote.")

232 Rabbow, *Seelenführung*.

habung der physiologischen *signa*. D.h. die Organisation des Wissens über die Sinne dient neben der Inventarisierung des Menschen und der Registrierung seiner Affekte auch seiner Konditionierung, Beherrschung und Kontrolle. Zwei Ebenen werden zur Beschreibung der Phänomenalität psychischer Dispositionen, die sich im Auge spiegeln, etabliert. Über die analytische Katalogisierung des Blicks können Ordnungen des Sehens entwickelt werden, die regulativ handhabbar und steuerbar sind. Körperhaftigkeit kann also ein rein semiotisches Verfahren sein, in seiner (physisch) anthropomorphen Semiotizität jedoch wiederum Sichtbarkeit, optische Wahrnehmbarkeit garantieren. Über die Verzeichnung des Körpers spiegeln sich *soma* und *sema* ineinander.

Noch vor einer sprachkünstlerischen Fruchtbarmachung seines organischen Katalogs versteht bereits die *Physiognomik* den Blick als einen sprechenden. Es bleibt den ersten russischen Rhetoriken vorbehalten, die Ordnung des Sehens zu einer des Sprechens zu machen, welche die somatischen Daten rhetorisch operationalisiert, damit die Expressivität des Bildorgans sich in bildhafter Sprache artikuliert und über den Körper wiederum den Augen vermittelt. Von einem Ort, der systemisch und historisch von der Rhetorik abgegrenzt ist, aber zu einem diskursiven Gefüge der physischen Bebilderung gehört, wird das Auge so zum *medium oratorium* einer anthropologisch präfigurierten Rhetorik. Rhetorik kann nun das physiologische Wissen praktizierend einsetzen, indem sie imaginativ oder agonal in der Systematik der Affekte arbeitet. Die *Physiognomik* steht prototypisch für eine breite textuelle Empirie, die zeigt, wie die Reorganisation des Wissens auf Klassifikationen zurückgreifen kann, die vor dem ‚Zeitalter der Repräsentation' das Wissen vom Menschen und von der Manipulation seiner Sinne so aufbereiten, dass es als Inkorporation affektiver Theatralik und als Expressionsregistratur nutzbar gemacht werden kann.

Im 17. Jahrhundert tritt den aus der Antike tradierten Diskursen in den Heilkunden (*lečebniki*), Kräuterkunden (*travniki*) und Pflanzenkunden (*vertogrady*) der Rus' eine anatomische Lehre und medizinische Semiotik zur Seite, die in Kombination patristischer Lehren mit physiologischen Erkenntnissen das anthropologische Wissen umdefiniert.[233] Eine Funktionalisierung des

233 Vgl. Bogojavlenskij, *Drevnerusskoe vračevanie*. Bogojavlenskij berichtet von der Einrichtung einer medizinischen Lehranstalt (Vračebnaja škola) 1654 in Moskau, die zwar nicht lange existierte, aber einen Übersetzungsschub entsprechender Literatur zu Lehrzwecken auslöste (z.B. schließt Epifanij Slavineckij 1658 die Übersetzung von Andreas Vesalius' *Anatomia* (*O stroenii čelovečeskogo tela*) ab) und für eine entscheidende Differenzierung der medizinischen Literatur sorgte. Die altrussischen *lečebniki* (Heilkunde) und *travniki* (Kräuterkunde) fielen entweder dem Vergessen anheim oder ‚degradierten' zu Sammelbecken mystischen Wissens. (Eine Ausnahme stellt hier sicherlich der gegen Ende des 17. Jahrhunderts weitverbreitete *Lečebnik* Afanasij Cholmogorskijs dar.) Dem entgegen

Wissens vom Körper als Wissen von der Sprache und ihrer Manipulierung scheint aber auch hier noch so fern zu liegen wie die artifizialisierende Handhabung der Unverlässlichkeiten eines Lesbarkeitsprinzips des Leibes. „Die Ausgangsposition ist die Position dessen, der Körperteile sieht und eine Semiotik der festen Zeichen sucht."[234] Doch der indexikalische Charakter, der den Oberflächeneffekten des Körpers zugeschrieben wird, erlaubt es, Körperbewegungen und -regungen als Sprache der Stimme hinzuzufügen und beide ausdruckssteigernd in Beziehung zu setzen. Das psycho-physische Ausdruckssystem und seine zeichenhafte Deutung innerhalb einer Ursache-Wirkungs-Forschung ist für die ersten Rhetoriken und damit die ersten ausformulierten Sprachtheorien Altrusslands Vorläufer, Basis und Bezugspunkt einer Affektensemiotik, die in der Überlagerung von Bild und Rede im sprechenden und agierenden Rednerleib das physiognomische Oberflächenwissen artistisch nutzt und tropologisch verfremdet nachbildet. In der Rhetorisierung der Zeichensprache des Körpers wird jedoch der Spalt zu den Lesbarkeiten des Leibes sichtbar. Glänzende oder stumpfe Augen, stetige oder flackernde Blicke: Die Aufteilung des Körpers in *loci* und deren signaturenhafte Bezeichnung, die das unsichtbare Innere sichtbar und benennbar machen, bedient sich zwar der Schemata orthodoxer Anthropologie, verkehrt aber die Techniken zur Erlangung sicheren Wissens über die Verweise des Körpers in Manipulationstechniken rhetorischer *inventio*. Um Körperteile als artistische Redeteile denken zu lassen, müssen sie nach dem *ordo* der *ars bene dicendi* verformt werden. Beide, Physiognomik *und* Affektologie, verschalten Körper, Bild und Zeichen miteinander, beide setzen den Körper als sichtbare Zeichenfläche ein. Doch während die Physiognomik den Körper zum natürlichen Zeichen macht, macht die Affektenlehre der Rhetorik das Zeichen zum Körper einer artifiziellen In-

---

prosperierte ein Zweig ‚wissenschaftlich'-didaktischer Literatur und es entstanden Traktate wie z.B *Über Kinderkrankheiten* (*O bleznjach ditjač'ich*), *Geburtshilfe* (*Pomoganie ženkam v roženii*), *Abhandlung über das Reinigen von Flüssigkeiten* (*Skazanie o propušenii vod*) (98ff) oder über die Frage *Wovon ernährt sich die Leibesfrucht* (*Kiimi pitaetsja piščami začatyj čelovek*) (RGB, f. 37, No. 92). – Die Verunsicherung über eine auf Ähnlichkeiten beruhende Lesbarkeit des Körpers und die Verschiebung eines Sichtbarkeitspostulats wird gleichwohl kaum offen artikuliert. Im Traktat *Über die Natur des Menschen* (*Über das Sichtbare und das Unsichtbare*) (*O čelovečestem estestve* (*O vidimem i nevidimem*)) ist das im Titel zugespitzt. Diese Schrift bringt die Doppelung des Menschen in Innen und Außen auf die Formel der Sichtbarkeit und Unsichtbarkeit. Eine Analyse des Körpers und seiner Abläufe spielt sich als Triumph der reinen äußerlichen/oberflächlichen Sichtbarkeit auch des verborgenen Inneren ab. Prämisse des Textes ist, dass über die Verknüpfung der sinnlichen und seelischen Fähigkeiten mit konkreten Organen jede verborgene seelische Eigenschaft wie auch jeder pathologische Befall der unsichtbaren Körperteile an der Körperoberfläche, an den organischen Ausscheidungen und an den Handlungen des Menschen ablesbar ist.

234 Campe, *Affekt und Ausdruck*, 303.

szenierung leibhaftiger Zeichenhaftigkeit. Der Körper wird hier zum affektiven Artefakt. Die Lehre der Symptomatik als Lektüre des Körpers, die diesen zuallererst sichtbar macht, und die Implementierung des Körperwissens in den pathetischen Redner überlagern sich, bis im performativen Akt inszenierter Affekte die Repräsentation ihr parasitäres Wissen um die Somatik der Chiffren preisgibt. Denn geht es auch beiden Diskursen um die epistemologische Notwendigkeit der Sichtbarmachung und um den lesenden Blick – was in den Netzwerken der Lesbarkeiten die Distanz von Außen und Innen minimierte, zielt im anderen Fall auf die Distanz von imaginiertem Bild (Einbildung) und inszeniertem Realen (performative Evidenz). Ein Problem der Lesbarkeit des Sichtbaren mutiert zu einem Problem der Sichtbarkeit des Lesbaren.

Hier soll nicht so weit gegangen werden, den barocken Affektcharakter der Rede bis hin zur Ausdruckshaftigkeit der *eloquentia corporis* zu steigern. Diese Entwicklung bleibt dem 18. Jahrhundert, vornehmlich der Empfindsamkeit, vorbehalten.[235] Die vorgestellten Aspekte zeigen jedoch, wie die Rhetorik als Technik des Hör- und Sichtbarmachens die Wissenschaften des Körpers in ihr persuasives Handeln integriert. So setzt die Affektlehre eine Bestandsaufnahme des Körpers voraus, um diese Affekte mit einer Katalogisierung der Sprach-Effekte zu verbinden. Um Körperreize und Sprechmaschinen zu einem physio-rhetorischen Expressionsgefüge der Elokution verkoppeln zu können, verlangt die Rhetorik eine umfassende Medienkompetenz. Und das bedeutet hier vor allem die Beherrschung der expressiven Techniken des Körpers als Darstellungsform. Den Schritt von der Versprachlichung des Körpers hin zur figurativen Fassung somatischer Expressivität unter dem Diktum sprachlicher Expressivität vollzieht die Allegorie als Körperbild. Die Rhetorik deutet gleichsam das medizinische Muster einer körperlichen Zeichenkunde der Symptomatik zum allegorischen Imaginationsraum des Körpers um. Die Technik des Vor-Augen-Stellens arbeitet mit der Semiotizität des Körpers, konstruiert aber als Figuralrhetorik sinnliche Anschauung, ohne von einer mimetischen Aufgabe her gedacht zu sein.

Eine solche Entwicklung ist in der *Rhetorischen Hand* angelegt. Stefan Javorskij stellt affizierende Effekte, Körpersprache und allegorische Verfahren in direkten Zusammenhang, wenn er den Regelkatalog der Affekterregung durch die Allegorie erläutert, da diese als Verkörperung über eine besondere

235 Košenina, *Anthropologie und Schauspielkunst*. Nach Campe, *Affekt und Ausdruck*, 472, ist „das Verhältnis von Affektbewegung und bezeichnendem Ausdruck eine der grundlegenden Formulierungen für die Möglichkeiten der Literatur in einem vielleicht noch heute, jedoch bis weit ins 19. Jahrhundert hinein gültigen Sinne“, wobei er den literarischen Text als „Ausdruck affektiver Bewegung“ versteht.

Kraft des Vor-Augen-Stellens (*predočijavlenie*) verfüge. Sie könne einen Sachverhalt (*propositio*) durch das bildliche Spiel „von Kopf und Händen" („ot glavy i ruk") vorstellig machen.[236] Die phantasmatische Vergegenwärtigung des Redeinhalts als vorgeführtes Körper-Bild wird über die Verkörperung der *figura* in der Figur des Redners zur autothematischen Vergegenwärtigung der Rede selbst. Der Körper des Redners ist so selbst als Figur allegorisch in die Rede hineingenommen. Die bildhaft codierte Figur des Sprechens, der von Kopf bis Fuß redende Leib als Leib der Rede ist Gestalt der *ars oratoria* selbst – nämlich als *ars oratoria corporalis*. Dies in einem zweifachen Sinne: Über die anatomische Strukturierung der *elocutio* und die Präsentation der leiblichen Anatomie als Sprech-Figur in der *actio* sind die Regeln der Rede allegorisch gespiegelt. Die Mechanismen dieser rhetorischen Somatik allegorischer Performanz erläutert auch die oben zitierte Formulierung Stefan Javorskijs von der Darstellung der Affekte durch die Tropen. Es realisiert sich nicht so sehr die Sprachfigur durch den Körper, als vielmehr der Affekt durch die Sprachfigur, die damit als Körper gedacht wird. In der Konjunktion von Figur und körperlichem Affektzeichen verbindet sich der allegorische Anspruch, dem Bild einen Körper zu geben, mit der Affektualität, die dem Körper ein Bild gibt.

Es sind vor allem die Panegyrika, die sich im frühen Barock der Affektentopik bedienen. Neben den Gelegenheitsgedichten der Lobpanegyrika stehen hier insbesondere die Trauerpanegyrika als Genre des ‚Pathos'. Wie schon das mit einem Trostlied (*utešenie*) verschränkte *Klagelied* Silvestr Medvedevs zeigte, ist insbesondere das *genus sublime* der Klage durch stark affekthafte Rede charakterisiert. Ein anderes Panegyrikon auf Sofijas Bruder und Thronkonkurrenten beschränkt sich nicht auf das Auge: Im *Buch der Liebe zum Zeichen der ehrwürdigen Hochzeit* (*Kniga ljubvi znak v česten brak*, 1689) spielt Karion Istomin die Bewegung von der Semiotizität des Körpers über die Affektualität hin zu seiner Allegorisierung von Kopf bis Fuß durch. Das *Buch der Liebe* wurde Peter I. anlässlich seiner Hochzeit mit Evdokija Lopuchina überreicht. Die prächtig ausgestattete Handschrift ist als „feierliche Girlande aus Emblemen" (prazdničnaja girljanda iz ėmblem"[237]) angelegt, in dem vier Sinne dem Paar in pathosbestimmter Frage-Antwort-Rede ihre Glückwünsche darbringen: „Zur Zarenhochzeit sollen die Sinne / ihren Gruß [Grußzeichen] dar-

---

236 Stefan Javorskij, *Rhetorische Hand/Ritoričeskaja Ruka*, 81. Das Urbild der körperlichen Allegorie der Rede findet sich in Platons *Phaidros*, 264c: „[…] daß eine Rede wie ein lebendes Wesen müsse gebaut sein und ihren eigentümlichen Körper haben, so daß sie weder ohne Kopf ist noch ohne Fuß, sondern eine Mitte hat und Enden, die gegeneinander und gegen das Ganze in einem schicklichen Verhältnis gearbeitet sind."

237 Sazonova, Ėmblematičeskaja ėpitalama Kariona Istomina, 65.

bringen."[238] Eine körperliche Entität des deklamierenden Redners ist hier aufgelöst in die Figurativität der Partialsinne, die als Redesubjekte personifiziert werden. Sucht die prosopopoische Maskierung des Redners die Frage des „Wer spricht?" illusionär zu beantworten, so spaltet sich die Maske dieser Antwort hier in Impersonationen der *sensus* auf. Bereits in dieser Katachrese des Körpers führt die Allegorie den Missbrauch (*abusio*) der *fictio personae* vor, hinter deren Frage nach Lesbarkeit sich das disjunktive *de-facement* einer affektiven Rednerfigur verbirgt. Um deren Inszenierung der Sinnesorgane im Spiel der Affekte geht es im Liebesbuch Karion Istomins.

Nacheinander sprechen Gesichtssinn (*videnie*), Gehör (*slyšanie*), Geschmack (*vkušenie*), und Tastsinn (*osjazanie*), einzig der Geruchssinn wird ausgespart, jedoch sinnfällig durch die Füße ersetzt. Diese schließen als Träger der Vorredner den Reigen ab. Angesprochen werden die Sinne vom Verstand (*um*), dem antiken Herrscher über den Körper, wie ihn beispielsweise auch das *Hexaemeron* des Exarchen Johannes noch vorstellt. Nachdem der Verstand als erster seinen Lobpreis vorgebracht hat, folgen die *čuvstva* (Sinne). Jedes der Redekapitel ist identisch strukturiert: Auf die mit „Frage" (vopros) betitelte Aufforderung des Verstandes eröffnet eine im ‚neuen', illusionistischen Stil gehaltene Federzeichnung des jeweiligen Sinnesorgans seinen Hymnus. Daran schließen sich die Gratulationsverse an. Geschlossen wird jede Sinn(es)einheit durch eine auf das jeweilige Organ bezogene emblematische Miniatur (vgl. Abb. 17 und 18). Diese Gestaltung affektbetonter Rede als vielschichtige Konstruktion aus Allegorik, Prosopopoiia und Emblematik inszeniert in aufwändiger Ausstattung, wie sich die Affektrede den Körper einverleibt und wie sich der Körper unter der pathetischen Figurierung in seine sensorischen Stimula zergliedert.[239]

Am Epithalamion des Auges zeigt sich, dass die affektbegründete Verschiebung der Semiotik des Auges das physiognomische Paradigma der „Augenzeichen" („očnye znamena") überschreitet. Auge und Affekt begründen nun keine Psycho-Semiotik der Seelensprache der Liebe mehr; sie stehen ein für die

238 Karion Istomin, *Buch der Liebe/Kniga ljubvi*, 7. („Potrebno čuvstvam na carskija braki / privetstvennyja prinositi znaki.")

239 Zum Prozess dieser Einverleibung gehören die anthropomorphisierten Initialen, die im *Buch der Liebe* jedes Kapitel einleiten. Die Gestaltung der Initiale als nackter Körper taucht in der russischen Schriftkultur erst im 17. Jahrhundert auf. (Frühere Belege hat Semšurin, *O gravirovannom i rukopis'nom licevych bukvarjach Kariona Istomina*, als nachträgliche Bearbeitungen entlarvt.) In seiner *Russischen Fibel* (1694) setzt Karion Istomin dieses Verfahren noch einmal gezielt ein. Im Kontext einer umfassenden Aisthetisierung des affektbestimmten Textes wäre die menschliche Figureninitiale als Baustein zu betrachten, der das Konzept versinnlichter Rede auf die Schrift überträgt. Im Gegensatz zum deutlich markierten Körperverzicht in den Initialen Galjatovskijs handelt es sich hier um eine ausgestellte Substitution der Schrift.

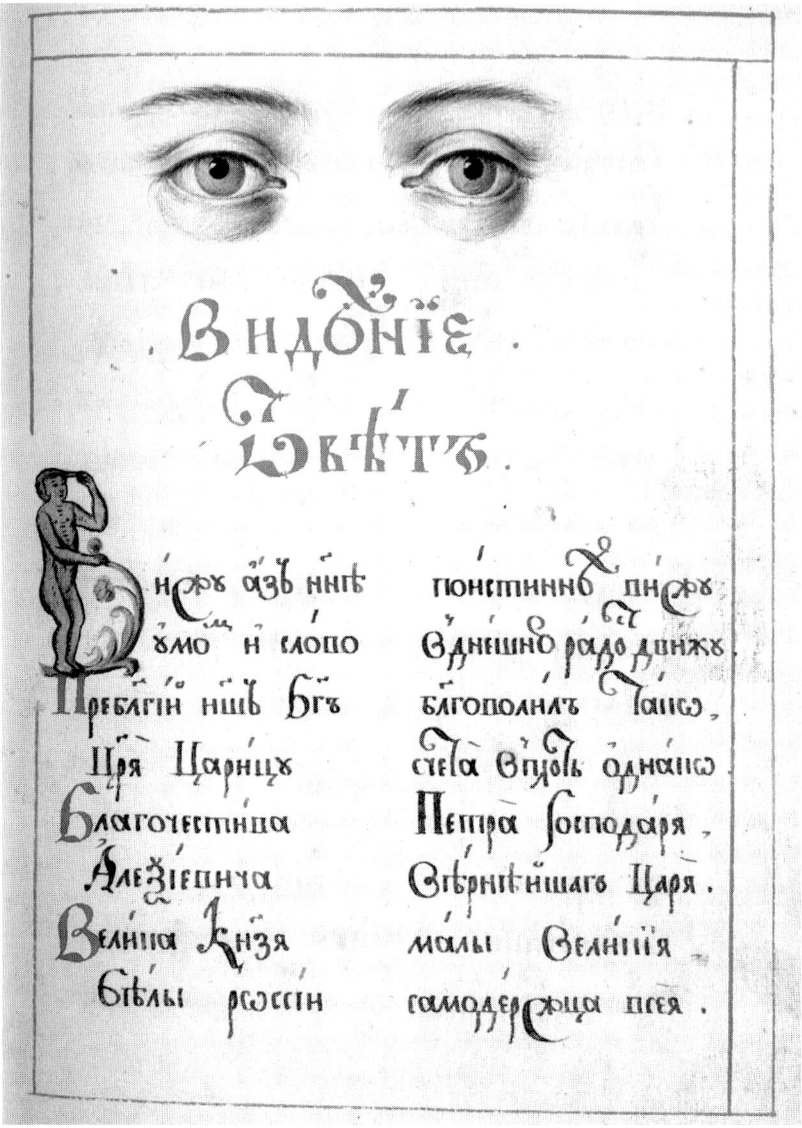

Abb. 17: Karion Istomin: *Kniga ljubvi znak v česten brak (Das Buch der Liebe zum Zeichen der ehrwürdigen Hochzeit)* (1689). Hg. v. L. Sazonova, Moskau 1989, 15. Siehe auch Farbtafel III.

Abb. 18: Karion Istomin: *Kniga ljubvi znak v česten brak (Das Buch der Liebe zum Zeichen der ehrwürdigen Hochzeit)* (1689). Hg. v. L. Sazonova, Moskau 1989, 9. Siehe auch Farbtafel IV.

Aisthesis des Textes in seiner Bildlichkeit. Schon die Frage des Verstandes an den Gesichtssinn gibt die Sichtbarkeit des emotional aufgeladenen Wortes vor: „Gesichtssinn, du bist der köstlichste (von allen), / schau/wähle nun freudig die Worte zur Ehre des Zaren."[240] Zwischen Frage und Antwort ist die Zeichnung der Augen gesetzt, unterschrieben mit der Sinnesbezeichnung „videnie" (Gesichtssinn) und „otvět" (Antwort). Bevor noch Text auf Text antwortet, um der Aufforderung nach einem augenfälligen Wort, einem Bild der Rede, einer rhetorischen Optik nachzukommen, schiebt sich das Bild des Sprechers als organischer Teil eines rhetorischen Glückwunschgefüges dazwischen. Was spricht, wer spricht, ist nicht nur das Auge, es ist die visualisierte Allegorie des Auges, die sich die Larve der optischen *prosopopoiia* aufsetzt und die Doppelcodierung der Frage ausreizt. Sie antwortet mit einer doppelten Bestätigung ihres Sinnesvermögens: „Ja, ich sehe, ich sehe nun wahrhaftig und setze [bewege] mit Geist die Worte zur heutigen Freude."[241] Was sie „wahrhaftig sieht" und sehen lässt, ist das, was sie mit dem ganzen *acumen* scharfsinnig gesetzter Worten bewirkt, sind die Effekte, die die affektierte Augenrede auslöst. Die folgenden Jubelverse („sostavleny liki", „radost' kriki") unterstreichen: Allegorische Rede heißt, die lebendige Leibhaftigkeit der Sinnenrede als affektische Stimulation erfahrbar zu machen.[242] Die von Sazonova konstatierte „Sichtbarkeit bzw. Spektakularität des poetischen Textes" („zrimost', zrelišč̌nost' poėtičeskogo teksta"[243]) resultiert vor diesem Hintergrund keineswegs nur aus der reichen Illumination der Handschrift, sondern vor allem aus der durch die Allegorisierung der Affektentopik gewonnenen Aisthetisierung. Körperberedsamkeit erweist sich als zentrales Element der Herausbildung eines allegorischen Sprachkörpers, in dem Affektenlehre und Expressionstechnik sich zu einer Psychophysik der Textwahrnehmung verschränken.

Indem sich die rhetorische Stimme in die ausdruckshafte Substanz des Körpers einspricht, diese markiert, ist beobachtbar, wie sich das sprechend seinen Charakter ausdrückende Auge der *Physiognomik* bei Karion Istomin in ein Medium des rhetorischen Affekts verwandelt. Durch seine Allegorisierung erfährt es nicht nur die Steigerung seiner figurativen Konkretizität. Es ist auch den Disseminationen der Tropologie ausgesetzt, die das geschlossene Körperbild unterwandern. Denaturalisiert sich das natürliche Zeichen physiognomi-

---

240 Karion Istomin, *Buch der Liebe/Kniga ljubvi*, 8. („Videnie ty čuvstvo preizdrjadno, / slovesy smotri v čest' carsku otradno.") Hier ist die semantische Polyvalenz von „smotri" als „achten auf" und als „betrachten" offengehalten.

241 Ebd. („Vižu az nyne poistinne vižu / umom i slovo v dnešnju radost' dvižu.")

242 Vgl. zu einer aufführlicheren Analyse der Affektentopik des Textes Verf., Der Körper der schönen Rede.

243 Sazonova, Ėmblematičeskaja ėpitalama, 65.

scher Sinnessprache zum artifiziellen Zeichen aisthetischer Rhetorik, so betrifft dieser Registerwechsel auch den Status des organischen Körpers als *figura*. Damit diskutiert das *Buch der Liebe* über die Allegorie des Affekts implizit die Regulierung einer unmittelbar am Körper zugänglichen Zeichenhaftigkeit des Affektausdrucks als Alternative von natürlichem (Affekt-) und künstlichem (Sprach-) Zeichen. Lebt die rhetorische Figurenlehre aus der Artifizialität des Sprachzeichens, so simuliert der allegorische Sprachausdruck als Affektzeichen die Verkettung von Symptom und Zeichen, um diese ‚Natursprachlichkeit' zu desavouieren und in ihrem literarischen Kunstcharakter als fragmentiertes Körper-Sprachbild auszustellen. Kaum deutlicher als am letzten Körperteil kann dies demonstriert werden. Mit dem Austausch des logisch fünften Sinns gegen die Paralogik der Füße ist nicht nur der konventionalisierte Bestand der fünf Sinne aufgelöst, sondern der Entwurf einer Senso-Rhetorik als allegorischen Sprachkörpers der Sinne selbst schon wieder entblößt. Wo statt des Geruchssinns die Füße auftreten, ist jeder Gedanke an ein organizistisches Ideal des affektbesetzten und damit symbolisch aussagekräftigeren Körpers der Allegorie pervertiert.

Ging es oben darum zu zeigen, wie der Körper seine mediale Funktion als „prä-literarischer Ort für eine Zeichenlektüre der Affekte"[244] gewinnt, so inszeniert das *Buch der Liebe* über die performative Paralogie pathetischer Wahrnehmungsorgane eine vom Zerbrechen bedrohte Aisthetik der Literatur. In der sensorischen Aufsplitterung des ekstatisch feiernden Rednerleibs stellt sich die Sprachbildlichkeit als expressives Moment sensueller Stimulation und als (disjunktives) Prinzip der perzeptiven Affektion aus. Sensorik und Spektakularität des erregt agierenden Leibes kulminieren in seinem Sensationscharakter.

244 Campe, *Affekt und Ausdruck*, 301.

II. Sehfiguren

1. Die Arten des Sehens

Die Hauptsache ist immer unsichtbar.[1]

1.1. Optik der rhetorischen Anschaulichkeit

Demonstriert auch die Ausreizung des Körpers für affektive Bildlichkeit rhetorischer Sprachfiguren ad oculos, wie performative Sprechakte Möglichkeiten zur sensorischen Inkorporation tropologischer Impersonation eröffnen, so erscheinen doch diese Expressionstechniken ohne eine Differenzierung des Blicks, der Seh-Figuren, auf diesen Bild-Körper nur ausschnitthaft. Um die Arten des Sehens rhetorisch provozierter und produzierter, materialisierter und imaginierter Bilder zu fassen bzw. um überhaupt die Rhetorik als Sichtbarkeitstechnik zu verstehen, muss sowohl diese medial-imaginäre Doppelung als auch die Klassifizierung von Blickgebärden und Betrachtertechniken genauer dargestellt werden. Auf welches Arsenal des Sehens kann eine Stilisierung der optischen Wahrnehmung von Sprache überhaupt zurückgreifen? Welche Modelle des inneren und äußeren Auges gibt es, die eine Rhetorik der Sichtbarkeit anspricht und nutzt? [2]

---

1 Blumenberg, *Die Genesis der kopernikanischen Welt*, Bd. 3, 719.

2 Untersuchungen von ‚Arten des Sehens' als konstitutivem Bestandteil einer epochalen Episteme sind forschungsgeschichtlich weitaus weniger etabliert als Analysen von ‚Arten des Sprechens'. Es ist weder verwunderlich, dass sie anfangs von einem rationalistischen Erkenntnisinteresse gezeichnet sind, noch dass ihr favorisiertes Untersuchungsobjekt zunächst der Barock ist, dem allenthalben eine optische Überpräsenz zugeschrieben wird. „Das Sehen an sich hat seine Geschichte", formuliert 1915 Wölfflin, *Kunstgeschichtliche Grundbegriffe*, 11. Diese These kann als Initialzündung einer Reflexion der durch Wissen vorstrukturierten, von „Begrifflichem, Vorstellungsmäßigem" „durchdrungenen" Wahrnehmung in der Kunstgeschichte gelten. Fortan ist der nicht intentional überformte, geschichtslose Blick selbst Geschichte. Gombrich, *Kunst und Illusion*, bringt diese Erkenntnis einer „Dominanz unseres begrifflichen Wissens über die sinnliche Wahrnehmung" nicht nur für die Rezeption eines Kunstwerks, sondern auch für dessen Produktion auf den Punkt. Aus der Gleichung, „dass das Bilden vor dem Nachbilden kommt", folgert er: „Die Unschuld des Auges ist eine Fabel" (142; 327ff; 345f.). Der Gedanke der Codierung und Decodierung ist dem Konzept vom Blick, seinem Subjekt und seinem Objekt immer schon als kulturelles Konstrukt eingegeben, immer schon „besteht eine Verflechtung zwischen dem Sehen, dem Wissen, was man sieht, und dem Wissen, was Sehen ist." (Simon, *Der Blick, das Sein und die Erscheinung in der antiken Optik*, 249.) Und es ist diese Verflechtung, die den medialen Sichtbarkeitsdiskurs

Im 17. Jahrhundert kann mit der barocken Episteme eine zweifache Verschiebung dessen beobachtet werden, wie sich die mit dem inneren Auge zu bestimmende Erkenntnis definiert und mit welchem Organ diese erworben wird. Zum einen kommt es zu einer sukzessiven Ablösung offenbarungsbasierter Modi durch wahrnehmungsbasierte. Zum anderen leistet die sich entwickelnde Wahrnehmungstheorie eine Konzeptualisierung des inneren Auges für den Vorstellungsbegriff. Damit ist sie zugleich auch antreibendes Moment zur Ausbildung einer Imaginationslehre. Was das geistige Sehen als geistliches Sehen, aber auch jenseits davon sein kann, wird nun neu ausgehandelt. Alle drei genannten Konzepte von Offenbarung, Wahrnehmung und Imagination bewegen sich zwischen äußerem, sensorischem und innerem, a-sensorischem Sehen, verlagern jedoch ihre Schwerpunkte, nutzen ihre Gegenpole unterschiedlich und erfordern verschiedene Praktiken. In ihren Grundzügen könnte man die Umorientierung folgendermaßen benennen: Während die Offenbarungslehre dem *oculus spiritualis* die eigentliche Erkenntnisfunktion zuschreibt, befreit die Wahrnehmungstheorie das natürliche Auge durch Formalisierung aus seiner Diskriminierung und versteht Erkenntnis als eine zielgerichtete leibliche Handlung. Sie schaltet jedoch die spirituelle Schau nicht vollkommen aus, sondern setzt sie frei für ein inneres Sehen des Imaginären, das sich überhaupt erst aus einer positiv umcodierten Sensorik entwickeln kann.[3] Alle drei Ausprägungen der Seh- und Vorstellungsfähigkeit sind Teil einer in der Antike einsetzenden und im Folgenden nicht mehr abreißenden Tätigkeit der Zerlegung, Analyse, sozialen Normierung und schließlich Technisierung des Sehens, die mindestens zwei Erkenntnisinteressen verfolgt: ein ‚naturwissenschaftliches' zur Berechnung der Welt, dem konkrete Konstruktionsprinzipien eines optischen Instrumentariums folgten – dieses Wissen lässt sich operationalisieren; und ein philosophisches und religionstheoretisches, dem es um die Rolle der Sinne für die Erkenntnis Gottes und die Schau seiner Gnade geht – dieses Wissen lässt sich nicht operationalisieren. Diese Doppelung als Aufspaltung in eine dingliche Welt der Sinneswahrnehmung und eine Welt der spirituellen Bedeutung zeitigt weitgehende rezeptionsästhetische Konsequenzen. In beiden benannten Ausprägungen erfahren

---

auch in den avanciertesten Studien der letzten Jahre, z.B. bei Crary, *Techniken des Betrachters*, vor allem als Diskussion von Wissens- und Rationalisierungsmetaphern führen ließ. Vgl. auch die Beiträge des von Geimer herausgegebenen Sammelbandes *Ordnungen der Sichtbarkeit*.

3 Körperallegorisch findet diese Umcodierung ihren ersten Ausdruck in der *Ars memoriae* von Robert Fludd (1619). Oberhalb der Stirn angesiedelt vertritt das *oculus imaginationalis* hier das fleischliche Auge der imaginativen Erinnerungskunst. Vgl. zur Gleichsetzung von Auge und Gedächtnis z.B. bei Bernhard von Clairvaux Yates, *Ars memoria*, und Schleusener-Eichholz, *Das Auge*.

das Erleben und die Arbeit der Sinne eine umfassende Zurichtung, doch wird diese im religionstheoretischen Modell schwerpunktmäßig als Kontemplationssteigerung über Bet-, Askese- und Versenkungsübungen geleistet, im ‚rationalistischen' über Formalisierung und Grammatikalisierung der Wahrnehmungsstruktur. Zwischen beiden Modellen kommt es dabei zu Interferenzen und Überlappungen. So können im kontemplativen Register die wahrnehmungssteuernden externen Sinne in den systemischen Funktionskomplex der erkenntnissteuernden inneren Sinne integriert werden. Im Gegenzug erweist sich auch das perzeptionsorientierte Paradigma als eines, das visionäre Erfahrung keineswegs ausschaltet, sondern im Gegenteil zu sensorischer Stimulierung einzusetzen vermag. Beide Programme des Sehens bilden elaborierte Arsenale von Augengesten, Blicktechniken, Sehfiguren aus, die in das Wissen um sprachliche Anschaulichkeit eingehen.

Grenzen und Beschränkungen von Sprachfigurativität ohne Blickfigurativität treten zutage, betrachtet man nochmals denjenigen Text, mit dem das vorangehende Kapitel schloss. Die Lektüre der Augenallegorik in Karion Istomins *Buch der Liebe* verwies im Kontext historischer Dispositive der Lesbarmachung von Blickzeichen darauf, wie gerade das Auge zwischen Dechiffrierung und Perzeption schwankt, und zwar sowohl im Hinblick auf seine Wahrnehmungsprozesse wie auch auf seine Eigenschaft als Objekt der Betrachtung. Ausgespart wurde dabei zunächst das Emblem, welches als Kapitel-Koda das pathetische Panegyrikon des als Rhetor personifizierten Auges pointiert. Dieses Emblem übersetzt den ästhetischen Sprung Karion Istomins von einer Sprachsemiotik zu einer Sprachaffektivität noch einmal ins Sprach-Bild (vgl. Abb. 18). In der *pictura* sind zwei Astronomen präsentiert, welche durch ihr Fernrohr Sonne und Mond beobachten, denen durch Gesichter anthropomorphe Gestalt verliehen ist. Diese Szene technisch implementierter Himmelsbetrachtung stellt einen unikalen Fall in der Miniaturistik und Emblematik des russischen Barock dar. Welche Provokation das Medium Fernrohr auch innerhalb des sprachstilistischen Kontextes des *Buchs der Liebe* bedeutet, lässt sich nur ermessen, berücksichtigt man die optische Herausforderung der barocken Sichtbarkeit als rhetorischer Anschaulichkeit in ihrer concettistischen Anlage. Indem Karion Istomin das zuvor unbewaffnete Auge mit einer technischen Apparatur ausrüstet, inszeniert er den rhetorischen Sprechakt als optische Evidenzerfahrung astrologischer Himmelsstudien. Die visuelle Anschauung provozierende Erregtheit des rhetorischen Körpers wird umgedeutet bzw. allegorisch verbildlicht als Affizierbarkeit durch ein Angebot neuer optischer Instrumente. Was rhetorische Anschaulichkeit bedeuten kann bzw. wie sich allegorische Rhetorik verstanden wissen will, nämlich als optisches Medium, als Sichtbarkeitsapparatur, ist damit bildlich als mediale Anthropologie der Anschauung in Szene gesetzt. Sichtbarkeit und Perzeptivität sind nicht das (abstrakte) Substrat energetischer Rede – sie sind Inbegriff eines visuellen Wahrnehmungsaktes.

Das Emblem nur als Ausdruck einer Sprachfigur zu sehen, die sich als perzeptive Wahrnehmungsfigur ins Bild setzt, wäre jedoch verkürzt. In ihm verschränkt sich die Dichotomie von innerem und äußerem Auge mit der von Sichtbarkeit und Lesbarkeit. Dass die teleskopische Ausstattung des Panegyrikers bzw. seines optischen Sinns zu keinem reinen Sehakt, sondern vielmehr zu einem Leseakt bzw. zu einem sehenden Lesen sich umformt, darauf verweist der literale Anteil der emblematischen Schrift-Bild-Gestalt. Im Fadenkreuz der Sinnesarmatur wird Schrift sichtbar. Als *inscriptio* figuriert ein Bibelzitat (Jes 51, 6), das sich zwischen Apparatur und Kosmos schiebt und den Blick auf den Himmel zu einem dechiffrierenden macht. Und zwar einer ‚geozentristischen' Dechiffrierung, die den kosmisch exmittierten Blick zurückwendet auf die Erde und den Text des Himmelsbuchs als einen sakralen enthüllt: „Hebt eure Augen gen Himmel / und schaut unten auf die Erde" („vozdvignite na nebo oči vaše / i pogljadite po zemli dolu"). Zwischen die Figuren beider Astronomen schiebt sich eine weitere *inscriptio*, die jedes Missverständnis bezüglich der Beschaffenheit einer empirisch beobachtbaren Materie ausschließt: diese ist Schöpfungsmaterie: „So hat die Hand Gottes all dies geschaffen […]." („Jako ruka gospodnja sotvori se vse […].") Die *subscriptio* formuliert noch einmal den Bildsinn:

> Die Astronomen betrachten kenntnisreich den Himmel
> und erkennen dadurch die Bedürfnisse der Welt.
> Der Wunsch des russischen Zaren war es nun,
> mit der Zarin ein Menschenalter in Liebe zu leben.[4]

Der Auftrag beider Astronomen besteht darin, ein sichtbares Phänomen in eine Lesbarkeitsfigur zu übersetzen. Im Wahrnehmungswissen muss das Offenbarungswissen decodiert werden. Dadurch wird das Welt-Wissen in einen heilsgeschichtlichen Zusammenhang gesetzt und die Analogie der irdischen zur himmlischen Sphäre stabilisiert. Scheint die Instrumentierung des Auges, seine Verlängerung oder gar Extraktion in ein System geschliffener Linsen sich zunächst nahtlos in die epochale Metaerzählung des Wandels von der Offenbarung zur Wahrnehmung einzufügen, so müsste also differenzierter davon gesprochen werden, dass das Emblem eine Implementierung von Wahrnehmungstechnologien in Offenbarungstechniken vorführt, um Lesbarkeit bildlich zu inszenieren. Das Teleskop wird nicht zum Sehen benutzt, sondern zum

4 Karion Istomin, *Buch der Liebe/Kniga ljubvi*, 9. („Astronomy zrjat chitrost'ju po nebu, / poznavajušče v mirě sem potrebu. Potreba carju byla v rossach nyně, / s cariceju žit' věk v ljubvi edině.")

Lesen eines biblischen Textes, der Heiligen Schrift im Buch der Natur, um daraus die sakralisierte Genealogie des Zaren prognostisch herauszubuchstabieren. In dieser Konstellation wird der Blick primär als einer aufgefasst, der Dinge als Zeichen zu entschlüsseln hat, der das im Buch der Natur materialisierte göttliche Wort prophetisch und analogisch auf menschliches Geschick hin zu lesen hat. Die makroskopische Erweiterung des Horizonts, die sich dem Fernrohr verdankt, bleibt beschränkt auf den Erkenntnisrahmen eines Offenbarungswissens, auf das nun mit den Instrumenten eines Wahrnehmungswissens zugegriffen wird. Dass aber Offenbarungswissen durch die Zwischenschaltung technischer Hilfskonstruktionen verbesserter Evidenz erlangt wird, entpuppt sich als doppelte Desavouierung seines Anspruchs. Denn damit entfremdet sich dieses Wissen durch enthusiastische Wahrnehmungsoptimierung und optische Überstimulierung. Auch der Begriff der Wahrnehmung selbst erfährt tiefgreifende Veränderungen je weiter er sich von der Sinnlichkeit des direkten Anblicks entfernt und sein Sensorium in ‚Armaturen der Sinne' auslagert. Mit der Apotheose des Auges geht seine Diskreditierung einher.

In jener prognostischen Lesbarkeit, die auf dem epistemologischen Paradoxon einer optischen Verstärkungsmaschine gründet, liegt so die wesentliche Umakzentuierung. Meint das alttestamentarische Gebot, seine Augen zum Himmel zu erheben, eine Schau des *logos* durch prophetisches Sehen, das durch Exerzitien der Versenkung erreicht werden kann und eine Abwendung des natürlichen Auges bedeutet, so ist diese innere Schau in der Erkenntnismetapher des Fernrohrs, dem „Leitfossil der kopernikanischen Formation"[5], veräußerlicht zu einem dem körperlichen Auge aufgesetzten Medium der optischen Datenakkumulation und -verarbeitung für ‚naturwissenschaftliche' Zwecke, die sich nur unter riskanten Verbiegungen für Kontemplationsmuster des Erkennens instrumentalisieren lassen. Karion Istomin spielt gerade darauf an, dass das Fernrohr Zugriff nicht auf eine transzendente Wahrheit, sondern auf eine faktuale Wirklichkeit ermöglicht. Es reinigt, läutert, öffnet nicht den *oculus spiritualis*, vielmehr perfektioniert es den *oculus carnalis*. Es ist, so Blumenberg, Medium, das dem „Wirklichkeitsbegriff der anschaulichen Evidenz verhaftet bleibt, für den alle Naturprozesse prinzipiell durch das Sehen erklärbar werden, auch wenn faktisch die Zuordnung von Organ und Gegenstand abbricht."[6] Geboren aus dem ideengeschichtlichen Zusammenhang einer „skeptischen Anthropologie des aus dem Paradies vertriebenen Adam", die Zweifel an der ausreichenden und besten Ausstattung des Men-

5 Blumenberg, *Die Genesis der kopernikanischen Welt*, Bd. 3, 717.
6 Ebd.

schen, an der Objektivierbarkeit seiner Sinneswahrnehmung hat und gleichzeitig vermutet, mit einer prothetischen Optik die Mängel des menschlichen Sensoriums ausgleichen und sogar übertrumpfen zu können[7], ist das Fernrohr „der technische Widerspruch gegen das Zugeständnis einer optischen Vorbehaltssphäre.“[8] Kaum etwas kann den neuzeitlichen Kulturschock, den die orthodoxe Rus’ durchlebt, so auf den Punkt bringen wie ein linsenbestücktes Sehrohr, das sich auf ein den Sternenhimmel rahmendes Bibelzitat richtet und damit seinen medialen Anspruch ebenso radikal vorbringt wie unterwandert. Die Passung von Organ und materiellem Gegenstand, die Kongruenz oder Inkongruenz von organischem Vermögen und realem Bestand, an der sich das Teleskop in der „kopernikanischen Formation“ abarbeitet, ist hier Folie für die Austragung eines tiefer liegenden Konflikts: Die unauflösliche Verbindung von innerem Auge und immateriellem Offenbarungswissen wird über die Apparatur als Problem eines in Bezug auf das materielle Objekt insuffizienten Sensoriums ausgegeben, und die Lesbarkeit der schriftprivilegierten altrussischen Welt wird in eine Szenerie gestellt, die die Herrschaft des Blicks vertritt. Was Blumenberg das „Sichtbarkeitspostulat“ (als Ausdruck paganer optischer Omnipotenz) nennt, trifft hier auf das Unsichtbarkeitspostulat einer Kultur, die ihre organische Ausstattung nicht zu optimieren trachtet, da ihr eigentliches Erkenntnisziel sich in sichtbaren Formen immer nur abgeschwächt vermittelt. Nicht der optische Zugewinn, sondern die optische Uneinholbarkeit dirigieren hier das Verständnis davon, was Sehen wie zu leisten hat. Ist das Unsichtbare für das teleskopische Auge nur solange vorhanden, wie die Verstärkerleistung der Apparatur unzureichend ist (und vergrößert sich andererseits proportional zur technischen Perfektionierung), so ist das Unsichtbare des inneren Auges Garant einer ontologischen Dignität und muss unabhängig von physischen Disproportionen einsetzbar sein. Während die technische Teleologie auf eine Verstärkung des natürlichen Sehens durch körperliche Prothesen zielt, perfektioniert theologische Offenbarung das innere Sehen durch körperliche und geistige Exerzitien. Wo sich Prophetik und Prothetik treffen, liegt der Scheidepunkt der Imagination: als gebrochenes Sichtbarkeitspostulat der Neuzeit, dessen zunehmend ausdifferenzierte Wahrnehmungsmedien mit dem Problem einer wachsenden Zahl von Daten, die sich hinter eine sichtbare Oberfläche zurückziehen, konfrontiert sind, und als gebrochenes Unsichtbarkeitspostulat einer sakralen Schau, die sich der Sichtbarkeitsmedien bedient,

---

7 Blumenberg, *Die Genesis der kopernikanischen Welt*, Bd. 3, 740. Dem entgegengesetzt prägt Blumenberg den Ausdruck der „optimistischen Anthropologie“, die „[a]lles von der Realität aus[schließt], was dem Wahrnehmungsvermögen des Menschen nicht unmittelbar zugänglich ist“ (731).

8 Blumenberg, *Die Genesis der kopernikanischen Welt*, Bd. 3, 733.

um sie (unter größten Vorbehalten) als Transmitter des Unfassbaren zu gebrauchen. In dieser Überkreuzung entsteht jenes verstellte optische Begehren, jenes Hervorlocken eines Betrachters, der wieder an die Kette der Schriftoffenbarung gelegt werden soll und doch diese Schrift als das Bild sehen wird, das die barocke Emblematik als Teil der frühbarocken Formation zwischen Lesbarkeit und Sichtbarkeit auszeichnet. Ohne ihrer Bestimmung empirisch-konkreter Optik gerecht werden zu können, ohne sich aber auch in die interiorisierende Domestikation eines geistigen Sehens (*umnoe zrenie*) einspannen zu lassen, sind Fernrohre weniger sakrale Metaphern, als sie vielmehr zu Requisiten einer theatralischen Inszenierung der Lesbarkeit der Heiligen Schrift in Gottes Naturbuch mutieren. Ohne sich an die ontologischen Beschränkungen göttlicher Schau und die technischen Grenzen makroskopischer Reichweite zu halten, verwandeln die Wunder-Teleskope einen andächtigen Akt in ein schauspielerisches Mysterium, indem sie ihn als naturwissenschaftlichen Vorgang inszenieren. Als Emblem im Kontext eines epithalamischen Textes, der Einzelsinne in theatralischer Allegorie ausagiert, gewinnt die teleskopisch verschiebbare Begrenzung eines zuvor stabilen Horizonts nur noch die Distanz und Perspektive von Bühnenkulissen, innerhalb derer der sakrale Text in einer barocken Medieninszenierung vor die Linse gerät. Nicht nur Lesbarkeit ist damit primär Sichtbarkeit. Auch was sichtbare Anschauung zu sein vermag, entpuppt sich als Oberflächenerscheinung eines dekorativen Vordergrundes. Zwischen magischem Implantat, spirituellem Transparenzmedium und Instrument der rationalen Evidenz pendelnd wird das Fernrohr bei Karion Istomin zum metaphorischen Kern einer Allegorie der Schaulust, die jeden Täuschungsvorwurf an die dioptrischen Brechungen durch Einbettung in eine Illusionskunst des Lesens als Sehens vorwegnimmt. Sie vermag noch als kosmische Konstellation die Geschicke des irdischen Abbilds des himmlischen Urbilds zu zeigen, aber nicht mehr den Riss von Lesen und Sehen zu schließen.

In dieser Schraube von einem Offenbarungsblick über einen Wahrnehmungsblick hin zu einem lesend-sehenden Blick sieht man in nuce alle Kräfte am Wirken, die den frühen Barock in seiner ganzen Affinität zu altrussischen Erkenntnisformen der abgewandten Anschauung und in seiner heftigen Reibung an Wissensformen, die sich der unmittelbaren, der angewandten Anschauung verdanken, prägen.[9] Das Emblem des *Buchs der Liebe* beruht in seiner subtilen Verschränkung von mehrfach codierten Bild- und Textelementen

9 Das ist auch die wesentliche Differenz, die Blumenberg für die Arbeitsweisen Galileis (momentane, direkte Evidenz durch den Blick durchs Fernrohr) und Kopernikus' (rationale Spekulation) herausarbeitet und die das zentrale Paradoxon einer teleskopischen Wissensformation bildet.

auf dieser Kippfigur zwischen spiritueller Erkenntnis und empirischer Wahrnehmung. Es inszeniert sie als Vexierbild nicht nur über den Einsatz eines optischen Mediums, sondern verschärft den epistemischen Konflikt unter Ausnutzung der inneren Ambivalenz seiner bimedialen Codierung.[10] Diese gegenseitige Überformung generiert ein Lesen, das von der Erfahrung der optischen Evidenz gekennzeichnet ist. Es hat sich die Sichtbarkeitslust der medialen Apparaturen einge*bildet* und leistet damit einem inneren Sehen Vorschub, welches das Imaginäre des Mediums der Wahrnehmung ist, nicht mehr das imaginierte Reale der Kontemplation.

1.2. Die Doppelung des Sehens

Karion Istomins Emblem muss – wie das gesamte *Buch der Liebe* – als Artefakt angesehen werden, das den Diskurs seiner Zeit mehr vorwegnimmt, als es ihm entspricht. Denn der optische Optimismus, der sich trotz Einsatzes literal zurücknehmender Strategien darin ausspricht, trifft auf schwer zu überwindende Vorbehalte gegenüber einem neuzeitlichen Begriff der Sichtbarkeit der Welt, der das Unsichtbare als ‚eigentlichen' Seinszustand der Dinge versteht. Ließ sich aus den sprachfigurativen Augmentierungen der doppelten Lektüre das Phänomen des doppelten Blicks herausdestillieren, der noch über die Technisierung des natürlichen Auges hinaus seinen *oculi animae* eine Artifizialisierung des Blicks zur Seite stellt, so erfordert es diese Duplizität, zunächst einen Schritt zurückzugehen, um die Schattierungen dieser Sichtbarkeitsskepsis zu bestimmen und die Arten eines immateriellen Sehens zu ermitteln, auf die sich rhetorische Imagination – bestätigend und verwerfend – berufen kann. Dabei trifft man zunächst auf ein ganz anderes optisches Dispositiv: den Spiegel. Wenn sich eine an die Oberfläche drängende Optik ‚Gehör' verschafft, so bedient sie sich Sichtbarkeitsmetaphern, die aus den Ursprüngen der Erprobung und Verwerfung technischer Medien und retinaler Blicke für die *theoria* stammen. Das Zeitalter des frühen Barock scheint noch mehr im Zeichen des Spiegels und der Katoptrik als in demjenigen der Linse und der Dioptrik zu stehen. Innerhalb der starken platonischen Tradition, die Sichtbarkeit in den Parametern von Abbildlichkeit denkt, bildet die kopernikanische Formation der Sichtbarkeit als Beobachtbarkeit im russischen Barock noch eine recht kleine Insel. Ablesbar ist das bereits an der Häufigkeit des Spiegels in Buchtiteln. In Westeuropa kommt es mindestens seit der Renaissance zu einer regelrechten „Speculum-Mode", die im 17. Jahrhundert, in dem sie zur zentralen Metapher

10 Vgl. zum Ikonozentrismus des Emblems Kap. III.1.1.

der Weltauslegung aufsteigt, ihren Zenit erreicht.[11] Der literarische Spiegel-Boom erreicht Russland ebenfalls im 17. Jahrhundert: 1677 wird das *Speculum magnum* (*Velikoe zercalo*) übersetzt, es treten geistliche Florilegien mit dem Titel *Theologischer Spiegel* (*Zercalo bogoslovii*), *Geistlicher Spiegel* (*Zercalo duchovnoe*) oder *Spiegel der Weltenschau* (*Zercalo mirozritel'noe*) auf. Zu Beginn des 18. Jahrhunderts wird auf Befehl des Zaren die Erziehungslehre *Redlicher Spiegel der Jugend* (*Junosti čestnoe zercalo*, 1717) gedruckt.[12] Zu diesem Zeitpunkt hat sich der Spiegel vom Gleichnis der Ab-Bildlichkeit zum Medium der Vor-Bildlichkeit, der Antizipation des Blicks des anderen auf sich selbst entwickelt. Dieser Spiegel kann den Körper zeigen, aber auch auf das unsichtbare Andere des Geistes hinweisen. Durch seine korrektive Funktion stellt er ein angepasstes Subjekt im Spiegel dar. Beobachtung, Normierung, Kontrolle und Kodifizierung (mit austauschbaren Präfigurierungen von Eigen- und Fremd-) überlagern einander.

Zentrales Differenzkriterium des Spiegels gegenüber den veräußerlichten Prothesen der Mikro- und Makroskopie ist seine Eigenschaft als interiores

---

11 Grabes, *Speculum*, 21. Grabes Studie entwirft eine belegüberbordende Spiegeltypologie, die neben Unterkategorien faktische, exemplarische, prognostische und phantastische Spiegel unterscheidet und im Weiteren die Spiegelmetaphorik enzyklopädisch nach Substitutions- und Sublimationsfunktionen aufschlüsselt. Grabes geht es um den Beweis einer metaphorologischen und materiellen Kontinuität, der jedoch nur begrenzt über Quellen-Kompilation und Deskription hinausreicht.

12 Schon zuvor, seit dem 15. Jh., existiert in kirchenslavischer Übersetzung die *Dioptra oder Der Seelenspiegel* (*Dioptra, ili Dušezritel'noe zercalo*, 1097) des Philippos Monotropos. Es handelt sich hier um eine Lehrschrift, die einen Dialog zwischen Körper und Seele inszeniert, in dem überraschenderweise der Körper als Lehrmeister und zugleich Diener der naiven Seele auftritt. Zwei Aspekte sind zentral: Zum einen die Aufteilung des „wertvollsten" Körperteils, des Gehirns, in drei „geistige Kräfte" („sily umnyja"): das Gedächtnis („pamjatnoe"), das Vorstellungsvermögen („mečtanie") und den Verstand („razmyšlenoe"). Zum zweiten die Aufwertung des Körpers und seiner Organe als Medium der Realisierung der seelischen Absichten und Medium der Sichtbarmachung einer unsichtbaren und substanzlosen Entität. Was in der anthropologischen Doppelung des Menschen in innere und äußere Sinne als problematische Spaltung oder bestenfalls als Kompensation aufgefasst wurde, legt Philippos Monotropos als symbiotische Ergänzung und binäre Realisation des einen im anderen aus. In der gegenseitigen Spiegelung der Seele im Fleisch und der Organe in der Seele wird das Verhältnis von imaginärer Bildlichkeit der Mnemonik, der Imagination und des Denkvermögens und optischer Sichtbarkeit als materialisierende Inkorporation und dematerialisiernde Imagination diskutiert. Sie begreift die Einbildungskraft vermittelt, indem sie die Seelenkräfte auslotet, um sie für eine innere und äußere Disziplinierung bzw. regelrechte Dienstbarmachung oder Indienstnahme (das Fleisch ist bei Philippos Monotropos als Diener apostrophiert) greifbar zu machen. (*Dioptra*, 75 und 77.) – Neben dem *Hexaemeron* des Exarchen Johannes von Bulgarien ist die *Dioptra* das zentrale Werk zur Vermittlung anthropologischen Wissens der altrussischen Kultur. Im 17. Jahrhundert findet man unter der anonymen Dichtung dann wieder einen *Disput zwischen Körper und Seele* (*Prja meždu tělom i dušeju*).

und exteriores Medium des Menschen. Der Spiegel ist die Apparatur, an der die Doppelung des menschlichen Sensoriums überhaupt erst expliziert wird. Und er ist die Apparatur, an der die Konkurrenz von inneren und äußeren Augen, imaginativen und sensorischen Arten des Sehens sich entfaltet. Rorty führt in einer Metapherngeschichte der Philosophie aus, wie der Spiegel diskursbestimmendes Medium der Erkenntnistheorie seit dem 17. Jahrhundert ist.[13] Ohne dass Rorty sich hierauf bezieht, markiert er damit ungefähr diejenige historische Grenze, die Foucault für das Zeitalter der Repräsentation umrissen hat. Nach Rorty beschreibt der Spiegel das Zusammenwirken von Vorstellungsbildung und Einbildungskraft als einen mentalen Prozess des Abbildens und des Darstellens, und zwar in Form einer geistigen Repräsentation des Dinglichen. Hier sind vor allem zwei Phänomene von Bedeutung: Der Nachvollzug des Mentalen als eigenständiger Dimension sowie die Idee der Repräsentation als Theorie des Erkennens. Es ist gerade diese Verlagerung einer Sichtbarkeitstechnik des äußeren, sogar veräußerten Sehens in ein Unsichtbarkeitsmedium des inneren Sehens, die den Spiegel für den Barock so herausfordernd macht und die die spezifische Sensibilisierung für ein mediales *acumen* des überstimulierten Auges schafft.

In der Aktualität der Spiegelmetapher für den Barock kulminiert eine Geschichte der Arten des Sehens, die immer wieder aufs Neue Unsichtbarkeit und/vs. Sichtbarkeit, Sehen und/vs. Blindheit, Sehen und/vs. Erkennen, Sehen und/vs. Lesen relationiert. Die für den Barock kennzeichnende Matrix einer Spaltung oder Doppelung des Blicks oder, noch weitergehend, der Sinne bedient sich aus dem Fundus einer bis in die Antike zurückreichenden Interiorisierung und Exteriorisierung des Sehens. Die Versuche, die ‚natürliche' Privilegierung des Auges für Anschauung und Erkenntnis zu begründen, gehen bis in die Antike zurück. Eine hierarchische Anordnung der Sinne, die gerade dem Auge eine synästhetische epistemologische Kompetenz zuschreibt, liegt in der platonischen Umschreibung des Sehens in Erkennen begründet. Hier wurzelt der auch noch für den russischen Barock bestimmende Versuch, die Leistung der Sensorik begriffsfähig zu machen.[14] Das Intellektualisie-

---

13 Rorty, *Der Spiegel der Natur.* Rortys Anliegen, die „Geschichte der Dominanz visueller Metaphern für das westliche Bewußtsein" (23) zu zeigen, trifft zwar nicht die Spezifik der russisch-orthodoxen Wissensdiskursivierung, erweist sich aber als optische Epistemologie durchaus übertragbar.

14 Besonders nachdrücklich ist die zunehmende Abstraktion vom Sinneseindruck hin zum Sinnbegriff im Dialog *Timaios* ausformuliert: „Die Sehkraft nun ist nach meiner Ansicht die Urheberin des größten Nutzens für uns geworden, weil von unsern gegenwärtigen Erörterungen über das All wohl keine einzige wäre gegeben worden, wenn wir weder Sterne noch Sonne noch Weltgebäude sähen. Nun aber nehmen wir durch ihre Vermittlung Tag und Nacht und auch die Monate und die Jahresumläufe wahr und haben so durch dies alles die

rungspotenzial des Sehens infiltriert noch die Wahrnehmungsmodelle, die den mentalen und körperlichen Bildlichkeitsdiskurs des Barock prägen. Entsprechende platonische und neoplatonistische Positionen werden vor allem über die Patristik vermittelt.[15] Noch gegen Ende des 17. Jahrhunderts reproduziert die fast unüberschaubare Zahl der Sammelhandschriften (sborniki) eine Auffassung von der Unterscheidung menschlicher Sinne in mentale und physische, die frühe Texte der orthodoxen Kirchenväter und antike Theoreme (auf teilweise sehr entstellte Weise) miteinander verflechten.[16]

Seit Origenes werden den äußeren Sinnen (*sensus carnales*) die *sensus spirituales* oder *sensus animae* zugeordnet. Auch der frühe Barock bezieht sich in der Auseinandersetzung um den Einsatz des menschlichen Sensoriums noch auf die anthropologische Doppelung (sugubost') des Menschen in fünf innere bzw. „seelische" Sinne (Verstand / um; Sinn / smysl; Sprache / slovo; Vorstellung, Phantasie / mečtanie; vernunftbestimmtes Erkennen / chudožestvo)[17] und fünf ihnen komplementäre äußere bzw. „körperliche" (Gesichtssinn / vid / *visus*; Gehör / sluch / *auditus*; Geruchssinn / obonjanie / *odoratus*; Geschmackssinn / vkus / *gustus*; Tastsinn / osjazanie / *tactus*).[18] Die Rolle der Au-

---

Zahl sowie den Begriff der Zeit empfangen und sind zur Untersuchung über die Natur des Alls angeregt worden, und dadurch erst sind wir zur Philosophie vorgedrungen, welche das größte Gut ist, was dem sterblichen Geschlecht als eine Gabe der Götter zuteil war und jemals zuteil werden wird. […] Vielmehr müssen wir jenen obersten Zweck nach dem Obigen dergestalt als die wahre Ursache hinstellen, daß Gott die Sehkraft für uns erfunden und uns verliehen hat, damit wir die Umläufe der Vernunft im Weltgebäude betrachten und die auf die Kreisbewegungen unseres eigenen Nachdenkens anwenden könnten, welche jenen verwandt sind, soweit es das Durchschütterte mit dem Unerschütterlichen sein kann."

15 Man muss hier scharf trennen: Die Körperskepsis des russischen Barock ist nicht so sehr Frucht eines cartesianischen Körper-Geist-Dualismus, wie er in Russland erst im 18. Jahrhundert rezipiert wurde, sondern vielmehr Effekt einer platonistischen Furcht vor dem Sinnentrug.

16 Entscheidend ist jedoch noch ein weiterer Punkt. Wenn der Diskurs über Modelle der visuellen Wahrnehmung immer auch als einer über die Verlagerung der Bilder ins Innere und damit als einer über die Ausdifferenzierung der mentalen Vermögen des Menschen verläuft, so ist zu fragen, wann und wie das Erkenntnisvermögen des inneren Auges in ein Imaginationsvermögen kippt. Von Anfang an muss daher auch die vermeintlich durch Lösung aus einer körperlichen Unzuverlässigkeit stabilisierte *visio spiritualis* auf ihre imaginären Affizierungen hin beobachtet werden. Denn das Wissen um das Sehen ist als das nach innen verlagerte Sehen das sehende Wissen einer Art der Einbildungskraft.

17 Zur Übersetzung von „chudožestvo" vgl. die Definition der Philosophie bei Johannes Damascenus „chitrost' chitrostjam i chudožestvo chudožestvam", die nach Poljanksij/Barankova/Mil'kov, Drevnerusskaja mysl i Šestodnev Ioanna ėkzarcha Bolgarskogo, 183, zu übersetzen wäre als „iskusstvo iskusstv und nauka nauk" („Kunst der Künste und Wissenschaft der Wissenschaften").

18 Mit der Tradierung von äußeren und inneren Sinnen einher geht die Konzeptionierung eines inneren Menschen bzw. eher einer Vergeistigung der Körpersinne, der immer die Gefahr des Umkippens in ihr Gegenteil, der Verkörper(lich)ung des Geistes, inhärent ist. Der Ausdruck

gen innerhalb der fünf Sinne differiert zum Teil erheblich, doch bleibt ihre Funktion als Leitsinn nahezu unangetastet. In der frühneuzeitlichen Entwicklung autonomisiert sich der optische Sinn zusehends, so dass Giesecke die „neuzeitliche Wahrnehmungs- und Erkenntnistheorie" eine „monosensuale Theorie" nennt.[19] Dass diese monosensuale Theorie in sich eine gespaltene ist, verschweigt der Begriff, denn zum Erkenntnisinstrument kann das Auge nur nach einem langen Prozess der gegenseitigen Denunziation von innerem und äußerem Sehen bzw. von Erkennen vs. Sehen werden. Dieser Schritt, das Auge zu spalten, ist für die gesamte Geschichte nicht nur der Erkenntnistheorie wesentlich, da sie das Problem der optischen Täuschung durch eine Verlagerung des äußeren Sensoriums nach innen zu lösen sucht. „Die Vorstellung der Kontemplation, der Kenntnis allgemeiner Begriffe und der Wahrheiten als *theoria*, macht das innere Auge zum unausweichlichen Modell besseren Wissens."[20] Die Inkongruenz von Sehen und Täuschen, den Illusionsverdacht, dem das Auge ausgesetzt ist, hebt man durch eine Isolierung des leiblichen Auges als Organs der Aisthesis auf, welches in seinen sensorischen Fehleindrücken kompensiert wird durch das geistige Auge, das den *logos* schaut und sich vom Sinnlichen abwendet.

Dieses geistige Auge betreibt den Sehvorgang nur mehr als reine Metapher. Die Rhetorik des Sehens ist seine Versprachlichung. Sehen muss metaphorisiert werden, um versprachlicht werden zu können und in der Sprache eine Begriffsleistung zu erbringen. Davon sprechen die verschiedenen Arten des Sehens, die alle Metaphorisierungen des einen Sinns sind, dabei aber in ihren Abweichungsgraden und Tendenzen zur Realisierung bzw. ‚Verbuchstäblichung' erstaunliche Differenzen aufweisen. Im 17. Jahrhundert kursieren zahlreiche solcher Blickmetaphern. Neben dem Auge des Verstandes (*oko umnoe*) gibt es eine ganze Reihe weiterer in ihrem Anwendungsbereich nicht fest umrissener Metaphern, die den geistigen oder geistig-geistlichen (also die Gottesschau miteinbeziehenden) Bereich umfassen. Da ist die Rede vom „Sehen mit dem Herzen" („serdcezritel'stvo"), von „vernünftigem" und „geistigem Sehen" („razumnoe" und „umnoe zrenie"), von der „Scharfsicht" („bystroe zrenie"), von „fleischlichem", „geistigem" (geistlichem) und „seelischem

von Seelenkräften kann sich am Körper orientieren, indem den imaginativen Kräften bestimmte Körperteile zugeschrieben werden oder aber durch die körperbildliche Konzeption der Seele als Homunculus. Wie die Antike vom ‚Körper der Seele' spricht, so wird die Seele gerade in mystischen Texten des Mittelalters als Miniaturmensch personifiziert und so auch in der Buchmalerei dargestellt. Diese Verlagerung (*translatio*) erfolgt dann wesentlich über mikrokosmische Analogiebildungen oder anatomisch-physiologische Modelle der Allegorie, die jeder affektiven und perzeptiven Kraft des Menschen einen Körperteil zuordnen.

19 Giesecke, *Der Buchdruck in der frühen Neuzeit*, 653.

20 Rorty, *Der Spiegel der Natur*, 51.

Sehen" („plotskoe", „duchovnoe" und duševnoe zrenie"). Eine besondere Stellung unter diesen nimmt das „Auge der Seele" („oko duši"; *oculus spiritualis/mentis/animae*) ein, vermutlich aufgrund seiner Fruchtbarkeit für physiologische Allegorisierungen.[21] Eine klare Grenze zwischen innerem und äußerem Auge und damit innerer und äußerer Welt scheint oft nicht klar ziehbar, wenn auch das menschliche Auge (*oculus humanus/corporis/materialis*) dem Pol des äußeren Sehens zugeordnet ist, dem im Gegensatz zum göttlichen Auge der Blick in andere Innenräume außer die eigenen verwehrt ist.[22]

Die Vielfalt der genannten Sehformen tritt keineswegs erst im 17. Jahrhundert auf, sondern knüpft an antike und mittelalterliche Topoi an. Ihre kulturelle Pragmatik und Funktionalisierung im frühen Barock ist gleichwohl insofern spezifisch, als sich hier die Positionierung natürlicher und imaginärer Blickgebärden der Herausforderung durch neue Wahrnehmungsdispositive stellt. Der durch mediale Implementierungen (v.a. Fernrohr, *vetro tralucente*, *camera obscura*) verschärfte Diskurs über die Arten des Sehens trifft und überschneidet sich hier mit den Spannungen, die die sprachtheoretische und sprachpraktische Umstrukturierung verschiedener Arten des (rhetorischen) Sprechens ausgelöst hat. Dass aber diese Umstrukturierungen nicht unbedingt zu einer aufdringlichen Überpräsenz des Bildes oder der Bildlichkeit führen müssen, sondern dass gerade die figurativen Attribuierungen des Blicks in der Tradition jener sensorischen Doppelung stehen können, die sich noch ganz dem Erkenntnistypus der *theoria* verschreibt, ist an einem im Folgenden be-

---

21 Werden die Augen als geistiges und affektives Organ begriffen, so bedingt das ihre Austauschbarkeit in tropischen Wendungen von *oculus* gegen *cor* oder *intentio*. Die vorangehend differenzierten Sehweisen, die sich teilweise mit Blickgebärden überschneiden, lassen sich rückbeziehen auf eine bereits bei Philo von Alexandrien angelegte Unterscheidung von drei Erkenntnisweisen (Augen des Körpers, Auge der Seele, Augen des Geistes), der die Auffassung von der gegenseitigen Bedingtheit von Sehorgan und Sehobjekt zugrunde liegt. Schon Platon spricht in *Politeia,* 533b, vom Auge der Seele.

22 Die *visio Dei* bleibt Bezugspunkt der permanenten Gewichtung und Abgrenzung unterschiedlicher Erkenntnismöglichkeiten. An ihr wird immer wieder die Herausbildung eines unsichtbaren und immateriellen Gegenstandes der Erkenntnis diskutiert. Das göttliche Auge steht für das absolute Sehen, das nicht zuletzt gebunden ist an den oszillierenden Sichtbarkeitsstatus des Göttlichen selbst. Allsehend kann nur sein, was unsichtbar resp. nur visionär sichtbar ist. Dass der Blick aus diesen allsehenden, allgegenwärtigen, alles durchdringenden, nie schlafenden Augen sich gleichsam verselbständigen, ablösen kann, belegen die zahlreichen Attribuierungen als barmherzige oder gnädige Augen (*oko miloserdnoe*, *oculus pietatis*), die nur auf den sündigen Menschen gerichtet zu werden brauchen, um helfend, lindernd, vergebend zu wirken. Das Auge Gottes begegnet speziell in Gravuren ukrainischer Frühdrucke als omnipotentes Organ (vgl. Abb. 19). – Schleusener-Eichholz, *Das Auge,* sieht die Nachdrücklichkeit dieser Unterscheidung erst seit Augustinus gegeben. Diese Zeitmarke scheint zu spät anzusetzen. Vgl. zur Leitmetapher des göttlichen Auges in seiner Fähigkeit zur Omnivisualität auch Rorty, *Der Spiegel der Natur*, 52.

Abb. 19: Lazar' Baranovič: *Truby sloves propovědnych (Die Predigtposaune),* Kiev 1674, RK RNB, IV.4.5°, 344v.

sprochenen Text Karion Istomins, dem *Buch zum Verständnis des geistigen Sehens* (*Kniga vrazumlenie umnago zrěnija*), ablesbar. Die chiastische Verschränkung einer Begrifflichkeit des Sinns, die im erkenntnisorientierten Sehen gesucht wird, mit einer Sinnlichkeit des Begriffs, auf die dieses immer wieder zurückgeworfen ist, zeigt sich im *Buch des geistigen Sehens* als sublimierte Bildlichkeit.

1.3. Sehen mit dem Auge des Geistes: Anfänge einer Geschichte des Imaginären

Seit der Mitte des 20. Jh. wird in der slavistischen Forschung die Position vertreten, dass im 17. Jahrhundert das Dispositiv geistigen Sehens (*umnoe zrenie* oder *umozrenie*) zunehmend ausgedient habe bzw. in arge Bedrängnis durch perzeptive Modelle gerate. Ovčinnikova konstatiert in ihrem Kommentar zum *Send-*

schreiben des Ikonenmalers Iosif an den Ikonenmaler des Zaren und weisen Kunstmaler Simon Fedorovič (*Poslanie nekoego izugrafa Iosifa k carevu izugrafu i mudrejšemu živopiscu Simonu Fedoroviču*, 1656–1666) über die Reform der Ikonenmalerei eine „historische Notwendigkeit" („istoričeskaja neobchodimost'"), welche zur Ausbildung von ästhetischen Theorien geführt habe, die „auf Sinneswahrnehmung, auf den Fähigkeiten des optischen Sinns und nicht nur der geistigen Schau basieren" („postroennych na čuvstvennom vosprijatii, na sposobnosti telesnogo zrenija, a ne tol'ko duchovnogo umozrenija").[23] Texte wie die pseudoaristotelischen *Problemata* und die Traktatliteratur über die Sinne stützen diese These. In eine solche Linie schriebe sich auch die makroskopische Bewaffnung des Auges ein, das seinen Sichtbarkeitshorizont instrumentell zu erweitern sucht und von der Überzeugung einer potenziellen All-Optizität getragen ist. Gleichwohl zeigte sich ja schon in Karion Istomins astronomischem Emblem die Resistenz eines theologischen Erkenntnismodells für das 17. Jahrhundert als Widerstreit von Lesen und Sehen. Das lässt vermuten, dass die Umcodierung von einer spirituellen Offenbarungskultur hin zu einer empiriozentristischen Wahrnehmungskultur vielschichtiger und in sich zerrissener verläuft, als es sich unter dem materialistischen Blickwinkel „historischer Notwendigkeit" darstellen mag. Gerade die avancierten Poeten des Barock greifen in irritierender Weise auf Muster zurück, die im Kontext einer aisthetisierten Literatur neue Möglichkeiten der Texterfahrung aus Erkenntnisformen der spirituellen Schau entfalten. In ihnen erweisen sich die Konzepte zur Perfektionierung eines inneren Sehens als Leitverfahren, um Rezeptionstechniken auszubilden, die nicht mehr teleologisch auf ein Immaterielles ausgerichtet sind, sondern imaginäre Welten explorieren. Das Spektrum unterschiedlicher Typen von Sensoren – für materielle und immaterielle Information – wird hier ganz gezielt eingesetzt. Die ungleich spannendere Frage ist die danach, wie ein Offenbarungsmodell, das eine hochelaborierte Technik und Theorie intellektuell erfassbarer Welten aufgebaut hat, für eine Imaginationskunst in Anspruch genommen werden kann, die sich von einer wachsenden Bedeutung des Wahrnehmungsinstrumentariums umgeben sieht. Wie subtil die Durchsetzung dieses neuen Sichtbarkeitsdispositivs eines Unsichtbaren verlaufen kann, verdeutlicht ein Text Karion Istomins, der seinem *Buch der Liebe* diametral entgegengesetzt ist und doch zugleich die Klammer zur Diskursivierung eines Imaginären schließt.

An Karion Istomins *Buch zum Verständnis des geistigen Sehens und des körperlichen Handelns in göttlicher Weisheit* (*Kniga vrazumlenie umnago zrěnija, i tělesnago dělanija, v božieju mudrosti*, 1683) sind basale Konstellationen dessen ablesbar, was im frühen Barock unter „geistigem Sehen" im Text zu verste-

23 Ovčinnikova, Iosif Vladimirov, 16.

hen ist bzw. wie sich diese Vorstellungsform im Konglomerat der möglichen Sehweisen als Erkenntnis- und Perzeptionsweisen verortet. Wie schon das *Buch der Liebe* ist auch das *Buch des geistigen Sehens* eine Widmungshandschrift für Peter I., doch sind sein Anlass keine Hochzeits-, sondern Geburtstagswünsche für den Zehnjährigen. Die Brisanz dieser Handschrift liegt vor allem in der widersprüchlichen Position, die sie gegenüber dem *Buch der Liebe* bezieht. Ging es im astronomischen Emblem des Sehens um die Etablierung einer technischen Sichtbarkeitsmaschinerie zur Sicherstellung der Lesbarkeitsbedingung, so demonstriert das *Buch des geistigen Sehens* einen Transformationsmodus der Materialisierung göttlicher Offenbarung, der noch ganz im Zeichen orthodoxer Wissensordnungen steht. Der Text stellt eine Form der *visio spiritualis* vor, die sich im Titel programmatisch mit Körpertechniken, mit dem performativen Vollzug spirituellen Wissens verbindet. Diese Kombination sucht der funktionalen Doppelcodierung des Textes zu entsprechen, der zwischen Didaxe und Epideixis angesiedelt ist. Den Charakter der Unterweisung im Sinne einer religiösen Schulung verdeutlicht die Eingangsminiatur des Textes, die Peter I. im Zwiegespräch mit Christus als empfangenden Pol göttlicher Weisheit und Liebe zeigt (vgl. Abb. 20).

In ihr erweist sich der Zusammenschluss von geistiger Anschauung und körperlicher Handlung als komplexe Kausalität von Wissen und Tun. Die Erkenntnis- und Kommunikationsstruktur der Miniatur orientiert sich in Ikonographie und Bildkomposition noch ganz an den Parametern der Verkündigungslehre, die sich an die inneren Sinne richtet und die äußeren maximal als fleischliche Kommunikatoren nutzt. Karion Istomin bestätigt gleichsam, dass all diejenigen Informationen, die das Christentum einer dauerhaften Speicherung für wert hält, das Ergebnis von Verkündigung und Offenbarung sind. Christus spricht zu Peter, bereit, ihm die Herrschaftsinsignien seiner irdischen Stellvertreterschaft zu übergeben, doch die Botschaft nehmen nicht die äußeren Sinne, sondern das Herz auf. Die *sensus carnales* verarbeiten lediglich die materiellen Informationen, das innere seelische Auge jedoch Stimme und Antlitz Gottes. Christi Worte, „Gib mir dein Herz, mein Sohn" („Dažd' mne syne, tvoe serdce"), und Peters Antwort mit Psalm 57, 8, „Mein Herz ist bereit, Gott, mein Herz ist bereit"[24], sind orientiert an der *visio cordis* (*serdcezritel'stvo*), der unsinnlichen Schau eines unsichtbaren Urbildes im Sinne der biblischen Metapher von den Augen des Herzens.[25] Geistiges Sehen ist dem-

---

24 Karion Istomin, *Das Buch des geistigen Sehens/Kniga vrazumlenie umnago zrěnija*, 2v. („Gotovo serdce moe, bože, gotovo"). In der Miniatur ist der Vers irrtümlich als Psalm 56 ausgewiesen.

25 Eph 1, 18. Insbesondere Augustinus hat diese Metapher entfaltet und erkenntnistheoretisch neubegründet. Vgl. dazu Schleusener-Eichholz, *Das Auge*, 1020f. Vgl. dazu auch Ruh, Die Augen der Liebe bei St. Thierry.

Abb. 20: Karion Istomin: *Kniga vrazumlenie umnago zrěnija (Das Buch zum Verständnis des geistigen Sehens)* (1683), OR RNB, F.I.905, 2v. Siehe auch Farbtafel V.

nach fest verankert im kontemplativen Modell göttlicher Schau als *visio spiritualis* zu verstehen, metaphorisiert im Sinne des Herzens als des wahren Organs innerer Schau: Sehen mit den Augen des Geistes ist Sehen als Erleuchtung. Die Ordnung des Wissens und der Vorstellungskraft bewegt sich in den Parametern spiritueller Gotteserkenntnis, um das „Verstehen" (vrazumlenie) zu erzielen, auf das der Text zielt: „Die heute noch nicht erleuchtet sind, / werden von Dir zu mir bekehrt werden."[26]

Die in der Miniatur angelegte Figurierung des Blickwechsels als Aufnahmeverhältnis des göttlichen Wortes führt der Text als dialogische Inszenierung einer Lernsituation durch. Ihre Funktion als Initiationsritus des Zarewitsch überführt die pikturale Vorgabe in die Struktur bildlicher Vorstellung. In Versen sprechen hier zuerst Gott und dann Peter, die biblischen Worte des Spruchbandes wiederholend und paraphrasierend. Beide entfalten den Topos der Sichtbarkeit eines weisen geistigen Auges:

> Ich bin der Anfang und das Ende,
> ich gab Dir, Peter, die Zarenkrone.
> Gib' nun Du mir, mein Sohn, Dein Herz,
> öffne mir seine Türen. [...]
> Auf dass Du in Deiner Jugend
> die Weisheit der Welt erlangst.
> [...]
> Gib', dass ich Dich, o Herr, von ganzem Herzen liebe,
> und Deine Gebote eifrig befolge. [...]
> Die heilige Weisheit
> schenkt Freude.
> Sie reinigt das Herz,
> auf dass es Deiner gedenke.[27]

Auch die zweite Miniatur des Textes demonstriert dieses doppelte Kommunikationssystem aus sinnlichen und unsinnlichen Kommunikatoren. Analog zur ersten erscheint Maria dem jungen Peter in standardisierter Bildformel, mit Segensgestus auf einem Thron sitzend, der auf einer Wolke gelagert ist (vgl. Abb. 21). Ein wesentliches Element, das die Christus-Peter-Miniatur kennzeichnet, fehlt hier jedoch: die Schrift. Und zwar sowohl in Form der *nomina*

---

26 Karion Istomin, *Das Buch des geistigen Sehens/Kniga vrazumlenie umnago zrěnija*, 6v. („Niže ne sut nyně prosvěščenni, / Toboju da budut ko mně vrazumleni.")

27 Karion Istomin, *Das Buch des geistigen Sehens/Kniga vrazumlenie umnago zrěnija*, 3 und 6–6v. („Načalo že esm' i koněc, / dach ti Petre carskij věnec. / Dažd' mně tvoe synově serdce, / otverzaj mně ego dverce. [...] Ašče v juny tvoja lěta, priimeši mudrost' světa." – „Dažd' mi vsěm serdcem tja boga ljubiti, / zavěty tvoja userdno chraniti. [...] Mudrost' svjataja, / preradostnaja. / Serdce očistit, / da k tebě myslit'.")

Abb. 21: Karion Istomin: *Kniga vrazumlenie umnago zrěnija (Das Buch zum Verständnis des geistigen Sehens)* (1683), OR RNB, F.I.905, 9v. Siehe auch Farbtafel VI.

sacra als auch der Schriftbänder sowie der *subscriptio*. Will man keine Zweitrangigkeit dieser Miniatur gegenüber der ersten unterstellen, die aus ihrem sekundären Status heraus die ‚ärmere' Ausstattung des Bildes akzeptabel erscheinen ließe, so muss man das Fehlen der Schrift im Bild als bewusste Leerstelle im Kommunikationsmodell ansehen. Funktionierte der Dialog in der Christus-Peter-Miniatur noch über eine verbale Explizierung der visionären Schau, die skriptural visualisiert wurde, so konzipiert die Maria-Peter-Miniatur diesen Kontakt schon gänzlich auf der Basis reiner Bildlichkeit. Ihre Sprache ist aus der Miniatur heraus ganz in den Text hinein verlagert, in dem Maria den Topos der Augen des Herzens zum Spiegel der Seele umformt und ihre Rolle als Spiegelinstanz definiert:

> Ich bin die Gottesmutter
> und will die Jugend lehren,
> den hellen Spiegel der Weisheit,
> auf dass er den Verstand öffne.[28]

Der Spiegel als Medium der Sichtbarkeit wird als Verkündigungsmedium zum unfehlbaren Spiegel des Geistes.

Es gibt noch eine dritte Lehrfigur, die im Text auftritt, aber nicht in einer Miniatur visualisiert ist. Auf Maria, die Gottesmutter, folgt Natal'ja Naryškina, Peters leibliche Mutter, „ihren Sohn, die Frucht ihres Leibes sehend" („vidjašči carja, plod svoego čreva").[29] Ihrer Rede geht kein Bild voran, ihre Unterweisung spielt sich in der reinen Textualität ab. Sukzessive verschiebt das *Buch des geistigen Sehens* seine bimediale Konstruktion damit auf eine monomediale. Nach dem Rückzug der Schrift aus dem Bild, zieht sich nun das Bild in die Schrift zurück. Mit ihr, mit der reinen Verschriftlichung, die auf eine Visualisierung ihrer Gestalt und eine Aussage in der Miniatur keinen Anspruch hat, verschwindet das Bild als Medium aus dem Text. Es drängt sich ein neues optisches Modell, eine neue Technik der Lektüre in den Vordergrund, die nicht mehr auf pikturale Stimulation angewiesen ist, sondern die ihre Anschaulichkeit aus der Literalität schöpft.

Durch das Wort der Mutter führt Karion Istomin seinen Leser nicht nur in die Schrift ein, sondern zugleich in ein Schriftkonzept, das nicht mehr nur dasjenige der einen und heiligen Urschrift ist. Es beginnt der Diskurs der *nauka* (Wissenschaft) und mit ihm der des *ostroumie* (*acumen*) als des imaginativen *similitudo*-Sehens. Sensibler und entscheidender Punkt in der Ablösung

---

28 Karion Istomin, *Das Buch des geistigen Sehens/Kniga vrazumlenie umnago zrěnija,* 11. („Az esm' Christa Boga mati, / junym tščusja naučati. / Mudrosti světla zercala, / daby razum otvorjala.")

29 Karion Istomin, *Das Buch des geistigen Sehens /Kniga vrazumlenie umnago zrěnija*, 10.

des *serdcezritel'stvo*-Paradigmas (Herzensschau) durch das des *ostro-umo-zritelstvo* (concettistische Geistes-Schau) scheint die Metapher der Gedächtnisschrift zu sein, die Natal'ja verwendet. Beginnend mit der unhinterfragbaren Priorität der „Heiligen Schrift" („svjato pis'mo") entwickelt sie ein Konzept der *visio spiritualis* („so wirst du Gott schauen („posem uzriš' Boga slavu")) aus der mnemonischen Inskription ihres gottvermittelten Lehrwortes: „Schreib' dir dieses ins Gedächtnis" („Sie v pamjat' ti napiši").[30] Damit endet ihr Monolog. Und nun spricht die Stimme, die sich nur in der Schrift performiert und die zuvor Medium der göttlichen Stimmen war – diejenige des Autors.

Gleich im zweiten Abschnitt seines sechzehnteiligen Monologs bestimmt er – in der Handschrift durch eckige Klammern gleichzeitig herausgehoben und eingeschränkt – das neue Verfahren des geistigen Sehens:

> [Wie in den Büchern überall geschrieben steht,
> damit der Verstand der Menschen nicht beschimpft werde.
> Denn der Mensch wird nicht selbst klug,
> wenn er nicht in der Wissenschaft seinen Verstand schärft.][31]

Mit der anschließenden Ermahnung, durch das Buchwissen „Blumen des Verstandes" („razumnyja cvěti"[32]) zu pflücken, ist ein Lob der Wissenschaft eingeleitet, das in den folgenden Versen die Kategorien des göttlichen Kommunikationsmodells geistigen Sehens umcodiert.

> Schön ist die Weisheit und ein wunderbarer Spiegel,
> eine Laute, die das Gute erweckt.
> (Lass deine Stimme erklingen, oh Zar, sei heiter,
> und freue dich an diesem Klang.)
> Wer immer aufmerksam in den Spiegel schaut,
> der wird danach streben, sich und anderen Gutes zu tun.[33]

---

30 Alle Zitate Karion Istomin, *Das Buch des geistigen Sehens/Kniga vrazumlenie umnago zrěnija*, 11v.

31 Karion Istomin, *Das Buch des geistigen Sehens/Kniga vrazumlenie umnago zrěnija*, 12. („[eže vo knigach vsjudu napisasja, / kako ne razum v ljudem porugasja. / Ibo čelovek sam ne osmotritsja, / ašče v naukach um ne izostritsja.]")

32 Hier mitzudenken ist die kirchenslavische Übersetzung von lat. *figura* als *cvětok* (vgl. das *‚Makarij'-Handbuch*), d.h. die „Blumen des Verstandes" alludieren einen rhetorischen Terminus des Schmucks (*ornatus*) und damit eine bereits rhetorisierte Wissensstruktur des geistigen Sehens.

33 Karion Istomin, *Das Buch des geistigen Sehens/Kniga vrazumlenie umnago zrěnija*, 12v. („Krasna est' mudrost' i divno zercalo, / vo vsjako dobro budilno brjacalo. (Brjacaj vne carju vsegda veselisja, / gudenijam těm razumno divisja.) / Kto v to zercalo prilěžno smotritsja, / toj dobro tvorit sebě i ljudem tščitsja.")

Wieder tritt eine Klammerstellung als Signal und Markierung auf, dass das Erkenntnis- und Kommunikationsmodell von Verkündigung und Offenbarung überschritten wird zugunsten eines Lobs der Sichtbarkeit. Dem Spiegel haftet nichts vom Ruch der Betrachtermanipulationen und Augentäuschungen an, der ihn seit seinem platonischen Verdikt des *mimesis fantasmatos* begleitet. Eingespannt in die Weisheitslehre (mudrost') ist er befreit vom Stigma veräußerlichten Sehens wie vom Vorwurf des chimärischen Reflektors, in dem weder Objekte noch Ideen zu schauen sind. Mit der wunderbaren (divno) Betrachtung der Spiegelbilder sind die Lehrinstanzen und mit ihnen die Semantisierung der Sichtbarkeitsmedien ausgetauscht. *visio spiritualis* tritt in ihr ‚Spiegelstadium' ein.[34]

Betrachtet man den Text auf sein erklärtes bildungsästhetisches Ziel hin, die Etablierung der *artes liberales* und die Einrichtung eines akademischen Systems voranzutreiben, so erscheinen alle agierenden Figuren als Allegorisierungen zweier alternativer Kommunikationstypen und skopischer Ordnungen. Die erkenntnis- und wahrnehmungstheoretische Dimension dieser strikten Unterscheidung wird besonders anschaulich, vergleicht man die Miniaturen des *Buchs des geistigen Sehens* mit ihren Prototypen, den Verkündigungsbildern und Evangelistenminiaturen (vgl. Abb. 22 und 23).[35] Um Peter I. als irdisches Abbild des himmlischen Herrscherurbilds zu bestätigen, wählt das *Buch des geistigen Sehens* hier die konventionalisierten Verfahren immaterieller Kommunikation. Die Ausbildung im spirituellen Sehen steht auf den Grundfesten der Ausbildung in der Schau des Urbildes. Doch die Prototypologie des Wissenserwerbs als des Erwerbs von Offenbarungswissen wendet Karion Istomin in eine Tropologie der didaktischen Vorstellung. Die Operationalisierung eines Wissens davon, was die Beherrschung eines *acumen* des Blicks genannt werden kann, stilisiert die typologischen Figuren zu tropologischen. Die Logik der illuminativen Bebilderung des Textes stützt diesen Eindruck. An der Reihenfolge, in der die Miniaturen im *Buch des geistigen Sehens* präsentiert werden, sind Stationen ‚archäologischer' Formationen der Bildlichkeitsvermittlung ablesbar. Ausgehend von der Zitation altrussischer Iko-

---

34 Zahlreiche Begriffe aus dem konzeptionellen Feld von Auge und Erkenntnis entfalten im weiteren Text die Ästhetisierung eines geistigen Sehens hin zu einer Intellektualisierung des inneren Auges: „Aufklärung des Auges" („oči prosvěščati" (14v)), „Scharfsinn" („vrazumě ostry" (15v)), „ars libera" („nauka svobodna" (16v)), „Scharfsicht" („bystrozrěnie" (ebd.)) u.s.w. sprechen alle von einer intellektuellen Disziplinierung des Sehens wie auch von seiner Schulung für rhetorisch geleitete Einbildungskraft. Sie folgen dem schon beobachteten Muster einer dekonstruktiven Partizipation an tradierten Verfahren der Ausbildung von Vorstellungstechniken, um diese für ein reformiertes Modell der Einbildungskraft auszuhöhlen.

35 Zum „traditionellen Modell von Kommunikation und Informationsgewinnung in der christlichen Kultur" vgl. Giesecke, *Der Buchdruck*, 579ff.

Abb. 22: Nikolaj Spafarij: *Chrismologion* (1678),
OR RNB, Sobr. Ėrmitažnoj bibl., No. 27, 377v. Siehe auch Farbtafel VII.

Abb. 23: *Novgoroder Zachäus-Evangeliar* (1495).
Aus: Les miniatures russes, 155. Siehe auch Farbtafel VIII.

nographie und einer bereits schriftreduzierten Form in der zweiten Miniatur verlässt sich das Lehr-*Buch des geistigen Sehens* als Einführung in die Kunst der Imagination, zum Schluss ganz auf die Anschaulichkeit, die mit den Mitteln der freien Künste erreicht werden kann. Einer allegorischen Lesart von Sichtbarkeitsmodellen stellen sich die Stufungen des *Buchs des geistigen Sehens* als schrittweise Einübung in eine Lektüre dar, die *visio spiritualis* als Verzicht auf abbildorientierte Illumination betreibt, da sie die Figuren des Textes als allegorische Figurativität zu sehen vermag. War in Bezug auf die allegorische Schriftfigurativität von der Einverleibung des Bildes in der Schrift die Rede, so haben wir es hier mit dem Einziehen des Bildes in einen Text zu tun, welcher Ausbildung zur Einbildung(skraft) ist. Ohne sich auf den ersten Blick aus den verbindlichen Schemata transzendenter Schau zu lösen, subvertiert Karion Istomin sie doch, um die Utopie einer imaginativen Lektüre als rhetorischer Lektüre der *visio intellectualis* mit Hilfe der *ostrye oči* (scharfsichtige/scharfsinnige Augen) zu inszenieren.

Zwei in ihrer Polarität frappierende Texte eines Autors, das *Buch vom geistigen Sehen* und das *Buch der Liebe*, bilden eine Klammer zwischen zwei Diskursen über das Imaginäre. Liest man beide Texte Karion Istomins zusammen, so ist ein monolineares Entwicklungsmodell widerlegt, das zu glatt die Ausschaltung eines inneren Sehens zugunsten eines optischen Optimismus des sensorischen Sehens behauptet. Ihre Prachthandschriftlichkeit weiß sich sowohl üppiger Bebilderung wie auch kontrollierten Bildverzichts zu bedienen. Von der technischen Zurüstung des menschlichen Sensoriums bis zur Ausschaltung desselben zugunsten einer maximalen Verinnerlichung, vom teleskopischen Auge bis zum Auge des Herzens reichen die Modelle, die der Barock in Aneignung und Verwerfung internen und externen kulturgeschichtlichen Wissens erprobt. Das Sehen mit dem Auge des Geistes gewinnt damit in der zweiten Hälfte des 17. Jahrhunderts eine ambivalente Semantik. Es ist zum einen das Auge des *logos*, das durch und über die Materie hinweg das Wesen der Dinge zu schauen vermag, das kein aisthetisches Organon der Sinneswahrnehmung ist. Und es ist doch zum anderen mehr und mehr auch das rationalisierte Auge des Leibes, das durch mathematisch-technische Berechenbarkeit zum eigentlichen Medium der Erkenntnis wird und sich auf sein inneres Auge als Transzendenz-Organ nicht mehr verlassen kann. Zwischen beiden kristallisiert sich schließlich das durch textuelle Figurativität, durch tropologische Codierung ausgebildete Auge der Einbildungskraft heraus.

2. Kippfiguren zwischen Darstellung und Vorstellung

Schon einführend wurde darauf hingewiesen, dass eine Geschichte der Einbildungskraft in der altrussischen Kultur ein Forschungsdesiderat darstellt. Dass dieses Feld bisher vollkommen unbearbeitet blieb, muss wohl als Folge einer ausgeprägten Verdrängungsstrategie der altrussischen Kultur selbst gelten. Imagination ist in Altrussland tendenziell häresieverdächtig und als solche nur in den engen Grenzen einer visionären oder prophetischen Erfahrung, einer Annäherung an das Göttliche in den Formen der Offenbarung toleriert. Mit diesen Einschränkungen ist bereits signalisiert, dass durchaus ein Diskurs über das Vorstellungsvermögen geführt wurde, der sich allerdings nicht in einer ästhetisch rückgebundenen Theorie der Phantastik, der imaginären Bilderwelten abspielt, die generell dem Fiktionsverdikt ausgesetzt sind. Er weicht aus auf Gebiete, an deren Grenzen die Frage nach der Vermittelbarkeit eines Unsichtbaren, nur geistig ‚Wahrnehmbaren' durch sichtbare Formen steht. Das betrifft vornehmlich die Ikonenmalerei und die Praktiken visionären Erlebens im Gebet, in tranceartigen Zuständen, in prophetischen Settings, in Verkündigungsszenen etc. Daneben steht ein über die patristische Literatur vermitteltes und z.T. stark entstelltes platonisches, aristotelisches und neoplatonistisches Wissen über Wahrnehmungstheorien, die äußerliche und (z.T. in Abhängigkeit voneinander) innere Bilder im Wechselspiel von *aisthemata* und *phantasmata* thematisieren. Eine zentrale Rolle noch für das 17. Jahrhundert spielen hier die *Dogmatik* des Johannes Damascenus (8. Jh.) und das schon erwähnte *Hexaemeron* des Exarchen Johannes von Bulgarien (9. Jh.). Während der Exarch im Rahmen des anthropologischen Wissens, das er im sechsten Buch seines Genesiskommentars verarbeitet, aus der symbolischen Physiologie des Auges ein wechselseitiges Ergänzungs- und Supplementierungsverhältnis von perzeptiven und imaginativen Kräften extrahiert[36], widmet der Damaszener eines sei-

---

36 Das eigentliche Kernstück der anthropologischen Vermögen ist beim Exarchen die Fähigkeit zur Schau mit dem seelischen Auge, das absolut transitorisch verfährt, auf das Unsinnliche gerichtet ist und sich nicht an der materiellen Oberfläche der Objekte, ihrer wahrnehmungsphysiologischen Reizstruktur aufhält. Ganz deutlich sind die Grenzen zwischen materiellen und immateriellen Objekten, offenbarungs- und wahrnehmungsstrategischer Zuständigkeit gezogen. Auffällig ist jedoch, dass mit der stufenweisen Isolierung der imaginativen Kraft von der Sinneswahrnehmung auch innerhalb der imaginativ vorgehenden Erkenntnis, der „denkenden Seele", noch einmal unterschieden wird. Der antike und christliche Neoplatonismus entwickelt die Vorstellung der zwei Augen oder zwei Antlitze der erkennenden Seele,

ner kurzen Kapitel unter dem Titel *De imaginative virtute* („Vyobražajuščaja sila“) dezidiert dem Problem des *immaterialis oculus penitus intueri* („beztelesnym oko zrěti“). Gedächtnis- und Traumtheorien spielen während des Kernzeitraums der altrussischen Kultur eine marginale Rolle. Erstere rücken erst ab dem 17. Jahrhundert mit der über die Rhetorik rezipierten Mnemotechnik und Affektenlehre und damit der Schaffung eines artifiziellen imaginären Bildbewusstseins ins Zentrum der Aufmerksamkeit einer barocken Regelkultur; letztere fristen ein misstrauisch beäugtes Dasein im größeren Feld der stark vertretenen Verkündigungs- und Offenbarungsliteratur.[37] Sie sind insofern von

---

von denen das eine auf die Materie, das andere auf die übersinnliche Welt der Ideen gerichtet ist. So wird das Konzept eines doppelten Blicks noch einmal ‚intern‘, über die schon verankerte Vorstellung des in innen und außen gespaltenen Menschen hinaus, gedacht. Der Exarch Johannes differenziert hier zwischen einer wahrnehmungsbezogenen Vorstellung, die er „pamjat’“ (Gedächtnis) nennt, und der vollkommenen Abstraktion von materiellen Imaginationsvorlagen, die er „m’č’t“ (Vorstellung) nennt. Ersteres bezieht sich auf ein imaginatives Sehen, das sich der körperlichen Sinne bedient bzw. ganz von diesen gesteuert wird. Diese Imagination fußt entweder auf konkreter Sinneswahrnehmung, bevorzugt optischer, oder auf Aufzeichnungen, also imaginativ wirksamen Codierungen, die das Gesehene imaginär präsent werden lassen. Davon unterschieden ist die eigentliche visionäre Schau, die aufgrund des anamnetischen Charakters der Seele über Erinnerung oder über vernünftige Anschauung möglich wird. Diese Form nennt er mit Platon „mečt’ napisanie“ (beschreibende Vorstellung), sie ist die eigentliche Denkstruktur, die als „oko duševnoe“ (Seelenauge) zu bezeichnen ist und der die höchste Erkenntnispotenz zukommt. Ist auch dergestalt eine klare Hierarchie errichtet, so bleibt doch zweierlei festzuhalten: Die *theoria*, die Fähigkeit zum geistigen Sehen, entwickelt sich aus der wahrnehmungsphysiologischen Gegebenheit des Körpers und muss vor allem trotz aller Separationsbestrebungen immer mit dieser zusammengedacht werden. Unmissverständlich weist der Genesiskommentar des Exarchen darauf hin, dass eine vollständige Erkenntnis nur unter Einbezug auch der Sinneswahrnehmung zu erlangen ist. Damit legt der Exarch eine verblüffende Argumentationsstrategie an den Tag: Er sondert Offenbarungssehen von Wahrnehmungssehen, um im ersteren eine Unterscheidung vorzunehmen, die innerhalb eines Imaginationsdiskurses die Wahrnehmung wieder als notwendiges Element einführt. Er konstruiert ein – mit Starobinskis Worten – ‚fleischliches Auge des Geistes‘. So wie das innere, unkörperliche Auge (*incorporeus oculus*) dem äußeren, körperlichen Auge (*corporeus oculus*) gegenübersteht, also dem fleischlichen Sehen verborgen bleiben muss, was *imaginatio* und *contemplatio* sehen, so sehr ist doch auch beider Kompetenz in einem wechselseitigen Ergänzungs- und Supplementierungsverhältnis angelegt, das tendenziell die Zuordnung bestimmter Sehobjekte (materiell – immateriell, profan – sakral) zu jeweils einem der beiden Augen auflöst. Wahrnehmung und Imagination müssen so immer als etwas Doppeltes und vor allem in einem gegenseitigen Bedingungsverhältnis gedacht werden. Die zentrale Stelle im *Hexaemeron* findet sich m.E. 236b-239a. Vgl. zur Rezeptionsgeschichte des Textes Sarafanova-Demkova, Ioann Ėkzarch Bolgarskij v sočinenijach Avvakuma. – Es ist nicht verwunderlich, dass sich im *Hexaemeron* Spuren der *Dogmatik* des Johannes Damascenus ausfindig machen lassen, übersetzt doch der Exarch 48 der 100 Kapitel der *Dogmatik* ins Kirchenslavische. Zur Vorstellungslehre der *Dogmatik* vgl. weiter unten.

37 Für den Traum sind hier an erster Stelle die Passagen aus der *Scala Paradisi* (*Lestvica*) des Johannes Climacus zu nennen, die auf eine Kontrolle der Traumbilder als Produkte anthropologischer Unvollkommenheit angelegt sind. Traumbilder sind abqualifiziert als ungesundes

Bedeutung, als sie das Begriffsfeld des *mečtanie* (Phantasie) umreißen, welches den Bereich der imaginativen Vermögen, des imaginären Bild-Erlebens ohne reale, das heißt: körperliche Referenz, mit abdecken. Texte, die dieses Vermögen für eine imaginationszentrierte Bilderproduktion ausbeuten, tauchen jedoch ebenfalls erst im 17. Jahrhundert auf. Unter den wichtigsten Beispielen ist hier vor allem das *Chrismologion* (1678) Nikolaj Spafarijs zu nennen, das die traumdeuterischen Weissagungen des Propheten Daniel verarbeitet.[38]

Das Vorstellungskonzept des russischen Barock lässt sich am markantesten aus der Semantik des Begriffs *voobraženie* erschließen. Dessen Produktivität resultiert aus seiner Doppelung von Vorstellung und Darstellung. Im Gegensatz zur neurussischen „Vorstellung" meint *voobraženie* für den altrussischen Sprachstand primär die „Darstellung" eines Bildes, wobei hier auch *izobraženie* (Abbildung), *pisanie* (Malerei/Schrift) oder *načertanie* (Zeichnung) gesetzt werden können. Das *Wörterbuch der russischen Sprache des 11.-17. Jh.* unterscheidet 1. *vid* (Ansicht), *obraz* (Bild), 2. *peredat' izobraženiem* (durch Abbildung vermitteln), 3. *to, čto zapečatleno* (das, was fixiert ist); *izobraženie* (Abbildung), wobei hier als weitere äquivalente Lexeme *otpečatok* (Abdruck) und *sled* (Spur) sowie *slovesnoe ili pis'mennoe izobraženie* (verbale oder schriftliche Abbildung) und *opisanie* (Beschreibung) genannt sind. Als Phraseologismen führt das Wörterbuch *ikonnoe voobraženie* (Ikonenmalerei), *krestnoe voobraženie* (Kreuzeszeichen) und *prijati angel'skoe voobraženie* (Engelsgestalt annehmen, in der Bedeutung *prinjat' monašestvo* (die Mönchsweihe empfangen)) auf.[39] Damit ist ein weites Spektrum bildhafter Objekte, verbal und bildlich vermittelter Erscheinungen und Gesten bis hin zur Verkörperung in einem Akt des Sich-Bezeichnens umrissen. Erst gegen Ende des 17. Jahrhunderts tritt überhaupt innerhalb dieser materiell fixierten Bildbegriffe die Bedeutung der imaginären bildhaften Vorstellung als semantisch gleichwertig auf. Das Wörterbuch führt hier beispielhaft ein Zitat von 1692 an: „Und immer sehe ich die Wüste im Geist und in der Seele vor mir [ist sie dort bildhaft repräsentiert], als sähe ich sie vor meinen Augen."[40] Noch das *Wörterbuch der russischen Sprache des 18. Jh.* setzt *voob-*

„mečtanie" (Phantasieren). Um sie zu zügeln, gibt Johannes eine Charakteristik der verführerischen Traumbilder als imaginärer Bewegung im Raum bei arretiertem Körper: „Der Traum ist eine Wanderung des Geistes. Die Vorstellung ist ein Begehren der Augen [*voluptas oculorum*] im schlafenden Geist. Die Vorstellung ist die Abstumpfung des Verstandes im erregten Leib." („son est' uma pošestvie. v nepošestvii telesnom. mečtanie es prelest' očnaa v spjaščii mysli. mečtanie est' izstuplenie uma bdjaščju tělu." (848d-849a)) Den Hinweis auf die Stelle verdanke ich W.-H. Schmidt.

38 Nikolaj Spafarij, *Chrismologion oder Das Buch der Prophezeiungen Daniels/Chrismologion, sireč kniga perečenoslovnaja ot proročestva Daniilova.*

39 *Wörterbuch der russischen Sprache des 11.-17. Jh./Slovar' russkogo jazyka XI-XVII vv.*, 22f.

40 AJuB II, 735. Zit. nach *Slovar'*, 23. („I vsegda toe pustynju v duši i vo umě voobraženu iměch, i jako vynu pred očima zrěch.")

raženie als „einer Sache ein bestimmtes Aussehen, eine Gestalt, eine Form geben; Erschaffung oder Bildung von etwas" („pridanie opredelennogo obraza, vida, formy; sozdanie, obrazovanie čego-l.") an erster Stelle, wobei den weit größeren Teil des gesamten Artikels – auch bezogen auf die Belegstellen – hier schon die Bedeutungen „Fähigkeit des Bewusstseins, gedanklich das von den Sinnen Wahrgenommene zu reproduzieren, das sich im Gedächtnis abgelagert hat" („sposobnost' soznanija vosproizvodit' myslenno vosprinjatoe čuvstvami, chranjaščeesja v pamjati") und „Schöpfung neuer Vorstellungen im Verstand unter Verarbeitung der bereits vorhandenen; Phantasie" („sozdanie novych predstavlenij v ume na osnove pererabotki imejuščichsja; fantazija") einnehmen. Hier ist *voobraženie* dann auch als Spielvermögen (*igra/igrališče voobraženija*), ästhetisches und poietisches Vermögen (*tvorčeskoe, poètičeskoe, stichotvorčeskoe, romantičeskoe voobraženie*) aufgeführt.[41]

Zweifelsohne lassen sich Gegenbeispiele zu diesen lexikalischen Klassifikationen finden. Als deren prominentestes wird man die *Dogmatik* des Johannes von Damaskus bezeichnen dürfen, die in der Übersetzung durch den Fürsten Kurbskij (15. Jh.) ein Kapitel „O vyobražajuščej sile" (*De imaginative virtute*) kennt. Johannes entwirft ein Koordinatensystem des Imaginären, das interaktiv mit den Sinnen kooperiert und deshalb auch „Sinnesvermögen" genannt werden könne („čuvstvom naricaetsja"), das aber auch „Seelenvermögen" („sila duševnaja") sei und das zur „materiellen Perzeption eingesetzt" werden könne („priimatel'naja veščam" / *materialium rerum apprehensiva*):

> Über das Vorstellungsvermögen. Das Vorstellungsvermögen ist ein Teil der sprachlosen Seele, der die Sinne unterstützt. Deshalb wird es auch Sinn genannt. Das Vorstellende ist vom Vorstellungsvermögen und vom Sinn stimuliert. So wie der Gesichtssinn ist es ein Sehvermögen und nimmt so wahr, wie das Sichtbare vom Gesichtssinn wahrgenommen wird, wie zum Beispiel ein Stein und ähnliches. Die Vorstellung ist ein Zustand der unvernünftigen Seele, die von anderen Einbildungen abhängt. Und die Phantasie ist ein chimärisches Sehen, das ein Zustand der unvernünftigen Seele ist, von keinem Vorgestellten herrührend. Organ des Vorstellungsvermögens ist die vordere Stirnhöhle.[42]

---

41 *Wörterbuch der russischen Sprache des 18. Jh./Slovar' russkogo jazyka XVIII veka*, 60f. Den Hinweis auf diese Quelle verdanke ich W.-H. Schmidt. – Dal', *Tolkovyj slovar' živogo velikorusskogo jazyka*, Bd. 1, 241, verzeichnet für den Sprachstand der ersten Hälfte des 19. Jahrhunderts eine interessante Übernahme des Darstellungsprinzips ins Vorstellungsprinzip, wenn er *voobraženie* folgendermaßen definiert: „Fähigkeit, im Geist konkrete und abstrakte Gegenstände darzustellen [zu repräsentieren]; Möglichkeit zu Komposition und gedanklicher Malerei von Verstandesbildern" („sposobnost' izobražat' v umě čuvstvennye i otvlečennye predmety; vozmožnost' sočetanija i myslennago živopisanija umstvennych kartin").

42 Johannes Damascenus, *Dogmatik*, 48a. („Sila vyobražajuščaja, sila est' časti duši bezslovesnye, kotoraja dělaet podpomoganiem čuvstv: kotoraja i čuvstvom naricaetsja. a vyobražaju-

Es ist diese Differenzierung der imaginativen Praktiken, deren Spannweite von perzeptiver Analogie bis hin zu referenzlosen Chimären eines halluzinierenden *oculus imaginationalis* reicht, die die *Dogmatik* des Johannes als einen der zentralen Prätexte eines Diskurses der Einbildungskraft auszeichnet. Auch und besonders für den Barock, der sich in der Triade von Wahrnehmung, evidenter Gotteserkenntnis und autonomisierter ästhetischer Imagination bewegt.[43]

Diese Begriffswende von der Darstellung zur Vorstellung ist eine der lexikalischen und semantischen Schlüsselbewegungen des Barock. An ihr lässt sich verfolgen, wie sich ein Konzept des Imaginären herausbildet, das den Bildlichkeitsbegriff fundamental verändert. Denn der Darstellungsbegriff, der Bildformen eines immaterialisierten Ikonischen gestaltet, wendet sich in einen Vorstellungsbegriff, indem er sich allegorisierte Formen der Materialisierung wählt. Der sich im Spannungsfeld von äußerem und innerem Sehen vollziehende Diskurs des *voobraženie* steht paradigmatisch für eine wesentliche Verlagerung innerhalb der Konzeptualisierungen von Wahrnehmungs- und Bewusstseinsformen: Die mit dem inneren Auge zu betrachtenden Bildformen der orthodoxen Kultur organisieren sich dahingehend um, dass mit der Aufwertung der Sinneswahrnehmung Imagination als eine spezifische Erlebnis- und Erfahrenshaltung freigesetzt wird. Gleichzeitig öffnen sich auch die Darstellungsmedien für neue Formen und Gegenstände. Das heißt, mit der Fokussierung nicht mehr eines Offenbarungswissens, sondern empirischer Daten eines Wahrnehmungswissens durch die Vor- und Darstellung werden beide Gestaltungsformen ‚frei' für eingebildete Welten. Damit ist das Vorstellungsbild Motivationskern einer Autonomisierung des sichtbaren Bildes wie des unsichtbaren Imaginären. Diesen Prozess zeichnet eben jene Paradoxalität aus: *voobraženie* als materielle Darstellung gehört in eine Epoche des Sehens mit dem inneren Auge, d.h. der materiellen Transzendenz. Wird innerhalb eines optischen Dispositivs, das gerade die perzeptive Wahrnehmung, das retinale Sehen aufwertet, Darstellung zu Vorstellung umsemantisiert, mithin eine

---

ščee ubo jaže byva zagadovanno vyobraženiju i čuvstvu. jako ubo zrěniju onaja sila est' vidimaja: a zrimye zagadanie viděniju, jako iste kamen, albo těm podobnye. a myšlenie terpěnie est' nerazumnye časti duševnye, kotoraja ot drugie pomyšljaemye terpit' a fantazija, čto est prizračnago viděnija, i terpěnie nerazumnye časti duši, ni ot edinago vyobražennago sotvorenno, oružie sily voobražajuščie vnutrennoe udolie mozga.") Dank an W.-H. Schmidt für den Hinweis auf diese Stelle.

43 Im einzelnen wird man die Stärke dieses Argumentes jedoch relativieren müssen, denn die dicht am lateinischen Text gehaltene Übersetzung Kurbskijs, die im litauischen Exil entstand, stellt eine große Ausnahme unter den Texten Altrusslands dar und kann wohl als ein früher Paradigmatext des sich einer streng nationalhistorischen und -literarischen Einordnung entziehenden Phänomens ‚russische Literatur im Exil' gelten.

Stimulierung des unsinnlichen Sehens angestrebt, so ist nach der Spezifik des duplizierten Sehens in beiden Formationen zu fragen, vor allem aber nach den Konsequenzen der eigentümlichen Interiorisierung eines äußerlichen Bildes für die Ausreizung imaginärer Bilderwelten bis zur illusionären sensorischen Erfahrbarkeit. Im Folgenden wird es darum gehen, genau diese Verschiebung eines Darstellungsprinzips der Ikone (*ikonnoe voobraženie*) zu einem ikonischen Vorstellungsprinzip (*ikoničeskoe voobraženie*) nachzuvollziehen.

2.1. Der ikonische Effekt: Das Bild zwischen Materialisierung und Immaterialisierung

Die skizzierte Verschiebung verläuft über komplexe Ein- und Ausschlüsse. Denn die jeweiligen Blick- und Bildkonzepte sind in sich so heterogen, dass sie das antagonistische jeweils in sich zu bergen scheinen. Insbesondere die Ikonentraktate des 17. Jahrhunderts weisen eine polyseme Verwendung des *voobraženie*-Begriffs auf. Nicht einfacher werden die Verhältnisse durch die Tatsache, dass der Diskurs der Imagination sich sprachgeschichtlich aus einem Diskurs der Malerei und der Ikonentheologie herleitet. Dort wird ein Darstellungskonzept entwickelt, das die Fähigkeit zur Vorstellungsbildung explizit einfordert. Ein Auszug aus dem bereits erwähnten *Sendschreiben* (*Poslanie)* Iosif Vladimirovs mag zur Verdeutlichung dieses Ablösungsprozesses bzw. dieser Ambivalenz des *voobraženie*-Begriffs schon in seiner Übersetzbarkeit als Darstellung, Abbildung, Bild, Spur und Abdruck dienen. Iosif unterscheidet in seiner polemischen Schrift gegen das konservative Lager der Ikonenmaler u.a. folgende Kapitel/Kategorien:

> 1. Darüber, wie wir die Ähnlichkeit Gottes sehen, nicht aber das Wesen.
> 2. Über die übersinnliche Darstellung des göttlich-menschlichen Antlitzes Christi auf dem Schweißtuch. [...]
> 6. Über die nicht-fleischliche Darstellung, die nicht nach der Natur, sondern nach der Erscheinung gemalt wird. [...]
> 9. Über die wahrhafte Darstellung von Menschen, und wie man nicht-ähnliche Porträts mit den körperlichen Augen schaut, mit dem Geist aber auf den, dessen Abbild wahrgenommen wird. [...]
> 28. Über die unwahrhafte Darstellung der irdischen Zaren.[44]

---

44 Iosif Vladimirov, *Sendschreiben/Poslanie*, 29. („1. O eliko moguščich zreti schoženie Božie, a ne suščestvo. 2. O preestestvennom voobraženii bogovo-čelovečnago lica christova na ubruse. [...] 6. O besplotnych voobraženii ne po estestvu bo, no po javleniju opisuetsja. [...] 9. O istovom izobraženii lic, i jako ne podobnyja personi telesnyma očima vzirati, a umom na togo čii est' obraz vnimati. [...] 28. O neistovom voobraženii zemnych carej.") Diese Stelle ist

Dort, wo Darstellung zwischen Körperlichkeit und Unkörperlichkeit oszilliert, dort, wo das Bild notwendiger Materialisierungskorpus eines unsichtbar bleibenden Göttlichen ist, dort gerät das Bild als Bildspur dieses fleischgewordenen Körperlosen in den Zuständigkeitsbereich der geistigen Schau. Durch und über den sinnlichen Blick kommt es zu einer gleichsam phasenweisen, das heißt (für die Abbildbarkeit) notwendigen, aber nicht endgültigen Korporalisierung: der Imagination im Auge, des Spirituellen im *obraz*. Die Komplexität dieses Verhältnisses zwischen Materialität und Immaterialität des Bildes, zwischen Objekttranszendenz und Vergegenständlichung macht deutlich, wie stark die Darstellungstechniken der altrussischen Literatur immer auch als Imaginationstechniken gelesen werden müssen. Impliziert der Begriff der Darstellung einen Betrachter mit sinnlichem Blick, so impliziert das Konzept der Darstellung in der altrussischen Kultur diesen Blick als einen transgressiven und imaginativen.

Innerhalb dieser Doppelung ist ein ausgeprägter Glaube an die affektive und imaginative Wirkungskraft (dejstvennost') konkreter Bildformen und -formeln auf Körper und Geist zu konstatieren. Das zeigt bereits die Verortung der Ikone im Diskurs geistiger Disziplinierung und Orientierung. Der *Abbild*gedanke der Ikone ist dort als *Vorbild*gedanke zu begreifen.[45] Die Philosophie der Ikone begreift Bildbetrachtung ursprünglich als einen performativen Akt des Eindringens ins Bild, der Internalisierung des Bildes und der Formierung des Betrachters. Dementsprechend strukturiert sie die Erregungsqualität und somatische Suggestionskraft der Bilderfahrung bewusst als

bei weitem kein Einzelfall, es gibt zahlreiche weitere Belege. Z.B. heißt es in einem Text *Über die Verehrung der heiligen und reinen Ikonen* (*O poklonenii svjatych i čistych ikon)* in einer ähnlichen Formulierung wie bei Iosif Vladimirov zum Topos des acheiropoietischen Bildprinzips: „auf dem Schweißtuch malte er sein Bild ab [stellte er sein Bild dar] durch eine einzige Berührung" („na plaščanicu voobrazi svoj obraz edinym točiju prikosnoveniem" (361v)). Ein Text *Über die Heilige Dreifaltigkeit* (*O svjatěj troicy)* gründet das Lob der Ikonenmalerei allgemein in ihrer Visualisierung eines Unsichtbaren in der bildlichen Darstellung: „[…] denn wir vermögen mit den körperlichen Augen nicht das göttliche Wesen zu schauen, so schauen wir es dank der Ikonenmalerei mit den geistigen Augen" („[…] nevozmožno est' nam zrěti telesnyma očima božestva sich sozercaem duchovně radi ikonnogo voobraženija" (358v)). Die Maler, so heißt es in einem Text *Über die Maler und die ehrwürdigen Ikonen* (*Soborno otvět o živopiscach i o čestnych ikonach)*, sollen sich bemühen, „unseren Herrn und Gott und Heiland Jesus Christus im Fleische darzustellen" („o načertanii plot'skago voobraženija gospoda i boga i spasa našego Isusa Christa" (1r.)).

45 An diesem Punkt schleicht sich ein dritter Begriff in das Feld ein: derjenige des *podražanie* (Nachahmung), der im 18. Jahrhundert als ästhetische Kategorie nicht mehr der betrachtenden Nachahmung des Abgebildeten im Sinne einer Übersetzung der Bildinformation ins Leben, sondern als (vor)mimetisches Verfahren der künstlerischen Darstellung Konjunktur haben wird. Auch hier findet eine Verschiebung von einer Betrachtertechnik, die den eigenen Körper zum mimetischen Bild, zu einer Darstellungstechnik macht, statt.

konstitutiven Bestandteil ihrer Bilderlehre zum Aufbau einer spirituellen Schau. Stehen auch an dieser Stelle nicht die Handlungsvorgaben des Kultbildes im Mittelpunkt, so muss die Tatsache, dass der Ikone faktisch eine solche optisch-performative Gewalt zugeschrieben wird, dass Ungläubige mit einem Blick auf sie bekehrt werden, hier insofern Berücksichtigung finden, als Darstellungstechniken des Bildes ganz unmittelbar als wahrnehmungs-, vorstellungs- und verhaltenslenkend gedacht sind. Dieser ‚betrachterpädagogische' Effekt einer geistigen und körperlichen Einbildung im Sinne der Internalisierung und Implementierung des Bildes ist Effekt der fundamentalen Ambivalenz des altrussischen Bildkonzepts zwischen Materialisierung eines Immateriellen (des Abgebildeten) und Immaterialisierung eines Materiellen (des Bildträgers).

Dieses Bildkonzept bedient sich der Vergegenständlichung des Abbildes und erhebt doch von Anbeginn an unermüdlich Einspruch dagegen, den Bruch zum Urbild immer offen haltend. Entgegen vorherrschender Thesen, die antike Bipolarität von Urbild und Abbild durchziehe als Konfrontation des *telesnoe oko* (*oculus corporis*) mit dem *umnoe oko* (*oculus intellectus*) die orthodoxe Kultur (wobei das Auge des Geistes nicht nur abgespalten vom körperlichen Auge gedacht wird, sondern auch vom Paradoxon eines ‚negativen' Sehens gezeichnet ist), ist zumindest ein weiterer Strang der Bildphilosophie zu profilieren, der neben Simulakrenscheu und Usurpationsbefürchtungen auch die wechselseitige Bedingung von primärer Idee und sekundärem Bild in den Vordergrund stellt. Angesprochen ist damit das, was Blumenberg die „Sterilität des Urbildlichen" ohne das vom Urbild „lizensierte", eingeforderte Abbildliche nennt.[46] Unter Berufung auf einen „der Idee genuinen Sollensgehalt der zum Nachbilden auffordernden Vorbildlichkeit" argumentiert Blumenberg für eine Neubewertung der Sichtbarkeit im platonischen Idealismus: „Die sichtbare Welt ist […] eine Vollstreckung der Sollensimplikation der Urbilder, ihnen ihre Nachbildung als das ihren Sinn erfüllende Korrelat zu geben."[47] Fragt man danach, welche Ansprüche an das Bild sich aus einer so verstandenen Bilderlehre ergeben, so ist an erster Stelle der ‚Wirklichkeitsbeweis' des Bildes zu nennen, der jedoch keineswegs so unproblematisch geleistet werden kann, wie es z.B. Belting in seiner Geschichte des Kultbildes annimmt.[48] Die platonische Lehre, dass jedes Ding ein Bild von sich erzeugt und seinerseits nach einem präexistenten Bild geschaffen ist, erlaubt nicht automatisch die Folgerung, dass nicht wirklich ist, was nicht abgebildet werden kann. Im Gegenteil weist Blumenberg darauf hin, dass sich die vorsichtige Rehabilitie-

46 Blumenberg, Wirklichkeitsbegriff und Möglichkeit des Romans, 12 ff.
47 Ebd.
48 Belting, *Bild und Kult*, 175.

rung des Abbildes nur auf die Abbilder der ersten, nicht jedoch auf die ästhetischen der zweiten Stufe erstreckt. Dass letztere dennoch zunehmend an eben jener Legitimationsstruktur partizipieren, gehört zu den Uminterpretationen des Neoplatonismus. Es ist die Rezeption dieser versteckten Ambivalenz, dieser impliziten Aufforderung des fleischlichen Sehens, die der Neoplatonismus aufnimmt, um den Status des Sehenden, seine Sinne und die wahrgenommenen Objekte neu zu klassifizieren. Auf den Punkt bringt die neue Abhängigkeit des *oculus spiritualis* vom *oculus corporalis* Theodoros von Studion in seinen oben zitierten Argumenten für die Notwendigkeit der bildlichen Darstellungen für die Vorstellung.[49] Gregor schließt die Lücke zwischen typologischem und malerischem Abbild, die Johannes von Damaskus mit seiner Unterscheidung von *proskynesis latreutike* (Verehrung, die nur Gott zukommt) und *proskynesis timetike* (Verehrung, die allem Geschaffenen zusteht, das durch göttliche Zuwendung geheiligt ist) offen gelassen hatte, wenn er sagt: „Der Prototyp schließt das Bild virtuell von vornherein in sich; so wie zum Siegelstempel der Siegelabdruck, so wie zu jedem Körper sein Schatten, so gehört das Bild zu seinem Ur-Bild."[50] Das mündet in einen doppelten Realitätscharakter der Ikone. Nicht nur ist sie vom idealen Bild eingefordert, sie darf auch – und das formulieren die Beschlüsse des niceanischen Konzils als Einschränkung einer sonst möglicherweise wuchernden Bildlichkeit – nur abbilden, was sich in der realen Welt konkret als Körper materialisiert hat.[51] Folgt man Starobinskis Kurzgeschichte des Imaginären, so versöhnt die neoplatonistische Emanationslehre einer stufenweisen Ausformung der Materie durch den *nous* (Geist) über die *fantasia* der Seele (*psyche*) und der Vergeistigung des Körpers als Erhebung des Sinnlichen zur *fantasia* beide Pole miteinander.[52] Relevant für den Kontext allegorischer Imagination sind die Konsequenzen, die er daraus zieht:

> Wenn das Bild, statt das abgeschwächte Sinnliche oder der nichtige Schatten des Gegenstandes zu sein, als der Übergang vom Sinnlichen zum Übersinnlichen erscheint, dann ist die rehabilitierte Einbildungskraft ein fleischliches Auge, das seinen Blick auf die Wirklichkeit des Geistes richtet, die sie intuitiv in Symbolen oder Allegorien erfaßt.[53]

---

49 Vgl. Kap. I.3.1.

50 Zit. nach Vavra, Menschen-Bilder, 18. Vgl. Ladner, Der Bilderstreit und die Kunstlehren der byzantinischen und abendländischen Theologie.

51 Vgl. dazu ausführlicher Kap. II.3. sowie Vavra, Menschen-Bilder.

52 Nach neoplatonistischer Vorstellung ist eine Stufenfolge vom Göttlichen, von den höchsten Ideen bis zur fernsten Emanation in den Sinnendingen anzusetzen, wobei die Emanationsstufen als Abbilder einander notwendig hervorbringen: das Göttliche verlangt nach seiner Abbildung.

53 Starobinski, *Psychoanalyse und Literatur*, 11.

Damit sind die Kategorien, die das abendländische Denken so säuberlich zu trennen sucht, untrennbar verbunden. Das fleischliche Auge wird interiorisiert zum Paradoxon eines fleischlichen Auges der Imagination, als das Organ der Wahrnehmung eines Immateriellen, welches sich figurative Gestalt gibt. Es ist diese für die Allegorie chararakteristische Überschneidung, die Starobinski in der epistemologischen Formation vorfindet, welche für das orthodoxe Bild- und Textverständnis bis ins 17. Jahrhundert hinein verbindlich bleibt.

Wie sich Vorstellung und Darstellung gegenseitig begründen, brauchen und doch zurückweisen, ist im orthodoxen Bildverständnis allerdings weniger mit der harmonisierenden Formel Starobinskis als vielmehr aus der Tradition der negativen Theologie des Dionysios Areopagita heraus zu verstehen. Sein eigenes Schreiben von Anfang an einer radikalen Negation positiven Wissens unterziehend, führt Dionysios in seiner Schrift *Über die göttlichen Namen* (*O božestvennych imenach*, 6. Jh.) in die Apophatik als unhintergehbare Gestaltlosigkeit („bezformennost' beztelesnogo") ein:

> So wie für die Wahrnehmung unfassbar und für den Verstand unsichtbar, und für das, was Gestalt und Form hat einfach und gestaltlos, und für das sich zum Körper geformt Habende unwahrnehmbare und gestaltlose Formlosigkeit des Körperlosen, so ist auch die Wahrheit zum Wort, sie ist über alle dinglichen Wesenheiten erhaben in ihrer übersinnlichen Unbestimmtheit, eine das verstandesmäßige Begreifen überschreitende Einheit, höher als der Verstand.[54]

Wie kann aber aus der programmatischen Zurückweisung jeder Gestalt, aus der wechselseitigen Unmöglichkeit jeder positiven Prädizierung ein Kultbildbegriff entstehen, der dem Verdikt entgeht, das Erhabene durch Bezeichnung seiner Unbegrifflichkeit enthoben zu haben?[55] Zumal Dionysios sich nicht auf die Kritik der materiellen Bilder beschränkt. Er dehnt sie auch auf die Verstandesbilder aus. Keine phänomenologische Kategorie vermag hier zu greifen: „Sie ist kein Ding, keine Epoche, keine Zeit; sie kann nicht verstandesmäßig

---

54 Dionisij Areopagit, *O božestvennych imenach*, 1,1. („Kak dlja čuvstvennogo neulovimo i nevidimo umstvennoe, a dlja nadelennogo oblikom i obrazom prostoe i ne imejuščee obraza, i dlja sformirovannogo v vide tel neoščutimaja i bezvidnaja bezformennost' bestelesnogo, tak soglasno tomu že slovu istiny, vyše suščnostej nachoditsja sverchsuščestvennaja neopredelennost', i prevyšajuščee um edinstvo vyše umov.")

55 Jeder Signifikationsversuch sieht sich so mit dem konfrontiert, was Iser, *Das Fiktive und das Imaginäre*, 499, unter Bezug auf Adornos *Ästhetische Theorie* „Gegenstandsunfähigkeit" genannt hat. Wenn es auch der negativen Ästhetik um das Artefakt geht, das der mimetischen Verdinglichung opponiert, nicht um das Kultbild, so eröffnet doch das Denken der Unbegrifflichkeit hier Perspektiven einer Negierung von Objektivierungen in Text und Bild, die sich aus theologischen Argumentationen speisen.

erfasst werden."[56] Wie Dionysios die Unbeschreibbarkeit in sein Schreiben hineinnimmt, so ist auch die Undarstellbarkeit in die Darstellungsform des Bildes hineinzunehmen. Dionysios unterstreicht, dass das Abbild ein wesensmäßig spezifischer Modus einer unauflöslichen, wenn auch durch Differenz bestimmten Analogiebeziehung ist, einer Beziehung der unähnlichen Ähnlichkeit (*anhomoies homoiotetes*). Nur in dieser Differenz kann das Abbild transitorisch zum vorgestellten, aber realen Urbild führen, wobei die optische Sprache des Bildes anzeigt, dass das Urbild nicht in einer gegenständlichen Konkretizität, sondern in einer erfüllten Präsenz des Seins vorstellbar werden soll. Dies jedoch nie als Ganzes. Vorstellung in diesem Sinne meint Schau (*theoria*) und geistige Einsicht (*episteme*) als fragmentarische Teilansichten, die nicht endgültig zu synthetisieren sind. Es sind von vornherein jeder Totalität entsagende Begriffsbilder. Wenn es folglich um die optische Macht der Ikone über den Betrachter geht, dann ist diese ein Verstrickungsprozess zwischen Bild und Differenz, Bildbetrachtung und Bildentsagung, in dem sich die Ikone über ihre negative Bildästhetik in einer stufenweisen Übersetzungs- und Umwandlungsbewegung selbst dematerialisiert. Denkt man diese apophatische Bildertheologie mit den dreihundert Jahre später folgenden Abbildungsgeboten des VII. Ökumenischen Konzils zusammen, denen sich die orthodoxe Bilderpraxis verpflichtet sieht, so sieht die pseudo-dionysische Bildverneinung sich aber auch vor der Herausforderung eines realen Bildfaktums als immer neuen Beweises der Verkörperung eines Göttlichen im abgebildeten Heiligen. Wer in dieser komplexen Überlagerung von Bildverlangen, gar Bildforderung vs. Bilderskepsis eine Ikone betrachtet, muss also deren Materialität transzendieren und darf doch die Realität des Bildes nicht leugnen.

Eine solche Bild‚ästhetik' bildet spezifische Verfahren heraus, die dem Anspruch dieser gedoppelten und gespaltenen Wahrnehmung entsprechen. Neben Chromatik, Relationierung von Linie und Grund, ikonographischer Motivik, Materialwahl und Präparierung von Maluntergrund übernimmt hier insbesondere die Perspektivik als Instrument zur Steuerung der Kommunikation von Bild und Betrachter eine Schlüsselfunktion. Zwei kurze Exkurse sollen das näher erläutern.

2.1.1. Exkurs Perspektivik I: Umgekehrte Perspektive

Die Ikone zieht, wie Onasch zeigt, den Körper des Betrachters über die gebrochene Blickachse der umgekehrten Perspektive (*obratnaja perspektiva*) in das

56 Dionisij Areopagit, *O mističeskom bogoslovii*, 363. („Ona ne est' ni suščnost', ni vek, ni vremja; Ej ne svojstvenno umstvennoe vosprijatie.")

der Zweidimensionalität angenäherte Bild hinein und öffnet ihre Fläche zum Raum einer unmittelbaren Anschauung und Begegnung:

> Er [= der Betrachter] kann sich gewissermaßen in dem so entstandenen ‚Innenraum' frei bewegen, er kann gewissermaßen um die Gestalten herumgehen, sich mit ihnen auseinandersetzen, um von Ebenbild zu Ebenbild, von einer Ähnlichkeit zur anderen geführt, schließlich Christus selbst in seiner analogen Abbildhaftigkeit gegenüberzustehen.[57]

Die Oberfläche des Bildes wird also gleichsam durchstoßen, über die ‚verkehrte' Wahrnehmung tritt der Körper des Betrachters in das perzipierte Bild ein und bringt den statischen Bildraum durch sein progredierendes Schreiten ins Schwingen. Mit der Entfaltung des externen Betrachters in den Bildraum ist dieser mehr als nur Gegenstand der Perzeption. Er ist kinästhetischer Teil einer Bewegung, einer Annäherung, eines spirituellen Ereignisses als eines visionären Seinszustands *im* Medium (der) Ikone.[58] Die Ikone erlaubt durch diese Gestaltung keine Lektüre aus der Distanz, keine abstrakte Rezeption. Sie ist vielmehr Medium der Nähe bis hin zur partizipierenden Inkorporierung des Betrachters, vor dessen Augen sich die materielle Substanz des Bildes öffnet und den verstellten Blick auf Christus freigibt.

Die anamorphotische Blickordnung entspricht mit diesen Bedingungen einem Sichtbarkeitspostulat des geistigen Sehens, der visionären Kontemplation, die sich mit einem interaktiven Umgang mit dem Analogmedium Bild paart. Das Bild als Kultobjekt verlangt die ritualisierte und performative Form der Bezugnahme als Ausdruck der Teilhabe. Die Ikone konzeptualisiert eine Sehtheorie auf der Basis von Licht- und Emissionstheorien, welche es dem Auge durch das atmosphärische Fluidum hindurch ermöglichen, den Gegenstand zu berühren, als Modell einer Bildbetrachtung, die die Überführung des Betrachterkörpers in den Bildraum leistet, in dem er sich fortbewegen kann.

---

57 Onasch (Hg.), *Altrussische Heiligenleben*, 33. Das legt eine Deutung der umgekehrten Perspektive nahe, die Wulff gibt: Das Bild der umgekehrten Perspektive ist auf den Blickpunkt eines innerhalb statt außerhalb stehenden Beobachters bezogen. Panofsky, *Die Perspektive als symbolische Form*, der Wulff zitiert, lehnt diese Auffassung ab und hält diese Konstruktion des Nebeneinanders und Übereinanders statt scheinbaren Hintereinanders für eine Rückbildung des hellenistisch-römischen Aggregatraums (145f.).

58 Zur Prozessualität der Formen in der Ikone durch Verfahren der Einfaltung (*vognutost'*) und Entfaltung (*razvernutost'*) vgl. Žegin, Nekotorye prostranstvennye formy v drevnerusskoj živopisi, 176f. Die Einführung temporaler Strukturen in das Standbild wird hier so weit getrieben, dass der Betrachter die raum-zeitlich auseinanderliegenden Momente nicht mehr synthetisieren kann, was wiederum zum ebenfalls typischen Eindruck der Starre, des absoluten Stillstands der Ikonen führt. Žegin zeigt en passant, dass die Ikone bei aller Tendenz zur Dematerialisierung ein eigentümliches Interesse an der materialintensiven Präsentation von Oberflächen, z.B. polierter Mineralien und Steine, hat.

Mobilisierung des Betrachters und Taktilität der Optik sind die Schlüsselcharakteristika des anamorphotischen Sehens bzw. Bildes. Das Bild der umgekehrten Perspektive provoziert und braucht das tastende Auge.

Vor allem in diesem Nah-Blick hat man eine strukturelle Analogie zwischen anamorphotischen und allegorischen Konzepten gesehen. So vergleicht Jampol'skij die distanzminimierenden Darstellungsverfahren eines anamorphotischen Bildaufbaus mit den allegorischen Verfahren des semiotischen Verschiebens und Brechens, die in der „Loslösung von ‚natürlichen' optischen Regimes" („otorvannoe ot ‚estestvennogo' režima zrenija") eine bis zur Überhitzung erhöhte Dechiffrierungsaktivität erforderten.[59] Erfasst Jampol'skij auch die Spezifik des darstellungsstrukturellen Prinzips der umgekehrten Perspektive in der Ikone, so bleibt seine Begrifflichkeit doch zu undifferenziert für die funktionale Komplexität, die im Doppelcharakter von Bildpräsenz und Bildtranszendenz liegt, wie ihn der Pseudo-Dionysios Areopagita als ‚negative Dialektik' der unähnlichen Ähnlichkeit entwirft.[60] Das anamorphotische Bild entspricht einer nicht-operationalisierbaren Form des Offenbarungssehens, in dem die Bildinformation außerhalb der Kontrolle der Erkenntnissubjekte bleibt.

Die strenge Darstellungsschule der Ikonenmalerei ist damit Vorstellungsschule eines gläubigen Betrachters, der in der orthodoxen Kultur von Anfang an auf einen doppelten Blick getrimmt ist: sich nicht auf den bildnerischen Signifikanten zu konzentrieren, dessen Drängen ins Bild durch differenzierte Mal- und Materialpräparierungstechniken kontrolliert wird, sondern auf das Signifikat, das sich doch immer entzieht. Die Ikone sucht zunächst die (Augen)Zeugenschaftsfunktion des Bildes in seiner Übereinstimmung mit seinen Vorlagen und geht dann zu einer zweiten, nur noch imaginativ in unendlich sich fortwindender Annäherung zu erfassenden Ebene über, die nicht die Gegenständlichkeit und Gestalthaftigkeit der ersten besitzt. So wie die Ikone „nur abbilden kann, was retinal gesehen wurde" („kto možaše videti čjuvstennyma očima taki i voobražaem"[61]), so sehr muss sie zum Übersehen desselben erziehen. Damit vollzieht der Blick des Betrachtenden das Dogma der Verklärung nach und ermöglicht zugleich das Seh-Erlebnis einer „visuellen unio mystica"[62].

---

59 Jampol'skij, *Demon i labirint*, 224.

60 Anderthalb Jahrhunderte später formuliert Johannes Damascenus das komplexe Problem der nicht-identischen Relationierung von Urbild und Abbild über die Differenzierung von Wesensähnlichkeit (*homoioma*) und Wesensgleichheit (*homoousia*) um. Vgl. dazu Ouspensky/Lossky, *Der Sinn der Ikonen,* und Onasch, *Die Ikonenmalerei.*

61 Iosif Vladimirov, *Sendschreiben/Poslanie*, 32. („Wen wir mit unseren körperlichen Augen gesehen haben, den bilden wir so auch ab.")

62 Keller, *Wort und Fleisch*, 268.

In diesem Kippspiel von Materialisierung und Immaterialisierung, Verbildlichung und Entbildlichung, äußerem und innerem Sehen, ist eine zentrale Aporie benannt, mit der sich die Herausbildung eines Imaginationsdiskurses im Barock auseinander zu setzen hat. Vermutet man, dass die altrussische ästhetische Theorie eine des „duchovnoe (umo)zrenie" (geistliche Schau mit den Augen des Verstandes) ist, für die jede Sinneswahrnehmung dem Täuschungsverdacht ausgesetzt ist, während das 17. Jahrhundert dem Vorstellungswahn einen Wahrnehmungswahn entgegensetzt, so gilt es auch an dieser Stelle noch einmal zu differenzieren: Die Bildauffassung des „Sehens und Schauens"[63] erarbeitet ein Betrachterdispositiv, welches das Bild gerade in seinem ambivalenten Status zwischen Materialität und Immaterialität hält. Darstellung und Vorstellung tragen ihre Überschneidung und Abgrenzung auf dem Feld der Sichtbarkeit des Unsichtbaren aus. In einer paradoxen Verschränkung ihres Postulats der ontologischen Unsichtbarkeit des Sichtbaren bindet die altrussische Kultur unter dem Postulat der Undarstellbarkeit und Unvorstellbarkeit das Vorstellbare an das Darstellbare bzw. strenger noch: an das Dargestellte, wobei wiederum nur darstellbar ist, was sichtbar wurde, indem es fleischliche oder andere Gestalt annahm.

Wie sehr dieses Bildmodell ab den 60er Jahren des 17. Jahrhunderts Veränderungen unterworfen ist, vermag eine Passage aus dem oben angeführten *Sendschreiben* Iosif Vladimirovs zu vergegenwärtigen. Aus der ontologischen Duplizität des Bildes als ungegenständlicher Gegenständlichkeit, unbildlicher Bildlichkeit und wahrnehmbarer Transzendenz wird nun ein imaginatives Darstellungsprinzip. Bereits der Ausschnitt aus dem Inhaltsverzeichnis des *Sendschreibens* zeigte, dass sich die Bindung des Darstellbaren an bereits Formgewordenes (sei es in der Schrift oder im Objekt als Buch der Natur) löst. Nun kann das *umozrenie* (*visio intellectualis*) des Malers mit seinem sonnenhaften Auge imaginäre Welten erschließen, indem sich seinem inneren Auge äußere Bilder einbilden, die er wiederum über seine *visio imaginationalis* dem Malgrund einbildet:

> Nun sind also die geistigen Augen eines Malers ähnlich den Strahlen der Sonne. Wenn die Sonne aufgeht, überglänzt sie alle Dinge mit ihren Strahlen und durchstrahlt die Luft. So wird auch der weise Maler, wenn er einen Menschen oder ein Gesicht anblickt, sich alle sinnlichen Glieder des Menschen vor sein geistiges Auge stellen und dann auf einem Holzgrund oder etwas anderem abbilden und die Figur oder das Bild eines beliebigen Menschen schöpferisch malen.[64]

63 Ouspensky/Lossky, *Der Sinn der Ikonen*, 43.

64 Iosif Vladimirov, *Sendschreiben/Poslanie*, 26. („Est' ubo takovyi umozritrel'nye živopisujuščich očesa solnečnoj bystrosti pritočny, egda [solnce] na aer vzydet, to vsi // stichija lučami osijaet i ves' vozduch prosvetit. Takožde i mudryj živopisec, egda na person' čiju na lice komu

Schrittweise erobert sich der Maler Freiräume in den Referenzwelten des Bildes und den Techniken ihrer ikonographischen Formensprache: "Was der weise Künstler sieht oder hört, malt er in Bildern oder Zeichnungen und formt es gemäß dem Gehör oder Sehsinn".[65] Die Reichweite dieser Formulierung ist nicht zu unterschätzen, denn jenseits der Orientierung des Malers als *Ikonen*malers am Formen- und Gegenstandskanon der Musterbücher (*podlinniki*) und jenseits der Begründung des Bildes als Manifestation eines vorausliegenden, uneinholbaren Sakralen eröffnet sich hier ein Spektrum zur Manipulation der gesamten Darstellungsinfrastruktur, das vom Formenrepertoire bis zur Welt der sichtbaren Dinge reicht. Den Zielpunkt dieses Spektrums markiert die neue Perspektive des einen Fluchtpunkts.

2.1.2. Exkurs Perspektivik II: Zentralperspektive

Die Linearperspektive erzeugt eine neue Ordnung des Sehens und Erkennens, die an die Stelle des Offenbarungswissens das Wahrnehmungswissen – und zwar als planvoll durch selbstreflexive Modelle angeleitetes – setzt. Funktioniert die anamorphotische Darstellung nach den Gesetzen der Bedeutungsperspektive, d.h. das, was wichtig ist, erscheint groß, unabhängig von seiner Stellung im Raum, so beruht die Zentralperspektive auf Homogenität und Berechenbarkeit, die jedes dargestellte Objekt nach den mathematischen Gesetzen des stetigen Raums positionieren.[66] Es ist das entontologisierte Bild, ein „Gemälde", das „nichts Anderes" mehr ist „als die Schnittfläche durch die Sehpyramide, die gemäß einem vorgegebenen Abstand, einem festgelegten Zentralstrahl und mit bestimmter Beleuchtung auf einer gegebenen Fläche mit Linien und Farben kunstgerecht dargestellt ist."[67] Mit der Zentralperspektive werden visuelle Objekte der Berechenbarkeit zugänglich. Das in diesem Sinne ‚zahlenperspektivische' Sehen isoliert ein zyklopisches Auge an der Spitze einer Sehpyramide, dem „monarchischen Punkt" („monarchičeskaja točka"[68]), präpariert es aus einem

vozrit, to vsi čjuvstvennii čeloveka udy vo umnych sii očesech predložit i potom na chartii ili na inom čem voobrazit. A na feguru ili obrazec vsjakoj personi tvorja napisuet.")

65 Ebd. („premudryj chudožnik, čto on vidit ili slyšit, to i načertevaet v obrazech ili licach, soglasno sluchu ili videniju upodobljaet.")

66 Die Literatur zur Linearperspektive ist vor allem in den letzten Jahren geradezu unüberschaubar angewachsen. Für die Bestimmung der Darstellungsprinzipien und ihrer Implikationen für den Wahrnehmungsvorgang stützt sich diese Passage maßgeblich auf einen einen kanonischen Text: Panofskys, Perspektive als ‚symbolische Form'.

67 Alberti, *De Pittura/Über die Malkunst* (1435), 85.

68 Florenskij, Obratnaja perspektiva, 56. Wie nah Florenskij mit seiner Analyse der Zentralperspektive auch in der Begrifflichkeit Foucault kommt, blieb bisher unbeachtet und unbear-

noch von anderen Sinnen affizierbaren Körper heraus, der nun zum rein optischen Instrumentarium stillgestellt ist. Es ist diese Lähmung, welche über „die Endlichkeit des Bildes die Unendlichkeit und Kontinuität des Raumes spürbar werden lässt." Zugleich schafft erst der zentralperspektivisch organisierte Systemraum, so Panofsky, „dem Körper Platz, sich plastisch zu entfalten und mimisch zu bewegen."[69] Doch dies ist der Körper des Dargestellten, nicht der des Betrachters. Das Auge des Betrachters bleibt bei dieser neuen Beweglichkeit der Bildelemente eigentümlich starr.[70] Das Verhältnis des Betrachters zum Bild, das für die umgekehrte Perspektive noch die Möglichkeit, ja die Notwendigkeit zur Beweglichkeit bot, ist ein nunmehr immobilisiertes und „psychophysiologisch" neutralisiertes – die einzige Form der Bezugnahme auf das Bildobjekt ist die Anschauung.[71] Den Effekt, der aus dem „Cartesianischen Perspektivismus" für die Augenlust, das fleischliche Sehen (*plotskoe zrenie*), resultiert, fasst Jay knapp als De-Erotisierung, womit erst der Perspektivimus, der doch die Körper ‚sich im Raum plastisch entfalten lässt', die Disziplinierung des Betrachters leistet und das leidenschaftslose Auge hervorbringt.[72] Affiziert die Anamorphose das Auge, so isoliert die Linearperspektive es. Nähert die Anamorphose den Betrachter bis zur taktilen Nahsicht dem abgebildeten Objekt an, so positioniert die Zentralperspektive den Beobachter auf dem Distanzpunkt der Fernsicht.

Neben der Abstraktion der zentralperspektivischen Darstellungswelt vom psychophysischen Raum menschlicher Leiblichkeit des Betrachters konstituiert sie auch den dargestellten Körper rein relational nach Maßgabe einer visuellen Syntax oder Kalkülisierung der Fläche.[73] Tritt der Körper in Erschei-

---

beitet. Gerade die Formulierungen des Betrachters/Künstlers als „Zar und Gesetzgeber" („Car i zakonodatel'") lassen es jedoch als äußerst fruchtbar erscheinen, Foucaults Velasquez-Analyse einer Relektüre mit Florenskij zu unterziehen.

69 Panofsky, Die Perspektive als ‚symbolische Form', 119; 123.

70 Jay, Die skopischen Ordnungen der Moderne, 182. Mit Bryson macht Jay diesen starren(den) Blick für das epiphanische Erlebnis in der Betrachtung linearperspektivischer Bilder verantwortlich.

71 Vgl. zur Eliminierung der „psychophysiologischen Prozesse des Sehakts" („psichofiziologičeskie processy akta zrenija") ebf. Florenskij, Obratnaja perspektiva, 57f.

72 Jay, Die skopischen Ordnungen der Moderne, 183; für Jay geht die De-Erotisierung einher mit De-Narrativisierung und De-Textualisierung als Begleiterscheinungen einer allgemeinen kalten Abstrahierung des Wahrnehmungsraums im linearperspektivisch angelegten Bild.

73 Linearperspektive und Kalkülisierung werden von Sybille Krämer als zwei komplementäre Techniken zur Hervorbringung eines Paradigmas der Mathematisierung von Darstellungsprinzipien, der Rationalisierung von Visualität (und in einer Gegenbewegung der Visualisierung der Ratio) begriffen. Die Formalsprache (oder besser -schrift) des Kalküls als „Medium zur isomorphen Repräsentation eines Gegenstandsbereichs" stellt sie auf eine Stufe mit der Erfindung des gedruckten Buches. Sowohl Zentralperspektive als auch Kalkülisierung seien symbolische Formen, die Realitätserkenntnis nicht über Referenz, sondern über Modelle betreiben. Vgl. dazu Krämer, Zentralperspektive.

nung, so als verkörperte Homogenitätsformel der Fläche. So kommt es zum Zusammenfall zweier gegenläufiger Bewegungen: Entleiblichung des Auges und leiblicher Blick verschränken sich zu einer eigentümlichen Form asensorischer Sensorik. Die Sichtbarkeitsordnung anamorphotischer Bild- und Texträume weicht dem Raum rationalisierter Visualität, Wahrnehmung abstrahiert sich zu rationalisiertem Sehen. Folgt man Krämer, so bedingt dies eine dechiffrierende Haltung des Betrachters: „Mit der Zentralperspektive und dem Kalkül sublimiert sich das Sehen zu einem Akt des Beobachtens und des Lesens.“[74] Eine solche ‚Perspektive‘, die das zentralperspektivische Bild als ein zu lesendes begreift, impliziert einen Umkehrschluss: Sie lässt das anamorphotische Bild, das doch Jampol'skij der Dechiffrierung bedürftig sah, als eines der Sichtbarkeit erscheinen. Dagegen macht aus kunsthistorischer Sicht Alpers gerade die Loslösung des zentralperspektivisch angelegten Bildes von symbolischen Modellen einer Lesbarkeit und Ausdeutbarkeit stark. Am Beispiel der holländischen Malerei des 17. Jahrhunderts profiliert sie die „reine Oberflächlichkeit“, die weniger dreidimensionale Räume als vielmehr zweidimensionale Flächen schaffe, welche sich gerade und nur in dieser Flächenhaftigkeit und Zweidimensionalität mit der Schrift als *Graphie*, nicht als bedeutungstragendem Zeichen träfen.[75]

Beide Ansätze koinzidieren trotz ihrer konträren Schlussfolgerungen in einer These: Die Zentralperspektive beansprucht für sich nichts weniger, als mit ihren Darstellungsverfahren die Ordnung des natürlichen Sehens, des leiblichen Blicks zu imitieren. Für das Bild folgt daraus zum einen, dass es durch den Fensterblick aus dem Abbildstatus heraus tritt und imaginäre Welten im Realitätsmodus inszeniert. Die Zentralperspektive ist insofern weniger eine Darstellungstechnik, die existente Dinge zeigt, als ein Konstitutionsakt.[76] Zum anderen bedeutet jedoch die Übersetzung von physiologischen Blickordnungen in bildnerische Darstellungsordnungen, dass das, was abgebildet wird, kein Weltausschnitt mehr ist, sondern der Wahrnehmungsvorgang selbst. Linearperspektivische Malerei ist nicht nur „Metamalerei“[77], sie ist optische Immanenz, die in ihrem Anspruch auf Strukturanalogie zwischen menschlicher Optik und Bildoptik ihre eigene Ordnung suggestiv in den anthropologischen Sehvorgang implementiert und die planperspektivische Bildgestaltung als ‚natürlich‘ empfinden lässt. Stellt nun die Linearperspektive statt eines illusionären Objekts den Vorgang optischer Wahrnehmung dar, so entzieht sie gewissermaßen den gezeigten Gegenstand, statt ihn zu präsentieren, und setzt an

74 Krämer, Zentralperspektive, 31.
75 Alpers, *Kunst als Beschreibung*.
76 Vgl. Krämer, Zentralperspektive.
77 Stoichita, *Das selbstbewusste Bild*.

seine Stelle das Auge des betrachtenden Subjekts. Eine Unterscheidung von Wahrnehmung und Darstellung wird damit hinfällig.

Welche Konsequenzen ergeben sich aus diesen Überlegungen für die bildkompositorischen Veränderungen, die im 17. Jahrhundert zu einer immer stärker sich ausprägenden Zentralperspektivierung des Kultbildes führen? Die Differenz der Ikone, der Riss, in dem sie sich als Übersetzungs- und Verfremdungsmedium zwischen Sichtbarkeit und Unsichtbarkeit bewegte, wird zum Raum, den der Künstler als Ort seiner poietischen Möglichkeiten entdeckt. Die „ontologische Schwäche des Imaginären“[78] scheint sich nun zu seiner Stärke im bilderzeugenden Akt zu verkehren. Explizit wird das in folgender Passage von Iosif Vladimirovs Plädoyer für eine Säkularisierung der Ikonenmalerei (*ikonopisanie*) hin zur Kunstmalerei (*živopisanie*):

> Wie also die fleißigen Bienen ohne Unterlass auf den Wiesen von den duftenden Blüten die Honigsüße sammeln, so lernt auch der empfängliche Verstand der Maler allem treu zu folgen und zu entsprechen und im Geist und im Herzen alles wahrhaft vorzustellen. Alles betrachtet er, alles will er finden und sucht er ähnlich zu beschreiben, und zwar nicht nur die sichtbaren Dinge der Zeit, sondern auch die unsichtbaren, nur mit dem Gehör und im Geist erfahrenen, und verleiht ihnen durch Zeichnung Gestalt [bringt sie zeichnerisch hervor].[79]

Hier scheint sich die genannte Spannung bereits verkehrt zu haben. Iosif votiert auf der Basis dogmatischer Legitimierung des Bildes aus dem Sichtbaren (als dem Sichtbargewordenen) nicht nur für eine Erweiterung der unter dieses

78 Starobinski, *Psychoanalyse und Literatur*, 8.

79 Iosif Vladimirov, *Sendschreiben/Poslanie*, 60. („Iže i trudoljubivii pčely mnogim obletaniem v luzech ot blagovonnych cvetov medovnuju sladost' sobirajut, taku že i vseprijatnyj razum živopisujuščich vsemu istinstvovati poučaetsja i umne na serdcy si vsja voobražaet. Na vsja vziraet, vse ponuždaetsja sniskati // i podobno tščitsja opisati ne tokmo vidimyja vešči veka sego, no i nevidimych sluchom i umom kasaetsja i vo javlenii načertaniem proizvodit.“) Simeon Polockij bezieht sich in seiner *Bittschrift über die Ikonenmalerei* (*Proščenie ob ikonnom pisanii*) auf diese Formulierung und arbeitet noch stärker das neue Unsichtbarkeitspostulat der Epoche heraus: „So wie die fleißigen Bienen ohne Unterlass von duftenden Blüten in einer köstlichen und nützlichen Wabe mit großer Tüchtigkeit Süße sammeln. [...] Um der Schönheit willen sammelt auch der Maler von überall und bemüht sich nicht nur die sichtbaren Dinge der Zeit zu beschreiben, sondern auch die unsichtbaren malt er. Den irdischen Dinge verleiht er Erscheinung und bezeichnet mit den sichtbaren die unsichtbaren, die unsichtbaren sind seit Erschaffung der Welt sichtbare Dinge.“ („jako že i trudoljubivii pčely mnogim obletěniem v luzěch ot blagovonnych cvětov prekrasnaja i poleznaja vo edinago sota sladost' ljubochitrostně sobirajut. [...] v lěpotu ubo i živopisec sobiraet otvsjudu, i tščitsja opisati ne tokmo vidimyja vešči veka sego, no i nevidimych kasaetsja načertaniem. Zemnymi veščmi vo javlenie proizvodit, da vidimymi znameni nevidimago razumevajut, nevidimaja [ego?] ot sozdanija mira tvarmi razuměvaema vidima byvajut.“ (16r))

Prinzip fallenden Gegenstände („na vsja vziraet"), sondern für eine Wiederentdeckung des Unsichtbaren, das hart an der Grenze zum Erdachten liegt. Buchstäblich nach dem Muster des Florilegiums imaginiert er den Akt des Malens als einen der freien Kompilation und Rekombination von gehörten und vorgestellten Begebenheiten sowie inaktuellen Wahrnehmungen, die dann so gestaltet werden, als seien sie direkt sinnlich wahrgenommen worden, als seien sie aktuelle Wahrnehmungseindrücke. Was der Künstler zeigt, können Erinnerungsbilder sein, im Geist abgelagerte Formen, die der Sinneswahrnehmung entzogen sind, aber als solche re-imaginiert werden können. Über die Bildgestaltung bestimmt von nun an das Imaginäre.

Diese Modalisierung des Bildes hat nichts mehr mit den Bildrelativierungen einer theologisch motivierten *eidolon*-Furcht zu tun. Das Imaginäre ist als eine Stufe ins Bild hineingenommen und verlässt es fortan als Fundament der Illusionswirkung nicht mehr. Auch hier geht es damit um ein sichtbares Bild des Unsichtbaren, das aber nun von grundsätzlich anderer Qualität ist, da es nicht von einem gestaltgewordenen Göttlichen, noch einem gestaltlosen *logos* herrührt. Das Verb *proizvoditi* (erzeugen, herstellen, produzieren) signalisiert diesen performativen Charakter der wahrnehmbaren Form, welche sich nicht auf ein sakrales Urbild beziehen muss, sondern sich dem Als-ob-Status einer Repräsentationsästhetik verschreibt, die sich aus der Absenz eines Objekts unabhängig von dessen ontologischem Status speist bzw. im Gegenteil ihr Objekt der ‚Nachahmung' erst hervorbringt. Abwesendes abzubilden, muss nicht mehr heißen, in der Präsenz eines Göttlichen zu sein, sondern Dinge zu repräsentieren, die sich an einem anderen Ort oder zu einer anderen Zeit oder aber gänzlich außerhalb dieser befinden. Die Sichtbarkeit einer Sache ergibt sich folglich nicht aus der seinsollenden Idealität ihres Urbildes, sondern aus dem Anspruch des Bildbetrachters oder des Bildproduzenten selbst bzw. aus einer von diesen entworfenen seinkönnenden Möglichkeit.

Mit diesen Modifikationen des Bild- und Einbildungskonzepts gehen auch begriffliche Veränderungen einher. Das betrifft sowohl die Verschiebung von *voobraženie* in Richtung Imagination als auch die Erweiterung des gesamten Begriffsfeldes poietischen geistigen Sehens. So führt Simon Ušakov in seiner Kritik der Ikonenmalerei den Begriff der *fantazija* ein, die er mit „Seelenvermögen" („duševnaja sila" / *dynamis psyches*) übersetzt. Auch die *Dogmatik*-Übersetzung Kurbskijs nannte schon den Begriff der *fantazija* für eine simulakrisierende Form der Einbildungskraft. Hier stand der Begriff – wohl eine Fehlübersetzung von *fantazma*[80] – für die Suche nach dem Imaginären hin zur Phantasmatisierung, die jede reale und imaginäre Referenzialität ausschließt: „Die Vorstellung ist ein Zustand der unvernünftigen Seele, die von anderen

80 Vgl. den Kommentar zu 48a in der *Dogmatik*.

Einbildungen abhängt. Und die Phantasie ist ein chimärisches Sehen, das ein Zustand der unvernünftigen Seele ist, von keinem Vorgestellten herrührend."[81] Johannes Damascenus bindet das „Sehen von Trugbildern" an die Affekte (*terpěnie* / *passio* / *pathos*). Die Imagination entspringt dem erregbaren Teil der Seele und produziert Bilder, die aufgrund ihrer substanziellen ‚Leere', ihrer fehlenden Referenz selbst krankhafte Halluzinationen, Scheinbilder (*prizraki*) erzeugen. Bei Simon Ušakov nun meint *fantazija* ein Vermögen, das dem (ebenbildlichen) Menschen von Gott, dem Urbild des Künstlers, gegeben sei. Er habe sie einzusetzen, um selbst wieder Bilder „nach dem (Ur)Bild und der Ähnlichkeit" („po obrazu i po podobiju") zu erschaffen.[82] Zwei divergente Bildkonzepte scheinen so in Simon Ušakovs Traktat zusammengeführt. Aus einem Gegenbegriff des *podobie* wird *fantazija* zum Inkrement desselben.

Ohne Simon Ušakovs Argumentation für eine repräsentationsästhetisch reformierte Ikonologie hier detailliert nachzuvollziehen[83], kristallisiert sich in der zitierten Formulierung (die ganz an den Anfang seines Traktats und damit höchst exponiert gesetzt ist) die zentrale Leerstelle heraus, aus der heraus neue Konzepte von Darstellung, Vorstellung und von (Bild)Wahrnehmung entwickelt werden. Diese Leerstelle markiert das Problem, wie eine Bildästhetik des Hervorbringens sich aus einer Bildästhetik des Nachahmens erschließen oder ableiten lässt.[84] Hier setzt Simon Ušakov an, indem er einerseits das Bilder-

81 Johannes Damascenus, *Dogmatik*, 48a. („a myšlenie terpěnie est' nerazumnye časti duševnye, kotoraja ot drugie pomyšljaemye terpit' a fantazija, čto est prizračnago viděnija, i terpěnie nerazumnye časti duši, ni ot edinago vyobražennago sotvorenno, [...].")

82 Simon Ušakov, *An den Verehrer der Ikonenmalerei/Slovo k ljubotščatel'nomu ikonnogo pisanija*, 56. – Noch bzw. auch das *Zirkular der drei Patriarchen* (*Gramota trech patriarchov*) von 1668 bestimmt die Ikone durch die Bild-zu-Bild-Relation einer „gewissen Ähnlichkeit": „Die Ikone wird deshalb so genannt, weil sie die Verbindung eines Bildes mit einem anderen durch eine bestimmte Ähnlichkeit ist." („ikona togo radi narečetca, jako aki snošenie est' obraza ko obrazu s nekim podobiem.") Hier zit. nach Dmitriev, Teorija iskusstva i vzgljady na iskusstvo v pis'mennosti drevnej Rusi, 106. An dieser Stelle muss eine knappe Erläuterung zum *obraz*-Begriff gegeben werden: *obraz* meint nicht nur die ikonische Abbildung, sondern auch die Erscheinungsform eines Dings, sei es göttlicher oder weltlicher Natur. *obraz* ist als sichtbare, körperhafte Form der Garant jeglicher Abbildungs- und Darstellungsfähigkeit. Die Relationierung eines *obraz* zum anderen und in dritter Instanz zum göttlichen Urbild ist die des *podobie* (Analogie, Ähnlichkeit).

83 Vgl. dazu ausführlich Kap. II. 3.1.

84 Vgl. zu diesem Umbruch in der Geschichte der Mimesis Iser, *Das Fiktive und das Imaginäre*. Natürlich ist es problematisch, hier eine Theorie der Mimesis heranzuziehen, die dem Problem des Kultbildes nicht wirklich gerecht zu werden vermag. Doch der Wandel in den Bildmodellen, den Iser nachvollzieht, gibt einige Wendepunkte vor, die auch für eine Geschichte der Säkularisierung des Sakralbildes relevant sind. Iser zeigt, wie sich der mimetische Impuls von der Natur-Nachahmung eines „geschlossenen Kosmos" durch die Entdeckung des Betrachteranteils am Bild (und seiner Semantisierung) dahingehend verändert, dass vor jeder Bildproduktion ein Wahrnehmungsbild steht, das schematisch als *matching* jedes *making*

schaffen als ein inhärentes Vermögen der Seele begreift und über deren Einbildungskraft er andrerseits die Formen und Techniken der durch das heilige Urbild determinierten Ähnlichkeitsmalerei in den Blick nimmt, um sie auf Repräsentationsmalerei hin zu orientieren. D.h. auf eine Malerei, die nicht Gegenstände, sondern Wahrnehmungsbedingungen imitiert, um im Auge des Betrachters eine Gegenstandsillusion zu erzeugen. Wenn Simon Ušakov dieses Vermögen im Dienste der unähnlichen Ähnlichkeit sieht, so höhlt es doch als Kern eines neuen ikonologischen Modells der Scheinhaftigkeit das Ähnlichkeitsdenken der Ikone aus. Gerade an der produktiven Imagination als anthropologischem Vermögen findet die traditionelle altrussische Ikone ihre Grenze. Hier treiben Diskurse auseinander, deren Konkurrenz und Überschneidung Iser zur notwendigen Begriffsdefinition eines Imaginären heranzieht, das als Differenz niemals Gegenständlichkeit, sondern immer nur ereignishafte Erfahrbarkeit zu erlangen vermag: Einbildungskraft als „Mächtigkeit, Abwesendes in einem Vorstellungspanorama zur Anschauung zu bringen", Imagination als „Bilderwelt" und Phantasie als „Ausufern", das im Bewusstsein „vagabundiert" und „Verweigerungen durchbricht".[85] Die *fantazija* Simon Ušakovs steht noch vor der Erfahrung solch überbordender oder widerspenstiger Bildproduktion, sie versteht sich noch gebunden an eine hierarchische Bildordnung, innerhalb derer sie im skizzierten Feld der Doppelung des Blicks laviert. Doch kündigt sich mit der Phantasie an, dass ihre Bildproduktion sich nicht mehr analogisch an ein Vorgegebenes kettet, sondern sich entbindend diesem vorauseilt. Wo *Vor*stellung und *Dar*stellung einander begrenzten, entgrenzt nun beide Pole ein dritter Term der *Her*stellung. Was der barocke Ikonenmaler an der Imagination als Phantasie in Anspruch nimmt, ist die Vorbereitung einer Inbesitznahme der sichtbaren Welt über das Unsichtbare des Imaginären. Er rüstet das Konzept des *voobraženie* zu für eine Verarbeitung von Sinnesdaten als Quasi-Präsenzen, die über anamnetisches Wiedererkennen von Urbildern in Abbildern hinausgehen und dem Imaginären einen Anteil schon am Zustandekommen der Wahrnehmung zuschreiben.

Ušakov entlehnt seinen Terminus – das deutet bereits die russische Lehnübersetzung „duševnaja sila" („Seelenvermögen") an – der aristotelischen Leh-

---

(die Begriffe übernimmt Iser von Gombrich) präfiguriert. In einer zunehmenden Subversion des Mimesisprinzips durch das Performanzprinzip verkehrt sich der Begriff der natürlichen Kunst zu einem radikalkonstruktivistischen der künstlichen (weil durch Kunst performativ hervorgebrachten) Natur. Jede Gegenständlichkeit, die mimetisch-performativ (nach)gestaltet ist, ‚sinkt' dadurch ab auf den Status eine Phantasmas.

85 Iser, *Das Fiktive und das Imaginäre*, 292ff. Iser konzentriert sich in seinem historischen Abriss über die Inanspruchnahme der anthropologischen Ausstattung des Menschen über das Imaginäre allerdings stärker auf die Konjunkturphase des Imaginationsbegriffs, die im 18. Jahrhundert mit dem Idealismus einsetzt.

re *Über die Seele* (*Peri psychēs*), die der Phantasie eine Mittelstellung zwischen Wahrnehmen (*aisthesis*) und Denken (*noesis*) zuschreibt. Aristoteles unterscheidet zunächst Wahrnehmung und Wahrnehmbares als Wirkliches (*dynamin*) und Mögliches (*energeian*), um dann aus Aktualität und Virtualität das Verhältnis von Wahrnehmung und Vorstellung als kombinierter Seelenvermögen der Differenzierung und Erkenntnis abzuleiten. Die Sinne, so Aristoteles, sind „aufnahmefähig für das Wahrnehmbare ohne Materie. Deshalb bleiben auch nach Verschwinden der wahrnehmbaren Objekte die Wahrnehmungen (*aistheseis*) und Vorstellungen (*fantaziai*) in den Wahrnehmungsorganen."[86] Die täuschungsanfälligen und fehlerbehafteten Vorstellungsbilder schließlich sind „wie die Wahrnehmungsobjekte, nur ohne Materie"[87], ihrer Struktur nach ähnlich den Bildern „derjenigen, welche sich auf die Gedächtniskunst verlegt haben (*tois mnemonikois tithemenoi kai eidolopoiountes*)."[88]

Die aristotelische Argumentation wäre im Hinblick auf zwei Aspekte weiterzuverfolgen: Zum einen bezüglich der wesenhaften Nähe von sensorischer Wahrnehmung und Imagination, die über die Immaterialität von Wahrnehmungsgegenständen bzw. deren Lösung von empirischen Daten hergestellt wird. Die Phantasie kann unabhängig von der realen Präsenz der Dinge diese heraufrufen und der denkenden Seele Bilder ‚vor Augen' bringen. Zum zweiten bezüglich der Verknüpfung von Vorstellungsbildern und Erinnerungsbildern. Diese mnemotechnischen Phantasmen bilden das neue Konkurrenzmodell zum Abbild bzw. eine irrealisierende Steigerungsstufe dazu. Sie setzen das *ikon* ganz bewusst den halluzinogenen und simulakrisierenden Effekten eines *eidolon* aus, dessen Verweisfunktion nur noch dünner Firnis auf der poietischen Eigengesetzlichkeit des Bildes ist. Mit den visuellen Mnemozeichen, die elaborierte Psychotechniken zum Aufbau imaginärer Bilderwelten erarbeiten, ist die Einbildungskraft so weit in die Gebiete der *inventio*, der artifiziellen Anschaulichkeit vorgedrungen, dass sie ihre heteroreferenzielle Verweisfunktion als Doppelgängerei betreibt.[89]

Bildbewusstsein und *fantazija* der Ikonentheorie sind Wegbereiter zur Herausbildung eines Bewusstseins für Phantasmen, die als Vorstellungen von Wahrnehmungen frei sind von der sinnlichen Qualität der Präsentanten und damit über keinen festen Gegenstand verfügen, sondern sich im Spiel der Erscheinungsweisen realisieren.[90] Wenn die Darstellung der fiktionalen Welten

---

86 Aristoteles, *Über die Seele*, 425b.

87 Aristoteles, *Über die Seele*, 432a.

88 Aristoteles, *Über die Seele*, 427b.

89 Lachmann, *Gedächtnis und Literatur*, 27ff., expliziert das gerade an der aristotelischen Dichotomie von *zoon* (lebendige Eigenpräsenz) und *eikon* (Repräsentanz des Abwesenden).

90 Phänomenologisch betrachtet nähert man sich damit dem Modifikationsbewusstsein Husserls. Vgl. Husserl, Phantasie, 80ff.

keine Referenz auf einen verifizierbaren Gegenstand besitzt, sondern Phantasma ist, so bedingt sie damit die Erzeugung eines Vorstellungsgegenstandes, der eine „Realdeckung“[91] nur nachträglich performativ und subjektiv als Semantisierungsakt vornehmen kann. Jenes „eigentümliche innere Schauen selbst oder sich zur Anschauung bringen [..., das] wir dem äusseren Schauen, dem der Wahrnehmung entgegensetzen“, charakterisiert Husserl als Phantasiebewusstsein, das durch eine Neutralität gegenüber der Existenzsetzung (bis hin zu dessen Suspendierung) geprägt ist.[92] In der Umakzentuierung von thetischer Negativität zu thetischer Neutralität liegt das entscheidende Moment für einen reformierten Bildbegriff des russischen Barock. Die ontologische und substanzialistische Leitdifferenz von Realbezug und Irrealbezug wird hinfällig und durch eine Modalisierung der Bewusstseinsakte ersetzt, wobei sich für die Bild-Welt der *fantazija* eine „Mannigfaltigkeit von unendlich vielen möglichen Welten“[93] eröffnet.

Darstellung und Vorstellung müssen sich an dem Punkt langsam gegeneinander wenden, an dem Vorstellung als Bezug auf ein vorenthaltenes Objekt und Wahrnehmung als Bezug auf ein vorgegebenes (Darstellungs)Objekt ihr Verhältnis zueinander verändern. Das betrifft ein als defekt gedachtes phänomenales Sein ebenso wie die Mutabilität eines idealen Seins. Indem die an den Ikonen geschulte Einbildungskraft sich der Garantie eines einmal dagewesenen Wahrnehmungsobjekts und dessen erinnernder Wiedererkennbarkeit versicherte, band sie sinnliche Wahrnehmung und unsinnliche Vorstellung unauflöslich als Konstitutionsbedingungen aneinander. Sobald nun im Wissen um ihre Partialität und Instabilität Wahrnehmung als Weltzugang der Sinnlichkeit aufgewertet wird, kann sich Vorstellung ins Imaginäre umbilden, ohne noch die bildliche Übersetzungsleistung für ein transzendentes Immaterielles leisten zu müssen. Anders gesagt: Das Vorstellungsbild, das nicht mehr in der Kontrolle seines Urbildes und eines schriftlich gesetzten Wissens über dieses steht, sondern sich diesem entzieht, ist durch den Status des Imaginären gekennzeichnet. Gerade die Strukturparallelen heben die Differenz beider Modelle hervor. Denn wenn geistiges Bildersehen „die faktische Abwesenheit dessen voraus[setzt], was in den Bildern zur Anschauung gelangt“, und es damit „gerade der Versuch [ist], sich das vorzustellen, was man als solches niemals sehen kann“[94], so knüpft das *voobraženie* der Imagination in paradoxer Weise an das *voobraženie* der Darstellung an, wie es der ikonologische Diskurs bestimmt. Meinte jedoch dort die Übersteigung der Gegenstandserfahrung

91 Iser, *Das Fiktive und das Imaginäre*, 503.
92 Husserl, Phantasie, 3f.
93 Husserl, Phantasie, 523.
94 Iser, *Der Akt des Lesens*, 221f.

im Bild die deutliche, wenn auch nach dem areopagitischen System immer nur negativ vorgenommene Prädizierung des zur Erscheinung gebrachten, in seiner Existenz aber unanzweifelbaren Urbilds, so setzt das nicht ikonentheologisch gebundene Imaginationsprinzip die ontologische Setzung nicht voraus und belässt das Phantasma im Unbestimmten. Vorstellungsverbot kehrt sich in imaginäres Entfesseln des Unvorstellbaren. Imagination löst so den doppelten Weltzugang der Wahrnehmung und Vorstellung nicht mehr auf. Als Vergegenwärtigung durch ein „degradiertes Vorstellungsbewusstsein"[95] grenzt sie bereits an Objekt- und Bildverlust. Im Vorstellungsakt ‚sicherte' sich der ‚altrussische Mensch' ein ungewisses Gewisses, der ‚barocke Mensch' ein Virtuelles und Mögliches (wobei für den Wahrnehmungsakt die umgekehrte Situation gilt). Während das Abbild in der Absenz wie auch der Präsenz seines Urbilds ist, so wenig dies auch benennbar sein mag, steht das imaginäre Vorstellungsbild nicht in der Bindung an ein solches, ihm fehlt die Qualität dieser unbedingten Referenzialität und damit auch die Näherung an ein sich durch Emanation vermittelndes Wissen. Indem das Bild seine Bindung an das Transzendente aufgibt und an dessen Stelle Realitätsffekte setzt, wird es frei für imaginäre Bildlichkeitseffekte.

2.2. Rhetorik der Undarstellbarkeit: Abstraktion und Figuration

Dass die Ambivalenz zwischen Darstellung und Vorstellung als eine zwischen Nicht-Darstellbarkeit und Nicht-Vorstellbarkeit sich in verbalen Kommunikationsformen auf andere Weise zuspitzt und – wie auch die Malerei im 17. Jahrhundert – programmatisch verändert wird, zeigt das erste russische rhetorische Handbuch, die ‚*Makarij*'-*Rhetorik* von 1620. Die Rezeption rhetorischer Theorie, mithin eines Regelarsenals, das ausgefeilte Verfahren der inneren Visualisierung entwickelt hat, initialisiert den Diskurs imaginärer Visualität als Sprachtechnik und semiotische Manipulation. Anschaulichkeit als *enargeia* der Rede wie auch die Einrichtung imaginärer Topographien mit inneren Bildern werden am Ende der altrussischen Periode überhaupt erstmals im Zusammenhang diskutiert. Die *ars oratoria* definiert die Konzepte der inneren Anschauung und virtuellen Visualität durch sprachschöpferische und mnemotechnische Verfahren grundlegend um.

Um welche Konzepte handelt es sich dabei? Das Verhältnis zu textuell generierter Bildlichkeit ist in der altrussischen Kultur gespalten. Das liegt zum

95 Sartre, *Das Imaginäre*, 86.

einen an der bereits besprochenen starken ikonoklastischen Unterströmung, die Bildlichkeit noch den Schriftmedien auszutreiben sucht. Lichačev verweist darauf, dass der „Symbolismus" als dominantes poetisches Verfahren der altrussischen Literatur ein Verfahren der Lesbarmachung, der *rasšifrovka* (Dechiffrierung), sei, das den Gebrauch der Metapher – einer Bildtrope – verdrängt oder ersetzt habe.[96] Allein das Symbol, das keiner Bilder- sondern einer Abbildlehre folgt, vermag das Prinzip der Typologie zu erfüllen. Diese Symbolgesättigtheit ist Lichačev Grund und Erklärung für die „literarischen Gemeinplätze" („literaturnye štampy") und „literarischen Schablonen" („literaturnye šablony"), welche die altrussische Literatur auszeichnen. Er beobachtet eine Tendenz zur Verallgemeinerung und zur Entindividualisierung, die zur Entbildlichung des Textes führten.[97] Ähnlich der Ikone schwanke das symbolische Bild zwischen Materialisierung und Dematerialisierung. Das *pletenie sloves* (Wortflechten), das den Symbolstil im 14. Jahrhundert zeitweise verdrängt, störe als kontrastive Entwicklung erstmals die „duale Bildsymbolik" („‚dvuznačnaja' simvolika obraza"[98]), bringe aber auch eine paradoxe Weiterführung der Transzendenzsehnsucht symbolischer Weltdeutung. Mittels rhetorischer Verfahren wie Periphrase, Tautologie, Rhythmisierung durch Geminatio und Gradatio, stilistische Symmetrie, Assonanzen und Polyptota usw. wird hier ein dichtes Netz aus Äquivalenzen konstruiert. Die Vergleichs- und Wiederholungsstrukturen fußen dabei nur in den seltensten Fällen auf sichtbaren Phänomenen. Ihr mechanisches *podražanie* (Nachahmung) bezieht sich, so Lichačev, auf textuelle und ideale Urbilder. Es suche keine Anschaulichkeit oder gar eine Sichtbarkeitsillusion zu erzeugen. Im Gegenteil ziele es auf eine „innere Ähnlichkeit" („schodstvo vnutrennee"[99]), die das Objekt nicht über Bildhaftigkeit, sondern über Bedeutungshaftigkeit erschließe. Es seien Sprachmodelle einer „Poetik der ästhetischen Abstraktion" („poėtika chudožestvennogo obobščenija"[100]), die dezidiert mit der Unvorstellbarkeit ihrer Vergleichsmomente arbeiteten, auch oder gerade dann, wenn sie visuelle Eigenschaften bemühten. Diese ‚Unvorstellbarkeit' kann auch zum expliziten Vorstellungsverbot zugespitzt werden, denn hier wie in den Dechiffrierungsstrategien der Ikone kommt es nach Lichačev darauf an, ein visuelles Zeichen auf seine Semantik hin zu lesen, seine optische Oberfläche mit dem doppelten

---

96 Lichačev, *Istoričeskaja poėtika drevnerusskoj literatury*, 287.

97 „Die Symbole wurden im Wesentlichen durch eine abstrakte idealistische Theologie zum Leben erweckt." („simvoly byli vyzvany k žizni po preimuščestvu abstragirujuščej idealističeskoj bogoslovskoj mysl'ju.") Lichačev, *Istoričeskaja poėtika drevnerusskoj literatury*, 149.

98 Lichačev, *Istoričeskaja poėtika drevnerusskoj literatury*, 153.

99 Lichačev, *Istoričeskaja poėtika drevnerusskoj literatury*, 179.

100 Lichačev, *Istoričeskaja poėtika drevnerusskoj literatury*, 209.

Blick zu durchstoßen auf eine Bildlichkeit hin, die maximal noch als Bedeutungsbild zu klassifizieren wäre. Als Beleg dieser negativen Anschaulichkeit des Zeichens zitiert Lichačev eine Passage aus der *Klageschrift Daniels des Verbannten* (*Slovo Daniila Zatočnika*, 12. Jh.):

> Oh, Fürst, mein Gebieter! Lass mich dein Antlitz schauen, wie ist deine Stimme süß, von deinen Lippen tropft Honig und deine Gestalt ist anmutig. Deine Briefe sind wie die Früchte des Paradieses. Deine Hände sind gefüllt wie mit arabischem Golde; deine Wangen sind ein Duftgefäß, deine Kehle wie eine Quelle, aus ihr tropft wie Duftöl deine Gnade, deine Gestalt ist auserlesen wie Weihrauch, deine Augen sind wie sprudelnde Lebensquellen, dein Leib ist wie ein Weizenschober, der viele ernährt.[101]

Jeder der hier gewählten Vergleiche aus der gegenständlichen, sichtbaren, stofflichen und körperlichen Welt ist daraufhin konditioniert, sich und seine Materialität auf etwas Unsichtbares hin transparent zu machen. Doch das ritualisierte Verfahren akkumulierender Idealisierung, das in stereotypen Wendungen die Physis mit kostbaren Substanzen vergleicht, kann kaum die eigene Lust an der expressiv erzeugten Bildlichkeit des artifiziellen Körpers verbergen. In der *exclamatio* „Lass mich Dein Antlitz schauen" („Javi mi zrak lica tvoego") artikuliert sich ein Evidenzbegehren, dessen rhetorische Näherungen eine nur schwer noch zu überspringende phänomenale Präsenz hervorbringen. Schon die hypertrophe Ausstellung der optischen Wahrnehmung und ihrer Organe lässt die Ambivalenz spüren, die hinter den ‚Spiritualisierungen' des Leibes steht. Die Reizung aller Sinne bringt eine psychophysische *affectio* ins Spiel, die in den Verfahren verbaler und literaler Entropie keineswegs ausgeschaltet, sondern subtil stimuliert wird.

Die Herausforderung dieser Texte liegt genau darin, Perzeptibilität zu nutzen und literal auf eine Sichtbarkeit für den *oculus spiritualis* hin zu transzendieren. In sein Gegenteil schlägt dieser Kunstgriff der Dematerialisierung nicht nur im Herbeiimaginieren eines Herrscherantlitzes um, sondern auch in der Abwehr eines Götzenbildes. Mithin bei den Repräsentationen, die das sinnliche Anschauungsbedürfnis, das die christlich-orthodoxe Kultur so mühsam sublimiert, missbrauchen. Das zeigt ein Ausschnitt aus der *Vita des Hl. Stefan*

---

101 *Klageschrift Daniels des Verbannten an den Fürsten Jaroslav Vladimirovič/Slovo Daniila Zatočenika, eže napisa svoemu knjazju Jaroslavu Volodimerovičju*, 392. Hier zit. nach Lichačev, *Istoričeskaja poėtika drevnerusskoj literatury*, 180, da Lichačev eine andere Redaktion zugrunde legt. („Knjaže moj, gospodine! Javi mi zrak lica tvoego, jako glas tvoj sladok, i usta tvoja med istočaet, i obraz tvoj krasen; poslanija tvoja, jako raj s plodom; ruce tvoi ispolneny, jako ot zlata aravijska; lanity tvoja, jako sosud aromaty; gortan tvoi, jako krin, kaplja miro, milost' tvoju; vid tvoj, jako livan izbran; oči tvoi, jako istočnik vody živy; črevo tvoe, jako stog pšeničen, iže mnogi napitaja.")

von Perm (*Žitie prepodobnogo Stefana Permskogo*, um 1400), der von zerstörten Götzenbildern (kumiry) des durch Stefan christianisierten Perm handelt:

> Sie haben Ohren, doch sie hören nicht, sie haben Augen, doch sie sehen nicht, sie haben Nasen, doch sie riechen nicht, sie haben Hände, doch sie spüren nichts, sie haben Beine, doch die laufen nicht und gehen nicht und verlassen ihren Ort nicht, und sie sprechen nicht mit ihren Mündern und riechen nichts mit ihren Nasen und nehmen die ihnen dargebrachten Opfergaben nicht an und trinken nicht und essen nicht.[102]

In wiederholten Schleifen erregten Abtastens der deformierten Physis werden die Sinnenbetrüger (*eidola*) den Sinnen der Leser/Hörer in der schon beschriebenen Manier rhetorischer Übersättigung vorgeführt. Trugbildhaftigkeit heißt hier *imitatio* anthropomorpher Gestalthaftigkeit ohne Ausfüllen ihrer perzeptiven Funktionen. Eine Leerstelle, die der Text zum Ausgangspunkt seiner wahrnehmbaren Gestaltung macht.

Beide Textauszüge, insbesondere aber die letztgenannte Passage aus einer von Epifanij dem Weisen (Epifanij Premudryj) verfassten Vita bringen eine semiotische und aisthetische Qualität zum Ausdruck, die das inversive Bildlichkeitsdenken der altrussischen Literatur maßgeblich prägt. Denn die Bestimmung der altrussischen Bildlichkeit als spiritueller Bedeutungsbildlichkeit erfährt hier eine Akzentuierung, die neben der von Lichačev konstatierten Bildlichkeitsscheu auch als Versuch, den Text zur Ikone zu machen, beschrieben wurde. Am Beispiel der altbulgarischen Hagiographie zeigt Hébert, wie rhetorische Modelle des Wortflechtens (*pletenie sloves*), der stereotypen Symmetrisierung und Atemporalität, die Lichačev als Entbildlichungsverfahren der altrussischen Poetik bestimmt hatte, Kompositionsstrukturen der Ikonenmalerei übernehmen mit dem Ziel, den Text in ein Medium der Bildlichkeit zu verwandeln.[103] Dienen solche Verfahren nach Hébert einerseits der Entarbitrarisierung des Wortzeichens, so wird über die Ikonisierung des Textes zugleich auch seine verdeckte Ästhetisierung betrieben.[104]

Héberts Thesen sind so einleuchtend wie herausfordernd, präparieren sie doch eine lange unterschlagene Bildlichkeit altrussischer Literatur heraus. Er argumentiert innerhalb eines semiotischen Systems der Arbitraritätsminimie-

---

102 *Die Vita des Hl. Stefan von Perm/Žitie prepodobnogo Stefana Permskogo*. Zit. nach Lichačev, *Istoričeskaja poėtika drevnerusskoj literatury*, 238. („Uši imut' i ne slyšat', oči imut' i ne uzrjat, nozdri imut' i ne obonjajut', rucě imut' i ne osjazajut', nozě imut' i ne poidut', i ne chodjat, i ne stupajut ni s města, i ne vozglasjat gortanmi svoimi, i ne njuchajut nozdrjami svoimi, ni žertv prinosimych prinimajut, ni pijut, ni jadut.")

103 Hébert, *Hesychasm*, 481ff.

104 Hébert, *Hesychasm*, 363ff.

rung, das zur Immedialisierung des ‚literarischen' Textes als Schrift bzw. noch eher zu dessen Um-Medialisierung führt. So plausibel diese Argumente vor dem Hintergrund einer Zurichtung des Textes hin auf transzendente ‚Durchlässigkeit' hin sein mögen, so sehr scheinen sie doch auch die subversive Ästhetik der Verbildlichung des Textes, die darin liegt, seine mediale Spezifik als literale Verfasstheit herauszukehren, zu verfehlen. So liegt es nahe zu vermuten, dass die Verfahren, die zugunsten eines Zurücktretens der Literalität veranschlagt werden – und das ist primär das mit einer textuellen Metapher bezeichnete Wortflechten –, für eine Sichtbarkeit des Textes sprechen, die sich auf seine figurativ ausgestellte Textur richtet: Der literarische Text, der sich nicht in der Bezeichnungsfunktion eines unveränderlich Vorgegebenen erschöpft, sondern über seine referenzielle Leistung hinausgeht, gibt der Figurativität der Zeichen nach.[105]

Die textile Metaphorik des ‚Webens mit Worten' über die lautlichen, grammatischen und semantischen Vervielfältigungs-, Wucherungs- und Streuungsfiguren wie Assonanzen, etymologische Figuren, Tautologien u.ä. treibt die paradoxale Anschaulichkeitsaporie der altrussischen Literatur hervor. Vordergründig erweist sich das Flechtornament als Verfahren, das zur Ikonisierung der Sprache, zur Angleichung des Wortkunstwerks an die Ikone führt. Es negiert aber jeden Begriff von Ikonizität als wie auch immer reduzierter Bildlichkeit und ersetzt ihn durch eine weitschweifige ikonoklastische ‚Kalligraphie'. Seine Gratwanderung zur Konstituierung eines „Über-Sinns" („sverchsmysl"[106]) bewegt sich schon hier am Abgrund der Arbitraritätserfahrung, die jede bewusste (Über)Rhetorisierung in sich birgt. Was das Wortflechten als textile Metapher fasst, muss so in seiner Metaphorizität als figurative Materialität begriffen werden. Es ist eine ‚Anamorphose der Rhetorik'.[107] Der linearen Schrift, die laut Flusser nur deshalb erfunden wurde, weil sie „ein Code ist, welcher es erlaubt, die Bildercodes zu denotieren, dadurch den Standort der Einbildungskraft zu klären und die Bilder für die gegenständliche Welt wieder durchsichtig zu machen"[108], fällt nun die Rolle zu, eine neue Art der Bildkritik zu üben, die rhetorisch aus der Schrift ihre opake Ornamentik extrahiert.[109]

---

105 Vgl. zum Komplex des Wortflechtens im Zusammenhang mit der Materialität des Zeichens Greber, *Textile Texte*.

106 Lichačev, *Istoričeskaja poėtika drevnerusskoj literatury*, 255.

107 Schröder/Cassin/Febel/Narcy (Hg.), *Anamorphosen der Rhetorik*. Mit diesem Begriff haben Schröder et al. eine sinnpluralisierende Reflexion von Sprache und ihrer Beziehung zur Wirklichkeit im Blick, die die „plasmatische Macht des Wortes" berücksichtigt.

108 Flusser, Eine neue Einbildungskraft, 119.

109 Die auf Alphabetisierung aufbauende Stufe der Numeralisierung und Kalkülisierung, die in Westeuropa mit Descartes einsetzt, erfasst Russland erst im 18. Jahrhundert. Zum Kalkül vgl. Krämer, Zentralperspektive.

2.3. Rhetorik der optischen Anschaulichkeit

Die rhetorische Stilisierung der altrussischen Literatur, die auf einen Bildentzug hinarbeitet, wendet sich erst zu Beginn des 17. Jahrhunderts in eine offensive Rhetorik der imaginativen Freisetzung, in ein Bewusstsein des regulierten Einsatzes von Sprache zur imaginativen Verbildlichung bzw. Bildfindung. In vielfachen Abwandlungen trat dieses Bildlichkeitsverständnis in den rhetorischen Regelwerken selbst als ruinöse Physis hervor.[110] Ausgespart blieben dabei die Abschnitte, in denen die Rhetoriken offensiv *voobraženie* (Vorstellung/Darstellung) als Begriff entfalten und gezwungen sind, sich mit dem Konzept des Fiktiven (vymysl) auseinanderzusetzen.[111]

Das *‚Makarij'-Handbuch* entwickelte den Begriff der Einbildungskraft als numerischen Code über den Nexus zwischen Bild und Zahl durch die Äquivokation von Erfinden und Berechnen. Damit ist eine erste Bedingung der ‚neuen' Einbildungskraft benannt, die sie allegorisch als künstliche Intelligenz mehr ver- als enthüllt. Imaginieren verläuft als geregelte Praxis, die ‚Inventare des Wissens' aufbaut, welche sich durch Rekombinierbarkeit und Austauschbarkeit auszeichnen. Eine Übertragung von Riegers These der (vor)barocken Operatoren, die auf Zahlen gegründet sind und quantifizierbares Wissen produzieren (sollen), auf die frühen russischen Rhetoriken verfehlte gleichwohl ihr Ziel, wenn auch die Konzeptualisierung energetischer Rede als ökonomischer Semiotik eine programmatisch durchgeführte Künstlichkeit des Denkens und Rationalisierung der Imagination im Blick hat.[112] Im ersten Vorwort bezeichnet sich die *‚Makarij'-Rhetorik* als „geistiges Vermögen" („umnaja sila" (17)), das Reden voll „vielgestaltigen Sinns" („mnogozrimyj smysl" (ebd.)) hervorbringe. Die folgenden zwei Bücher *De inventione* und *De elocutione* führen dann die zentralen Termini der *inventio* (*(izo)obrětenie* , *vydumanie, vymysl* und *vyobraženie* (=*voobraženie*)) ein und formulieren hier das Prinzip des Erfindens zwischen Finden und Fingieren:

> Was ist *inventio*? *inventio* ist nach Cicero die Erfindung oder das Erdachte [excogitatio] wahrer oder wahrscheinlicher Dinge [rerum verarum aut verisimilum], die das Wesen einer Sache klarer und glaubhafter zeigen [causam probabilem reddunt].

Ist die *inventio* erst einmal im Feld von *imaginatio*, *verisimile* und *probabile* situiert, so spezifiziert das *‚Makarij'-Handbuch* in einem Kommentar (tolk) zu

---

110 Vgl. Kap. I.1.

111 Vgl. jedoch Kap. I.4. zum Nexus von Vorstellung und Darstellung als *Ausdruck* im Performativ des Affekts, der expressiv ausagierten imaginativen Bilder.

112 Rieger, *Speichern/Merken*.

dieser Stelle über die Suchformeln für Gedanken und *argumenta*, die (Er)Findung des Stoffes in den *loci communes* der Rede und die Redefiguren noch einmal die Notwendigkeit das *verisimile* durch das *aptum* zu kontrollieren: „Der Verstand muss Gedanken erzeugen, und wahrscheinliche und passende Gedanken sind *inventio* [...].“[113]

Neben der regulierten Öffnung für Erdachtes ist für die *inventio*-Systematik des ‚*Makarij*‘-*Handbuchs* die Verschmelzung von Einbildungs- und Ausdruckskategorien, von Sprachimagination und kodifiziertem Sprachausdruck leitend. Deutlich manifestiert sich das in der Übersetzung von *ornatus*. Hier verwendet die Rhetorik statt *ukrašenie* (Schmuck) auch den Terminus *vyobraženie*, der *vyraženie* als ‚Ausdruck‘ und *voobraženie* als ‚Imagination‘ verschweißt. Die Rhetorik setzt *vyobraženie* zu Beginn des zweiten Buchs „O ukrašenii slova“ (*De elocutione*) ein. Dort heißt es:

> (1) Bild oder Ausdruck oder Schmuck [figura]:
> tropos, schema, [/] Figur.
> (2) Dreifache Ordnung und Regel des Ausdrucks [ordo figurativum]:
> a) hinsichtlich der Wortverwendung [situs verborum] in der Grammatik; hinsichtlich der Ausdruckskraft [emphasis] und der Klarheit der Wörter [lux vocabuli] in der Rhetorik;
> b) hinsichtlich der Gedanken und der Erzählungen [sententius et mens orationis], denen [die Figur] Bewegung und Dramatik [motus et gestus] verleiht; [...].[114]

Die mehrfach synonymische Übersetzung des lateinischen *figura* durch *obrazec* (Bild), *vyobraženie* (Ausdruck) und *cvetočcy* (Schmuck [wörtl.: Blüte]) spricht nicht nur für eine Unsicherheit in der Formulierung, für eine Verwirrung, wie die Möglichkeiten bildlichen Sprechens begrifflich fassbar sein könnten, ohne selbst über dieses schon bildlich sprechen zu können, sondern vor allem für die Doppelcodierung des Begriffs im Spannungsfeld von Vorstellung und Darstellung. *obrazec* und *vyobraženie* haben vor allem eine Funktion: eine Sache „klar“ („jasno“), „deutlich“ („javno“) und „angenehm“ („sladko“) zu zeigen. Wie schwankend aber gerade diese Funktion der *figura* und ih-

113 *Ritorika*, 23. („čto est’ obrětenie del? est’ siréč’ vydumanie ili vymysl pravednych věščej ili k pravdě podobnych, kotorye věšči vsjakoe dělo jasnějšee i k pravdě podobnějšee pokazujut.“ – „svostveno [sic] est’ umu eže pomysly raždati, no pravednye i udobnyja mysli sie est’ izobrětenie [...].“) – Vgl. zur *inventio*-Lehre der *Ritorika* auch Lachmann, Vorbarocke Rhetorik in Rußland, 70ff.

114 *Ritorika*, 65f. („1) Obrazec ili vyobraženie ili cvetočcy: tropos, schema, načertanie. 2) čin i urjadstvo vyobraženiju tregubyj: a) pristojašče do položenija slovesnago v grammatike; v ritorike – do objavlenija i do jasnoty slova, slovesnago i ustavljajuščago; b) pristojaščii k mysli i k povesti rečenija, kotoromu dviženija ili dějstva pridaet.“)

res Abgleitens in De-Figuration sein kann, zeigt ein nochmaliger Rekurs auf Quintilians Bestimmung der Tropik, der ehrfurchtsvoll von der „neuen Art gelehrsamen Sprechens" handelt:

> Über die Figur [vyobraženie]. Was ist die Figur? Die Figur ist das, worüber auch Quintilian spricht: eine neue Art des gelehrsamen und gewandten Sprechens, wenn ein Wort in seiner eigentlichen und tatsächlichen Natur und Bedeutung (Bezeichnung) verändert wird oder auf etwas Ähnliches oder Naheliegendes verweist.[115]

vyoobraženie (*figura*), die Begriffshybride aus *voobraženie* (Vorstellung) und *vyraženie* (Ausdruck), ist nun die Fähigkeit zur Umsemantisierung verstanden als Manipulierbarkeit der Zeichen. Lachmann, die hervorhebt, dass das *‚Makarij'-Handbuch* „keine umsetzbaren Konsequenzen für eine ‚poetische' Textpraxis" zieht, sieht hier über die Bestimmung der „Impropríetät" auch „die Unterscheidung im Bereich der Tropen, die durch die Kategorien der Similarität und Kontiguität begründet ist, mitvollzogen."[116]

Die nachfolgenden barocken Rhetoriken erweitern die Reihe der obengenannten Begriffe um eine weitere semantisch ambivalente Formel. So unterstreicht die *Rhetorische Hand* den illusionistischen Charakter des rhetorischen Imaginären als Fähigkeit des Vor-Augen-Stellens, indem sie mit dem Terminus *predstavlenie* arbeitet, der sowohl eine Bewusstseinsvorstellung wie auch eine Sinnespräsentation meinen kann: „Darstellung [predstavlenie] ist die Beschreibung einer Sache so, dass sie sichtbar wird und als Sache erscheint."[117] Das imaginäre *ante oculos ponere* erscheint als Versinnlichungs- und Verdinglichungsinstanz. Eine spürbare Veränderung ist zudem dahingehend zu beobachten, dass in den Rhetoriken der zweiten Hälfte des 17. Jh. die *inventio* gerade im Lichte des Umsemantisierungsvermögens über die rhetorische Lehre hinaus schrittweise in den Rahmen des barocken Concettismus gestellt wird. So positioniert Stefan Javorskij im Vorwort der *Rhetorischen Hand* seine schulrhetorischen Unterweisungen im Kontext des *acumen* (*ostroumie*): Wären, so Stefan Javorskij, zur Geburt des Zaren in Russland die Kunst der Rhetorik und des *ostroumie* bereits weit entwickelt gewesen und intensiv betrieben worden, dann würde Moskau nun über seinen eigenen Demosthenes oder

115 *Ritorika*, 66f. („O vyobraženijach. čto est' vyobraženie? vyobraženie est' jako že o tom opisuet Kvintilian, někotoroe novoe naukoju i smyšleniem glagolanija, egda glas ili slovo ot istinnago svojstvennago estestva i opisanija peremenjaetsja ili obraščaet k podobnoj vešči ili k bližnej.")

116 Lachmann, Vorbarocke Rhetorik in Rußland, 94; 89.

117 *Ritorika*, 67f. („predstavlenie, est' opisanie veščej, tako izjasnenno, jako zrima byti pače vešč' vozmnitsja.")

Aristoteles verfügen.[118] Nun entwirft Stefan im Folgenden keine explizite Theorie des *acumen*. Er konkretisiert das *ostroumie* an dieser Stelle nicht im Sinne der Neu-Relationierung von Dingen und Worten, er entwickelt kein Programm des Begriffes in der *elocutio*-Lehre und er nimmt das *ostroumie* auch nicht für ein *ingenium* oder einen *furor poeticus* in Anspruch. Und dennoch muss der Formulierung durch ihre Position im Vorwort eine Schlüsselfunktion zugeschrieben werden, die für die Kommunikationssituation der Zeit Signalwirkung besitzt. Das gesamte Modell des *podobie* (Ähnlichkeit), das während der altrussischen Periode den ontologischen Status des Bildes gesichert hatte und in der vorbarocken *Ritorika* von 1620 als *podobajuščee* (Ähnliches) das *aptum* als Angemessenheit einer immer wieder bestätigbaren (Zu)Ordnung garantierte, droht in eine Deregulierung fingierter, phantastischer Ähnlichkeiten zu kippen. „Das *acumen* wird zum Raum der fiktiven ‚allegorischen' Similarität, der Erschaffung der Ähnlichkeit, ihrer Erfindung und nicht ihrer Bestätigung", in der „Analogie […] als Paralogie entworfen" wird."[119] Mit der visuellen Polysemantik des „vielgestaltigen Sinns" („mnogozrimyj smysl"), der signifikativen Offenheit des *verisimile* wird eine Bildlichkeit der Sprache als Sinnpluralisierung produziert, die mit zunehmender Kühnheit der Zuordnungen Bilder zu Simulationen irrealisiert.

In dieser Entwicklung figurativ zunehmend eigensinnig agierender Sprache kristallisiert sich eine neue Funktion des Textes als rhetorischen Kunstwerks heraus. Sie begründet sich sowohl durch die materielle Sensibilität des Signifikanten als auch durch das Aufspannen eines Horizonts möglicher textueller Alternativ- und Alteritätserfahrungen, die nicht dem Dogma klar funktionalisierter Analogien geschuldet sind, sondern sich einer imaginären Erfahrbarkeit bedienen, um Quasi-Referenz und Figurativität einander dementieren und ausspielen zu lassen.[120] Die Öffnung des Textraums, seine Erweiterung um eine imaginäre Ebene ist über die Figur der sukzessiven Allegorisierung zu verfolgen, die in eine paradoxe Situation von Vorstellung und Darstellung mündet: Darstellbarkeit wird über die Transformationen und Substitutionen

---

118 Stefan Javorskij, *Rhetorische Hand/Ritoričeskaja ruka*, 3f. („Ašče by onu […] pri rodě tvoej vdade ostroumija vysotu, i eže vědeti račitelstvo ot mjagkich noktej chudožestvo ukrasilo […] iměla by (ni čim somnjusja) Moskva svoego Dimosfena, ili Aristotelja, pročym narodam k smotreniju.")

119 Lachmann, Die problematische Ähnlichkeit, 106; 102.

120 Ricœur, *Hermeneutik und Strukturalismus*, 86f.: „[…] dort, wo die Sprache sich selbst und uns entgleitet, da kommt sie andererseits gerade zu sich, da verwirklicht sie sich als Sagen. Ob ich die Beziehung von Zeigen und Verbergen nach der Art des Psychoanalytikers oder des Religionsphänomenologen verstehe […], hier wie dort macht sich die Sprache als ein Vermögen geltend, das enthüllt, das manifestiert und an den Tag bringt; darin findet sie ihr eigentliches Element, sie wird sie selbst; sie hüllt sich in Schweigen vor dem, was sie sagt."

alieniloquialer Figurativität untergraben, und Vorstellbarkeit knüpft sich an die Materialität eines sich darstellerisch aufdrängenden Sprachkörpers. Was hier beobachtbar ist, ist mehr als inversive Vorstellungskraft, die aus dem „Negationsvermögen“[121] des literarischen Diskurses gegenüber einer Text-Bildlichkeit der Referenz rührt. Sie generiert Bildlichkeit als perzeptible Figurativität, um sie zu entsubstanzialisieren. Allegorische Imagination als Allegorie der Imagination schneidet so das Konzept eines Imaginären, welche das Objekt der Vorstellung als einen „definierten Mangel“[122] setzt, dem das Negationsmoment in dem Sinne eignet, dass es eine „Irrealisierung des Gegebenen zugunsten einer Gewinnung des noch Unverfügbaren“[123] meint. Sartre beschreibt den imaginativen Akt als „zugleich konstituierend, isolierend und nichtend.“[124] Damit ist das Imaginäre nicht nur Schlüsseldiskurs zur Elaborierung eines Fiktionalen in der Literatur. Die bewusst fiktionale Setzung eines Sachverhaltes als Herstellung einer Bildlichkeit wird unter den Bedingungen des Imaginären erst möglich bzw. das Fiktionale tritt nun erst als eine neue Seinsweise des Imaginären auf. Es wird durch das Imaginäre in eine Gestalt überführt, die Verfahren des Dekomponierens, Tilgens, Umformens zulässt bzw. einfordert.[125]

Für die Perzeptivität und Affektivität der Vorstellung ergeben sich mit dem Imaginären vollkommen neue Bedingungen, die man mit Flusser als zweistufige Bewegung einer Abstraktion bei gleichzeitiger Sensualisierung fassen könnte. Der reine Akt des Bildermachens in seiner konkreten Materialität birgt, so Flusser, durch die Wahrung einer Betrachterdistanz zum Bildobjekt schon einen Rückzug des Bildwahrnehmenden in einen „ek-sistierenden“, nur noch imaginativ perzipierenden Zustand: „‘Einbildungskraft’ ist die eigenartige Fähigkeit, von der gegenständlichen Welt in die eigene Subjektivität zurückzutreten […].“[126] Die phänomenologische Entfremdung durch das Bild ist Grund des Misstrauens, das diesem entgegengebracht wird, denn indem das Bild Mediator zwischen Subjekt und Welt (sei diese real oder transzendent) wird, „stellt [es] sich vor die Gegenstände, die [es] vorstellen soll“[127].

121 Barthes, *Sade*, 156.
122 Sartre, *Das Imaginäre*, 207.
123 Lobsien, Bildlichkeit, 102.
124 Sartre, *Das Imaginäre*, 282.
125 Iser wählt analog dem Fiktiven die adjektivische Form des Imaginären (im Gegensatz zur Imagination), um gerade eine tendenziell substanzialistische Bestimmung des Seinscharakters zu vermeiden und stattdessen den Aktcharakter hervorzuheben. Insoweit sich die Ausführungen zu diesem Themenkomplex auf Iser stützen, ist der oben formulierte Satz also inkonsequent.
126 Flusser, Eine neue Einbildungskraft.
127 Flusser, Eine neue Einbildungskraft, 118.

Imagination ist also in einem ersten Schritt eine Bewegung der Ver-Stellung und der Derealisierung sowohl des Referenzobjekts als auch des rezipierenden Subjekts: „in der Gegenwart einer Vorstellung zu sein bedeutet daher stets, eine gewisse Irrealisierung zu erleben“[128]. Dieser irrealisierende Entzug einer festen semiotischen und materialen Referenzstruktur ist jedoch wiederum Bedingung dafür, dass der Text zu einer Erfahrung des Ungesagten und Ungezeigten werden kann, in der die Spaltung zwischen Vorstellendem und Vorgestelltem als Differenz der Figurativität erscheint. Bildlichkeit der Imagination liegt damit außerhalb der autoritativen Zugriffsmöglichkeiten von Semiotechniken. Denn sie wird durch Sensotechniken überformt, bei denen der Körper des Lesenden als Materialisationsmedium einer imaginären Welt eingesetzt wird. Imaginieren heißt dann, sich vor-stellend zum Bild zu ver-stellen. *voobraženie* zeigt sich so als performative Lektüre des ‚*vo-obraz-enie*‘, des ‚Im-Bild-Seins‘, der ‚Ein-Bildung‘ eines Imaginären. Ermöglichte die Vorstellung in der altrussischen Kultur die rituelle Partizipation an einem kultischen Zusammenhang, so ermöglicht die imaginative Optik des Barock eine imaginäre Perzeption. Das Vorstellungsbild führt als Vexierbild zwischen den drei Modi des (1) Dechiffrierens als primären Akts der Semantisierung, (2) des Perzipierens als sensorischer Wahrnehmung der Zeichen und (3) des performativen Ausagierens des Textes zur Leitdifferenz der Allegorizität.

128 Iser, *Der Akt des Lesens*, 226f.

3. Ikonenvisionen: Vom Wunderbaren zum Spektakulären

3.1. Spec(tac)ulum: Kultbilder und Kunstbilder

Der Ort, an dem sich das Sehen des Unsichtbaren mit dem inneren Auge nachdrücklich erprobt, ist der sich aus mythischer Quelle speisende Glaube an göttliche Wunder, die als visionäre Erfahrung den Wissenshorizont des Menschen übersteigen und relativieren.[129] Die spirituelle Vision scheint Medium der Erfahrung erfüllter Präsenz, der im Entrückungszustand aufgehobenen Spaltung zwischen Subjekt und Wahrgenommenem zu sein. Im Wirkungsbereich des Visionären brechen übernatürliche Ereignisse in den eigenen Sehraum ein. Damit gerät das Wunder zu einem unmittelbaren Erlebnis des Betrachters. Die umfangreiche Visionsliteratur bzw. visionslastige Vitenliteratur, die insbesondere das späte 16. und das 17. Jahrhundert hervorbringen und noch bis hinein ins 20. Jahrhundert weitertradieren, bezeugt eine besondere Vorliebe für dieses Genre, aber auch die Problematik dieser Phänomene. Sichtbare Einfälle in ein reines Vorstellungskontinuum oder unsichtbare

129 Zu den Quellen der Visionsliteratur in der asiatischen, griechischen und lateinischen Kultur vgl. Gurevič, Zapadnoevropejskie videnija potustoronnego mira i ‚realizm' Srednich vekov. – Die Visionsliteratur (*čudo, videnie*) muss von der phantastischen, mythisch und folkloristisch inspirierten Literatur (*divo*) unterschieden werden, wenn sich auch Überschneidungen durch die christliche Allegorese der heidnischen Phantasmen ergeben. Das *čudo* (Wunder) gerät hier zum *čudovišče* (Ungeheuer(lichen)), in dem das Unsichtbare durch das Unvorstellbare ersetzt ist. Die phantastische Literatur umfasst einen weiten Kreis von Texten, in denen die (Übersetzungs-) Literatur einen „čudoviščnyj mir" (ungeheure, unheimliche Welt) animalischer Menschen, anthropomorpher Tierwesen und jeder Form metamorphotischer Körpergestaltung hervorbringt. Dazu gehören beispielsweise die *Erzählung über das indische Königreich (Skazanie ob Indijskom carstve)*, die christliche Topografie *Kozmas, des Indienfahrers* [*Kosmas Indikopleustes*] (*Kniga glagolemaja Kozma Indikoplov*), die *Luzidarien*, aber auch zahlreiche Legenden, die in die *azbukovniki* (Fremdwörterlexika) eingegangen sind und in denen sich ein Einfluss u.a. des *Physiologus* deutlich bemerkbar macht. Vgl. dazu Medved'ev, Mečdu čudes i čudovišč… Gegen Ende des 17. Jahrhunderts macht sich hier eine weitere Quelle bemerkbar: Die Verwissenschaftlichung des geographischen und anthropologischen Diskurses erschließt anatomische Schriften als Inspirationsmoment der phantastischen Literatur. Im 18. Jahrhundert gelangt diese Kombination dann zu einer ersten Blüte, zu der auch gehört, dass einige der imaginären Ungeheuer (darunter fällt das Nashorn) nun museifiziert in der Kunstkammer Peters zu betrachten sind. Vgl. dazu Ljustrov, Drevnerusskie ‚divy' v literature petrovskogo vremeni.

Sichtbarkeiten, die sich als Wahrnehmungen darbieten, sind Teil einer Krise des Bilderglaubens, die, so Ebbinghaus, ihren schärfsten Ausdruck im Vorwurf des Ikonenaberglaubens findet.[130] Scheidegger zeigt, wie die ungelöste Frage der Ikonenvisionen dazu führt, dass seit Nikon eine zunehmend kritische Position gegenüber Visionik und Wunderglaube eingenommen wird, die sich beispielsweise in einer ‚Säuberung' der Heiligenkalender, Echtheitsüberprüfungen und Fälschungsklagen gegen Gläubige, die von Träumen und Visionen erzählen, niederschlägt. 1721 kommt es gar zur juristischen Kodifizierung im von Feofan Prokopovič verfassten *Geistigen Gesetz* (*Duchovnyj reglament*). Der Gesetzestext ist aus einer Situation heraus formuliert, in der Visionik an Fiktion, Fiktion an Lüge und Lüge an Perversion grenzen:

> Man soll die Geschichten der Heiligen untersuchen, ob es nicht gewisse darunter gibt, die lügenhaft erfunden sind und von Dingen berichten, die es nicht gab, oder die der rechtgläubigen, christlichen Lehre widersprechen, oder unsinnige und lächerliche Erzählungen. Solche Erzählungen sollen entlarvt und verboten werden, und die Lügen, die sie enthalten, sollen kundgetan werden. Denn solche Geschichten sind klar gefälscht und widersprechen einer gesunden Lehre.[131]

Hinter dieser neuen Einstellung gegenüber irrationalen Erkenntnisformen, die bereits mit einer vorsätzlichen Fiktionalisierung („vymysl") rechnet, steht,

---

130 Ebbinghaus, *Die altrussischen Marienikonenlegenden*, 14. Ebbinghaus spricht von einer Verdreifachung der Textmasse im genannten Zeitraum. Neben der intensivierten Schrifttradition nennt er auch zeremonielle Eckdaten als ausschlaggebend: seit 1580 der Beginn einer fortlaufenden Wundernotierung bei wundertätigen Marienikonen; seit dem 2. Viertel des 17. Jahrhunderts die Restaurierung alter Bilder und die Einführung von Festtagen; seit der Mitte des 17. Jahrhunderts die Ausweitung des Brauchs der Prozessionen und die Abfassung von Offizien; seit Ende des 17. Jahrhunderts das Auftreten von Bilder-Inventaren (rospis' svjatym ikonam) wundertätiger Ikonen. Vgl. dazu auch den Überblick von Pigin, Videnie potustoronnego mira v rukopisnoj tradicii XVIII-XX vv. (als Anhang hier abgedruckt: *Videnie o dušepoleznom videnii*, Ende 18./Anfang 19. Jh.) und ders./Juchimenko, K istorii žanra videnij v vygovskoj literaturnoj škole.

131 („Smotrět' istorii svjatych, ne sut' li někija ot nich ložno vymyšlennyja, skazujuščija čego ne bylo, ili i Christianskomu pravoslavnomu učeniju protivnyja; ili bezdělnyja i směchu dostojnyja pověsti. I takovyja pověsti obličit' i zapreščeniju predat' so ob-javleniem lži vo onych obrětaemoj. Ibo sut' takovyja javstvenno ložnyja zdravomu učeniju protivnyja.") Orig. u. Übers. zit. n. Scheidegger, *Endzeit*, 273. Scheidegger berichtet von zahlreichen bezeichnenden Vorfällen, die nachweisen, wie die Ablehnung zweifelhafter Wunder durch die reformistische Kirche zu Zusammenstößen zwischen Altgläubigen und Nikonianern führte. Gleichzeitig legitimiert Nikon seine missglückte Rückkehr auf den Patriarchenthron selbst mit Wunderzeichen wie Träumen und Visionen. So habe er sich in einer Kathedrale gesehen, die von einem übernatürlichen Licht erhellt worden sei. Ringsum hätten die verstorbenen Hierarchen der russischen Kirchen gestanden und eine Petition unterschrieben, in der Nikons Rückkehr gefordert worden sei (275).

so Scheidegger, die Sonderung von Wahrheit und Fälschung als Auseinanderbrechen eines kohärenten Realen: „Wo sich von einem angeblich Realen ein Irreales abzuspalten beginnt, geht der Wunderglaube verloren." Was in der Visionsliteratur verhandelt wird, ist der unverändert prekäre Status des Bildglaubens, der nun unter Fiktionsverdacht gerät. Das betrifft sowohl den Glauben an das Bild, seine ontologische und materielle Kategorialität, vor allem aber die Entfesselung eines Imaginären im Bild. Indem der visionistische Text das ins Sichtbare drängende Unsichtbare als irrationale Erfahrung unmittelbarer Evidenz präsentiert, geht es in der Visionsliteratur um zweierlei: Erstens um die Definition des auratischen Kultbildes in Abgrenzung zum Kunstwerk. Die Vision ist die epiphanische Sichtbarkeitsform, die den Sakralstatus des Bildes, seine göttliche Aura zu wahren sucht, indem sie die immer problematische Sichtbarkeit nur ephemer, als eine eigentlich unsichtbare inszeniert. Zweitens geht es um die Rolle bzw. den Anteil des Imaginären an der Konstitution jeder Bildlichkeit.

Nicht zuletzt handelt es sich bei den geschilderten Gesichten der Visionstexte um solche, die sich an Ikonen, also an Bildmedien knüpfen (und bezeichnenderweise sind es gerade die Texte der *videnija* (Visionen), die oftmals reich illuminiert werden). Ikonen werden als Apotropeia benutzt, sie erscheinen, weinen, schwitzen, bluten, singen, sondern Heilöl ab, schützen und sprechen. In den Performanzen des Wunderbildes manifestieren sie sich als Medien einer höheren Macht.[132] In anderen Fällen ist die Vision Auslöser für das Malen einer Ikone, die dann wiederum neue Wunder produziert. So entstehen generative Serien von Visionstexten und Visionsikonen.[133]

Die Visions-Ikonen legitimieren sich aufgrund der durch sie ermöglichten Schau der Ideen in Form und Anspruch gleichsam als ‚richtig' und ‚real'. Das Wunder beweist und authentifiziert die ontologische Beziehung des Abbildes zu seinem Urbild und hebt die Spaltung zwischen beiden dahingehend auf,

---

132 Dazu Onasch, *Die Ikonenmalerei,* und Belting, *Bild und Kult*, 60ff. Belting betont auch die damit hergestellte Nähe von Wunderikone und Reliquie. Ouspensky/Lossky, *Der Sinn der Ikonen*, führen für die unterschiedlichen Ikonentypen kultbegründende und -stabilisierende Wunder an.

133 Die Formensprache imaginierter und realer Ikonen stimmt überein. Das visionäre Auge des Geistes (*oko umnoe*) erweist sich als streng durch die *podlinniki* (Malerbücher) konditioniert und sieht seine visionären Urbilder gemäß den ikonographischen Vorgaben der sichtbaren Abbilder (jako že opisujut ikonopiscy). Gleichzeitig kann auch nur visionärer Transzendenzerfahrung teilhaftig werden, wer Ikonen kennt. Erst die Einübung spezifischer Betrachterregeln eines gedoppelten Sehens an der Ikone ermöglicht die Schau der Heiligen. Zwei solche Fälle analysiert Čumičeva, ‚Vse myslennoe mnitsja videniem', und ermittelt für die Visionen jeweils die ikonischen Vorlagen. Besonders produktiv wird ihre Arbeit an den Stellen, an denen sie in der Abweichung von diesen Vorlagen ästhetische Umkodierungen ausmacht.

dass die aktive und wunderwirksame Präsenz des/der Heiligen als bewegtes Bild eine Unterscheidung zwischen Bild und Person unmöglich macht. Nimmt das Bild in einer Art reanimatorischem Akt ein personales Leben an, so beweist es sich nicht nur als echt, sondern als unlösbar mit dem Dargestellten verbunden, das seinerseits immer schon Bild war. Im Kontext des 17. Jahrhunderts werden die Legenden um wundertätig handelnde Ikonen in eine neue Diskussion verwickelt, die um die Ästhetik der „Verlebendigung des Bildes“ („oživlenie obraza“[134]) kreist. Kinetische Ikonen, Apotropeia als personale Bilder werden im frühen Barock einer Relektüre unter der Ägide realillusionistischer Bildordnung (*živopisanie*) unterzogen und sind nun der Zerreißprobe von Gottesbeweis und Fiktionsverdacht ausgesetzt. Alle genannten Ambitionen der Visionik erhalten vor dem Hintergrund von Illusionismus und Fiktionalitätsvorwurf eine neue Schattierung: in Konkurrenz zur ‚reimmaterialisierenden Bestätigung‘ eines Dargestellten tritt die Selbstwertigkeit der Bild-Erscheinung.

Nun ist das Wunderbare keineswegs eine rein visuelle Erfahrung. Nichtsdestotrotz weisen die *mirabilia/miracula* im westeuropäischen Bereich, so le Goff, durch die Wurzel */mir/* eine etymologische Nähe gerade zu Phänomenen auf, die sich an den optischen Leitsinn richten.[135] Diese Nähe spricht sich am deutlichsten im Spiegel (*miroir, mirror*) aus und manifestiert sich als Bezug des Imaginären zwischen dem Wunderbaren und dem Spekularen. Dies gilt trotz aller individuellen Entwicklungen auch für den orthodoxen Raum. Nicht nur werden mit der Rezeption medialer Übersetzungen der *specula*, z.B. im *Speculum magnum* (*Velikoe zercalo*), Formen wirksam, die über die metaphorische Spekularisierung des Wunderbaren Wegbereiter eines Spektakulä-

134 Bylinin/Grichin, Simeon Polockij i Simon Ušakov, 196.

135 le Goff, *L'imaginaire médieval*, hier der Teil „Le merveilleux“, 17–39. Le Goff grenzt das Wunderbare ganz explizit von den Phänomenen des Übersinnlichen und Übernatürlichen („le surnaturel“) und des Rätselhaften („le miraculeux“) ab. Im Gegensatz zu diesen ist auch das Wunderbare weniger eine (mentale, intellektuelle, literarische) Kategorie, sondern eher ein Universum von ‘magischen’ Objekten, eine Sammlung. – Die Bindung des Wunderbaren an den Spiegel in der westeuropäischen Kultur resultiert maßgeblich aus der Tradition optischer Experimente, die mit Spiegelbrechungen angestellt wurden und zur immer stärkeren Diskreditierung des Spiegelbildes als realistischen Wirklichkeitsträgers beitrugen.

136 Dmitriev, Teorija iskusstva, 112, nennt eine Stelle aus der *Klage über das Leben und den Tod des Grossfürsten Dmitrij Ivanovič, des russischen Zaren* (*Slovo o žitii i prestavlenii velikogo knjazja Dmitrija Ivanoviča, carja rus'kogo,* 15. Jh.) als Beleg dafür, dass die Spiegelmetapher zuerst in der altrussischen Literatur auftaucht. Dort heißt es, die Vita des Fürsten sei so lebensnah verfasst worden, „als würde man ihn im Spiegel sehen“ („jako v zercale imyj“). Dmitriev hält die Spiegelmetapher hier für einen reinen Ausdruck der Lebendigkeitsattribuierungen der Ikone: „wie lebendig“ („jako živ“) malen. Er vernachlässigt die Tatsache, dass diese Attribute jedoch noch gänzlich im Kontext der Zeugenschaftsnotwendigkeit des

ren sind, das sich im 17. Jahrhundert in Schrift *und* Bild artikuliert.[136] Die intensive Rezeption der *specula* und der Zenit der Visionik fallen nicht zufällig zusammen. Beide sind auf die Umcodierung eines Bildmodells zurückzuführen. Die Spiegelmetapher arbeitet – das verdeutlichen die Ikonentraktate des reformistischen Flügels der Malerei – an der Durchsetzung eines Sichtbarkeitspostulats, das dem schauenden Auge zur spirituellen Gewissheit in der göttlichen Anschauung zu verhelfen verspricht. Ihr gegenüber vorgebrachte Vorwürfe der Erzeugung simulakrisierender *eidola* fängt sie insofern ab, als die Vision ihr Abgleiten in halluzinogene Formen produktiv umsetzt. Die Spannbreite dieser diskursiven Aneignung verläuft von der Verlagerung von Spiegeltechniken in die Anfänge der Ikonenmalerei bis hin zu deren Neuprofilierung. So fundiert Iosif Vladimirov in seinem *Sendschreiben* die Ikonenmalerei als *živopisanie* (realillusionistische Malerei) in der Spiegelanordnung der dem Evangelisten Lukas zugeschriebenen ersten Gottesmutterikone: „Und er erschuf ein vollkommenes Bild, als hätte man ihr einen Spiegel vorgehalten. Und als er es zu ihr trug, gab die heilige Jungfrau diesem Bild ihren Segen."[137] Simon Ušakov formuliert das Speculum-Prinzip in seinem Traktat *An den Verehrer der Ikonenmalerei* (*Slovo k ljubotščatel'nomu ikonnogo pisanija*, ca. 1664–1668) zu einer Widerspiegelungsästhetik des Kultbildes aus. Aus der Anerkennung der Tatsache, dass es sich bei der Ikonenmalerei um eine Darstellungskraft der Phantasie (*fantazija*) handelt, zieht Ušakov radikale Folgerungen für die Gesetze der Darstellung in der Sakralkunst der Ikonenmalerei:

Bildes stehen und auf keinen Fall mit einem Mimesisanspruch gleichgesetzt oder verwechselt werden sollten, wie Dmitriev das tut, der hier ohne großes Federlesen von einer Konstante in der Rezeption des *živopisanie* von der Antike über die (italienische) Renaissance bis zur Neuzeit spricht (das gleiche Problem betrifft im übrigen auch Dmitrievs Begriff der *krasota* (Schönheit), den er ebenfalls als eine an das živ*opodobie* (Lebensähnlichkeit) geknüpfte Konstante ausmacht, ohne die funktional differenzierten Konzeptualisierungen beider Begriffe zu berücksichtigen). Wie sehr gerade die vermeintliche ‚Realistik' lebensnaher Darstellung zur Bildfalle werden kann, zeigt eine ebd. angeführte Legende, die der Archiepiskop Antonij von seiner Reise nach Konstantinopel berichtet. Dort habe ein Mosaikenleger fasziniert vor seinem Werk eines Christusmosaiks ausgerufen: „Oh Herr, wie Du im Leben warst, so habe ich Dich auch geschaffen" („Gospodi, kakim ty byl živoj, takim ja i napisal tebja"), worauf eine Stimme aus dem Bild ertönt: „Und wann hast du mich gesehen?" („A kogda ty menja videl?") Die Spiegelmetapher reagiert auf diese Lebensnähe, sie nimmt auf sie Bezug (ganz explizit auch bei Simon Ušakov), lässt sie aber ins Leere laufen und macht sie zum Problem der Mimesis.

137 Iosif Vladimirov, *Sendschreiben*/*Poslanie*, 61. („I obraz soveršen ustroiv jako // v zercalo i k nej prinese, ona že presvjataja deva i blagodat' tomu podade.") Auch Simeon Polockij übernimmt das in seine *Schreiben an den Verehrer der Ikonenmalerei*, legt allerdings das Bild anders an, indem er erst verbal das Porträt beschreibt und dann schließt: „Und so erschuf er alles wie im Spiegel. Auf diese Manier malte er auch zwei weitere Ikonen, die er ihr vorlegte und denen sie ihren Segen gab." („I tako ubo ustroiv jako v zercale. Takož i inyja dvě ikony napisa i k nej prinese, ona že i blagodat' těma podade." (13v))

> Nicht nur Gott selbst ist ein Künstler der Ikonenmalerei, sondern auch alles, was dem optischen Sinne unterliegt, verfügt über die geheimnisvolle und überaus wunderbare Kraft dieser Kunst. Denn jedes Ding malt, wenn es vor einem Spiegel steht, dort sein eigenes Bild nach einer erstaunlichen Art voll göttlicher Weisheit ab. Was für ein Wunder, wie dort ohne jedes Wunder ein so wunderbares Bild sich gibt: bewegt sich ein Mensch (davor), so bewegt es sich, steht er, so steht es, lacht er, so lacht es, weint er, so weint es, und was auch immer er sonst tun mag, er wird immer lebendig erscheinen, obwohl es doch weder Körper noch Seele eines Menschen hat. Ähnliches geschieht im Wasser, auf Marmor und anderen gut geglätteten Flächen, auf denen wir Bilder aller Dinge in einem Augenblick ohne jede Anstrengung gemalt sehen. Lehrt uns nicht Gott durch sich selbst und alle existierenden Dinge die Kunst der Ikonenmalerei?[138]

Wunder(bares), Spiegel und Ikonenmalerei bilden hier ein komplexes Geflecht, das vier Argumentationsstränge verknüpft: (1) Die Aufwertung der optischen Sichtbarkeit durch die Analogisierung von Spiegelbild und Schöpfung, (2) damit einhergehend die Rehabilitierung des Spiegels als poietischer Bild-Apparatur, (3) die Fokussierung eines Wahrnehmungswissens gegenüber einem Offenbarungswissen durch implizite Analogisierung von Auge und Spiegel, und (4) die Umcodierung des Wunderbaren im Sinne eines durch optische Technik und Kunstfertigkeit Verwundernden. Das „Wunder der Schöpfung" ist das Wunder des Bildermachens und das Wunder der Wahrnehmung.

Simon Ušakov entfaltet diesen Komplex zunächst typologisch aus dem schon bekannten Legitimationszusammenhang der Ikonenmalerei durch den

138 Simon Ušakov, *An den Verehrer der Ikonenmalerei/Slovo k ljubotščatel'nomu ikonnogo pisanija*, 58. („Ne točiju že sam Gospod' Bog ikonopisatel'stva est' chudožnik, no i vsjakoe suščee zrenie čjuvstvija podležaščee tajnuju i predivnuju toja chitrosti imat' silu; vsjakaja bo vešč' ašče predstavitsja zercalu, a v nem svoj obraz napisuet divnym božija premudrosti ustroeniem. Ole čjudese, krome čjudese obraz prečjudnyj byvaet, iže dvižuščusja čeloveku dvižetsja, stojašču stoit, smejuščusja smeetsja, plačušču plačet i čto-libo ino dejušču deet, vsjačeski živ javljaetsja, ašče ni telese, niže duši imat' čelovečeskija; podobne (v) vode, na mramore i na inych veščech dobre uglažennych vsjakich veščej obrazy v edinoj čerte vremene, vsjakago trudopoloženija krome, pišeny byti vidim. Ne Bog li ubo sam i suščim estestvom učit ny chudožestvu ikonopisanija?") – Zur Verortung des Traktats innerhalb der ästhetischen Umorientierung des frühen Barock vgl. Dmitriev, Teorija iskusstva, und Bylinin/Grichin, Simeon Polockij i Simon Ušakov. Bylinin/Grichin arbeiten Berührungspunkte zwischen Simeon Polockij und Simon Ušakov heraus, um Kategorien für eine barocke Ästhetik zu entwickeln, die jedoch sehr unscharf und pauschal bleiben (müssen) und sich auf Begriffe wie Lebendigkeit, Ornamentalität, Dekorativität, Emblematik etc. beschränken. Besonders offensichtlich wird die Schematik dieses intermedialitätsästhetisch argumentierenden, aber diesbezüglich kaum theoretisch fundierten Ansatzes, wenn die Ikone Simon Ušakovs *Der Baum des Moskauer Reiches* (*Drevo Moskovskogo gosudarstva*) einzig über das Kriterium "emblematisches Panegyrikon" mit dem *Russischen Adler* (*Orel Rossijskij*) Simeon Polockijs und seinen Figurengedichten analog gesetzt wird.

‚Künstler-Gott' und der Genesis als bildgebendem Akt. Doch diese Prämisse eines sakralen Apriori jeder Bildschöpfung hält Ušakov in der Spannung von Ästhetisierung und Spiritualisierung, um den göttlichen Schöpfungsakt potenziell in alle dem menschlichen Auge sichtbaren Dinge zu verlegen und den Spiegel als automatischen Bildgenerator aufzubauen, der dem göttlichen Schaffensmechanismus in nichts nachsteht. Das ist die zentrale Stelle des Textes, die eine Neubestimmung des Begriffs vom Bild, von der Wahrnehmung und vom Künstler bzw. von der Kunst auslöst: Das Medium des Unsichtbaren, das mit dem *incorporeus oculus* zu schauen ist, wird zu einem Medium des Sichtbaren, das mit dem *corporeus oculus* wahrnehmbar ist. Zu einer ‚realistisch' reformierten Form der Ikone gelangt Ušakov durch den Bezug auf das sensorische Sehen und das Medium des Spiegels, der eine Hybride aus Natur und Technik repräsentiert. Werden auch beide am Ende der zitierten Passage fast zwanghaft der göttlichen Lehre unterstellt, so erfährt doch der Begriff des Wunders in diesem medialen Gefüge eine entscheidende Umakzentuierung. Das Wunder wird als *spirituelle* Wunderkraft entmystifiziert („krome čudese"; „sila chitrosti") und als mechanischer Vorgang entauratisiert, um gerade aus dieser apparativen Neutralität eines optischen Mechanismus seine *spektakuläre* Wunderkraft zu entfalten. Ušakov versucht also einen künstlerischen Blickraum aufzubauen, der auf der empirischen optischen Erfahrung beruht, aber über göttliche Omnipotenz verfügt. Dieses Vermögen (*sila*) wird exemplifiziert nicht am inneren Auge einer Transzendenzerfahrung, sondern am Netzhaut-Sehen einer sensorischen Wahrnehmung („zrenie čjuvstvija"). Im technischen Auge des Spiegels treffen sich offenbarungs- und wahrnehmungsorientierte Erkenntnismodelle. Was nur vorstellbar war, ist nun wahrnehmbar, und noch dazu apparativ erklär- und nachstellbar. Genau darin besteht das *thaumaton*, an dem sich das 17. Jahrhundert erregt und das es als sensorische Überstimulierung in Schrecken versetzt. Die Grenzerfahrung eines neuen Sichtbarkeitspostulats kleidet sich in das Gewand des Wunders (es muss sich diese Maske anlegen, um überhaupt diskursfähig zu sein) und bricht es von innen als Spektakuläres der technologisch-mechanischen Kunstfertigkeit („chitrost'", „chudožestvo") auf. Es ist ein Wunder, in dem sich vermittelt das Wissen um die Konzeptualisierungen des Sehprozesses als retinaler Spiegelung ausspricht, in dem sich die Bilder der Natur abzeichnen, so wie sich das Bild des Menschen auf den glatten Oberflächen natürlicher Materien (Wasser, Marmor) abzeichnet. Jede Ikone ist nun nicht mehr und nicht weniger als ein retinales Bild.

Die Analogisierung von Spiegel und göttlichem Bildschaffen lässt nichts von platonischem Sichtbarkeitstrug spüren, rekonstruiert aber im Grunde eben jenes Modell des Künstler-Demiurgen, der mit einem Spiegel versehen „bald die Sonne" macht, „bald die Erde, bald auch dich selbst und die übrigen lebenden Geräte und Gewächse".[139] Wenn sich auch Simon unbeeindruckt von der so erzeugten Scheinwelt sekundärer Nachahmung (*mimesis fantasmatos*) zeigt, so ist doch seinem Traktat das Wissen um solche Simulakren-Skepsis eingeschrieben. Rehabilitiert auch der Neoplatonismus teilweise das Phantasma vom Spiegel als Leitfossil der Entfremdung des Blicks und des Bildes[140], so ist doch die platonische Bildkritik für die Visualitätskonzepte der Ikonentheologie, wie sie im Bilderstreit ausgearbeitet wurden, noch von entscheidendem Einfluss. Ungeachtet des Negativstatus sowohl der sichtbaren Welt der Materie als erster Stufe der Abbilder als auch der Spiegelbilder als zweiter „von der Wahrheit abstehender" nimmt Simon Ušakov sie für ein Medium der kontemplativen Anschauung der Ideen in Anspruch. Dahinter steht ein anderes Anliegen: eben dieses Medium zum Kunstbild zu machen, indem ein Bildmechanismus der fast automatischen, automatenhaften Reproduzierbarkeit bemüht wird. Im Spiegel bilden sich die Dinge acheiropoietisch und instantan („v edinoj čerte vremeni") ab – im Stillstand wie auch in der Bewegung. Damit ist das Prinzip der *acheiropoiesis* (*nerukotvornost'*), des ikonischen Idealtypus pervertiert. „Nicht von Hand, sondern von Gott gemalt" („ne rukopisan, no bogopisan"[141]) sind die Berührungsikonen Christi. Was den nicht-von-Hand-gemachten Ikonen die Authentizität der Berührungsreliquie verlieh, präsentiert sich nun als technisch gemachter Lichtreflex. Visuelle Phänomene entstehen nicht ohne Dazwischentreten einer immer auch der (menschlichen oder technischen) Manipulation verdächtigen Instanz, sie sind technische Effekte eines passiven Sich-Abbildens, Oberflächenbilder. Diese Parameter auch dem Kultbild zugrunde zu legen, ist der eigentliche innovative Schritt Ušakovs.

---

139 Platon, *Politeia/Der Staat*, 596d-e [Schleiermacher-Übersetzung].

140 An erster Stelle sind hier wohl Plotins *Enneaden* zu nennen. „Die bildliche Darstellung einer Sache ist immer darauf gerichtet, sich dem Einfluß ihres Modells [der Idee] zu unterstellen. Sie ist so etwas wie ein Spiegel, der in der Lage ist, die Erscheinung zu erfassen [...] Der Spiegel ist da, und es entsteht ein Bild. Wenn es keinen Spiegel gibt oder wenn er nicht stillsteht, ist der Gegenstand, der sich in ihm abbilden könnte, ebenso wenig vorhanden. – Genauso ist es mit der Seele. Wenn dieser Teil von uns, in dem die Abbilder der Vernunft und der Intelligenz erscheinen, unbewegt, beziehungsweise nicht erregt ist, sind diese Abbilder dort sichtbar [...] Aber wenn dieser Spiegel aufgrund einer plötzlich eintretenden Erschütterung der Harmonie des Körpers in Stücke zerbricht, handeln die Vernunft und die Intelligenz, ohne sich dort abzubilden, und es entsteht ein bilderloses Denken." (Zit. nach Baltrušajtis, *Der Spiegel*, 97.) Plotins Reformulierung einer Abbilderlehre stellt gerade das heraus, was für die barocke Rezeption neoplatonistischen Gedankenguts in Russland so wichtig werden wird: die Formierung eines visuellen Imaginären, eines Denkens in Bildern. Mit diesem Wandel formuliert sich eine Theorie der Einbildungskraft als Philosophie des Bildes und des Blicks heraus. Innere Bilder, optische Bilder und äußere Bilder verschieben sich in ihrem Status gegeneinander.

141 Iosif Vladimirov, *Sendschreiben/Poslanie*, 54.

Das Verhältnis des altrussischen Betrachters zu den bilderzeugenden Apparaten, als deren Prototyp hier der Spiegel steht, kann sich aber nicht einem vermeintlichen Realismus der Darstellung verschreiben, der durch lichtreflexive und linearperspektivische Abbildung des Menschen photo-graphisch erzeugt wird. Spektakulär wird es eben dort, wo sich das apparativ erzeugte Bild in den Dienst des Wunders (*čudo*) stellt, das sich einem Realismusbegriff verpflichtet, wie ihn Ouspensky/Lossky für die Ikone veranschlagen: Diese sei nicht idealistische, sondern realistische Malerei, da sie nur das abbilde, was in seiner Wirklichkeit bezeugt sei.[142] In der Überlagerung und dem Auseinanderklaffen dieser beiden ‚Realismus'-Versionen der Ikone entsteht der Zwischenraum, in dem sich das Wunderbare zum Spektakulären verändert. Dass sich auch Simon Ušakov in den nachfolgenden Argumenten seines Plädoyers auf Ikonenvisionen bezieht, die gerade die täuschende visuelle Präsenz des Abgebildeten hervorheben, beweist, wie variabel hier die Anschlussmöglichkeiten der Codes füreinander sind.

Die Schlussformel des Schreibens *An den Verehrer der Ikonenmalerei* signalisiert eine Synthese. Hier präsentiert Simon Ušakov den Vorschlag, die herkömmlichen Malerbücher zu revisionieren und statt ihrer eine anatomische Inventarisierung und Enzyklopädisierung („alfavit chudožestva") vorzunehmen. Sein Bild-Schablonen-Projekt macht deutlich, wie das durch seinen Urbildbezug geschützte Abbild von der Kopie der freien Rekombinierbarkeit abgelöst wird, deren Wunderbares sich in die das Auge überraschende Illusionskunst, in seine Sehlust entgrenzt. So nimmt der Traktat Simon Ušakovs nicht nur eine Verschiebung des Ikonendiskurses hin auf eine illusionistische Abbildkunst vor, die das Objekt in eine Reproduktionsmaschinerie einspeist. Sein Atlas-Projekt verändert die Spiegelmetapher zu einer Anatomiemetapher, die ihre Ehrfurcht gegenüber dem unantastbaren Objekt tendenziell abstreift.[143] Mit der Wandlung des Verhältnisses zum Objekt in ein aktives und analytisches, das zerschneiden, zerlegen, fragmentieren und nach ästhetischem Belieben bzw. Bildgesichtspunkten wieder zusammensetzen kann, unterliegt der ikonische Bildraum einem rationalisierten Kalkül.[144] Das Bild verliert seine kultische Aura und wird zum Gegenstand eines Wissens, das jeden materiellen und intelligiblen Gegenstand mechanisch nach numerisch kodifizierba-

---

142 Ouspensky/Lossky, *Der Sinn der Ikonen*.

143 Anatomisches Wissen, das über die Lehren der *lečebniki* (Heilbücher) hinausging, war seit der Übersetzung Epifanij Slavineckijs der *Anatomia* (1542) des Andreas Vesalius zugänglich.

144 Vgl. zur Anatomiemetapher und ihrem Verhältnis zur Spiegelmetapher (auf den englischen Raum bezogen) sehr knapp Grabes, *Speculum*, 243. Grabes weist darauf hin, dass die Spiegelmetapher im Bereich der bildenden Kunst trotz des starken neoplatonistischen Einflusses in England bis zum 17. Jahrhundert nur verschwindend gering vertreten ist (112).

ren Relationen der Objekte herstellen kann, flexibel, weil strukturbestimmt nach Standort und Raum veränderbar. Einer radikalen All-Sichtbarkeit unterzogen breitet es sich vor dem Künstler-Konstrukteur aus. So wird die Beschreibungssprache der Malerbücher (*podlinniki*) über die Relativität der Anthropometrie in ein offenes Bewegungsspiel von Über- und Unterschreitung verwickelt, und die Abbildungen der Ikone erhalten den Charakter von geometrisierten ‚Artmodellen', die als Selektierung und systematische Integration verschiedener Ansichten ein schichtendes Sezieren zur Schaffung von vermessbaren Bildobjekten zugrunde legen. Der anatomische Atlas Ušakovs weist so voraus auf die allegorischen Fragmente, die zerbrochenen Körper, die Bild-Torsi der bildenden Kunst wie auch auf die modellhaften Idealisierungen des Menschen im zentralperspektivischen Bild, das anthropozentristisch als Maß nur noch den eigenen menschlichen Körper kennt.

Die Konsequenzen dieses neuen skopischen Regimes sind schon an Iosif Vladimirovs Antwort auf Simon Ušakovs Schreiben *An den Verehrer der Ikonenmalerei* ablesbar.[145] In seinem *Sendschreiben* verwendet Iosif Vladimirov den Begriff „Porträtmalerei" („personografija") als „weises Können" („premudraja mastrota") vollkommen gleichberechtigt neben der „schönen Kunstfertigkeit" („izjaščnoe masterstvo") der Ikonenmalerei (*ikonopisanie*). Ebenso setzt er auch die Bezeichnungen „Figur" („fegura") umstandslos für „Gestalt" oder „Bild" („obrazec") oder spricht von „Farbenkunst" („farbotvorenie").[146] Aus der Figurativität des neuen Bildes resultiert ein grundsätzlich anderer Begriff der Poiesis des Wunderbaren, der Ungewöhnlichkeit und Regelhaftigkeit verbindet:

> Man sagt, die weise Lehranstalt der Ikonenmalerei sehe folgendermaßen aus: Würde man dich dort herumführen, so sähst du dort allerorts unbekannte Dinge und ihre Wiedergabe in kostbaren Farben sowie verschiedene Personen, die sonderbar und wunderbar dargestellt sind. Einige Schüler dort malen den Kopf, ein anderer die Hand, ein dritter stellt auf Tafeln das Gesicht dar. Über allen steht dort der Meister oder gelehrte Lehrer der Malerei. Dem einen verbessert er das Gezeichnete, zum anderen kommt er, nimmt ein Schabmesser, kratzt das neu gemalte Bild des Schülers aus und stellt es danach besser dar.[147]

---

145 Wenn man den Angaben des Textes Glauben schenken will, so verfasst Iosif sein *Sendschreiben/Poslanie* auf Anforderung („ponuditi") Simon Ušakovs.

146 Iosif Vladimirov, *Sendschreiben/Poslanie*, 24 und 54.

147 Iosif Vladimirov, *Sendschreiben/Poslanie*, 55. („Glagoljut bo, takovo est' to premudroe živopisujuščich učilišče: Egda by tja kto vvel tamo vo mnogich uzriš' nevedomych veščej složenija i dragich ich šarov sostavlenija i različnych person, stranna i čjudna voobraženija. Učenicy ž tamo ov glavy načertaet, in ruce pišet, inomu že na tablicach lica voobražajušču. Nad vsemi že simi prichodit majstr tech ili izrjadnyj učitel' živopisnago chudožestva. I ovomu načertannoe pripravljaet, ko inomu ž prišed, vzem ostrie i novo napisanie učenie dolu vyskrebaet i potom luščee voobražaet.")

Anatomisierung und Spekularisierung des Bildraums codieren die Bildinformation nach einer zentralperspektivischen Ästhetik, die erstaunliche Effekte („stranna i čjudna") zeitigt. Man kann nun etwas nie Gesehenes nicht etwa deshalb malen, weil ein christologisches Dogma dessen materielle Existenz belegt und das Bild zu dessen Urbild zurückführt. Sondern man kann artifizielle, fremde, fiktive Objekte in ein Medium einbringen, das damit nicht mehr rein kultisch funktioniert. „Unbekannte Dinge" („nevedomye vešči") und „verschiedenste Personen" („različnye persony"), deren Fiktionalität perspektivisch rationalisiert ist, bekommt der verwunderte Betrachter zu sehen. Schon im Ausbildungsprozess einer neuen Generation von Malern sind aus dem lehrenden Umgang mit dem Symbolischen des bildnerischen Codes die Wahrnehmungsdispositive für eine neue Generation von Betrachtern extrahierbar. Deren neues Sehen beruht auf einer Verfremdung, die das Wunderbare in seiner Funktion als Beweis eines Unfassbaren, Unantastbaren, Ungegenständlichen zur Kategorie des ästhetischen Genusses durch spek(tak)ulare Sensation macht, indem es unbekannte und unerkannte Bildräume und Bildobjekte erschließt.

Angesichts solcher Umcodierungen der Bildordnung im 17. Jahrhundert hat man sich gleichwohl vor dem Kurzschluss zu hüten, Ušakovs visuelle Spiegelkonstruktionen als eindimensionale Übernahme des Konzepts ‚zentralperspektivisches Illusionsbild' zu lesen.[148] Die perspektivisch nach dem Re-

148 Viel näher liegt die Annahme, dass die Anregungen für eine neue Manier der Ikonenmalerei zumindest vor den intensiven Beziehungen zu Holland, die mit Peter I. einsetzen, stärker von dem beeinflusst sind, was Alpers das Bildmodell des Südens nennt, also die mit dem Namen Alberti verbundene Konzeption eines illusionistischen Bildes als *Ausdrucks*bild, das sich stark um eine Differenz zwischen dem Realen und dem Idealen/Imaginären bemüht. Beruht die italienische Kunst nach Alpers auf einem perspektivischen Raster, so fußt die holländische auf einem kartographischen, das als undurchsichtige Arbeitsfläche verstanden werden kann. Gleichwohl wäre es interessant festzustellen, inwiefern sich der additive Stil der holländischen Malerei, der eine synkopierte Bildwirkung als Summe von vielen Ansichten ein und desselben Gegenstands hervorbringt, zu den Darstellungsprinzipien der Ikone, Aspektsummierungen vorzunehmen, eine Erweiterung des Blickfeldes zu Frontal- und Seitenansichten einzuführen, Sukzessivität durch Simultanität im Bild darzustellen, verhält. Auch hier wird zu berücksichtigen sein, dass die repetitiven Strukturen z.B. Hoogstratens einem sezierenden Impetus folgen. Zur „summirovanie zritel'noj ustanovki" („Summierung des Betrachterstandpunkts") vgl. Žegin, Nekotorye prostranstvennye formy v drevnerusskoj živopisi. – Es ist gerade das Verdienst Alpers, *Kunst als Beschreibung*, die Unterschiede zwischen zwei Modellen aufzuzeigen, die trotz des Rückbezugs auf identische optische Medien und der Prinzipien eines homogenen Raums extrem divergente perspektivische Darstellungskonzepte (Distanzpunktperspektive und Linearperspektive) herausgebildet haben. Zusammengefasst sind diese Unterschiede insbes. im Kap. II.2.1. Buci-Glucksmann, *La folie du voir,* spricht von der Perspektive als Pluralismus der Augenpunkte, die den Körper, der vom cartesianischen Perspektivismus eliminiert wurde, in seinen taktilen Perspektiven wieder integriert. Die anamorphotische Brechung der Spiegelkonstruk-

flexmodell des Spiegels angelegten Ikonen der neuen Schule nähern sich dem Repräsentationsmodell eines Bildes an, das sich an der Scheinhaftigkeit der perfekten Bildillusion, die durch Oberflächeneffekte hervorgerufen ist, berauscht und diese Rauscherfahrung an göttliche Spiegelwunder zurückbindet, um sie nicht als Täuschung zu diffamieren.[149] Es ist höchst problematisch, hier von der Formierung einer „realistischen Ikonenmalerei" zu sprechen.[150] Vielmehr hat man von einer Aufhebung des ikonographischen Realismus der Ikone (der eigentlich ein doppelter Realismus ist, da er zwei Wirklichkeiten zeigt: eine geschichtliche Tatsache und eine außerzeitliche Offenbarung) durch illusionistische Darstellung auszugehen. Die Ikone etabliert sich über die Einführung der Spiegelmetapher zum ersten Mal im Wissen um den Sichtbarkeits- und Sinnentrug als Seh-Objekt und erschließt eine potenzielle Vielfalt visueller Räume, die gerade jene Durchlässigkeit der ‚klassischen' Ikone verschließen und zu opaken Flächen werden lassen. Perspektive eröffnet Durchsichten, die als Undurchsichtigkeiten wahrgenommen werden, die auch All-Sichtbarkeit mit dem Schatten der Unsichtbarkeit des zuvor über Transzendierung malerischer Materialität erfahrbaren *logos* überziehen. Mit der Multiplizierung perspektivischer Modelle zu perspektivischen Palimpses-

---

tionen und die ver-rückten Bilder, die sie generiert, entspricht auf andere Art der Darstellung des Nicht-Darstellbaren und nähert sich damit einem neuzeitlichen Begriff des Erhabenen an. Zur Geschichte der Anamorphose auch Baltrušajtis, *Der Spiegel.*

149 Laut Baltrušajtis verfügt die Bibel nicht nur über klassisch gewordene Sentenzen zum Spiegeltrug, sondern konstruiert das Erleuchtungsgeschehen über Transfigurationen dezidiert als Spiegelbild. Die Haut wird zum Spiegel der Herrlichkeit Gottes. Vgl. Baltrušajtis, *Der Spiegel*, 78f und Kap. III.4.

150 So z.b. Ovčinnikova, Iosif Vladimirov, oder Dmitriev, Teorija iskusstva, oder Bylinin/Grichin, Simeon Polockij i Simon Ušakov. Die Widerlegung dieser Realismusthese der russischen Malerei des 17. Jahrhunderts, die programmatisch eine Annäherung von Kunst und Leben postuliert, leisten überzeugend Ouspensky/Lossky, *Der Sinn der Ikonen*, indem sie zeigen, dass die altrussische Ikone als realistisches Bild in dem Sinne bezeichnet werden kann, dass sie entgegen den Sinnbildern „die Bedeutung der geschichtlichen Wirklichkeit" (30) hervorhebt und die Wahrheit selbst (und keine menschliche Erdichtung oder Idee derselben) wiedergibt. Die uneinholbare Aporie der Ikonenmalerei, zwar das Unsinnliche zu versinnlichen, aber dennoch auch nur das zeigen zu können, was sichtbar wurde, bindet die Ikone strengstens an die Realität und beweist diese. Dass dieser „ikonographische Realismus" sich paart mit einer Schematik oder Schablonenhaftigkeit des Bildes, resultiert gerade aus der Notwendigkeit, durch eine stabile Tradition die unmittelbare Verbindung der Ikone mit dem dargestellten Menschen aufrechtzuerhalten. Verliert sie diese dadurch, dass die Ikone nicht den göttlichen Menschen, sondern eine menschliche Idee des Menschen zeigt, so schleicht sich ein idealistisches Element in sie ein (43): „Das, was in der weltlichen Kunst Realismus ist, wird, auf die kirchliche Kunst angewandt, zum Idealismus."(50) Aus diesem Grunde müssen auch bei aller beobachtbaren Tendenz zur Hinwendung zur ‚Wirklichkeit' Thesen über den empirisch-naturwissenschaftlichen Charakter der neuen Ikonen, wie sie Bylinin/Grichin vortragen, mit Vorsicht diskutiert werden.

ten tritt auch ein modifiziertes Verständnis des Visionären auf. Nach Panofsky öffnet erst die Linearperspektive den Raum des Bildkunstwerks für die Erfahrung des Visionären, welches – anders als die magisch oder dogmatisch-symbolische Spiritualität – das Kultwerk in den Bereich des rein Phänomenalen überträgt, „die *ousia* zum *fainomenon* wandelnd, das das Göttliche zu einem bloßen Inhalt des menschlichen Bewusstseins zusammenzuziehen scheint, dafür aber umgekehrt das menschliche Bewusstsein zu einem Gefäß des Göttlichen weitet."[151] Es ist der Fensterblick, der die Ordnung der Dinge in eine visuelle transformiert, der das visionäre Schauen in seiner ‚Reinform' erst hervorbringt, der Vorstellungsbilder als Darstellungsbilder repräsentieren kann, indem er die sichtbare Welt auf einen unsichtbaren Fluchtpunkt zusammenzieht, „den alle sichtbaren Punkte, weil sie in ihm münden, lediglich vertreten."[152] Dass aber die Ersetzung der visuell wahrnehmbaren Figur durch eine lesbare Formel des Als-Ob im Bereich des Kultbildes als epistemologische Veränderung zu einer aisthetischen Irritation des Betrachters führt, zeigt sich in den barocken Ikonenlegenden.

3.2. Vision und Imagination

Die breite Empirie der literarischen Ikonenvisionen kann als Genre gelesen werden, das die paradoxe Situation der Sichtbarmachung des Unsichtbaren aufarbeitet, indem es die sinnlichen Abbilder der unsinnlichen Urbilder in literale Welten verlegt und so ihre medial-transitorische Funktion bestätigt. Wenn es im Folgenden darum geht, den ikonologischen Diskurs über eine reformierte Darstellung von Vorstellung in literarischen Verarbeitungen von Ikonenvisionen zu untersuchen, so ist damit schon eine erste Prämisse gesetzt. Es liegt nahe, dass sich der Disput um die optische Inbesitznahme eines nur visionär erfahrbaren Unsichtbaren gerade auch auf einem Feld abspielt, das diese neue Blickerfahrung per se immer nur als eine imaginäre vermitteln kann. Das Wunder der Ikone, sei sie nun eine des neuen oder des alten Stils, ist im Text nur imaginativ erfahrbar. Gerade die verschriftlichten Wunderikonen loten dieses Spannungsfeld des Imaginären aus, da sie die eigene Paradoxie, Unsichtbares sichtbar zu machen, an eine Art medial-selbsterklärendes Modell binden. Die Literatur erweist sich als Medium, in dem ein visueller Möglichkeitsdiskurs durchgespielt wird, um ein poetologisches Konzept von Imagination auszuloten. Hier wird offensichtlich, wie die Umcodierung des

151 Panofsky, Die Perspektive als ‚symbolische Form', 126.
152 Kittler, Buchstaben – Zahlen – Codes, 47.

Begriffs *voobraženie* von der Darstellung zur Einbildungskraft sich über die imaginäre Schau ikonischer Urbilder vollzieht, an deren unsichtbarer Sichtbarkeit auch die sich rhetorisierende Literatur partizipiert.[153] Die Ikone figuriert in diesen Texten als Allegorie einer Imagination, die über das *speculum* des Wunderbaren hervorgebracht wird. Das wundertätige Kultbild fungiert dabei imaginationstechnisch als Orientierungsdiskurs zur Exploration imaginärer Welten des unsichtbar Sichtbaren wie auch zur Sondierung der Steigerungsmöglichkeiten imaginärer Blicke bis zur sensorischen Erfahrbarkeit einer aisthetischen Imagination.

Aus dem Genre visionistischer Wunder-Literatur werden hier drei Beispiele herausgegriffen: Karion Istomins *Erzählung über wundertätige Ikonen* (*Slovo o čudotvornych ikonach*, 1718) muss als fast anachronistische Erscheinung zu einem Zeitpunkt gelten, an dem Peter I. bereits Echtheitszertifikate von Reliquien, wundertätigen Ikonen und sonstigen Kultobjekten anfertigen, entlarvte Exemplare in die Kunstkammer abtransportieren oder vernichten und den Erfindern von Wunderlegenden die Nasen aufschlitzen ließ. Ganz anders kündigt sich bei Simeon Polockij ein Visionskonzept an, welches das Bildmedium als ästhetisches Performativ und dessen Wundertätigkeit eher im Sinne eines *čudesnoe* (Wunderbares) der Schaulust begreift. Seine Gedichte *Die Gottesmutterikone* (*Ikona Bogorodicy*, ca. 1678) und *Die Ikone mit dem ausgestochenen Auge* (*Oko izbodenno obrazu*, ca. 1678) gehören noch in die Zeit der Legendentoleranz. Karion Istomins Text über die Wunder der Okovecker Gottesmutterikone ist als dritte Redaktion einer aus dem 16. Jahrhundert stammenden Erzählung über die Okovecker Ikonenerscheinung eine „Neufassung auf der Basis alter Schriften" („sie činovne s starych pism sčinisja novo i napisasja s prikladom").[154] Sein Text weist eine kompilative Struktur in der Tradition der Viten auf, die über die altrussische Visionsliteratur kaum hinausgeht. Simeon Po-

153 Für diese Deutung könnte man z.B. eine Stelle aus Ušakov anführen: *voobraženie* ist hier Teil der Erziehung und Ausbildung des Ikonenmalers: „Unser Geist erhebt sich zu den Urbildern: danach streben wir, wenn wir nach der ehrbaren Schrift die Kunst der Ikonenmalerei auf das Beste erlernen; mit der Darstellung der Antlitze und der Taten der Gläubigen zeichnen [schreiben/bilden] wir das Gedenken an ihre Tugenden unseren Seelen ein." („[…] um naš vozvodjaše ko pervoobraznym; k tomu i priležim, eže čestnomu onych pisaniju chudožestva blagoiskusne naučitsja; voobraženiem lic i dejanij ugodnikov Božich ljubezno pamjat' dobrodetelej ich napisuem v dušach naših, […]".) (59)

154 Karion Istomin, *Erzählung über wundertätige Ikonen/Slovo o čudotvornych ikonach*, 21. Diese Behauptung entspricht nicht ganz den Tatsachen, denn de facto stützt sich Karion Istomin auf die zweite Redaktion. Dazu knappe Ausführungen bei Ebbinghaus, *Marienikonenlegenden*, 188–193. Die Edition der ersten Fassung findet sich bei Archimandrit Leonid: *Skazanija i povesti o svjatych čudotvornych ikonach*. In: Russkij archiv 1881, 2, 7–15. Die zweite Fassung stammt aus dem 17. Jahrhundert. Bei der dritten Redaktion von Karion Istomin handelt es sich um eine Auftragsarbeit Georgij Stefanovič Neledinskij-Meleckijs.

lockijs Gedichte hingegen sind Bearbeitungen von Prätexten aus dem *Magnum speculum exemplorum* (1653) Matthias Fabers.[155] Funktioniert das Wunder bei Karion Istomin kulturpragmatisch noch ganz im Rahmen sakraler Bedingung, die das gefährlich scheinende Sichtbare als erbauliche göttliche Erscheinung in stereotypen Bildschemata und seriellen Textformeln domestiziert und signifiziert, um es nicht okkulten, mystischen und monströsen Gegenwelten zu überlassen[156], so weist es bei Simeon Polockij deutlich ästhetisierende Spuren auf. Das Wunder (čudo) wandelt sich bei ihm zum Wunderbaren (čudesnoe) im Sinne eines spektakulären Details innerhalb eines literarischen und artifiziellen Kontextes, der durch die Metamorphosen visionärer Erfahrungen ein neues Bild- und Textprogramm durchspielt.[157] Spannt die altrussische Visionsliteratur – das zeigt Karion Istomins *Erzählung über wundertätige Ikonen* – das Wunderbare in die Parameter des Kultbildes und damit den Text in den Rahmen kontemplativer Spiritualität, so profiliert der Barock das Bild durch das Wunderbare zum Imaginären einer Bildlichkeitserregung. Man könnte mit diesen Texten von einer prinzipiellen Umcodierung des Aurabegriffs sprechen, der sich vor-barock als visueller Authentizitätsbeweis, barock eher als virtueller Visualitätsbeweis versteht. Die Konsequenzen für das imaginäre Bild sind weitreichend: Stand das Wunder im Dienst einer Vorstellbarkeit des visuell Absenten, so visualisiert das Spektakuläre ein sensationell Unvorstellbares.

Wenn diese changierenden Blicke an den in Altrussland besonders beliebten Wundern der Gottesmutterikone vollzogen werden, so ist diese Bildwahl ikonentheologisch und medientheoretisch gut begründet. Die Gottesmutter ist das Bildobjekt, das im Bilderkult maßgeblich pro-ikonologisch eingesetzt

155 Der Kommentar von Anthony Hippisley zum *Blumenreichen Garten* weist *Die Gottesmutterikone* (*Ikona bogorodicy*) als bearbeitete Übersetzung von Fabers *Maria Virgo* aus. Der *Ikone mit dem ausgestochenen Auge* (*Oko izbodenno obrazu*) liegt Fabers *Imago* zugrunde.

156 Eine Darstellung dieser Welten findet sich in den Bilderbögen (*lubki*), die als ein Experiment- und Alterierungsgenre des Phantastischen noch kaum untersucht wurden. Gerade die intermediale Form ist es, die sich hierbei als Feld eignet, da jeweils einem der Codes die überschreitende, dem anderen die reglementierende Funktion zugeschrieben werden könnte. Eine andere Form, die den Diskurs des Wunderbaren übernimmt und ihn zu demjenigen des ‚Fremden' modifiziert, sind die Reisebeschreibungen/-erzählungen, die aus den Kosmografien erwachsen.

157 Diese Modifikation ist eigentlich eine Spaltung, denn mit der Ästhetisierung einher geht die Verwissenschaftlichung des Wunderbaren, die eine Klassifizierungsrolle übernimmt, welche zuvor unter gänzlich anderen ideologischen Prämissen die Kirche übernahm. Befreit von diesen Normierungszwängen kann sich ein poetologischer Diskurs entfalten, der die erkenntnistheoretische Komponente des Wunderbaren abgibt an eine zaghaft sich entwickelnde Naturwissenschaft. Zur naturwissenschaftlichen ‚Erdung' übersinnlicher Phänomene und zur Herausbildung der Naturwissenschaften in Altrussland allgemein vgl. Rajnov, *Nauka v Rossii XI-XVII vekov*. Zur Umkodierung und Zügelung des Wunderbaren als „récuperation scientifique" siehe auch le Goff, *L'imaginaire*, 27.

wurde. Denn die Marienikonographie begründet sich zum einen aus der Legende vom Evangelisten Lukas als Maler des ersten Gottesmutterbildes, zum anderen aus der durch Maria vollzogenen Menschwerdung Christi, die wiederum seine Bildwerdung ermöglichte. Maria ist in dieser Hinsicht der Prototypos des natürlichen Bildmediums und ‚Bildgenerators' schlechthin – durch sie wird sinnlich wahrnehmbar, was immateriell war, und mit seiner Wahrnehmbarkeit auch künstlich abbildbar.[158]

Flankiert wird die literarische Textproduktion beider Autoren durch ihre bildtheoretischen Traktate. Karion Istomin wie Simeon Polockij haben aktiv an der bildertheologischen Auseinandersetzung Ende der 60er Jahre des 17. Jahrhunderts teilgenommen und – in großen Teilen wörtlich deckungsgleiche – Traktate verfasst, die sie als Vertreter eines reformierten Ikonenkonzepts ausweisen. Sie dokumentieren mehr als nur eine kunsthistorische Entwicklungsstufe. In personam stehen Karion Istomin und Simeon Polockij für die intermedialen Verflechtungen des russischen Barock, die Literaten zu Ikonologen machen, welche ein (Bild)Medium, das unter der Ägide der Schrift steht, für ein (Schrift)Medium, das unter der Ägide des Bildes steht, nutzen. Auf der Basis ikonentheologischer Argumente werden im 17. Jahrhundert erste Postulate tropologischer Bildlichkeit als verbal vermittelter visueller Vorstellungskraft überhaupt konzeptualisierbar. Das betrifft auch die Frage, wie die Postulate der Lesbarkeit des Bildes als Bedingungen der Sichtbarkeit des Textes auslegbar sind. Zu fragen ist folglich, wie die Ikonenvisionsliteratur das grundsätzliche Medienverhältnis von Schrift und Bild rearrangiert, indem sie bewusst ein rhetorisches Imaginäres einsetzt. Wie generiert die textualisierte Ikone, die im Medium der Literatur ihr Schriftprimat auf eine rhetorische Textualität verschiebt, ein neues Sichtbarkeitsprimat aus der Schrift? Es ist eben diese Diskussion, die Karion Istomin und Simeon Polockij in ihren visionistischen Texten literarisch austragen.

3.3. Agenten der Vision: Aggressive Bilder und blinde Bilderstürmer

Die *Erzählung über wundertätige Ikonen* setzt ein mit der Bestimmung ihres eigenen visionistischen Standpunkts aus der Position eines optischen Skeptizismus:

---

158 Zur gesamten Problematik des Bilderstreits und der Bildlehre in der Ostkirche vgl. Belting, *Bild und Kult*, insbes. 164–184; Onasch, *Die Ikonenmalerei*; Ouspensky/Lossky, *Der Sinn der Ikonen* und im Rückgang auf die ‚Urtexte' auch Koch, *Die altchristliche Bilderfrage nach den literarischen Quellen*, sowie Holl, *Gesammelte Aufsätze zur Kirchengeschichte*.

> Schaut jemand auf zum Himmel, was er ist und wie er die Erde umgibt, so vermag sein Verstand dies nicht zu begreifen. Schaut jemand aber auf die Erde, auf seine Umgebung in Breite und Höhe, so stumpft sein Verstand ab und verbleibt in Unwissenheit.[159]

Der Sichtbarkeits- und damit der Erkenntnishorizont des Menschen erscheint maximal eingeschränkt. Das Göttliche, der Himmel, erweist sich als dem Verstand (durch die Sinne) nicht zugänglich – „Was ist es?" („čto ono?"). Der suchende Blick nach oben dringt nicht bis zur Transzendenzerfahrung durch, und auch ein empirisches Erkenntnisinteresse bleibt unbefriedigt. Der resigniert nach unten abgewendete Blick prallt stumpf an der undurchdringlichen Materie der irdischen Dinge ab, verfängt sich in den irdischen Dimensionen und Denkkoordinaten von Höhe und Breite, die doch die Welt eigentlich erst (be)greifbar machen sollen. Weder sind Sinnesdaten rationalisierbar, noch auf ein Transzendentes hin transparent. Das Subjekt, das die Bücher des Himmels und der Natur nicht lesen und synthetisieren kann, bleibt der Unkenntnis überlassen.

Aus dieser Eingangsbeobachtung heraus wird die Notwendigkeit anderer und vor allem populärer Erkenntnis- und Wahrnehmungsformen artikuliert:

> Das Wunder wird von Gott geschaffen, es übersteigt den menschlichen Verstand und ist höher als alles, wonach er handelnd streben mag. […] Denn im Zeichen der Wahrheit, im ehrfurchtsvollen Glauben versichert sich das Volk. Und in allen Ungläubigen und der Gnade nicht teilhaftig Gewordenen bewirken viele Wunder erstaunliche Dinge.[160]

Das Wunder funktioniert ganz nach dem Vermittlungsschema spiritueller Evidenz eines Übersinnlichen. Was sich epiphanisch zeigt, ist sinnhaftes, sinnhaft übersteigertes, bis zur vorgestellten Wahrnehmbarkeit übersinnhaftes Ereignis. Die wunderbare Schau des Göttlichen in der Vision figuriert als Mis-

---

159 Karion Istomin, *Erzählung über wundertätige Ikonen/Slovo o čudotvornych ikonach,* 3. („Vozzrit li kto na nebo, čto ono, i jako okolo zemli obleženo, um nepostignet, posmotrit li na zemlju, na okruglost', na širotu, na vysotu, to um vsjako pritupljaetsja, i v neznanii staetsja.") Vgl. auch den Beginn der *Verse eingedenk des Todes* (*Stichi vospominati smert' privetstvom*) aus Karions *Russischer Fibel/Bukvar'* (1696): „Betrachte ich den Himmel, so begreife ich nicht, wie ich ihn erreichen soll, da mich doch Gott zu sich ruft. / Schau ich mich auf der Erde um, so stumpft mein Verstand ab, jeder Mensch fällt dem Tod anheim." („Vozzrju na nebo um ne postigaet, kako v ne pojdu a Bog prizyvaet. / Na zemlju smotrju mysl' pritupljaetsja, vsjak čelověk v tu smert'ju valjaetsja.")

160 Karion Istomin, *Erzählung über wundertätige Ikonen/Slovo o čudotvornych ikonach*, 2vf. („[…] čudo ubo est', eže tvoritsja blagovoleniem božiim, vyše čelovečeskago smysla, i tščanija, o čem li bo sodějati chotjašča. […] Ubo v pokazanie istiny, v věrě blagočestivoj, narod utverždaj, i v zlověrcach, i otnjud neznajuščich blaga, premnogaja čudesa preudivitel'naja děla blagovoli.")

sionierungs- und Sakralisierungsinstrument noch vor jeder Unterweisung in die Schrift, den eigentlichen Träger des sakralen *logos*. In einem langen, den Einzeldarstellungen der Wunder vorangehenden Teil begründet Karion Istomin deren Notwendigkeit und Logik aus einem unmittelbaren und gleichsam anthropologisch fundierten Anschauungsbedürfnis des Menschen und aus einer didaktischen Funktion der Unterweisung in die göttliche Lehre derjenigen, die des Lesens nicht fähig sind. Beide Argumente sind dem Standardrepertoire des ikonentheologischen Diskurses entnommen. Von Bildern als Schulen für die Illiteraten spricht bereits Papst Gregor („Nam quod legentibus scriptura, hoc idiotibus praestat pictura cernentibus“[161]). Sein Argument nimmt auch Johannes von Damaskus für die Bildertheologie der Ostkirche in Anspruch. Die nicht zurückzuweisende Evidenz der real gedachten visionären Anschauung im Wunder der sich dem Blick öffnenden, das ontologisch Unsichtbare sichtbar machenden Ikone ist zentrales Argument für den Schriftersatz, den sie leisten kann. Nur *weil* sie unter einem strengen Schriftdiktat stehen, supplementieren Ikonen durch ihre visionäre Wirkungskraft für den Schriftunkundigen die Heilige Schrift.

> Oh, ihr Menschen, freut Euch unseres Hirten, unseres Herrn, wie er auf diese Ikone sah, mit hellstrahlendem Licht hat er uns erleuchtet, die wir Unwissende und der Schrift Unkundige sind, einfache Menschen und in wilden [heidnischen] Siedlungen lebend, so wie ihr mit euren eigenen Augen heute gesehen habt, was ist, so wie diese heilige Ikone, so wie dies strahlende Kreuz.[162]

Auch in den Ikonentraktaten ist die Spannung zwischen Sehen und Schauen auf das Feld der Interferenzen und Konkurrenzen zwischen Lesen und Sehen übertragen. Hier geht es aber nicht darum, die Ikone als Fibel für Analphabeten zu etablieren, sondern darum, sie als das bessere, weil lebensechtere Medium zu feiern.

Karion Istomin und Simon Ušakov führen beide eine Legende um Basilius den Großen an, der die Maler aufgefordert hatte, die Leidensgeschichte der Märtyrer in Farbe zu schildern, da sie dies besser könnten als er mit seiner Predigt. Vor einem Bild ruft er bewundernd aus, die Hand des Hl. Barlaam sei im Bild besser, und das heißt lebendiger, anschaulicher dargestellt als im Wort: „Frohlockend sehe ich, wie die Ikonenmaler seine für Christus verbrannte

161 Zit. nach Vavra, Menschen-Bilder, 19.

162 Karion Istomin, *Erzählung über wundertätige Ikonen/Slovo o čudotvornych ikonach*, 12. („O ljudie dnes' radujtes' bogu pomoščniku našemu, jako prizrě na ny ikonoju seju, i světom lučezarnym osija nas neznajuščyja i nevědjaščyja pisanija, prostych i v selenijach dikich živuščich, jako viděša očima vašima nyně, čto byst', i jako est' se svjataja ikona, se krest svjatyj světozarnyj.“)

Hand besser darstellen, als ich es mit Worten beschrieben habe; ich gehe, sprach er [= Basilius], besiegt durch die Malerei der guten Taten des Märtyrers."[163] Karion Istomin verstärkt diesen Akzent noch durch eine Fülle an Belegen, die den Pinsel des Malers über die Feder des Schriftstellers stellen. Sein Beweisgang kulminiert in einem Verweis auf Platon, dem er den Ausspruch „die Ikonenmalerei ist wahrhaft lebendiger, sie rühmt nicht sprechend, sondern schweigend"[164] zuschreibt. Spätestens mit der Vereinnahmung des platonischen Logozentrismus für einen orthodoxen Ikonozentrismus ist das Bildlichkeitskonzept des Schriftstellers Karion Istomin entblößt: Wenn sich die Ikone des Schriftdiktats entledigt, um Kunstbild zu werden, dann kann sich der Text der Ikone bedienen, um seine Bildlichkeit offensiv zu entfalten. Es geht damit eben nicht mehr um den Anspruch, den Hébert den hagiographischen Strategien des Wortflechtens zuschrieb. Ikonisierung des Textes ist im Bereich der Visionik insofern zu spezifizieren, als es nicht um eine Verfahrensanalogie von verbalem und ikonischem Zeichen geht. Vielmehr handelt es sich um die verfremdete Aktualisierung eines Wissens über das Vorstellungsbild, das die Ikone bereitstellt. Im literalen Medium realisiert sich der doppelte Blick auf das immaterielle Bild der Ikone als Lektüre des Imaginären. Hier entfaltet sich die Fähigkeit zur visionären Evidenzerfahrung als imaginative Konstituierung eines virtuellen Bildobjekts. Sie nutzt die Bestimmung der Ikone als zu lesendes Bild eines Unsichtbaren für den Text aus.

So überrascht es nicht, dass Karion Istomin in seinem weiteren Gedankengang gerade die Ikone als ein Medium, an dem die visionäre Schau musterhaft eingeübt werden kann, profiliert: „So erschafft Er, Der über alles herrscht, durch die sichtbaren Dinge, wie die Ikonen mit ihrem unsichtbaren Segen erschaffen, denn Er, unser Herr, vermag alles."[165] Über die Betrachtung der Ikone wird der Betrachter bei Karion Istomin in die verschränkte Bildcodierung von sichtbar und unsichtbar, schriftlich und bildlich, materiell und immateriell, optisch und imaginär eingewiesen. Diese gibt in Körper- und Geisteshaltung die bekannte Struktur des zu den Urbildern erhobenen Blicks und die Rückbindung eines jeden Gesichts an das legitimationsspendende Urbild (*pervoobraz*) vor. Sie operiert als Schlüsselmedium des optischen Vergegenwärtigungsdiskurses eines Invisiblen.

---

163 Karion Istomin, *Erzählung über wundertätige Ikonen/Slovo o čudotvornych ikonach*, 59. („Radujusja, jako lušče ikonopisatelie izobraziša ruku ego za Christa sožžennuju, neželi az opisach slovom; otchoždu, reče, dobrych mučenika del pisaniem ot vas pobežden.")

164 Karion Istomin, *Erzählung über wundertätige Ikonen/Slovo o čudotvornych ikonach*, 73. („ikonnoe delo voistinnu byti živuščee, za veličestvo česti ne glagoljuščee i molčaščee.")

165 Karion Istomin, *Erzählung über wundertätige Ikonen/Slovo o čudotvornych ikonach*, 4. („črez vidimija vešči, ikony svjatyja nevidimoju svoeju blagodatiju sotvorjati, tvorit že, i vpred' silen est' tvoriti, jako emu gospodu našemu vsja vozmožna.")

Das Modell epiphanischer Evidenz spielt Karion Istomin in den Wundern seiner Erzählung auffallend häufig an Blindheits- oder Blindenheilungsepisoden durch. Hauptfiguren der Visionen sind „blinde Seher", allegorische Figurierungen des Sehens eines Unsichtbaren durch retinales Nicht-Sehen. So ist das vierte Wunder eingeleitet durch die Verse:

> Wenn ein Blinder seine Augen auf Maria richtet,
> wird er durch die Gottesmutter geheilt werden.
> Es waren drei Frauen unterschiedlichen Alters erblindet,
> die die Schärfe ihres Augenlichts wiedererhielten.[166]

Dem sechsten Wunder steht voran:

> Allerlei Wunder, allerlei Visionen,
> erschafft Gott den Menschen als Erscheinungen.
> Den Blinden gibt er das Augenlicht, die Sehenden lässt er Wunder sehen,
> und rettet so jeden einzelnen.[167]

Diese Motti demonstrieren eine Sichtbarkeitsskepsis, die noch den Anschauungsnotstand der Epiphaniker dahingehend relativiert, dass eine Vision nicht zu schauen ist ohne eine Einschränkung oder gar Ausstreichung des Sehsinns. Damit hält der Blinde die alttestamentarischen Vorbehalte gegen das Bild als Trugbild wach, erinnert daran, das Bild nicht auf das Optische, auf das retinale Sehen zu gründen, sondern auf immanente Unsichtbarkeit und körperliches Nicht-Sehen. Er führt aber auch vor, dass imaginäres Erleben, Sehen mit dem geistigen Auge zu einer Re-Installierung des äußeren Auges führen kann. Was dem Sehenden das Wunder der Vision ist, ist dem Blinden das Wunder des körperlichen Sehens. So oszillieren die Wundervisionen in der Mystifikation des Blicks zwischen Blindheit und Sehen, innerem und äußerem Blick. Es ist der Blinde, aber auch der geheilte Blinde, der das Moment der unhintergehbaren Unsichtbarkeit noch im Prozess des Sehens und der Augenöffnung nachdrücklich ‚vor Augen führt'. Spirituelle Vision wird so zum Modell retinalen Sehend-Werdens.

Die Rolle dieses Motivs für den Wahrnehmungsdiskurs in der Kunst des 17. Jahrhunderts hat in seiner autoreferenziellen Thematisierung der Bedingung des Bildes Bexte nachvollzogen.[168] Karion Istomin variiert dieses sensori-

166 Karion Istomin, *Erzählung über wundertätige Ikonen/Slovo o čudotvornych ikonach*, 33v. („Slep kto očima potecy k Marii, / Bogorodicě budeši v zdravii. / Běša tri ženy raznych lět v slěpotě / Staša tě očes zdě vzrěnno ostrotě.")

167 Karion Istomin, *Erzählung über wundertätige Ikonen/Slovo o čudotvornych ikonach*, 35v. („Razna čudesa, razna viděnija / jaže bog tvorit v ljudech javlenija. / Zrěnie slepym zrja ščim divlenie, / Podavaet vsěm svoe spasenie.")

168 Bexte, *Blinde Seher*.

sche Muster: Soweit wie sinnliche Gewissheit des Transzendenten unerreichbar ist, bleibt der Blinde, der der Vision teilhaftig wird, die spirituelle Symbolgestalt der altrussischen Kultur. Dass nun der Blinde entsprechend einem visionistischen Apriori bei Karion Istomin zum Modell des Sehens und zur Allegorie der Sinne wird, ist eine der Paradoxien, in die der Barock die gesamte Ikonologie und Mediologie verwickelt. In den Visionen der Okovecker Gottesmutter ist der Übergang vom Schauen zum Sehen vorgeführt wie auch der Übergang vom Sehen ins Schauen, das sich dem Äußeren verschließt, um zur inneren Einsicht zu kommen. So kann ein Lob der *visio corporalis* neben der Bitte um Reinigung der *oculi spirituales* stehen. Aus diesem Grunde gestalten die von Karion Istomin zusammengetragenen Visionen mit Vorliebe das Phantasma des ersten Blicks, der optischen Geburt. Sie vollziehen die visionistische Epiphanie als sensorische Initiation nach. Im und durch die Visionen der Blinden sondiert Karion Istomin den Wechsel zwischen Vorstellung und Wahrnehmung. Die Einsicht, die aus der Lektüre der allegorischen Exempel hervorgeht, gleicht einer Blindenheilung des Lesers. Mit den körperlichen Augen des Blinden erwecken die Legenden die inneren Sensoren.

Karion Istomins Ambivalenz bezüglich der Transformation der inneren in äußere Augen und deren Zurichtung zu einem paradoxen optischen Instrument der Vision spiegelt sich in seinen bildtheoretischen Überlegungen. Ihm wird ein Ikonentraktat zugeschrieben, das den gleichen Titel wie die Schrift Ušakovs trägt: *An den Verehrer der Ikonenmalerei*.[169] Nikol'skij bezeichnet den Text, was nicht überrascht, als Redaktion der gleichnamigen Programmschrift Ušakovs, in dessen unmittelbarem Einflussbereich Istomin sich durch seine Tätigkeit am Moskauer Druckhof und seine – über Silvestr Medved'ev und andere vermittelte – Nähe zum Zarenhof befand. Zudem weist Nikol'skij auf umfangreiche wörtliche Übernahmen aus den Zirkularien des Zaren Aleksej Michajlovič an die Ikonenmaler (1669)[170] und der drei Patriarchen Paisij von

---

169 Dieser Text ist ein Paradebeispiel der vielen Handschriften, die um die Wende vom 19. zum 20. Jahrhundert ediert wurden, aber in der neueren Forschung dennoch fast vollständig unbeachtet blieben. Es hat sich hier so etwas wie eine zweite Schicht empirischen Materials gebildet, das ebenso wie die Originale der erneuten Entdeckung harrt.

170 *Zirkular des Zaren über die Ikonenmalerei* (*Okružnaja carskaja gramota ob ikonnom pisanii*). Das *Zirkular* des Zaren führt, wie auch schon die Traktate zuvor, zwei Argumentationsstränge zusammen: zum einen die immer neue Begründung der Ikonenmalerei aus dem christologischen Dogma, zum anderen die Verteidigung der richtigen Art dieser Malerei und die Verurteilung der „hässlichen", „unwahrhaftigen", „unähnlichen", „groben", „unwürdigen und unanständigen Malerei" („nelepoe", „pravednoe", „nepodobnoe", „neiskusnoe", „nedostojnoe i nepriličnoe pisanie"). Die Reihenfolge seiner Gewährsmänner und -szenen verdeutlicht das: 1. 2. Mose 25.18 (Und du sollst zwei Cherubime machen aus getriebenem Golde an beiden Enden des Gnadenthrons), 2. Legende vom autoikonischen Abdruck des Antlitz Christi auf einem Leinentuch, das er Abgar als Antwort auf dessen Bitte nach einem Bild Christi geschickt habe, 3. Legende des Evangelisten Lukas als Malers

Alexandrien, Makarij von Antiochien und Ioasaf von Moskau über die Ikonenmalerei (1668)[171] hin. Karion Istomins kompilative Fassung ist insgesamt umfangreicher als Ušakovs, verzichtet aber auf wesentliche Bestandteile. Auslassungen nimmt er bezeichnenderweise gerade in den restaurativen Passagen vor, welche spirituelle Visionen als ikonographische Belege heranziehen, die dem Unvorstellbaren wenn auch flüchtige, so doch wahrnehmbare Gestalt verleihen. Demgegenüber sind alle medienreformatorischen Argumente aus Ušakovs Schreiben *An den Verehrer der Ikonenmalerei*, die das Bild in eine Repräsentationslogik einordnen, enthalten. Dazu zählen die Einordnung der Malerei in die *septem artes liberales*,[172] zudem die bei Ušakov in der Ich-Form des gottbegnadeten Ikonenmalers gehaltene Ankündigung des anatomischen Atlanten für eine gravierte Ikonenmalschule („alfavit chudožestva") sowie die Analogisierung des Schöpfungsprozesses mit dem Spiegelbild. In Bezug auf letzteres aber bleibt es beim reinen Verweis auf das Medium. Die Passage, die die Spiegeleffekte erst als wunderloses Wunder charakterisiert und dann den Spiegelmechanismus genau beschreibt, fehlt bei ihm. Stattdessen konzentriert Karion Istomin sich stärker auf die autoikonischen Prototypen – das Tuch, das Christus an den König Abgar von Edessa sendet („licevočelovečenie svoego na ubrusě") und das Schweißtuch der Veronika („bogonačertanno izobraziti") wie auch die von göttlichen Gesandten hergestellten Ikonen. Das Thema der *acheiropoiesis* ist hier also noch stark rückbezogen auf Berührungsreliquien und transzendente Modelle.

---

der Gottesmutter, 4. Berufung auf die Beschlüsse des VII. Ökumenischen Konzils von Nicaea, 5. Verweis auf Ikonen, die durch Engel gefertigt wurden; Beispiel Alimpij (s.u.), 6. Verweis auf Könige, Philosophen, Heerführer etc. als Ikonenmaler – Szepter und Pinsel als Formeln gottgleicher Ikonenmalerei (bei Ušakov heißt es: „kist' k skipetru prisovokuplja-li"), Schwert und Pinsel als Waffen gegen die Häretiker, 7. Bildung als notwendige Bedingung der Ikonenkunst, Berufung auf die Kirchenväter, 8. Berufung auf Art. 43 des Stoglav.

171 *Zirkular der Patriarchen über die Ikonenmalerei* (*Patriaršaja Okružnaja gramota ob ikonnom pisanii*). Beide Zirkularien waren Reaktionen auf das bzw. Ergebnisse des Großen Moskauer Konzils von 1666–1667, das auch die Probleme der unvollkommenen, fehlerhaften, Malerei (*grubopisanie*) und der Übernahme von gestalterischen Mitteln aus dem Westen behandelte. – Sechs Jahre später sieht man sich dann gezwungen, nicht mehr nur gegen 'stilistische' Entstaltungen vorzugehen, sondern auch gegen einen Medienwechsel, der sich unaufhaltsam vollzieht. Die *Urkunde der Patriarchen über das Verbot, die Abbildungen von Heiligen auf Papier zu drucken und mit deutschen Bilderbögen mit solchen Abbildungen zu handeln* (*Patriaršaja gramota o zapreščenii pečatat' na bumažnych listach izobraženie Svjatych i torgovat' Německimi pečatnymi listami s takovymi že izobraženijami*) sieht eine Abwendung vom Prinzip der Ähnlichkeit (*podobie*) nicht nur durch eine veränderte ikonographische Formensprache, sondern vor allem durch den massenreproduzierbaren Bildträger gegeben, denn „man soll auf Holztafeln malen, nicht auf Papier" („pisati na d-skach, a ne na listach, velěno").

172 Rätselhaft bleibt, woher diese Behauptung kommt – einzig Plinius gibt an, dass die Malerei vorübergehend in die Reihe der freien Künste aufgenommen worden sei und dort den ersten Rang eingenommen habe. Vgl. Scholz, Bild, 629.

Liest man die *Erzählung über wundertätige Ikonen* und den fünfzig Jahre zuvor entstandenen Traktat *An den Verehrer der Ikonenmalerei* zusammen, so ergeben sich starke konzeptionelle Differenzen, die sich erst dann klären, wenn man die mediale Spezifik von Text und Bild berücksichtigt. Fast scheint Karion Istomin ein halbes Jahrhundert nach Entwerfen seiner Bildtheorie eine Relektüre derselben über einen legendenhaften Diskurs vorzunehmen, der die visionäre Besetzung eines Unsichtbaren schon als literarischen Topos aufnimmt, weil sich das Unsichtbare in ein seinem ontologischen Status nach Ungewisses gewandelt hat. Nicht mehr alles, was nun in Erscheinung tritt, ist noch in einem unproblematischen Sinne wahr. Das Abgelebtsein dieses Wahrheitsanspruchs zeigt sich kaum deutlicher als in den bemühten Reaktualisierungen eines überkommenen Genres in der *Erzählung über wundertätige Ikonen*. Literarisch schreibt sich Karion Istomin ein in die Tradition des Stoglav-Konzils, bildtheoretisch in den Diskurs der reformorientierten Ikonenmalerei um Simon Ušakov. Aus seinem Kultbildtraktat streicht er zentrale Topoi der spirituellen Schau, während er gerade diese zur Grundlage eines Textes macht. Im Anachronismus von Karions Legenden zeigt sich eine Unüberbrückbarkeit, die rhetorisch und diskursiv produktiv wird. Hat die theoretische Konzeptualisierung eines Ikonen-Wunders keinen Platz mehr in einer Bilderlehre, die den visuellen Raum zunehmend rationalisiert und für das Bilderlebnis des Spektakulären öffnet, so bietet eben jene Erfahrung der visionären Schau den Anknüpfungspunkt für ein literarisch vermitteltes Imaginäres.

Simeon Polockij verfasst 1666 ebenfalls ein Traktat mit Richtlinien zur Ikonenmalerei[173], das Grundlage für eine Note (*pamjatnaja zapiska*) an den Za-

---

173 Bei dieser Handschrift der *Bittschrift* handelt es sich vermutlich um eine Art Skizzenbuch Simeon Polockijs. (Z.T. fehlerhafte) Auszüge daraus sind publiziert in Majkov, *Simeon Polockij o russkom ikonopisanii*. Hier auch Kommentare zur Textgenese und zum Charakter der Handschrift. – Knapp zehn Jahre später äußert Simeon sich viel vorsichtiger über die gleichen Fragen. Seine *Predigt über die Verehrung der heiligen Ikonen* (*Beseda o počitanii ikon svjatych)* geht auf ein Gespräch mit den Vertretern des neuen Ikonenstils zurück. Hier lehnt er die das Leben nachahmenden Kunstbilder (*živopodobie*) als ultima ratio der reformierten Malerei ab bzw. relativiert sie in ihrem Gewicht deutlich und verweist auf die Problematik der genaueren Ähnlichkeit, die die ‚Ušakov-Schule' für sich in Anspruch nimmt: „So wie ich jedes Bild Christi, unseres Gottes, verehre und küsse, sei es gemalt, sei es nicht gemalt, nur nach der Kirchenordnung muss es dargestellt sein und den Namen Christi tragen. Ich weiß, dass unter den vielen Tausend Christusbildern kaum ein einziges dem lebendigen Christus ähnelt. […] Man soll also die Ikonen verehren, die das Leben Christi nach der Ordnung malen und auch seine göttlichen Taten, mit seiner Namensaufschrift. Doch eine vollkommene Lebensähnlichkeit ist nicht notwendig." („Jako az vsjakij obraz Christa boga našego, ašče živopisannyj, ašče neživopisannyj, točiju po činu cerkovnomu izobražennyj, naipače ašče est' imejaj podpisanie imene Christova, počitaju i lobzaju. Věm bo jako Meždu mnogimi tysjaščmi obrazov Spasovych, negli edva edin živomu licu Christovu obrjaščetsja podoben. […] Dovleet že ko počitaniju svjatych ikon to, ašče po činu izobrazuet

ren Aleksej Michajlovič ist. Diese wiederum bildet die Vorlage des am 12. Mai 1668 ausgegebenem *Zirkulars der drei Patriarchen* (*Gramota trech patriarchov*) und des wenig später erlassenen *Zirkulars des Zaren* (*Carskaja gramota*, 1669) über die Ikonenmalerei. Die *Bittschrift über die Vervollkommnung der Ikonenmalerei* (*Proščenie ob usoveršenstvovanii ikonnogo pis'ma*) geht dem Traktat Karion Istomins voraus und kann als einer seiner direkten Prätexte angesehen werden. Simeons Text selbst wiederum bildet eine Kompilation der schon diskutierten Abhandlung Simon Ušakovs sowie des *Sendschreibens* Iosif Vladimirovs. Alle genannten Texte bereiten das Moskauer Konzil (1666–1667) und die dort verhandelten Fragen zur Ikonenmalerei vor. Simeon Polockijs Beitrag stellt sich vor dem Hintergrund der von den Ikonenmalern vorgelegten ästhetisch wie rhetorisch radikalen Traktate recht moderat dar. Unverkennbar ist ihm ein harmonisierender Duktus eigen, dem es – wenn er auch das niedrige Niveau der Ikonenmalerei („neiskusnye i bezzazornye ikonopiscy") und die minderwertige Qualität der im Volk verbreiteten Ikonen, die den Ikonenerwerb buchstäblich zu einem Tauschgeschäft („měnjajut na luk i na jajca") und die Ikone zur Ware machten[174], zu einem Ausgangspunkt seiner Rede wählt – weniger um ästhetische, als vielmehr um ethische Fragen zu tun ist. Ohne sich zunächst offen für eine Reform der ikonografischen Prinzipien auszusprechen, führt er – unabdingbarer Topos aller Traktate – unter Berufung auf die Kirchenväter und die bildbegründenden Mythen der Acheiropoieta die zentralen argumentativen Topoi der Ikonentheologie zusammen: die hypostatische Gleichheit der Ikone zum Urbild bei wesenhaftem Unterschied, die Zwei-Naturen-Lehre Christi, das christologische Dogma der Menschwerdung als umgeschriebenes und sichtbar gewordenes Wort, die verklärte Körperlichkeit und Vergottung des Leibes durch das Thaborlicht, die Augenzeugenschaft (samovidcy) der ersten Ikonenmaler und die Partizipation an dieser durch alle

---

čelovečestvo Christovo, i ego božestvennaja dejstva, s podpisaniem činnym, a nest' nužda konečnaja živopodobija.") Die Lehre des radikalen *živopodobie* (Lebensähnlichkeit), die alle nicht nach diesem Programm gemalten Ikonen verwirft, kritisiert er als „Ikonoklasmus" („Sie že est' ikonoborčestvo"). Von den Reformern auf ein konkretes (und absurdes) Beispiel angesprochen (eine Ikone mit einem rasierten Christus), nennt er die künstlerische Umarbeitung und Adaption der ‚unähnlichen' Ikone als eine Möglichkeit und nimmt damit unwissentlich eine Position ein, die auch Avvakum stellenweise vertritt. Bylinin zeichnet nach, wie die *Predigt* zwischen ‚Archaisten' und ‚Novatoren' eine vermittelnde Position bezieht. Bylinin, K voprosu o polemike vokrug russkogo ikonopisanija vo vtoroj polovine XVII v. Teiledition des Textes ebd.

174 Simeon Polockij, *Bittschrift/Proščenie*, 17r: „Kann man etwa in diesen [grob gemalten Ikonen], die doch auf dem Markt für eine Zwiebel und ein Ei, für ein Stück Leder oder Leinen und irgendeine andere Sache eingetauscht werden, die Schönheit des Urbildes erblicken?" („V sich li zrěti pervoobraznogo krasotu, ich že na toržkach eliko mogut na luk i na jaica, i na koži, i na len', i na vsjakuju vešč' měnjajut?")

folgenden.[175] Fast überdeutlich stellt Simeon Polockij noch einmal die Fundierung der Ikone in der fleischlichen Sichtbarkeit heraus, wenn er Johannes Damascenus mit den Worten zitiert: „Das Wesen Gottes ist weder als Engel noch als Mensch sichtbar. So ist auch Christus in seiner Gottheit nicht dargestellt. Sondern er wird so dargestellt, wie er uns wunderbar im Fleisch erschien."[176] Er extrahiert also aus der Synopse der Kultbildtheorien nicht unmittelbar eine neue Bilderlehre, sondern sucht basal der traditionellen Begründung des Bildes an sich noch einmal zu folgen.

Doch dann zeigt sich, dass der ethische Diskurs, der noch ganz dem Lob des Bildes als Urbild (*pervoobraz*) bzw. Abbild (*podoboobraz*) verpflichtet scheint, gewissermaßen Oberflächendiskurs für eine umso geschicktere Einführung eines neuen Bildprinzips des *živopisanie*[177] ist. Dieser Terminus entfaltet bei Simeon Polockij seine ganze Bandbreite an provokativer Polysemantik. Zum einen ist er im Text argumentativ aus dem christologischen Dogma der Verkörperung entwickelt – *živopisanie* ist also die Inkarnation des Wortes. In einer immer weiter vorangetriebenen Übersetzungsbewegung erhält dieser fleischgewordene Wort-Körper als Medium der Verbildlichung einen Bild-Körper. Simeon konzentriert sich hier auf die eng aus dem unmittelbaren Kontakt mit dem Wort-Leib Christi hervorgegangenen Bild-Leiber der Acheiropoieta – *živopisanie* ist dann die körperliche Berührungsreliquie. Aus dem *logos* ist ein haptisches *ikon* geworden. Wenn Simeon vorangehend ein drittes Stichwort, *persona*, fallen lässt, dann erhält *živopisanie* als Technik das gesamte Spektrum des Bildes zugeschrieben: von göttlicher Inkarnierung, plastischer Gestaltgebung und illusionistischer Porträtierung. Zu *logos* und *ikon* gesellt sich das *eidolon*. Zwar stellt Simeon Polockij die Porträtmalerei („persony pisati") ebenfalls unter die Regulative der *podobnost'* (Ähnlichkeit; „denn sie lieben nicht nur die Wahrheit der Dinge [zu zeigen], worin sie sehr weise sind, sondern ihre Ähnlichkeit"[178]), doch gewinnt das Ähnlichkeitsdenken der Ikonenmalerei (*ikonopisanie*) durch Parallelisierung mit der Illusionsmalerei einen gänzlich neuen Stellenwert.

175 Zu all diesen Aspekten, die hier nicht weiter ausgeführt werden können, da es dazu umfassenderer ikonentheologischer Ausführungen und eines Nachvollzugs der Geschichte des Bildes im orthodoxen Christentum bedürfte, vgl. Ouspensky/Lossky, *Der Sinn der Ikonen*, und Belting, *Bild und Kult*.

176 Simeon Polockij, *Bittschrift/Proščenie*, 20r. („božija bo suščestva nevozmožno viděti ni aggelom ni čelovekom. Tako i christos po božestvu neopisan. Opisuetžesja po plotskomu smotrěniju o čjudes veličajšee.")

177 An dieser Stelle ist eine Erläuterung zur Semantik des russ. *živopisanie* notwendig. Im Begriff *živopisanie* , wörtl. „Lebendmalerei" (russ. živoj = lebendig), ist im Sinne einer illusionären Lebendigkeit des nur Gemalten die Vorstellung präsent, man sehe nicht tote Abbilder von Menschen, sondern sie selbst in ihrer vitalen plastischen Körperlichkeit.

178 Simeon Polockij, *Bittschrift/Proščenie*, 18v. („ljubjat bo ne istiny veščej točiju, v nich že velikomudrstvujut, no i těch podobie").

Simeons Argumentationsfolge zeigt deutlich, dass hier *nach* den Papierikonen in den Hütten der russischen Bauern, aber auch gerade *durch* diese Form des ,demokratisierten' Sakralbilds mit der Säkularmalerei des Ölporträts ein grundsätzlich neues Referenzmodell des Bildes entworfen ist: „Viele malen nun in den Häusern, Eltern lassen ihre Kinder und Kinder ihre Eltern um der Freude und Liebe willen von weisen Künstlern [malen]."[179] Mit der *persona/parsuna* bzw. der Porträtmalerei (*personografija*) tritt das Kunstbild auf den Plan. Dessen Differenz zum Kultbild besteht vor allem darin, die bildliche Darstellung als semiotische Relation innerhalb profaner Pragmatik zu begründen. Die Sichtbarkeit des Bildes kommt nicht mehr durch die Emanation eines sich vermittelnden Göttlichen zustande, sie ist ikonisches Bildzeichen weltlicher Repräsentation.

Direkt an diese Überlegungen angeschlossen und sie argumentativ weiterführend erzählt Simeon die im westeuropäischen Mittelalter verbreitete Legende *De pictore diabulum depingente.* Sie handelt von der Rettung eines Ikonenmalers durch die von ihm gemalte Gottesmutter. Diese Legende führt die bildtheoretische Diskussion weiter, verlagert sie aber in den Bereich des Wunderbaren, des Ikonenwunders. Darüber hinaus bildet sie das Scharnier zwischen ikonentheologischem Traktat und literarischem Text, denn sie geht in bearbeiteter Form auch in Simeons Gedichtsammlung, den *Blumenreichen Garten* (*Vertograd mnogocvětnyj*, 1678) ein. Das dort aufgenommene Gedicht *Die Gottesmutterikone* (*Ikona Bogorodicy*) berichtet vom Wunder, das einem Ikonenmaler widerfährt.[180] Dieser malt trotz der Drohungen des Teufels wiederholt abstoßende dämonische Figuren auf Ikonen, bis der Satan ihn schließlich beim Malen eines Freskos von seinem Malgestell zu stürzen versucht. Doch der Fallende wird von der eben gemalten Gottesmutter aufgefangen („ot padenija smertna čjudně svoboždaja"), die ihre Hand aus dem Fresko streckt und den Maler stützt, bis man ein neues Gestell errichtet hat, um ihn sicher auf die Erde zu bringen. Vor der gaffenden Menge der Schaulustigen erhält das Ereignis den Stellenwert eines Wunders zugeschrieben („Ole čjudo bjaše!").

Zwischen Ikone, Maler und Teufel wird ein ästhetischer Disput ausgetragen. Denn der Teufel ist nicht etwa über das Faktum der Abbildung des Bösen aufgebracht, sondern darüber, dass er „hässlich und widerwärtig" gezeichnet ist:

---

179 Ebd. („Mnozi že v doměch napisujut, roditelie čad svoich i čada roditelej želanija radi i ljubve těch mudrymi živopiscy.")

180 Simeon Polockij, *Der blumenreiche Garten / Vertograd mnogocvětnyj*, Bd. 2, 371.

Nach seiner Gewohnheit malte er ihr Bild auf schöne Weise
aber ihr zu Füßen legte er den Teufel,
widerwärtig gezeichnet, woraufhin sich erzürnte
der Feind […].[181]

Der Konflikt zwischen „schön" („prekrasno") und „widerwärtig" („skaredno") malen muss zweifach entschlüsselt werden. Für den Ikonenmaler kann die Forderung des Teufels nur bedeuten, die objektspezifische Malweise, die dem Abgebildeten noch in der materialisierten Abbildlichkeit ein Maximum an Transzendenz zu erhalten sucht, auf Figuren auszudehnen, die damit unwürdig den Status der Sakralität erlangen. „Schön malen" („prekrasno pisati") heißt hier: in unähnlicher Ähnlichkeit dem Urbild analog. Da es dem Teufel jedoch nicht um seine Einordnung in ein theologisches Emanationsmodell des Bildes gehen kann, kann seine Forderung nur als Arbitrarisierung verstanden werden. „schön malen" heißt dann: nicht mehr den Prinzipien der Ähnlichkeit (*podobie*) zu folgen und dem im Bild Dargestellten eine sakrale Aura des Erhabenen zu verleihen. „Schön" wird damit zur ästhetischen Kategorie. Hier tritt ein ästhetisches Kriterium, das sich löst vom Siegel der Übereinstimmung des Bildes mit seinem Urbild und das sich semantisch an optisches Wohlgefallen annähert, in die Debatte der Ikonenmalerei ein. Dieses Kriterium rückt das kultische Bild in die Nähe der Malerei des neuen Stils.[182] Noch vor einer Konzeptualisierung der Begrifflichkeit wird das Bild als ein ästhetisches Objekt verhandelbar. Mit einer entscheidenden Nuancierung: Das Ästhetische ist als Qualität des Diabolischen klassifiziert, ästhetische Bilder werden dämonischen Bildern zugeschlagen. Mit dem Einspruch des Teufels bricht ein Konflikt zwischen Ikone und Idol/*eidolon* auf.[183] Im Zerreißen des unlösbaren Nexus von

181 Simeon Polockij, *Die Gottesmutterikone/Ikona bogorodicy*. („Obykl že [ikonopisec] obraz eja [= bogomateri] prekrasno pisati, / a demona pod nogi eja polagati, / Skaredno pisannago, za čto raz-jarisja / vrag […].")

182 Im *Blumenreichen Garten* gibt es einen Text, der dieses Thema explizit aufnimmt. In *Die Malerei* (*Živopisanie*) verarbeitet Simeon eine Vorlage aus Matthias Fabers *Concionum opus tripartium* (1659–66), das wiederum die Legende um Zeuxis (bei Faber/Simeon heißt er freilich Protogen) aufnimmt, auf dessen Bildern so realitätsgetreu gemalte Trauben dargestellt waren, dass Vögel daran picken wollten. Protogen malt Gesichter, die physiognomischen Studien nahe kommen („Im že někaja lica sja pisachu, / jaže znamena i čerty javljachu / živych, jako že bě vozmožno znati / fiziognomom, čto o nich věščati." (*Der blumenreiche Garten*, I, 47)), und für theatralische Aufbauten illusionistische Fenster, an denen sich Vögel zu Tode stürzen („Na Klavdievě featrě prelščachu / rod vranov okna, jaže ot vap bjachu, / Nepščujušče bo pravednaja byti, / tščachsja těmi na větr izlětěti." (ebd.))

183 Auch bei Simon Ušakov (und dann von Karion Istomin übernommen) taucht diese Zuschreibung auf: „So überzog der Teufel die heiligen Ikonen durch seine Diener mit unerträglicher Schmach, indem er sie *eidola* nannte." („tako i [diavol] na svjatyja ikony nesterpimuju chulu črez svoja slugi nošaše, idoly ja imenuja, […]." (59)).

Ähnlichkeit und Schönheit schließt Simeon Polockijs Ikonenwunder an die Urbild-Abbild-Problematik und das Verhältnis von Wesensgleichheit und Wesensähnlichkeit an. Die sakrale Ähnlichkeit (*podobie*) unterstreicht die wesenhafte Andersheit. Sowohl die Nähe der Begegnung als auch die Nähe zum Urbild Christi führen nicht zur Reduktion der Andersartigkeit, da die Unähnlichkeit immer noch größer als die Ähnlichkeit sein muss. Die Reihe der Ebenbilder darf keine Serie der Usurpation sein. Mit dem Anspruch der dämonischen Schönheit wird die philosophische Leitidee dieses Systems verfremdet, das Konzept der unähnlichen Ähnlichkeit verkehrt sich in ästhetische Scheinähnlichkeit.[184] Die Spannung zwischen Präsenz und Absenz, Ähnlichkeit und Unähnlichkeit, die die Ikone überhaupt als Darstellung möglich macht, sieht im ästhetischen Prinzip diese Entsprechungen zur *visio insana* entstellt.

Teil dieses konzeptionellen Wandels vom sakralen Kultbild zum ästhetischen Kunstbild ist eine ikonographische Innovation. Simeon präsentiert in *Die Gottesmutterikone* mit dem Teufel zu Marias Füßen ein Motiv, welches die traditionelle russische Ikonographie nicht kennt.[185] Sein Gedicht handelt nicht nur von einer Legende über ein nicht-existentes Bild; es legt dem Bild selbst ein Erdachtes zugrunde, welches der Maler als selbstbewusster Künstler in die Komposition einfügt, ohne dass diese Neuerung über gestalterische „Gewohnheit" („obykl") hinaus durch einen Akt der Offenbarung legitimiert wäre. Diese häresieverdächtigen Momente, welche das Bild verfälschen, werden durch einen ans Phantastische grenzenden Akt der Ikone sowohl austariert wie auch gesteigert. Gegen den Einbruch der Ästhetik ins Bild setzt sich dieses durch Einbruch in die Realität zur Wehr. Mit diesem Akt nähert sich die Gottesmutterikone den Bildern an, die nicht erst nach ihrer Erschaffung Wunder begehen, sondern deren Schöpfung schon wunderbar verläuft. Wundertätigkeit (*čudotvornost'*) des Bildes ist in *Die Gottesmutterikone* Teil autoikonischer Performanz. [186]

---

184 In dieser Hinsicht entspräche der „demon" der Legende dem dämonischen Prinzip der symbolischen Entstellung Jampol'skijs, dem es um die Deformation mimetischer Akte der Repräsentation zu tun ist. Vgl. Jampol'skij, *Demon i labirint.*

185 Teufelsfiguren sind fester ikonographischer Bestandteil anderer Motive, z.B. der Ikonen des Jüngsten Gerichts oder der Höllenfahrt, nicht aber der Gottesmutterikonographie. Vgl. zum Problem der Einführung neuer Motive in die Ikonenmalerei und dessen Niederschlag in Simeon Polockijs Gedicht auch Lepachin, *Ikona v russkoj chudožestvennoj literature,* 46ff. Lepachin diagnostiziert zugleich den Verlust dieses orthodoxen Problembewusstseins bei Simeon und seinem Protagonisten („Simeon i ego zograf terjajut pravoslavnoe cerkovnoe ponimanie problemy." (52)) Bei Simeon seien Ikone und weltliche Malerei bereits äquivalente Bildformen, was sich auch darin spiegele, dass Simeon nicht zwischen Ikone und Fresko unterscheide.

186 Ein zentraler Prätext für dieses Ikonenwunder ist im *Paterikon* des Kiever Höhlenklosters nachzulesen. Die dort aufgezeichnete Legende des Ikonenmalers Alimpij berichtet von drei

Was Simeon Polockij in *Die Gottesmutterikone* vermittels der ereignishaften Präsenz des wundertätigen Abgebildeten als *agens* des Bildes verhandelt, ist die Frage, wie das Bild ein Objekt ist, über das mit der optischen Wahrnehmung einer Oberfläche nichts, über die Bestimmung als katalysatorisches Medium aber alles erreicht werden kann. In der Konfrontation von dämonischer und ikonischer Bildlichkeit wird die Gedankenfigur des Simulakrums

---

Fällen selbsterzeugter Ikonographie sowie von einer Krankenheilung durch Auftrag von Ikonenfarben auf den Körper des Aussätzigen, wodurch er in seinem vormaligen Aussehen wieder hergestellt wird. Während die ersten Konstellationen *acheiropoieta* durch unsichtbare (und zeitlose) Schöpfungsakte („durch das Wort Gottes") hervorbringen und nur als Resultate sichtbar sind, bezieht sich der dritte Fall auf eine Situation, in der ein immaterieller Maler vor den Augen des eigentlichen Ikonenmalers agiert: „Als er [= der Auftraggeber] gegangen war, trat ein hell strahlender Jüngling ein, nahm den Farbkasten und begann, die Ikone zu malen. Alimpi glaubte zunächst, dass der Auftraggeber der Ikone ihm zürne und einen anderen Maler geschickt habe, da er zuerst wie ein Mensch wirkte. Aber die Schnelligkeit seiner Arbeit erwies ihn als ein körperloses Wesen. Bald legte er Gold auf die Ikone, bald rieb er Farben auf einem Stein und malte damit, und in drei Stunden war die Ikone fertig. Da sprach er. ‚O Mönch, fehlt noch etwas, oder habe ich etwas falsch gemacht?' Der Ehrwürdige sagte: ‚Du hast gut gearbeitet. Gott hat dir geholfen, diese Ikone kunstvoll zu malen, und hat sie durch dich fertiggestellt.'" Alimpij wird hier als Beurteilungsinstanz eines göttlichen Werkes eingesetzt, was nur deshalb nicht als Gotteslästerei gelten kann, weil er sich durch seine Malerei des Immateriellen und – was nicht weniger entscheidend ist – durch Übererfüllung der für Ikonenmaler geltenden Verhaltensnormen selbst diesem Göttlichen soweit angenähert hat, dass er den Ähnlichkeitsstatus des *prepodobnyj* (Allerähnlichsten) erreicht hat. Die Gravur, die dem ersten gedruckten *Paterikon* von 1661 beigefügt ist, gibt zu diesen Phänomenen eine beeindruckende Bildgestaltung: Oben ein Brustbild Alimpijs, in der linken Hand eine – ganz im Stil der buchhaltenden Heiligen – fertige Ikone zeigend, mit der rechten einen Pinsel über dieselbe führend. Darunter drei kleinere Bilder, die alle Bild-/Malwunder vorführen (links die Heilung des Aussätzigen, der bemalt, also zur Ikone wird; mittig die acheiropoietische Muttergottesikone, aus deren Mund eine Taube fliegt; rechts der himmlische Ikonenmaler, der spiegelbildlich die Gestik der rechts daneben abgebildeten Maler aufnimmt). Der „hell strahlende Jüngling" ist hier als Engel dargestellt, der krank auf seinLager gebettete Ikonenmaler mit Nimbus versehen (vgl. Abb. 24). (*Das Väterbuch des Kiewer Höhlenklosters*, 259–267.) – Die links gezeigte Legende der Heilung durch Ikonenfarben enthält noch einmal im Kern den Wechsel vom Wunder des geistigen Sehens zur Augenlust des körperlichen Sehens. An einer Episode von 1653 zeigt sich, wie sich diese Vorstellungs- und Wahrnehmungshaltungen im frühen Barock mit dem Verhältnis von Farbe und Körperlichkeit/körperlicher Darstellung ändern. Einer der Mitstreiter Avvakums, der Protopope Login, verweigert der Frau des Muromer Voevoden den Segen mit der Begründung, diese sei geschminkt („belena"), worauf man ihm entgegenhält: „Was schmähst du, Protopope, die weiße Farbe. Ohne Weiß werden auch die Bilder des Erlösers, der Gottesmutter und aller Heiligen nicht gemalt." („Čto-de, protopop, chuliš' belila, a bez belil-de ne pišetsja i obraz Spasov, i prečistyja Bogorodicy, i vsech svjatych.") (Zit. nach Robinson, *Bor'ba idej*, 288.) Im Zuge einer sich versinnlichenden Literatur ist eine derart häretische Begründung schon möglich. Ikonenfarben werden zu Schminke und Maske – der Weg zur Theatralisierung und einer illusionistischen Ikonenkunst ist nicht mehr weit.

Abb. 24: *Paterikon des Kiever Höhlenlosters*, Kiev 1661, 160v.

durchgespielt. Das Spiel mit der von innen aufgebrochenen Oberfläche lässt sie zwischen transitorischer Medialität und selbstpräsenter Bildlichkeit oszillieren. Dabei wird die Forderung, eine bestehende Ordnung des Bildes zu revidieren, indem etwas nicht nach dem Wesen, sondern nach einem falschen Schein abgebildet wird, als ikonoklastischer Akt inszeniert, der das Übersinnliche des Bildes auf den Plan ruft. So scheint das Bild als aggressives Agens auf eine repräsentationsästhetische Revision der traditionellen Abbild-Beziehung zu reagieren, in der die Differenz zwischen Abbildendem und Abgebildetem nicht mehr durch Unähnlichkeit bestimmt wird, sondern durch deren Verwischung. Die Konvertierung (oder auch Animierung) des Bilds in ein mediales Performativum bewahrt die Ikone davor, in die Repräsentationsbeziehung einer fiktiven Referenz des *živopisanie* (Realillusionismus) einzutreten, d.h., zum *tableau* zu werden. Simeon Polockijs Gottesgebärerin ist fleischgewordenes Bild in dem Sinne, dass ihre Bilderfahrung als aisthetisch erfahrbare vorgeführt ist, die außerhalb des Darstellungsraums des Bildes liegt.

Ein zweiter Text des *Blumenreichen Gartens* nimmt das Motiv der rächend-schützend in Aktion tretenden Ikone auf. Auch er handelt von der Gewalt ikonologisch regulierter Gestaltung, von Verletzungen durch und Terrorismus gegen das Bild, das etablierte Bildordnungen verlässt.[187] In *Die Ikone mit dem ausgestochenen Auge* (*Oko izbodenno obrazu*) wird der Bilderstreit zwischen Gottesmutter und Teufel zurückverlagert in die historische Szenerie des spätantiken Bilderstreits. Ausgehend von spezifischen Darstellungsverfahren der Ikone werden dabei paradigmatische Implikationen eines barocken Begriffs von Bild und Körper entwickelt, die sich in Formen von Blindheit und ‚Bildheit' verschränken.[188]

Simeon Polockij beschreibt hier einen Akt des Ikonoklasmus, der für den Bilderstürmer spiegelbildliche Folgen hat. Ein Tischler fährt mit seinem Ochsengespann an einer Kirche vorbei, in der sich eine Gottesmutterikone befindet. Er betritt die Kirche, erblickt die Ikone („uzrě obraz napisannyj") und sticht ihr mit seinem Ochsenziemer das rechte Auge aus. Zur Rede gestellt, gibt er sich als Bilderstürmer („obrazoborec") zu erkennen. Er verlässt die Kirche, treibt seine Ochsen an, da zerbricht der Ziemer und ein Stück davon dringt ihm ins Auge. So verliert er im rächenden Gegenzug das Auge, welches er der Gottesmutter ausstach, selbst („tako, oka za oko bezčestnik lišisja"). Ein Nachtrag rückt das Geschehen in die historische Distanz des Jahres 787, des II. Konzils von Nicaea, auf welchem der Vorfall vom Episko-

187 Zur terroristischen Phantasie vgl. Iser, *Das Fiktive und das Imaginäre*, 295f.

188 Simeon Polockij, *Der blumenreiche Garten/Vertograd mnogocvětnyj*, Bd. 2, 464f.

pen Konstantin berichtet worden sei.[189] Doch die vermeintliche Historizität, in die Simeon Polockij das Geschehen verlagert, besitzt durchaus die Aktualität des zeitgenössischen Tagesgeschehens. Die Kirchen- und Kulturspaltung Russlands wurzelt auch in einer Diskussion um ikonographische und bildtheologische Fragen. Unter Nikon kommt es dabei 1654 zur öffentlichen Schändung von Ikonen, die unter abendländischem Einfluss gemacht wurden. Dabei werden den abgebildeten Heiligen die Augen ausgestochen. Die ganze Radikalität dieses Akts zeigt sich vor dem Hintergrund, dass das II. Nicaeanum die Analogie zwischen Abbild und Urbild bis zum personifizierten Zusammenfall getrieben hatte: Was der Ikone geschieht, trifft das Urbild. Die Defiguration der Ikone im Auge rekurriert auf eine lange Geschichte der Strafe und Sühne durch Verlust des Augenlichts (von Blendung über Aufhängen an den Augenlidern bis Ausstechen und Herauspressen) als Martyrium, Exemplum und Folter, die auf die Bibel wie auf das öffentliche Recht des Mittelalters zurückgreifen kann. In gleicher Weise deformieren und diffamieren die Altgläubigen Ikonen, die nach ‚neuem Stil' des zentralperspektivischen Illusionismus gemalt sind.[190]

---

189 Die bildbejahenden Beschlüsse dieses Konzils schließen mit dem dreifachen Anathema "einem jeden, der die Worte der Heiligen Schrift über die Götzenbilder auf die verehrungswürdigen Ikonen bezieht." Zit. nach Thon, *Ikone und Liturgie*, 212. „Wir hingegen bekennen eines Herzens, daß wir die kirchlichen Traditionen erhalten wollen, seien sie nun schriftlich oder kraft der Überlieferung gültig und angeordnet; von daher ist die bildhafte Darstellung der Geschichte der evangelischen Verheißung entsprechend, nämlich im Sinne einer leichteren Erfaßbarkeit der wahren und nicht erdachten Fleischwerdung Gottes, und wird so als nützlich empfunden im Hinblick auf die Ähnlichkeit, die sie uns bietet. [...] Es sollen ja durch die Anschauung der Bilder alle, welche sich in sie versenken, zum Gedächtnis, zur Verlebendigung (*recordatio*) der Prototypen gelangen wie auch zu dem Verlangen nach ihnen [...] nicht jedoch – die eigentliche Anbetung (*vera latria*), welche unserem Glauben gemäß allein der göttlichen Natur zukommt. [...] die dem Bilde erwiesene Ehre geht auf den Prototyp, das Urbild über; wer also ein Bild verehrt, der verehrt, was in ihm umschriebener Gehalt ist." Zit. nach Thon, *Ikone und Liturgie*, 209f. – Die russisch-orthodoxe Kirche spricht bis zum heutigen Tag in den Weihgottesdiensten für Ikonen die Formeln des VII. Ökumenischen Konzils. So heißt es beispielsweise bei der Weihe von Dreifaltigkeits-Ikonen: „[...] da wir nun allzeit dieser Heilsereignisse gedenken, bekennen wir dich, den einzigen ruhmreichen Gott, nicht allein mit den Lippen, sondern zeichnen auch dein Bild, nicht um es zu vergöttern, sondern um immer, wenn wir es mit unseren körperlichen Augen ansehen, mit unseren geistigen Augen dich, unsern Gott zu schauen und ihn zu verehren, ja, dich, unseren Schöpfer, Erlöser und Heiligen zu rühmen [...]: die dem Bilde erwiesene Ehre geht ja auf das Urbild über." Zit. nach Thon, *Ikone und Liturgie*, 219. Thon übersetzt ein Moskauer Gebetbuch von 1902.

190 Hauptmann, Das russische Altgläubigentum und die Ikonenmalerei. Man muss entgegen binären Modellen auch an dieser Stelle eine gewisse zusätzliche Spaltung der Positionen berücksichtigen. In der Tat ruft Nikon hier zur Schändung von latinisierenden Ikonen auf, wird jedoch gleichzeitig von Avvakum als Befürworter eines solchen Malstils diffamiert, was durchaus seine Gründe hat, denn Nikons Position ist nicht eindeutig. Unter seinem

Die wohl eindrücklichsten und polemischsten Äußerungen zum schismatischen Ikonendisput des 17. Jahrhunderts stammen auf der reformistischen Seite von Iosif Vladimirov, der in seinem *Sendschreiben* eine heftige Polemik gegen den serbischen Archidiakon Ioann Pleškovič („o onom serbinice, šč nekogda chuly na živopisanie“[191]) entfaltet, und auf der restaurativen Seite vom Protopopen Avvakum, der in der vierten und fünften Predigt seines *Predigtbuchs* (*Kniga besed*) die „Ikonenmalerei des unähnlichen Malers“ („ikonnoe pis'mo nepodobnago izugrafa), der „fleischlicher Gesinnung“ („plotskomu umyslu“) folge, als häretisch schmäht. Der Hauptvorwurf des Altgläubigenführers besteht darin, dass man Ikonen nun „auf fränkische Weise“ („po-frjažskomu“) „nach dem Leben“ („budto z živyja“) male, also die Ikonenkunst der Porträtkunst annähere. Er schließt seine Philippika mit Blickverbot und Desakralisierungsgebot:

> Verbeuge Dich nicht, Knecht Gottes, vor den unähnlich gemalten Bildern, die nach deutscher Art/Überlieferung gemalt sind [...] ..., küsse sie nicht, denn das ist der Abdruck des Antichristen. Spuck' sie an und fliehe hinweg, schau' sie nicht an, [...].[192]

Einfluss kommt es zu jenen Veränderungen, die aus dem Kultbild ein Kunstbild machen. Dass diese Ambivalenz aber auch für die Theoretiker des neuen Stils durchaus ein Problem ist, zeigt die Polemik Iosif Vladimirovs, die er in seinem *Sendschreiben* gegen „diesen Schurken und Dummkopf Johannes“ („nekij chul'nik Ioann vredoumnyj“) und „blinden Esel“ („mamzur slepyj“), welches der serbische Archidiakon Ioann Pleškovič ist, richtet, der bei einem Werkstattbesuch bei Simon Ušakov vor dessen Marienikone ausspuckte. Iosif Vladimirov versucht nun, Nikons Aktion als eine gegen die „grobe Malerei“ (*grubopisanie*) der Billigikonen (hier sind auch schon Bilderbogen-Ikonen (Ikonen-*lubki*) gemeint) und die „düstere Malerei“ (*temnopisanie*) der Archaisierenden zu deklarieren und ihn vollkommen als Vertreter der „Lichtmalerei“ (*svet(l)opisanie*) des neuen Stils zu vereinnahmen.

191 Iosif Vladimirov, *Sendschreiben/Poslanie*, 24. Iosif bezieht sich auf die geschilderte Situation: Pleškovič hatte in dem erwähnten Werkstattgespräch gesagt, „dass sie solche hellgemalten Ikonen nicht anerkennen“ („jako oni takich svetovidnych obrazov ne priemljut“) (25). Hell vs. dunkel bezieht sich auf die Grundopposition neu vs. alt, auf die Iosif den Konflikt zurückführen will. Er ordnet der gegnerischen Position die archaisierenden grob und kunstlos gemalten, billigen, folkloristischen, (durch Kerzenrauch oder Farbgebung) verdunkelten Ikonen zu und stellt ihnen die sich durch helle, intensive Farben auszeichnende Porträtmalerei (personografija) entgegen.

192 Avvakum, *Vierte Predigt/Beseda četvertaja*, 417ff. („Ne poklanjajsja i ty, rabe božij, nepodobnym obrazom, pisanym po nemeckomu predaniju [...] Ne umori, ne cěluj eja: to antichristova pečat'. Pljun' na neja, poběgi proč', ne gljadi na neja, [...].“) – Vgl. auch die Interpretation der Bilderkritik in Avvakums vierter Predigt bei Hauptmann, Das russische Altgläubigentum, 16ff. – Die Fettleibigkeit seiner ideologischen Gegner ist – in Kombination mit anderen Formeln, z.B. der gekämmten Haare („Bogom predannoe skidali z golov, i volosy rasčesali, čtoby baby bludnicy ljubili ich“) – ein rekurrentes Motiv in den Texten Avvakums. Eine Übersicht – auch über die satirischen Umakzentuierungen – gibt Mendeleeva, Motiv ‚telesnoj tolstoty‘ v tvorčestve protopopa Avvakuma. Vgl. dazu auch Robin-

Avvakums Kritik zielt auf die Körperlichkeit des Bildes, auf die Entstellung des Ähnlichkeitsdenkens (*podobie*) in der neuen Malweise. Sie brandmarkt die Verkehrung des vergotteten Leibes in den sinnlichen Körper. Setzt die altrussische Ikone das Prinzip der unähnlichen Ähnlichkeit in flächige Formen um, die Dreidimensionalität nicht illusionistisch inszenieren, sondern über die Innenperspektive perzeptiv erfahrbar machen, so orientieren sich die neuen Ikonen gestalterisch an den sinnlichen Urbildern ihrer Auftraggeber und werden damit zu Trugbildern, die über ihre hypertrophe Körperlichkeit das fleischliche Sehen (*plotskoe zrenie*) des plastischen Illusionismus ermöglichen:

> Schaue auf zu den heiligen Ikonen und siehe, wie sie Gott gefallen, wie die guten Ikonenmaler ihre Ähnlichkeit umschreiben: Gesicht, Hände und Nase und alle Sinne sind fein und ausgezehrt durch das Fasten und ihr Leid. Doch ihr habt nun ihre Ähnlichkeit verändert und malt sie so, wie ihr selbst seid: mit dicken Wänsten, runden Gesichtern, Hände und Füße wie fette Klöße. Und jedem Heiligen, den Armen, habt ihr die Falten geglättet. Sie selbst wären im Leben nicht darauf gekommen, so zu sein, wie ihr sie jetzt zurichtet![193]

Über die konzeptionelle Veränderung („pereměnili") des Ähnlichkeitsmodells ist das System der Nicht-Identität des Identischen im Bild unterhöhlt. Das Bild öffnet sich für die Säkularisierung des Kultobjekts zum Kunstobjekt. Tritt dieses noch als Ikone auf, dann ist auch die Bild-Didaxe der anbetenden Anähnelung als Mimesis Christi subvertiert. Wenn das Bild den Menschen zeigt, der sein eigenes Bild in der Ikone als göttlich stilisiert, doch dabei eine Porträtierung der sichtbaren Welt als selbstbildnerischen Akt vornimmt, geißelt Avvakum genau diese als Pervertierung verklärter Körperlichkeit. In der Zurichtung der Heiligen zu illusionistischen Ebenbildern ihrer Betrachter ist die Ikone als Spiegel derselben angesprochen. Sie rechnet nicht mehr mit einem Moment des Epiphanischen, sondern entmachtet den Bereich des Unsichtbaren durch eine Sichtbarkeit, die auf den Menschen in seiner Fleischlichkeit referiert. Für den Protopopen kann ein weltlich anmutendes Bildnis eines Heili-

---

son, *Bor'ba idej*, 281, der sehr deutlich zeigt, wie bei Avvakum das Bild (*obraz*) des Menschen symbolische Qualität gewinnt, die als Indikator einer religiösen Gesinnung (oder Versinnlichung) auch bestimmend sein muss für den Bild-Begriff des ikonographischen Diskurses. – Noch E.N. Trubeckoj spricht davon, dass die Ikone „dem satten Fleisch unbegreiflich" ist. Zit. nach Thon, *Ikone und Liturgie*, 27.

193 Avvakum, *Fünfte Predigt/Beseda pjataja*, 421. („Vozzri na svjatyja ikony i vižd' ugodivšija bogu, kak dobryja izugrafi podobie ich opisujut: lice i rucě, i nozě, i vsja čuvstva tončava i izmoždala ot posta, i vsjakija im nachodjaščija skorbi. A vy nyně podobie ich pereměnili, pišite takovych že, jako že sami: tolstobrjuchich, tolstorožich, i nogi i ruki jako stulcy. I u kažnego svjatago [...] vypravili vy u nich morščiny-te, u bědnych: sami oně v životě svoem ne dogodalis' tak zdělat', kak vy ich učinili!")

gen nicht seine Ikone sein, weil sie nicht seinen verklärten, sondern seinen irdischen, körperlichen Zustand zeigt. In polemischer Paraphrase beschreibt die fünfte Predigt Avvakums das Spiegelphänomen Ušakovs: Muster der Abbildung ist das Bild des Menschen vor dem Spiegel. Das Bild ist nunmehr nicht mehr Träger spiritueller Bedeutung, durchlässig und durchsichtig hin auf einen *logos*. Es ist Gegenstand einer Betrachtung mit der Begehrlichkeit wollüstiger Augen (*pochot' očes*; *voluptas oculorum*). Mit dem Austausch des transzendenten Bildsignifikanten bzw. dessen Verschwinden aus dem Zentrum der bildlichen Analogie setzt sich der Betrachter ins Bildzentrum seiner (Selbst)Repräsentation. Mit diesem Positionswechsel ist auch der Verlust des Bildes als Wirklichkeitsbeweis des sein Abbild notwendig aus sich heraus emanierenden Urbilds besiegelt.

Iosif Vladimirov wiederum findet nicht weniger drastische Worte[194], um die Position der „lebensähnlichen Lichtmalerei" („živopodobnoe svetlopisanie") der reformorientierten Ikonenmaler gegen die „Lügenmalerei der unwahrhaften Bilder" („lžepisanie neistovych obrazov"), die im schlimmsten Fall der „kunstlosen Schmierer" („neiskusnii mazari") Schachbretter als Malgrund verwenden, zu vertreten. Seine Begründung verläuft im ersten Teil seiner umfangreichen Streitschrift durchaus in traditionellen Bahnen. Auch er bezieht sich auf die Schriften der Kirchenväter und auf die Bibel, auf die Legenden der acheiropoietischen Ikonen als prototypischer Formen der Malerei und auf die Lehre des doppelten Blicks: mit den fleischlichen Augen das Bild zu betrachten und mit den geistigen „auf den, dessen Ähnlichkeit zu sehen ist" („na togo, č'e est' podobie vnimajušče"[195]).

Doch spätestens im zweiten Teil seiner Programmschrift schleichen sich Differenzen ein. Hier nimmt Iosif ein Plädoyer für die „Lichtmalerei" („svetopisanie") vor. Die Betonung des Lichts steht innerhalb eines umfangreichen Kontexts orthodoxer Lichtmetaphorik, die ausgehend vom Thaborlicht das Konzept eines vom natürlichen Licht grundverschiedenen göttlichen, alles durchdringenden und verklärenden Lichts als Emanationsfluidum entwirft. Die Ikone negiert ihren materiellen Träger, sucht ihn durch ein komplexes System der Bearbeitung durchsichtig zu machen für die Emanation des göttlichen *lumen*. Iosif Vladimirov fasst das Konzept des Lichts hier vollkommen

194 An Iosif Vladimirovs Rhetorik wird deutlich, dass er bildtheoretisch zwar der Gegenspieler Avvakums sein mag, sprachlich aber – bei aller Vorliebe für Lehnwörter, wenn es um die Bezeichnungen der Ikonenmalerei geht – dessen Doppelgänger ist. So ersucht er beispielsweise um Erlaubnis, „mit einfachen Worten und nicht rhetorisch zu sprechen" („mi skazati prosto slovo i ne ritorsko") (28), wählt sich also für den sprachlichen Ausdruck genau die von Avvakum reklamierte Position des „neuka" (Ungebildeten), die er für die Malerei anfeindet.

195 Iosif Vladimirov, *Sendschreiben/Poslanie*, 32.

neu. Es ist nicht die immaterialisierende Eigenlichtigkeit, das bildimmanente „lichtquellhafte Leuchten" ohne jede „Analogie zu unserem natürlichen Tageslicht und seiner Schattenwelt".[196] Licht ist nun Medium der Plastizität, das die Vorstellung eines materiellen Bildträgers auszublenden und durch die Vorstellung einer durchsichtigen Ebene zu verdrängen sucht, durch die hindurch wir in einen imaginären, aus der Realität ausgeschnittenen Raum schauen, in welchem dem Licht die Möglichkeit gegeben wird, „sich auszubreiten und die Körper malerisch aufzulösen."[197] Iosif argumentiert jedoch nicht mit einer bloßen Gegenüberstellung. Im Gegenteil verlegt er sich auf eine Strategie der Übererfüllung. Er leitet aus der plastischen Licht-Schatten-Zeichnung ein gesteigertes Ähnlichkeitsverständnis ab, die „Idee einer vollkommenen Ähnlichkeit des abbildenden Bildes mit dem ‚Urbild', dem ‚real-historischen Faktum'" („ide[ja] polnogo podobija izobražaemogo obraza ‚pervoobraznomu', ‚real'nomu, istoričeski dostovernomu faktu'"[198]). Wenn der Maler, so argumentiert er, bei den Bildern der Zaren und anderer tapferer Männer und Krieger so sehr darauf bedacht sein muss, vom Urbild nicht abzuweichen und sich in zahlreichen Arbeitsgängen perfektioniert[199], muss dann nicht das Gleiche für die Ikonenmalerei gelten? Diese Logik ist so zwingend wie subversiv: Iosif Vladimirov leitet nicht das Ähnlichkeitspostulat für weltliche Gemälde aus der Ikone ab, sondern legt dem Ähnlichkeitsdenken der Ikone das einer jüngeren, formal und ontologisch anders gelagerten Kunst zugrunde. Er arbeitet also mit den Kategorien des Kunstbildes, um sie für das Kultbild auszunutzen. Diese bildprogrammatische Verkehrung radikalisiert sich noch, wenn Iosif die Tradition der Säkularmalerei aus dem Ausland als Vorbild heranzieht. Dort würden Christusikonen und Zarenporträts gleicher-

196 Vgl. Schöne, *Über das Licht in der Malerei*, 12: „Die dargestellte Bilderwelt und das Licht als Lichtquelle sind ungeschieden, sind eines. Das Licht ist der Bilderwelt immanent und trifft uns Betrachter unmittelbar als lichtquellhaftes Leuchten. Löschte es aus, so würde die Bilderwelt nicht nur unsichtbar, sondern inexistent. Das Bild als Licht strahlt auf uns aus, ohne daß diese uns erreichende Ausstrahlung von einem seitlichen Lichteinfall innerhalb der Bilderwelt durchkreuzt wird. Da das Bildlicht aber in keinerlei Analogie zu unserem natürlichen Tageslicht und seiner Schattenwelt steht, ergibt sich zwischen dem Bilde und uns keine gegenseitige aktive, sondern nur eine einseitige aktive Beziehung: unser Auge kann dem Licht des Bildes nicht ‚antworten', sondern kann es nur empfangen, buchstäblich als das Licht einer anderen Welt. Das optische Lichtgefüge des Bildes, das eigentliche ‚Bildlicht', ist keine ‚Funktion' der Bilderwelt, sondern mit ihr unmittelbar identisch." (Zit. nach Onasch, *Die Ikonenmalerei*, 58.)

197 Panofsky, Die Perspektive als ‚symbolische Form', 123.

198 Bylinin, K voprosu o polemike vokrug russkogo ikonopisanija, 283.

199 Iosif Vladimirov, *Sendschreiben/Poslanie*, 44: „Denn wenn der Maler nur um ein Winziges vom Urbild abrückt, so muss er doch oft Verbesserungen vornehmen, bis er es nicht dem Wesen ähnlich dargestellt hat." („Ašče li v čem malo pogrešit živopisec ot pervoobraznogo, to mnogaždy prepravljaet, dondeže suščestvo vida voobrazit.")

maßen „kunstvoll auf Papier gedruckt" („na chartijach drukovati iskusni"): „Unter allen anderen ist auch das Porträt unseres Herrschers, des russischen Zaren, von geschickten Meistern gezeichnet und gedruckt in den Kosmografien oder den geometrischen Zeichnungen aller Hauptstädte und Länder."[200] Und wer die Vorteile der technischen Reproduzierbarkeit für eine Bildform, die der manufakturellen Auratik verpflichtet gewesen sei, nicht sehe, sei so blind wie die gestraften Ikonenschänder: „Siehe, wie der Prophet danach strebt, die Herrlichkeit Gottes zu sehen. Doch du Sünder hast deine blinden Augen verdorben."[201] Iosif Vladimirov befindet sich hier ganz im Einklang mit seinem Mitstreiter Simon Ušakov, der in seinem Schreiben *An den Verehrer der Ikonenmalerei* die bildende Kunst innerhalb der *artes liberales* als wichtigste auszeichnet und innerhalb der bildenden Künste wiederum der Malerei zuspricht, dass sie „über den anderen steht, weil sie die Dinge feiner und lebendiger darstellt und die Ähnlichkeit aller dinglichen Eigenschaften klarer zeigt".[202]

Die Ikone mit dem ausgestochenen Auge bezieht Stellung zu dieser neuen Phase des ikonoklastischen Diskurses um das illusionistische Kunstbild (*živopisanie*), Licht-Schatten-Malerei (*svetopisanie*), Porträt (*parsuna*) und Porträtmalerei (*personografija*), die sich der Topoi des spätantiken Bilderstreites bedienen, um mit ihnen die Ablösung des analogen Welt- und Bildmodells durch ein repräsentatorisches zu verhandeln, in dem die Wahrheit des Bildes dem symbolischen Code der Linearperspektive gehorcht. Der Stich des Tischlers, die in den Rechtscodices des Mittelalters fixierte Geste des Strafens, trifft den Punkt, an dem die Repräsentation Einzug ins Bild hält.[203] Er kennzeichnet den Moment der Ablösung des Urbilds vom Abbild durch Blendung eines Bildes, das als plastischer Bildkörper auftritt; er markiert die Stelle, an der das Unsichtbare des Seins zu einem Sichtbaren des Scheins zu werden droht,

---

200 Iosif Vladimirov, *Sendschreiben/Poslanie*, 45f. („Mež vsemi ž simi i našego gosudarja, rossijskago carja obrjaščetsja napisan i idež vydrukavan byvaet v kosmografijach ili v geometričeskich čertežech, vsech stran // stol'nye grady i deržavcov ėtich personi ot premudrych sniskatelej voobražajutsja.")

201 Iosif Vladimirov, *Sendschreiben/Poslanie*, 52. („Vižd', jako prorok vzyskuet krasoty gospodnej videti. Ty že zavistnik, somžil slepovidnye zenecy tvoi.")

202 Simon Ušakov, *An den Verehrer der Ikonenmalerei/Slovo k ljubotščatel'nomu ikonopisanija*, 56. („protčia vidy prevoschodit, po eliku tončae i živee vešč' predprijatuju voobrazuet, podobie vsech kačestv svetlee pred-javljajušče.")

203 Dass diese Autonomisierungsakte der Ikone keinesfalls ein Effekt sind, den erst das 17. Jahrhundert beobachtet, darauf weist Dmitriev, Teorija iskusstva, 111f, hin, der eine Stelle aus der *Nestor-Chronik* (*Povest' vremennych let*, 11. Jh.) anführt, in der Basilius der Große mit den Worten „die Ikone bildet das Urbild ab" („ikona na pervyj obraz prichodit") zitiert und daraus schließt, „dass das Abbild gewissermaßen das Abgebildete ersetzt" („čto izobraženie kak by zamenjaet soboj izobražennoe"). Diese Grundfigur der Usurpierung des Urbildes steht von Anfang an im Zentrum des ikonoklastischen Diskurses.

durch eine optische Leerstelle; er perforiert das analogische Heiligenbild am Umschlagpunkt seiner Entwicklung zur repräsentativen Referenzialität des Porträts (*parsuna*), zu der die Ikone tendiert, seit sie das weltliche Herrscherbild aus dem göttlichen Herrscherbild ableitet.[204] Als Ikonoklast kann er nur handeln, indem er an der Ikone stellvertretend das Organ der Optik auslöscht und das Organ des geistigen Sehens reaktiviert. Mit dem defigurativen Akt der Blendung der Ikone stellt er einen anamorphotischen Bildzustand wieder her, der gerade aus der Störung eines illusionistischen Sehens besteht. Wie auch die versifizierte Legende wehrt *Die Ikone mit dem ausgestochenen Auge* die Angriffe der Bilderstürmer ab, entfaltet aber literarisch die (ikonen)theologischen Debatten als Allegorie von Bild und Blickverlust. Um das Netzwerk von Bildergebot und Bilderverbot wird ein Sichtbarkeits-Unsichtbarkeitsdiskurs aufgebaut, der die kulturhistorische und ästhetische Situation des Barock als Blindheitsallegorie fasst. Ausgehend von bild(ver)nichtenden Akten der Ikone entwickelt Simeon Polockij paradigmatische Implikationen eines barocken

204 Ohne diese bildhistorische Entwicklungslinie weiter entfalten zu können, wäre hypothetisch folgender Nexus anzusetzen: Die Begründung des menschlichen Bildermachens beruft sich auf das eigene Sein als göttliches Bild im doppelten Sinne: zum einen als von Gott (*obrazotvorec*) geschaffenes (Eben)Bild (*obraz*), zum anderen in der Ebenbildlichkeit zu Gott, die den Menschen in abgeleiteter Stufe als Schöpfer prädestiniert. Diese ‚allgemeinmenschliche' Eigenschaft des Bildschaffens erfährt in sich eine Hierarchisierung und wird besonders von den menschlichen Herrschern als Stellvertretern Gottes auf Erden erfüllt (die auch bei Ušakov noch angeführten Zaren, die „Pinsel und Szepter gemeinsam führten" („kist' i skipetr sovokupljajuščij")). In ihrer Stellvertreterfunktion können dann von den Herrschermalern auch Herrscherikonen angefertigt werden, die im Folgenden das Modell stürzen, denn das Herrscherbild ist die Vorstufe des Porträts. Allerdings gehört diese frühe Stufe der Porträtmalerei noch keinesfalls restlos in das Feld des mimetischen Illusionismus, sondern wäre eher noch als „allegorische Porträtmalerei" zu bezeichnen. Vgl. dazu Białostocki, Skizze einer Geschichte der beabsichtigten und der interpretierenden Ikonographie. Čubinskaja, Ikona Simona Ušakova ‚Bogomater Vladimirskaja', weist nach, wie die Ikonen Simon Ušakovs allegorische und emblematische Motive enthalten bzw. ihnen – weitergehend – solche Kompositionsprinzipien zugrunde liegen. Auch Bylinin, K voprosu o polemike vokrug russkogo ikonopisanija, 285, spricht von der Emblematisierung der Ikone. Die Allegorie bzw. Allegorizität der neuen Ikonen, die sich besonders stark ausprägt in den vom Buchdruck (Gravuren) inspirierten Heiligenbildern, ist in gewisser Hinsicht ein Gegenstück zur oft nachgewiesenen Symbolizität der altrussischen Ikone (Ouspensky/Lossky, *Der Sinn der Ikonen*; verallgemeinernd zur Symbolik der Ikone auch Ovčinnikova, Iosif Vladimirov, und Dmitriev, Teorija iskusstva). Sie verdeutlicht, dass es in der ikonenhistorischen Entwicklung keineswegs um eine Annäherung des Bildes an die Wirklichkeit geht, wie sie beispielsweise Dmitriev in seiner Detailanalyse der wichtigsten Ikonentraktate des 17. Jahrhunderts veranschlagt. Ganz im Gegenteil zeigt die Entwicklung in Text und Bild, wie sie hier anhand des literarischen und theoretischen Ikonendiskurses nachvollzogen wurde, wie die Allegorisierung in beiden Medien Aspekt ihrer umfassenden Besetzung eines (perspektivisch neu geordneten) Raums des Spektakulären ist, der das Wunderbare in paralogischen Kompositionen bewusst integriert.

Begriffs von Bild und Körper, die sich in Formen blinder Anschauung überlagern. Bild und Betrachter begegnen sich hier in einer wechselseitigen Bewegung der Sinnesvernichtung.

3.4. Bildspaltungen: Spektakuläre Bilder und phantastische Texte

Wenn Kultbilder sprechen, so sprechen sie also kraft der Vorstellungswelt der Allegorie.[205]

Aus der meditativen Arbeit des Ikonenmalers, der sich als Medium Gottes versteht, entsteht im 17. Jahrhundert die Profession des Malers, der in Kunstschulen durch anatomische Studien in die Kunst der zentralperspektivischen Darstellung als mimetischen Illusionismus eingeführt wird. Simon Ušakov gab das Modell einer neuen Bildertechnologie des Abspiegelns statt Abbildens; Iosif Vladimirov führte in die Lehrwerkstätten der Malerei nach Ušakovs „Alphabetarion der Kunst" („alfavit chudožestva"). Die erstaunlichen Effekte für den Betrachter, die sich aus einer reformierten Bildstruktur ergeben, fasste Iosif Vladimirov als „merkwürdig und wunderbar" („stranno i čjudna"). Wie groß die Verunsicherung des Blicks ist, die mit dem Verlust eines typologischen Bildraums des tastenden Auges einhergeht, wie intensiv die Verfremdungserfahrung, die in die Neubestimmung dessen eingeht, was zur Ordnung des Wunderbaren gehört, ist an der literarischen Auseinandersetzung mit den Sehfiguren des Barock ablesbar. Sie kann das *živopisanie* der perspektivischen Verlebendigung der Ikone, die unbekannten, erstaunlichen und kuriosen Dinge („nevědomye vešči") nur über einen Diskurs des Wunderbaren anschließbar machen. Die ungewohnte perspektivische Bildplastik generiert Wunderbilder und Bildwunder, die nur noch „überspannter Transzendenz"[206] geschuldet sind. Literarisch funktioniert die schockierende neue Bilderfahrung als Alterierungsdiskurs einer entstellten, verletzten, gestörten Bildlichkeit. Ansatzweise bei Karion Istomin, intensiviert bei Simeon Polockij zeigt sich, wie beide ihre bildtheoretische Traktat-Diskussion um die linearperspektivische Umcodierung des Bildes, die Simulakrisierung des Bildraums als Spiegel der Realität, zur Folie für ein Bildwunder der Ikone machen. Legendenhafte Begebenheiten bildeten dann das theatralische Szenarium für ein Ausfechten von Bildkonzepten als imaginärer Agenten von Sichtbarkeit und

205 Mattl, Sichtbares und Unsichtbares, 39.
206 Haverkamp/Menke, Allegorie, 72.

Unsichtbarkeit, imaginativer Stimulierung äußerer und innerer Augen, imaginativer Erblindung und Erleuchtung vor dem Bild. Alle drei Texte über wundertätige Ikonen reagieren auf die Herausbildung des spektakulären Wunderbildes durch allegorische Konzeptualisierung einer imaginären Sichtbarkeit aus dem Diskurs der Visionen heraus. Mit der Infragestellung einer als unveränderlich und authentisch bestätigten ikonographischen Sprache führen sie einen rhetorischen Diskurs über die ähnlich starr gehandhabte Reglementierung des auratischen Wortes. Literarizität und Rhetorizität des Textes formulieren sich über einen ikonoklastischen Diskurs des Kultbildes heraus. Vor allem die Figur des Bilderstürmers ist als Streiter für ein heiliges und unwandelbares Urbild auch der handgreifliche Kritiker eines barock-zeremonialisierten Text- und Bildverständnisses, das semantisch univoke Urtexte zu Prätexten und Urbilder zu Schaubildern macht.

Simeon Polockijs Gedichte sind dabei über ihre Kommentierung einer konkreten kulturhistorischen Situation hinaus als Allegorien lesbar, die das ikonenkonstitutive Moment der unähnlichen Ähnlichkeit als *acumen* begreifen, das den Raum der *similitudo* oder *comparatio* entgrenzt in eine „aus Unähnlichkeit entwickelte Ähnlichkeit oder in eine aus Ähnlichkeit entwickelte Unähnlichkeit".[207] Verwundung des Bildes, Verstümmelung des Bildes, Angriff aufs Bild und seine Verteidigung – die Bildwaffen, mit denen in beiden Texten um das Recht auf Bild(v)erlust und Bildverbot gekämpft wird, tragen die Diskussion um einen Begriff des Visuellen und des Ikonischen aus, der die Regeln imaginativen *similitudo*-Sehens optischer Virtualisierung einführt. In ikonoklastischen Versen über Bilder sprechen sie über Sprache als allegorische Verbildlichung, in der Bildzerstörung zeigen sie ihre allegorische Deformation. Den kulturellen Kampf ums Bild nutzen sie, um Verfahren einer ‚Literatur des Auges' zu erproben. Indem Simeon Polockij in seine enzyklopädische Wunderkammer des *Blumenreichen Gartens* ikonologische Gedichte aufnimmt, diskutiert er implizit die Neubesetzung eines Feldes des optischen Sensationellen über die Literatur, das sinnliche Präsenzen des Bildes im Text gegenüber der ‚realen' Blickerfahrung zu evozieren vermag. Diese Neubesetzung thematisiert in beiden Fällen eben jenen Fleck – den blinden perforierten oder den aktiv performierten –, an dem die Sichtbarkeit in Unsichtbarkeit umschlägt und nur in allegorischen Bildkörpern noch visualisiert werden kann. Eben jenes allegorische Kippen der somatisierten Beziehung zum Bild als Sichtbarkeit in eine verschobene Unsichtbarkeit, in ein gestörtes Bild führt Simeon Polockij in einer doppelten Lesart des Textes vor. Er zeigt die reformierte Ikone auf der Schwelle zum säkularisierten Bildobjekt und den ikono-

207 Lachmann, Polnische Barockrhetorik, 102.

klastischen Akt als Reaktion und Effekt einer Betrachterweise, die erst die illusionistische Ikone hervorruft. Die visuelle *unio mystica*, die die alte Ikone garantierte, wird von den neuen Dispositiven optischer Machtbeziehungen gründlich umstrukturiert. In ihnen erweist sich die Unsichtbarkeit des Bildes nicht mehr als ontologisches Privileg, sondern als als ein „Makel, als ein Fleck im Bild, der dessen klare Sichtbarkeit beeinträchtigt und eine nicht aufhebbare Spaltung in meine Beziehung zu dem Bild einführt: Niemals kann ich das Bild an der Stelle sehen, von der aus es mich anblickt“[208]. Mit dem Schaubild der reformierten Ikone ist eine neue Etappe der Verbergung vor dem Bild und der Bildverbergung eingeleitet. Aus dieser Verunsicherung heraus wird die ikonoklastische Aggression tätig. In den bildperforierenden Akten ist die Allegorie des aufgeschobenen Blicks, der gespaltenen Präsenz innerhalb einer kontemplativen Bildversenkung vorgeführt. In ihnen gibt Simeon Polockij dem Begriff des *raskol* (Schisma) als Abspaltung allegorische Gestalt in einer rhetorischen Bildfigur der Bildspaltung.

Diese Veränderungen betreffen vor allem auch das Verhältnis, in dem Schrift und Bild in den einzelnen medialen Konfigurationen jeweils zueinander stehen. Wenn sich der *typos* des Bildes als *tropos* der Figur artikuliert, ist eine der wesentlichen intermedialen Konstanten der altrussischen Kultur angesprochen. Es zeigt sich, wie die Ikonentraktate des 17. Jahrhunderts die Ikone langsam aus ihrem Schriftprimat zu lösen suchen und stattdessen ein Bildprimat, das sich formal und argumentativ aus der neuen Bildordnung speist, über allen medialen Formen etablieren. Das heißt nicht, dass sich die literale Tiefenstruktur der Ikone nicht noch als fester Bestandteil durch die Traktate ziehen würde. An erster Stelle tradiert das *Zirkluar der drei Patriarchen* weiterhin den Topos der Ikone als Buch der Ungebildeten und formuliert den Anspruch der Ikone als „Prediger“ („propovednik“). Sie setzt hierfür aber auch die kontextuell unüblichen Bezeichnungen von „Gelehrter“ („učenyj“), und „Redner“ („orator“), die eine rhetorisierte Färbung verraten. Iosif Vladimirov sieht schon „Wortkünstler“ („slovopiscy“) und „Bildkünstler“ („živopiscy“) gleichberechtigt nebeneinander vereint, „da beide eine einzige Erzählung erschaffen“ („ibo edinoi povestvovanie tvorjat“)[209]. Bei ihm kündigt sich ein Wandel der medialen Hierarchie besonders deutlich an, denn die Art, wie Schreiber und Maler an der gleichen Metaerzählung arbeiten, erweist sich als so unterschiedlich wie komplementär: „Der ehrbare Simonides aber sagte, dass die Malerei eine schweigende Poesie sei, die Poesie aber sprechende Malerei.“[210] Mit dem Verweis auf Simonides gibt es kaum noch ein Zurück in die

---

208 Žižek, *Liebe dein Symptom wie dich selbst*, 59.
209 Iosif Vladimirov, *Sendschreiben/Poslanie*, 54.

Gemengelage medialer Hoheitsgebiete der altrussischen Kultur. Von nun an wird sich auch die russische Kultur an Horazens *ut pictura poiesis*-Theorem abarbeiten. Wenn Iosif Vladimirov dem Bild nun ein neues Fundament unterlegt, so ist dieses nicht mehr das der unveränderlichen Urschrift, sondern das einer ästhetisierten Literarizität. Entscheidend aber ist die deutliche Benennung eines ikonischen Textbegriffs der Literatur. Anders als es Hébert für die Sprachstruktur der Heiligenviten herausgearbeitet hat, hat Iosif Vladimirov nicht mehr die Steigerung des Textes zum Kultbild, zur sakralen Ikone im Sinn. Ihm geht es vielmehr um die Zulassung eines visuellen Imaginären des Textes. Ein Ikonenmaler fordert hier das Recht auf literarische Imagination ein. Neben das Primat des Urtextes tritt das Verlangen nach visueller Literarizität, und neben das Primat des Urbildes tritt die tropische Anschaulichkeit. Nun entspricht dem poetischen Primat der Ikone ein ikonisches Primat des poetischen Textes.[211]

Simeon Polockij war in seiner *Bittschrift* zunächst von einem neuen Selbstbewusstsein des Bildes ausgegangen, das sich in der Technik des neuen Malstils sein Recht verschaffe.[212] Dass jedoch das ‚Bildprimat' ein durchaus problematisches Sichtbarkeitspostulat mit sich bringt, konzediert er in seinem *Menologion* (*Mesjaceslov*). Nun ist es nicht mehr so, dass der ontologische Kern des Bildes mit den geistigen Augen geschaut wird, sondern das Bild und damit auch das göttliche Bild „entweder mit den körperlichen Augen geschaut oder malerisch dargestellt wird" („ili telesnymi očesy sozercanu byti, ili šary izobrazitisja"). Dennoch ist die visuelle Materialität des Bildes keine Offenbarung des direkten optischen Blicks: „Nun gibt es aber Bilder, die eine göttliche Eigenschaft bezeichnen oder Ihn in einer Gestalt zeigen, in der Er niemals erschien. So zeigt uns die Malerei selbst Gott metaphorisch in fleischlicher Gestalt."[213] Die Linearperspektive leistet nicht nur die Transformation des Bildes

---

210 Zit. nach Dmitriev, Teorija iskusstva, 107f. („nepogrešnij ubo Simonid, glagolavyj – ikonnoe pisanie molčnoe byti piitstvo, piitstvože byti glagoljušče ikonnoe pisanie.") In ähnlichem Sinne bezieht sich Iosif auf die Rede Basilius des Großen über die vierzig heiligen Märtyrer: „Was das Wort durch das Gehör mitteilt, das zeigt die Malerei schweigend durch die Darstellung." Zit. nach Ouspensky/Lossky, *Der Sinn der Ikonen*, 30.

211 Als eine ‚Begleiterscheinung' dieses Umbruchs bildet sich ein neues Genre der Ikonengedichte aus. Vgl. z.B. die dem *Blumenreichen Garten* angehängten Distichen *Ikonenbeischriften* (*Podpisanija ikon*). – Dass auch die Kunst des Traktateschreibens Ikonenkunst im Sinne der Malerei ist, zeigt die Schlussformel von Simon Ušakovs Bildmanifest, die identisch mit der Aufschrift einer von ihm gemalten Erlöserikone im Troice-Sergiev-Kloster ist.

212 Simeon Polockij, *Bittschrift über die Ikonenmalerei/Proščenie ob ikonnom pisanii*, 15v. „Mit größtem Bemühen wenden die Maler ihre Kunst an, um vollendeter als das Wort die Schrift darzustellen." („Priležnejšii živopiscy mnogašči nalogajut šary, da soveršenšee slova pisanie predostavljaja.")

in eine lesbare Formel, sie befördert seine Rhetorisierung. Sie wandelt Sichtbarkeit in Lesbarkeit dahingehend, dass sie das lesbare Bild produziert, indem sie zwischen Augen und Welt ein symbolisches System schiebt, das Pikturalität figurativ codiert. In der Betrachtung der linearperspektivischen Ikone beziehen wir uns nicht mehr unmittelbar auf die spirituelle Welt, sondern auf ein rhetorisches Modell von ihr. Simeon Polockij gibt diesem symbolischen System einen tropischen Namen. Was in der ‚klassischen' Ikone die Anamorphose und eine spezifische Farbästhetik leisteten, um die Spannung zwischen Durchlässigkeit des Bildes und seiner Materialität aufrecht zu erhalten, das leistet nun die Tropik des Bildes. Jede Fleischlichkeit des sinnlich wahrnehmbaren Körpers, jede materialisierte Visualität, jede Illusion des malerischen Mimetismus ist per se eine rhetorisch verfasste, maskierte, und damit in der Spirale der Verdrängung des Sichtbaren, das sie rief, gefangen.

Mit der Einführung einer neuen Lesbarkeit des Bildes über eine rhetorische Figur platziert Simeon Polockij jedoch auch eine neue Sichtbarkeit des zu lesenden Textes. Aus der ambivalenten Sichtbarkeit des lesbaren Bildes erhält das Wort seine besondere Darstellungsfunktion und auch seine Vorstellungsfunktion. Dass die Schriftspuren der Ikonen in dem Moment, in dem sie von ihrer Funktion des Sakralitätssiegels entlastet sind, eine neue, allegorisch-anagrammatische Form annehmen können, exerziert Simeon Polockij am Ende des *Blumenreichen Gartens* vor. Unter dem Titel „Beischriften für Ikonen" („Podpisanija ikon")[214] tritt hier ein neues Genre der Ikonengedichte auf, das nach anagrammatischem Prinzip den Namen des oder der Abgebildeten einer allegorischen Lektüre unterzieht.[215] Was als anatomische Katalogisierung bei Simon Ušakov beginnt, setzt sich als Anagrammatisierung des Bildes im Text bei Simeon Polockij fort. Gemeinsam ist beiden eine Strategie der Kombinatorik, der vielfachen Lesbarkeit, die in Bild und Text eine dekompositorische Vielschichtigkeit einführt. Im medialen *orbis pictus* zirkulieren nun Variationen eines Text- und Bildbegriffs, welche in ihren heteronomen Verweisstrukturen über Arbitrarisierung ein Imaginäres bewusst stimulieren. Mit diesem Imaginären sind die bilderstürmerischen Akte, die Simeon Polockij ästhetisch umformuliert, Allegorien eines inneren Ikonoklasmus des imaginierenden Subjekts.

---

213 Simeon Polockij, *Menologion/Mesjaceslov*. („Obače mogut byti necii obrazy, imi že ili svojstvo Božie nekoe znamenaetsja, ili obraz javljaetsja v nem že nikogda javisja. Otnjudu že i samo pisanie nam často boga metaforičeski pod vidom opisuet plotskim.") Zit. nach Bylinin, K voprosu o polemike vokrug russkogo ikonopisanija, 285.

214 Wesentlich ist die Abgrenzung: Es sind Beischriften, nicht Aufschriften („nadpisi") etwa in der Art der *nomina sacra* gemeint.

215 Vgl. zur barocken Namensanagrammatik Sazonova, Imja v ritorike i poėzii XVII veka.

Die Techniken der Bildbetrachtung und der visionären Schau, die ein Wissen davon boten, über welche Voraussetzungen der imaginäre Gegenstand erzeugt werden soll, bzw. die gewissermaßen das optische und imaginative Schema darstellten, das als Wissen um Bildkonstruktionen die Rolle der Vorstellungslenkung übernimmt, müssen mit der perspektivisch-rhetorischen Formalisierung als ‚symbolischer Form' gänzlich neu bestimmt werden. Die *visio* des Betrachters/Lesers ist damit kein Ergebnis mehr eines *ingenium*, einer Erleuchtung des sich dafür vorbereitet habenden ausgewählten Subjekts. Vielmehr ist sie Ergebnis eines erlernbaren Regelwerks und des Umgangs mit ikonischen Symbolen, die formalisierbar und semiotisch manipulierbar sind. Sie ersetzt die unberechenbare Vision durch illusionistische Chiffren. Damit bereitet sie den altrussischen Betrachter auf eine neue Blickerfahrung vor. Die Schaukämpfe, die in den barocken Ikonen-Texten ausgetragen werden, leiten eine Estradisierung der Literatur ein, welche auf der ersten Bühne Altrusslands, dem Moskauer Schultheater, ihre performative Entfaltung erlebt. Hier finden die phantastischen Visionen von handelnd ihren Rahmen entgrenzenden und Betrachterkörper affizierenden Bildwundern und Wunderbildern als performative *imagines agentes* im Tiefenraum der Guckkastenbühne ihren Ort als spektakuläres Wunderbares (*čudesnoe*).

4. Schauplätze: Theater des Unsichtbaren

4.1. Rhetorische *actio* – theatralische *imagines agentes*

Konzentrierte sich das vorangehende Kapitel auf die Befreiung des Bildes aus sakralen Verweisstrukturen, um dabei einerseits die Lust am Schauobjekt freizusetzen und andererseits Freiräume eines Imaginären zu schaffen, so soll es nun darum gehen, an welchen Orten diese neue Doppelung des Sehens fortgeführt wird bzw. eine mediale Form erhält, in der plurale Blickcodierung sich in plurimedialer Präsentation auslebt. Nicht zufällig sind das die Bereiche, in denen sich der neue Blick auf die Dinge mit der Allegorie trifft: zum einen das allegorische Schultheater Moskaus, das die Frage einer Neuperspektivierung der Arten des Sehens weiterentwickelt, zum anderen die emblematische Verkleidung der Welt, die die literale Bildlichkeit des spektakulär-spekulativen Bildes zu einer neuen Stufe der Intermedialität führt.

Mehr noch als die Schrift-Bild-Form der Emblematik ist das Theater als Apotheose des Barock verstanden worden. Denn rhetorische Bildlichkeit als Einkörperung, als Maskierung, als performative Überschreitung, als Affizierung des Rednerkörpers kann im theatralischen Leib des Schauspielers, der in der Frühphase des russischen Theaters (vgl. die Genres des Dialogs und der Deklamation) primär ein Redner ist, ausgespielt werden. Das Moskauer Schultheater als Keimzelle des barocken Schauspiels in Russland gibt ein komplexes diskursives Dispositiv zur Exploration der Modalisierungen von Realitätssetzungen, der Konstruiertheit von Bildkörpern als bildhaften Verkörperungen und damit der (Selbst-)Legitimierung des Imaginären im Raum spektakulärer Sensation zuvor unbekannter Blickerfahrung. Die spielerische Erzeugung von Wirklichkeiten auf der Bühne verändert das Verständnis der Relationierung von Bild und Abgebildetem massiv. Sie nutzt die Realitätseffekte erstmals als konstruktives Prinzip der Repräsentation eines damit ästhetisch erfahrbaren Objekts. „Die Inszenatorik, die Theatralität, nach denen der Barock strebte, wurden im Theater voll eingelöst; sie waren seine Basis.“[216] Diese Einschätzung Sofronovas findet sich so oder abgewandelt in fast allen theaterhistorischen Studien. Wenn auch solch emphatischen Aussagen für das

---

216 Sofronova, Nekotorye čerty chudožestvennoj prirody pol'skogo i russkogo teatrov XVII-XVIII vv., 173. („zreliščnost', ‚teatral'nost', k kotoroj tak stremilos' barokko, byli polnost'ju dostignuty v teatre, javljalis' ego osnovoj.“)

Theater des 17. Jahrhunderts prinzipiell zuzustimmen ist, so berücksichtigen sie gleichwohl nicht die Spezifik des frühen Barock im Vergleich zu seinen ausgeprägten Formen im 18. Jahrhundert. In der Initiationsphase russischer Dramatik sind eher eigentümlich verkappte Formen verdeckter, sublimierter Lust am theatralischen Spiel zu beobachten. Dass aus der Frühzeit des russischen Theaters nur sieben Stücke überliefert sind, spricht ebenso für sich wie die Tatsache, dass die Gründung des ersten professionellen russischen Theaterensembles auf 1750 zu datieren ist. Diese Eckdaten signalisieren eine Art Begründungsnotstand für Proklamationen exzessiver Begeisterung an der ausgestellten Bildfiktion des Theaters. Bezeichnenderweise handelt Sofronova das russische Barocktheater kurzerhand gemeinsam mit dem polnischen ab, wodurch ersterem implizit ein Entwicklungsstand zugeschrieben wird, den es zumindest im 17. Jahrhundert bei Weitem nicht besaß. Zweifel an der Sichtbarkeitseuphorie, durch die das Schauspiel soweit getragen ist, wie es sie zuallererst auch generiert, resultieren allerdings weniger aus vergleichsweise geringen Textmasse frühbarocker Dramatik in Russland, als vielmehr aus der Beobachtung, dass sich die Erregung am kinästhetischen Bildraum des Theaters im Medium der Schaulust selbst immer wieder bricht. Die barocke Bühne des Moskauer Theaters blockiert Bildpräsenz, und sie bedient sich dabei allegorischer Inszenierungsmodi eines Guckkastens. Schlaglichtartig soll das an der Karnevalisierung eben jenes medialen Motivs beleuchtet werden, das die Auseinandersetzung mit den Arten des Sehens einleitete: des Fernrohrs.

Aus dem 17. Jahrhundert sind sieben kurze Intermedien überliefert, von denen eines um die Figur des Astrologen kreist. Dieser richtet seinen Blick durch das Fernrohr auf den Himmel und deutet aus den Planetenkonstellationen die Ereignisse der Welt, die – in schöner Analogie zu den Sternlektüren Karion Istomins – von optimistischer Lebensprognose bis hin zur Wettervorhersage reichen. Seine Vorhersagen erfüllen sich in einem Fall, im anderen wieder nicht, immer jedoch zu seinem eigenen Schaden, bis er alles verloren hat und vollkommen nackt dasteht. Ein entblößter, ein persiflierter Narr in Christo (*jurodivyj*) ist es hier, der aus der Lachwelt des Mittelalters auf die Bühne geholt ist, ein Protagonist der verfremdeten, verkehrten Ordnung, der seinen Körper der Zudringlichkeit des Zuschauers preisgibt.[217] Entscheidend für die Sichtbarkeitsregeln der Bühne ist, dass seine Prophezeiungen kein reales Wissen vermitteln, dass sein Blick durch das Fernrohr den imaginativen Status eines derealisierten Blicks erhält, der weder Orientierung in transzendenten Sphären noch in der empirischen, sinnlich fassbaren Welt ermöglicht.

217 Vgl. zum Narren in Christo als Schlüsselfigur der mittelalterlichen Lachwelt Lichačev/Pančenko, *‚Smechovoj mir' Drevnej Rusi.*

So endet das kurze Stück damit, dass der Astrologe in eine Grube fällt und sich dort den Spott eines Bauern gefallen lassen muss:

> Das hast du davon, Dummkopf!
> Was schaust du auch nach oben,
> und nicht auf die Erde unter deine Füße.
> Du maßt dir an, die Zukunft zu prophezeien,
> kannst dein Schicksal aber nicht erkennen.
> Nun bist du tief in die dunkle Grube gefallen,
> weil du nach oben in den Himmel geschaut hast.
> Schau dir lieber unter die Füße!
> Pflüge den Acker, statt die Sterne zu begucken.
> Nun bleib' nur ein bisschen in der Grube liegen,
> und warte drei Tage, dann hole ich dich heraus.[218]

Diese karnevalistische Szene verfügt über einen emblematischen Prätext in Gilles Corrozets *Hecatongraphie* (1543). Hier findet sich ein Emblem über verstiegene Gelehrsamkeit *Contre les astrologues*, das einen Astrologen zeigt, der die Gestirne betrachtet und dabei in eine Grube tritt.[219] Sie besitzt aber auch einen wahrnehmungs- und medienhistorischen Kontext. Das diffuse Wissen der Zeit um technische Apparaturen verbesserten, verstärkten, erweiterten Sehens ist gerade für das Theater als Ort der spielerischen Befriedigung dieser optischen Entgrenzung Folie des zurückgewiesenen Blicks.[220] Über diese Desavouierung eines erweiterten Sichtbarkeitshorizonts, über die Ironisierung eines optischen Opti-

---

218 *Rannjaja russkaja dramaturgija (XVII – pervoj poloviny XVIII)*, Bd. 2, 289. („Se tebe glupče, čto vysoko zriši, / A na zemlju pod nogi ne smotriši. / Ty buduščaja derznu proveščati, / Tvoich slučaev ne vosmoch poznati: / Vpal esi v jamu temnuju gluboko / Za to, čto v nebo zrel esi vysoko. / Lušče pod nogi priležno smotreti, / Zemlju orati, neže v zvezdy zreti. / Poleži v jame malo, potružajsja; / Da tja izvleku, tri dni dožidajsja.") – Die Datierung der Intermedien ist nicht ganz eindeutig. Überliefert sind sie in einem Sammelband von 1737, aufgrund verschiedener Realien der Texte spricht jedoch der Kommentator, A.S. Demin, vom letzten Viertel des 17. Jh., evtl. unmittelbaren Anfang des 18. Jh.

219 Vgl. Henkel/Schöne, *Emblemata*, 1057.

220 Die Entkleidung des Astrologen im Stil der ‚demokratischen Satire' als Entblößung der Rhetorik einer Sichtbarkeitsapparatur bezieht sich nicht nur auf den medialen Diskurs der Zeit, sondern auf eine viel weiter zurückreichende Etablierung des retinalen Sehens. In den *Problemata* des Pseudo-Aristoteles wurde gerade die Position aus einer Grube oder Schlucht als idealer Standort für die Beobachtung der Sterne propagiert, da tiefliegende Augen angeblich besser sähen als hervorstehende. Dieser physiologische Mangel wurde durch den Beobachterstandort topographisch ausgeglichen. In dieser Position, so der Pseudo-Aristoteles, könne man sogar bei Tageslicht die Sterne beobachten („ašče by kto stojal v dolině gluboko, i zrěl by k nebu, takovy možet v den' zvězdy viděti." (22)). Indem der Astrologe in die Grube fällt, wird er nicht nur in eine anachronistische vortechnische Situation zurückversetzt, sondern in den Sichtbarkeitsdiskurs, der das neugierige Auge auf seine anthropologisch exzentrische, also sich aus dem Körper hinausbewegende Bahn überhaupt erst gelenkt hatte.

mismus apparativer Panvisualität heraus wird nun aber keinesfalls die alte Argumentation eines inneren Auges stark gemacht, das als einzig verlässliches, weil eben nur metaphorisches Organ gelten könnte. Ganz im Gegenteil ist der medienaggregativ verstärkte Blick nun in einem solchen Maße entfremdete Wahrnehmungsform, dass er den Status eines Imaginären erhält, dem eine reine, unbestechliche, ‚engperspektivische' Retinalität entgegengesetzt werden kann. Was in der verkehrten Welt der Instrumente verhandelt wird, ist nicht mehr die Konkurrenz von *visio spiritualis* und *visio corporalis*, weil sich die *visio corporalis* selbst in eine nur körperliche und damit unmittelbare und in eine technisch aus dem Körper herausverlagerte und damit mittelbare Wahrnehmung aufgespalten hat. In dieser Konstellation erhält die apparative Zurüstung des Körpers, das technische Auge, die Zuschreibungen eines Visionären, das aber nun nicht mehr die Attribute des besseren, sichereren, weil nicht sensorisch Kontingenten besitzt, sondern ihm werden die Illusionsvorwürfe gemacht, gegen die zuvor das Körperauge sich in Experimenten verschwindender Schiffe, ins Wasser gehaltener Stäbe u.ä. zu verteidigen hatte. Real ist nun nur noch das, was die leiblichen Augen (*telesnye oki*) sehen. Prägnanter als in diesem kurzen Intermedium, dem Dazwischen zweier Akte, kann der Paradigmenwechsel, den das 17. Jahrhundert vornimmt, kaum zugespitzt werden. Und man kann sich keinen provokativeren Ort für seine Inszenierung vorstellen als das neugegründete Hoftheater Aleksej Michajlovičs. Denn im Kulissenraum des Theaters wird die Zuordnung von Sinnensicherheit und Sinnestrug des Auges, die die Lachwelt des Intermediums semantisch pervertiert, noch einmal spielerisch überlagert. Der Ort der optischen Sensation, die Bühne, ist vom Beginn des russischen Barocktheaters an ein Ort der Entblößung des Auges für das Auge.

Die spektakulären Formen, die das weiterführen, was das Wunder (*čudo*) zum Wunderbaren (*čudesnoe*) werden lässt, stehen in ihren Anfangsformen zwischen sozial-sakralem Ritual und ästhetisch-säkularer Repräsentation. Unter veränderten kulturellen und medialen Vorzeichen setzt das Theater die inszenatorische Tradition der orthodoxen Riten, des karnevalistischen mittelalterlichen Gauklertums (*skomorošestvo*) und der heidnischen Rituale fort, um daraus eine Hybridform zwischen zeremonieller Performanz und passiver Optik zu gestalten, die die partizipatorische Einspeisung des Betrachters durch einen externen, statifizierten Betrachter ersetzt.[221] Ist so grundsätzlich

221 Zumindest andeutungsweise muss dieser Nexus von Zeremonialisierung und Theatralisierung erläutert werden, denn wie die Ästhetisierung des Kult-Bildes mit der Einführung der *činy* (Rangklassen) in der Ikonenmalerei, also der Ausdifferenzierung von Werk-Ordnungen, die eine Bild-Produktion außerhalb des Schemas ‚der Maler als acheirpoietische Hand Gottes' hervorbrachten, einherging, so ist der Begriff des *čin* Schlüssel zu einer inszenatori-

das Schauspiel kulturell nichts Neues, so doch das Theater als Schaubühne. An Erfahrung mit agierten Bildern kann es sich neben volkskulturellen Genres eines karnevalistisch transgressiven Weltempfindens vor allem auf die

---

schen höfischen Kultur, die das Theater als Spiegel brauchte. Wie also für die Ikonenmalerei die *Činovisierung* (Klassifizierung nach Rängen) wesentlicher Schritt auf dem Weg einer Umcodierung der Ikone zum Bild ist, so muss auch die Konstitution eines Dispositivs der Schau-Spiel-Lust im Kontext einer sich in *činy* zeremonialisierenden Kultur verstanden werden. Diese inszenierte auf der Basis eines ausdifferenzierten Systems sozialer Handlungsmuster ein streng reglementiertes Set von Organisationsprinzipien für soziale Ereignisse und persönliche Teilnahme an ihnen. Noch vor der Einrichtung abgegrenzter Spielräume einer Guckkastenbühne am Hof basierte das gesamte höfische Leben als Schauplatz (und dieser wiederum als Ausschnitt eines umfassenderen *theatrum mundi*) auf einer weitgehenden Kodifizierung zaristischer Sprachhandlungen in einem gegebenen festen Rahmen von Erlebnisstilen, in deren Rhetorizität ihre performative Macht lag. Das strenge *actus*-ähnliche Zeremoniell am Zarenhof bot mit seiner ästhetisierten Lebensform als Lebenskunst nicht nur eine Nähe zum Theater, sondern war dessen Prototyp. „Die Struktur eines jeden höfischen Zeremoniells der gegebenen Epoche stellte einen bis ins kleinste Detail durchdachten, sujethaft sich entfaltenden, feierlichen, künstlich verlangsamten Akt dar. […] Das Zeremoniell wurde zur wichtigen Organisationsstruktur der Entwicklung einer höfischen Kultur. Es forderte definierte, stabile Konzepte, rituelle Handlungen, festgelegte verbale Ausdrucksformeln; es verfügte über eine spezifische Ästhetik." („Struktura vsjakogo pridvornogo ceremoniala dannoj ėpochi [= XVII vek] predstavljala soboj razrabotannoe do mel'čajšich detalej, sjužetno-razvivajuščeesja, toržestvennoe, iskusstvenno zamedlennoe dejstvie („dejstvo"). […] Ceremonial stanovilsja važnoj organizujuščej formoj razvitija pridvornoj kul'tury. On treboval opredelennych ustojčivych idej, ritual'nych dejstvij, ustanovlennych formul slovesnogo vyraženija, on obladal svoeobraznoj ėstetikoj.") (Robinson, *Bor'ba idej*, 107.) Man darf dabei nicht vergessen, dass dieser Theatralisierung eine vom gleichen Zaren durchgeführte Säuberung der Hofkultur von volkstheatralischen Elementen vorangegangen war. Die *skomorochi* (Gaukler), die zuvor am Zarenhof fester Bestandteil waren, wurden vertrieben und folkloristische Vergnügungsformen mit Tanz, Schauspiel und Musik verboten. Dazu Zabelin, *Domašnij byt russkich carej v XVI i XVII stoletijach*. Diese Entfolklorisierung als Akt puristischer Rückführung jeder delektativen Form auf religiöse Muster muss so als erster Schritt einer Zeremonialkultur aufgefasst werden, die sich grundlegend aus dem kultischen Ritual der Kirche speist. Dass die unter Aleksej Michajlovič vorangetriebene Zeremonialisierung der höfischen Kultur (als ihre Theatralisierung) seit den 70er Jahren des 17. Jahrhunderts auch im Theater nicht nur thematisch reflektiert wurde, sondern strukturbildend überhaupt für die Genese eines säkularen Schauspiels der Guckkastenbühne ist, zeigt sich in einer performativen Realisierung der Zeremonialästhetik in den frühen Dramen, die sie aber gleichzeitig schon als Illusionskunst vorführen. Höfisches Zeremoniell und Theater spiegeln sich gegenseitig. Daraus einen realistischen Charakter des frühbarocken Dramas abzuleiten, wie es in der russistischen Forschung nicht unüblich ist, scheint dennoch nicht gerechtfertigt, weil außer Acht gelassen wird, dass der realistische Wiedererkennungseffekt allenfalls Stufe zu einer Etablierung eines Imaginären im Blick der Zuschauer ist. (Vgl. z.B. Robinson, *Bor'ba idej*, 158.) Die engen Bezüge von Bühne und Hof zeigen sich erstmals im *Artaxerxes* (*Artakserksovo dejstvo*), in dem es heißt: „Oči strašatsja carskogo čina". Robinson stellt die These auf, dass gerade dieses Stück in seiner Struktur nach auf den Normen des *Zeremoniells der Falkenjagd* (*Urjadnik sokol'nič'ja puti*) basiert. (Vgl. Robinson, *Bor'ba idej*, 101 und Deržavina/Demin/ders., Pojavlenie teatra i dramaturgii v XVII v.)

folkloristische Form des *lubok* (Bilderbogen) beziehen, den drei wesentliche Wahrnehmungsdispositive des Theaters auszeichnen: die strenge Fokussierung des Blicks auf ein Guckkastenbild (wobei der Bilderbogen das Auge stärker isoliert als das Theater), das Ausagieren des Bildes durch einen Akteur, der den eigentlichen Bilderbogen zu einer Art papierner Theaterkulisse macht und der Stimme des Textes ein Gesicht gibt, sowie die plurimediale Rezeptionsstruktur (der Bilderbogen behält die Schrift als Inszenierungsanleitung in seiner medialen Präsentation bei).[222] Den Bezug zwischen Intermedium, Theater (Schuldrama und panegyrisches Drama als *actus dramatici*) und Bilderbogen arbeitet insbesondere Koschmal heraus, dessen Studie über die Entwicklung des russischen Volksbilderbogens „von der Religion zum Theater“ auch über „Theatralität und neues Sehen“ handelt. Koschmals These, das Theater ersetze „in Rußland die Kirche, und es [tue] dies zuerst in den Bibelstücken des Schuldramas“[223], ist deshalb von höchster Relevanz, weil sie die Herausbildung der Schaulust nicht als Bruch und oppositionäre Gegenbewegung zu einer altrussischen Sakralkultur versteht, sondern als „ludistische Transformation“.[224] Koschmal geht es um die „bildliche Konkretisierung und Materialisierung des religiösen Unsichtbaren [...] als eine zentrale, für lubok und Theater gleich grundlegende Transformation in der Kultur um die Wende zum 18. Jahrhundert“.[225]

Zur Einübung in das Denken in szenischen Bildern, in visuelle Kinetik translingualer Zeichen und in bildliche Materialität agierender Körper bedient sich das Theater vor allem der Allegorie: „Allegorien verallgemeinern nicht nur, sondern sie materialisieren das, was unsichtbar ist. Sie zeigen anschaulich, was in anderen künstlerischen Systemen nur über das verbale Zei-

---

222 Zum theatralischen Charakter des Bilderbogens vgl. Lotman, Die künstlerische Natur der russischen Volksbilderbögen. Lotman zeigt jedoch auch deutlich, dass die interaktive Struktur des Bilderbogens eher noch der Kommunikationssituation des Mittelalters entspricht. Zur Plurimedialität vgl. Koschmal, *Der russische Volksbilderbogens*, der den Bilderbogen als Populärmedium in den Kontext des Übergangs von der altrussischen zur neurussischen Kunst und Literatur stellt. Er weist direkt auf die Bedeutung des Bilderbogens für einen Begriff des Wunderbaren hin, der sich nicht im Verweis auf Gott erschöpft, sondern im Unterhaltungswert. Zur Frage der Medialität vgl. auch Burckhardt, Text-Bild-Relationen und ihre kulturanthropologische Dimension in russischen Bilderbögen. Burckhardt spricht in Anschluss an Lotman von einem multimedialen Regiebuch, thematisiert den Akt der Inszenierung durch den *raešnik* (Leierkastenmann) aber nicht weiter. Über den Bilderbogen nicht als Seh-, sondern als Alphabetisierungsschule vgl. Zeil, *Der russische Volksbilderbogen in Bild und Text – ein kulturhistorisches Intermedium*. Zum Bilderbogen als Präfiguration der Schaulust vgl. Kelly, Territories of the Eye.

223 Koschmal, *Der russische Volksbilderbogen*, 59.

224 Koschmal, *Der russische Volksbilderbogen*, 58.

225 Koschmal, *Der russische Volksbilderbogen*, 61.

chen vermittelt wird.“[226] Schon 1675, knapp drei Jahre nachdem überhaupt durch Quellen belegt von einem Schauspiel gesprochen werden kann, das nicht dem Volkstheater oder dem Gauklertum zuzuschreiben ist, wird es möglich, innerhalb eines allegorischen Figurenrahmens Gott auf der Bühne zu zeigen. Johann Gottfried Gregorii, der erste Dramaturg des Moskauer Theaters, integriert in seine Stücke *Adam und Eva* (*Ob Adame i Eve*) neben den Allegorien der Wahrheit (*pravda*), Aufrichtigkeit (*istina*), Demut (*miloserdie*) und Frieden (*mir*) auch einige Engel sowie Gott-Vater und Jesus Christus in den Bestand der *dramatis personae.* Die Beschränkungen, die das Kultbild dem Zeigbaren und Darstellbaren auferlegte, sind damit neu definiert. Die dogmatische These der Verkörperung impliziert nun einen Verdoppelungsmechanismus, der Rollenspiel ist. Hypostatisches Wissen sieht sich durch chimärische *hypotyposis* destabilisiert. In den barocken Dramen gelangt die rhetorische Figur zu Performanz und Aufführung.

Dass jedoch aus dieser Tatsache keineswegs gradlinig eine reine Visualisierungsthese abzuleiten ist, findet schon Ausdruck in den Relativierungen Sofronovas. Störend wirkten das „Gesetz der Illusion“ („zakon illjuzii“)[227], also die unhintergehbare Duplizität des theatralischen Raums, das „Prinzip der Konventionalität“ („princip uslovnosti“), welches die Realitätsillusion des theatralischen Raums konsequent unterlaufe, das „Prinzip der Widerspiege-

---

226 Sofronova, *Poėtika slavjanskogo teatra XVII – pervoj poloviny XVIII v.*, 190. („Allegorii ne tol’ko obobščajut, no i materializujut to, čto nezrimo. Oni nagljadno pokazyvajut to, čto v drugich chudožestvennych sistemach peredaetsja tol’ko slovom.“) Dieser Einschätzung schließt sich auch Koschmal an. Er zieht gerade das Kriterium der Allegorizität heran, um bei aller Parallelität die Divergenzen von Theater und Bilderbogen aufzuweisen. Wenn auch der Bilderbogen tatsächlich auf allegorische Motive weitgehend verzichtet, so ist doch Koschmals Begründung hierfür – während die Allegorie den Begriff über das Bild setzte, gehe der Bilderbogen umgekehrt vor – nicht zuzustimmen. Vgl. zu den verschiedenen szenisch-dramatischen Rand- und Vorformen auch Vsevolodskij-Gernegross, *Russkij teatr.* Vsevolodskij-Gernegross widmet sich ausführlich dem Volkstheater, dem Gauklertum und dem Puppentheater (*vertep*). Neben der Deklarierung folkloristischer Genres als prä-theatralischer Formen, die im Einzelnen sehr holzschnittartig verfährt, führt er materielle Argumente zur Vordatierung der Anfänge des russischen Theaters an. So weist er beispielsweise nach, dass einer der Kulissenmaler, Ivan Repskij, schon Jahre vor der Aufführung 1672 unter der Leitung des Pastors Gregorii Dekorationen fertigte, es folglich auch zuvor schon – spätestens seit den 1660er Jahren – Aufführungen gegeben habe. Der Evidenz dieser Argumente eher abträglich ist die Tatsache, dass sie sich aus dem Bedürfnis speisen, Russland nicht als verspätete Nation dastehen zu lassen. Eine hilfreiche chronologische Übersicht über die organisatorischen Arbeiten findet sich ebd., 104–106. Was die Datierungen betrifft, so argumentieren sehr viel stichhaltiger Deržavina/Demin/Robinson, die mit Bezug auf Šljapkin nachweisen, dass Aleksej Michajlovič bereits 1660 den Auftrag gab, Dramaturgen für eine Theaterinszenierung („komediju delat’“) nach Moskau zu bringen. Dies., Pojavlenie teatra i dramaturgii v Rossii, 10.

227 Sofronova, Nekotorye čerty chudožestvennoj prirody pol’skogo i russkogo teatrov, 174.

lung“ („princip otraženija“)[228] im Sinne indirekter Darstellungsform durch gegenseitige Spiegelung der Figuren und Parabolisierung wie auch die „Rhetorizität“ („ritoričnost’“) und damit verbale Dominanz des szenischen Spiels bzw. des oratorischen Stücks vor dem dramatischen. Eine Begründung der optischen Inkonsistenz aus der Ambiguität der Allegorie, ihrem in sich schwankenden Charakter zwischen Sichtbarkeit und Unsichtbarkeit wird hier noch nicht gesucht. Ebenso wenig werden die programmatischen Konventionen der Irrepräsentabilität bestimmter Objekte auf der Bühne hinterfragt, obwohl es scheint, als könne sich in dieser hybriden Konzeption von Allsichtbarkeit und Verbergungszwang, im Fort-da-Spiel des szenischen Schauraums gerade diese Vexierbildhaftigkeit entfalten. Berücksichtigt man dies nicht, so muss Allegorizität in einer binären Opposition zu der „naturalistischen Tendenz“ („naturalističeskaja tendencija“) des barocken Theaters verbleiben und erhält als Relativierung des Sichtbarkeitsprimats wieder den Status des Bedeutungsbildes: „Die Allegorien übten auf der Bühnen konkrete Handlungen aus, die symbolischen Sinn trugen“.[229] Was jedoch dergestalt aus dem Feld des Sichtbaren heraus ins Feld des nur Bedeutbaren verlagert wird, wäre in seinem Sichtbarkeitsstatus noch genauer zu bestimmen, als das mit den Kategorien der Emblematizität (*ėmblematičnost’*) und Allegorizität (*allegoričnost’*) geschehen ist, die hier lediglich wieder die Funktion haben, das verbal zu signifizieren, was sich der szenischen Darstellbarkeit entzieht. Die von Koschmal als Kuriosität des Theatralischen gefeierte bildliche Konkretisierung erweist sich, im Gegenteil, als ein Fest der Inszenierung des Unsichtbaren, das mehr noch die Imagination des Zuschauers als seinen Gesichtssinn anspricht. Es wendet das theatralische Dispositiv performativer Bildlichkeit in einen introspektiven Akt des Imaginierens. Das ‚dramatische‘ Prinzip der Verkörperung, der *persona*, des sprechenden und agierenden *prosopon* als säkularer Form der Inkarnation gibt Gelegenheit zum dramatischen Ausagieren eines Modus des *Als-ob*, der im Paradoxon eines dargestellten Vorgestellten, eines gezeigten Imaginären seine Bedingung hat. Diese ontologische Grenzüberschreitung wird als mediale inszeniert, die das Bild im ausagierten Konflikt mit dem Wort, und zwar dem gesprochenen wie dem geschriebenen, vorführt.

228 Sofronova, Nekotorye žerty chudožestvennoj prirody pol’skogo i russkogo teatrov, 178.
229 Sofronova, Nekotorye žerty chudožestvennoj prirody pol’skogo i russkogo teatrov, 204. („Allegorii proizvodili na scene konkretnye dejstvija, kotorye nesli simvoličeskij smysl’.“)

4.2. Gespaltene Blicke: Allegorisches *Sehen-als-ob*

Neben dem Buchdruck ist die Einführung des Theaters als Schaubühne kulturanthropologisch betrachtet das mediale Schwellenphänomen des Barock schlechthin. Trotz der auch hier – ähnlich wie beim Buchdruck – kaum vorhandenen Dokumente über eine zeitgenössische Reflexion dieses neuen Mediums in Russland ist die These berechtigt, dass gerade das Theater die frühbarocke Vorstellung dessen prägt, was optische Wahrnehmung, ästhetische Erfahrung sowie visuell vermitteltes Erkennen im Kontext illusionistisch vermittelter Weltmodelle bedeuten. Das Theater ist epistemologische Schule im buchstäblichen Sinne des Schultheaters, den es im Moskau des 17. Jahrhunderts hatte. Hier wird der Übergang von kultischen Strukturen performativer Bildlichkeit zu zeremonialisierten Kunstformen direkt inszeniert. Dabei treibt es sowohl die Effekte, die der Buchdruck für die literarische Kommunikationssituation bedeutete (Distanzierung, Entkörperlichung, Zerdehnung), weiter, kompensiert sie jedoch auch zum Teil, indem die performative und präsentische Qualität, die literarische Kommunikation im Zeitalter der Oralität wie auch noch der Handschriftlichkeit charakterisierte, in die Form ästhetisch ritualisierter Aufführungspraxis gegossen wird.

Doch diese – immer unbefriedigende – Substitutionsthese kann nur sehr eingeschränkt und vorläufig Gültigkeit beanspruchen. Denn zum einen sind Kommunikation und Interaktion nur einem Teil der Anwesenden vorbehalten, zum anderen eliminieren sie körperzentrierte Präsenzerfahrung, da das Schauspiel – wie weiter unten deutlich werden wird – den Körper nicht nur als Instanz wahrnehmbar ausagierter Bildlichkeit einsetzt, sondern auch entsubstanzialisiert, indem es ihn als Medium einer Als-Ob-Wahrnehmung einsetzt. Gerade die Ausdifferenzierung von Schauspieler- und Zuschauerrollen, die – bei aller Integrierung und funktionalen Bezogenheit – Trennung von Theater und Außenwelt verorten das Moskauer Schultheater und seine Nachfolger in einer Tradition der Unterbrechung unmittelbarer Kommunikation über körperliche Präsenz. Theatralische Inszenierung von Interaktion erweist sich als eine neue Stufe optischer Distanzierung und sensorischer Isolation. Was das Theater zeigt, sind Phantasmen des Sehens. Lorenz Rinhuber, Assistent des Arztes am Zarenhof und (gemeinsam mit Gregorii) Co-Autor des *Artaxerxes* (*Artakserksovo dejstvo*) berichtet ein interessantes Detail von der ersten Aufführung, die auf diese Parallelität von Anästhesierung und Überstimulierung des Sensoriums schließen lässt: „Dem Zar gefiel das Schauspiel so sehr, dass er zehn Stunden zusah, ohne sich von seinem Platz zu rühren.“[230] Das

230 Zit. nach Robinson, *Bor'ba idej*, 126f. („Carju do togo ponravilas' igra, čto on smotrel ee v prodolženie celych desjati časov, ne vstavaja s mesta.“)

lässt weniger auf eine strenge Einhaltung des Einheitsschemas des klassischen Dramas schließen, als vielmehr auf eine Betäubung der Sinne, auf eine schockhafte Überaffizierung, die den Betrachter in optischer Trance das Spektakel wie gelähmt aufnehmen lässt.[231]

Das Theater scheint eine Beschreibung einzufordern, die Imagination / das Imaginäre auf einer „Schnittlinie von ‚Geist' und ‚Körper'" verortet bzw. das Imaginäre nicht als nur „Immaterialie", sondern unter den Gesichtpunkten seiner aufdringlichen Materialisierungen beobachtet, die sich inszenatorisch in den Vordergrund schieben.[232] Die Konstitution eines imaginären Szenariums über die Bühnenpräsentation ist es, die hier relevant wird, da sie an eine Konfiguration des Körpers und seines Blicks gebunden ist. Relevant für den Wahrnehmungsakt des Betrachters ist neben der Perspektivierung seines Sehens vor allem die Einübung in etwas, das man mit Husserl als „doppelte Apperzeption" oder „doppelte perzeptive Auffassung" bezeichnen kann.[233] Die Einübung eines fingierten Erlebens über die Perzeption eines Fiktums im Widerstreit von „aktueller Wahrnehmung" und „perzeptiver Phantasie" stellt die eigentliche Herausforderung für die Besucher der Aufführungen des ersten Schultheaters in Moskau dar, die anders als bei der unmittelbaren Partizipation an den utopischen und heterotopischen Gegenwelten der Spielformen des Mittelalters hier in die passive Haltung eines Erlebens im Modus des Als-ob versetzt sind.

Davon, wie diese Position erfahren wird, sprechen Erzählungen über die Institution des Theaters und konkrete Inszenierungen, die Altrussland schon vor dem Schultheater mit den Berichten seiner Entsandten erreichen.[234] Die

---

231 Physisch ließ sich das sicher nur aufgrund der Übung durch das höfische Zeremoniell, bei dem nicht selten Festessen und Gottesdienste von ähnlicher Dauer üblich waren, durchhalten. Quellen dazu bei Robinson, *Bor'ba idej*, 126f und Zabelin, *Domašnij byt*.

232 Vgl. Bahr, Imagination und Körpererleben, 696; vgl. auch zum selben Thema ders., *Imagination und Körper*. Dabei kann es für die Situation des Moskauer Schultheaters jedoch nicht um die Imaginationsfähigkeit des Schauspielers und sein Empathievermögen als Konglomerat von „Aktualgenese der Imagination und Körpererleben" gehen, wie es Bahr für die Akteure des ‚postmodernen' Theaters herausarbeitet. Es geht nicht um die Mobilisierung kinetischer, haptischer, optischer Empfindungen im Aktanten. Ein solcher Ansatz liefe auf die Authentizitätsprobe hinaus, der die Imagination als Garant emotionaler Intensität unterworfen würde. Vgl. Bahr, Imagination und Körpererleben, 682f.

233 Husserl, Phantasie, 517f.

234 Nur beispielhaft sei hier verwiesen auf den Bericht des Fürsten A.M. L'vov-Jaroslavskij, der 1635 in diplomatischer Mission beim polnischen König Vladislav weilt und von dort berichtet, man sei „na poteche", also im Theater gewesen, „und das Stück handelte davon, wie der Heerführer des assyrischen Königs Holofernes nach Jerusalem kam und wie Judith Jerusalem rettete." („a potecha byla, kak prichodil k Ierusalimu assirijskogo carja voevoda Alafern i kak Judif' spasla Ierusalim.") Was da in ungelenker und ganz offensichtlich diesbezüglich unvorgebildeter Weise nacherzählt wird, ist eine Inszenierung des ausgesprochen

von den Augenzeugen vorgenommenen Paraphrasen und Charakterisierungen ihrer Theatererlebnisse wissen von Realitätseffekten der theatralischen Sensation zu berichten, welche eine tief sitzende orthodoxe Bilderskepsis bzw. Trugbildskepsis kaum noch spüren lassen.[235] Die Reflexion darüber ist bereits in die ersten Stücke des Moskauer Theaters hineingenommen. Sie thematisie-

---

populären Bibelstoffs um Judith, der später auch dem zweiten am Moskauer Theater gespielten Stück *Judith* (*Judif*) zugrunde liegt. Zit. nach Robinson, *Bor'ba idej*, 108. Vgl. auch den Bericht V.B. Lichačevs, der Ende der sechziger Jahre des 17. Jahrhunderts nach Italien reist und seinem Reisebericht ein eigenes Kapitel „Von den Comoedien" („O komedijach") eingliedert. Lichačev schreibt schon anders als noch dreißig Jahre vor ihm L'vov-Jaroslavskij in einer Weise über seine Seheindrücke, welche verdeutlicht, dass ein Bewusstsein der Konventionalität des Theaters sich langsam ausbildet und die Realitätsillusion der Vorführung zwar voll angenommen wird, aber eine Reflexion über die Darstellungsmechanismen und -bedingungen nicht ausschließt: „Der Großherzog befahl zu spielen, und es wurden Kulissen aufgestellt [...]. Auf der Bühne erschien ein Meer, von Wellen bewegt, und im Meer waren Fische, und auf den Fischen ritten Menschen. Und oben war ein Himmel, und auf den Wolken saßen Menschen. Und da kamen die Wolken mit den Menschen darauf herunter [...]. Und auf einer Wolke kam ein grauhaariger Mann vom Himmel herab und setzte sich in eine Kutsche, ihm gegenüber saß in einer anderen Kutsche eine wunderschöne Dame. Und Ritter lagen unter den Kutschen wie lebendig mit den Beinen zuckend. [...] Und in einem anderen Akt kamen 50 Männer im Harnisch und begannen mit Säbeln und Schwertern zu kämpfen und aus Kanonen zu schießen, und drei Menschen wurden scheinbar getötet." („Granduka prikazal igrat', – ob-javilisja palaty [...]; da v tech že palatach ob-javilosja more, koleblemo volnami, a v more ryby, a na rybach ljudi ezdjat; a vverchu palaty nebo, a na oblakach sidit ljudi: i počali oblaka i s ljud'mi na nich opuščat'sja [...] Da spuščalsja s neba ž na oblake sed čelovek v korete, da protivu ego v drugoj korete prekrasnaja devica, a argamački pod koretami, kak byt' živy, nogami podrjagivajut [...] A v inoj peremene ob-javilos' čelovek s 50 v latach, i počali sabljami i špagami rubitisja, i iz piščalej streljati, i čelovek s tri kak budto i ubili [...]".) (*Tagebuch der Gesandschaft des Edelmannes und Stadthalters von Borovsk Vasilij Lichačev nach Florenz im Jahre 1659/Statejnij spisok posol'stva dvorjanina i borovskogo namestnika Vasilija Lichačeva vo Florenciju v 7167 [1659] gode*, 350f.)

235 Es ist genau dieser Aspekt einer Scheinhaftigkeit vorgespielter Existenzen, der das Theater einerseits zum Problem des Augentrugs macht, andererseits aber auch zum Initiationsmedium diesseitsverneinender Grundsätze, der auch von den wenigen theaterhistorischen Schriften, die das 17. Jh. in Russland hervorbringt, thematisiert wird. Und auch diese sind wiederum bezeichnenderweise Überlieferungen der Kirchenväter über die antike Tragödie. 1641 bringt der Moskauer Druckhof (Pečatnyj dvor) den *Margarit* des Johannes Chrysostomos aus dem 4. Jahrhundert heraus. Johannes vergleicht hier das irdische Leben mit einer flüchtigen „Theatervorstellung" („teatral'noe igrišče žizni"), die Handlungen der Menschen als Rollen und Masken. Dazu auch Robinson, *Bor'ba idej*, 109 ff. Robinson führt gleichwohl seine weiteren Ausführungen zur Umkehrung dieser These als eine bewusste Theatralisierung des Lebens (z.B. die Übersetzung des *Theatrum historicum* von Wilhelm Stratemann 1724 (*Featron, ili pozor istoričeskij*)) anhand von Belegen aus, die eine solche Entwicklung eindeutig erst ins 18. Jahrhundert verlegen. Die Konsequenzen für das absolutistische Weltbild sind schlagend: wird die irdische Lebenswelt des Christen als von Gott inszeniertes Theater verstanden, so steigt der Zar, der an seinem eigenen Hoftheater Stücke über biblische Sujets aufführen lässt, zum Gott auf.

ren diese Duplizität explizit und integrieren sie in die offensiv ausgetragene Auseinandersetzung mit dem Illusionscharakter ihrer Re-Präsentation. So gibt Simeon Polockij im Prolog zur *Comoedia vom König Nebukadnezar, dem goldenen Kalb und den drei Jünglingen, die im Ofen nicht verbrannten* (*Komedija o Navchudonosorě carě, o telě zlatě i o triech otrocěch, v pešči ne sožžennych*, ca. 1675) eine knappe Paraphrase des Stückes und schließt mit den Worten: „Dies wollen wir in einer Comoedia zeigen und wie die Sache selbst darstellen".[236] Die Begründung dafür ist im Prolog zu seinem zweiten Stück, der *Comoedia des Gleichnisses vom verlorenen Sohn* (*Komedija pritči o bludněm syně*, ca. 1673–75) nachzulesen: „Denn das Wort bleibt weniger gut im Gedächtnis haften als etwas, das als Handlung dargestellt wird."[237] Wenn nach dem Prolog des *Dramas über Timur* (*Temir-Aksakovo dejstvo*) die Qualitäten des Theaters nicht nur in seiner kathartischen und didaktischen Funktion liegen, sondern „die Comoedia eine Kunst genannt wird, weil sie lebendige Menschen sprechend und verkleidet zeigen kann" („komedija naricaetsja masterstvom potomu, čto ona […] živych person v rečenii i rizach pokazyvati [možet]"), dann wird hier mit „persona" ein Begriff verwendet, der überhaupt erst mit den Konzeptionierungen illusionärer Maskenhaftigkeit in die russische Lexik eintritt. „persona" verwendet man etwa zeitgleich auch als „parsuna" für die skeptisch beäugten Portraits der neuen Malschule. In der *Comoedia vom verlorenen Sohn* verweist *persona* als *prosopon* auf eine strategische Funktionalisierung prosopopoischer Darstellungsmodi, die sich bewusst ist, dass sie über mimetische Repräsentationstropik hinaus in den Bereich der Doppelung und des Verbergens hineinreicht, der immer auch die Existenz ihrer Simulakren mit einkalkuliert. Indem die Stücke in direkter Apostrophe an den Zuschauer prologisch eine Diskussion über ihre eigenen systemischen Bedingtheiten entfalten, signalisieren, oder mehr noch: oktroyieren sie dem Zuschauer, sich parallel zur Darstellung der „lebendigen *personae*" („živye persony") mit der Figur der Abwesenheit und Leblosigkeit[238], die sich in der Erstarrung des Betrachterkörpers fortsetzt, auseinanderzusetzen. Der spezifische Erlebnisstil des

---

236 Simeon Polockij, *Comoedia vom König Nebukadnezar, dem goldenen Kalb und den drei Jünglingen, die im Ofen nicht verbrannten/Komedija o Navchudonosorě carě, o telě zlatě i o triech otrocěch, v pešči ne sožžennych*, 394. („To komidijno my choščem javiti / i aki samo dělo predstaviti […].")

237 Simeon Polockij, *Comoedia des Gleichnisses vom verlorenen Sohn/Komedija pritči o bludněm syně*, 371. („Ne tako krepko slovo v pamjati deržitsja, jako že ašče čto delom javitsja.")

238 Menke, De Mans ‚Prosopopöie' der Lektüre. Menke fasst die Prosopopoiia mit de Man als „sprachliche Figur, die dem Leblosen ein ‚Gesicht' verleiht (35). Während es Menke jedoch um die signifikative Aporie der Prosopopoiia zu tun ist, darum, wie die Fiktion der semantischen Referenzialität gesprengt wird, so interessiert hier spezifischer, wie die Referenz auf den Körper gebrochen wird.

Theaterbesuchs erfordert in neuartiger Weise die Fähigkeit, den Körper als kinästhetisches Analogon eines imaginierten Objekts zu sehen. Wir haben es, nach Sartre, „mit zwei analogen Materien für ein vorstellendes Bewusstsein zu tun: dem kinästhetischen Eindruck mit seinen Protentionen und Retentionen und dem affektiven Objekt", so dass „der gesamte Körper an der Konstitution des Vorstellungsbildes teilhat."[239] Partizipation an diesem Ritual ist möglich durch die Akzeptanz eines Agierens, das dem Apriori der Irrealität, des Scheins (von Identifikation, Existenz, Wirksamkeit) unterworfen ist. Die Setzung einer Figur gibt sich im Setzen eines Körpers nur maskiert. Ausschlaggebend ist für unseren Kontext, dass die theatralischen Mechanismen ihre Derealisierung gerade aufgrund kinästhetischer Somatisierung bzw. über eine Indienstnahme ihres beweglichen, sichtbaren und hörbaren Körpers durch imaginäre Bilder betreiben.

Diese Verknüpfung von Desubstanzialisierung und Körperbindung der barocken Imagination tritt in Simeons Bearbeitung des Daniel-Stoffes hervor. Signalisiert hier bereits der Prolog eine Einstellung des Betrachters auf doppelte Setzung, so ist das gesamte Stück allegorisch auf diese gegenseitige Produktion und Dementierung von theatralischer Figurierung („komidijno") und Dargestelltem, zwischen *dejstvo* (dramatische Handlung) und *dělo* (dargestellte Handlung) angelegt. Das spielt sich auf zwei diskursiven Anspielungsebenen ab. Die erste bezieht sich auf den Diskurs des Wunders (*čudo*), die zweite auf den damit verknüpften Diskurs des monumentalen *eidolons*, der materialisierten Trugbildhaftigkeit, die gegen das göttliche Gesetz verstößt. Hier sind zunächst das in die Irre führende Sehen plastischer Scheinbilder und erneut die spiritualisierte innere Anschauung eines für das Äußere blinden Auges kontrastiv gesetzt.[240] Ihre Schärfe gewinnen beide Sichtbarkeitsordnungen durch ihre Positionierung im inszenatorischen Rahmen des Theaters. Dieses überträgt seine Repräsentationsordnung auf beide visuellen Strategien und schafft so eine neue dramatische Wahrnehmungsform, in der die Protagonisten eines antitheatralischen Offenbarungsblicks zu Allegorien der Inszenierung werden. Benjamin spricht vom „atmosphärischen Ausgleich zwischen dem Raum einer visionären Wahrnehmung der dramatischen Person und der profanen des Zuschauers", von der „visionären Beschreibung des lebendigen Bildes" als zentraler Antithetik des barocken Dramas.[241] Diese Antithetik er-

239 Sartre, *Das Imaginäre*, 147.

240 Vavra verweist darauf, dass insbesondere plastische Bildwerke im Ikonoklasmus Angriffen ausgesetzt waren, da sich „in ihnen optische und haptische Wahrnehmungsmöglichkeiten mit dem Fascinosum des Materials" verbunden hätten und ihnen „das Odium der Realpräsenz des Dargestellten" anhafte. Vavra, Menschen-Bilder, 20f.

241 Benjamin, *Trauerspiel*, 171.

weitert Simeon Polockij noch um einen dritten Term. Im Widerstreit zwischen *eidolon*, prophetischer Schau des Märtyrers Daniel und wunderbarer Erscheinung im Feuerofen spielt Simeon nicht drei visuelle Wahrnehmungsweisen gegeneinander aus, sondern verschaltet sie für eine Inszenierung des theatralischen Imaginären. Die Bearbeitung des biblischen Stoffes wird im Drama nicht einlinig als Bestätigung des orthodoxen Sichtbarkeitsverbots inszeniert, vielmehr dient dieses als Folie, die göttlichen Wunder auf dem Schauplatz der Bühne zu einem ästhetischen Performativ des Wunderbaren zu machen.

Auf dieser ersten Ebene bestimmt damit der Konflikt geistigen Sehens/geistiger Blindheit und sinnlichen Sehens/optischer Abstinenz das Drama. Durch das gesamte Stück ziehen sich die Sentenzen, die das Schlüsselwort *čudo* (Wunder) zur Charakterisierung eines Geschehens einsetzen, das sich der Ordnung der Dinge *als* dramatischer Darstellbarkeit entzieht. Bereits der Prolog kündigt an, dass nun gezeigt werde, wie Nebukadnezar „durch ein Wunder zum Glauben bekehrt wurde" („čjudom k věrě privedesja"). Die Unversehrtheit der drei Märtyrer im Feuerofen, die als ‚lebendige Bilder' (živye kartiny/*affixio*) simultan mit dramatischer Sprechhandlung auftreten und so die Szenerie vervielfachen, löst dann eine wahre Flut an Wunder-Exklamationen aus. „Das böse Feuer verbrennt uns, / es verlässt auf wunderbare Weise den Ofen" („Ljutě ogn' nas požigaet / iže iz pešči čjudně izběgaet"), ruft einer der Sklaven des Zaren aus, woraufhin dieser selbst aufschreit („vozopiet"): „Was (ist das) für ein Wunder?" („Koe to čjudo?") Während die Märtyrer im Feuerofen das Hallelujah singen, erregen sich die Beobachter am *thaumaton* der Szene: „Welch Wunder!" („Ole čjudese!"), „Ein wahres Wunder" („O čjudo byvaet"). Auch nachdem die drei das Feuer verlassen haben, setzt sich der beschwörende Hymnus des Wunders fort: „Welch Wunder!" („Ole čudese"), versammeln die Mächtigen des Reiches ihre Stimme im Chor, „Oh, dies ist ein Wunder" („Ej, čjudo est' se"). Der König stimmt ein: „Ich sehe nun, ihr Mächtigen, was die wunderbare Macht / heute vor unser aller Augen geschaffen hat." („Vižu, boljare, kaja čjudo sila / v očesěch našich nyně sotvorila.")[242] Damit spricht er den Schlüsselsatz des gesamten Dramas aus, denn dieses kreist eben um die Notwendigkeit wahrnehmbarer Anschaulichkeit, um die Erregung an zuvor nicht da gewesenen Bildpräsenzen. Bereits in seinem ersten Monolog verlangt Nebukadnezar, man möge „die Stärke seiner Hand sehen" („Vidite krěpost' desnycy moeja"). Was hier noch metaphorisch gemeint ist,

---

242 Alle Zitate Simeon Polockij, *Comoedia vom König Nebukadnezar, vom goldenen Kalb und den drei Jünglingen, die im Ofen nicht verbrannten/O Navchudonosorě carě, o telě zlatě i o triech otrocěch, v pešči ne sožžcennych*, 394–400.

materialisiert sich im goldenen Götzenbild, das vor den Augen des Zaren anzubeten ist. Das falsche Kultbild der Sichtbarkeit des wesenhaft Unsichtbaren ist dramatologisch funktionalisiert für die Eröffnung neuer Bildräume. Weltlicher Herrschaftsanspruch ist Anspruch auf Eroberung eines „territory of the eye"[243], autoritative Umgrenzung eines optischen Territoriums. Mehrfach bekräftigt Nebukadnezar, alles sehen zu wollen, was man ihm teichoskopisch zuträgt. „Ich will selbst sehen" („Sam choščy zrěti"), fordert er die drei Märtyrer zum Kniefall vor dem Götzenbild auf. Und als man ihm von der wunderbaren Szene im Ofen berichtet, formuliert er sein Credo noch einmal: „Sehen überzeugt mehr als Hören, / ich will es mit eigenen Augen betrachten." („Viděnie pače slucha uvěrjaet, / choščy, da oko moe sogljadaet.")

Doch gerade Nebukadnezar wird es sein, der die phantastisch-unkontrollierbaren Szenerien, die sich um die drei Märtyrer entfalten, konsequent in den verbalen Code übersetzen, kommentieren, paratextualisieren muss. Unauflöslich sind beide Akte ineinander verschränkt. In die Auseinandersetzung zwischen direktem und visionärem Sehen schaltet sich das Wort, und zwar das rhetorische, figurative Wort als Vermittlungsinstanz ein. Präziser als in der bildtheologischen Auseinandersetzung zwischen den Offenbarungsmedien Wort und Bild des Daniel-Buches kann der grundlegende Wahrnehmungskonflikt des frühbarocken Dramas kaum formuliert werden. Gegen diese Herausforderung des Auges, der Augenzeugenschaft, hat sich das Wort durchzusetzen. Die Bühne wird damit zum Ort, an dem das Bild sich aus der Dominanz des seinen figurativen Körper ausstellenden Wortes zu lösen, an dem die Hierarchie der Sinne die epistemologische Unterordnung des Hörens unter das Sehen auszubauen trachtet.[244] Der Ort des Wortes, den Jampol'skij mit Barthes Analyse des barocken Trauerspiels „Zwischenraum" („promežutočnoe prostranstvo"[245]) nennt, lebt in der Erwartung des Bildes. Aber auch diese Gegenüberstellung wäre noch zu differenzieren, denn im Anschauungs-Widerstreit von Wort und Bild sind zwei unterschiedliche Worttypen auf den Plan gerufen. So wie das Sehen vielfach ist, ist es auch das Sprechen.[246] Im Widerstreit von Dramentext und Bibeltext ist zu beobachten, wie einerseits die Konfrontation des Offenbarungswortes mit dem Dramenwort die Figurativität der sakralen Rhetorik herausdestilliert, und wie andererseits die dramatische

---

243 Kelly, Territories of the Eye.

244 Zur Rolle der Zentralperspektive für die Sinneshierarchien vgl. Krämer, Zentralperspektive, 30f.

245 Jampol'skij, „Ja ne uvižu znamenitoj Fedry", 6.

246 Auffällig ist, dass der Dramentext Simeons gerade in den Passagen, die die Märtyrer im Ofen zeigen, auf eine Ausformulierung der Figurenrede verzichtet und sich statt dessen im Nebentext mit der Anmerkung begnügt: „u.s.w., wie bei Daniel, Kap. 3" („i proč., jako ze est' u Daniila v glavě 3").

Rede sich in der Inszenierung der biblischen Rhetorik defiguriert. Dass Sprache primär ihrer eigenen Figurativität gehorcht und das wiederum heißt, ihren eigenen Körper ausstellt[247], ist seit de Man zum *locus communis* rhetorischer Analyse geworden. Doch hier handelt es sich weniger um referenzielle Subversion, als vielmehr um die Frage, wie die Notwendigkeit selbstpräsenter Bildlichkeit sich mit der Instabilität des Bildes verbindet. Es geht um die Ausstellung der prosopopoischen Dispersion von Körper und Stimme.

Dieses Spektrum auslotend sucht sich das wundermächtige Wort eigene Heterotopien auf der Bühne. Der eigentliche Schauplatz, der Ort des Wunders *auf* der Bühne als der Ort des Wortes ist der Feuerofen, dem Bühnenraum fast entzogen und doch Rahmen für das eigentliche Erlebnis der *evidentia*. In ihm schafft das Drama eine optische Vorbehaltsphäre, welche zur Inszenierung der imaginären Wahrnehmung einer immer eingeforderten und doch nur scheinbar zu habenden Bildpräsenz genutzt wird. Er ist Schwellentopos für einen anderen ontologischen Raum, aber auch Schwellenraum in eine andere Figurativität, die den Ofen zum eigentlichen Ort des Sehens als erkennenden Wahrnehmens macht. Zugleich ist er der Ort, an dem die Performativität des göttlichen Wortes ihre Rhetorisierung erfährt. Bild, Götzenbild, verbildlichter Körper und durch die Aura des Wortes unversehrter Körper sind Varianten eines setzenden verbalen Akts. Doch die Exekutive des Wortes nimmt figurative Gestalt nur im Bereich des Phantasmatischen an. In der dramatischen Usurpation des spirituellen Heterotops, der zum visuellen Evidenzzentrum der Bühne evolutioniert, erfährt das Wort aus dem Jenseits eine Zuspitzung zur Prosopopoiia, zum Sprechen von einem Ort hinter der Maske (*prosopon*). In den visionistischen Diskursen als Kern angelegt bricht diese Figur unter dem Druck einer Neubestimmung dessen, was bildliche Evidenz bedeutet, auf. Das wirkungsmächtige göttliche Wort kleidet sich in die Trope der Adressierung und wird zur Fiktion der Apostrophe.[248] Damit ist die Differenz beider Manifestationsformen eines Unsichtbaren nicht getilgt. Doch sie wird als double-bind-Situation, in der sich die Materialisierung des Immateriellen immer schon befindet, im Imaginären der Inszenierung als Allegorie des verborgenen Schauplatzes entdeckt bzw. sichtbar gemacht. Beide gestalthaften/gestaltlosen Sichtbarkeiten/Unsichtbarkeiten werden zu Modi eines Bildbewusstseins, das innerhalb der performativen Konstellation agierter Bühnenbilder zwischen Repräsentations-, Präsentations- und Phantasmaformen

247 Jampol'skij bezeichnet konkret in Bezug auf die Rhetorizität des Dramas die Figurativität der Sprache als ihren (autoreferenziellen) Körper. Jampol'skij, „Ja ne uvižu znamenitoj Fedry", 8f.

248 Vgl. de Man, Autobiographie als Maskenspiel, und, diesen zugrunde legend, Menke, De Mans ‚Prosopopöie' der Lektüre.

laviert.[249] Was metaphysischer Beweis war, wird nun Anschauungsgewalt darüber, wie die Macht des deklamatorischen Wortes Gestalt, Gesicht, Figur, Körper gewinnt.

In sich erhält die theatralische *evidentia* ihre Spannung gerade aus dem Rückzug in die Reserve der Unsichtbarkeit, die aber nicht im spirituellen Raum der Vision liegt, sondern in der theatralischen Ostentation des Blicks darauf. Dieser Blick lässt das prophetische Sehen in eine theatralische Wahrnehmung *Als-ob* kippen. Sie ist dabei weniger Effekt eines gegenseitigen Ausspielens und Bestätigens von Wort und Bild, als vielmehr der Überlagerung eines perzeptiven und eines rhetorisch vermittelten, imaginativ erfahrbaren Bildes. Genau hierin liegt die verdeckte Allegorizität von Simeon Polockijs zweitem Drama, das auf seiner szenischen Oberfläche ganz ohne allegorische Figuren auskommt. Ohne zum Verfahren einer offenen Allegorisierung, einer Besiedlung des Bühnenraums mit allegorischen Figuren zu greifen, wie es für das frühbarocke Theater die Regel ist, inszeniert Simeon Polockij Theater, also den Ort, der zum Topos des für Russland neuen Phänomens der Sehsucht werden sollte, als Allegorie eines Sehens, das sich am Unsichtbaren erregt und auf seine Imagination zurückgeworfen ist. Es übt den Betrachter in einen Blick ein, der im Schauraum des Theaters auf einen stumpfen Bereich der Blindheit oder des Imaginären stößt. Diese Allegorizität des Theaters entgrenzt das „Territorium des Auges" in einen transgressiven Raum des Phantasmas. Über eine Konzeptualisierung des *fantazma* als Hybride aus *aistheton* und *noeton* konstruiert es fiktive Welten, denen mit Hilfe von Illusionstechniken Realität zugeschrieben wird und die doch (und dadurch) in der Unentscheidbarkeit eines Zwischenraums der barocken Bühne von Vorstellungsbildern und Wahrnehmungsbildern verbleiben.

4.3. Dekorative (=) Perspektive

Nicht zufällig ist der Ort, an dem das doppelte Sehen des realen und des imaginären Blicks Wahrnehmungsbedingung ist, identisch mit demjenigen, an dem auch das linearperspektivische Sehen eingeübt wird. Nach Florenskij steht das Theater am Ursprung einer Geschichte der Zentralperspektive in Russland.[250] Die Einschulung in die Gesetze dieses skopischen Regimes verläuft als wechselseitig kommentierender und komplementierender Prozess. Zunächst organisiert die Konstruktion des Theaterraums mit der Guckkastenbühne den Sehakt

249 Husserl, Phantasie.
250 Florenskij, Obratnaja perspektiva, 20. („Koren' perspektivy – teatr [...].")

analog zu dem des planperspektivischen Bildes, indem der Betrachter stillgestellt und auf eine passive Anschauung der Kinesis zurückgeführt wird, welche Teilhabe verinnerlicht und primär emotional-kognitiv ermöglicht. Florenskij selbst vergleicht den Theaterbesucher mit den gefesselten Höhlenbewohnern Platos und weist hieran den wesentlichen Unterschied zwischen umgekehrter Perspektive der Ikone und Linearperspektive des Theaters auf: Lasse erstere die „lebendige Berührung mit der Realität" („živoe soprikosnovenie s real'nost'ju") zu, so sei die zweite Medium der physischen und psychischen Anästhesierung des Betrachters, der „gewissermaßen durch eine gläserne Wand von der Bühne abgetrennt und auf ein unbewegtes starrendes Auge reduziert" sei und dadurch „Betrug" („obman") und Illusion ausgesetzt.[251] Auch hier bricht noch einmal der auch von Ouspensky/Lossky so vehement vertretene Anspruch der Ikone als realistischer Kunst durch, der sich auf zwei Bedingungen stützt: den ontologischen Status des Abgebildeten als real existierend und die sensuelle Erfahrbarkeit des Bildes. Demgegenüber verlagert die Planperspektive den Realismus ins Bild hinein bzw. sie verleiht dem Realitätsstatus, was gemäß der symbolischen Ordnung der Planperspektive abgebildet ist, und neutralisiert das omnisensorische Blickereignis zu einem intelligiblen Sehen. Partizipatorische Formen werden abgelöst durch optische Thetik, der sensomotorisch aktive Betrachter degeneriert zum „gelähmten, willenlosen Betrachters" („paralizovannaja volja", „bezvol'noe smotrenie"). Im Theater eröffne sich so mit der Zentralperspektive die Kluft zwischen einer „reinen Kunst" („čistoe iskusstvo") und der „dekorativen Illusion" („dekorativnye illjuzii").[252]

Eben diese Gleichstellung von Perspektive und Dekoration, die sich noch bis in die bildtheoretische Diskussion des 20. Jahrhunderts hinein zieht, hat ihren konzeptionellen, empirischen und lexikalischen Ursprung im 17. Jahrhundert, in der Gründungsphase des russischen Theaters und der neuen Malerei. Denn es sind die Bühnendekorationen, die im frühbarocken Russland die zentralperspektivische Malerei offensiv propagiert haben. Mehr noch: Erst an dieser Stelle klärt sich, warum die Ikonentraktate des reformistischen Flügels an keiner Stelle den Begriff „perspektiva" verwenden, obwohl er, das zeigt sich im Theaterdiskurs, durchaus existierte. Die Antwort auf diese Frage ist so einfach wie aufschlussreich für den gesamten Komplex der skeptischen Etablierung eines neuen Sichtbarkeitspostulats: *perspektiva* bezieht sich in der zweiten Hälfte des 17. Jahrhunderts ausschließlich auf die Kulissenmalerei der Bühnendekoration. Perspektive/Dekoration gehört in den Bereich der Küns-

---

251 Florenskij, Obratnaja perspektiva, 17f. („kak by stekljannoj peregorodkoj otdelen ot sceny i est' odin tol'ko nepodvižnyj smotrjaščij glaz.")

252 Ebd.

te, die die Interaktion von Bild und Betrachter auf die Performanz interagierender Schauspieler verlagern und nur das Sehzentrum des Auges eines unsichtbaren Zuschauers noch in diesem visuellen Dispositiv belassen.

Zahlreiche Belege hierfür bietet eine von Bogojavlenskij besorgte Quellenedition aus den Akten des Moskauer Auswärtigen Amtes (Posol'skij prikaz). Aus der umfangreichen (nur leider bibliographisch schlecht kommentierten) Sammlung sollen hier einige wenige Angaben zu den Vorbereitungen für weitere Inszenierungen nach der ersten belegten Aufführung am 10. Mai 1672 zitiert werden. Die Auszüge vermögen die Empirie punktuell zu erhellen: Aus den Rechnungsbüchern des Amtes geht hervor, dass „am 21. Juni auf Befehl des Zaren […] der Befehl erging, für Dekorationen [perspektivnoe delo] 700 Arschin Leinwand zu kaufen und […] dem ausländischen Maler Peter Engler zu übergeben."[253] Eine Woche später werden demselben Engler 10 Rubel aus der Staatskasse ausgezahlt, „um seine Ausgaben für die Dekorationen [perspektivnoe pis'mo]" zu decken.[254] Am 5. Juli erhalten die Maler Andrej Abakumov, Leontij Ivanov, Elisej Alekseev und Osip Ivanov ihren „Lohn ebenfalls für Dekorationen [perspektivnoe pis'mo]".[255] Am gleichen Tag sind noch einmal Ausgaben für 700 Arschin Leinwand verbucht. Noch einmal drei Wochen später, am 10. August, vermerken die Rechnungsbücher eine Ausgabe von 16 Rubeln, 13 Altyn und 2 Dengi „für ebenjene Dekorationen [perspektivnoe pis'mo]"[256], für die 4 Schwanenflügel, 20 Gänseflügel, 50 Entenflügel, ein Pud Kerzen, 3 Bogen Papier, Faden, fünf Pfund Öl und fünf Pfund Terpentin benötigt werden. Schließlich erhält am 9. Oktober, also nur eine Woche vor der Aufführung des *Artaxerxes*, die als Gründungsinszenierung des russischen Theaters gilt, Johann Wander seinen Lohn von zwei Rubel „für seine Malerei, d.h. dafür, dass er ein Theaterstück malerisch ausgestattet hat [živopisnoe pis'mo]".[257] *živopisanie* (realillusionistische Malerei) ist der Begriff, darauf wird weiter unten zurückzukommen sein, der die Ikone mit der theatralischen Kulisse verbindet. Relevant an dieser Stelle ist die Identifikation der Dekoration mit dem gesamten Stück. Eine „Comoedia malen" („komidiju pisati") heißt, die Kulissen für eine Inszenierung zu gestalten. Auch als der erste Versuch dieser höchst finanzintensiven Einführung einer Illusionsbühne in der Moskauer Rus' sein vorzeitiges Ende findet, ist es immer noch die Perspektivik (im Sinne von Perspektiven schaffende Dekorationen), die metonymisch für das gesamte

253 *Moskovskij teatr*, 15. („Ijunja v 21 den' po ukazu velikogo gosudarja […] veleno kupit' k perspektivnomu dělu 700 aršin cholstu […] i otdat' živopiscu inozemcu Petru Ėngleru.")

254 Ebd. („živopiscu Petru Ėngleru k perspektivnomu pismu na raschody.")

255 Ebd. („žalovan'ja živopiscom, kotorye u perspektivnogo pis'ma […].")

256 *Moskovskij teatr*, 16. („k tomu-ž perspektivnomu pis'mu").

257 Ebd. („žalovan'ja inozemcu živopiscu Jaganu Vanderu za rabotu živopisnogo pis'ma, čto on pišet komidiju.")

Dispositiv des Theaters steht. So ergeht am 15. Dezember 1676 nach dem Tod Aleksej Michajlovičs ein Ukaz seines Sohns, Feodor Alekseevič:

> Alle Räume über der Apotheken-Kammer, die durch das Theater belegt waren, sollen gesäubert werden, und was in diesen Räumen war, Orgel, Dekorationen [Perspektiven] und andere Utensilien für die Theaterspiele, soll ins ehemalige Haus von Nikita Ivanovič Romanov gebracht werden.[258]

Aus den Angaben zum Transport geht hervor, dass die Dekorationen eine typische barocke Kulissenbühne ausgestalteten, bei der mit Leinwand bespannte Holzrahmen in Schlitzen des Bühnenbodens vor- und zurückgefahren werden konnten, so dass über mehrere Kulissenpaare eine beträchtliche Tiefenperspektivik erreichen konnte.[259] Am 23. Januar 1673 wurden auf Befehl Artemon Matveevs, der Vorsteher des Auswärtigen Amts und damit Zeremonienmeister und ‚Indendant' des ersten Theaters in Personalunion war,

> die Kulissen [wörtl.: Rahmen mit linearperspektivischen Bildern] aus dem Theater in Preobraženskoe nach Moskau in die Räumlichkeiten über der Staatlichen Apotheke gebracht, doch beim Hineintragen passten die großen und mittleren Rahmen nicht durch die Tür, so dass sie auseinandergenommen und als zerlegbare neu gebaut werden mussten, wofür hundert Scharniere und Eisenklammern angefertigt wurden.[260]

Im szenischen Spiel kann sich die dekorativ-perspektivische Technik, die das Illusionistische „zum integralen Bestandteil des neuzeitlichen Konzepts von ‚Realität' macht"[261], auch als gezielte Strategie erweisen, den Status des *Als-Ob* der Perspektive zu durchbrechen. So wie sie Medium des symbolischen Weltaufbaus ist, unterliegt die Dekoration selbst den Figurierungen dieser Welten. Die Perspektive kann als Figur innerhalb des dramatischen Raums verdinglicht handelnd auftreten. Im Ballett *Orpheus* (*Orfej*) fordert Orpheus die Pyramiden neben ihm auf: „Rückt also näher heran, liebe Kulissen, und du, Pyramide, tanz zur Musik."[262] In der Apostrophe an die Dekoration, die techni-

---

258 Zit. nach Vsevolodskij-Gernegross, *Russkij teatr*, 119. („Nad aptekarskim prikazom palaty, kotorye zanjaty byli na komediju, očistit', i čto v tech palatach bylo, organy i perspektivy i vsjakie komedijnye pripasy – vse svest' na dvor, čto byl Nikity Ivanoviča Romanova.")

259 Genauer zur barocken Bühne vgl. Fischer-Lichte, *Semiotik des Theaters*, Bd. 2, 73ff.

260 *Moskovskij teatr*, 30. („perevezeny is sela Preobraženskogo is kamidijnoj chorominy ramy perespektivnogo pisma k Moskve i vzneseny v polaty, čto nad Optěkoju, a dlja vznosu, čto bolšie i serednie ramy vo dveri ne prošli, pereterty i postroeny zdvižnymi; i k těm ramom pridělano sto zadvižek da dvěsti skob želěznych.")

261 Krämer, Zentralperspektive, 31.

262 *Rannjaja russkaja dramaturgija*, 2. („Poėtomu davajte, moi kulisy, stanem pobliže ko mne, / A ty, piramida, pljaši pod pesnju.")

sche Grundbedingung der szenischen Repräsentation, des dramatischen „Sehens als etwas" ist, zeigt sich die Ambivalenz der neuen fiktiven Räume, die dekorativ-perspektivisch erzeugt werden: Indem sie figurativ eingesetzt werden, vom Register statischer Bilder/Plastiken der symbolischen Welterzeugung in das Register kinetischer Akteure wechseln können, entblößen sie zugleich sich als artifizielle Zeichen[263] und das Dekorativ-Fiktive als Inkrement theatralischer Realität selbst. Sie heben als dargestellte Darstellung im Akt der Aufführung die Antagonismen von real vs. illusionistisch auf. Als Dynamisierung der starren Fluchtpunktperspektivik szenischer Repräsentation inszeniert ihre Performanz die Rückübersetzung einer Scheinwelt in eine interaktiv, sensorisch erfahrbare Welt der Wahrnehmung, verleiht aber gleichzeitig den menschlichen Aktanten des Schauspiels die Rolle anthropomorpher Dekoration. Indem die Medien des *Als-Ob* aus dem Status der formalisierten Repräsentation heraustreten und als *dramatis personae* aktional in das Geschehen eintreten, führen sie die Nutzung der Illusionstechniken als Modelle für das Reale ad absurdum. Im Spiel der partizipierenden Perspektivik ihre eigene Artifizialität ausspielend, affizieren sie die kinetische Mimesis des Schauspiels und legen die inszenatorischen Praktiken der Erzeugung fiktiver Welten im Realitätsmodus offen.

Außer diesen schriftlichen Dokumenten, die sehr vermittelt über die Gestalt des Bühnenraums Auskunft geben, gibt es nur einige wenige Abbildungen, die auf eine konkrete inszenatorische Praxis in der Anfangsphase des Theaters hinweisen.[264] Als wichtigste Quelle kann man wohl die Gravuren der 1685, also posthum, gedruckten Ausgabe von Simeon Polockijs *Comoedia des Gleichnisses vom verlorenen Sohn* betrachten (vgl. Abb. 25 und 26).[265] Die Kupferstiche lassen Beobachtungen über Kostüme, Bühnenraum und Beleuchtung zu.[266] Dass die illustrative Gestaltung gleichwohl nicht unbedingt der Realität der frühen Aufführungen entsprechen muss, darauf verweisen Vsevolodskij-Gernegross, Robinson und Sofronova. Entgegen der stilisierten Illustration der Druckfassung eines Dramas, das vermutlich nie am ersten Moskauer Theater aufgeführt wurde, verzichten die ersten Inszenierungen

263 Vgl. zum barocken Theater bzw. dem Barock prinzipiell als prototypischer Formation des artifiziellen Zeichens Fischer-Lichte, *Semiotik des Theaters.*

264 Vsevolodskij-Gernegross, *Russkij teatr*, bildet auch Zeichnungen des ukrainischen Puppentheaters ab. Für das 18. Jahrhundert lässt sich dann auch auf Bilderbögen zurückgreifen.

265 Sämtliche Abbildungen aus Vsevolodskij-Gernegross, *Russkij teatr*, 89, 92 und 93. Weitere Reproduktionen der insgesamt 38 Abbildungen bringt er leider nicht. Vgl. zur Datierung Sazonova, Teatral'naja programma XVII v., 141.

266 Schivelbusch, *Lichtblicke*, 182, arbeitet den Zusammenhang der künstlichen Bühnenbeleuchtung als „Beleuchtung der Zentralperspektive" wie auch den Schritt zur Verdunkelung des Zuschauerraums heraus.

Abb. 25: Simeon Polockij: *Istorija o bludnĕm syne (Die Geschichte vom verlorenen Sohn)* (Moskau 1685). Aus: Vsevolodskij-Gerngross, Russkij teatr, 92.

Abb. 26: Simeon Polockij: *Istorija o bludněm syne (Die Geschichte vom verlorenen Sohn)* (Moskau 1685). Aus: Vsevolodskij-Gerngross, Russkij teatr, 93.

noch auf Vorhänge zwischen Bühne und Zuschauerraum und setzen sie nur zur Aufteilung des Bühnenraums selbst ein. Der bühneninterne Vorhang ermöglicht eine gesteigerte Tiefenperspektivierung, vor allem aber auch eine Ausdifferenzierung des szenischen Raums in sichtbare, halbsichtbare und hörbare Bereiche. Gegen die Erweiterung der Bühne um einen blinden Fleck, der nur akustisch noch wahrnehmbar bzw. als Wortkulisse vermittelbar ist, bricht sich hier eine Steigerung des voyeuristischen Sehens durch opake Schleier und halbtransparente Stoffe Bahn, in der das Sprechen hinter der Maske zum Zeigen hinter dem Vorhang (*per umbras*) gerät.[267] Beide Formen – seien sie nun intermedial antagonistisch oder intramedial akzentuierend – verweisen auf die Mittelbarkeit des Blicks, des sichtbar-unsichtbaren Objekts, das sich in der topologischen Konstruktion der barocken Szene als Transformation eines Repräsentationsraums spiegelt, wie ihn auch der Heterotop in Simeons *Comoedia vom König Nebukadnezar* darstellte. Beide Formen integrieren in den Raum der Sichtbarkeit ‚Subtope' mit unterschiedlichem ontologischem und medialem Status. Sie spielen mit den Möglichkeiten, genau diejenige ausgestellte Visualität, von der Sofronova und Koschmal als Allegorizität sprechen, zurückzunehmen, und auf die Ebene eines Abwesenden oder nur verfremdet Anwesenden – als *imago*, als Phantasma, als Imaginäres – zu verlagern. Sie inszenieren vor den Augen des Betrachters die Auflösung des darstellenden Körpers, die Mutationen des Bildes und untergraben so schließlich die Dichte und Starre, die mit der linearperspektivischen Fokussierung der Szenerie impliziert ist.

Der fehlende Bühnenvorhang ist in seiner ästhetischen Pragmatik anders einzuschätzen. Er trägt dazu bei, die Sublimation des Sehens zu einem Akt des unbeteiligten Beobachtens zu relativieren. Wenngleich das Bewusstsein vom Akteur als Allegorie barocken Weltempfindens nirgends in den Texten des russischen 17. Jahrhunderts so explizit formuliert ist, wie es für Westeuropa allenthalben der Fall ist, so schreibt sich doch der Topos vom barocken *theatrum*

---

267 Sofronova sieht hier eine Annäherung an die *laterna magica* gegeben. Insgesamt muss bei aller Aufmerksamkeit für medienhistorische Verschiebungen das praktizierte Wissen um diese Technik wohl eher ins 18. Jahrhundert datiert werden. Wenn im frühesten belegten Beispiel, Dimitrij Rostovskijs Drama *Christi Geburt* (*Komedija na roždestvo Christovo*, 1702), ein solcher medialer Einschluss vermutet werden kann, so spricht sich hier eben jene Tendenz zur Verkehrung der Sinneshierarchie aus, die bereits oben angesprochen wurde und die gleichzeitig zur Abteilung eines blinden Bühnenraums konträr verläuft: das Wort ordnet sich dem Bild unter. Bei Dmitrij heißt es an einer Stelle im Nebentext (Aufzug 9) „Tötung der Kinder, unhörbar, doch sichtbar." („Ubiene otročat neslyšimoe, no zrimoe." (435)). Die Szene bezieht sich auf den Säuglingsmord unter Herodes. Nicht zufällig gerät eine Mord- oder Todesszene zur Bruchstelle von Wort und Bild. Die Leiche ist für Jampol'skij das Nicht-Repräsentierbare des Barock schlechthin. Jampol'skij, „Ja ne uvižu znamenitoj Fedry…".

mundi als Gestaltung des Lebens nach theatralischen Regeln wie auch die Projektion realer Verhältnisse auf die Bühne als Spiegel in die Inszenierungspraxis bereits des Schultheaters ein. Für die Funktion der ersten Dramen als Autoreflexion barocken Zeremonialhandelns hat das überzeugend Robinson nachvollzogen.[268] Er vermutet, dass der fehlende Bühnenvorhang in der zeremonialkulturellen Einbettung des Theaters begründet ist. D.h., der Bühnenraum darf nicht vom Zaren abgetrennt werden, andernfalls würde das Spiegelungskontinuum unterbrochen. In der Etablierung einer autoritativen Blickachse vom Monarchen zur Szene ist aber auch der Kern eines Betrachterdispositivs getroffen, der die Institution des machtvollen Blicks in ein Geflecht von diskursiven und symbolischen Codierungen einfügt, die den Körper, seinen Blick, seine Wahrnehmung als Teil einer zentralperspektivischen Zurichtung der Schauplätze des optischen Wissens begreift.

4.4. Betrachterdispositive im barocken Theater: Die Sichtbarkeit des Zuschauers

Die ratio konzeptualisiert sich im 17. Jahrhundert
teilweise wie ein Theaterbesucher.[269]

Gehört es auch zu den Allgemeinplätzen der Dramengeschichte, dass der planperspektivisch strukturierte Schauraum des Theaters in die symbolische Wahrnehmungsstruktur eines extrinsischen Betrachters gehört, so vernachlässigt diese These doch, dass die Positionen des Subjekts in sich ein breites Spektrum an Abschattungen zwischen Interaktion und Isolation aufweisen. Bereits in der Frühphase des Theaters differieren die Betrachterpositionen nach Geschlecht und gesellschaftlichem Rang erheblich, wobei das barocke Bühnenbild selbst absolutistisch auf den monarchischen Blick ausgerichtet war. „Das Publikum im übrigen Saal musste also über ihn – wie über einen esoterischen Großpriester vor der Tür der Tempelcamera – wahrnehmen und teilnehmen."[270] Anders gesagt: Bis auf ein Auge nehmen alle Augen ein verzerrtes Bild wahr bzw. bis auf ein Auge müssen alle Augen ihren Blick auf eine fremde Achse umlenken. Foucault hat den absolutistischen Blickpunkt als Bedingung der planperspektivischen Repräsentationslogik überhaupt geltend gemacht. Über die Dominanz dieses einen Auges wird darüber hinaus – und

268 Robinson, *Bor'ba idej.*
269 Jampol'skij, „Ja ne uvižu znamenitoj Fedry…", 26. („ratio otčasti myslit sebja v XVII veke kak zritel' v teatre.")
270 zur Lippe, *Naturbeherrschung am Menschen*, Bd. 2, 25.

das ist für den Zusammenhang der optischen Disseminationen entscheidend – eine Differenzierung der Blickordnung im gesamten theatralischen Raum (und das schließt den szenischen Raum der Bühne und der Kulissen ein) in unsichtbare Beobachter, sichtbare Zuschauer und sichtbare Bühnenzuschauer vorgenommen, die gleitende Abstufungen der Bildwahrnehmung repräsentieren. Die Aufspaltung der Sichtbarkeitsordnung setzt sich bis in den Betrachter hinein fort und integriert ihn in die Reihe der Kippfiguren aus Wahrnehmung und Vorstellung. Die Sichtbarkeit, die eine Planperspektive in die Welt der Dinge bringt, ist also nicht einseitig auf das Bild/die Szene hin auszulegen, sie unterwirft auch den Beobachter ihren Paradoxien.

Ausländische Reisende berichten davon, dass bei den Aufführungen im Moskauer Theater allein Aleksej Michajlovič im Saal saß, während der Rest der Zuschauerschaft, die Bojaren, nach einer strengen Rangordnung auf der Bühne standen und so eine Zwischenstellung zwischen Zuschauern und Akteuren einnahmen. Für die erste russische Aufführung (auf dem Programm standen Tänze und der *Artaxerxes*) am 17. Oktober 1672 vor Aleksej Michajlovič berichtet Yacob Reutenfels, vermutlich Co-Autor des Stückes, folgendes:

> Die Vorführung selbst betrachtete der Zar in einem Sessel vor der Bühne sitzend, die Zarin mit den Kindern durch ein Gitter, besser gesagt durch die Ritzen eines mit Brettern speziell abgetrennten Raumes, und die Adligen (sonst war niemand zugelassen) standen direkt auf der Bühne.[271]

Mit diesen drei Positionen ist ein Blickdreieck entworfen, das in seiner Vernetzung und Überlagerung von Achsen jene unaufhebbare Verschränkung von Sichtbarkeit und Unsichtbarkeit, Sehen und verstelltem Blick, ausgestellter Körperlichkeit und verstecktem Leib kennzeichnet, die der Barock als allegorisches Heterotop mindestens dreier Wahrnehmungsdispositive auslebt: An erster Stelle die zentrale Stellung des Königs, des einzigen linearperspektivisch platzierten Betrachters, in einer göttlich-allumfassenden Blickposition direkt vor der Bühne an der Spitze eines Repräsentationsakts, der ihn selbst darstellt.[272] Zweitens die Bojaren als Spiegelinstanzen – abgespaltene Repräsenta-

---

271 Yacobus Reutenfels, *De rebus Muscoviticis ad Serenissimum magnum hetruriae Ducem Cosmum Tertium* (1680). Zit. nach Robinson, *Bor'ba idej*, 114. („Na samoe predstavlenie car' smotrel, sidja pered scenoj na kresle, carica s det'mi skvoz' režetku ili, vernee, skvoz' ščeli osobogo doskami otgorožennogo pomeščenija, a vel'moži (iz ostal'nych nikto bolee ne byl dopuščen) stojali na samoj scene.") Für das zweite Stück wird der Zuschauerkreis erweitert um Geistliche.

272 Gregorii bearbeitet das Bibelsujet und die bereits vorliegenden westeuropäischen Bühnenfassungen im Sinne einer Archaisierung und Adaptierung an die Verhältnisse am russischen Zarenhof und formt Artaxerxes als Aleksej.

tionen des Königs auf der Bühne und gleichzeitig unter seinen Augen Schauspieler ihrer selbst. In der Position der lebendigen Kulisse, die Bühne rahmend, sind sie weder Akteure noch Statisten. Drittens die Zarin, die sich schon außerhalb des eigentlichen Saals in einer Art Dunkelkammer befindet und nur über ihren Blick durch das Gehäuse hindurch anwesend ist. Einzig der Zar ist hier privilegierter und vollwertiger Zuschauer (s)eines panvisuellen Regimes. Die Bojaren nehmen aus ihrer Position als szenischer Rahmen das Geschehen nur aus einer verzerrten Perspektive heraus wahr. Die Zarin als versteckte Beobachterin oder Augenzeugin schließlich ist selbst verhüllt, unsichtbar, sieht aber alles. Sie ist aus dem Zuschauerraum ausgeschlossen bzw. eingeschlossenen in einen Zuschauerraum im Zuschauerraum.[273] Was sich zwischen diesen drei Standorten entspinnt, ist ein Rollennetz der Betrachter, welches das Sehen des Sehens ebenso garantiert wie die Unsichtbarkeit des Blicks.

Dieses Blickdreieck, das die Vorstellung vom Theater am Zarenhof als „Theater ‚eines einzigen Zuschauers'" („teatr ‚odnogo zritelja'"[274]) modifiziert, wird zu keinem Zeitpunkt gestört, denn das Moskauer Schultheater wusste zwar, wie erwähnt, von der Einrichtung eines Bühnenvorhangs, nutzte diesen jedoch nur zur Unterteilung der Bühne, nicht aber zur Abgrenzung des Bühnenraums vom Zuschauerraum, in dem allein der Zar thronte. Auf seinen Blick hin strukturiert sich das szenische Ereignis, an seinen Blick richtet sich die szenische Rede.[275] Ist damit zwischen zwei absolutistischen Punkten die symmetrische Hauptachse des Sehens bestimmt, so wird diese bei gleichzeitiger und notwendiger Unbewegtheit des Throns doppelt gebrochen und in ein Blickdreieck oder eine Blickspirale umgelenkt, über das/die sich der monopolistische Blick auf die Bühne, ins Zentrum seines eigenen Betrachtens katapultiert und aufspaltet. Um jenen ‚Fleck' zu sehen, für den der Herrscherblick blind bleiben muss, sich selbst, bewegt er sich aus der frontalen Perspektive des Panoptismus hinein in die Perspektive des Repräsentationsraums. Zunächst erfährt das Modell damit eine narzisstische Doppelung, denn das auf

273 Man wird später sehen, dass diese letzte Position genau diejenige sein wird, die sich diametral verändert: Natal'ja Kirillovna gründet ihr eigenes Theater.

274 Robinson, *Bor'ba idej*, 183.

275 Schon Deržavina/Demin/Robinson weisen auf die Signifikanz der Augen im *Artaxerxes* hin. Im Prolog heißt es „Der Glanz [Blick] Deines Auges vermag sie zu zerstören" („I oka tvoego blistanie možet ich sokrušiti"). Gleichzeitig wird die eigene Aufführung als des herrscherlichen Blicks („zrenie očes") nicht würdig klassifiziert. Im Stück doppelt sich diese Aussage mit derjenigen Esthers, die bestreitet, „des edlen Blicks des Artaxerxes würdig" zu sein („dostojna est' vysokich očes"), eines Blicks, dem sie unterworfen ist („očes tvoich blistanie ko vsjakoj službe da mja pravit"). Auch Mardochej formuliert diese „Furcht vor dem zaristisch-göttlichen Blick" („oči strašatsja carskogo čina"). Deržavina/Demin/Robinson, Pojavlenie teatra, 74.

die Abbildlichkeit angelegte Bühnengeschehen stellt klare Analogien her: „Die Rangklassen des Hofes und die ‚Rangklassen' des Theaters stimmten überein" („Činy pridvornye i ‚činy' teatral'nye [...] sovpadali"), so Robinson, der folgert, man müsse dementsprechend über das Prinzip der Spiegelung des konventionalisierten Theaterraums im höfischen Zeremonialraum von einem homogenen Raum der Machtinszenierung in Zuschauer- und Bühnenraum, von einer „Einheit des sich vollziehenden Zeremoniells, einer Einheit der ‚Handlung' auf der Bühne und im Saal" („edinstvo soveršavšegosja ceremoniala, edinstvo ‚dejstvija' na scene i v zale") ausgehen.[276] Über das Bühnengeschehen verlagert sich der optische Machtpol mittels der Stellvertreter des Zaren aus dem Zuschauerraum in den Bühnenraum und damit in eine Reziprozität des Blickens hinein.[277] Die Bojaren als abgeleitete Figuren des Blickzentrums befinden sich als Rahmen des Bühnengeschehens in einem Schwellenraum von Sichtbarkeit (auf der Bühne) und Unsichtbarkeit (hinter der Bühne), theatralischem/er Raum/Figur und realem/er Raum/Figur. Sie bilden zwischen Kulisse, Hinterszene und Szene die Mitte zwischen Sichtbarem und Unsichtbarem. Dass fiktionsexterne Personen die Inszenierungen des Barock durchaus unterbrechen konnten, ohne illusionszerstörend zu wirken, belegen beispielsweise die Lampenputzer, die auf westeuropäischen Bühnen regelmäßig die Szene durchquerten. Anders jedoch verhält es sich mit den symbolischen Plätzen, die die Repräsentanten eines absolutistischen Staates innerhalb eines Theaters einnehmen, das die Differenz von Zuschauer und Zugeschauten nutzt, um das Zuschauen aus einer falschen, blinden Perspektive selbst in Szene zu setzen. Gegen die panoptische Position des Zaren und die panoptische Performanz der Szene bilden die Bojaren einen optischen Paratext, halb wahrgenommen, halb entzogen, der das Schauspiel schweigend kommentiert und das Dogma des Blicks schweigend bricht, aber auch als körperliche Präsenz auf die Bühne trägt. Auf das Zentrum des Geschehens blickend bestätigen sie die Repräsentation der Bühne, doch aus dem entstellten Winkel ihrer umgekehrten Perspektive heraus verfremden sie deren symbolische Ordnung. Seitenblicke und ersetzte Blicke ergänzen sich hier auf einer ersten Stufe zu einem Netz des Sehens, das seine eigene Entstellung wie auch sein Abgleiten ins Imaginieren mit einkalkuliert.

---

276 Robinson, *Bor'ba idej*, 128.

277 Eine auch in Westeuropa nicht unübliche Praxis, allerdings mit umgekehrten Vorzeichen: Dort steht der niedere Zuschauer im Parterre und der Adel sitzt auf der Bühne, während hier der Zar außerhalb des Bühnenraums sitzt und die Bojaren auf der Bühne stehen, was wiederum eine Sitz- und Stehordnung aufnimmt, die das Zeremoniell auch für die höfischen Veranstaltungen vorschreibt.

Doch noch eine dritte Instanz ist hier beteiligt, die sowohl die Exteriorisierung des Betrachters zuspitzt wie auch die Verbergung des Sehens als lustvollen Akts. Das Séparée, aus dem heraus der weibliche Blick dem Spektakel folgt, verweist auf Parallelen zwischen zeremonieller und ritueller Performanz, die Teil der Obskurantisierung des Sehens im 17. Jahrhundert sind. Sehen ist ein Akt des Voyeurismus. Entscheidend ist hier die nochmalige Aufteilung des Raums, die nochmalige Inkludierung einer Höhlung innerhalb der Bildmaschinerie des Theaters, die die Beziehung des Beobachtenden zum Bild einerseits in ein neues Affektationsstadium des verbotenen Blicks, andererseits in ein neues Stadium des extrahierten, ausgeschlossenen Körpers drängt. Sie treibt den versteckten Exhibitionismus hervor, der im frühen Barock allein dem Faktum anhaftet, Bilder als etwas zu Sehendes zu präsentieren. Stehen die Bojaren auf der Grenze zwischen dem Innerhalb und dem Außerhalb des Schauspiels, waren sie bezogen auf das Zentrum der Repräsentation und bereits uneinholbar entfernt von diesem, so ist hier das Spiel entschieden. Der schon zerbrechende Zusammenhang zwischen Betrachter und Betrachtetem, den die Blick-Wechsel zwischen Bühne und Thron noch wiederherzustellen suchten, ist mit der Individuation und Isolierung des Betrachters in einem abgeschlossenen Raum nicht mehr zu überbrücken. Jenes Abmildern der Entkörperlichung, dem die Aufführungen noch durch Vermittlungsträger des monarchischen Blicks auf der Szene begegnen, ist mit dem Heterotop des abgetrennten Betrachters aufgehoben. Indem die Begrenzung der Guckkastenbühne auf den Ausschnitt des Sehschlitzes verkleinert und das Auge an die schmale Öffnung gepresst wird, ist die Reduktion des zentralperspektivischen Betrachters auf sein Sehzentrum ebenso pointiert, wie sie das Umschlagen in technische Gefüge des Sehens ankündigt, die den Rückzug in dunkle Kammern als entkörperlichte Rationalisierung der Wahrnehmung begreifen. Diese mediale Vorstufe enthüllt einmal mehr, was Mediengeschichten gerne verschweigen: Die Unterwerfung der Welt der sichtbaren Dinge rührt aus einem verbotenen, zumindest aber suspekten und verborgenen Blick, aus einem Sehen, das sich selbst unsichtbar machen muss und sich tendenziell introspektiv nach innen zu richten beginnt.

Mehr als oberflächlich erinnert diese Struktur des Sehens und Darstellens an Foucaults Analyse von Velazquez *Las meniñas*.[278] So wie hier unvereinbare Sichtbarkeiten sich über ein virtuelles Blickdreieck zur leeren Sichtbarkeit der Repräsentation emporschrauben, so geht es in den ersten Inszenierungen des barocken Moskauer Theaters um die Frage, wie sich das absolutistisch und

278 Foucault, *Die Ordnung der Dinge*, 31–45.

souverän von einem zentralperspektivischen Standpunkt aus betrachtende Subjekt im Bildraum repräsentieren kann. Worauf Foucault aufmerksam macht, nämlich die in die Tiefe gehende Unsichtbarkeit, die sich nicht *hinter* der sichtbaren Oberfläche befindet, sondern auf ihr schon dargestellt ist und zum Verlust von Bezeichnung, Benennung über Ähnlichkeits- oder Analogiebeziehungen führt, genau das finden wir in Inszenierungen – des Stücks, des Raums, der Betrachterrollen – als Metathesen der Sichtbarkeit, als Allegorien eines theatralischen Imaginären wieder. Unsichtbarkeit ist Inkrement des theatralischen Spektakels und wird als solche allegorisch ausgespielt.

I. Nikolaj Spafarij: *Kniga o musach*
(Das Buch der Musen), RNB, Q.XVII.13, 20v.

II. Nikolaj Spafarij: *Kniga o musach*
(Das Buch der Musen), GIM, Sinod. Sobr., No. 527, 16v.

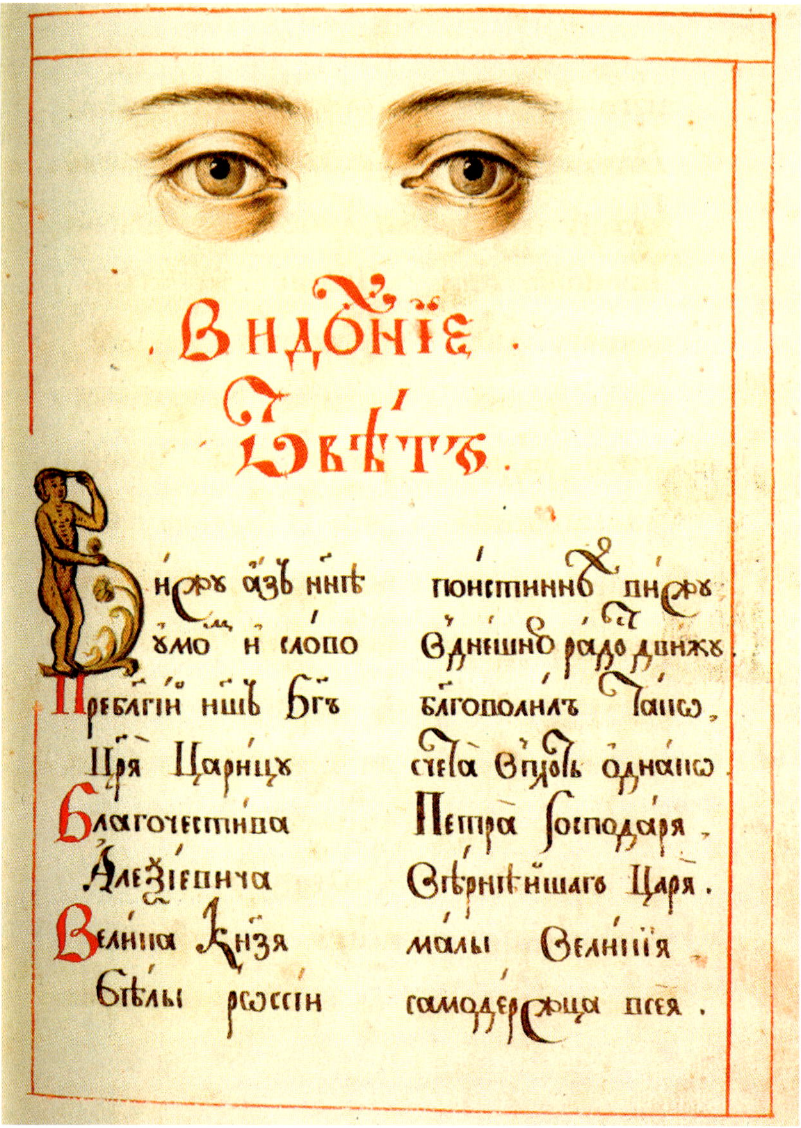

III. Karion Istomin: *Kniga ljubvi znak v česten brak*
(Das Buch der Liebe zum Zeichen der ehrwürdigen Hochzeit) (1689).
Hg. v. L. Sazonova, Moskau 1989, 15.

IV. Karion Istomin: *Kniga ljubvi znak v česten brak*
(Das Buch der Liebe zum Zeichen der ehrwürdigen Hochzeit) (1689).
Hg. v. L. Sazonova, Moskau 1989, 9.

V. Karion Istomin: *Kniga vrazumlenie umnago zrěnija (Das Buch zum Verständnis des geistigen Sehens)* (1683), OR RNB, F.I.905, 2v.

VI. Karion Istomin: *Kniga vrazumlenie umnago zrěnija (Das Buch zum Verständnis des geistigen Sehens)* (1683), OR RNB, F.I.905, 9v.

VII. Nikolaj Spafarij: *Chrismologion* (1678),
OR RNB, Sobr. Ėrmitažnoj bibl., No. 27, 377v.

VIII. *Novgoroder Zachäus-Evangeliar* (1495).
Aus: Les miniatures russes, 155.

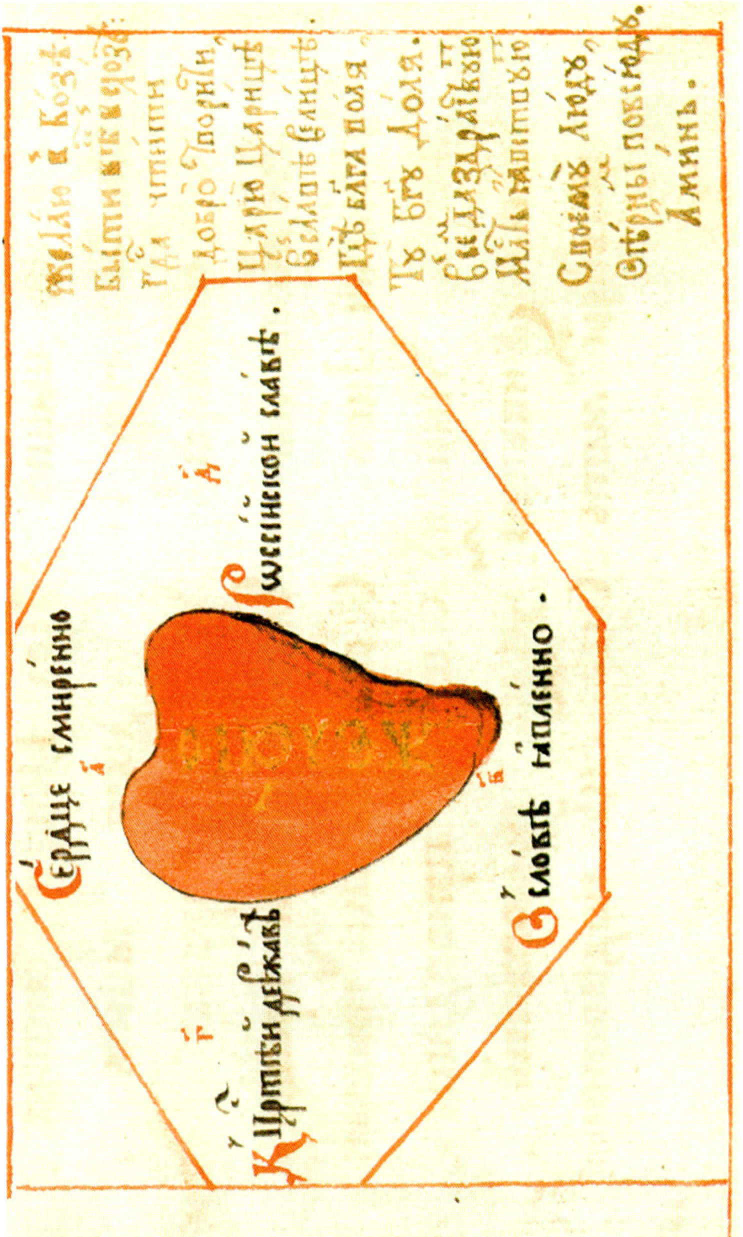

IX. Karion Istomin: *Kniga ljubvi znak v česten brak (Das Buch der Liebe zum Zeichen der ehrwürdigen Hochzeit)* (1698). Hg. v. L. Sazonova. Moskau 1989, 3v.

X. Karion Istomin: *Kniga ljubvi znak v česten brak*
(Das Buch der Liebe zum Zeichen der ehrwürdigen Hochzeit) (1698).
Hg. v. L. Sazonova, Moskau 1989, 1v.

III. Lesefiguren

1. Emblematik: Ruinen zwischen Buchstabe und Bild

1.1. Sinn(es)bilder: Signaturen und Sensoren

Die Emblematik ist eines der umstrittensten Phänomene des Barock. Das betrifft nicht nur ihre historische Einordnung und ihr Verhältnis zur Hieroglyphe, zur Imprese, zum Epigramm, zur christlichen Symbolik und zur Allegorie, sondern vor allem ihren Bildstatus. Die triadische Struktur des Emblems, bestehend aus *inscriptio* (Motto, Lemma), *pictura* (*icon*, *imago*, *symbolon*) und *subscriptio* (*epigramma*, Erläuterung, Auslegung, Kommentar), wirft eine Fülle von Relationierungsproblemen auf, die am allgemeinsten noch mit einer unaufhebbaren Spannung zwischen Abbilden und Auslegen benannt werden können und am schärfsten sich als unhintergehbare Dissoziation von Darstellen und Bedeuten zeigen. Die Aporie des Emblems ist diejenige der Allegorie: Sichtbarkeit und Lesbarkeit verhalten sich zueinander als widerstreitende, subversive Prinzipien. Diese Unverträglichkeit von Anschaulichkeit und Abstraktion inszeniert sich als intermedialer Konflikt.

Unmissverständlich hat Schöne auf die Dominanz des Ikons im Emblem verwiesen. Dementgegen versteht Menke Lesbarkeit und Sichtbarkeit im Emblem als Instanzen wechselseitigen untergrabenden Zuarbeitens, das seiner Anschaulichkeit und Darstellbarkeit entgegen läuft.[1] Während Schöne von der „Priorität des Bildes" spricht, die als *res significans* einen „Beitrag zur Erhellung, Deutung und Auslegung der Wirklichkeit" leiste, ja mehr noch ihre „ideelle Priorität" aus der „potentiellen Faktizität des Emblems" erhalte[2], bezieht sich Menke in ihrer These von einer Emblematik der Unlesbarkeit auf Benjamins Zerschlagung organischer Ganzheit in der Zurüstung der ‚Leiche zum Emblem'. Zwar erkennt auch Schöne die Problematik und sieht dort, wo die „Wahrheits- und Wirklichkeitsfrage" nicht mehr gestellt werden könne,

---

1 Schöne, Emblemata; Haverkamp/Menke, Allegorie, 73. Auch Strasser, *Emblematik und Mnemonik*, 39, zweifelt die Priorität des Bildes im Emblem an, das gerade bei dessen Stammvater Alciatus nicht Ausgangspunkt gewesen sei. Als Beleg zitiert er einen Brief Alciatus', in dem es heißt: „Ich habe ein Buch von Epigrammen zusammengestellt, dem ich den Titel Emblemata gegeben habe, denn ich gebe in jedem einzelnen Epigramm eine Beschreibung von etwas, das etwas Elegantes aus der Geschichte oder dem Reich der Natur bedeutet." (40) Strasser verweist auch auf die einschlägigen Arbeiten zum ‚Bilderstreit' in der Emblematik seit Schönes Erstauflage.

2 Schöne, Emblemata, 204ff.

eine „allegorische Randform"[3] ausgebildet, doch bleibt er ganz in der gedanklichen Systematik von „Bedeutungsabbildung und Begriffsversinnlichung"[4] und geht nie so weit, den Status des Bildes als Auseinanderbrechen, als konzeptionelles Ausagieren eines medialen Problems zu begreifen. Gleichwohl lässt sich die emblematische Destabilität von Sinn, seine Zerfällung in einzelne katachretisch nur noch zusammenfügbare Bedeutungssplitter, die ihr visuelles Äquivalent in einer „Bilderspekulation"[5] findet, so leicht nicht kitten. Überzeugend hat Hocke nachgewiesen, dass sich im Emblem die concettistische „Monstrosität" als ausgestellte Artifizialität einer ganzen Epoche ihr Recht verschafft.[6] Im Riss zwischen Sagen und Zeigen, der in der Lektüre der *pictura* durch *inscriptio* und *subscriptio* mehr offengehalten als geschlossen wird, siedelt sich die Allegorie an und mit ihr das Emblem als ihre visuell ‚ausformulierte' Gestalt der Unverträglichkeit von bildlicher Sinnlichkeit und sprachlicher Semantik.

Unter den verstreuten und äußerst spärlichen Stellen, an denen sich die frühbarocke Rhetorik Russlands zum Emblem äußert, sind zwei hervorzuheben: Sofronij Lichuds *Rhetorik* (*Ritorika,* ca. 1699) und Nikolaj Spafarijs unvollendet gebliebene Schrift *Über die Hieroglyphen* (*Kniga ieroglifičeskaja*, 70er Jahre 17. Jh.). Die lichudische *Rhetorik* ordnet der Emblematik ihren kategoriallogischen Ort in den „äußeren Fundorten" („města vněsnija") der *inventio* zu und begreift sie aufgrund ihrer semantischen Hermetik als concettistische Form pikturalpoetischer Symbolik, in der sich spätantike Hieroglyphik und biblische Symbolik überschneiden: „Der erste von zehn Fundorten sind die Embleme, die den Hieroglyphen sehr ähnlich sind und das Wesen der Symbole haben: zugleich unterscheiden sie sich [von ihnen], denn sie tragen einen enigmatischen Schleier […]."[7] Die *obscuritas*, das rätselhaft Dunkle und geheimnisvoll Entlegene als Paradigma der lemmatischen und ikonischen Teile des Emblems wird im Epigramm dechiffriert und führt ‚Augen öffnend' zu *claritas* und *perspicuitas*. Später wird Sofronij Lichud Embleme und Hieroglyphen dahingehend unterscheiden, dass zwar beide Formen einem kunstvollen *acumen* entsprängen („sut' izjaščnaja obrětenija ostroumstv") und dadurch zum *delectare* („sladost'") des Rezipienten beitrügen, Embleme jedoch „profa-

---

3 Schöne, Emblemata, 208.
4 Schöne, Emblemata, 210.
5 Haverkamp/Menke, Allegorie, 75.
6 Hocke, *Die Welt als Labyrinth.*
7 Sofronij Lichud, *Ritorika*, 32r. („Pervyj nadesjat' istočnik obrětenija sut' emvlimata, jaže so ieroglifičeskimi vsem soglasuetsja, jako simvolov estestvo imut: raznstvujut že, jako deržašče pokrov gadanij […].")

ne" („obyčnyja") Formen seien, Hieroglyphen hingegen „sakralen" Ursprungs („svjašennyja").[8]

Wenn Sofronij die Emblemata in engen Zusammenhang mit der Hieroglyphik stellt, reiht er sich damit in eine seit dem 16. Jahrhundert mit der Neuauflage von Horapollos *Hieroglyphica* ausgelöste Begeisterung für Bilderschriften ein. Die humanistische Entzifferungsspekulation der Renaissance deutet hellenistische Geheimschrift hartnäckig als ägyptische Hieroglyphik. Poetik- und mediengeschichtlich erweist sich dieses ‚Missverständnis' als äußerst produktiv. Das Emblem kann so für den russischen Barock zu einem der Schlüsselmedien werden, die in einen zeichentheoretischen Umgang mit Sprache und Bild einüben. Alciatus selbst formuliert das in seinem 1530, also ein Jahr vor dem *Emblematum liber* veröffentlichten *De verborum significatione*: „Wörter bezeichnen, Dinge werden bezeichnet [verba significant, res significantur]. Dinge jedoch können manchmal ebenfalls bezeichnen, wie zum Beispiel die Hieroglyphen in Horus und Chaeremon."[9] Ebenso, zeigt sich, können Zeichen auch Dinge sein.

Was die Hieroglyphik zur beliebten Referenzkunst der Emblematik macht ist ihr Bewusstsein für semiotische Codierung und Decodierung als semantische Multiplikatoren, ihr Sinn für einen ludistischen Konzeptualismus des Textes. Doch neben dem semiotischen Interesse steht die Erfahrung eines, mit Barthes gesprochen, stumpfen Sinns, der Dechiffrierung leer laufen lässt und prä- oder subrepräsentative Wahrnehmungsweisen stimuliert. Aleida Assmann hat diese Spirale hypertropher Semiotizität als Movens asemiotischer Perzeptibilität in die Formel der „wilden Semiose" gefasst.[10] Was sie auszeichnet, ist die ästhetische Erfahrung als Präsenzerfahrung materieller Resistenz dessen, was wir als Vermittlungsinstanz auf dem Weg zu einem absenten *logos*, Sinn etc. möglichst schnell zu durcheilen gewohnt sind. Im „langen Blick" auf das Medium erschließt sich dessen materielle Spezifik (oder auch: Immanenz), der transitorische Akt des Lesens wird erschwert und dessen Referenz unklar. Durch das Insistieren auf der Materialität des Zeichens schaltet die Wahrnehmung eine semantische Dimension folglich nicht aus, sondern sie schärft das Wahrnehmungsbewusstsein für verzerrte, vervielfältigte, entstellte Sinnkomplexe wie auch für fakturale Aspekte artifizialisierter Zeichenhaftigkeit. Im 17. Jahrhundert kann dieses von Assmann an den Paradigmata der Hieroglyphik und Signaturenlehre entfaltete Modell zum Muster sowohl für tastende

---

8 Sofronij Lichud, *Ritorika*, 33r. („jaže jako že sut' izjaščnaja obrětenija ostroumstv, eže slovo prosvěščati: ašče že tokmo izrjadno prinadležat, mnogu sladost' imut. jaže vsja, ašče že sut' obyčnaja, glagoljutsja emvlimata: ašče že svjaščennaja, glagoljutsja ieroglivika;")

9 Zit nach Strasser, *Emblematik und Mnemonik*, 42.

10 Assmann, Die Sprache der Dinge.

Versuche eines *inoglagolanie* (Alieniloquium) wie auch einer – im Extremfall – radikal entsemiotisierten Perzeption werden. In dem Maße, wie sich in der Lektüre der Ding-Schrift die Dinglichkeit aus ihrer bedeutungsverweisenden Funktion löst, wird die Schrift der Dinge zum Ding der Schrift. Daran, wie die Pictura-Poiesis-Konzeption der Emblemata als heterogener Schmelztiegel u.a. der spätantiken Hieroglyphik sich dem Blick auf die Dinge als einer „Schrift der Dinge" zuwendet, vermag Assmann zwei Alternativen zwischen decodierender Lektüre und verdinglichendem Blick aufzuzeigen. Diese beiden Alternativen sollen hier weniger als einander ausschließende, denn als zwei ineinander verschränkte, sich gegenseitig steigernde Wahrnehmungsmodi begriffen werden.

Auch Nikolaj Spafarij gibt in seinen kompilativ angelegten Texten Systematisierungen und Anleitungen zum Gebrauch und zur Dechiffrierung der Andersrede, die im Buch *Über die Hieroglyphen* in die Rückführung des allegorischen Ausdrucksprinzips auf die Hieroglyphik münden.[11] Auf den eigentümlichen Charakter dieses kompilativen Traktats trifft recht genau zu, was Schöne als „reizvoll-verworrene Mischung aus ägyptischer Bilderschrift und pythagoreischer Symbolik, antiker Mythologie und kabbalistischer Zahlenmystik, altestamentlichen Motiven und mittelalterlicher Allegorese" der Renaissance-Hieroglyphik als Inspirationsquelle der Emblematik beschreibt.[12] Spafarij beginnt mit einer Bestimmung der Zeit als zentraler Kategorie der Weltenschöpfung und -erfassung schlechthin. Aus dem Lob der Zeit entwickelt er ein Lob der älteren und ältesten Vergangenheit, in die er wiederum den eigentlichen Gegenstand seiner Abhandlung datiert, die Hieroglyphik als „schöne, wundersame und unvergleichliche Malerei, die vor Urzeiten Hieroglyphikon genannt wurde, das heißt heilige und ägyptische [Malerei], von der wir nun sprechen wollen und die fast mit Adam begonnen hat."[13] Das bis auf den Stammvater der Menschheit zurückführbare hieroglyphische System, das als *arché* aller folgenden Zeichensysteme angesehen werden muss, vereint in sich semantische Aufladung mit tropologischer Verschiebung und Verdichtung:

---

11 *Über die heiligen Hieroglyphen, das heißt die Geheimschrift, in der die Ägypter und Hellenen nicht mit Buchstaben, sondern mit geheimen und weisen Bildern eine hohe Weisheit und Gelehrtheit pflegten* (*Kniga ieroglifičeskaja svjaščennovajatel'na, sireč' tajnopismennaja, jako obykoša egiptjane i elliny ne pismennym, no živopisaniem nekim tajnym i premudrym javiti vysokuju mudrost' i učenie*).

12 Schöne/Henkel, Vorbemerkung der Herausgeber, XI.

13 Nikolaj Spafarij, *Über die Hieroglyphen/Kniga ieroglifičeskaja*, 126. („[…] prekrasno, udivitelno u neuravnjaemo est' živopisanie to predrevnee naricaemoe ieroglifikon, sireč' svjaščennovajatelnoe i egiptijskoe, o nem že nyne glagolem, eže malo čto ne so Adamom vmeste načasja.")

Nicht mit Buchstaben schrieben sie, wie sie die Menschen heutzutage verwenden, sondern mit anderen Schriftzeichen, mit sogenannten hieroglyphischen oder ägyptischen, die folgendermaßen funktionieren: man malt ein Tier, oder einen Vogel, oder einen Baum, oder etwas anderes und legt damit eine verborgene Lehre oder Sache aus, je nach Art der verschiedenen Zeichnungen, und zwar so, dass das dergestalt Geschriebene nur schwer verständlich ist.[14]

Nikolaj Spafarij baut auf dem Bild das Modell einer Schrift auf. Schreiben heißt für ihn, „mit Hieroglyphen zu malen" („živopisaniem ieroglifijskim pisati"[15]) bzw. mit Hieroglyphen zu schreiben, heißt Malen („žipovisachu sicevym pisaniem"[16]). Schreiben ist Malen, Schrift ist Bilderschrift, weil dem verschlüsselten, verrätselten Sprechen als einer bildhaften Ausdrucksform des Bedeutens immer schon Verbilderung bzw. Bildlichkeit inhärent ist. Hermetische Hieroglyphik ist Akt der Bildgebung aus Sinnverrätselung. Sie ist eine Lehre des Bezeichnens und Verschlüsselns, die Bilder als ihren adäquaten Modus ansieht. Die Kunst des Bezeichnens muss also Kunst des Bildes, und zwar des geschriebenen Bildes sein. Subtile, enigmatische Signifikation ist für Spafarij die Kunst der Bild-Schreibung. Diese Bilder knüpfen nicht an eine sichtbare äußere Verwandtschaft zwischen Ding und Zeichen an, sondern an eine verborgene zwischen den Dingen, die Eines als etwas Anderes sehen lässt. Einen Baum zu malen, heißt keinen Baum zu malen, sondern durch den Baum hindurch zu bedeuten, einen Vogel zu malen, heißt nicht, einen Namen vom Vogel abzulesen und ihn schriftlich wiederzugeben, sondern durch das Bild des Vogels für ein Anderes transparent zu machen. In der Hieroglyphe verbindet sich Ikonizität mit zugespitzter Symbolizität.[17] Enthüllung einer Ähnlichkeitsbeziehung muss immer auch als verhüllender Akt gedacht werden. Die ägyptische Variante der Schrift als Bild entspricht für Spafarij einer adamitischen Zeichensetzungs- und Zeichengebungsautorität. Erst durch diesen Akt der Willkür wird dann die Natur wieder lesbar.

Hier überschneiden sich einerseits das Bewusstsein eines feinmaschigen Netzes der Ähnlichkeitsrelationen, das auf unsichtbare Weise die Dinge miteinander in Verbindung setzt und wunderbare Gegenüberstellungen durch

---

14 Nikolaj Spafarij, *Über die Hieroglyphen/Kniga ieroglifičeskaja*, 127. („Ne napisa že pismom sicevym, jako nynešnjago veka čelovecy upotrebljajut, no pismenem inym, sireč' ieroglifijskim, ili egipetskim, jaže siceva bjachu, živopisachu togda zverja, ili pticu, ili drevo, ili čto ino, i v tom istolkovašesja, ino sokrovennoe učenie i delo po različnomu živopisaniju, jako s velikim trudom razumevati vozmožno be sicevo napisanie.")

15 Nikolaj Spafarij, *Über die Hieroglyphen/Kniga ieroglifičeskaja*, 131.

16 Nikolaj Spafarij, *Über die Hieroglyphen/Kniga ieroglifičeskaja*, 127.

17 Man muss hier wohl korrekterweise von vermeintlicher Nähe sprechen, denn die Fehlmeinung, dass jede von Horapollos Hieroglyphen für ein Wort stünde, es sich also um eine logogrammatische Schrift handele, wurde erst 1822 von Champollion revidiert.

subtile Verwandtschaftsbeziehungen legitimiert, und andrerseits – denn „[e]s gibt keine Ähnlichkeit ohne Signatur" – das System der Signaturen, das die Ähnlichkeiten erkennbar macht und die Welt mit Schriftzeichen markierend überzieht: „Der Raum der unmittelbaren Ähnlichkeiten wird zu einem offenen Buch."[18] Darin ist nach Spafarij vor allem eines zu lesen: Ist den in einem Schöpfungsakt hervorgebrachten hieroglyphischen Zeichen schon eine Nähe zum Weltenschöpfer eigen, so muss Hieroglyphik bzw. hieroglyphische Dechiffrierung Gotteserkenntnis sein. In den natürlichen Lettern des Weltenbuches sind die Geschöpfe als Worte Gottes zu lesen.

Immer wieder zieht Nikolaj Spafarij zur Bestätigung Gottes als des eigentlichen Zentrums der Ver- und Entschlüsselung den Pseudo-Dionysius heran. Er verweist ausführlich auf die Tradition der negativen Theologie, zitiert die Katachresen der „überlichtigen Dunkelheit Gottes"[19], der prinzipiellen Unsichtbarkeit, Unvorstellbarkeit und Unaussprechlichkeit: „denn er ist mit dem Verstand nicht zu fassen und mit der Vorstellung nicht zu greifen, noch mit den Augen zu sehen und der Zunge [Sprache] auszusprechen"[20]. Diese Verweise gehen über eine theologische Legitimierung des vorgestellten Projekts hinaus. Sie markieren vielmehr dessen Grenze, Wendepunkt, aber auch dessen spezifische Attraktivität für die altrussische Kultur im Übergang zu einem semiotisierten Weltverständnis. Neben dem Euphemismus visueller Lektürelust ist zu konstatieren, dass bei Spafarij aus der Definition verrätselter Sprache eine explizite Parallelisierung des apophatischen Sprechens ex negativo mit dem hieroglyphischen Bezeichnen als immer das Erhabene verfehlender Sprechweise folgt. Dionysios' religiöser Bezeichnungslehre der Uneigentlichkeit und Unbegrifflichkeit entspricht das Konzept der notwendig immer „unpassenden Bildlichkeit" (*aischra eikon*). Indem Spafarij diese emanationstheologische Argumentation einer Hierarchienlehre der stufenweisen Entfernung zum Urbild als Prätext seiner Hieroglyphik veranschlagt, begreift er die apophatische Unsagbarkeitsrhetorik, das inversive Bezeichnen des Nicht-Bezeichnens und Abbilden des Nicht-Abbildbaren als Wesenselement hieroglyphischen ‚Sprechens', welches semantische Intransparenz als Element des Erkenntnisgewinns einsetzt. Wenn also Nikolaj Spafarij Ähnlichkeitspos-

---

18 Foucault, *Die Ordnung der Dinge*, 57. Foucault zitiert an dieser Stelle aus dem *Traité des signatures* von Oswald Crollius (1624), der ebenfalls in Ähnlichkeitsbeziehung zur zitierten Passage aus Nikolaj Spafarij steht: „Stimmt es denn nicht, daß alle Gräser, Pflanzen, Bäume und so weiter, die aus dem Innern der Erde kommen, ebenso viele Bücher und magische Zeichen sind?"

19 Nikolaj Spafarij, *Über die Hieroglyphen/Kniga ieroglifičeskaja*, 129. („jako Bog po samom svete ves' est' t'ma […].")

20 Ebd. („zane i umonepostižimyj i pomyšleniem neob-jatyj, niže očima viden, niže jazykom izglagolan […].")

tulat und Graphismus der Dinge mit der Tradition unähnlicher Ähnlichkeit jeder symbolischen Abbildung verkoppelt, so lässt diese das Lesbarkeitsversprechen der Hieroglyphe zur Unlesbarkeit verstummen. Ähnlichkeitsbesessenes „Similitudo-Sehen“[21] muss – wie schon in der ausgestellten Unbildlichkeit des Bildes in der Ikonenmalerei – immer im Verbund mit urbildorientiertem Fehl-Sehen oder Nicht-Sehen gedacht werden. Aus dieser Unaussprechlichkeit und Undarstellbarkeit Gottes und des göttlichen Namens weicht die Hieroglyphik in das allegorische Zeigen der verzerrten Referenz aus. Wenn die Zielperspektive der Schrift *Über die Hieroglyphen* die Konstruktion einer Bilder-Schrift, eine Andersrede (*inoglagolanie*) als Andersschriftbildlichkeit („inakoobrazno pisanie“[22]) ist, so nimmt die negative Sprachlichkeit und Bildlichkeit der areopagitischen Annäherung als Entfernung die paradoxe Struktur sowohl tropologischer Anschaulichkeit als auch bimedialer Konstruktionen vorweg.

Aus diesen beiden Strategien – der Bildhaftigkeit des Zeichens in der Hieroglyphik und der Literalität des Bildes in der orthodoxen Bildertheologie, der bedeutungshaften Erschließung eines Phänomens durch seine (De-)Chiffrierung und der Unmöglichkeit adäquater Bezeichnung (Bebilderung) – formt sich bei Nikolaj Spafarij die Theorie einer Bildersprache und Sprachbildlichkeit, die konzeptioneller Hintergrund für die Rezeption emblematischer Formen als Variante allegorischer Bilderrede im frühen russischen Barock ist.

Insofern Spafarij die Hieroglyophe als „geheiligtes Wort, wenn es das eine bedeutet und das andere sagt“[23], bestimmt, formuliert er nicht nur ein Visualitätsprinzip der Schrift, sondern auch eines der Sprache. Die Figurativik der Schrift destilliert die Rhetorik des Bildes heraus. Und das im allegorischen Modus des ‚aliud…aliud‘, in dem die Kunst der Bild-Schreibung als Bilder-Sprache die verschlüsselte Verfehlung als medialen Bruch in sich birgt. Indem sie kaum noch das Eine als etwas Anderes zeigt, zeigt sie schon das Andere in sich. Spafarij enthält die Konsequenzen der semiotischen Hypertrophie, der Überdehnung stabiler Relationierung von Signifikant und Signifikat nicht vor: die Verrätselungsstruktur der Hieroglyphe lässt das Zeichen verstummen und nur noch als Bild wahrnehmbar sein: „Die Hieroglyphe ist wie ein stummes Gleichnis, das nicht sprechen kann.“[24] Ihrer Verweisfunktion nicht mehr gerecht werdend, tritt sie als Trope in Erscheinung. In diesem Spannungsfeld muss die russische

---

21 Lachmann, Die Problematisierung der Rhetorik, 44: „Die Welt als Zeichenarsenal: alles kann mit allem verglichen werden.“

22 Nikolaj Spafarij, *Über die Hieroglyphen/Kniga ieroglifičeskaja*, 132.

23 Nikolaj Spafarij, *Über die Hieroglyphen/Kniga ieroglifičeskaja*, 127. („slovo sokrovenno, eže ino čto znamenuet delom, a ne to eže glagolet'sja slovom.“)

24 Ebd. („Ieroglifikon est' jako pritča nemaja i ne glagoljuščaja.“)

Emblematik, die sich nach westeuropäischem Vorbild die Hieroglyphenlehre als Inspirationsquelle und Vorbild nimmt, gelesen und gesehen werden. Sie basiert sowohl auf der Formierung textueller Erfahrung zur Bildwahrnehmung wie auch auf den Schwund- und Aberrationsstufen dieser Ikono-Graphie.

Zu einem Zeitpunkt, als mit dem Erscheinen von Andreas Alciatus' *Emblematum liber* (1531) die Geburtsstunde der Emblematik schon über hundert Jahre zurückliegt, gewinnt das Emblem für den russischen Barock seinen Stellenwert offensichtlich nicht so sehr aus seiner breiten Rezeption und kulturellen Omnipräsenz. Im Gegenteil äußert sich die Darstellungskrise des Barock auch darin, dass sie die sprachlich vermittelte wie auch materiell gegebene Bildlichkeit des Emblems angreift. Gerade das allegorisch strukturierte *Buch der Liebe* Karion Istomins, das die Brücke von den Sprachfiguren zu den Sehfiguren schlug, vermag auch in die Lesefiguren einzuleiten. Denn es spiegelt diese Krise, indem es Schrift- und Bildelemente gegen- und auseinander treibt. Lesbarkeit und Sichtbarkeit als aufeinanderbezogene Strategien komplementärer Dechiffrierungsakte arbeiten hier an der Zerlegung eines einheitsstiftenden emblematischen Prinzips.

Im *Buch der Liebe* sind nicht nur in jedem Kapitel Embleme zur Funktion der einzelnen Körpersinne beigegeben. Hier ist auch jedes Kapitel in sich emblematisch komponiert. Diese Embleme bedienen auf einer semiotischen Oberfläche den konventionalisierten Anspruch einer wechselseitigen Ausdeutungs- und Darstellungsbeziehung, wie sie Schöne veranschlagt und wie sie Sazonova in ihrem detaillierten Kommentar zur Faksimile-Edition der Handschrift für Karion Istomins *Buch der Liebe* bestätigt.[25] Gegen diese Lesart erweist sich das Emblem als Medium zur Zerlegung des Sinns in Sinne, in eine Partial-Sensorik, die kaum mehr synthetisierbar ist, sondern mit der Physiologisierung eines symbolischen Zusammenhangs eine organische und semantische Ordnung systematisch stört. Auch Sazonova verweist auf die „Vervielfältigung der Perspektiven", die durch die Allegorizität des Textes entsteht, sieht sie aber in der Vollständigkeit des so repräsentierten lebendigen Menschenkörpers durch ein semantisch stabiles Signifikat unifiziert. Bereits das Panegyrikon des ersten Organs, des Herzens, legt dagegen nahe, die allegorische Materialisierung im Bild des tropisch sprechenden Körpers weniger als Stifter einer Kohärenz des Sinns in Ausdrucksleiblichkeit, sondern vielmehr als Zerbrechen dieses signifikativen Korsetts im allegorischen Sprechen seiner organischen Fragmente zu sehen. Was Allegorizität als materiell realisierte Bildkörperhaftigkeit heißen kann, ist in Karion Istomins *Buch der Liebe* in der ganzen Schwierigkeit

25 Sazonova, Karion Istomin – pevec mudrosti.

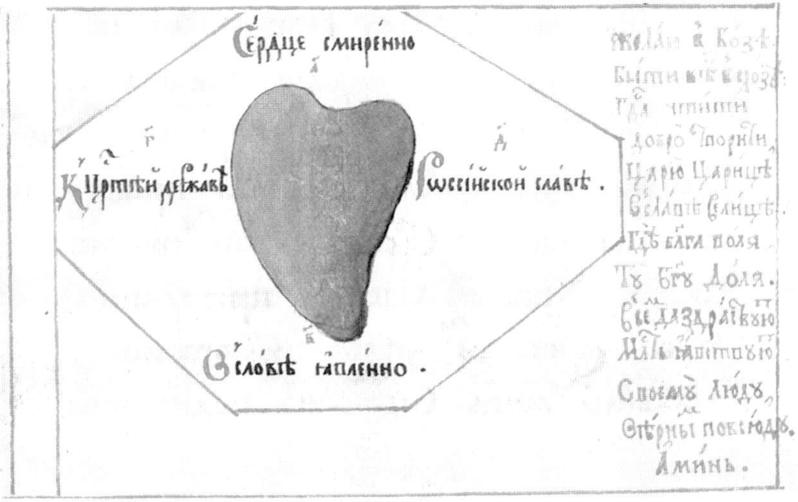

Abb. 27: Karion Istomin: *Kniga ljubvi znak v česten brak (Das Buch der Liebe zum Zeichen der ehrwürdigen Hochzeit)* (1698). Hg. v. L. Sazonova. Moskau 1989, 3v. Siehe auch Farbtafel IX.

ihrer Verdinglichung als Verbildlichung, die nur fragmentarisch noch gelingen kann und das Gesamtbild verfehlt, emblematisch vorgeführt.

So irritiert das erste textintegrierte Emblem den Betrachter durch eine überdeutlich ausgestellte physiologische Konkretizität des Organs, die stilisierte Herzdarstellungen aus der westeuropäischen Emblematik stark naturalistisch verfremdet und auch die in Russland vertretene Figurativik des Herzens fast anatomisch-sezierend entblößt (vgl. Abb. 27).[26] Es schlägt inmitten eines segregierten Textkörpers, im Zentrum seiner *inscriptio*, die es rhythmisch in vier Teile zerbrochen hat: „Das demütige Herz / im Wort erscheinend / zur Zarenherrschaft /und zum Ruhme Russland.“[27] Seine Devise – das demütige Herz in der Sprache zu präsentieren, in Sprache umzusetzen und zu übersetzen – kann es kaum noch erfüllen. Um das Herz in eine Sprache symbolisierter Aufrichtigkeit und Innerlichkeit einzubinden, ist es mit dem Schriftzug „ich wünsche“ („želaju“) versehen, bekommt also sein Performativum noch einmal als Signatur eingeschrieben. Rechts daneben gedrängt findet die *subscriptio* kaum Platz für ihre Einlösung des Herzensversprechens, des physiolo-

26 Vgl. z.B. Simeon Polockijs Figurengedicht im *Russischen Adler* (*Orel rossijskij*), das auch insofern vergleichbar ist, als hier ebenfalls das Herz seinen Monolog in der 1. Pers. Sg. vorbringt.

27 Erster Teil „Das demütige Herz“ oben, zweiter Teil „im Wort erscheinend“ unten, dritter Teil „zur Zarenherrschaft“ links und vierter Teil „und zum Ruhme Russlands“ rechts.

gisierten *sermo cordis*, der mit eben jenem „želaju" einsetzt: „Ich wünsche in Gott / auf ewig zu sein, in Eintracht / den Herrn zu ehren / und Gutes zu tun / dem Zaren und der Zarin / in großem Ruhm […]."[28] Unübersehbar sind hier Schrift- und Bildordnung aus den Fugen der ausbalancierten emblematischen Ordnung geraten durch eine sich in ihrer fleischlichen Plastizität fast aufdringlich ins Bild schiebende *pictura*, die Sprache nur noch als Performanz eines vom Bild gegebenen Versprechens zulässt. Sie wird buchstäblich zur Marginalie, zur paratextuellen Randglosse.

Was diese semiotisch kaum mehr kontrollierbare Physiologik mit den symbolischen Verweisstrukturen, mit dem Analogie- und Ähnlichkeitsdenken der vor-klassischen Ordnung anrichtet, führen die folgenden Kapitel des Epithalamions der Sinne als Sensualisierung allegorischen Sprechens weiter. Emblematische Allegorik wird hier eingesetzt, um eben jene beiden Strategien zu zuzuspitzen, die in den Sprachfiguren als Perversion der Typologie durch Allegorisierung und in den Sehfiguren als Verletzung des Bildes durch Planperspektivierung entwickelt wurden. Von nun an schieben sich in jedem Textteil des *Buchs der Liebe* im neuen Stil des perspektivischen Illusionismus gemalte Körperteile zwischen das Motto in Frageform und die *subscriptio* als allegorisches Panegyrikon des körperlichen *sensus.* Sie figurieren ihre Rede dahingehend, dass die emblematisch-allegorische Tradition des Darstellens und Bedeutens zur allegorischen Figur des rhetorischen Verkörperns wird. Eines Verkörperns, das den Zeichensinn überformt und überlagert. Zwischen *res significans* und *significatio* wird hier im Zwischenraum von Schrift und Bild ein Körpersinn rhetorisch bzw. die Rhetorik sensuell-figurativ ausagiert. Physiomorphe Veranschaulichung drängt sich damit vor die Spiritualisierung des Fleisches.[29]

1.2. *inscriptio – pictura – subscriptio*

Um die mediale Logik dieser Verfremdung allegorischer Emblematik innerhalb der Struktur des Textes nachzuvollziehen, ist es notwendig an den Anfang von Karion Istomins Emblem-Buch zurückzugehen und sich ein Bildobjekt anzusehen, das einen emblematischen Grenzfall darstellt. In den Vorstufen, dort, wo sich das Emblem in den tradierten altrussischen Bildformen über-

28 Karion Istomin, *Das Buch der Liebe/Kniga ljubvi*, 3v. („Želaju v Bozě / byti věk v sloz*ě*/ gospoda čtiti / dobra tvoriti / carju caricě / v slavě velicě. […].")

29 Vgl. zu einer ausführlicheren Lektüre des Textes im Hinblick auf Physiologisierung und Emotionalisierung des rhetorischen Diskurses im 17. Jahrhundert Verf., Der Körper der schönen Rede.

haupt erst herauskristallisiert, wo es zu eigentümlichen Mischbildungen kommt, zeichnen sich die medienspekulativen Effekte des Emblems ungewöhnlich scharf ab.

Das *Buch der Liebe* verfügt über eine emblematisch inspirierte Eingangsminiatur, die vor allem aus zwei Gründen den Komplex der Schrift-Bild-Usurpation im Genre sogenannter Bedeutungsbildlichkeit erhellt. Erstens bildet sie gemeinsam mit der ähnlich gestalteten Miniatur aus Karion Istomins bereits besprochenem *Buch des geistigen Sehens* den Prototyp einer weiteren, nicht vollständig realisierten Miniatur aus Karions *Buch zum Gruß der Weisheit*, von dem ebenfalls schon die Rede war und das im Folgenden näher besprochen werden soll. Zweitens, und hier im analytischen Argumentationsgang zuerst, kündigt sich in Karion Istomins Epithalamion eine zunehmende Dominantsetzung der Schrift im allegorisierten Bildmedium an, die nicht mehr mit den Kategorien eines Schriftprimats aufgefangen werden kann. Hier drängt sich die Schrift mit einem Selbstbewusstsein ins Bild, das sie kaum noch aus ihrem Status eines Sakralitätsgaranten erhält. Sie zerschneidet das Bild, zersplittert es in konkurrierende Felder. Allegorische Emblematik tritt in einer doppelten Funktion zum einen der Überführung stilistisch dem Kultbild verpflichteter Miniaturen in das reformistische Kunstbild auf. Zum anderen ist sie jedoch auch Operator einer neuen Verschriftlichung des Bildes, welche in den Implementierungen von *inscriptio* und *subscriptio* in den Hoheitsbereich der *imago* eine neue Usurpation des Ikonischen ankündigt.

Die bereits planperspektivisch angelegte Eingangsminiatur des *Buchs der Liebe* zeigt das Brautpaar, Peter Alekseevič und Evdokija Fedorovna, im Polylog mit Christus, Maria und den beiden Namenspatronen des Paares, dem Apostel Petrus und der Heiligen Evdokija (vgl. Abb. 28). Noch einmal ist hier das altrussische Bildprogramm der Prototypologie durchgespielt. Scharf sind die unterschiedlichen ontologischen Räume auf der Vertikalen durch ein Wolkenband voneinander abgetrennt. Entlang dieser Grenze zerfällt die Miniatur in die obere Hälfte der himmlischen Urbildlichkeit und die untere der irdischen Abbildlichkeit. Zwischen beiden Sphären vermitteln Kommunikationskanäle. Peter und Evdokija wenden sich bittend mit Zitaten aus der Heiligen Schrift an ihre himmlischen Urbilder, Christus und Maria antworten auf diese Bitten, entweder ihre Erfüllung versprechend oder sie performativ im Versprechen erfüllend. Göttliches und menschliches Wort materialisieren sich in Schriftbändern, die den geschlossenen Mündern der Figuren entwachsen.

Durch die Schriftbänder wird die horizontale ikonographische Grenze tendenziell durchlässig und der Bildraum weiter unterteilt. Sie treffen sich an der Demarkationslinie des Himmels, ohne sich zu berühren oder zu überschneiden. Jeder graphisch materialisierte Sprechakt verbleibt im Bereich seiner ontologischen Zugehörigkeit. Dabei sind die Schriften so angeordnet, dass der Be-

Abb. 28: Karion Istomin: *Kniga ljubvi znak v česten brak (Das Buch der Liebe zum Zeichen der ehrwürdigen Hochzeit)* (1698). Hg. v. L. Sazonova, Moskau 1989, 1v. Siehe auch Farbtafel X.

trachter das Buch einmal im Uhrzeigersinn zu drehen hat, um sie zu entziffern. Eine weitere *inscriptio* schiebt sich rot hervorgehoben in den Bildraum als graphische Grenze zwischen das Brautpaar und als einzige bis in das Wolkenband hineinreichend. Sie formuliert mit Gen 1 das darstellungsleitende Prinzip analoger Ebenbildlichkeit von irdischer und himmlischer Konstellation, repräsentiert also das Bildprogramm des Emblems als graphische Inkrustation der *pictura*. Darüber hinaus erhält sie ihren spezifischen Stellenwert aus der Position im perspektivischen Zentrum der Schrift-Bildkomposition – direkt entlang der Blickachse des Betrachters entwickelt sich die rot-goldene Schriftlinie.

Die Schriftelemente stehen in einem wechselseitigen Untergrabungsverhältnis. Sie gehorchen in ihrer Verweisfunktion dem Leitsignifikanten des einen Urtextes, der dem Emblem zugrunde liegt. Daneben ziehen sie sich als Schrift in der *pictura* des Emblems aus ihrer Funktion des materialisierten Offenbarungswortes, welches als Dignitätsmarke des Urtexts das Bild kontrolliert, zurück. Im Einsatz von ornamentaler Textualität, farbigen Auszeichnungsinitialen, Drehung eines strahlenförmigen Textrads verschafft sich ein spielerischer Umgang mit sakralen Signifikanten Ausdruck.

Der von Schriftachsen durchzogene Bildraum ist von einem Rahmen umgeben, der nun schon nicht mehr Bildrahmen, sondern Schriftrahmen im doppelten Sinne des Schrift umgrenzenden und Schrift zum Bildbegrenzungsmedium machenden Rahmens ist. Er umfasst oben die Devise der Miniatur, ein Zitat aus dem zweiten Buch des Johannes-Evangeliums: „Und am dritten Tage war eine Hochzeit in Kana in Galiläa, und die Mutter Jesu war da. Jesus aber und seine Jünger waren auch zur Hochzeit geladen.“ (Joh 2, 1–2). Darunter sind die aus dem Bild heraus verlagerten Namenskürzel des Apostels Petrus, Christi, Mariae und der Hl. Evdokija angeordnet. Unten und seitlich umschlingt – exakt die bildinternen Grenzen des himmlischen und irdischen Raums einhaltend – die *subscriptio* das Bild. Sie ist der einzige Text der Miniatur, der nicht der Bibel entstammt. Ganz in der emblematischen Tradition stehend gibt sie in sechs Versen einen knappen erläuternden Kommentar zur Darstellung, welcher den ersten Glückwunsch des Verfassers enthält:

Zar Peter Alekseevič wird von den Menschen geliebt,
Gott schenkt ihm auch in der Ehe ein fruchtbares Leben.
Möge die Zarin Evdokija Fedorovna ein Zeitalter
gottgefällig in Liebe mit dem Zaren leben.
Gott hat sie vereint, alle geben ihren Segen
und bringen dem Zaren und der Zarin Ehrbezeugungen dar.[30]

---

30 Karion Istomin, *Das Buch der Liebe/Kniga ljubvi*, 1v. („Petr Aleksievič car' ljudem ljubezen, / bog i v supružestve dast život polezen. / Evdokija carica v vek Feodorovna / da živet s carem v ljubvi bogu slovna. / Bog ich sočeta, vsi blagoslovljajut, / Carju, carice čest' da prinošajut.“)

Aus der Rahmenposition heraus erstreckt sich die *subscriptio* bis in die anschließende Widmung „Verse und Grußwort auf die gesegnete Ehe" („Stichi i privetstvo na blagoslovlennyj brak") und noch darüber hinaus in die Verse zur ehrenvollen Vorstellung der Teilnehmer des Festes („Rifmy na iz-javlenie lic"). Sie entfalten erneut das Motto und präsentieren die himmlischen Prototypoi als Gäste der nach dem Urbild der Hochzeit zu Kana gefeierten Vermählung von Peter und Evdokija. Ihre kulturpragmatische Rolle im Kontext höfischer Repräsentation erfüllt sich hier als Theatralisierung des Texts durch das Emblem, das die erweiterte *subscriptio* zur deklamatorischen Präsentation eines inszenatorisch durchkomponierten Zeremonialakts, der Hochzeit Peters und Evdokijas, macht. Mit dieser Inszenierung sind die offenbarungstheologischen Grundlagen des Emblems durch performative Präsentation von Schrift und Bild verzerrt. Emblematische Rede ist theatralische Apostrophe, emblematische Bildlichkeit ist dekorative Kulisse zum Auftritt prosopopoischen Sprechens, in der sich die unsichtbaren Gäste als *dramatis personae* Masken aufsetzen und ihre Rede in schmuckvollen Schriftgirlanden materialisieren.

Doch noch einmal zurück zum pikturalen Kern der Schrift-Bildkonstruktion, wie sie Karion Istomin als Präfatio allegorischer Sinnenschau konzipiert. Die emblematische Struktur, die eine wechselseitige Bezugnahme ihrer drei Elemente auf semantischer Ebene vorsieht, verlagert die Intersemiotizität einer solchen Relationierung offensiv auf die materielle Seite ikonographischer Intermedialität. Zu Schrift gewordene Sprechakte unterschiedlicher Provenienz durchkreuzen und umschließen einen Bildraum, der Markierungen sakraler Schriftlichkeit partiell aus dem Bild heraus verdrängt, um Raum für eine graphozentristische Bildlichkeit als Emblem zu finden. In die These vom Ikonozentrismus des Emblems ist damit eine Differenz getrieben: Sie hat es mit einer Stärkung des Schriftprinzips zu tun, die emblematische Bildpriorität buchstäblich zerschneidet und sich als Schriftbildlichkeit ausstellt. Bevor noch das Bild zu sich selbst kommen kann, entfaltet die Schrift ihre privilegierte Position im Bild zu schriftfakturalem Selbstbewusstsein.

1.3. *inscriptio – scriptura – subscriptio*

In gewisser Hinsicht stellt die allegorische Miniatur des *Buchs der Liebe* eine komplexere Fassung bzw. eine *compilatio* der bereits diskutierten Miniaturen aus dem *Buch des geistigen Sehens* dar, in denen jeweils ein Dialog Peters mit Christus und der Gottesmutter imaginiert wurde (vgl. Abb. 20 und 21). Konnte dort im Vergleich der beiden Miniaturen jedoch ein Schriftverlust beobachtet werden, so weist das *Buch der Liebe* voraus auf eine Verdrängung der *pictura* durch die Schrift. Die Allegorisierung des Bildes erweist sich als seine rhetorisch-mediale Verschriftlichung. In einer dritten Widmungshandschrift Karion Istomins, dem *Buch zum Gruß der Weisheit,* setzt sich diese allegorische Dissoziation des Bildes durch die Schrift dahingehend fort, dass Schrift hier den Bildkörper supplementiert bzw. der einzige allegorische Körper nur noch derjenige der Schrift ist. Sichtbarkeit des Bildes ist hier abgelöst durch Lesbarkeit als Sichtbarkeit der Schrift. Emblematische Bildlichkeit erweist sich am Ausgang einer graphozentristischen Epoche als Schwund- und Regressionsstufe des Bildes bis zum Bildverlust.

Karion Istomins 1683 verfasstes Panegyrikon auf die Zarin Sofija Alekseevna, *Das Buch zum Gruß der Weisheit* (*Kniga želatelno privětstvo mudrosti*), mit dem Ziel verfasst, die aufklärerischen Ambitionen Sofijas für umfassende Bildungsreformen zu nutzen, beginnt mit einer allegorischen Leerstelle und einem Fest des Graphozentrismus. Die Prachthandschrift wird mit einer nicht ausgeführten emblematischen Miniatur eröffnet (vgl. Abb. 29). An Stelle einer ausgeführten *pictura* sehen wir das schriftliche Programm derselben. Statt pikturaler Zeichen zeigt die Miniatur deren Verschriftlichung, die entfernt an ein *carmen figuratum* erinnert. Oben links heißt es: „Hier das Bild Christi, segnend auf einer Wolke stehend und die Worte sprechend [wörtl.: aus seinem Mund die Worte]: Höre, Tochter, sieh und neige dein Ohr, Psalm 44".[31] Rechts unten ist zu lesen: „Sofija Göttin, göttliche Weisheit" und davon abgesetzt: „Hier das Bild der Weisheit als Jungfrau mit einem Kranz, die Worte sprechend [s.o.]: Herr, Dein Wille gibt meiner Güte Kraft, Psalm 29."[32] Die über Namensidentität hergeleitete Allegorie der Sofija als Weisheit wird mit ihren zugehörigen Attributen versehen. Die Psalmen sind in den für Miniaturen typischen Spruchbändern, die eher an Sprechkanäle erinnern, angeordnet. Unten rechts, noch innerhalb des Bildes, ist eine *subscriptio* ersten Grades gegeben: „Schmücke dich dreifach und tritt vor den Herrn: im Glauben, in Hoffnung, in Liebe." Schon außerhalb des

31 Eigtl. Psalm 45,11.
32 Psalm 29, 11 lautet eigtl.: Der Herr wird seinem Volk Kraft geben.

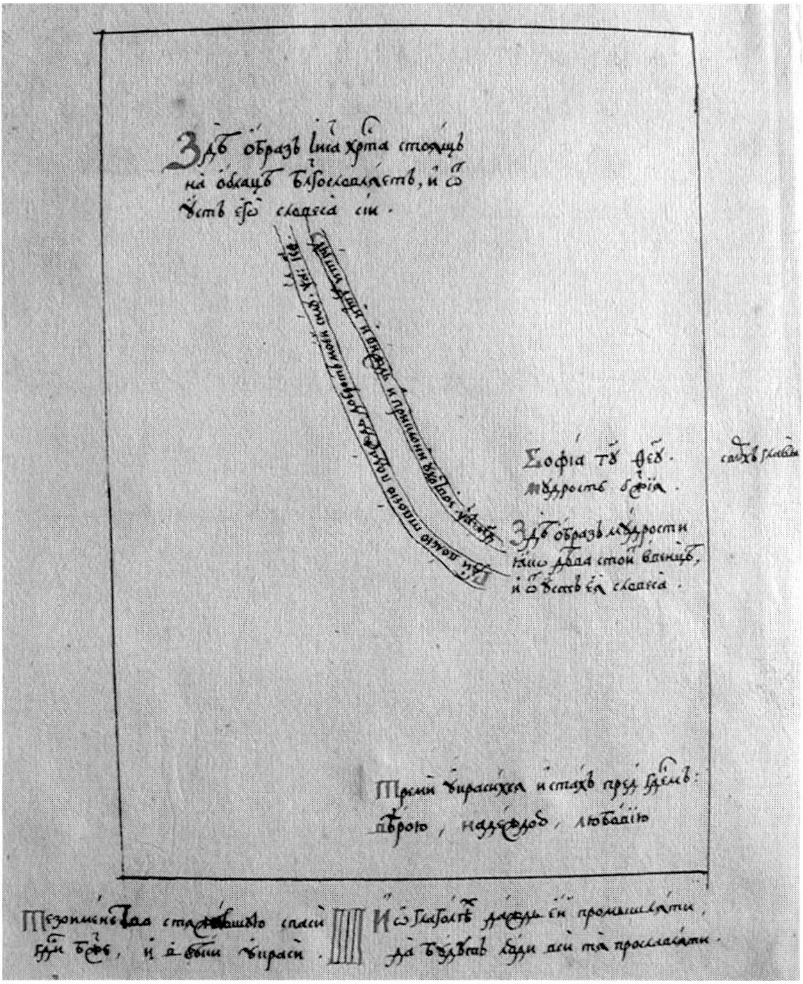

Abb. 29: Karion Istomin: *Kniga želatelno privětstvo mudrosti (Das Buch zum Gruß der Weisheit)* (1683), BAN, P.I.A. 8, 2v.

Rahmens folgt eine *subscriptio* auf zweiter Stufe, deren zweiter Teil den pragmatischen Zweck des Textes verrät: „Und gib, dass sie [Sofija] sich mit den Worten befasse, dann werden die Menschen Dich loben." Dergestalt mischen sich Elemente einer emblematischen Miniatur mit Zeichen, die diese Elemente beschreiben oder eher noch vor-schreiben – präskriptiv und prätemporal. Wir sind mit dem Phänomen eines Emblems konfrontiert, das auch die *pictura* noch zur *scriptura* macht, und zwar zu einer *präscriptura*, die ihre Ummedialisierung zum Bild verfehlt und dieses nur mehr imaginativ konstituieren kann.

Welche Gründe zum Fehlen der *pictura* oder besser: zur pikturalen Unvollendetheit der Miniatur führten, ist quellenkundlich und texthermeneutisch ungeklärt. Brajlovskij, der die Handschrift 1909 ediert, kommentiert seine Ausgabe an der entsprechenden Stelle mit dem Hinweis, hier sei eine Miniatur eingeklebt, die Christus auf Wolken zeige.[33] Diese Aussage ist einigermaßen rätselhaft, denn die Edition reproduziert zum einen exakt die Miniatur, wie sie auch hier abgebildet ist, d.h. als reines Schriftbild. Zum anderen weist das Original aus der Bibliothek der Akademie der Wissenschaften in St. Petersburg (BAN) an der entsprechenden Stelle keinerlei diesbezügliche Spuren auf. Wenn weiterhin tatsächlich an dieser Stelle ein Bild eingeklebt war, so bleibt auch unklar, wie Brajlovskij dann den Text reproduzieren konnte. Wenn auch nicht ausgeschlossen ist, dass zu einem späteren Zeitpunkt hier eine Zeichnung eingelegt oder partiell nachträglich eingeklebt wurde, die der Bildbeschreibung, die die Miniatur gibt, entspricht, so muss doch die Aussage Brajlovskijs zugunsten einer anderen Hypothese verworfen werden. Es kann als wahrscheinlich gelten, dass die Miniatur aus Zeitgründen nicht ausgeführt werden konnte und aus diesem Grund im Stadium der Skizze bzw. der Vorschrift verblieb, die wiederum – dem Charakter einer Schenkungshandschrift entsprechend – sorgfältig gestaltet wurde.

Dagegen vermutet Sazonova, dass es sich bei dem Exemplar zwar um eine Reinschrift handelt, nicht jedoch um die Sofija Alekseevna dargebrachte Handschrift. Es müsse noch ein verlorenes zweites Exemplar existiert haben, für welches das vorliegende das Muster gewesen sei. Auch die Sorgfalt der Ausführung ließe sich damit erklären.[34] Für eine solche Erklärung spricht auch die Tatsache, dass der Platzierungsvermerk rechts außerhalb des Rahmens „vor dem ersten Kapitel" („sverch glavy") im gleichen Schrifttyp erhalten blieb. Gerade die Sorgfalt der Textausführung spricht jedoch für die zuvor formulierte Hypothese, dass es sich hier durchaus um das Schenkungsexemplar handelt. Mit kalligraphischer Sorgfalt sind die schriftlichen Details gezeichnet, vermutlich vom Schreiber des Textes selbst (der Händevergleich legt eine solche Vermutung nahe), als der wiederum Karion Istomin selbst identifiziert werden kann. Die Initialen sind in Mennige ausgeführt, was ebenfalls nicht für eine Malanweisung an den zuständigen Maler spricht, der die Handschrift möglicherweise später zur Illumination hätte bekommen sollen.

33 Brajlovskij, K voprosu o literaturnoj dejatel'nosti russkich pisatelej XVII stoletija, 14.
34 Mdl. Mitteilung.

Denn die aufwändige Ausführung der Schriftelemente durch rote Initialen beschränkt sich keineswegs auf die Textelemente, die auch bei einer ausgeführten Miniatur nach dem Muster des *Buchs des geistigen Sehens* oder des *Buchs der Liebe* als graphische erhalten geblieben wären, sondern auch auf die Schriftzüge, die später vom Bild hätten überdeckt werden sollen. Zudem ist die Handschrift, das erwähnt der Herausgeber Brajlovskij, im Verbund mit anderen Prachthandschriften überliefert, die Ioann und Peter Alekseevič, Aleksej Peterovič und Sofija Alekseevna definitiv dargebracht worden waren. Dafür, dass die Handschrift durchaus als Schenkungsexemplar konzipiert war, spricht auch die kostbare äußere Gestaltung, der seidene Einband und der Goldschnitt.

Dennoch und umso drängender stellt sich die Frage, warum man nicht gänzlich auf die Seite verzichtet oder den schon vorgezeichneten Rahmen wirklich, wie Brajlovskij vermutet, mit einem anderen Bild überklebt hat. Den anderen illuminativen Elemente der Handschrift hätte das nicht widersprochen – gleich auf der nächsten Seite befindet sich oberhalb des Textes eine ausgeschnittene und eingeklebte verzierte Kopfleiste in Altdruck-Ornament (vgl. Abb. 30). Diese Varianten sind nicht gewählt worden, sondern man hat sich dafür entschieden, das ornamentale Bildelement in ein ornamentales Schriftelement zu überführen bzw. die schriftliche Vorstufe zu seiner schriftlichen Endstufe zu deklarieren. Damit ist die Schriftausführung für die Malanweisung zu einer doppelten Übung des Schriftsehens als Bildimaginierens funktionalisiert. In der Unentschiedenheit der Miniatur, einerseits ihrem Verhaftetsein einer Vorlage, die unter einer Bildschicht zu verschwinden hat, andererseits dem Herausstellen der präskriptiven Elemente, die eine Einlösung durch das ikonische Zeichen so uneinholbar wie unmöglich machen, liegt ihre Herausforderung für eine Emblematik der Imagination. Dass sie in der vorliegenden Form überhaupt noch Bestandteil einer Prachthandschrift sein kann, lässt gerade in der angedeuteten Ambivalenz auf ein bild- und schriftrezeptives Vermögen schließen, das sich vom Schriftprimat einer Bildkultur entfernt und zum Bildprimat einer Schriftkultur übergeht. So bleibt der Rahmen eines allegorischen Bildes leer, um sich mit einer Schrift zu füllen, die Bilder nicht mehr auf dem Papier realisieren muss, da diese sich im Lesenden konstituieren. Als Mal- und Imaginationsanweisung ist der Text der Miniatur Platzhalter für ein Bild der Schrift als Figur und ein imaginäres Bild der Figur als Schrift. Von der Präskription der Allegorie im rhetorischen Metatext ist man damit bei der allegorischen Präskription des Schriftbildes (im Bild) angekommen. Die Produktion eines Imaginären auf der Basis der Schrift wird nun offensiv als Bildverlust angegangen.

Damit kreist das Emblem ohne *pictura* um die Vorwegnahme einer imaginativen Allegorisierung der Sofija als verkörperter Weisheit, die sich im fol-

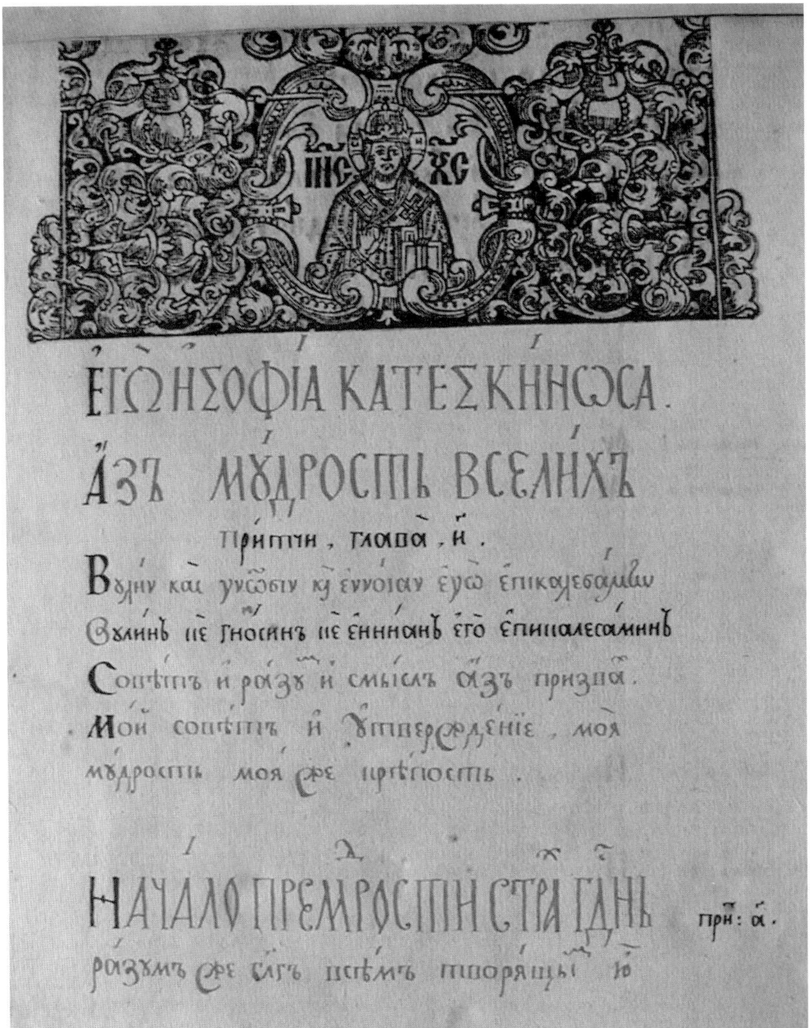

Abb. 30: Karion Istomin: *Kniga želatelno privětstvo mudrosti (Das Buch zum Gruß der Weisheit)* (1683), BAN, P.I.A. 8, 3.

genden Text zur beschworenen Imagination steigert: „Denn weil Gott selbst in Sofija lebt / und sie mit allen Vorzügen schön geschmückt hat, // verleiht jeder Gedanke an sie ein Gefühl der Vollkommenheit […]“, feiert Karion Istomin emphatisch ein imaginäres Bild.[35] In diesem Sinne fügt sich die Leerstelle (in) der Miniatur ein in die Imaginationsstimuli des Verschweigens und Verhüllens. Iser bestimmt dieses Prinzip in seiner Wirkungsästhetik in Anlehnung an Ricœur als „enthüllendes Schweigen“, in dem „das Zeichen sich in einen figurativen Verweis [verwandelt], durch den die Finalität des Zeigens überschritten wird, um die Vorstellbarkeit dessen zu eröffnen, was sich der Bezeichnung entzieht.“[36] Freilich bezieht Iser die Verschränkung von Zeigen und Verbergen auf den verbalen Text und seine Schemata, die im Vorstellungsakt des Lektüreprozesses überschritten werden. Dennoch scheint der Gedanke hier relevant sowohl für die Einschätzung der Zeichnung per se wie auch ihrer Positionierung im Textganzen, in dem sie als prologisches Element die Rezeptionsbedingungen in der Art eines Lesevertrages vorformuliert. Hier werden die Regeln der Vorstellungsbildung in der Fehlstelle des ausgesparten und so überdeutlich markierten Bildes vorweggenommen, um die imaginäre Perspektive des Lesers für den folgenden Text einzustellen.

Zugleich stellt sich die Frage, ob nicht diese rezeptionsästhetisch begriffene Stimulation eines imaginären Bildes perzeptionsästhetisch weitergedacht werden muss, ob also nicht die Wirkungsästhetik hier an ihre mediale Grenze stößt. Denn Karion Istomin verzichtet nicht nur – wenn auch wohl aufgrund äußerer Umstände, so doch konsequent realisiert – auf eine *pictura*. Er ersetzt diese übermarkiert durch eine partiell ornamental ausgestaltete Schrift. Es kann folglich nicht nur von einer Verlagerung des Sichtbarkeitsprimats, das für den Barock so hartnäckig reklamiert wird, in ein Unsichtbarkeitsprimat die Rede sein. Präziser wäre davon zu sprechen, dass die Unsichtbarkeit des Bildes gerade eine hervorgehobene Sichtbarkeit der Schrift mit sich bringt bzw. durch diese erst möglich oder vielleicht sogar erkauft wird. Bildbetrachtung versteht sich nun nicht mehr als Durchdringung der Bildhülle auf dem Weg zum semantischen Kern. Was hinter den Bildern – und hier *vor* der Bildwerdung – steckt, ist die Allegorizität der Figur als Performanz der Schrift. Schrift ist nicht bloßer figuraler Träger von Begriffen. Darüber hinaus supplementiert sie ein pikturales Darstellungsmodell und bietet sich statt der abgebildeten Körper dar.

Eine solche Hypothese erhärtet sich, parallelisiert man das Null-Emblem Karion Istomins mit den Miniaturen, die als seine ikonographischen Voll-Ver-

---

35 Karion Istomin, *Das Buch der Weisheit/Kniga mudrosti*, 13–13v. („Jako Bog blag sam vselil Sofiju, / vsemi izrjadstvu lěpo ukrasi ja, // Mysliti o nej čuvstvo est’ sveršeno […].“)

36 Iser, *Der Akt des Lesens*, 230.

sionen gelten dürfen (vgl. Abb. 20 und 21). Produktiv erscheint die Gegenüberstellung mit ihnen vor allem deshalb, weil sie einem Text Karion Istomins angehören, der sich im Titel programmatisch der Imagination als Bildungs- und Ausbildungsauftrag verschreibt. Das *Buch des geistigen Sehens* wurde bereits als Lehrkompendium „zum Nutzen des Zaren" („v ego carskuju polzu") für den zehnjährigen Peter Alekseevič im Kontext barocker Imaginationslehren thematisiert. Die Eingangsminiatur des *Buchs der Weisheit* weist die gleiche Konstellation wie diejenige des *Buchs des geistigen Sehens* auf, stattet nur die Figuren ikonographisch anders aus (vgl. Abb. 20). Die zweite Miniatur, die die Gottesmutter an der Stelle des Pantokrators zeigt, auf einer Wolke thronend, die Hand nicht segnend, sondern in einer rhetorischen Aufmerksamkeitsgeste zum schräg unter ihr stehenden Peter ausgestreckt (vgl. Abb. 21), ist stumm in den rahmenden Dialogtext eingebettet. Sie verzichtet ganz auf Schriftelemente und repräsentiert damit das direkte mediale Gegenstück des *Buchs der Weisheit.*

Im Kontext von Bildverlust, Schriftpotenz und Imaginationssteigerung verweisen die drei Miniaturen auf drei Konzepte der Visualisierung, die von der Anlehnung an Darstellungsprinzipien der Ikone bis zur Dissoziation pikturaler Ikonizität reichen. In der Marienminiatur realisiert sich eine Tradition ikonischer Emanation als Schriftverzicht gemäß des Dogmas, dass Urbildlichkeit als Bildlichkeit erfahrbar sein muss. Spaltete sich der ikonische Purismus in der Christus-Peter-Miniatur schon in die Duplizierung der Kommunikatoren von Schrift und Bild, so setzt sich in der Sofija-Christus-Miniatur mit dem emblematischen Bildaufbau eine Skripturalisierung des Bildes durch, die Bildlichkeit in der Verschränkung von graphozentristischer Materialität mit einem ästhetischen Imaginären versteht. Was der altrussischen Bildlichkeit als prekäre Sichtbarkeit erschien, ist der barocken skripturalen Emblematik eine Sichtbarkeit, die in ausgestellte Schriftlichkeit und ausgelagerte Imagination dissoziiert. Sie inszeniert Schriftbildlichkeit als plasmatische Figurativität einer graphischen Korporalität, die an die Stelle abgebildeter Körper tritt, wie auch als Öffnung eines imaginativ zu erschließenden Bildraums aus der Materialität der Schrift heraus.

1.4. *inscriptio – pictura – subscriptio*

Auf der nächsten ‚Regressions'-Stufe wird die *pictura* des Emblems durch eine Textualität verdrängt, die dem imaginativen Potenzial des Bildentzugs zu seinem Recht verhilft. Denn die Emblematik des frühen russischen Barock weist zusätzlich zu den genannten Aberrationen eine weitere Besonderheit auf: Sie wird in hohem Maße nur als Text, nicht als bimediale Text-Bild-Form rezipiert.

Damit revitalisiert das textualisierte Emblem seine enigmatischen und auch seine hieroglyphischen Traditionen. Bereits aus Nikolaj Spafarijs Schrift *Über die Hieroglyphen*, dem prä- und deskriptiven Programm einer Bildersprache in der zweiten Hälfte des 17. Jahrhunderts, wurde deutlich, dass Hieroglyphik und Chiffrenschrift, die die sichtbaren Dinge der Welt lesbar machen, Vorboten einer Schriftbildkunst des Emblems sind, die in sich immer ein Ausweichen und ein Verschwinden bergen. Nicht umsonst beziehen sie ihren Namen aus einem Kontext, den Curtius etwas lapidar unter „West-östliches" zusammenfasst: Chiffre, arabisch *sifr*, bedeutet „leer" und bezeichnet im arabischen Zahlensystem die Null. In Spanien wurde der figürliche Teil der Impresen und Embleme als *cifra* bezeichnet, für *emblemata* sagt man auch *jeroglifico*.[37] Diese Leerstelle ist der Punkt, an dem die ‚Bilder ohne Worte' der Hieroglyphe zur ‚Schrift ohne Bild' der russischen Emblematik des Frühbarock werden. Die These von der Unlesbarkeit des Emblems wendet sich zu seiner Unsichtbarkeit.

Die eklatantesten Beispiele dieser Praxis sind sicherlich der *Blumenreiche Garten S*imeon Polockijs, für den Hippisley unter Hinzuziehung der hinterlassenen Bibliothek Simeons mindestens 50 emblematische Prätexte nachgewiesen hat[38], sein *Rhythmologion* (*Rifmologion*, 1678) wie auch die *Emblemmata* Stefan Javorskijs (1707).[39] Zweifellos gibt es neben den erwähnten Beispielen u.a. aus dem *Buch der Liebe* weitere Pläne für eine voll realisierte Emblemkunst. Im Entwurf des *Rhythmologion* finden sich unter der Überschrift *Embleme und ihre Auslegung in Versen* (*Emvlimata i ich tolkovanija, stichami kraesoglasnymi ravnomĕrnĕ složena*) neun Devisen, deren Bild zwar fehlt, für das jedoch Raum gelassen ist, so dass in der Prachthandschrift vermutlich *imagines* gegeben waren oder gegeben werden sollten.[40] Ein ähnlicher Fall ist in den Reinschriften von Karion Istomins Gedichten *Edem* und *Ekklesija* (beide 1693) gegeben.[41] Klammert man diese Fälle aus, so ist man mit dem Phänomen konfrontiert, dass der momentane Stand der erschlossenen textuellen Empirie von einer auf den ersten Blick verstümmelten Emblematik

37 Curtius, *Europäische Literatur*, 350f.

38 Hippisley, The Emblem in the Writings of Simeon Polockij, 169. Hippisley spricht von 80 direkten und 20 indirekten Allusionen, von denen die Hälfte im *Blumenreichen Garten*, die andere Hälfte im *Rhythmologion* und in den beiden Predigtsammlungen (*Das Abendmahl der Seele* und *Das Seelenmahl*) nachweisbar seien.

39 Ungeachtet der zahlreichen Predigten, in denen sich Simeon Polockij auf die Emblematik bezieht. Gerade die Homiletik wäre als Feld der virtuellen Stimulierung von inneren und äußeren (Bild)Reizen noch einmal gesondert zu untersuchen.

40 Bl. 511v-515. Das *Rhythmologion* konnte wegen mehrjähriger Schließung der Handschriftenabteilung des GIM nicht eingesehen werden. Vgl. zu den Angaben hier ebf. Eremin, Poėtičeskij stil' Simeona Polockogo, 215.

41 GIM, sobr. Uvarova, No. 73. Auch diese konnten wegen Schließung der Handschriftenabteilung des GIM nicht eingesehen werden.

Zeugnis ablegt, die Hippisley zu der Bemerkung veranlasst: „His [= Simeon Polockijs] nine emblems twinkle like the morning star thirty-six years bevor the break of day […]".[42] Eine befriedigende Erklärung des eigentümlichen Status des Emblems in der frühbarocken Kultur Russlands wurde bislang nicht gegeben. Gründe könnten im Bereich der Mediengeschichte liegen: Das Emblem setzt die Techniken des Buchdrucks und der durch diesen revolutionierten Graphik voraus. Diesbezüglich kann die altrussische Kultur auf keine nennenswerte Praxis verweisen, ganz im Gegenteil übernimmt sie barocke Text- und Bildformen nahezu zeitgleich mit der Einführung der Druckerpresse. Angesichts der anspruchsvollen druckgraphischen Ausgestaltung von Simeon Polockijs Ausgaben in der Oberen Druckerei (Verchnjaja tipografija) können rein technische Argumente jedoch wiederum mit hoher Wahrscheinlichkeit ausgeschlossen werden. Stattdessen muss es eher darum gehen, medienkonzeptionelle und ästhetikgeschichtliche Gründe zu finden. Uhlenbruch, der den *Blumenreichen Garten* als „Querschnitt durch die europäische Emblematik"[43] liest, thematisiert die entpikturalisierten Embleme im Zusammenhang mit einer rhetorischen „Entmythisierung des Textes". Gerade die bewegliche semantische Struktur des Emblems entspreche der ideologischen Umcodierung der russischen Gesellschaft während und nach dem Schisma. Er konstatiert ebenfalls das Faktum der „Um-Medialisierung"[44] bzw. Monomedialisierung des bimedialen Emblems, erklärt dies jedoch damit, dass sich Simeon Polockij „emblematischer Motive weniger selbstzweckhaft als vielmehr im Sinne einer *inventio argumentorum* bedient" habe.[45] Damit ist die Emblematik zu „Quasi-Morphemen noch zu schreibender Predigten", zu „nukleare[n] Seme[n]", mithin zum Quellenfundus einer arguten Poetik und Homiletik reduziert.[46] Uhlenbruchs zentrales Argument für das Fehlen der

42 Hippisley, The Emblem, 181. Der Zeitrahmen von 36 Jahren bezieht sich darauf, dass 1705 das erste und einzige russische Emblembuch *Symbola et Emblemata* erschien, das allerdings nicht voll als ‚russisch' bezeichnet werden kann, da es in Amsterdam als Adaption der Emblematiken von Daniel de la Feuille und Pallavicini für Peter I. gedruckt wurde. Gerade die Tatsache, dass auch der hohe Barock in Russland kein ‚vollwertiges' Emblem ausbildet, stärkt nicht so sehr Hippisleys These einer zurückgebliebenen Kultur, als vielmehr diejenige einer spezifischen Disposition einer graphozentrisch geprägten Kultur, die das Emblem von Anbeginn an dissoziativ unter dem Fokus der Schrift liest.

43 Uhlenbruch, *Simeon Polockijs poetische Verfahren*, 218.

44 Uhlenbruch, *Simeon Polockijs poetische Verfahren*, 238.

45 Uhlenbruch, Emblematik und Ideologie, 118.

46 Uhlenbruch bezieht sich hierbei auf Bileckij, der den *Blumenreichen Garten* als Exempla-Sammlung für den Prediger liest. Als Beleg einer analogen Struktur des Bildverzichts, die er struktural(istisch) als unproblematisch, da „redundante" Informationen eliminierend ansieht, verweist Uhlenbruch auf den *Polyhistor Symbolicus* (1618) des Nicolaus Caussinus (*Polyhistor Symbolicus. Electorum Symbolorum et Parabolarum historicarum stromata*, XII. Libris complectens. Auctore P. Nicalao Caussino. Parisiis 1618).

pictura ist seine Einordnung des Emblems in öffentliche Kommunikationsstrukturen. Er geht davon aus, dass das vollständige Emblem mit seiner *pictura* primär Gegenstand privaten, individuellen Betrachtens ist, während es dem Barock darauf ankomme, die öffentliche Rede, den *propovednik* (Prediger) im weitesten Sinne zu formieren. Der Entzug des Bildes wäre demnach dem Abzug der emblematischen Kommunikationsstrukturen aus einer privaten Kommunikationssituation geschuldet.

Uhlenbruchs Schlussfolgerung aus der Tatsache, dass der *Blumenreiche Garten* durchgehend auf eine *pictura* verzichtet, obwohl doch die drucktechnischen Möglichkeiten den Emblemdruck durchaus zugelassen hätten, muss nach seiner ersten Charakterisierung des Sammelbandes überraschen: „Der ‚Vertograd' ist kein Emblembuch." Den sich zwangsläufig aufdrängenden Widerspruch dieser These zur eingangs vorgenommenen Charakterisierung des *Blumenreichen Gartens* als Querschnitt durch die Emblematik löst Uhlenbruch durch einen prinzipiellen Gattungssynkretismus bei Simeon auf. Der *Blumenreiche Garten* sei nicht nur kein Emblembuch, sondern auch keiner anderen Gattung fest zuzuordnen:

> Der Sammelband zeichnet sich dadurch aus, daß die in ihm enthaltenen Texte keiner einheitlich kodifizierten Gattung entsprechen, sondern daß er im Grenzraum und Überschneidungsareal verschiedener Gattungen operiert und daß er sich dabei Affinitäten zwischen diversen Gattungen zu eigen macht, daß er quasi Überschneidungspotentiale offen legt und auslotet.[47]

Die These von der Auflösung des Gedicht-Sammelbandes zum Genre-Sammelband belässt es dabei, den Formenpluralismus barocker Textgeneratoren, die transgressiv semantisch und strukturell hybride Gattungen generieren, auf einen dual codierten Texttyp aus Fabel und Emblem (die „Überführung des bimedialen Emblems in die Monomedialität der Fabel" (248)) einzugrenzen, welchen der russische Barock seiner Rezeption des *Theatrum morum* (1608) verdanke. Zweifellos ist damit eine wichtige Frage der Gattungszugehörigkeit entschieden, die textpragmatische Dimensionen mit berücksichtigt. Ungelöst scheint dennoch das Problem der medialen Attraktivität des Emblems als einer Schrift-Bild-Form für textuelle Vermittlung. Und unbeantwortet bleibt auch die Frage, welche Rezeptionsstrategien und -kompetenzen damit angesprochen und genutzt sind. Wie kommt es zu einem Zeitpunkt, zu dem gerade auch die optischen Stimulantien für eine keineswegs private, sondern publikumswirksame theologische Praxis entdeckt werden, zu einem Verzicht auf das Bild? Und wie verhält sich dieser Bildverzicht zur ausgestellten Schriftbildlichkeit?

---

47 Uhlenbruch, *Simeon Polockijs poetische Verfahren*, 242.

Umso drängender stellen sich diese Fragen, als spätestens seit Eremin die Poetik Simeons als „Museum, in dessen Vitrinen in bestimmter Reihenfolge […] die verschiedensten Objekte ausgestellt" seien, charakterisiert und vermittelt darüber insbesondere der Aspekt der Schaulust des Textes profiliert wurde. Dabei weist Eremin noch gesondert darauf hin, dass Simeon selbst seine Gedichte häufig als „Ding" („vešč'") bezeichnet, also den materialen, perzeptiblen Charakter seiner sprachlichen Artefakte dezidiert unterstrichen habe.[48] Eremin formuliert die adäquate Rezeptionshaltung des *Blumenreichen Gartens* dahingehend, dass diese Dinge „zur Betrachtung ausgestellt" seien („vystavleno dlja obozrenija"). Er entwickelt daraus einen Merkmalkatalog barocker Spektakelkunst und Sinnesaffizierung im Sinne Hockes: Die Exponate dieses Museums wiesen eine solche Exotik und Monstrosität auf, dass man den *Blumenreichen Garten* – noch vor der Einrichtung einer solchen Institution knapp 30 Jahre später durch Peter I. – als „poetische Kunstkammer" („poėtičeskaja kunstkamera"), als „poetische Parade der Dinge" („stichotvornyj parad veščej"), „buchstäblich" („v bukval'nom smysle ėtogo slova") als „echtes Spektakel" („nastojaščee zrelišče") bezeichnen könne: „man konnte die Gedichte nicht nur lesen, sondern betrachten, so wie man ein Gebäude oder ein Gemälde betrachtet".[49] Dass diese Anschaulichkeit der Texte keineswegs nur in den Fällen zu beobachten ist, in denen sie als „Synthese der Künste in einer einzigen" („sintez vsech iskusstv v ramkach odnogo"[50]) auf der Textoberfläche, als graphische Gestaltung etwa im Figurengedicht, in Miniaturen, Emblemen, Gravuren oder allen illuminativen Elementen zu Tage tritt, hebt eine stärker rhetorisch orientierte Forschung hervor.[51] Denn das „Ding" des „Wort-Schauspiels" („slovesnoe zrelišče"[52]) funktioniert, das hat Lachmann gezeigt und das gibt der Titel von Simeons Sammlung bereits vor, als Trope, die sich als Bildkörper ausstellt.[53]

In Konfrontation mit der Dingästhetik Eremins birgt Uhlenbruchs These der Inventarisierung von Bildtropen als Textproduktionsgeneratoren bei Simeon Polockij eine Spur für die Frage, warum das Emblem seiner materialisierten Bildlichkeit nicht bedarf, sondern als „umstvennyj obraz" („Vorstellungsbild"[54]) auftritt. Denn der Kult des Buches bei Simeon, auf den Uhlen-

48 Eremin, Poėtičeskij stil' Simeona Polockogo, 211. („muzej, na vitrinach kotorogo rasstavleny v opredelennom porjadke […] samye raznoobraznye vešči").

49 Eremin, Poėtičeskij stil' Simeona Polockogo, 212f. („stichi možno bylo ne tolko čitat', no i rassmatrivat', kak rassmatrivajut zdanie ili kartinu.")

50 Eremin, Poėtičeskij stil' Simeona Polockogo, 213.

51 Umfassendes Material dazu auch bei Sazonova, *Poėzija russkogo barokko*.

52 Eremin, Poėtičeskij stil' Simeona Polockogo, 214.

53 Lachmann, Die Tradition des *ostroumie* und das *acumen* bei Simeon Polockij, 57.

54 Morozov/Sofronova, Ėmblematika i ee mesto v iskusstve barokko, 23.

bruch verweist, legt nahe, im Lesbarkeitsfetischismus Simeons diejenigen Strategien aufzudecken, die das auratische Medium des Buches mit barocker Augenlust vermitteln. Der Mythos der Lektüre, den die Text-Embleme des *Blumenreichen Gartens* suggerieren, arbeitet möglicherweise mit einem bewussten Entzug der *pictura*, um den Text als ikonisches Objekt erfahrbar zu machen. Auch die von Uhlenbruch zum Beleg seiner These analysierten Gedichte, *Die Stetigkeit* (*Častost'*), *Der Ungehorsam* (*Slova neslušanie*), *Der Blinde* (*Slepec*) und *Der Dumme* (*Nevežda*), formulieren den Aspekt der Sichtbarkeit als Alternativ- oder Konkurrenzmodell zur Lesbarkeit. Alle vier Texte bewegen sich im Spannungsfeld von optischem Sehen vs. rationalem Erkennen, ungeübtem Lesen vs. scharfsinnigem Lesen, Leseverweigerung vs. einsichtigem Lesen, repetitivem Lesen vs. akkumulierendem Lesen, körperlicher Blindheit vs. geistiger Blindheit, Blick-/Bildstörung vs. Klarheit/Evidenz der Lektüre etc. Sie zeigen, wie die Hypothese vom Bildentzug einerseits und der Mystifikation des Buches andererseits im Hinblick auf eine Allegorik des Lesens zu denken wäre, die sich einer verkürzten, verknappten, verstümmelten Text-Bild-Folie bedient, um rhetorische Textbilder zu generieren. Auf diese Weise nutzen die Gedichte des *Blumenreichen Gartens* eine kulturell und (möglicherweise) technisch bedingte Defensive, um diese Konstellation allegorisch offensiv für sprachfigurative Bildlichkeit zu nutzen. Wenn die emblematische *pictura* der blinde Fleck des russischen Barock ist, so macht der Text das, was nicht gezeigt werden kann, zu seinem tropologischen Kern. Die auf diese Weise entstehenden Allegorien der Emblematik zeigen, dass jenes Relaissystem von permanenter Bewegung der Ersetzung und des Austauschs, die in den Codierungen, Umcodierungen und Decodierungen von Lemma, Ikon und Epigramm vorgenommen werden, im emblematisch präfigurierten Text als ein rhetorisch-mediales begriffen werden muss. So führt der Verzicht auf das Bild zum Text dazu, den Text zur Leerstelle des Bildes zu machen – als mediale Trope der unverfügbaren Bildlichkeit. An der Schraube von Bild-Gabe und Bild-Verweigerung weitergedreht hieße das dann auch, dass die Allegorien des Lesens, die Simeon emblematisch vorführt, Allegorien eines imaginativen Betrachtens sind, die weniger das verlorene Bildobjekt rekonstruieren, als vielmehr den Prozess des Bildentzugs zelebrieren.

Die Reihe der genannten Texte ließe sich fast beliebig erweitern. Hinzuzufügen wären ihr an expliziten Thematisierungen die zahlreichen Variationen des emblematischen Texts *Das Wort* (*Slovo*) und das Gedicht *Der Gehorsam* (*Slova slušatelie*), das Epigramm *Der Spiegel* (*Zercalo*), die Texte *Der Gesichtssinn* (*Zrěnie*), *Der göttliche Blick* (*Zrěnie Božie*), *Das Auge* (*Oko*), *Die Heilige Schrift* (*Pisanie*), *Das Sehen* (*Viděnie*), *Das Auge Gottes* (*Viděnie Boga*), *Das Bild/Die Ikone* (*Obraz*), *Das Lesen* (*Čtenie*), *Die Blindheit* (*Slěpota*), die Textzyklen *Das Buch* (*Kniga*) *Die Welt als Buch* (*Mir est' kniga*), *Das Buch des Lebens*

(*Kniga žizni*), *Buch und Gebet* (*Kniga i molitva*) und *Die Sprache* (*Jazyk*) wie auch der Zyklus über die fünf Sinne usw. Letztlich wären hier auch die am Ende des *Blumenreichen Gartens* angeführten Epitaphien heranzuziehen, da der hellenistischen Epitaphik eine ähnlich fundierende Rolle für die Emblematik zukommt wie der Hieroglyphik.

In den folgenden Kapiteln werden zahlreiche der genannten Texte einer Relektüre unterzogen und genauer in ihrer Funktion für eine Konzeptualisierung des lesenden Sehens bestimmt. Nicht für alle ist ein emblematischer Prätext nachgewiesen bzw. lässt sich ein solcher mit Sicherheit bestimmen. Nicht alle entstehen folglich aus einer medialen Leerstelle heraus bzw. bergen eine solche in sich. Für alle ließe sich jedoch die Hypothese einer Evokation imaginativer Lektüretechniken durch Bildentzug oder Aufschub optischer Erfüllung als Verhandlung textuell stimulierter Bildlichkeit geltend machen. Sie nutzen das emblematische Wissen, um Allegorien einer a-pikturalen Emblematik zu erzeugen, deren Ikon eine tropisch vermittelte imaginäre *imago* ist. Damit bewegen sie sich zwischen dem Effekt, den Eremin so emphatisch als barocke Wunderkammer optisch erfahrbarer Dinglichkeit beschrieben hat, und einem ebenso stark ausgestellten Charakter dieser Dinglichkeit als imaginärer, als fiktiver Chimäre, erzeugt durch tropologische Manipulation. Was im Emblem als bimedialer Form ebenso zusammenkommt, wie es in drei Teile zerfällt, wird hier zur Allegorie auf ein imaginatives Lesen, welches Bildverlust, den Zerfall einer Schrift-Bild-Form voraussetzt und eben diesen Bildverlust zu einem bildlichen Text macht. Die Gedichte stellen sich damit keine geringere Aufgabe, als einen Begriff von Literarizität zu finden, der Literarizität als Visualität begreift, Visualität aber wiederum als phantasmatische Qualität. Aus einer, so muss man vermuten, nicht technisch, sondern ästhetisch bedingten Leerstelle heraus wird eine medienhistorische Konstellation produktiv gemacht, die aus der schriftzentrierten Bilderkultur Altrusslands eine vom immer abwesenden und uneinholbar durchgestrichenen Bild zentrierte Schriftkultur hervorgehen lässt.

Bevor es um die Texte des *Blumenreichen Gartens* geht, wäre jedoch noch ein Zwischenschritt einzufügen, der die Bedingungen und Möglichkeiten imaginativen Lesens auf die diskursive Vorbereitung des Lesers überprüft. Die Rede von der Freisetzung eines Imaginären des Bildes in der Schrift muss diese Entfesselung nicht nur im Kontext einer Allegorisierung der Rede sehen, die sich wiederum auf bildtheoretische Diskurse zurückbezieht, sondern auch im Zusammenhang mit dem neuen Stellenwert der Schrift in einer sich zögerlich literalisierenden barocken Gesellschaft. An den Lehrmaterialien des 17. Jahrhunderts lässt sich zeigen, wie Lesenlernen vonstatten geht, wie eine didaktische und pädagogische Konditionierung des lesenden Subjekts verläuft, um Lesen zu einem lesenden Sehen zu machen. Dass gerade die *bukvari* (Fibeln) sich emblematischer Strukturen bedienen, ist nur eine der spezifischen Eigenschaften zur Sensibilisierung eines *oculus imaginationalis* im aufmerksamen Auge des Analphabeten. Dieser didaktische Zwischenschritt entspricht einer diskursiven Verflechtung der Epoche. Denn im Barock agieren sich pädagogische Konzepte als ästhetische aus und ästhetische Konzepte maskieren sich als pädagogische. Simeon Polockij und Karion Istomin, um die beiden prominentesten Vertreter dieser Personalunion didaktischer Dichter zu nennen, verfassen beide Lehrbücher und ABC-Fibeln für die Kinder der Zarenfamilie. Schnittstelle des ästhetischen und des pädagogischen Diskurses ist das Interesse an der Einbildungskraft und ihrer Modellierung. Alphabetisierung des Lesers und Ausbildung des Betrachters fallen hier zusammen. An den Anschlussstellen geraten die poietischen Systeme der zweiten Hälfte des 17. Jahrhunderts zu Beobachtungssystemen, die das Subjekt als Übersetzungsmedium zwischen Text und Bild formen.[55] Was die barocken Rhetoriken in wächsernen und fleischlichen, immer aber geliehenen Körpern für die sprachfigurative Formierung eines linguosomatischen Signifikanten des Sprachkörpers vornehmen, leisten die Literalisierungslehrbücher für die Zurichtung eines gelehrigen Körpers des Lesenlernenden.

Im Rahmen der umfassenden Umstrukturierung kulturtechnischer Kompetenzen werden die Konzeptualisierungen des Lesens als Sehen von Schrift und ihres Unsichtbaren, als materielle Lettern der Immaterialität eines Bildes ganz konkret als physiologische Modelle begriffen, die Imagination und Wissen kontrollieren und steuern. Die epistemische Spannung zwischen Dechiffrierung und Abtasten von Gestalt bleibt dabei unaufhebbar. Im Zwingen des Auges auf die Fläche und der Hand in die Schrift, im Vor- und Nachlesen und -schreiben einer jeden Graphie wird die Fallhöhe von Referenz, (Eigen)Bildlichkeit und Performanz der Schrift ermessen. Die Imperative, die den Zögling in die Fertigkeiten des Lesens und Schreibens einführen, stellen Initiationsriten in symbolische und materielle Techniken dar.

---

55 Zur Ablösung des McLuhanschen Credos „the medium is the message“ durch die Formel „Der Mensch ist das Medium“ vgl. Rieger, *Die Individualität der Medien*, insbes. 193ff.

2. Lesen lernen

Dieses sichtbare kleine Buch,
das man Abecedarium nennt [...].[56]

2.1. Lesefibeln als Bilderbücher

Aus mehreren Gründen bietet es sich an, mit jener Ausprägung der Literalisierungsmedien in der altrussischen Kultur zu beginnen, die sich die Emblematik zur Folie wählt. An den emblematisch inspirierten Fibeln zeigt sich, wie eine Metamorphose des emblematisch-allegorischen Musters Verfahren von Textwahrnehmung als Bildwahrnehmung ausbildet, indem es die *pictura* räumlich und funktional in den Mittelpunkt pädagogischer Texte rückt. Erstmals wird am Ende des 17. Jahrhunderts in Russland eine Alphabetisierungstechnik vorgelegt, die den Akt der visuellen Aufmerksamkeit als Schlüsselkompetenz des Lesens versteht. Sie etabliert einen Blick auf das Wort als Blick auf das Bild. Der Unterricht in Worten verläuft hier als Unterricht in Dingen, und diese Dinge sind Buchstaben und Bilder. In dieser ausgeprägten Form einzigartig für den Elementarunterricht im frühen Barock ist Karion Istomins *Russische Fibel* bzw. *Kleine Fibel* (*Bukvar' slavenorossijskich pismen (Malyj bukvar')*, 1694), die vollständig, also in Schrift- und Bildelementen, vom Kupferstecher Leontij Bunin gestaltet wurde.[57] Ihr gingen zwei handschriftliche Fibeln voran, die Karion Istomin – wie dann auch den gravierten – der Zarin als

56 *Predislovie „Pervoučebnej sej malej knižice Azbuce"/ Vorwort zur kleinen Fibel*, 321. („Sija zrimaja malaja knižica, po rečennomu – Alfavitica, [...].")

57 Nach zahlreichen Teileditionen kam es 1981 zu einer vollständigen und kommentierten Neuedition des Exemplars aus der RNB als Faksimile: *Fibel, zusammengestellt von Karion Istomin, graviert von Leontij Bunin und gedruckt 1694 in Moskau* (*Bukvar' sostavlen Karionom Istominym, gravirovan Leontiem Buninym, otpečatan v 1694 godu v Moskve*). Hg. u. m. einer Einführung versehen von V.I. Luk'janenko u. M.A. Alekseeva. Vgl. auch Brajlovskij, *Odin iz ‚pestrych' XVII stoletija*, der zahlreiche Auszüge aus den im GIM befindlichen Handschriften Karion Istomins abdruckt. Zur Entstehungsgeschichte vgl. Šemšurin, O gravirovannom i rukopisnych licevych bukvarjach Kariona Istomina. Šemšurin sucht nachzuweisen, dass die *Russische Fibel* in der uns vorliegenden Fassung nicht aus dem 17. Jahrhundert stammt. Wenn auch die Gavuren 1694 angefertigt sein mögen, so lasse doch die heterogene Struktur des Gesamttextes – gerade was die Figureninitialen betrifft – den Schluss zu, dass die Seiten der *Russischen Fibel* zu einem späteren Zeitpunkt aus verschiedenen Quellen neu zusammengestellt und ggf. auch ergänzt worden seien. Auch die Reihenfolge der handschriftlichen und gedruckten Fibeln Karions stellt Šemšurin aufgrund der anthropomorphen Initialen in Frage.

Unterrichtsmaterial für ihre Kinder darbrachte.[58] Inspiriert durch Comenius' in ganz Europa modellhaft gewordenen *Orbis sensualium pictus* (1658) ist die *Russische Fibel* die erste ihrer Art in Russland, die Bildelemente nicht nur illustrativ einsetzt, sondern sie weitreichend in das didaktische Konzept des Schriftlernens einbezieht. Die Einschulung des Illiteraten verläuft in diesem Lehrbuch über die Einschulung des Auges. Comenius selbst hatte im „Vortrag" zum *Orbis pictus* sein triadisches Lehrbuchprinzip in Anlehnung an emblematische Begrifflichkeit expliziert. Ausgehend von „Bildungen [...] aller sehbaren Dinge (zu welchen auch die Unsichtbaren etlicher massen gezogen werden)" werden dann die „Benahmungen" angeführt, welche sind „über eine iede Figur gesetzte Obschrifften oder Titel welche die ganze Bildung durch ein allgemeynes Wort ausdrucken". Ihnen schließen sich dann als drittes Element die „Beschreibungen [...] die Auslegungen der unterschiedlichen Stücke des Gemähls" an. Diese Beschreibungen, und das ist die wesentliche Differenz zur Emblematik, sind über einen numerischen Code mit dem „Gemähl" verbunden: „[Sie] sind [...] mit ihren eignen Nahmen also ausgedruckt dass beydes den Gemähl-Stücken und dann auch deren Nahmen einerley Zahl beygesetzet ist welche wie eins auf das andre deute darthuet und anzeiget."[59]

Karion Istomin behält diese Grundstruktur bei, modifiziert sie aber im Einzelnen stark. Jedes einem einzelnen Buchstaben gewidmete Blatt seiner *Russischen Fibel* umfasst ein breites Spektrum der Versinnlichung des Schriftkörpers. Es reicht von der Anthropomorphisierung des Schriftzeichens in der Figuren-Initiale über die Bremsung des Blicks in der Zierschrift-Initiale (*vjaz'*) und das betrachtende Lesen des Ikons bis zum mnemotechnischen Merkvers.

58 Auch die handschriftlichen Exemplare (1692) weisen die triadische Struktur der gravierten *Russischen Fibel* auf. Eine der Prachthandschriften für Natal'ja Kirillovna befindet sich im Kreml-Museum (KN-202, No. 47307 (alte Signatur: Oružejnaja palata, No. 9463)), die andere für Praskov'ja Fedorovna im GIM (Sobr. Uvarova, No. 92). Dort befinden sich auch die Handschriften mit dem Entwurf und der Reinschrift (Čud. Sobr., No. 302 und Sobr. Uvarova, No. 73). Vgl. zu diesen Exemplaren Verf., Das alphabetische Auge und die Ordnung der Schrift im Bild. Hier auch Abbildungen aus den Handschriften. – Eine quellenkundliche Beschreibung der Exemplare ist nachzulesen bei Tarabrin, Licevoj Bukvar' Kariona Istomina, tab. XV-LIII. – Brajlovskij, *Odin iz ‚pestrych' XVII stoletija*, 423, druckt als Anhang 5 eine „Notiz Karion Istomins über Bücher, die er für verschiedene Mitglieder der Zarenfamilie geschrieben habe" („Zapis' Kar. Istomina o knigach, napisannych im raznym licam carskoj familii"), die eine Liste aus dem SammelbandČud. Bibl., No. 300, 325–326 wiedergibt. Hier nennt Karion neben der „Fibel, mit Gold verziert, großformatig und illustriert" („Bukvar' pisan s zolotom, bol'šoj v licach") die „Kleine Fibel in Schrift und Bild, die Initialien in Gold ausgezeichnet" („Bukvar' maloj ustroen pismom i obrazcami svoim vidom, propis'ju načal'nyja slov zolotom") und „In ebensolcher Art zwei Fibeln für die Zarin und die Fürstin Praskov'ja Fedorovna" („Takovych že dva bukvarja gosudaryně caricě i velikoj knjagine Paraskevii Feodorovně").

59 Zit. nach der dt. Erstausgabe aus Strasser, *Emblematik und Mnemonik*, 62.

Durch die triadische Struktur wird der Blick des Analphabeten von den allegorisierten Figureninitialen über die reine Schriftinitiale, den Bildteil und den Textteil zu einer imaginativen Mnemotechnik des Erfindens, Anordnens, Vorstellens und Artikulierens geleitet. In und mit diesem Pendeln zwischen sensorischen und dechiffrierenden Akten, zwischen Sehen und Lesen führt die erste russische Bilderfibel in eine Zeichenordnung ein, die von Ähnlichkeitskonzepten zu Repräsentationskonzepten übergeht.

Karion Istomins didaktische Innovation lässt sich kulturhistorisch nur begreifen, wenn man sich zuvor vergegenwärtigt, dass Alphabetisierung in der semi-oralen altrussischen Manuskriptkultur grundsätzlich in orthodoxe Schriftsakralität eingebettet war. Noch hinausgehend über funktionale Zuordnungen des Schriftgebrauchs auf bestimmte Felder, Gruppen und Funktionen, wie es aus dem westeuropäischen Mittelalter bekannt ist[60], bindet das altrussische Schriftkonzept den Buchstaben gemäß der Schöpfungsmythen und kulturellen Pragmatik des Kirchenslavischen und des Glagolitischen (später Kyrillischen) an die Bibel oder an liturgische Schriften. Einen zentralen Effekt alphabetischen Schreibens, der seit McLuhan immer wieder Gegenstand schrifttheoretischer Analyse ist, nämlich die „Scheidung des Gesehenen und Gehörten von der Bedeutung“[61] bzw. die „Unterscheidung von Zeichen und Sinn“[62], die im gemäßigten Fall zum mehrfachen Schriftsinn, über irreversiblen Polysemantizismus im Extremfall aber auch zu Asemantizismus führen kann, sucht das orthodoxe Schriftkonzept machtvoll und mit Hilfe des gesamten Inventars an Drohgebärden, das dem Klerus zur Verfügung steht, einzudämmen. Lesen wird dementsprechend auf der Basis von *azbuki* (Abecedarien) gelehrt, die entweder bereits den sakralen Kontext vorformulieren (*duchovnye azbuki* (geistliche Abecedarien), *tolkovye azbuki* (exegetische Abecedarien), oder unter denen auch andere Schriften, wie der Psalter, gefasst werden.[63] Karion Istomin selbst stellt seiner *Kleinen Grammatik* (*Malaja*

60 Vgl. Müller, Ritual.

61 McLuhan, Das geschriebene Wort, 139.

62 Luhmann, Die Gesellschaft der Gesellschaft, Bd. 1, 280.

63 Grundsätzlich sind die *azbuki* von den *azbukovniki* (oder auch *alfavity*) streng zu unterscheiden. Die *azbukovniki* sind Lexika, die auf der Basis einer Zusammenstellung und Erläuterung von zum Verständnis der Bibel und der Schriften der Kirchenväter nötigen Fremdwörtern („neudob razumevaemye reči“) orthodoxes Wissen kompilieren, Legenden und naturwissenschaftliche Exkurse einflechten, knappe Einführungen in Interpunktion und Grundrechenarten geben können und in die Grundlagen des Glaubens einführen. Dass gerade die hybriden *azbukovniki* als Fremdwörterlexika in ihren philologischen Kommentaren auf basaler Ebene den russischen Leser in die Technik der Schriftsinne einführen, lässt sich an einem Beispiel aus einem *azbukovnik* des 17. Jh. kurz erläutern. Dieser erklärt dem Leser die phonetische und semantische Differenz zwischen „ilektor“ und „alektor“ dahingehend, dass ein Vergleich der Gottesmutter mit „alektor“ unsinnig sei, da es sich bei „alektor“ um ei-

grammatika, Ende 17. Jh.) für den Zarewitsch Aleksej Petrovič eine Vorbemerkung voran, die gleich im ersten Satz das vermittelte grammatikalische Wissen mit den Parametern orthodoxer Schriftsakralität abgleicht:

> Unser Herr, Jesus Christus, rühmt im Heiligen Evangelium alle Schüler der Schrift mit folgenden Worten: Jeder Schriftgelehrte, der das Himmelreich kennen gelernt hat, gleicht einem sorgenden Hausmann, der aus seiner Schatztruhe alte und neue Reichtümer ausgibt: Die Schatztruhe ist sein Herz, der neue Reichtum das Heilige Evangelium, der alte sind alle Bücher der Propheten, wie sie die Heilige Kirche anerkennt.[64]

Auch graphisch spiegelt die *Kleine Grammatik* diese Ambivalenz. Ihren an der *Grammatik* Meletij Smotrickijs (*Grammatika*, 1648) orientierten orthographischen, etymologischen, syntaktischen und prosodischen Kategorisierungen eines jeden Buchstabens stellt sie üppig ornamentierte Initialen voran, die den Zierleisten einer Prachthandschrift entnommen sein könnten. Sie verdrängen die eigentliche Information des Buches in den Status eines Kommentars zu einem Signifikanten, der ebenso seine sinnlich wahrnehmbare Materialität als Grammatik der Sinne ausstellt, wie er auf ein sakrales Textregister verweist (vgl. Abb. 31 und 32).

Noch zu Beginn des 18. Jahrhunderts formuliert Polikarpov im Vorwort zu einer Neu-Ausgabe der *Grammatik* Smotrickijs (1721):

> Seit alters her pflegen die russischen Pädagogen und Lehrer die kleinen Kinder zunächst das Alphabet nach den Stundenbüchern und dem Psalter zu lehren, und dann das Schreiben. Einige lehren dann auch die Lektüre der Apostel. Die

---

nen Hahn handele („prilagati i upodobljati světlost' omfora eja ko blistaniju pětucha"), während hingegen „ilektor" ein wertvoller Stein sei, der durch sein silber-goldenes Schimmern die hypostatische Natur Christi veranschauliche („proobrazuet božestvo christovo […] ibo kamen' sej zritsja dvoeličen, tako i Christos Bog naš sugub' estestvom"). *Azbukovnik*, 8–8v. Vgl. zu lexikologischen und genrehistorischen Aspekten die Studien von Kovtun, Azbukovniki sredi drugich tekstov drevnej leksikografii; dies., *Azbukovniki XVI-XVII vv.* (Hier auch die Edition eines *azbukovnik* der 20er/30er Jahre des 17. Jh.). Außerdem Alekseev, *Slovari inostrannych jazykov v russkom azbukovnike XVII veka*. Zur Form der sog. *tolkovye azbuki*, die eine Art alphabetisierter Gebete darstellen, vgl. Demkova/Droblenkova, K izučeniju slavjanskich azbučnych stichov. Die Attraktivität dieses Genres für karnevalistische Entblößungen ist schon im 17. Jahrhundert (z.B. in der *Azbuka o golom i nebogatom čeloveke*) eminent. Zur weiteren Verfremdung dieser synkretistischen Formen aus barocker Enzyklopädisierung und altrussischem Sprach'mystizismus' bis in den Konzeptualismus hinein vgl. Witte, Katalogkatastrophen.

64 Karion Istomin, *Kleine Grammatik oder Orthographie/Malaja grammatika, jaže imjanuetsja orfografija*, 4v-5. („Gospod' naš Isus Christos vo svjatom evangelii, zělo pochvaljaet učaščichsja knigam sice:[64] vsjak knižnik naučivsja carstviju nebesnomu, podoben est' čeloveku domovitu, iže iznosit ot sokrovišča svoego novaja i vetchaja: // sokrovišče est' serdce, novaja est': svjatoe evangelie, apostol. Vetchaja: vsja proročeskija knigi, jaže vosprijala cerkov' svjataja.")

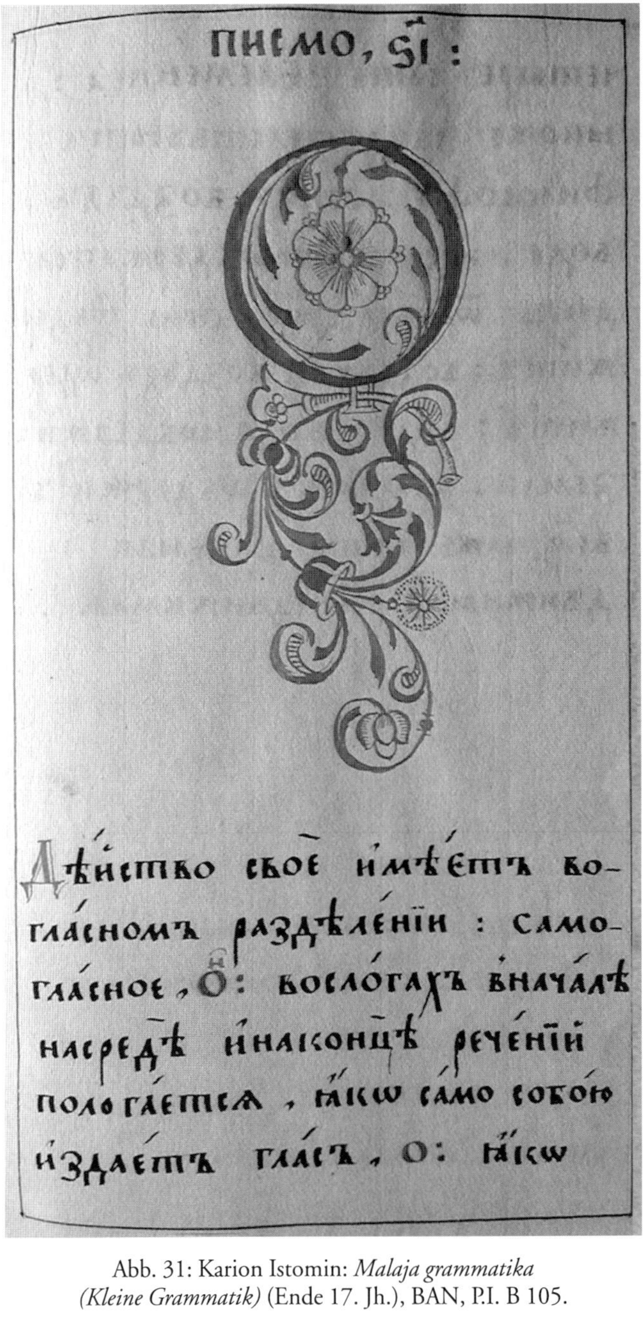
ПИСМО, ЅІ:

Дѣйство свое имѣетъ во-
гласномъ раздѣленiи : само-
гласное, О: вослогахъ вначалѣ
насредѣ инаконцѣ реченiй
пологаетсѧ, ꙗкѡ само собою
издаетъ гласъ, О: ꙗкѡ

Abb. 31: Karion Istomin: *Malaja grammatika (Kleine Grammatik)* (Ende 17. Jh.), BAN, P.I. B 105.

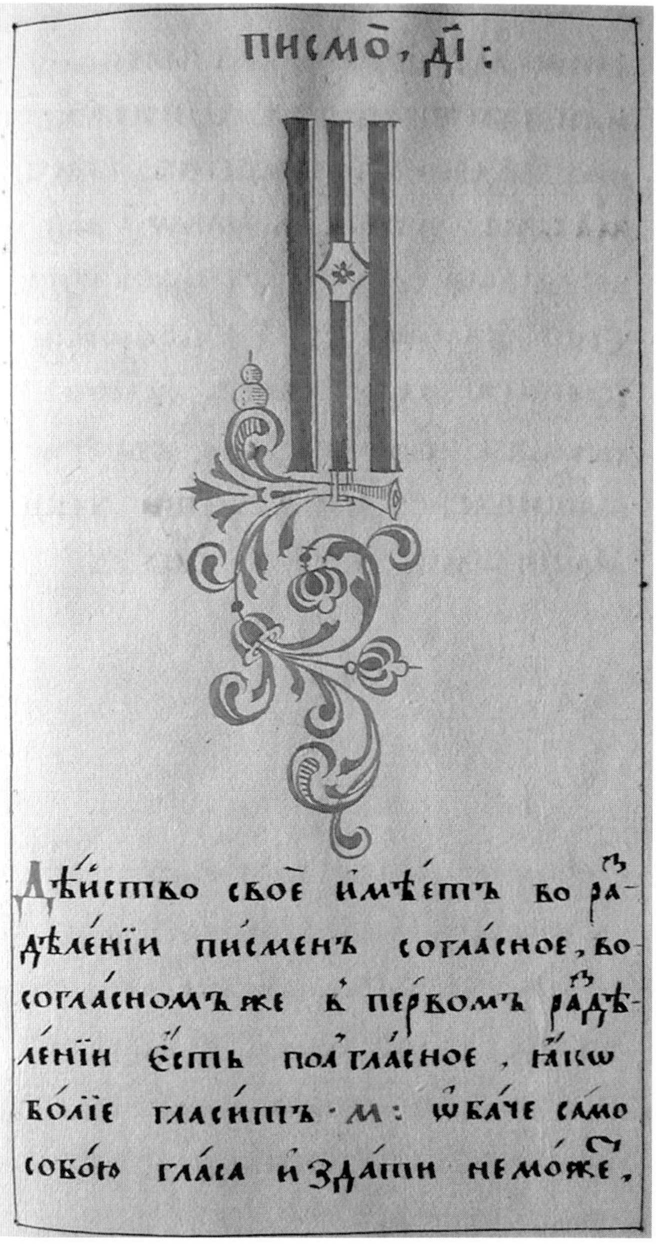

Писмо, ді:

Дѣйство свое имѣетъ во раздѣлении писменъ согласное, во согласномъ же в первомъ раздѣлении есть полгласное, яко болие гласитъ м: обаче само собою гласа издати неможетъ,

Abb. 32: Karion Istomin: *Malaja grammatika (Kleine Grammatik)* (Ende 17. Jh.), BAN, P.I. B 105.

> Heranwachsenden werden zur Lektüre der Heiligen Schrift, der Predigten der Evangelisten und Apostel und zum Verständnis und der Auslegung des in diesen Büchern niedergelegten hohen Sinns angeleitet.[65]

Gleichzeitig bildet diese Lesekultur der Transzendierung jedoch auch Lesepraktiken aus, die eine massive Affizierung des Leserkörpers in der Lektüre durch den Körper der Schrift unterstützen, ja sogar fordern.

Illich hat die corporale Involviertheit des mittelalterlichen Lesers in die Metapher vom „Weinberg des Textes" gefasst.[66] Für die altrussische Kultur muss man von elaborierten Verfahren der Lektüre als affektiv-meditativer Übung und performativem Nachvollzug der sakralen Texte (insbesondere der Passion) ausgehen.[67] Materielle Erfahrbarkeit des Textes ist als konkretes Eindringen in eine leiblich zu begreifende Dimension gesetzt. Campe beschreibt dieses Leseverhalten in den Begrifflichkeiten der Allegorie als imaginative Körpertechnik:

> Allegorisch heißt hier nicht eine Interpretation, die der literalen Deutung des Textes an einer bestimmten Stelle hinzugefügt wird; sondern der mediationstechnische Vollzug des Lesens am Leib des Lesers, der den Text ganz und in der Wörtlichkeit des Erzählten imaginiert und in das Exerzitium der *imitatio Christi* wendet.[68]

Der Akt- und Ereignischarakter des Lesens vermag den reinen Index der Bedeutungshaftigkeit zur sensuellen Stimulation zu steigern. So ist die Innerlichkeitsfixiertheit der altrussischen Textualität, ihr Lesemodus der Versenkungs- und Kontemplationsexerzitien, in Kombination mit konkreten Akten, Handlungsvollzügen und Realisierungen des Textpotenzials als interaktive Lesepraxis zu denken.

Die sensorische Manipulation des Lesers als allegorische Imagination verläuft nicht zuletzt über die materielle ‚Faktur' des Lese-Stoffes (Textur). Von der ornamentalen Gestaltung altrussischer Handschriften bis hin zur graphischen Gestalt der Lettern selbst begünstigt diese die Doppelstruktur von iterativer Versenkung und sistierendem Blick. Hypothetisch könnte man davon ausgehen, dass die altrussischen Handschriften als auratische Medien in subti-

65 Zit. nach Zabelin, *Domašnyij byt*, 142f. („Izdrevle Rossijskim dětovodcem i učitelem obyčaj bě i est', učiti děti malyja, v načalě azbucě, o tom časoslovsu i psaltyri, taže pisati, po sich že něcyi prepodajut i čtenie Apostola. Vozrastajuščich že preprovoždajut ko čteniju i svjaščennija biblii, i beséd Evangel'skich i Apostol'skich i k razsuždeniju vysokago vo onych knigach ležaščego razuměnija.")

66 Illich, *Im Weinberg des Textes*.

67 Vgl. dazu Huizing, Die Lust des Lesers bei der Wiedergeburt.

68 Campe, Melanchthons Allegorie, 49. Campe bezieht sich auf Luthers Ausführungen zur literalen Bibellektüre.

lem Antagonismus zu ihrer *logos*-Fixiertheit eine Textwahrnehmung provozieren, die den Lesenden als einen Betrachtenden, einen tastend, schmeckend, atmend Schrift aufnehmenden Perzipienten positioniert. Man hat es also schon hier mit einer vielfachen Inanspruchnahme des realen Körpers durch diffizile Praktiken psychophysischer Affektion zu tun,[69] die auf A. Assmans Begriffspaar von *reading* vs. *gazing* verweisen.[70] Das performative Lesen der Handschriften verkoppelt hier neben einer Codierungs- und einer Decodierungsmaschinerie zwei Organismen miteinander. Der Körper des Lesenden trifft auf den „Körper des Buchs", eine Metapher, die materiale Konkretizität gerade in der chirographischen Epoche zugesprochen bekommt.[71]

Die These, dass sich in der zweiten Hälfte des 17. Jahrhunderts in der russischen Kultur ein Wandel der Textwahrnehmung vollzieht, bedarf also, fasst man sie nur als verändertes Verhältnis dechiffrierenden Lesens zu sinnesaffizierendem Sehen, der Präzisierung. Angesichts perzeptionsorientierter Lesepraktiken wäre eine Gegenthese zu formulieren, die der Immaterialisierungs- und Spiritualisierungstendenz der orthodoxen Buchkultur zuwider liefe: Lektüre ist im russischen Mittelalter zum sensuellen Erlebnis stilisiert, das in der Folge der Rationalisierung ausgesetzt ist. Doch auch so pauschal formuliert bleibt noch offen, wo die eigentliche Differenz innerhalb konkreter Verfahren der Sinnesaffizierung liegen könnte, wie sich also z.B. eine erregte Schriftkörperlichkeit des Barock von den meditativen Lesetechniken des Mittelalters abhebt und welche Rolle die Konzeptualisierung des Auges dabei spielt.

Spätestens seit Walter Ong nimmt die Forschung als Konsens eine – im doppelten Sinne – lineare Entwicklung des Leseverhaltens an. Sie verläuft über die Homogenisierung des Schriftraums nahezu bruchlos bis zur cartesianischen Tradition rationalisierter Weltwahrnehmung. Erkenntnis erfolgt dann über formalsprachlich gefilterte Wahrnehmung zeichenvermittelter Welten. Auch wahrnehmungsorientierte Ansätze wie die Jonathan Crarys perpetuieren die These einer zunehmenden Ausgrenzung des menschlichen Sensoriums und der Konstruktion eines rein mentalen Erkenntnissubjekts seit dem 17. Jahrhundert. Dem entgegen haben neuere, v.a. medienhistorische Studien einen bisher weniger beachteten Strang aisthetischen Bezugs stark gemacht und damit an poststrukturalistische Begriffskritik angeknüpft. Für die Textwissenschaften wird hier in Variationen der Barthes'schen „(Wol)Lust am Text" eine Geschichte affektiver Lektürepraktiken aufgearbeitet, die sinnliche Wahrnehmung und imaginative Effekte in ihrer gegenseitigen Bedingtheit

69 Vgl. Rieger, Medienwissenschaft der Literatur. Für das 17./18. Jahrhundert dann ders., *Speichern/Merken*, insbes. das Kap. „Die gelehrigen Körper des Merkens".

70 Assmann, Der lange Blick und die wilde Semiose.

71 Müller, Der Körper des Buchs.

mitberücksichtigt.[72] Studien wie die von Rommel über die „Psychophysiologie der Buchstaben" verfolgen systematisch die versinnlichenden Kehrseiten reiner Übermittlungs- und Informationsträger wie der Schrift und beobachten dabei vor allem auch die Veränderungen, die der Innovationsdruck von Alphabetisierungskampagnen mit sich bringt.[73] Man könnte mit Gross von der schrittweisen Etablierung einer „Lese-Anthropologie" sprechen, die ihren Akzent über eine materialitätsorientierte Theorie des Textkörpers als objekthaften, dreidimensionalen Korpus' der Schrift hinaus auf den unhintergehbaren Sachverhalt legt, dass „Lesen zuallererst ein körperlicher Akt ist" bzw. dass die „Fertigkeit des Lesens [...] im menschlichen Wahrnehmungsvermögen, in unserer sinnlich-körperlichen Existenz" wurzelt.[74]

Dabei greift die Kulturtechnik des Lesens in der Manuskriptkultur noch stark auf das oralkulturelle Wissen der Mnemotechnik zurück. Wissensaneignung und -speicherung oraler Gesellschaften zeichnen sich durch körperorientiertes Lernen aus. Vorliterales Lernen als körperdominant zu bezeichnen, stützt sich primär auf zwei Momente: den Einsatz des gelehrigen Körpers, der eine Semiotechnik des Informationserwerbs und der Informationsspeicherung als Körpertechnik betreibt, und den Einsatz einer Vorbildgestalt, in der sich der gelehrige Schüler spiegelt. In der mündlichen Memorialgesellschaft konstituiert sich der Lernprozess, das hat Wenzel gezeigt, wesentlich als Reihe aus Sehen – Hören – Erinnern.[75] Zentrale Techniken des Merkens und Einübens sind die partizipatorische Organisation der Wissensvermittlung in unzerdehnten Kommunikationssituationen wie auch die mimetische Nachahmung des genau Beobachteten und Abgelauschten. Dieses Vermögen wird zur Technik der Selbstaffizierung ausgebaut, die auf einem differenzierten Einbezug des Sinnesapparates auch im Medium der Schrift beruht. Zwei Lernmodelle – das Lernen am und durch den Körper und das Lernen an der und

72 Barthes, *Die Lust am Text*; vgl. auch Loenhoff, Körper, Sinne Schrift; Curschmann, Hören – Lesen – Sehen. Systematisierend zum gesamten Komplex Gross, Lesen – Körper – Text.

73 Rommel, Psychophysiologie der Buchstaben.

74 Gross, Lesen – Körper – Text, 152. Gross spricht von der „nichtintellektuellen Appellstruktur" der „physiognomischen Einkleidung des Textes", die für den hier angelegten Zeitraum allerdings von der wirkungsästhetischen Seite her nur hypothetisch beschreibbar wäre, da entsprechende Quellen über eine Artikulation der sinnlich-affektiven Qualitäten von Bucheinbänden, Papierarten etc. der Zeit fehlen. Die Aussagen über eine sorgfältige Differenzierung des „knigostroenie" (Buchherstellung) gerade bei den Altgläubigen oder auch die Gestaltung der Prachthandschriften, die in Samt und Leder eingebunden waren, können hier nur begrenzt Auskunft geben. Vielfach bezeugen die reichen Ausstattungsmomente eher eine gestisch-performative Nutzung des Textobjekts in repräsentativen oder ritualisierten Zusammenhängen.

75 Wenzel, Partizipation und Mimesis. Zu diesem Komplex auch Müller (Hg.), *‚Aufführung' und ‚Schrift' in Mittelalter und früher Neuzeit.*

durch die Schrift – greifen ineinander, ohne dass mit perzeptiver Wahrnehmung von Handschrift einfach ein vorliterales Modell reaktiviert wäre. Beide ineinander verwobenen Modelle nutzen ihr rhetorisch-mnemonisches Wissen über Affektstrukturen und ihr physiologisches Wissen über den Wahrnehmungsapparat, um den Lernprozess effektiv zu gestalten.

Mit der Niederschrift verschiebt sich die audiovisuelle Prägung der Wissensvermittlung vom Leib auf den Korpus des Buchs. Cerebrale Innenräume und leibliche Speicher exteriorialisieren sich. Der gesamte Prozess der Wissensaufnahme unterliegt einer fortschreitenden Immobilisierung des an das Buch gefesselten und in seiner Körperhaltung disziplinierten Lesers. Mit den externen Archiven des Wissens verändern sich die Wahrnehmungsbedingungen, Inventarisierungen und Aneignungsstrategien des Wortes grundlegend.[76] Die Körpertechnik des Lesenlernens besteht von nun an in einer komplexen Umgestaltung von partiell ruhiggestellter Körperhaltung und Augenbewegung als Fokussierung eines an Lese-Orte gebundenen Buchobjekts. Dennoch werden die oralkulturellen Diskurse der Steuerung von Affekten auf das Medium der Schrift übertragen. Das Distanzmedium Schrift provoziert eine Aisthesis diskreter Schriftzeichen, die Körperwissen neu einsetzt. Sie vermag es, den optischen Fernsinn so schriftsensibel einzusetzen, dass er die Letter als Zeichen für ein anderes, aber auch als selbstpräsentes Element wahrnimmt. Rieger zeigt zudem, wie im Barock für die Körperreaktionen der Lesenden die Regeln der Sinnesphysiologie veranschlagt werden, um Sensotechniken als Psychotechniken zu implementieren. Der performative Vollzug des Textes erfährt hier seine Auskristallisierung als rhetorische Animation, die semiotische Exerzitien durch imaginative Stimulierung der Sinne betreibt.[77]

Um die Problematik der Zuordnungen Dechiffrieren = Lesen, sensorische Wahrnehmung = Sehen im Lichte der bisherigen Überlegungen differenzierter zu handhaben, ließe sich fürs erste – und das wäre dann im Folgenden an den Lehrbüchern Karion Istomins zu überprüfen – formulieren: Der frühe

---

76 Die Zahl wichtiger Untersuchungen zu den Konsequenzen der Literalisierung ist inzwischen auf nahezu unüberschaubare Größenordnungen angewachsen. Grundlegend nach wie vor aus medienhistorischer Perspektive Ong, *Oralität und Literalität;* McLuhan, *Die Gutenberg-Galaxis*; Wenzel (Hg.), *Gutenberg und die neue Welt*; der Sammelband von Goody/Watt (Hg.), *Entstehung und Folgen der Schriftkultur*; de Kerckhove, *Schriftgeburten*; zu einer dekonstruktiven Lesart der Medientheorie unter Fokussierung psychoanalytischer Aspekte Kittler, *Aufschreibesysteme*; Medientheorie und Anthropologie verknüpfend die Sammelbände von Gumbrecht/Pfeiffer, *Materialität der Kommunikation* und dies., *Schrift*; aus systemtheoretischer Perspektive Luhmann, *Die Gesellschaft der Gesellschaft*; zu einer etymologisch inspirierten materiellen Gestik des Schreibens Flusser, *Die Schrift.*

77 Rieger, *Speichern/Merken.* Zur weiteren Ausdifferenzierung bzgl. Handschrift und Druck vgl. Kap. III.3.

Barock verschiebt den Akzent von einem lesenden Sehen hin zu einem sehenden Lesen. An den Schriftobjekten zeigt sich, was zuvor für Bildobjekte als Konkurrenz- und Überschneidungsphänomen von Sehen und Erkennen gefasst wurde. Über die Gestaltung von Lese- als Dechiffrierungsprozessen lässt sich hier verfolgen, wie sich in der Lektüre Elemente perzeptiven Wahrnehmens durchsetzen und wie sich dabei der Bildbegriff sensorischer und imaginativer Optik verändert.

2.2. Bilder – Dinge – Schriften

Die im 17. Jahrhundert noch kurze Geschichte der Alphabetisierungspraktiken reflektiert bereits die Ambiguität der Aneignung symbolischer Systeme. So schreibt sich die erste erhaltene russische Fibel, die 1634 von Burcev gedruckte *Azbuka*, in ihrem Vorwort in die orthodoxe Lesekultur ein: „Erste Unterweisung für denjenigen, der die Heilige Schrift verstehen möchte."[78] Schon an ihr ist aber beobachtbar, wie die starre Schriftkonzeption durch didaktisch motivierte Zergliederung des unveränderbaren Wortes aufgeweicht wird. Nach dem Vorbild der 1574 in L'vov gedruckten *Azbuka* Ivan Fedorovičs ist der Weg zum Verständnis des einen *logos* hier schon prinzipiell grammatisiert und Gesetzmäßigkeiten der De- und Rekombination unterworfen, die nur noch *in* der Sprache liegen, nicht mehr außerhalb ihrer selbst.[79] Um zur Erkenntnis des Sinns vorzudringen, muss man nun zunächst Sprache radikal ‚entsinnen', um sie transparent zu machen auf ein anderes hin, muss man sie in einem ersten Schritt zerstückeln, zerlegen, auflösen. Nicht einmal mehr in Morpheme, sondern in phonematische und graphematische Mikroelemente, die als Sequenz von Minimalsignifikanten in Minimalintervallen nur in ihren linearen Umrissen wahrzunehmen sind. Sprache besteht in diesem Vorgang der Minimalisierung nur noch aus Buchstaben. Diese Buchstaben gruppieren sich aufgrund grammatikalischer Gesetze zu Silben, und diese Silben setzen sich dann aufgrund ihres Zeichenwerts wieder zu Worten zusammen. Aus dem Offenbarungsmedium wird ein operationalisierbares System.

---

78 („Načal'noe učenie čelovekom, chotjaščim razuměti božestvennago pisanija.") – Eine reich bebilderte Übersicht über die gedruckten russisch-ukrainischen Fibeln gibt Botvinnik, *Otkuda est' pošel bukvar'*.

79 Diese Zergliederung muss im Zusammenhang mit dem Reproduktionsmedium gesehen werden. Der Druck produziert ein neues Genre der Unterweisungsliteratur, das sich in den allgemeinen typographischen Drang nach Klassifizierung, Systematisierung und vollständiger Erfassung eines Stoffes einordnet. Vgl. dazu näher Kap. III.3.

Was die Didaktik von Schreiben und Lesen damit entdeckt, ist ein Formalisierungsverfahren, das stereotype Verteilung von Zeichen in einer Stellenordnung unabhängig von ihrer Bedeutung möglich macht. Semiotische Akte sind so tendenziell mechanisch ausführbar. Jeder Prozess der Aneignung und des Vollzugs dieser Kulturtechniken durchläuft von nun an in systematisierter Weise das Spektrum von sinnentleerter Zeichenmanipulation bis hin zur sinnbildenden Zeichenproduktion. Notwendig begreift er das Wort als ein teilbares Ding. Erst durch dieses Procedere semantischer Dissoziation, das jeder Lernende durchlaufen muss, will er Schrift-Sprache beherrschen, eröffnet sich eine neue sinnliche Dimension des Zeichens. Um in seiner Ikonizität wahrgenommen wie auch als Sinnträger operationabel zu werden, muss das Zeichen erst durch eine Phase beliebig manipulierbarer Buchstabenkombinationen hindurch gegangen sein. Sprache als Sinnträger ist nun „sichtbares ABC“: „Ihr kleinen Kinder hört, versteht und seht dies: Dieses sichtbare kleine Buch mit Namen ABC ist auf Geheiß des Zaren euch Kindern als Lehrbuch gedruckt. [...] Der Lehrer beginnt nun mit diesem sichtbaren A.“[80] Dieses „sichtbare A“, mit dem der Analphabet auf seine Rolle als lesender Betrachter und betrachtender Leser eingestimmt wird, erfährt sechzig Jahre später in der *Russischen Fibel* Karion Istomins seine Entfaltung zur bildzentrierten Wahrnehmung von Textualität. Was sich zuvor vereinzelt metaphorisch als Bewunderung für die Buchstaben als „Perlen auf einem güldenen Teller, die mit ihrem hellen Glitzern das Herz des Betrachters erfreuen“[81], Ausdruck verschafft hatte, bricht sich hier Bahn im Spektrum intermedialer Beanspruchung der Sinne. Spuren dieses Paradigmas lassen sich in fast allen – im weiteren Sinne – Sprachlehrtexten der Zeit finden. In einer *Orthographie* (*Kniga glagolemaja prostoslovija*, 17. Jh.) wird eindringlich darauf hingewiesen, die Ausbildung im Lesen und Sprechen mit einer speziellen Schulung des Auges zu verbinden. Sowohl um Buchstaben in ihrer Gestalt formal differenzieren zu können als auch um die gelesenen Worte klar und deutlich aussprechen zu können, benötigt man einen ausgebildeten Blick.

> Aus Unverständnis lernen viele die Sprache, ohne das Auge zu berücksichtigen. Sie verstehen sich nicht auf das Sehen. Andere wiederum können die Buchstaben nicht richtig aussprechen, auch wenn sie die Ähnlichkeiten [die Form] kennen, denn zwischen Sprechen und Sehen ist ein großer Unterschied.[82]

---

80 Burcov, *Azbuka*. („Vy že malyja otročata slyšite i razumějte i zrite sego: Sija zrimaja malaja knižica / po rečennomu alfavitica / Napečatana byst' po car'skomu veléniju / Vam mladym dětem k naučeniju. [...] Pervie načinaetsja vam ot didaskala sej zrimyj az.“)

81 So der anonyme Verfasser des Traktats *Über die Buchstaben oder Über die Worte/O bukvach sirěč o slovech*, 9. („biser na zlatě bljude jasno sijajušče i zrjaščim veseliti serdca.“)

82 *Orthographie/Kniga glagolemaja prostoslovie*, 161v-162. („Poneže ot nerazumenija mnozi ja // zykom učat kromě zrěnija. I viděnie ne znajut. A druzi nemogušče vyobraziti rečeniem javstveno pismjan. A podobija vnjatelně znajut, i meždu rečenija i viděnija byvaet velija spona.“)

Alle drei Techniken sind in der Überbrückung des Hiatus von Sehen, Lesen und Sprechen zu syn(äs)thetisieren. Und genau dies leistet Karion Istomins *Russische Fibel.*[83] Der volle Titel des Lehrbuchs umreißt bereits die didaktische Medienvielfalt: „Fibel der slavischen Buchstaben, in Druck- und Kursivschrift, Griechisch, Lateinisch und Polnisch, mit Abbildungen von Dingen und erbaulichen Versen."[84] Ohne dass das emblematische Prinzip voll realisiert wäre, springt die Dreiteilung der Fibel – ein von zwei Schriftelementen gerahmtes ikonisches Zentrum – ins Auge.[85] Jede Seite der *Russischen Fibel* ist dergestalt intermedial gegliedert: in einen oberen Teil, der Schriftzeichen in verschiedenen Ausprägungen und Typen präsentiert, einen Bildteil, der Gegenstände versammelt, deren Bezeichnung mit dem jeweiligen Buchstaben beginnt[86], und einen Textteil, der in einem Merkvers diese Gegenstände zusammenführt und den Buchstaben allegorisch entfaltet (vgl. Abb. 33, 34 und 35). Hinter der Struktur steht folgende Frage: Wie komme ich vom

---

83 Die folgende Lektüre der *Russischen Fibel* Karion Istomins orientiert sich an Überlegungen zur alphabetischen Optimierung des Auges zwischen Wahrnehmung und Imagination, die entwickelt wurden in: Verf., Das alphabetische Auge und die Ordnung der Schrift im Bild.

84 („Bukvar' slavenorossijskich pismen ustavnych i skoropisnych, grečeskich že latinskich i polskich, so obrazovanmi veščej, i so nravoučitelnymi stichami.")

85 Man könnte hier auch eine Anlehnung an die Bilderbögen vermuten. Den Hinweisen Zabelins, *Domašnij byt russkich carej*, lässt sich entnehmen, dass zum Bestand der Spielzeuge der Zarenkinder zahlreiche „deutsche Bilderbögen" („nemeckie pečatnye listy") gehörten, die auch als „potešnye listy" bezeichnet werden, also als „fliegende Blätter zur Unterhaltung", die in Russland seit ca. 1660 kursierten. (Zabelin, *Domašnij byt russkich carej*, 89, 100ff.) Auch Brooks, *When Russia Learned to Read*, schätzt den Bilderbogen als wesentliches Medium der Alphabetisierung durch einen spielerischen Umgang mit Schrift ein. Diese Blätter sind unterschiedlich einsetzbar bzw. treten in unterschiedlichen Spielfunktionen auf: als Kartenspiel, einzelne Blätter und „potešnye knigi". Der am Bilderbogen geschulte analphabetisch-spielerische Umgang mit Schrift auf Blättern, die primär durch ihr ikonisches Moment bestachen und interessierten, legt einen ikonischen Blick auf die Letter nahe, daneben aber auch einen theatralisierten Umgang mit dem Element des Textes selbst, welcher auf den Blätter häufig Regie-Funktion zur Inszenierung eines Bilderbogen-Schauspiels hatte. Der Sprecher des Blattes (häufig durch eine Figur ins Blatt selbst hineinverlegt) präsentiert, inszeniert, dramatisiert die statische Bildszene des Blattes. In diesem Fall dominiert also noch ein stark orales Element. – Eine Entscheidung über die Dominanz eines bestimmten Prä-Mediums (Bilderbogen oder Emblem) für die Struktur der *Russischen Fibel* ist auch dadurch erschwert, dass wiederum viele der Bilderbögen einen emblematischen Aufbau aufweisen.

86 Die Buchstaben, für die das nicht zutrifft, da sie in der Wortmitte oder am Wortende auftauchen wie z.B. hartes und weiches Zeichen, erläutert Karion im Vorwort gesondert: „Andere gibt es, wie z.B. hartes und weiches Zeichen, und wieder andere, mit denen die Bezeichnungen der Dinge nicht beginnen, die aber sich an andere Buchstaben anfügen. In diesen Fällen schaue man in die Mitte oder ans Ende des Wortes ganz nach der Reihenfolge des slavischen Alphabets." („Inij že, jako tverdyj znak i mjagkij znak, inij, ne načinajut vešči nazvanija, no priprjagajutsja k drugim pismenem. I těch slov vsjak smotri v sredině, ili v koncě rečenii v svoem ich porjadkě, po azbuke slavenskoj.")

Abb. 33: Karion Istomin: *Bukvar' slavenorossijskich pismen (Russische Fibel)* (1694). Hg. v. V. Lukjanenko u. M. Alekseeva. Leningrad 1981, o.S.

Abb. 34: Karion Istomin: *Bukvar' slavenorossijskich pismen (Russische Fibel)* (1694). Hg. v. V. Lukjanenko u. M. Alekseeva. Leningrad 1981, o.S.

Abb. 35: Karion Istomin: *Bukvar' slavenorossijskich pismen (Russische Fibel)* (1694). Hg. v. V. Lukjanenko u. M. Alekseeva. Leningrad 1981, o.S.

Buchstaben zum Bild? Und wie komme ich vom Bild zum bildhaften Text? Von oben nach unten gelesen bzw. betrachtet bietet die Fibel eine regelgeleitete Erfassung und Modellierung von Information, die visuelle und verbale Codes trotz der klaren Abgrenzung in *res* („vešči“) und *verba* („slova“) auf komplexe Weise miteinander verschränkt. Um vom Buchstaben zum Text zu gelangen, ist das Bild der Dinge unerlässlich. Gleichzeitig ist die Welt der Dinge ikonisches Durchgangsstadium zu einer Welt des Textes, der Lesbarkeit, die den Kosmos der materiellen Sichtbarkeit hinter sich lässt. „Will jemand etwas mit dem Blick/der Gestalt nach erkennen, so muss er es zunächst als Ding zeichnen.“[87] So lauten die Verse unter dem Buchstaben /K/. Sie formulieren den Anspruch, dass Lesen in erster Linie Sehen ist.

2.2.1 Was sind Buchstaben?

> Was sind Buchstaben?
> Kleine Zeichnungen von unterschiedlicher Gestalt,
> denen unterschiedliche Namen gegeben sind.[88]

Der Kopf eines jeden Blattes führt den betreffenden Buchstaben des Alphabets in Gestaltungen aus verschiedenen Schriftregistern an:

– einem figurativen, dem die Physiognomie der Figureninitialen aus Menschenkörpern zuzuordnen ist,
– einem ornamentalen, dem die Schmuckinitiale der auch auf Ikonen zu findenden Zierschrift (*vjaz'*) angehört,
– einem funktionalen, das den Buchstaben „deutlich sichtbar“ („očevisno“ [sic]) in Schreib- und Druckschrift in lateinischer (polnischer) und griechischer Fassung zeigt.

Diese Register verlangen dem ABC-Schützen ein ebenso differenziertes Spektrum von Wahrnehmungsmodi ab. Neben Schaubuchstaben, die weder gelesen noch vom Rezipienten der *Russischen Fibel* geschrieben oder besser: gemalt werden, stehen Lesebuchstaben, die eher Auszeichnungsfunktion haben, sowie schließlich Buchstaben, die klar in die Sphäre des routinierten Lesens und Schreibens fallen. Vor allem in der Figureninitiale spitzt sich die Fra-

87 Karion Istomin, *Russische Fibel/Bukvar'*, o.S. („Kako kto choščet vidom si poznati, / v pervych veščej sich budeš to pisati.“)
88 *Nadpisanie jazykom slovenskim o bukovnicě*, 56r. („Čto suť bukvy? Umyšleny maly načertanija različnych podobij v kratcě, i dany suť im imena različny.“)

ge von Lesen und/oder Sehen als Körpertechnik zu. Denn sie gibt medialmotivisch vor, die Pole von Soma und Sema wieder zusammenzufügen, die in der entbildlichten durchgeometrisierten Form des gedruckten, entkorporalisierten Schriftzeichens auseinandergebrochen scheinen. Mit der Ersetzung des Buchstabens durch den menschlichen Körper proportionalisiert sich Schrift nach den Regeln der Anatomie. Die Leibhaftigkeit der Letter praktiziert die Rekomposition eines Buchstabenschemas nach den Gesetzen des Anthropomorphen.[89] Sie gibt der Schrift und dem Lesen einen Körper, der dem Leser schon mit dem ersten Element der Seite – die Figureninitiale nimmt auf allen Blättern die privilegierte Position links oben ein, eröffnet also den Prozess der Literalisierung als Initiation ins Bild – auf sensorische Schriftwahrnehmung einstimmt. Beginnend mit /A/ heißt dies, dass Lesen nicht nur eine Erkenntnisleistung, sondern eine komplexe Wechselbeziehung von Erkennen und Wahrnehmen, Ratio und Affekt ist. Schriftwahrnehmung kann nicht als Alternative zwischen materialitätsneutralem und materialitätsaffektivem Lesen begriffen werden. Vielmehr vollzieht sich Lektüre als beständiger Konflikt beider Modi. Gerade die anthropomorphe Initiale pointiert diese Spielfigur: Sie provoziert einerseits eine gesteigerte Dechiffrierungsaktivität, da sie ihren Buchstabenträger zu überwuchern droht, und löst doch in dieser formalen Überschreitung die Lust an der korporalen Plastizität der Graphie aus, die das Leserdispositiv durch ein Betrachterdispositiv überlagert. Sie treibt den Schüler in eine maximale symbolische Distanz des Ausbuchstabierens und zwingt ihn doch durch den Bruch mit der Ordnung der Schrift auf eine ornamentale Oberfläche.[90] Lesen ist damit von Anfang an als Teil einer Anthropologie der Literalität bzw. der literalen Kommunikation konzeptualisiert.

Ist die Bindung an den sensorischen Körper dergestalt im Bild des Figurenbuchstabens zum Leitbild der Seite geronnen, verflüchtigt sich deren Körperbindung sukzessive, bis eine von den Anlagerungen des Organisch-Figurativen entschlackte Buchstabenform erreicht ist, die den referenziellen Funktionen des Lesens und Schreibens mit nur gelegentlichen Ausschweifungen der Serifen widerstandslos genügt. In dieser Anordnung zwischen der Physiologie des Buchstabens und seiner Rationalität zeigt sich eine Grundspannung

89 Figurenalphabete sind vermutlich in Böhmen um 1370 entstanden. Vgl. Scheller, *Model-Book Drawings and the Practice of Artistic Transmission in the Middle Ages*, 238. Nach Jakobi-Mirwald, *Text – Buchstabe – Bild*, 89f., sind sie Endprodukt der historisierten Initiale (als Miniatur), die vor dem Hintergrund zunehmender bildnerischer und perspektivischer Gestaltung der Letter an ihre Grenzen stößt und zerbricht. Nach Alexander, *Initialen aus großen Handschriften*, 12, treten erste Figureninitialen als Ersatzornament bereits im 8. Jahrhundert in angelsächsischen Handschriften auf.

90 Vgl. dazu ausführlicher Gross, Lesen – Körper – Text, und Verf., Zavitki-ni-k-čemu.

der Seite zwischen ikonischer und symbolischer Signifikation, zwischen Sichtbarkeit und Lesbarkeit. Diese Spannung überträgt sich auf die Komposition der gesamten Fläche, die durchgehend den Rückzug des Buchstabens, der Schrift aus dem Bild und die Einführung des Bildes in die Schrift vorführt.

2.2.2. Dinge zwischen Buchstabe und Bild

Der Mittelteil gibt ein Bild der Dinge und gleichzeitig eine Vorstellung davon, dass Sprache Bild ist. Isoliert voneinander, verbunden einzig durch den stetigen Raum einer unspezifischen Landschaft, klassifiziert durch das Merkmal des gleichen Anfangsbuchstabens findet der Leser verschiedene Gegenstände des Gebrauchs, Pflanzen, Kulturwerkzeuge, Bilder, Körper und Körperteile vor. Dieser piktographische Kosmos ist in sich eigentümlich gebrochen. Er zeigt die Objekte, belässt es aber nicht beim ikonischen Zeichen, sondern benennt sie auch. Er spricht das Auge als Wahrnehmungsobjekt und als linguistischen Decodierer an. Im Vorwort zur *Russischen Fibel* erläutert Karion Istomin diese Struktur folgendermaßen: „Unter jedem Buchstaben sind zur aufmerksamen Betrachtung durch das lernende Kind Bilder zusammengestellt. Was es hier sieht, möge es dann mit den aufgezeichneten Buchstaben bezeichnen lernen."[91] So kommt es zu einer Art Signierung der Dinge, gleichsam zu einem Benennungsakt, der sich nicht auf die Repräsentationskraft des Bildes verlassen kann und der noch ganz dem Sprachzustand zu entsprechen scheint, den Foucault als die Kehrseite einer Lesbarkeit der Welt als Metapher des Buches von der Natur aufgedeckt hat. Dies sei „nur die sichtbare Umkehrung einer anderen Übertragung, die viel tiefer ist und die Sprache dazu zwingt, auf Seiten der Welt zwischen den Pflanzen, den Gräsern, den Steinen und den Tieren zu residieren."[92] Dort, wo Sprache als Sache der Natur angesehen wird, sind die Namen „auf dem von ihm Bezeichneten deponiert".[93] Foucault orientiert auf einen vorklassischen Sprachzustand hin, der die frühbarocke Konzeption eines Zeichens, das im Begriff ist, seine Residenz im ämulativen Reich der Natur zu verlassen, kaum noch erfassen kann. Seine These vermag aber den Grundkonflikt des Sichtbarkeitsprimats von Alphabetisierungstechniken gegen Ende des 17. Jahrhunderts zu benennen. Denn schon die Tatsache, dass

---

91 Karion Istomin, *Russische Fibel/Bukvar'*, o.S. („Pod vsjakim že pismenem, radi ljubeznago sozercanija otročatom uča ščymsja predloženy vidy vo udobnoe zvanie v skladě: dačto vidit, sie i nazovet slogom pismene dostolětnago načertanija těch.")

92 Foucault, *Die Ordnung der Dinge*, 66.

93 Foucault, *Die Ordnung der Dinge*, 67.

Karion Istomin eine Abbildbarkeit dieses Zeichennetzwerks von Schrift und Dingen in seiner Einschulung ins Lesen für möglich hält, verweist darauf, dass sein schrifttheoretisches Konzept zwischen einer Schrift der (ähnlichen) Dinge und einer dinghaften Schrift (der Repräsentation) oszilliert. Er kann den Zustand wechselseitiger Entzifferung und Verbergung von Ding und Schrift als übergenaue Illustration der „zwischen die einzelnen Grashalme eingelagerten", buchstäblich „residierenden" Zeichen zeigen. Es ist dieses dezidiert schülerhafte, für die Einschulung bestimmte Nachbuchstabieren der Schrift der Dinge, das seine Loslösung vom Modell anzeigt. Dort, wo durch Beischriften gezeigt wird, wie sich Dinge als zu entziffernde anbieten, kann nicht mehr von einer Überkreuzung oder einem „Gewebe aus Worten und Dingen"[94] gesprochen, sondern das Auseinandertreten von Dingen und Worten beobachtet werden.

Zugleich lassen sich in der *Russischen Fibel* Residuen der Signaturenlehre ausmachen, die eine spannungsvolle Beziehung zu durchrhetorisierten Zeichenkonzepten der Repräsentation auf einer einzigen Seite eingehen. In diesem Mittelteil, der Gelenk ist zwischen einzelnen Graphemen im oberen und komplexen Texten im unteren Teil der Seite, wird die Nähe wie auch der Unterschied zur Hauptquelle Karion Istomins, dem *Orbis pictus*, offensichtlich. Denn bei Comenius handelt es sich um ein Modell, das Identitäten unterscheidet, indem es sich in die Ordnung der Dinge einreiht bzw. von einer Strukturierung der Sprache auf der Basis einer Strukturierung der Dinge ausgeht. Comenius stellt Begriffe entsprechend ihrer real-lebensweltlichen oder natürlichen Kontiguität zusammen (vgl. Abb. 36). Karion Istomin hingegen stülpt der organischen Ordnung der Dingwelt seine sprachliche Ordnung der Lesbarkeit über. Er bildet nur ab, was dem konkret gegebenen linguistischen Paradigma entspricht, und stellt dadurch ein Kaleidoskop von Dingen zusammen, die nicht mehr über ein Ähnlichkeitsprinzip, sondern nur noch in einem verbalen, genauer gesagt: phonetischen und graphischen Merkmal äquivalent sind. Ein Analogon neben Adam, ein Lehrbuch für Arithmetik neben antiken Göttersymbolen, Planeten neben magischen Steinen und mythische Fabelwesen neben ganzen Kontinenten, die nur durch ihre geographische Bezeichnung abbildbar sind.

Und mehr noch: Nicht nur ihre Kombination unterliegt sprachlichen Kriterien, auch ihre Herkunft – das legen schon die zahlreichen Objekte nahe, die dem altrussischen Betrachter nicht aus eigener Anschauung bekannt gewesen sind – weist auf eine sprachenzyklopädische Quelle. Karion Istomin entnimmt seine Begriffe, die symbolische Weltmodelle, Decodierungssyste-

94 Ebd.

(28)

XII.

A Tree. *Arbor.*

A Plant 1. groweth from a Seed.	E *Semine* procrescit *Planta*, 1.
A Plant waxeth to a Shoot, 2.	Planta abit in *Fruticem*, 2.
A Shoot, to a Tree, 3.	Frutex in *Arborem*, 3.
The Root, 4. beareth up the Tree.	Arborem sustentat *Radix* 4.

E Radice

(29)

The Body or Stem 5. riseth from the Root.	E Radice surgit *Stirps* (*Stemma.*) 5.
The *Stem* divideth it self into Boughs 6. and green-branches 7. made of leaves 8.	Stirps se dividit in *Ramos* 6, & *Frondes*, 7. factas ex *Foliis* 8.
The top 9. is in the height.	*Cacumen* 9. in summo est.
The Stock 10. is close to the roots.	*Truncus* 10. adhæret radicibus
A Log 11. is the body fel'd down, without boughs, having Bark and Rinde 12. Pith and Heart 13.	*Caudex*, 11. est dejectus Stipes, sine ramis: habens *Corticem* & *Librum*, 12. *pulpam* & *medullam*, 13.
Bird-lime 14. groweth upon the boughs, which also sweat Gumm, Rosin, Pitch, &c.	*Viscum* 14. ramis adnascitur: qui etiam *Gummi*, *Resinam*, *Picem*, &c. sudant.

Fructus

Abb. 36: Johann Amos Comenius: *Orbis sensualium pictus*. London 1685, 28–29. Aus: Alpers, Kunst als Beschreibung, 178.

me, umfassende Formeln zur Ver- und Enträtselung unterschiedlichster Provenienz von Kabbala bis Meteorologie indizieren, zum großen Teil dem *Russisch-Kirchenslavischen Lexikon* (*Leksikon slavenorosskij,* Kiev 1627; Kutejno/Orša 1653*)* Pamva Beryndas und verschiedenen Fremdwörterbüchern des 17. Jahrhunderts. Er baut also eine Bilderwelt aus Lexikoneinträgen, aus abstraktem Buchwissen auf. Sein *orbis alphabeticus* trägt so eine doppelte Markierung aus realen und sprachlichen Referenzen. Er zitiert virtuelles zeichenhaftes Wissen, um es auf einem Schauplatz gelehrigen Lernens als reales Ding zu simulieren. Was uns damit bei Karion Istomin begegnet, ist die Pikturalisierung des Alphabetisierungsprozesses als linguistischen Codes der Dinge.

Ein weiteres Element stützt diese Beobachtung, stört sie jedoch auch. Denn während Comenius seinen Abbildungen nur noch indexikalische Zahlen beifügen muss, die einem Wort in der beigefügten Liste entsprechen, er also das Bild mit einem numerischen Code überzieht[95], reaktiviert Istomin mit der Allusion der Signaturenlehre ein Modell der Ähnlichkeitsordnung. Leitet Comenius aus dem Bild eines organischen und homogenen Komplexes von Gegenständen Bezeichnung als arbiträres Prinzip ab, das sich nicht nur im Zahlencode spiegelt, sondern auch in den spaltenweise angeordneten zweisprachigen Wortlisten, die den lateinischen Begriff und die nationalsprachliche Übersetzung mit grammatischen Kommentaren verzeichnen (der *Orbis pictus* dient gleichzeitig mit der Einführung in die Muttersprache als Lateinlehrbuch)[96], so handelt es sich bei Istomin nicht um eine willkürliche Zuordnung eines Begriffs zu einem Ding, sondern um ein Ablesen des Namens, der jedem Ding eingeschrieben bzw. eher überschrieben ist. Vollzieht der Leser des *Orbis pictus* Bezeichnungsakte im Bewusstsein relationaler Konventionalität, so erzählt Istomin divinatorisch von den Namen, die seit Adam vergessen worden sind. Er gibt den Dingen Signaturen bei, die sein sprachliches Raster wieder in eine Wissensstruktur einordnen, die sich sichtbarer Zeichen an der Oberfläche der Dinge bedient, um geheime, innere, verborgende Verwandtschaften zu verkünden.

Doch auch der Verweis auf die Divinatorik der Signaturenlehre erfasst Karions Modell nur in Teilaspekten. Was als Markierung der Dinge im Sinne ihrer Entschlüsselbarkeit durch Ähnlichkeit angelegt war, ist nun Verfahren denominativer Etikettierung. Von den Dingen lösen sich die Namen ab, gleiten herunter, daneben, darüber und stehen zunehmend zwischen den Figuren der Natur und den Ordnungsregistern der Graphie und der Rhetorisierung. Von der Inskription, der Einschrift und Aufschrift der Signaturen, werden sie zur Subskription und Paraskription. Was sich hier abspielt, ist eine Auseinandersetzung zwischen dem Raum als großem, offenem Buch der Ähnlichkeiten, in dem die „stummen Reflexe […] durch sie bezeichnende Wörter verdoppelt [sind]“[97], und dem Raum als Bild der Dinge, in dem auch die Wörter zu Anschauungsobjekten werden, in dem sich eine „Bildtheorie der Sprache“[98] formiert. Wenn die von den enzyklopädischen Projekten des 17. Jahrhunderts betriebene „Verknüpfung der Sprache und der Dinge in einem Raum, der ihnen gemeinsam wäre“, nach Foucault nur „mit einem absoluten Privileg der Schrift vorzustellen“ ist, so wäre diese These für die alphabetischen Inventare

---

95 Dieses System der Bezifferung übernimmt Comenius vermutlich aus der *Bilder Schule* (*Christliche Gottselige Bilder Schule Das ist Anführung der ersten Jugend zur Gottseligkeit in und durch Biblische Bilder*, 1636) des Sigismund Evenius.

96 Gleichzeitig greift der *Orbis pictus* bei zahlreichen Abstrakta, insbesondere den Tugenden, auf Embleme zurück.

97 Foucault, *Die Ordnung der Dinge*, 57.

98 Alpers, *Kunst als Beschreibung*, 177.

des Buchstabenwissens dahingehend zu modifizieren, dass paradoxerweise gerade die Medien der Einübung in die Schrift über Wissenstableaus den Raum der Schrift zu einem Raum des Bildes machen.[99] Sie unterstellen die Schrift der Priorität des Bildes. So bewegt sich der piktoriale Teil der Fibel in sich und im Gesamtaufbau des Blattes zwischen dem Akt des Benennens als Sehen und dem Akt des Sehens als Benennen. Alpers fasst in Bezug auf Comenius diese beiden Strategien als Alternativen zwischen einer Sprache als Rhetorik und einer Sprache als Beschreibung.[100] Dass diese Dichotomie hier in die Irre führt bzw. dass die *Russische Fibel* Karion Istomins seine Bedeutung aus der Reibung zwischen einer Materialität der Dinge und ihrer Chiffrenhaftigkeit bezieht, die sich doppelt in der Spannung zwischen der Medialität der Schrift und ihrer reinen Bezeichnungsfunktion, davon zeugt der dritte Teil einer jeden Seite, der den kommentierenden Paratext zum Netzwerk aus Bild und Schrift gibt.

2.2.3. Von der Topographie der Dinge zur Tropologie des Artefakts

Nachdem Karion Istomin vorgeführt hat, wie Buchstaben als Bilder funktionieren, gilt es nun zu erfassen, wie Bilder als oder für Buchstaben eingesetzt werden können. „So werde die Reihenfolge dieser Plätze [loci] die Anordnung des Stoffes, das Bild der Dinge aber die Dinge selbst bezeichnen, und wir können die Plätze anstelle der Wachstafel, die Bilder statt der Buchstaben benützen."[101] Diese Grundregel, die Cicero aus der Simonides-Legende ableitet, führt das Wechselspiel zwischen *gramma* und *eikon*, führt den Übergang von einer Welt der Schrift als Welt der Sichtbarkeit der Dinge zu einer Welt der Schrift als Welt der Sichtbarkeit abwesender, nur imaginär vertretener Dinge vor. Die Welt des Bildes übt in ein Bildbewusstsein ein, das über tropisches Sprechen aktiviert werden kann.

---

99 Foucault, *Die Ordnung der Dinge*, 70.

100 Alpers, *Kunst als Beschreibung*, 178. Hier liegt das fundamentale Problem in der ansonsten bestechenden Analyse Alpers'. Sie sucht die Oberflächenzentriertheit des holländischen Bildes, seine Negation semantischer Tiefe herauszuarbeiten und gerät doch dabei immer wieder in ein Definitionsparadigma, das eben nicht die Einstelligkeit, sondern die referenzielle Zweistelligkeit des Zeichens ausmacht. Die These einer Bildtheorie der Sprache muss zwangsläufig auf ein symbolisches System verweisen, das Alpers aber zurückweisen will. Eine ähnliche Schwierigkeit liegt darin, wie sie Comenius heranzieht. Comenius ist eben nicht nur Galionsfigur eines Lernens über Visualität, sondern Vorreiter eines denotativen Systems der Sprache, also einer Bezeichnungslogik, die Alpers durch den schwierigen Begriff der „Beschreibung" umgehen will.

101 Cicero, *Über den Redner/De oratore*, 354.

Entfaltete die Fibel in ihrem Bildteil aus der Schrift der Dinge eine Semiotik der *res* zwischen Materialität und Chiffre, so ordnet der dritte Teil, der Textteil, diesen Dingen in Merkversen *verba* zu. Auf das Register der Letter und das Register des Ikons folgt nun das Register des rhetorischen Textes. „Auf die so dargestellten Dinge folgen passende erbauliche Verse, die metaphorisch, das heißt übertragen, den jungen Leuten beibringen, wie von der Sache das Wort zur Tat befähigt wird", formuliert Karion Istomin einleitend als Rezeptionsvorgabe.[102] Es handelt sich also nicht darum, im Gezeigten einen moralischen Schriftsinn (*sensus moralis*) zu erschließen. Die didaktische Kommentierung der Sammlung von natürlichen und artifiziellen Gegenständen zielt auf die Rhetorisierung der beschrifteten Dinge, um über rhetorische Techniken die ikonische Präsentation der Dingwelt als bildhafte Repräsentation im Geist der Lernenden zu ermöglichen. Die Ebene der Anschauung, die der Mittelteil bot, wird derart um eine Ebene der inneren Repräsentation ergänzt.

Dass in der Kontextualisierung heterogener Wissensobjekte im Korsett eines knappen Verses sowohl die Künstlichkeit rhetorischer Verfahren als auch die Merkherausforderung an die Schüler gesteigert werden, zeigen die nur zu häufig bis zur Unverständlichkeit konstruierten syllabischen Verse unter den Schaulandschaften. Die verbale Kodierung der visuellen Information, die hier gegeben ist, folgt dem komplexen Lernprogramm der *Russischen Fibel*, indem sie die Bezeichnungsfunktion der Dinge mnemotechnisch einübt und im Verfahren der Mnemotechnisierung eine Einführung in die Grundregeln des Alieniloquiums, des übertragenen, uneigentlichen, verfremdeten Sprechens gibt. Was die *loci* im Mittelteil jeder Sache sind, Orte in einer mehr oder weniger naturalisierten Landschaft, übersetzt die *Russische Fibel* nach rhetorischen Regeln in die *loci* einer Gedächtnisarchitektur, die imaginäre Stellvertretung in den *imagines* erlauben.[103] Im *orbis pictus* der Kunst des Merkens schließt sich der Spannungsbogen von materieller Arbeit an den Buchstaben (*litterae*), die zuallererst eingeübt werden, und immaterieller Verbildlichung, die über die Statthalter der mnemonischen Bildvorstellungen verläuft. Nach dem Vorbild der pikturalen Topographie der Dingschrift konzeptualisiert sich so die mnemotechnische Architektur der Tropographie, in der sich spatiale, sinnlich erfahrbare und imaginative Repräsentation überlagern bzw. einander ablösen.

---

102 Karion Istomin, *Russische Fibel/Bukvar'*, o.S. („I na tě vidoobraznyja vešči, priličny junym ljudem metaforično si est' prenosně, eže ot veščej slovo k dělu potrebnu vzemletsja, stichi nravoučitelny sut'.")

103 Zum Komplex der *loci* und *imagines* als Konzeptualisierungen von Gedächtnisorten vgl. historisch Yates, *The Art of Memory*, und systematisch in eine Theorie der Intertextualität mündend Lachmann, *Gedächtnis und Literatur*, 13–50. Zu den Bildern der ‚Bild-Örter' selbst Weinrich, Typen der Gedächtnismetaphorik, und Assmann, Zur Metaphorik der Erinnerung.

Unterlag die Sammlung der Bilder im Mittelteil der Seite einer Ordnung der Schrift, so unterliegt sie hier im Textteil den rhetorischen Regeln zur Transposition von Dingen in ihre Bildvertreter, die imaginativ abrufbar sind, weil sie aus der Ordnung der Ähnlichkeit in die phantasmatische Ordnung einer Repräsentation des Abwesenden durch Verdoppelung oder Stellvertretung eingetreten sind. Bilder-Findung heißt nun Bild-Erfindung, und Bild-Darstellung wird zu Bild-Vorstellung.

Damit erzählt die (will man im emblematischen Modell bleiben) *subscriptio* oder der Paratext als Legende zum Bild davon, wie die Sichtbarkeit des Schauraums zur Anschaulichkeit des figurativen Sprechens, wie das Schriftbild zum Bild-Text wird. Die Initiation in den Raum der Literalität verläuft über das Bild, um den anschließenden Raum der Textualität zu einem der Imagination zu machen, in der die *demonstratio ad oculos* Folie tropischer *enargeia* ist. Lesen- und Schreibenlernen werden damit zu Bildhandlungen, die sich der Dinge als Bilder bedienen und gleichzeitig Bildhandlung als Vertretungshandlung möglich machen.[104] Diese Vertretungshandlung der Vorstellung öffnet ein inneres Auge, das nun als ein rhetorisiertes begriffen werden kann.

Die Herausforderung der *Russischen Fibel* besteht neben ihrem Status als erste bimediale Fibel Russlands darin, dass sie in der Verbindung von Schreib- und Bildertechnik als eine Metalehre des Erwerbs von Kulturtechniken konzipiert ist. Sie dient nicht nur als Anleitung zum Lesenlernen, sondern sie stellt einen Leitfaden der zunehmenden Komplexion vom Buchstaben über das Wort zum Text dar. Sie gibt nicht nur eine dingliche Abbildung, sondern ist eine Handlungsbeschreibung für visuelle Erfahrungsgewinnung und -darstellung. Insofern ist ihre Lektüre als Leselernprogramm Voraussetzung für die epistemische und optische Erfassung der sichtbaren Welt. Die Unterweisung in die Welt der Buchstaben, die Welt der Schrift, ist in dem Maße, wie sie didaktisch

---

104 Eben in jener stellvertretenden Bildhandlung sieht Lachmann, *Gedächtnis und Literatur*, den Keim für eine Usurpation des Bildes gelegt und dessen Simulakrisierung begründet. Ohne hier noch einmal ausführlicher auf die destabilisierenden Effekte der Abbildlichkeit einzugehen, die bereits in Teil I und II behandelt wurden, käme es hier doch darauf an, zumindest die Stichpunkte dieser Problematik für ein Lehrbuch anzureißen, das sich dezidiert als Einführung in die tropologische Imagination auf der Basis des Schrift- und Lesenlernens versteht. Das gilt umso mehr, als sich hier gerade jener Sachverhalt des *trompe l'œil* entfaltet, von dem der Barock so ausgiebig Gebrauch macht. Latente Hetero- oder Autoreferenzialität überlagern die Verweisfunktion auf ein absentes Original und ziehen die Wiederholbarkeitsgarantie, die das Bild einer Sache gibt, gefährlich in Zweifel. Das verschärft sich, wenn die Stellvertreterfunktion durch eine reine „Markierungsfunktion" (29) abgelöst wird, die nicht mehr auf Ähnlichkeit insistiert, sondern qua Zugehörigkeit zu einer anderen Zeichenordnung das Kürzel einer poietischen Variabilität aussetzt und in eine (nach Quintilian) „*visio insana*" (ebd.) mündet.

auf behaupteter optischer Evidenz aufbaut, auch Bedingung und Möglichkeit einer anschaulichen Beschreibungslehre der Welt. In den drei Stadien seiner Lehre des Lesens und Schreibens begründet Karion Istomin mediale Repräsentation multisensorischer Wahrnehmung als Bedingung der Alphabetisierung. Von der Schrift zum Bild, vom dinglichen Bild zum imaginären Bild voranschreitend entwirft er nicht nur ein Panorama der im semiotechnischen Bildungsprozess involvierten Optik. Er rekurriert auch auf Wissensschemata, die die Sensualisierung der Schrift re-interiorisieren. *memoria* und *imaginatio* bilden hier den Schlusspunkt einer Lehre, die sich des Körpers bedient, um zu kognitiver Bildlichkeit zu gelangen. Wenzel bezeichnet solche Konstellationen in mittelalterlichen Texten, bei denen sich die „gemeinsame Referenzebene von Bild und Schrift […] in der Überschreitung des bloß physikalischen Sehens oder Lesen-Hörens zur Imagination" manifestiere, als Doppelcodierungen, bei denen die „imaginale Information die verbale evoziert und umgekehrt".[105] Demnach sei die Materialität der Graphie in ihrer sensorischen Anschaulichkeit notwendiger Gegenpol wie auch Bedingung poetischer Darstellung, die sich der *imagines* bediene, wobei die Schaltstelle zwischen beiden in den Mnemotechniken gesucht werden könne. Für die sehr begrenzte Zahl der jungen Leser und Leserinnen Karion Istomins scheint der Fall noch etwas anders zu liegen. Am Ende allegorischer Lettern und verrutschter Ähnlichkeiten steht eine Merk- und Reproduktionstechnik des Lesens und Schreibens, die mit der Evidenz des Augensinnes vorgeht, die Sprechen und Schreiben an Sehen koppelt, die sich mithin in ein audiovisuelles Wahrnehmungsprimat der Vorstellung einschreibt. Dabei reflektiert der Blick auf die Dinge mit, dass er es selbst immer mit sprachlich codierten Bildern als Dingen zu tun hatte, dass die Perzeption, die er vollzieht, schon eine schriftförmige ist. Die Welt der Dinge, die Struktur dessen, was als Netzwerk der Zeichen beschrieben wurde, trägt in sich die Syntax einer Verfahrensgrammatik nicht nur des Schreibens und Lesens, sondern schon der rhetorischen Imagination.

105 Wenzel, *Hören und Sehen*, 321.

2.3. Alphabetisierung als Interiorisierung der Schrift

> Von den Schatten (von oben) über die Spiegelung (im Wasser) gelangt der Meister-Pädagoge schließlich zu den Menschen und den Dingen, die durch diese Schatten und Bilder verkoppelt werden. Aber er hält sich dabei nicht auf und geht ohne Kommentar zu dem neuen Verhältnis über, das sich nun zwischen „Seiendem" und „Kopien" etabliert. Er gleitet über die Kunstgriffe der Analogien, über die rhetorischen Kühnheiten hinweg, mit denen er in seiner Beweisführung Fetisch-Statuen durch Menschen, Schatten durch Schatten, Projektionsschirm durch „natürlichen" Spiegel ersetzt.[106]

Zwei Jahre nach dem Erscheinen seiner Kupferstich-Fibel veröffentlicht Karion Istomin zwanzig Exemplare eines weiteren Sprach- und Schriftlehrbuchs, die sog. *Große Fibel* (*Bol'šoj Bukvar* oder *Bukvar' jazyka slavenska*, Moskau 1696). Diesmal ist der Text – mit Ausnahme zweier religiöser Gravuren (Christi Auferstehung und die Anbetung der Hirten) – monomedial angelegt. Nur kurz nachdem die Bilder so massiv in den Schauraum der Schrift drängen verschwinden sie wieder und machen einem Lehrwerk der Einführung in die Schrift Platz, das von Umfang und Auswahl der Texte her die mittelalterliche Tradition der Alphabetisierung über Psalter und Bibel reaktiviert. Scheint die Fibel sich damit auf den ersten Blick in eine restaurative Tradition der Re-Literalisierung, des Bilderverbots einzuordnen, so erweist sich diese Einschätzung auf den zweiten Blick als vorschnell. Vielmehr verfolgt Karion Istomins zweite, sehr viel umfangreichere Fibel ein Bild(ungs)programm, das sich auf jene Aspekte der Literalität als Literarizität in rhetorischer Ausbildung interiorisierter Bilderdeponien für Buchstaben konzentriert, die in der *Russischen Fibel* die dritte Stufe des Lernprozesses ausmachten. Er realisiert eine Verbindung von Lehr- und Textprogramm, die Alphabetisierung als Initiation in rhetorische Textästhetik begreift. Dafür sprechen nicht nur die Versifizierungen sakraler Texte, für die Simeon Polockij noch so ausgefeilte Rechtfertigungsreden halten musste. Suchte die Bilder-Fibel die Nähe zu piktographischen Systemen zumindest als Schlüsselphase in einem Literalisierungsprozess, welcher die Verbindung zu den Dingen als Ikons aufrecht erhält, lebt die zweite, bilderlose *Große Fibel* ganz aus dem alphabetischen Bewusstsein der Schrift selbst, das die Graphie zum einen in ihrer diskreten Konkretizität als Ding, als „ruhendes Objekt, als immobile Zeichen für die visuelle Aufnahme"[107] begreift, zum anderen in ihrer semiotischen Abstraktheit als Medium tropologischer Bildlich-

---

106 Irigaray, *Speculum*, 367.
107 Ong, *Oralität*, 93.

keit. Auch hier finden sich Elemente, die das Auge als primäres Aufnahmemedium ansprechen, doch unterstreicht der Präsentationsmodus der Schrift die Schrifttypen in ihrer pragmatischen Funktionalität. Darin nähert er sich ophthalmologischen Blindentafeln an (vgl. Abb. 37). Ihre materielle Dimensionalität wird mittels graphischer Manipulation beliebig vergrößer- und verkleinerbar und so in ihrer instrumentellen Funktion als erkennbare Lettern unterstrichen. Es sind operationalisierbare, gerasterte Symbole.

Karion Istomins zweite Fibel übernimmt fast gänzlich und fast unverändert die 1679 in der Moskauer Oberen Typographie erschienene *Fibel* Simeon Polockijs.[108] Im Verbund mit Simeons Lehrbuch und seiner Methodik kopiert Karion auch ein programmatisches Vorwort. Dieses formuliert in syllabischen Versen eine Auseinandersetzung von Wort und Stimme, die erstmals in der russischen Kultur überhaupt Schrift als Distanzmedium räumlich und zeitlich zerdehnter Kommunikation konzeptualisiert:

> Zwar stumm, doch ganz deutlich sichtbar, wird sie [= die Schrift] weiter als die Stimme getragen.
> Die Stimme verkündet dem Nahestehenden das Wort, die Schrift zeigt es dem Entfernten.
> Wer dir von einem anderen Ort schreibt, von dem erfährst du alle Not und Sorge.[109]

Mit der Ablösung des Paradigmas der Stimme (*glas*) durch das des Auges (*glaz*) entwirft Karion Istomin das Erziehungsprogramm für eine Welt, die basale Effekte der Schrift entdeckt. Fernab jeder platonischen Schriftkritik als Zerstörerin des Gedächtnisses durch Veräußerlichung und Entzug aus einem kommentierenden, semantisch vereindeutigenden Kontext bezeichnet Karion Istomin das Buch als „zweites Gedächtnis" („vtoraja pamjat'") des Menschen, das nicht nur die Jahrhunderte überdauern werde („poslednim pominaet vĕkom"), sondern auch über die Zukunft Auskunft gebe („i to javljaet, čto vpred imat' byti"). Der Verdinglichung des Geistes im Speicher des Buchs haftet nichts vom Ruch materieller Artifizialisierung externer *memoria* an, sie ermöglicht ein virtuelles Zeitkonzept, welches die Illusion der Gleichzeitigkeit des Ungleichzeitigen durch Auflösung eines Kontinuums von Erlebnis, Aufzeichnung und Rezeption schafft. Sie weist schon voraus auf die Lockerung ei-

108 Die Veränderungen betreffen nur Adaptierungen an die politischen Zeitumstände, keine systematischen Eingriffe. Wo bei Simeon Polockij z.B. im Vorwort „Unser Zar Fedor" („Car naš Fedor") steht, ersetzt Karion „Unser Zar Peter" („Car naš Petr").

109 Karion Istomin, *Große Fibel/Bol'šoj Bukvar'*, 1v. („Bezglasno ubo, no zelo javstvenno, dalĕe glasa byvaet nesenno. / Glas bliz suščemu slovo vozveščaet, pisanie že dalekim javljaet. / Kto daleče syj napišet tebĕ, to poznaeši o vsjacĕj potrebĕ, […].")

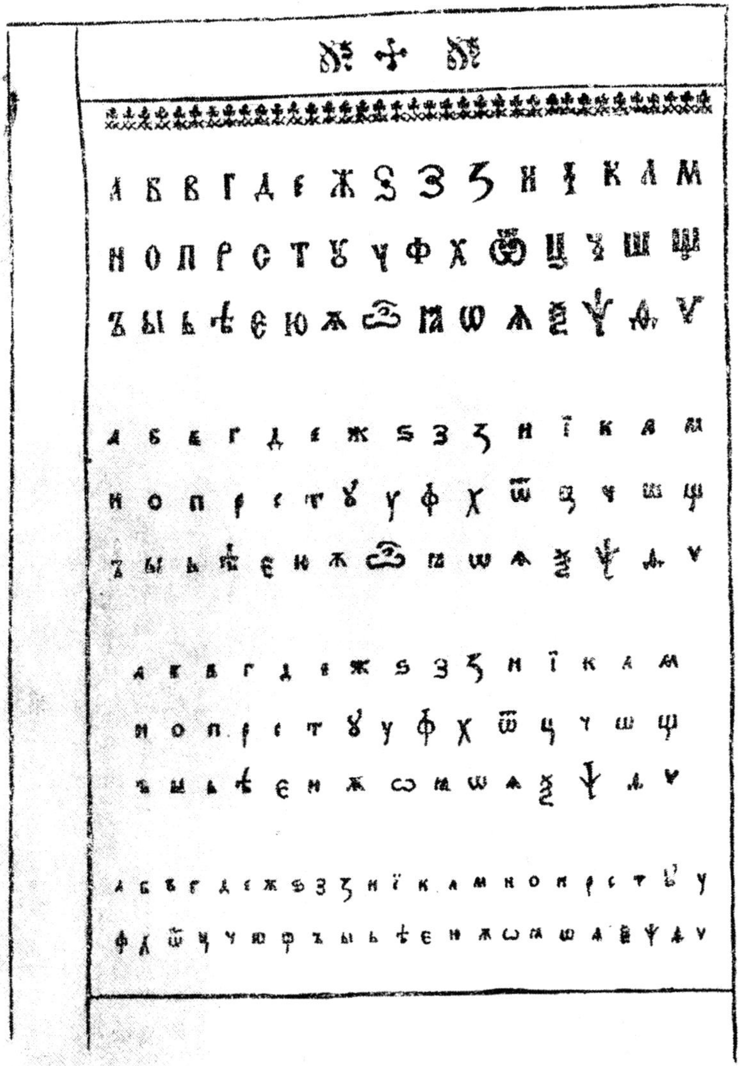

Abb. 37: Karion Istomin: *Bol'šoj Bukvar' (Die große Fibel)* (1696), 3.
Aus: Kiselev, O moskovskom knigopečatanii, 175.

nes Realitätskontinuums außerhalb der Differenzerfahrung und auf die Ausbalancierung von Vergessen und Erinnern, Jetzt-Zustand und Erwarten.

Schrift ist gleichzeitig diskursiv autonomisiert und über die Entkoppelung von Sender- und Empfänger-Instanzen freigesetzt für euphorisierte Erfahrung der performativen Effekte von Literalität. „Was das Herz denkt und der Geist meint, das verkündet offen die Schrift."[110] So ist die Schrift zum Offenbarungsmedium nicht des einen *logos* geworden, sondern zum Aufzeichnungsmedium eines sich schreibend individualisierenden, kognitiv und emotional entfaltenden und sich in Schriftmedien stimulierenden Ich, das sich in und über Schrift autorisiert. Schrift leistet, wie Luhmann formuliert, „selektive[…] Re-Imprägnierung der eigenen Zustände."[111] Die Technologisierung des Denkens durch die Kulturtechnik des Schreibens, wie sie von der Medientheorie im Gefolge Ongs immer wieder hervorgehoben wird, erweist sich hier als Schlüsseltechnik zur Formierung sich schriftlich objektivierender Identität. Über die schriftliche Mitteilung entsteht ein fühlendes, denkendes Subjekt. Wer auf der Basis eines solchen Literalitätskonzepts in die Schrift eingeführt wird, kann sich fortan, wie das Stefan Javorskij dann in seiner *Letzten Reverenz an die Bücher* (*Poslědnee knigam cělovanie*, 1721) tun wird, von seinen Büchern verabschieden wie von nahestehenden Menschen. Der Weg für schriftallegorische Verkörperungen und Selbstbespiegelungen ist damit offen.

Mit diesen Überlegungen ist der Rahmen der *Russischen Fibel* weit überschritten. Ging es dort um die Sichtbarkeit des Lesens, so geht es nun um ein aufs Neue nach innen verlagertes Sehen literaler Introspektion, das seine Spielräume und vielfältigen Anschlussmöglichkeiten auslotet. Die *Große Fibel* leitet eine neue Phase des Graphozentrismus ein. Graphozentrismus wird nicht mehr als Schriftprivileg des Bildes, auch nicht mehr als reine Herauspräparierung einer literalen Dinglichkeit des Mediums verstanden, sondern als literale Bedingung imaginärer Welten, die sich in der Niederlegung innerer Welten eines schriftlich sich definierenden Ich eröffnen. Optische Sensibilisierung durch die Betrachtung der Schrift als Bild der Dinge wandelt sich in imaginative Stimulation eines Bildes des Lesenden. Man betrachtet keine dargestellten *icons* als Bilder, man betrachtet vorgestellte Bilder und vorzugsweise sich selbst. Wie im Spiegel wird ein ‚Inneres' jetzt in der Schrift beobachtbar: „So wie der Spiegel dem Betrachter sein Gesicht zeigt, […] so zeigen Bücher, wenn man sie liest, deutlich das Antlitz der Gesinnung."[112] Autospektion, ‚au-

---

110 Karion Istomin, *Große Fibel/Bol'šoj Bukvar'*, 1r. („čto serdce myslit, i um razsuždaet, to pisanie udob' izvěščaet.")

111 Luhmann, *Die Gesellschaft der Gesellschaft*, Bd. 1, 270.

112 Karion Istomin, *Große Fibel/Bol'šoj Bukvar'*, 2r. („Jako zercalo zrjaščemu javljaet, kakovo lice ego prebyvaet. […] Podobně knigi elma sja čitajut, lice sověsti světlo projavljajut.")

thentifizierte' Wahrnehmung und kognitive Rationalisierung überlagern sich in solchen Zuweisungen und produzieren ein psychosensorisch aufgeladenes Imaginäres des Spiegelblicks, das die Distanzerfahrung der Schriftlichkeit illusionistisch mindert. Spiegelndes Lesen imaginiert eine auf sich selbst geschlossene, über die Schrift vermittelte vis-à-vis-Kommunikation des Subjekts mit sich selbst. Im intimen Spiegel des Buchs erfährt sich das Subjekt immer schon selbst als ein schriftlich verfasstes. Die autoaffektive Selbstbetrachtung des Lesers im Text springt in jenen Zwischenraum, der sich aus der „Selbstautorisation des geschriebenen in Vertretung eines abwesenden Ursprungs"[113] ergibt. Das Buch, als Medium der Identität in der schreibenden und lesenden Selbstverdoppelung begrüßt, schiebt sich so zwischen Wahrnehmung und Welt. Es arbeitet die schon aus der Ikonologie bekannte Topik der doppelten Wahrnehmung als Beobachtung eines Beobachtens aus. Mehr noch als eine „Beobachtung zweiter Ordnung"[114], also als Sekundarität des Beobachtens, ist es die Beobachtung eines Lesens als Betrachtung seiner selbst. Vom Lesenlernen als Bilder Sehen kommt die barocke Didaktik-Rhetorik zum Lesenlernen als Imagination. Liegt dem Lehrbuch des Lesens von 1694 daran, die Welt über eine Differenz von Lesbarkeit und Sichtbarkeit erfahrbar zu machen, so schult das Alphabetarion von 1696 darin, die Differenz von Sichtbarkeit und Unsichtbarkeit als kognitive und ästhetische Manipulation im Spiegel der Lesbarkeit zu begreifen. Etwas Unsichtbares als Sichtbares zu begreifen dadurch, dass sich das Subjekt in der Schrift wie in einem Spiegel betrachtet und in diesem Spiegel ‚das Drängen des Buchstabens' sieht, ist die zentrale Lehre der letzten Fibel aus dem 17. Jahrhundert.[115] Sie macht den Schritt von der Alphabetisierungstechnik zur Leseerfahrung. Damit ist die barocke Kultur in ei-

---

113 Luhmann, *Die Gesellschaft der Gesellschaft*, Bd. 1, 258.

114 Luhmann, *Die Gesellschaft der Gesellschaft*, Bd. 1, 279.

115 Dass das Buch als Spiegel Scharnier für den Übergang vom Lesebuch zum Erziehungsbuch ist, deutete sich schon im Kapitel über die Arten des Sehens an. Ort und Funktion dieser anthropomorphen Didaxespiegel des Lernens am leibhaftigen Modell nehmen im Zuge der Literalisierung Erziehungsbücher mit dem Titel *Redlicher Spiegel der Jugend* (*Junosti čestnoe zercalo*) ein; sie sind exkorporalisiertes Medium der sensorischen korrigierenden Selbstwahrnehmung. Die Schrift als Informationsträger wird zum Vor-Bild, das neben einer konkreten Verhaltensregel vor allem in eines einübt: einen realen und einen virtuellen Körper kurzzuschließen. Von nun an wird es um zweierlei gehen: zum einen darum, den Performanzcharakter des Lesens ins Buch zu übertragen oder aber ihn daraus auszuschließen bzw. den Performanzcharakter des Textes herauszustellen oder zurückzudrängen. Zum anderen übt der gestische Umgang mit Textkörpern als imitatorisches Antrainieren körperlichen Verhaltens darin ein, Lesen als „doppelte Präsenz" bzw. als eine „virtuelle und reale körperliche [Ko]Präsenz" (Gross, Lesen – Körper – Text, 176f.) zu begreifen, die das Vor-Bild des Spiegels auch zum Vorbild für eine identifikatorische Lesehaltung macht. Die präsentative und rezeptive Abstraktionsleistung des Buches, die Verselbständigung des ausgelagerten Speichers schwankt zwischen Rückbindung an den Körper und Dekorporalisierung.

ne Phase eingetreten, die Pfeiffer als Beginn der Literatur in der Opposition „spezialisierte[r] Medien der Innerlichkeit (hohe Literatur)" auf der einen und „Formen des Spektakels" auf der anderen Seite sieht.[116]

2.4. Einspeisen – Ausspucken: *ruminatio* sensorischer Alphabetisierungstechniken

Gleichwohl erweist sich die Pfeiffersche Dichotomie als sehr durchlässig für performative Inszenierungen des einen Pols durch den anderen. Vor dem Hintergrund einer zwischen Zeichentechnik, Wahrnehmungslehre und Imagination schwankenden Lektüretechnik werden die Metaphorisierungen und Allegorisierungen des Schriftkörpers als lebendigen Wesens, als sinnlich wahrnehmbaren anthropomorphen Körpers, wie sie die altrussische Literatur und auch noch der Barock als gängige biblische Zitationen kennen, der kritischen Re-Lektüre unterzogen. Besonders intensiv bearbeitetes Bildfeld ist dabei die Metaphorik homöostatischer Schriftperzeption, der sich beispielsweise auch Johannes Damascenus bedient, wenn er im Vorwort der *Dialektika* die Rezeptionsvorgabe formuliert: „trinke aus der durstlöschenden Quelle und und iss das Brot des Verstandes".[117] Noch Karion Istomin assoziiert in der *Kleinen Grammatik* die Schrift mit der Speise:

> Nach dem Apostel fordert der erwachsene Mann feste Nahrung, Kinder jedoch brauchen Milch. Milch nährt den Körper, Schrift macht die Seele weise. Denn wie die Philosophen sagen, hat der Mensch zehn Sinne, fünf körperliche und fünf seelische. Durch die Milch werden die körperlichen Sinne gestärkt, die seelischen, die auch geistige genannt werden, aber durch die Lehre der Schrift gebildet. Die geistigen Augen wissen dann zu unterscheiden, was sichtbar ist und was unsichtbar, was Gegenwart ist und was Zukunft, nach Maßgabe des menschlichen Wahrnehmungsvermögens.[118]

---

116 Pfeiffer, *Das Mediale und das Imaginäre*, 13.

117 Johannes Damascenus, *Dialektika*, 8v. („Pij ot napajuščago istočnika i jažd' razumnyj chlěb.")

118 Karion Istomin, *Kleine Grammatik/Malaja grammatika*, 5v-6. („po apostolu muž soveršennyj vozrastom, trebuet tverdyja pišči, mladym že potrebnějšaja est' mleko, mleko že utěet tělo, pismo že umudrjaet dušu, jako že filosofi povědajut desjat' čjuvstva byti u čeloveka, pjat' tělesnych, pjat' že duševnych, těm že mlekom utolstějut tělesnaja čjuvstva, duševnaja že imenujutsja i duchovnaja, jaže // učeniem pisanija prosvěščajut: umnyja oči, i dajut znati: počasti: vidimaja i nevidimaja, nastojaščaja i buduščaja, po eliku moščno čelovečeskomu estestvu vosprijati.")

Die Aneignung der Schrift als stärkende Nahrungsaufnahme – dem Entwicklungsstand entsprechend in unterschiedlichen Aggregatzuständen, flüssig oder fest, als Muttermilch oder Leib Christi – nimmt den Ritus der Eucharistie auf und stützt damit die Lektüre als sakralen Akt. Der „Einbruch der Transzendenz in die Immanenz“[119], der sich mit der Hypostase vollzieht, realisiert sich in einem Lesen, das eucharistischen Charakter annimmt. Lesen als Aufnahme der Sakramente steht im Spannungsfeld von *signum* und *substantia*. Mindestens ebenso stark wie der Anspruch der Spiritualisierung des Leibes (des menschlichen und schriftlichen) ist der gegenläufige Effekt einer Materialisierung der Spiritualität.

Es sind die Worte des Propheten Hesekiel, eine der alttestamentarischen Urszenen der Schriftverschlingung, die an der Schnittstelle von Schrift- und Performanzkultur zum Gegenstand der Entblößung dieser Materialität werden. Im Buch Hesekiel heißt es im zweiten Kapitel zu seiner Berufung zum Propheten (Hes 2,8–3,4):

> Aber du, Menschenkind, höre, was ich dir sage, und widersprich nicht wie das Haus des Widerspruchs. Tu deinen Mund auf und iß, was ich dir geben werde. Und ich sah, und siehe, da war eine Hand gegen mich ausgestreckt, die hielt eine Schriftrolle. Die breitete sie aus vor mir, und sie war von innen und außen beschrieben, und darin stand geschrieben Klage, Ach und Weh. Und da sprach er zu mir: Du Menschenkind, iß, was du vor dir hast! Iß diese Schriftrolle und geh hin und rede zum Hause Israel! Da tat ich meinen Mund auf, und er gab mir die Rolle zu essen und sprach zu mir: Du Menschenkind, du musst diese Schriftrolle, die ich dir gebe, in dich hinein essen und deinen Leib damit füllen. Da aß ich sie, und sie war in meinem Munde so süß wie Honig.

Diese rituelle Rahmung der Schrift, die Assmann als paradigmatische Verschiebung von der Kultreligion zur Schriftreligion und deren Partizipationsstrukturen begreift, erweist sich als Scharnier der Physio-Logik des Textes.[120] Dreimal fordert die Stimme zum Essen auf, danach erscheint die Rolle, die dann in einer abgewandelten Realisierung der Metaphern korporaler Inskription vom Propheten einverleibt wird. Dem Hören des autoritativen Wortes folgt das Sehen der Schrift, das die kontagiöse und gustative Kettenreaktion der Sinne auslöst. Nach den Ohren öffnen sich auch die Augen und Münder, um das in der Schrift materialisierte Wort Gottes durch Einspeisung anzueignen und es als inkorporiertes selbst wieder zu verkünden. Wenzel führt mit Curtius eine Reihe antiker Belege an, die die Appropriation des Wortes als

---

119 Keller, *Wort und Fleisch*, 57.
120 Assmann, Text und Ritus.

Einspeisung entfalten, und setzt den Nachweis der Inter- und Posttexte über die Renaissance bis in die Gegenwartsliteratur fort.[121]

Bereits Karion Istomin entauratisiert das süße Wort des *logos* im *Buch der Liebe*, in dem die Versinnlichung der Schrift in subversiver Materialisierungskonsequenz der allegorischen Rede inszeniert wird. Karion stellt seinem kapitelabschließenden Emblem zum Geschmackssinn (*vkušenie* / *gustus*) Psalm 119 („Dein Wort ist meinem Munde süßer als Honig") voran, bleibt jedoch trotz der wahrnehmungsphysiologischen Brüche zumindest noch teilweise im erkenntnistheoretischen Modell des buchstäblichen Lesens, indem in der *pictura* drei Schriftgelehrte geöffnete und geschlossene Bücher präsentieren (vgl. Abb. 38). In der *subscriptio* wird schließlich die Lektüre als nutriologischer Akt zelebriert, der Weisheit verleiht:

> Das Lesen der Bücher ist süß im Geschmack,
> es verleiht dem Verstand große Geschmeidigkeit [...].
> Der Zar und die Zarin verstehen die Lehre der Bücher
> und regieren ihre Völker im Zarenreich weise."

Noch deutlicher auf die prophetische Nutriologie Hesekiels referiert Simeon Polockij im Gedichtzyklus *Kniga*, in dem die „honiggleiche Süße" („slovo sotopodobnoe") des göttlichen Wortes mit seiner „Bitternis" („v črevě gorka bjaše") zusammengeschlossen ist.[122] Qua Allegorisierung hypostatischer Konzepte enthüllt sich der Text als Ort religiöser und rhetorischer Erfahrung über seine materielle Erfahrbarkeit. Mit der Einübung in die Elemente der Sprache vollzieht der allegorische Text seine Verleiblichung im Lesenden. Genau diese latente Paradoxie ist es, die eine homöostatische Aneignung der Kulturtechnik des Lesens und Schreibens so produktiv für doppelfigurale Lesarten macht.

In einem der wenigen überlieferten Intermedien des 17. Jahrhunderts wird die eucharistisch codierte sensorische Aufnahme der Schrift als Lernprozess motivisch.[123] Doch ist die Performanz der optisch, haptisch, gustativ und akustisch affektiven Lektüre hier theatralisch als Allegorie des Lesenlernens parodiert. Das Intermedium des Lesenlernens führt diese physische Schriftaufnahme bis zum Erbrechen. Schriftperzeption als Vorgang sensorischer Stimulanz und buchstäblicher Inkorporation, Schriftlesen als Leibtechnik der lebendigen Aufnahme des Wortes in der begierigen Einspeisung – dieses honigsüße Esspapier verursacht peinigende Bauchschmerzen. Der *logos*, der den biblischen Propheten nährt und ihm schmeckt, erweist sich für den barocken ABC-

121 Wenzel, *Hören und Sehen*, 233.
122 Simeon Polockij, *Der blumenreiche Garten*, Bd. 2, 202.
123 *Rannjaja russkaja dramaturgija*, Bd. 2, 275–282.

Abb. 38: Karion Istomin: *Kniga ljubvi znak v česten brak (Das Buch der Liebe zum Zeichen der ehrwürdigen Hochzeit)* (1689). Hg. v. L. Sazonova, Moskau 1989, 13.

Schützen als unbekömmliches Pharmakon. Schon in ihrer ersten Blüte produziert die Alphabetisierungskampagne damit eine Übersättigung an der Schrift. Alphabetisierung ruft den Wunsch nach Dilexie hervor.

Einem greisem Analphabeten, der wissenshungrig mit „Klauen und Zähnen" lesen lernen will[124], schneidet der Lehrer eine Schriftrolle klein und gibt sie ihm als Quintessenz des Verstandes zu essen: „[Der Junge zeigt ihm eine Schriftrolle und sagt:] ‚In dieser Rolle sitzt der Verstand. Man muss sie in kleine Stücke schneiden und aufessen.'"[125] Die Reaktion des Alten ist so heftig wie unmissverständlich: „Oh, was für ein bitterer Geschmack! Ich muss mich übergeben."[126] Auch für den Schriftausstoß gibt es Prätexte, die die Inkorporalisierung der Schrift antinomisch wenden. Neben der kathartischen Dimension konvulsivischen Auswürgens als Reinigung führt Wenzel diesen Bilderstrang auch auf die Allegorisierung eines oralen Geburtsakts zurück und verbindet ihn mit der Mariensymbolik als Geburt Christi aus dem *logos*.[127] Will man einen solchen Subtext annehmen, so wendet das prophetische Nachspiel jede sakrale Hervorbringungsmetapher in die Allegorie medialer Allergie auf Buchstabennahrung. Bildung ist bitter, Schriftwissen schmeckt nicht und ist unverträglich – den greisen Schüler drängt es zurück in sein orales Stadium. Die Rückkehr zur mündlichen Memorialkultur erfolgt durch Erbrechen der Schrift und nimmt das Prinzip der Auswendigkeit, russisch: des *na/iz/ust* (aus/dem/Mund)[128] wörtlich. Als der Lehrer seinem gastritischen Schützling daraufhin das Alphabet „auf einer Tafel" („na tablice") vorschreibt und -spricht, entspricht das Ergebnis einem typischen altrussischen Komödianten-Vers:

– Sprich mir nach: A.
– Bla.
– B.
– Lehrer, geh!
– C.
– Den Lehrer nach Jwd![129]

124 Ebd.: „Ach, wäre ich doch nur noch einmal jung! / Ich würde mich mit Klauen und Zähnen ans Lesen machen." („Ašče by vozmožno paki mladym byti, / Prinjach by sja za knigu ruki i zubami.")

125 Ebd. („[Malec pokazuet na svitok i glagolet] V sej chartii est' razum. Potrebno ju s-jasti, / Izrjadno razrezavši na melkija časti.")

126 Ebd. („O' vkus žestok est'; chočetsja blevati.")

127 Wenzel, *Hören und Sehen*, 235.

128 Etwas *naizust'* zu können, meint die Auswendigkeit, die in anderen Sprachen aus dem Mund in den Memorialtopos Herz verlagert ist.

129 *Rannjaja russkaja dramaturgija*, Bd. 2, 279. („Glagolo so mnoju. Az. / Uvjaz./ Buki. / Učitelja pribrat v ruki. / Glagol. / Učitelja za chochol!")

Die ganzkörperliche Aufnahme der Schrift als somatische Steigerungsform sensorischer Wahrnehmung führt nicht zum Auskosten der ganzen Textfülle. Bezeichnet Augustinus das Gedächtnis als den Magen der Seele (*venter memoriae*), so ist dieser Magen mit seiner Verdauungsanforderung überlastet.[130] Ohne Zögern ist der Lehrer mit einer Diagnose bei der Hand: „Im Kopf ist kein Hirn – alles hat sich im Körper verteilt. / Leg' Dich hin, ich will es dir wieder hineintreiben."[131] Erst nachdem der Lehrer den Alten von Kopf bis Fuß ausgepeitscht hat (nicht mit den „rozgi" (Rute), auf deren Nutzen es so viele Lehrgedichte gibt, sondern mit einer Schlaufe (petlja), die zum Stricken wie zum Hängen verwendet wird), konzentriert sich der über den ganzen Körper diffundierte Verstand im Kopf, und die ersten Buchstaben werden problemlos rekapituliert, was hier bedeutet: wiedergekäut. *recapitulatio* verläuft als *ruminatio*. Die nächste Übung nimmt den Schritt von der Alphabetisierung zur Rhetorisierung vor. Nachdem das formale Inventar des Lesens und Schreibens medial implementiert ist, geht es darum, diese Körpertechnik semantisch einzusetzen, es geht um das *acumen* (*ostroumie*): „Willst Du, Alter, noch weiser sein, / musst du deinen stumpfen Verstand schärfen."[132] Auch das geschliffene *acumen* des Intermediums wird nun aus der Realisierung der Metapher, aus der buchstäblichen Entblößung des rhetorischen Übertragungsverfahrens der oxymoralen Scharfsinnigkeit gewonnen: „Setz Dich und halt still; es wird Dir nur von Nutzen sein: / gleich wird Dein Verstand scharf wie ein Messer sein"[133], beruhigt der Lehrer seinen Schüler, um ihm dann aufs Neue, wie der offenbarende Gott in dreimaliger Wiederholung, ein semantisches Verfahren konfrontativer Signifikanz als somatischen Akt einzubleuen: „Hier nimmt der Lehrer eine Knute und beginnt, den Kopf zu schleifen, und spricht drei Mal: ‚Dummkopf! Ich schleif Dich mit der Knute. Alter Esel! Geh zurück zu deinem Pflug!'"[134] Diese Körperkur ist von Erfolg gekrönt. Der Alte, der daraufhin ein Schriftstück zur Hand nimmt, erfährt seine Leseerfahrung modifiziert – „weiser geworden" („umudrenno") und „voller Raffinesse" („izoščrenno") liest es sich, nachdem der Verstand von Schlägen geschliffen wurde. Nun vermisst der Schüler nur noch eines: die Süße des Wortes, von der Hesekiel spricht. Dass er diese erfährt, indem ihm der Lehrer Honig um Lippen und Bart schmiert, vervollständigt die Szenerie einer ästhetischen Er-

130 Zu Augustinus ebf. Wenzel, *Hören und Sehen*, 236.

131 *Rannjaja russkaja dramaturgija*, Bd. 2, 281. („Malo pamjati vo glave, po telu razplysja; / Chošču vo glavu vognati, tokmo položisja.") [„položisja" könnte auch als „warte nur" oder „verlass' Dich darauf" übersetzt werden.]

132 Ebd. („Ašče choščeši, starče, ešče mudree byti, / Tupy um tvoj treba izostriti.")

133 Ebd. („Sjadi i terpi; polezno tu budet: / Uma ostroty vo glave pribudet.")

134 Ebd. („Tut učitel vozmet brus i načnet glavu ostriti i glagolet triždy: ‚Glavo durnaja! brusom sim ostrisja. Starče bezumny! k soche vozvratisja.'")

fahrung des Textes als aisthetischer Ausreizung über gezieltes Stimulieren des ‚äußeren' Sensoriums.

In diesem kurzen Zwischen-Spiel entfaltet sich die Technik der Alphabetisierung als gewaltsame Zurichtung eines widerspenstigen Körpers. Von der Literalisierung als Inskription bis zur Inskription als Inkorporation – der Prozess der Einschulung wird hier in allen Facetten der Formierung, Disziplinierung, Behandlung des Körpers und Geistes vorgeführt, um den Illiteraten in Schrift und in Schriftgenuss einzuführen. Am und im Körper des gereizten, brachial bearbeiteten Analphabeten entfalten sich die sensorischen Metaphern der ganzheitlichen Schrifterfassung zur Allegorie der Literalisierung und des Lesens als Körpertechnik. Er ist der allegorische Körper der Alphabetisierung als Verschriftlichung und als Schriftwerdung, indem er in wortwörtlicher Übererfüllung der Bildlichkeit des Sprechens über Schrift, in der schon entblößten Figurativität der Schrift ihr performativ einen Körper gibt. Dieser agiert nicht nur die Somatik der Graphie aus, er vollzieht nicht nur die Ein-Schreibung der Letter ins Fleisch. Als solcher ist er Lese-Figur, Allegorie der Wahrnehmung von Schrift als Einspeisung des Schriftkörpers in den eigenen.

Darüber hinaus inszeniert das Intermedium aber vor allem die buchstäbliche Wortgewalt des rhetorischen Sprechens über die Schrift, ihre Verdinglichung und ihre Erfahrung. Gilt für die Allegorie, dass „rhetorisches Lesen [...] ein destabilisierender Prozeß"[135] ist, so ist für das sensorische Lesen eben solches zu veranschlagen. Die Allegorie bewegt sich zwischen lustvollem Eindringen und lesendem Distanzieren, zwischen Schmerz der graphischen Körpermarkierung und Graphismus als Letter.[136] Die Dramaturgie eines Erfassens der Schrift als Hören, Sehen, Schmecken, Spüren, die ein sadistisches Spiel mit den Medien der Einschulung treibt, wendet allegorisch jene Verbildlichung spürbar nach außen, die metaphorisch auf der Ebene der sprachlichen Mittelbarkeit bleiben muss. Dabei nutzt sie die differenzierten Formen mündlich-multisensorischer Kommunikation, um sie als schriftkulturelle zu inszenieren – was Performanz sein kann, gibt sich hier bedingt durch und in den Parametern der schriftkulturellen Erfahrung.[137] In der Verschränkung ausgestoßener Schriftlichkeit als reaktivierter Oralität mit dem gesamten Spektrum synästhetischer korporaler Inskription gibt das Intermezzo schriftsprachliche Lektüren vor, die an illiteraler Performanzkultur orientiert sind. In diesem Be-

135 Menke, Dekonstruktion, 120.

136 Deleuze/Guattari, *Anti-Ödipus*, 263f.

137 Vgl. zur Rolle der Schrift für einen mediaevistischen Performanzbegriff Müller, Ritual. Müller wendet die These Zumthors von einer vokal dominanten Performanz dahingehend, dass er die laikale Performanzkultur an schriftsprachlichen Lektüren orientiert sieht, und spricht von einer „elaborierten Performanzkultur als Derivat der Schriftkultur" (68).

zugsnetz thematisieren bzw. konterkarieren sie gerade eine Ablösung, die in den Kulturgeschichtsschreibungen ihr schematisches Raster eines konstant sinkenden Performanzgrads im Übergang von oralen über chirographische zu typographischen Kulturen findet. Schriftloser Vollzug wird hier Vollzug an der Schrift.

Dass diese Desavouierung der Literalisierung sich auf dem Theater, im raumzeitlichen Dazwischen zweier Akte abspielt, darf nicht überraschen. Die mediale Konkurrenz von Schrift, Bild und agiertem Bild führt in der Literatur zu Angriffen auf das Medium der Schaulust und seine Seh-Figuren schlechthin, wie sie auch zur Bloßstellung der Lese-Figuren auf der Bühne führt. In den Masken des Literaten und Illiteraten reagieren sich hier zwei Dispositive allegorisch aneinander ab. Führt Müller den Performanzcharakter schriftkultureller Formen theatralisierten Rituals (z.B. im Geistlichen Spiel) gerade darauf zurück, dass sie mit einem „Netz allegorischer Bedeutungen" überzogen werden, so ist es hier die Allegorie der Schrift und ihrer Erfahrung selbst, die figurativ agiert.[138] Mit und gegen Assmanns plausible These, dass die Schrift „zu einer Entritualisierung und Enttheatralisierung der Religion" führe, ist zu beobachten, dass die allegorische Theatralisierung des biblischen Genotextes rituelle Formen partizipatorischer und synästhetischer Schriftaneignung durchspielt.[139]

Das intermediale Zwischenspiel lenkte hin zu einer intramedialen Frage, die sich während des gesamten Kapitels über die Arten und Weisen, sich der Schrift zu bemächtigen, aufdrängte: Die Frage nach der Rolle von Handschrift und Buchdruck für die Psychophysik der Alphabetisierung. Der frühe Barock hat in der semi-oralen Kultur Altrusslands gleichzeitig mit der Erfahrung der Literalisierung auch diejenige des Übergangs von der Handschrift zum Buchdruck zu verarbeiten, der sich nach zwei zuvor abgebrochenen Anläufen ab den 1660er Jahren unter den misstrauischen Blicken des Moskauer Patriarchats zögerlich zu etablieren beginnt. Erst jetzt kommt es nach einem jahrhundertelangen Prozess der Verschriftlichung, der eine relativ klare medio-soziale Grenze zwischen Laien und Klerikern zog und den Schriftgebrauch pragmatisch beschränkte, zur immer noch hart umkämpften Durchsetzung dieses neuen Mediums „technischer Reproduzierbarkeit". Dass sich

138 Müller, Ritual, 66.

139 Assmann, Text und Ritus, 105. – Dass der ABC-Schüler dabei zuerst um Hab und Gut und schließlich auch ums Leben kommt, muss nicht unbedingt für eine optische Hegemonie hoffen lassen: mit ihm ist auch das Zwischenspiel auf dem Theater zu Ende. Auch hier zerstört sich der Körper, der das Bühnenbild der Schrift performiert, schließlich selbst. Die allegorische Stilisierung der performativen Bildkultur nach dem Muster der Schriftkultur führt nach dessen Defiguration im Prozess der Schriftaneignung zum Entzug des Körper-Bildes.

mit dem Druck die „gesamte Daseinsweise der menschlichen Kollektive" wie auch „die Art und Weise ihrer Sinneswahrnehmung"[140] verändert, gehört zum nahezu unbestrittenen Wissensbestand der Medientheorie. Die orale Memorialgesellschaft Altrusslands weicht auf und geht an ihren Rändern über in eine, wie Rieger den Prozess fasst, Gesellschaft der auf Zahlen gegründeten „künstlichen Intelligenzen".[141] Von der Neudefinition des Wissens bis hin zu den Abläufen der Informationsvermittlung benennt Giesecke einige der Veränderungen, die im Elementarunterricht mit der Einschleusung eines neuen, medial technisierten Programms auftreten.[142]

Karion Istomins Fibeln führen den Analphabeten nicht nur in die Schrift ein, sie basieren auch gezielt auf den bisher argumentativ zurückgestellten Differenzierungen, die zwischen der medialen Entwicklung von Handschrift zu Druckschrift liegen. Das betrifft nicht nur die Einführung eines Bildprogramms in Schautafeln und Abbildungen als unterstützenden oder gleichberechtigten Informationsträgers. Die Gravur der *Russischen Fibel* ist keinem der beiden Schrifttypen ausschließlich zuzuordnen. Sie verfügt zwar als Kupferstich über die Reproduzierbarkeit des Drucks, verweist aber mit ihrer Gestalt – den von Hand auf einer Platte eingeritzten, nicht von rekombinierbaren, feststellbaren Typen eingetragenen Schriftzeichen – auf das chirographische Paradigma. Die *Große Fibel* hingegen lebt bereits aus den Distanz- und Optikphänomenen des Drucks, welche die Erziehung zum Lesen immer auch Erziehung zum Wahrnehmungswissen der Linearperspektive sein lassen. Vergleicht man die handschriftlichen Entwürfe mit der gedruckten Fibel von 1696, so zeigt sich diese veränderte Steuerung des Blicks durch eines der medialen Schlüsselereignisse des 17. Jahrhunderts deutlich (vgl. Abb. 39 und 40). Konsequent mündet das der *Großen Fibel* voran gestellte Panegyrikon auf die Schrift und das Buch in ein Lob des Drucks. „So groß sei der Nutzen" („Toliki polzy da by věrnym vzjati"), dass Peter I. „diese Fibel zu drucken befohlen" habe („povelě tipom sej bukvar' izdati"[143]).

Worin dieser Nutzen der Einübung in die Schrift bestehen kann, zeigt sich in der Reduktion des Außenweltbezugs und dessen Supplementierung durch

140 Benjamin, Das Kunstwerk im Zeitalter seiner technischen Reproduzierbarkeit.

141 Rieger, *Speichern/Merken*.

142 Giesecke, *Der Buchdruck*, 217ff. Das betrifft die Sequenzierung des Unterrichts nach Lehrervortrag – Nachsprechen – Mitschreiben – buchstabierendes Vorlesen durch den Schüler – Korrektur des Lehrers usw., die gesamte Rolle der Mnemotechnik, die Standardisierung bestimmter Fassungen, den Lehrtext als „soziales Medium" zwischen Lehrer und Schüler, das Buch als „technische Ausweitung" des Lehrers. Giesecke nennt hier auch die Einführung von Bildmedien zur Informationsvermittlung, allerdings ohne dieses ausführlicher zu behandeln.

143 Karion Istomin, *Große Fibel/Bol'šoj Bukvar'*, 2v.

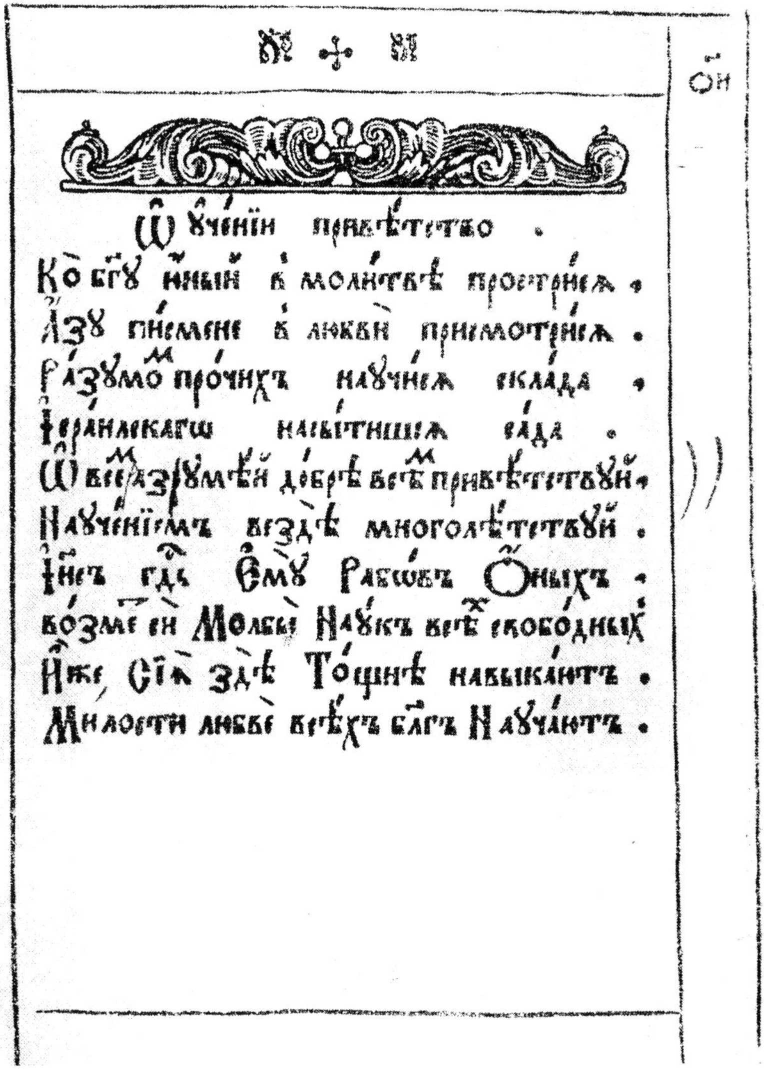
Ѿ ᲂу҆ченїи привѣтство.
Ко Бг҃ꙋ иныи в молитвѣ простренїѧ.
Азꙋ писмене в лики примотренїѧ.
Разꙋмо прочихъ наꙋченїѧ склада.
Іеранлескагѡ навыктнщїѧ сада.
Ѿ всеразꙋмнѣй добрѣ всѣ привѣтствꙋи.
Наꙋченїемъ вездѣ многолѣтствꙋи.
Інеѯъ гдѣ Ємꙋ Расѡвъ Ѻныхъ.
Возмеси Молбы Наꙋкъ всѣ свободныхъ.
Иже Сїѧ здѣ Точнѣ навыкаютъ.
Милости любве всѣхъ благъ Наꙋчаютъ.

Abb. 39: Karion Istomin: *Bol'šoj Bukvar' (Die große Fibel)* (1696), 78.
Aus: Kiselev, O moskovskom knigopečatanii, 181.

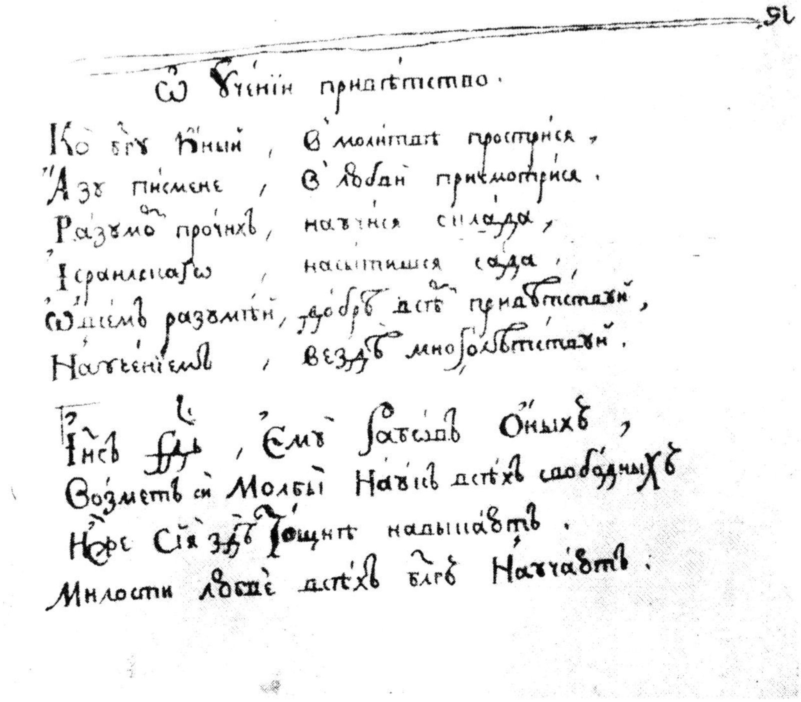

Abb. 40: Karion Istomin: *Bol'šoj Bukvar' (Die große Fibel)* (1696), 25r, handschriftlicher Entwurf. Aus: Kiselev, O moskovskom knigopečatanii, 183.

ein schriftlich vermitteltes Imaginäres. Nach Ong führen die Präzision des Drucks, die Systematisierungen und Inventarisierungen der gegenständlichen Welt zur Ersetzbarkeit derselben durch Indizes, Wörterbücher, Register, Tabellen, Kalender etc. Wo der in Kopräsenz von Kommunikationspartnern gegebene Zusammenhang von Sagen und Zeigen verloren geht, das heißt, die unmittelbare Leistung des Sprechens als eines deiktischen in der Schrift aufgebrochen wird, da fordert das Medium ebenso zur imaginativen und schriftperformativen Schließung dieses Hiatus auf, wie es die geschaffene Differenz offen hält. Die Vergegenständlichung des Wortes zunächst in der körpervermittelten Graphie, dann in der maschinellen Montage diskreter Metalltypen wäre also noch einmal gesondert auf ihre Produktion eines Imaginären in Vermittlung zu den bisher herausgestellten psycho-physiologischen Affekten des lesenden Sehens auszuloten. Müllers These von der komplexen Auskristallisierung performativer Kulturpraktiken unter schriftkulturellen Bedingungen gilt es also noch einmal zwischen hand- und druckschriftlichen Formen zu differenzieren. Im Folgenden wird es daher zunächst einmal darum gehen, die Relation von Handschrift und Druckschrift und ihre Effekte für einen rationalisierten und einen sinnesaffizierten Leseprozess zu beschreiben. Was Campe als Mediationstechnik fasst, ist dabei als medientechnische Implementierung des Subjekts zu entfalten.

3. Schriftmaschinen

3.1. Texte tasten – Texte testen

Mit der Entfaltung medienwissenschaftlicher Ansätze in der Literaturwissenschaft kam ein Interesse für die Materialien und Materialitäten der Schrift, für die Technologien extraverbaler Kommunikation und für die performativen Effekte von Schriftlichkeit auf, das sich auch für die Interferenzen zwischen Literatur und Literalität zu öffnen begann. Dieses Paradigma einer „Materialität der Kommunikation" perspektiviert mehrere von der Literaturwissenschaft bis dahin ausgeblendete Probleme, zu denen auch der Komplex der Hand- oder Druckschriftlichkeit gehört. Gerade für den russischen Barock kann dieses Phänomen einer gegenüber Westeuropa über zweihundert Jahre verspäteten medialen Epochenschwelle umso weniger ignoriert werden, als es eben die barocken Autoren sind, die sich neben der stark ornamentalisierten Prachthandschriftlichkeit von in der Rüstkammer (Oružejnaja palata) des Kreml' gefertigten Schenkungshandschriften (*podnosnye rukopisy*) intensiv des Drucks zu bedienen beginnen. Protagonist dieser Entwicklung ist einmal mehr der Hofpoet Simeon Polockij. Er setzt die Einrichtung einer ‚privaten' Druckerei durch.[144] Seine Obere Typographie (Verchnaja tipografija) steht als Keimzelle barocker Literatur neben dem Druckhof (Pečatnyj dvor), der primär mit der Produktion liturgischer Texte befasst war.

Der Buchdruck als Katalysator kulturellen Wissens schichtet epistemische Verhältnisse um und bestimmt als operative Schlüssel- und Schwellentechnologie von Interaktion und Kommunikation Zeichen- und Wahrnehmungsdispositive neu.[145] Die Folgen der Materialisierung eines Zeichenrepertoires in

144 Vgl. zur Einführung des Buchdrucks: Guseva, Buchdruck; Kiselev, O moskovskom knigopečatanii XVII veka; den Sammelband *Rukopisnaja i pečatnaja kniga v Rossii*; Rogov, Vozniknovenie i razvitie knigopečatanija; ders., Knigopečatanie; Donnert, *Das Moskauer Rußland.*

145 Im Gegensatz zu Westeuropa gibt es kaum historische Dokumente, die den medialen Umbruch diskutieren. Demin gibt eine Interpretation des Kolophon zum Apostol (1564) Ivan Fedorovs unter dem Titel „Misstrauen gegen das gedruckte Buch" („Nedoverie k pečatnoj knige"). Er fügt allerdings den Ergebnissen, die schon Donnert vor ihm zu Tage förderte, kaum etwas hinzu. Vgl. Demin, *Pisatel' i obščestvo v Rossii XVI – XVIII vekov*, und Donnert, *Das Moskauer Rußland.* Ivan Fedorov thematisiert in seiner *Erzählung darüber, wie das Druckwesen aufkam und wie es sich entwickelte* (*Sija povest' ubo iz-javljaet otkudu načasja i*

Blei und seine Ablage als Lettern in Setzkästen sollen hier auf zwei aisthesistheoretische Aspekte der Forschung zugespitzt werden: Zum einen geht es um die Rolle einer visuellen Dominanz der Wahrnehmung und zum anderen um die Rolle der Verdinglichung des Wortes. Giesecke sieht in der typographischen Kultur der Neuzeit das doppelte Erkenntnissystem aus inneren und äußeren Sinnen „teuflisch" reduziert und meint: „Was auch immer geschrieben, gedruckt und gelesen wird, es erscheint der Gesellschaft als Produkt der ‚fleischlichen Sinne'."[146] In dieser Einschätzung manifestiert sich eine Assoziation von Technisierung – Korporalisierung – Dämonisierung, die sich in einem prinzipiellen Häresieverdacht gegen den Buchdruck verdichten. Dabei richtet sich der Fleischlichkeitsvorwurf der Privilegierung des äußeren Auges vor dem inneren an ein Medium, das Außenweltwahrnehmung zu substituieren vermag. Das (apparative) Auge erfährt mit dem Buchdruck eine neue Einschätzung als Erkenntnisinstrument, welches die *demonstratio ad oculos* ersetzen kann. Dieser Effekt lässt in der typographischen Verschriftlichung die abstrahierende Wirkungsmacht eines symbolischen Systems erfahrbar werden, das in ungekanntem Ausmaß die *imaginatio* stimuliert, aber gleichzeitig als Reorganisation des visuellen Systems der Schriftlichkeit auch Bildlichkeit auf neue Weise als Schriftbildlichkeit rezipierbar macht. Technische Schriftlichkeit führt zu einer Neubestimmung von Auge und Bild bzw. Druckschrift bringt als Visualisierungsform des Wortes eine neue Konditionierung von Vi-

kako s-veršisja drukarnja sija) die Sakralisierung eines tendenziell verdächtigen Mediums über seine Einspeisung in missionarische Funktionszusammenhänge, ohne auf konkrete Wahrnehmungen oder sensorische Erfahrungsmomente einzugehen. Vgl. auch die bereits erwähnte *Erzählung über die Herstellung gedruckter Bücher* (*Skazanie izvestno o voobraženii knig pečatnogo dela)*, die sich gleichfalls neben pragmatischen Aspekten wie Mittelbeschaffung etc. auf eine Rückversicherung des Buchdrucks als gottgewolltes Handwerk zu missionarischen Zwecken konzentriert. Zu diesen eher mentalitätsgeschichtlichen Ansätzen wäre auch noch eine Quelle heranzuziehen, die bisher unberücksichtigt blieb. In den schon diskutierten *Secreta secretorum* (*Tajnaja tajnych)* des Pseudo-Aristoteles finden sich auch zwei Rubriken mit Vorschriften für Persönlichkeitsstruktur und Aufgabenbereich für Schreiber und Drucker. Der Pseudo-Aristoteles gibt hier eine Zusammenfassung der Eigenschaften moralischer Integrität (Ehrlichkeit, Nüchternheit, Treue zum Wort, Tüchtigkeit usw.) und kognitiver Bildung: Der gute Drucker muss nicht nur lesen und schreiben können, er muss auch neben der Kunstfertigkeit der Druckerei Drucktypen und Handschriften so gut kennen („daby byl promyšlen znati chitrosti pečatnyja vselično i chitrosti pismennyj"), dass er in der Lage ist, Fälschungen zu identifizieren. Hier spricht der Text auch von unabdingbarer Kenntnis der „parsuny listovye", was die beigefügte neurussische Übersetzung als „osobennosti počerka" übersetzt. Sinngemäß geht es darum, die Handschrift eines jeden Menschen zu kennen. Offensichtlich verschiebt sich also der Begriff der *parsuna* im 17. Jahrhundert von der Schrift einer Person als ihrem graphologischem Schrift-Bild auf das persönliche Porträt! (PLDR, Bd. 6, 567).

146 Giesecke, *Der Buchdruck*, 583.

sualität mit sich. Setzt bereits die Schrift an sich Abstraktion von der Anbindung an das Sichtbare voraus, so treibt die Typographie diese Tendenz einerseits weiter. Andererseits aber sucht sie Wege zur Rückkoppelung an das Sichtbare, an eine Sichtbarkeit, die nun typographisch konstruiert ist.

Hiermit eng verbunden ist die Frage nach der Korporalität oder Exkorporalität von Schrift (im Prozess der Hervorbringung als taktiles Moment der Formgebung, des inneren Diktats, der Mühsal) und Kommunikation (im Sinne der körperlichen Kopräsenz der Kommunikationspartner) im Zuge der Technisierung von Verschriftlichungspraktiken und Notationssystemen.[147] Die Präsenz des Körpers in Kommunikationssituationen in Anschlag zu bringen, die nicht über den ad-hoc-Vollzug des Sprechens verfügen, intendiert keineswegs, den Leib als sensorischen Garanten zur Bindung aufgelöster Referenzen einzusetzen. Solch ein Ansatz fragt vielmehr nach den Dissoziationsphänomenen, die in der optischen Distanzierung und Verunsicherung durch Schrifttechnologien liegen und die den Vollzugscharakter des Lesens zu einer atmosphärischen Steigerung des Schrift-Kontakts führen. Begrifflich ließe sich das mit einer Pointierung der Taktilität in den Reproduktionsmedien fassen, die sensorische Erfahrbarkeit auf die Manipulationsmöglichkeiten eines sezierenden Zugriffs verschiebt. Benjamin spricht von der operativen Hand und dem testenden Auge als äquivalenten Wahrnehmungsorganen der Massenreproduktion.[148] Damit werden Ansätze virulent, die gerade die vom Buchdruck forcierte optische Abstraktion von jeder Kontagiösität als „Bedingung“ dafür sehen, „dass der Sinn des Sehens seinen eigenen Tastsinn formen kann.“[149] Die Verknüpfung medienhistorischer mit anthropologischen Fragestellungen steht damit zum einen im Paradigma einer vielbeschworenen *visual culture*, die die Umwertung der Sinnesorgane medialen Effekten zuschreibt. Zum anderen schneidet sie das Feld der nicht weniger breit diskutierten Phänomenologie der Leiblichkeit oder auch – immer wieder – einer „Wiederkehr des Körpers“[150]. Beide Ansätze betreiben angesichts der Materialisierungs-, Distribuierungs- und Kommunizierungsformen der Kultur und ihrer Träger eine fundamentale Rationalismuskritik, welche partiell vom prekären Ansinnen der „Chance nach einer neuen authentischen Erfahrung“[151] getragen ist. Gepeinigt von der Zu-

---

147 Weit über die Aphorismensammlungen McLuhans hinausgehend hier z.B. Giesecke, *Der Buchdruck*; Eisenstein, *The Printing Press as an Agent of Change*; vgl. auch Luhmann, *Die Gesellschaft der Gesellschaft*, Bd. 1, 291–302; Ong, *Oralität und Literalität.*

148 Benjamin, Das Kunstwerk im Zeitalter seiner technischen Reproduzierbarkeit.

149 von Braun, *Versuch über den Schwindel*, 216. von Brauns Argumentation bleibt dann freilich zu fragmentarisch und historisch unscharf, um diese These wirklich erhärten zu können.

150 So der Titel des Schule machenden Sammelbandes von Kamper/Wulf.

151 Kamper, *Eine Geschichte der Einbildungskraft*, 9.

rücklassung des Körpers auf dem Weg zur literalen Gesellschaft bezieht sich die Rede vom Ende des Gutenbergzeitalters nur zu häufig zurück auf Kontrafakturen virtueller Nutzerwelten mit interaktiven Formen ‚mittelalterlicher' Schrift- und Bildkommunikation wie auch auf Phänomene „sekundärer Oralität"[152]. Hier kommt der Begriff der Performanz ins Spiel, der die Sensomotorik schriftlicher Kommunikationssituationen wie auch den Erlebniswert eines präsentischen Hier und Jetzt, den Unmittelbarkeitserfahrung versprechenden Ereignischarakter oral-auraler und chirographischer Zeichenproduktion und -rezeption herausstellt.[153] In zahlreichen theoretischen Ansätzen gerät dabei der Performanzbegriff in schwierige Nähe zu reauratisierenden Konzepten. Dementgegen wird es hier eher um diejenigen Modelle gehen, die die Repräsentationskritik der Performanz nicht an Authentizitätsbilder binden.[154] Sie konzentrieren sich vielmehr auf die Erfassung eines Blicks, der sich zu einer imaginär stimulierten sensorischen Erfahrung steigern kann, in der Leiblichkeit kein logozentristisches Residuum, sondern die „Spur des Körpers"[155] sein kann.

3.2. Typographische Formen: Bilder-Rahmen, Schrift-Karten und Lettern-Labyrinthe

Schon McLuhan bringt die Rasterung des Schriftraums durch den Buchdruck in einen ursächlichen Zusammenhang mit der Berechenbarkeit des Sichtraums durch die Linearperspektive in der Malerei. Kittler und Krämer folgen diesem Ansatz der Operationalisierung von Wahrnehmung und erweitern ihn um andere parallel situierte Phänomene der Formalisierung symbolischer Codes wie z.B. das Kalkül und die doppelte Buchführung. „Buchstaben – Zahlen – Codes" bestimmen die flächenökonomische Setzbarkeit der Letter als Ersetzbarkeit.[156] Giesecke bringt noch andere Medien des rationalisierten Blicks ins Spiel, die auch im Zusammenhang mit den technologisierten Arten des Sehens der kopernikanischen Wende schon diskutiert wurden: „Gefragt ist im Zeitalter der typographischen Kultur perspektivisches, einäugiges Sehen, erforderlich sind materielle Werkzeuge wie der Visierstab, Albertis ‚vetro tralucente' (Glasscheibe), das Fernrohr und recht bald auch das Mikroskop."[157] All diese Medien garantieren eine Regelung des Wahrnehmungsprozesses, die sei-

152 Vgl. Ong, *Oralität und Literalität*, 136; ebf. McLuhan, Das gedruckte Wort.
152 Zumthor, *Die Stimme und die Poesie in der mittelalterlichen Gesellschaft*.
154 Vgl. zum Re-Auratisierungsmodell z.B. Bahr, *Imagination und Körper*, zum repräsentationskritischen Modell Krämer, Sprache – Stimme – Schrift.
155 Krämer, Sprache – Stimme – Schrift, 44.
156 Kittler, Buchstaben – Zahlen – Codes.
157 Giesecke, *Der Buchdruck*, 35.

ne intersubjektive Wiederholbarkeit und Überprüfbarkeit in der schriftlichen und bildlichen Repräsentation möglich machen soll. Die Kernkompetenz lautet: Simulationsfähigkeit visueller Wahrnehmung. Die Fixierung von Augen- und Fluchtpunkt wird als entscheidendes Verfahren zur Immobilisierung des Lesers und zur optischen Zügelung gesehen. Gleichzeitig zu dieser Einschränkung der okularen und korporalen Bewegungsfreiheit des Schriftrezipierenden, seiner „Minimotorik der Wahrnehmung“[158], erarbeiten die „barocken Operatoren“ jedoch auch einen dynamischen Raum des Buches, der aufgrund seiner Maschinisierung vom Grundraster einer mechanisch beliebigen Rekombinatorik ausgeht.[159] So starr die Letter ins Rastersystem der gutenbergschen Stanze eingefügt ist, so wenig sie die Irregularitäten und Abweichungen der Handschrift zulässt, so sehr bedingt der losgelöste und in jeder Lage neu zu Syntagmen zusammensetzbare Buchstabe doch auch einen Schriftraum der prinzipiellen Beweglichkeit. Es ist gerade diese mediale Doppelcodierung, die von den Schriftstellern des Barock als Herausforderung zum Spiel mit Stellbarkeiten und Flexibilisierungen genutzt wird.

In Schrift-Bild-Konstellationen umgesetzt zeigen das die Frontispize und einige Labyrinthgedichte Simeon Polockijs aus der *Erzählung von Barlaam und Josaphat* (*Povest' o Varlaame i Ioasafe*, Moskau 1680) und der *Psalter in Versen* (*Psaltyr' rifmotvornaja*, Moskau 1680). In der Frühphase der Implementierung eines neuen Mediums werden hier bereits mediale Hybride und Grenzgänger typographischer Programmierung produziert. Neben den Titelkupfern entstehen als deutlich markierte Eingänge und Rahmungen des Buches (auch der Satzspiegel ist von einem solchen Linienrahmen umgeben) sogenannte typographische Spiele (*nabornye igry, tipografičeskie igry*).[160] Beide Formen bauen auf der Allegorizität des Drucks und des Mediums Buch auf. Ohne die Komplexität der *konkljuzii* (*summa*) ukrainischer Titelblätter zu erreichen, entwickelt der Moskauer Barock hier eine allegorische Formensprache, die das Buch als Schauraum definiert.[161]

Auf dem Titel zur *Erzählung von Barlaam und Josaphat* rahmen zwei von Simon Ušakov gestaltete Allegorien den barocken Titel ein (vgl. Abb. 41). In der russischen Buchkunst ist damit der erste Fall einer solchen Portalkonstruktion mit zwei rahmenden Figuren gegeben. Links die Allegorie des Friedens (mir), in den Händen emblematische Attribute (ein Olivenzweig, eine Harfe, ein Füllhorn), mit Lorbeer bekränzt, zu den Füßen ein Lamm; rechts die Allegorie des Kriegs (bran), gerüstet mit Helm, Schwert und Lanze, mit dem rechten

---

158 Luhmann, *Die Gesellschaft der Gesellschaft*, Bd. 1, 293.
159 Vgl. Rieger, *Speichern/Merken*.
160 Guseva, Oformlenie izdanij Simeona Polockogo, 469.
161 Vgl. auch die Diskussion der Frontispize im Kap. I.3.2.

Abb. 41: Simeon Polockij: *Istorija o Varlaame i Ioasafe (Die Geschichte von Barlaam und Josaphat).* Moskau 1680, RK RNB, IV.6.7g.

Fuß auf einer Schildkröte stehend. Ihre Positionierung auf dem Titelkupfer der (auf Johannes Damascenus zurückgehenden) Erzählung über den König Barlaam scheint kaum semantisch motiviert. Sidorov vermutet, dass die Gravur schon vor 1680 nach einer allegorischen Zeichnung von Ruhm und Ehre aus der *Hieroglyphica* Pierios (1586) als Buchportal für eine ungedruckt gebliebene Sammlung Simeon Polockijs, *Predigt über den Krieg* (*Beseda o brane*, 1677), angefertigt und dann als Frontispiz für die *Erzählung von Barlaam und Josaphat* eingesetzt wurde.[162]

In diesem Hinweis Sidorovs auf die Multifunktionalität des Titels könnte der Schlüssel zur Konstruktion der Titel-Allegorie liegen. Wenn ihre ikonographische Motivik nicht auf einen Textkern referiert, sondern sie variabel als figurativer Wechselrahmen für einen nahezu beliebig eindruckbaren Buch-Titel fungieren kann, dann gehorchen die allegorischen Figuren von Krieg und Frieden dem typographischen Prinzip systematischer Permutabilität und Rekombinatorik. In dieser Zeichenlogik des Drucks sind die Verkörperungen von Krieg und Frieden Allegorien einer medial immer zwischen heterogener Konflikthaftigkeit und homogenisierender Harmonisierung befindlichen typographischen Konstruktion von Schrift-Bild-Flächen innerhalb (ver)stellbarer Raster der Bebilderung und Beschriftung. Tritt die semantische Funktion dergestalt in den Hintergrund, so wird die perspektivische Funktion beider Figuren für die Positionierung der Schrift im Bild und des Leserblicks auf der Buchseite umso bedeutsamer. Innerhalb der oben und unten durch einen Sims begrenzten architektonischen Gesamtkonstruktion der Seite bilden die zwei Figuren, zu beiden Seiten des Titels auf Piedestalen gelagert und den Blick dem Text zugewendet, die statuarischen Stützpfeiler eines streng planperspektivischen Seitenaufbaus. Als monumentaler Bilderrahmen und über ihre Sehachsen zentrieren sie das Auge des Lesers und schreiben es im Koordinatensystem der Seite fest. Gleichzeitig grenzt ihre dimensionale Plastizität sie jedoch auch dezidiert von der Linearität der Schrift ab. Auf diese Weise dezentrieren sie die Aufmerksamkeit und fokussieren den Leserblick nicht nur, sondern lenken ihn auch zur Seite hin ab. In dieser gegenseitigen Sammlung und Zerstreuung von Schriftlektüre und Bildbetrachtung stimulieren und dirigieren sie den lesenden Blick als einen betrachtenden, der in einer Art stereo-

162 Sidorov, *Drevnerusskaja knižnaja gravjura*, 260. Sidorov eruiert akribisch die ikonologischen Quellen für diesen Kupferstich und zieht dabei auch die Bibliothek der Synodal-Druckerei heran, in deren Exemplaren er zahlreiche Bildvorlagen für Simeon Polockijs Allegorien findet, was ihn zu dem Schluss führt, dass es sich bei dem vorliegenden Kupferstich um die zweite Aufarbeitung „humanistischen Gedankenguts“ (insbesondere subsumiert er darunter Rubens) in der russischen Kultur seit der Gravur des Evangelisten Lukas von Ivan Fedorov handele. Er traktiert das Frontispiz als Beispiel für den ersten belegten Fall direkter Rezeption der Renaissance-Ästhetik in der russischen Kultur (267).

skopischem Auseinanderdriften rechts und links am Titel vorbei sieht, durch die Blickachse der allegorischen Figuren aber wieder auf das Zentrum der Schrift zurückgelenkt wird, die in diesem Prozess der Blickcodierung nun im Zeichen allegorischer Figuralität gelesen wird. Damit bilden „Krieg“ und „Frieden“ den Bilderrahmen für einen Text, den der Leser im Folgenden einer allegorisch vorcodierten Lektüre unterziehen wird.

Zentrierung und Dezentrierung des Blicks auf das Titelkupfer entfalten die Schrift-Labyrinthe der *Erzählung von Barlaam und Josaphat* und des *Psalters in Versen* weiter in die Figurativität der Schrift als Letternmanipulation. Beide Texte zeigen sich von der seit der Antike beliebten Tradition der *carmina figurata* inspiriert, setzen die hier ausgestellte Präsenz des graphischen Signifikanten jedoch bewusst im Kontext maschineller Verfahren technischer Aufzeichnungsmedien ein, welche die figurative Kryptographie als „polyalphabetischen Code“[163] nach verrückbaren Buchstabenwerten umschreiben. Umzeichnen die Figurengedichte gestalthaft ihr Signifikat, so entstalten die Schrift-Labyrinthe das Konzept figurativer Bilderlyrik zu maschinell-relationalen Stellungs-Irrgärten. Grundsätzliche Effekte der Typographisierung werden in den Lettern-Labyrinthen verhandelt, die vor dem Hintergrund altrussischer Schriftsakralität ein kaum zu unterschätzendes Provokationspotenzial besitzen. Zeichen „werden zu Elementen eines Codes, der einer unter vielen möglichen ist.“[164] Konkret heißt das: Signifikanten können experimentell und auf ihre graphische Wirkung hin strukturiert werden; Worte können richtungsreversibel angeordnet werden; die Praxis des Lesens bezieht ihre Enigmatik nicht aus einer ontologischen Tiefe, die es zu verstehen, sondern aus der visuell-technischen Ornamentik eines Schaltplans der Schrift, den es spielerisch zu dechiffrieren und mit dem Auge nachzuvollziehen gilt. Die materielle Objektivierung der Schrift führt semiotisch zu einer Phonem-Graphem-Beziehung, die entscheidend in das altrussische Verständnis der Unveränderlichkeit des Zeichens eingreift: Sie stabilisiert das Repertoire, führt aber den Gedanken der Arbitrarität über die Montagetechnologie des Setzens, die von derjenigen des Schreibens und des Lesens funktional getrennt ist, ein. Alle Überlegungen, nach welchen Kriterien Buchstaben miteinander verknüpft werden, sind damit auf eine neue Grundlage gestellt. Das impliziert die Standardisierung der Sprache und Normierung der Morphologie, die „Orthotypographie“[165], die Bildung von Algorithmen für

163 Kittler, Buchstaben – Zahlen – Codes, 45.
164 Kittler, Buchstaben – Zahlen – Codes, 46.
165 Giesecke, *Der Buchdruck*, 491. Nach Giesecke ist die strukturalistische Sprachwissenschaft als Analyseinstrument typographischer Informationsspeicherung logische Konsequenz dieser medialen Entwicklung.

die Verknüpfung von Worten und Sätzen zu Texteinheiten. Die Bedeutung des Wortes ‚Lesen', seine Technik und seine Praxis sind mit dieser Fokussierung von Kombinationsaktivität endlicher Zeichen unter gleichzeitigem Zurücktreten ihrer sakralen Semantisierung zutiefst betroffen. Das Gleiche gilt auch für die Konzepte von Sprache, die mit der Vergegenständlichung des Zeichens, mit seiner Arbitrarisierung auch seine Artifizialisierung vorantreiben. Schrift und Lesen werden vor allem als zwei Erfahrungsmodi vorgeführt: als expansive Bewegungs- und als intensive Wahrnehmungsform.

Der erste ‚Text' gibt einen geometrisch durchgerasterten Rahmen diskreter Buchstaben und formuliert dazu als Lektüreanweisung in einer Art *subscriptio*: „Vier Eingänge sind hier angelegt / durch verwobene Buchstaben zum Lesen gegeben" („Četyre načala sut' zdě položena / vjaščšimi pismeny čtušču izjavlena"). Im Zentrum finden sich diese vier Eingänge als rot hervorgehobene Initialen **IPPM**, aus denen folgt: „Oh, Josaphat und Barlaam, / die in Liebe zu verehren / und zu deren hochheiligem Gedenken ich schöpfe, / betet, uns zu retten." („**I**oasafe s Varlaamom / **P**očitajuščym s ljuboviju / **P**resvjatuju pamjat' vaju / **M**olita spastisja nam.") (Vgl. Abb. 42.) Der zweite Text reduziert die vier Eingänge auf einen. Der Lesbarkeitscode ist auch hier gegeben: „Lies von der Mitte bis zu den Rändern, man kann aber auch viele tausend andere Wege entlang lesen." („Čti ot sredy do kraev, a moščno čitati / tožde raznymi puti mnogo tysjašč krati.") Folgt man der Vorgabe, so wird lesbar: „Singt Psalmen unserem Gott" („**Ps**almy pojte bogu našemu") (vgl. Abb. 43). Die Wege des Auges folgen in beiden Labyrinthen einem Ariadnefaden zunächst nach unten, seitlich oder oben an den Rand, um dort mitten im Wort abzubiegen. Erst danach entdeckt man die Option, vorher die Richtung wechseln zu können, um später wieder in den ersten Weg einzumünden. Durch diese Ausnutzung von Vertikale und Horizontale erhält der Text graphisch eine Rhombenform, er löst sich auf und strukturiert sich neu als ein geometrisches Geflecht aus Linien und Punkten. Sind für den ersten Text vier Leseeinsätze mit Kombination der Satzfragmente notwendig, so ist die kurze Formel des zweiten Textes in einem Lektüregang erschlossen.[166]

Die Struktur der ‚Gedichte' diskutiert implizit zahlreiche Theoreme typographischer Vertextung und Flächenökonomie. Das betrifft in erster Linie die Zerlegung des Wortes in räumlich-visuelle Komponenten und die Entwicklung des mehrdimensionalen Sehens zum monolinearen Lesen. Sie markieren das Feld von Sichtbarkeit (einer Graphie) und Unsichtbarkeit (eines Bildes, einer Semantik), von Anwesenheit und Abwesenheit, in dem sich die Letter be-

---

166 Vgl. zu anderen Labyrinthtexten Simeon Polockijs Sazonova, *Poėzija russkogo barokko*, 83ff. Sazonova begrenzt die typographischen Experimente im *Psalter in Versen* auf ihre „didaktisch einprägende" Funktion („'Skrižal' mnogoputnaja' byla takže ves'ma udobnoj formoj dlja celej didaktičeskogo vnušenija […]").

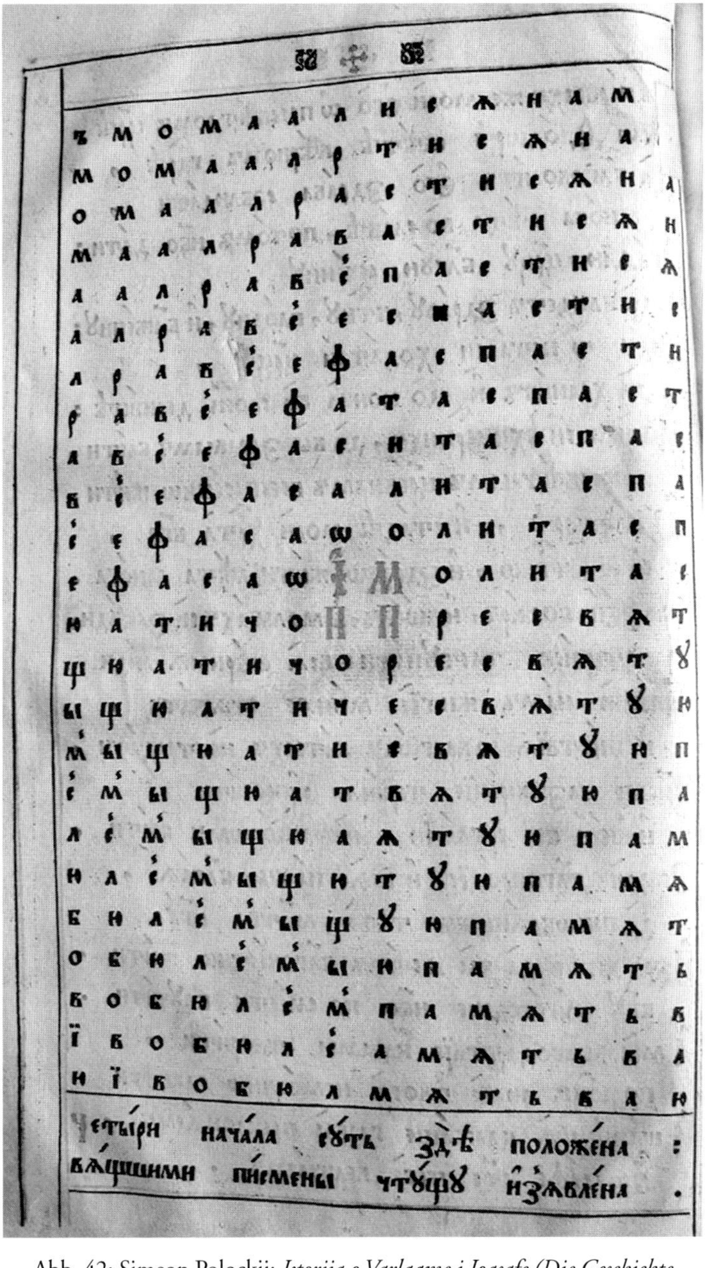

Четыри начала єсть здѣ положена :
бѡльшими писмены чтѹщѹ изъявлена .

Abb. 42: Simeon Polockij: *Istorija o Varlaame i Ioasafe (Die Geschichte von Barlaam und Josaphat).* (Moskau 1680), RK RNB, IV.6.7g.

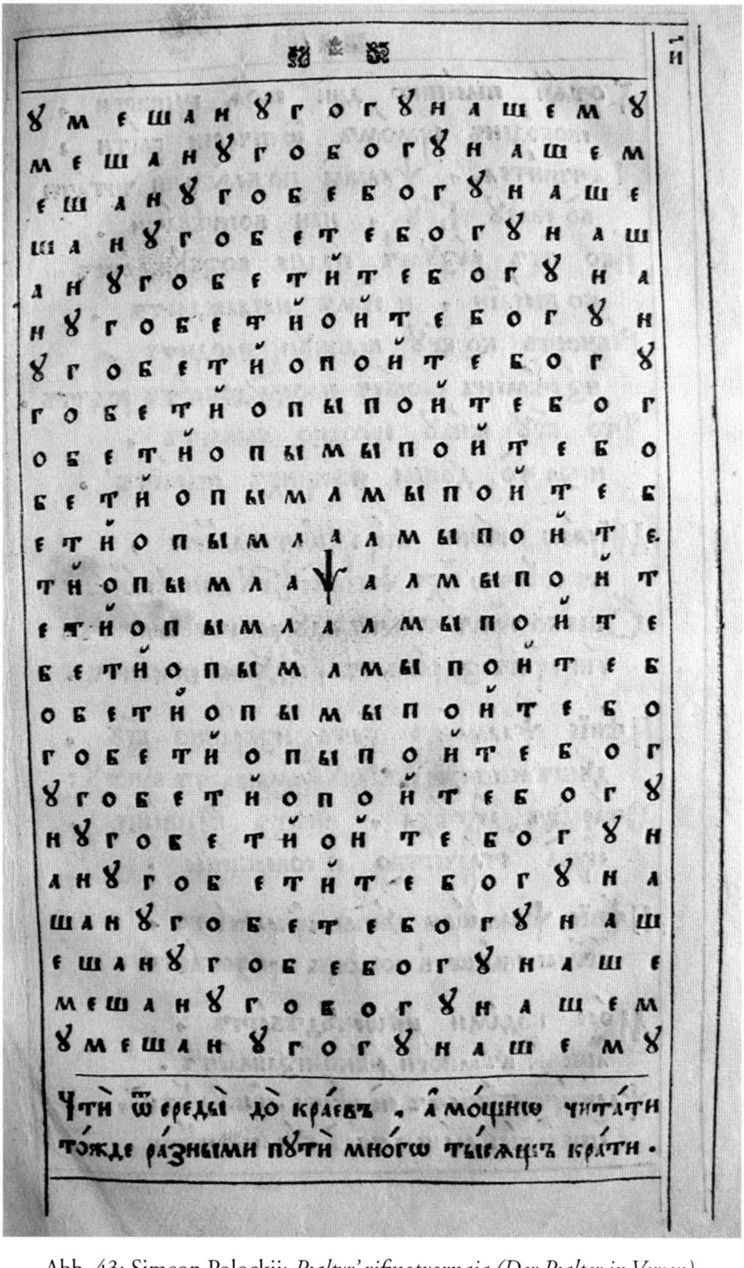

ни

У м е ш а н У г о г У н а ш е м У
м е ш а н У г о б о г У н а ш е м
е ш а н У г о б е б о г У н а ш е
ш а н У г о б е т е б о г У н а ш
а н У г о б е т и т е б о г У н а
н У г о б е т й о й т е б о г У н
У г о б е т й о п о й т е б о г У
г о б е т й о п ы п о й т е б о г
о б е т й о п ы м ы п о й т е б о
б е т й о п ы м л м ы п о й т е б
е т й о п ы м л а л м ы п о й т е
т й о п ы м л а ↓ а л м ы п о й т
е т й о п ы м л а л м ы п о й т е
б е т й о п ы м л м ы п о й т е б
о б е т й о п ы м ы п о й т е б о
г о б е т й о п ы п о й т е б о г
У г о б е т й о п о й т е б о г У
н У г о б е т й о й т е б о г У н
а н У г о б е т и т е б о г У н а
ш а н У г о б е т е б о г У н а ш
е ш а н У г о б е б о г У н а ш е
м е ш а н У г о б о г У н а ш е м
У м е ш а н У г о г У н а ш е м У

Чтѝ ѿ среды̀ до̀ кра́евъ . а҆ мо́щнѡ чита́ти
то́жде ра́зными пꙋ́ти мно́гѡ ты́сѧщъ кра́ти .

Abb. 43: Simeon Polockij: *Psaltyr' rifmotvornaja (Der Psalter in Versen).* (Moskau 1680), RK RNB, IV.6.4[a, 9].

wegt, noch einmal im Hinblick auf die Anordnung der Linie im Raum, auf die Dimensionalität ihrer optischen Gestaltung. Damit ist auch die Relationierung der Linie zum Unter- oder Hintergrund des selbst wieder geometrisch durch Vertikale und Horizontale der Rahmung gegliederten Papiers als Erscheinungsmatrix der Graphie angesprochen. Es stellt sich die Frage, wie sich lineare Konfiguration und Fläche zueinander verhalten. Dabei leben die angeführten Texte Simeons sowohl von den Konstruktionsprinzipien des Drucks, wie sie sich als kontrollierte Positionierung der Letter im Gerüst der Seite, als Reduktion der unregelmäßigen Handschrift auf eine streng uniforme Ordnung des Buchstabenbaus, als klare noetische Effektivität und als dominant visuelle Kommunikationsform bestimmen lassen, als auch vom Spiel mit diesen Mustern und deren Verfremdungen, indem sie zweidimensionale Ornamentalität wie auch Polyperspektivierung mitdenken lassen. An den Spezifika der neuen Reproduktionsmedien wird hier das barocke Paradoxon der Lesbarkeit und Sichtbarkeit in schriftfigurativen Allegorien variiert: Jene Strategien, die zunächst Lesbarkeit zu garantieren scheinen, indem sie die abgegrenzten, einfachen Formen des Geometrischen zugrunde legen, führen durch ihre Abstraktionsleistung auf der Papieroberfläche zur Verselbständigung ihrer Formgesetze und lösen referenzielle, strukturelle und mediale Proliferationen aus. Der Buchstabe tritt als figurierter geometrischer Stellenwert aus dem symbolischen System des Alphabets heraus und in einen Graphismus der Fläche ein.

Diese Fläche kann als Karte, aber auch als deren Verzerrung, als Labyrinth gelesen werden. Beide Modelle haben weit reichende Folgen für die Wahrnehmungsformen von Schrift, für ihren Status als Offenbarungsmedium, vor allem aber auch für die Möglichkeiten sichtbarer bildlicher Darstellung dessen, was die kartographische oder labyrinthische Linie (be)schreibt. Aus dem kartographischen Moment heraus entwickelt Buci-Glucksmann die Allegorizität barocker Darstellung:

> Wird das Unsichtbare kartographiert, hört es auf, theologisch transzendent zu sein. Mit einem Schlag entkommt es den beiden Formen, unter denen das Unsichtbare im abendländischen Monotheismus auftritt: dem Bilderverbot und der Offenbarung im darstellbaren Leib Gottes, des ‚fleischgewordenen' Wortes. Denn es behandelt die Unsichtbarkeit der Welt als eine ‚Immanenzebene', auf der Wissen und Kunst, das Sichtbare und das Lesbare sich verflechten.[167]

Buci-Glucksmann trifft jene diskursive Konstellation, in der Simeon Polockij das Schreiben und Zeigen des Transzendenten zum Ästhetischen der Schrift-Bild-Form gestaltet. An die Stelle des transitorischen (Augen)Blicks, der rezeptiven Dechiffrierung einer Aufforderung, einen unsichtbaren Gott zu loben, set-

167 Buci-Glucksmann, *Der kartographische Blick der Kunst*, 69f.

zen seine labyrinthischen Aufforderungen zum Gesang der Psalmen die Sensibilisierung für die materielle Faktur des Zeichens.[168] Neben dem Konzept der Kartographisierung und seiner Verschränkung von Lesbarem und Sichtbarem ist aber auch eine Entstellung desselben zu beobachten. Im Muster linearer Metamorphosen und dynamisierter Statik wird eine graphische Linie frei gesetzt, die nicht direkt zwischen zwei Punkten verläuft, sondern pendelt, sich verzweigt, inversiv fortfährt, kontinuierlich variiert. Das Prinzip des optischen Ordnungsraumes der kartographischen Kontrollfläche wird gleichsam durch Dynamisierung und Aberration ausgespielt, so dass der fest verwobene Raum der Textur zum fließenden Raum der Faktur wird. Das Territorium der Karte verändert sich durch die Effekte dezentristischer Geometrie zur labyrinthischen Struktur, die in den Pendelbewegungen des Lesens den Blick in die Irre zu führen droht. Über die der Mobilisierung der Linie, die der in Senkrechter und Waagerechter gefesselten Bewegung einen Weg aus dem Koordinatenraster weist, wird Lesen in seinem Ereignischarakter erfahrbar und aktiviert diejenigen Aufführungspraktiken von Schrift, die dem Labyrinth zugrunde liegen.

Kern führt in seiner enzyklopädischen Dokumentation der Erscheinungsformen des Labyrinths zahlreiche Schriftlabyrinthe an, die er als „sinnbestimmte Bewegungsfigur" definiert.[169] Er führt das Phänomen des Labyrinths historisch auf die choreographische Fixierung von Tanzbewegungen zurück. Diese Perspektive des Textes als Tanzfigur, als kinetographische Struktur, die eine Körperbewegung präskriptiv aufzeichnet, erklärt noch mehr als die Existenz graphisch verschlungener Figuren und linearer Auspendlungen. Über die Herleitung gerade des zentristisch angelegten kretischen Labyrinths aus der graphischen Aufzeichnung von Bewegungsspuren des Tanzes und „wechselseitig sich verwickelnde[n] Tänzerketten" wird der Nexus von zentrifugalen und zentripetalen Bewegungen der Lettern als typographisches Kinetogramm begreif-

168 Vgl. Assmann, Die Sprache der Dinge, 241: „Der flüssige und behende Duktus wird gehemmt, ja u.U. ganz zum Stillstand gebracht […]. Der Text wird selbst zu einem Bild, das den Betrachter in den Bann schlägt und ihm nicht gestattet, kurzerhand zur Sache zu kommen. Durch Farben und Formen, Ornament und Illustration […] wird der Weg zum immateriellen Inhalt unterbrochen. Dem Drang zur verflüssigenden Spiritualisierung tritt die Materialisierung des Textes als ein Veto entgegen." Dass auch die Statik suggerierende Materialität des Zeichens durch Techniken der Re-Dynamisierung der Graphie aufgebrochen werden kann, wird im Folgenden noch deutlich werden. – Vgl. zur Unterscheidung von Reflex und Resistenz des Blicks auch Clarke, Der Blick und das Schauen. Clarke geht es mehr um die Problematik eines idealisierten Sehens in der minimal art, die sowohl den Produktionsprozess, seine Zeitlichkeit und Körperlichkeit, als auch den Wahrnehmungsprozess mit eben diesen Aspekten teilweise auszuschließen versucht. Der „Blick" meint diese verkürzte, auslöschende Wahrnehmung der reinen Präsenz, „Schauen" meint bei Clarke (in Anlehnung an Bryson) die bewusste Integration des Zeitfaktors von Machen und Betrachten.

169 Kern, *Labyrinthe*, 13. Zu Beispielen von Labyrinthtexten bei Kern vgl. 308ff. und 345f.

bar.[170] Nimmt man also eine materielle „choreographische Fixierung" einer „immateriellen Bewegungsspur des Tanzes" als konstitutiv an, so weist das Labyrinth als „graphische, lineare Figur" von „geometrischer Form" Eigenarten auf, die mit Brandstetter „zwischen Alphabet und Toposformel" situiert werden können.[171] Mit der „abstrakte[n] Bewegungsfigur" (Kern), die aus der Notation ritueller Performanz als Tanzschrift resultiert, erschließt sich das typographische Spiel (*tipografičeskaja igra*) die Dimension eines Schrift-Tanzes, die vom Leser den psycho-physischen Nachvollzug einer Zeichen-Ordnung als Raum-Muster verlangt.

Im Lichte dieser labyrinthischen Urszene sind Simeon Polockijs Buchstabenblätter als Versuche lesbar, das ikonographische Moment der Typographie als kinästhetische Qualität herauszuarbeiten. Die so gewonnene Bewegungsstruktur erlaubt aber auch, die Performanz des Lesens noch einmal im optischen Spannungsfeld von Sichtbarkeit und Unsichtbarkeit, Blindheit und Taktilität näher zu bestimmen und zu relativieren. Denn Konfigurationen von Lettern als topographische Körperbewegungen stimulieren zwar korporale Perzeption, doch sie sperren sich in den Irrgärten der Fläche gegen die Re-Transformation einer Choreographie der Buchstaben in eine Choreographie des Lesens. Das liegt nicht zuletzt daran, dass eine Lektüre des Textes als im Raum bewegten Zeichens bei labyrinthischen Konstruktionen nur begrenzt die volle Erfahrung des Raumes bereithält. Als zunächst dreidimensional im Raum existente Skulptur reduziert sich das Labyrinth aufgrund seiner Baustruktur in der Wahrnehmung seines Besuchers auf die Zweidimensionalität einer linearen Abfolge von Räumen und Gängen. Damit verengt sich zunächst der Körper auf das orientierungssuchende Auge. Doch auch dieses vermag hier keine Übersicht zu garantieren. Die Irrungen und Wirrungen, denen es ausgesetzt ist, bestimmen die Kartographie seines Blicks zunehmend außerhalb klar verortbarer Modelle. Die originären Potenzen der weiträumigen simultanen Datenerfassung und Produktion eines stabilen Bildes mit deutlich unterschiedenem Objektvordergrund und Konturierungshintergrund finden hier kein Anwendungsfeld. So verengt sich der volle Horizont des Distanz sehenden Blicks auf die Fluchtlinie des objektlosen Blicks, der von den Scheuklappen der Gänge eingegrenzt zum Nahsinn degeneriert und tastenden Charakter annimmt: Es „öffnet sich ein lidloses Auge an der Spitze der Finger"[172].

Analog wird auch das optische Überwachungsterritorium der Buchseite, auf der Anfangs- und Endpunkte der graphischen Spur starr fixiert und begrenzt

---

170 Zu unterscheiden wären das kretische und das Irrgartenlabyrinth. Vgl. dazu Kern, *Labyrinthe*, hier bes. 13–26. Kern betont gleichwohl die Differenzen des kretischen Labyrinths gegenüber Spirale, Mäander und anderen Knoten- und Bandgeflechten durch die Einlinigkeit und seine Abgrenzung nach außen. Auch im Folgenden zitiere ich aus den angegebenen Seiten.

171 Brandstetter, *Tanz-Lektüren*.

waren, durch die Defiguration eines labyrinthisch tanzenden Graphismus in eine „Zone der Unausmachbarkeit[173], in ein Heterotop verwandelt, durchquert von Linien, deren Richtung kontinuierlich variiert. Die graphische Linie, von der Benjamin sagt, sie bezeichne die Fläche und bestimme damit diese, „indem sie sie sich selbst als ihren Untergrund zuordnet“[174], leistet nun kaum noch diese Differenzierung. Genau dieser identitätsschaffende Gegensatz von Fläche und Auf-Zeichnung, von kontrastierendem vorne – hinten, oben – unten, auf – unter tritt tendenziell außer Kraft. Stattdessen ist der Leser aufgerufen, das Verhältnis von Zeichnung und Aufzeichnungsgrund neu zu bestimmen. Will man dieses Flächenverhältnis dennoch „Raum“ nennen, so wäre er als Zwischen-Raum zu denken oder, mit Deleuze/Guattari, ein „glatter“ und dadurch definiert, „daß er keine zusätzliche Dimension gegenüber dem hat, was ihn durchquert oder sich in ihn einschreibt: in diesem Sinn ist er eine flache Mannigfaltigkeit, zum Beispiel eine Linie, die eine Fläche füllt.“[175] Damit kann der ‚Raum‘ der Seite nicht mehr ein „gekerbter“ Überwachungsraum sein, kontrolliert vom beobachtenden, entschlüsselnden Blick des distanzierten Betrachters. Kein totales Auge kann hier Bezüge fixieren – simultan und dreidimensional. Präsentiert sich das labyrinthische *carmen figuratum* also zunächst gegen seine Lesbarkeit als eine Figur der reinen Sichtbarkeit, der materiellen Evidenz ihres graphischen Signifikanten, als unausweichliche Präsenz einer „optischen Gestik“[176], so zeigt sich dann ein Entzug dieses visuellen Insistierens. Unlesbarkeit und Unsichtbarkeit greifen ineinander als Dezentrierung der (figurativ) zeichnenden Linie, die glatte Oberflächen mit Nahwahrnehmung produziert.

Die Zusammenschrumpfung des optischen Fernsinns auf der labyrinthischen Seite verschiebt auch hier die Funktion des Auges zu einem Instrument der haptischen Nah-Wahrnehmung – die visuelle wird zur taktilen Fläche. Jampol'skij nennt diesen Effekt kontagiöser Perzeption des herangezogenen, starr(end)en Schauens „Froschauge“ („ljagušač'ij glas“).[177] Als gleichzeitig sehendes und nicht-sehendes, tastendes ist das Auge hier Teil einer umfassenden Deformationsbewegung von Signifikationsprozessen, die im bewegten Schriftbild seine Materialitäten aufspürt. Was das defigurierte Auge noch fokussiert, ist der Punkt, an dem Semiotechniken in Physiotechniken umschlagen. Jampol'skij subsumiert die taktilen Blicke entstellter Schriftflächen-Kartographie unter den perspektivtheoretischen Begriff der Anamorphose, die als

172 Derrida, *Aufzeichnungen eines Blinden*, 11.
173 Deleuze/Guattari, *Tausend Plateaus*, 676.
174 Benjamin, Über die Malerei, 603.
175 Ebd.
176 mon, zur poesie der fläche.
177 Jampol'skij, *Demon i labirint*, 236f.

„geometrisches Monster“ („geometričeskij urod“) eine rein optische Referenz auf das Objekt über die Linearperspektive ausschließt und auf den haptischen Sinn verschiebt: „Sie [=die Anamorphose] negiert sozusagen grundsätzlich den Raum zwischen Auge und Graphem. Obwohl sie ein optisches Phänomen ist, schleust sie ein visuelles Äquivalent des Taktilen ein. Sie ermöglicht gewissermaßen, das Objekt von allen Seiten abzutasten.“[178]

Über die Techniken der Schrifttransformation wendet sich die Einschränkung der Lesbarkeit als Distanz schaffende symbolische Bedeutsamkeit gegen das Sehen. Was zunächst die materielle Sichtbarkeit der Letter dominant setzt, übersteigt im Aufbrechen von Wortverzweigungen zur Schriftlinie, die nicht als einzige und direkte Verbindung zweier Punkte von Anfang und Ende gezeichnet wird, schließlich auch das literale Sichtbarkeitsprimat. Die Effekte des spielerischen Graphismus akzentuieren Ikonoklasmus neu im Hinblick auf die perspektivischen Konsequenzen auseinander driftender Linienführung. Die sichtbare Kartographisierung der Letter als Ding führt zu ihrem tendenziellen Verschwinden, nun aber nicht in einen Raum des Transzendenten hinein, sondern in einen der Sensorik, in dem die labyrinthische Oberflächengestaltung der Buchseite das Auge imaginativ tastend operieren lässt. Sie bewirkt seine Erblindung, die sich hier weder auf das Verschwinden der Materialität des Zeichens, welches ein Vordringen zur Semantik ermöglicht (also den Chiffrencharakter der Initiale unterstriche), noch auf die ontologische Unsichtbarkeit des sichtbar Abgebildeten bezieht.[179] Optische Texte mutieren zu taktilen Texturen. Die Ambivalenz von demonstrativer visueller Materialisierung und einem Jenseits des Sichtbaren der wahrnehmbaren Figuration platzieren den Betrachter-Leser unmittelbar auf der Oberfläche des Schriftzeichens.[180] Paratextuell beigefügte Gebrauchsanweisungen, Lesecodes und die systematische Rasterung des Buchraums sind in ihrem Anspruch auf Lesbarkeit und Sichtbarkeit unterwandert. Was als Alphabetisierung der Optik beginnt, entpuppt sich schon in ihren Anfängen als optische Legasthenie.

---

178 Jampol'skij, *Demon i labirint*, 222. („Ona [= anamorfoza] voobšče kak by otricaet prostranstvo meždu glazom i grafemoj. Prinadleža k vizual'noj sfere, anamorfoza strannym obrazom vvodit v nee nekij zrimyj ėkvivalent taktil'nosti, ona kak by predpolagaet oščupyvanie predmeta so vsech storon.“)

179 So bspw. Weitz, Die romantische Arabeske als Klartext: „Erst wenn der Buchstabe unsichtbar wird, wenn die Schrift gleichermaßen vor den Augen entschwindet, wenn das Buch unlesbar geworden ist, wird lesbar, was in der Tat nie geschrieben worden ist.“ (265)

180 Dieser Nexus der Sinne und ihrer Wahrnehmungsverlagerung, den die labyrinthische Graphie hervorruft, impliziert eine Distanzminimierung des Blicks, wie sie auch aus anderen schriftornamentalen Verflechtungen bekannt ist. Vgl. auch zum Vorangehenden Verf., Zavitki-ni-k-čemu.

Was immer die Rede von der Lesbarkeit bis ins 17. Jahrhundert besagt haben mochte – mit dem Buchdruck ändert sie radikal Bedeutung und Form. Das semiotische Problem, das für das alte Russland in Übersetzungen und Schriftreformen über Jahrhunderte zum häretischen Stein des Anstoßes geworden war, wird man von nun an in den Texterfahrungen einer Schriftkultur veranschlagen müssen, die materielle Sichtbarkeit der Schrift als technischen Realisierungs- und Virtualisierungsfaktor erfährt, welcher Textwahrnehmung, Texterlebnis und Textatmosphäre verwandelt. Das Paradigma der Lesbarkeit scheint nun explizit zu einem der Medienerfahrung überhaupt zu werden. Gerade in der apparativen Stützung von Sichtbarkeits- und Lesbarkeitspostulaten sowie deren Artikulierungen eines optischen Skeptizismus bringt Blumenberg das für eine hermeneutisch orientierte Metaphorologie der Lesbarkeit in Anschlag. Soweit wie seine historisch weitgespannten Untersuchungen einer anthropologischen Passung von Mensch und Instrument auf dem Medium als Metapher insistieren, treffen sie ins Zentrum einer kulturhistorischen Verflechtung: Mediale Sensibilisierung für die Materialität der Schrift tritt im russischen Barock zeitgleich mit ersten Schritten auf dem Gebiet von Sinnpluralisierung auf, die Lesbarkeit zu hermeneutischen Lesbarkeiten auffächern. Damit drängt sich die Frage auf, wie weit sich das hermeneutische Abenteuer, das die Inkludierung exegetischer Textpraxis in die altrussische Kultur bedeutet, als ein mediales Problem reflektieren lässt. Oder wäre es möglich, dass ein eigentlich mediales Problem sich als hermeneutische Herausforderung verkleidet, hinter der sich das Unsichtbare des Mediums verbirgt? Oder noch anders: Was sich als hermeneutische Krisis ankündigt, bezieht seine eigene Bedeutsamkeit aus apparativen Effekten und zeigt sich als Problem medialer Reformen, die das Gefüge aus Bild, Schrift und Sprache umcodieren: des Buchdrucks, des neuen Malstils, der neuen Bildmedien (Gravur, Druckornament). Die Debatte, die als eine hermeneutische geführt wird, folgt also den Verdeckungs- und Verschleierungsstrategien, die ihre medientechnischen Voraussetzungen (welche wiederum die Parameter für eine Definition des Wirklichen bilden) ausblenden.[181] Als „Materialitäten, die Immaterialität der Kommunikation steuern“[182], bestimmen sie über den Grad von Erkenntnis, von Lesbarkeit und Sichtbarkeit. Die Metaphorologie einer Lesbarkeit der Welt wäre folglich als Metaphorologie der Schnittstellen zwischen Mensch und Maschine zu fassen.[183] Was das heißt, zeigt sich im Konzept der Schriftsinne, das in Russland die Durchsetzung des Buchdrucks begleitet.

---

181 Und damit fügt sie sich in ein Schema, das Rieger auch für das 20. Jahrhundert geltend macht. Vgl. Rieger, *Die Individualität der Medien*.

182 Rieger, *Die Individualität der Medien*, 26.

183 So Rieger, *Die Individualität der Medien*, 193ff.

4. Schriftsinne

Die Schrift ist zahlreich oder sie ist nicht.[184]

4.1. Plurale Perzeptionen: Lektüre zwischen Hermeneutik, Sensorik und Imaginärem

Der Begriff der Schriftsinne evoziert zunächst die Lehre der (vierfachen) Auslegbarkeit der Heiligen Schrift. Er impliziert ein exegetisches Verständnis der Allegorie und der Allegorese, eine Unterscheidung zwischen chronikalischem Bericht (*povestvovanie/verba*) und seiner Ausdeutbarkeit (*znamenovanie/signa*), die auf Paulus zurückgeht. Am Beginn der christlichen Allegorese steht der Römerbrief. Die hier angelegte Lesart der Offenbarung Gottes im ausdeutbaren Buch der Welt setzt eine Interpretationsbewegung in Gang, die sich nicht nur auf die Schrift, sondern auch auf die Welt der Dinge bezieht. Wenn eine weitere Bibelstelle aus den Korintherbriefen, in der Allegorik und Allegorese ihr neutestamentarisches Fundament sehen, gleichzeitig eine der Stellen ist, in denen der Spiegel figuriert, so stimmt das bereits aufmerksam für den Nexus von Allegorie und Imaginärem. „Wir sehen jetzt durch einen Spiegel ein dunkles Bild; dann aber von Angesicht zu Angesicht", heißt es in 1. Kor 13, 12. Verse, die Baltrušajtis als katoptromantische Formel versteht:

> Die *aenigma* des Apostels der Heiden ist kein Irrtum, sondern ein chiffriertes Gemälde, das eine Sache durch eine andere bezeichnet und das durch die genauen Reflexe des Lichtes beschrieben wird. Es ist ein katoptrisches Wunder, das das Unsichtbare und die immateriellen Bilder sichtbar macht, welche bei der geringsten Neigung von metallischen Oberflächen enthüllt, transfiguriert und ausgestrahlt werden. Die Vision ist zwar transzendent, aber es handelt sich ja auch weniger um einen magischen Spiegel als um die Magie des Spiegels.[185]

Wie schmal der Grat zwischen bedeutendem Sehen, sehendem Sehen und geblendetem Sehen, zwischen Bild als Chiffre, Bild als Medium und Bild als Oberfläche der Beschreibung ist, zeigt sich im unmittelbaren Rückbezug auf 2. Mose, 29–30:

---

184 Derrida, *Die Schrift und die Differenz*, 396.
185 Baltrušajtis, *Der Spiegel*, 85.

> Als nun Mose vom Berg Sinai herabstieg, hatte er die zwei Tafeln des Gesetzes in seiner Hand und wußte nicht, dass die Haut seines Angesichts glänzte, weil er mit Gott geredet hatte. Als aber Aaron und ganz Israel sahen, daß die Haut seines Angesichts glänzte, fürchteten sie sich, ihm zu nahen.

Baltrušajtis liest diese Stelle als typologische Vor-Szene zum ersten Korintherbrief und führt sie als Beleg für die biblische Funktionalisierung der Spiegelmetapher im Kontext verstellter Erkenntnis an. Ein weiterer Aspekt kommt hier hinzu: Was sich als Visionäres zeigt, sucht sich ein Somatisches bzw. braucht dieses, um sich an ihm der Wahrnehmung zugänglich zu machen und dabei doch auch in seinem sensorischen Status zu problematisieren. Baltrušajtis sieht unter Berufung auf die Exegese der Kirchenväter und rabbinische Kommentare, die auf eine identische Schreibweise (bei unterschiedlicher Vokalisierung) von Spiegel und Vision im Hebräischen verweisen, in der „Transfiguration durch eine lokale Veränderung der Epidermis" Moses zum Spiegel Gottes werden.[186]

In diesen kurzen Szenen und ihren typologischen Verweisen deutet sich das Netz an Phänomenen an, die für Schrift-Sinnlichkeit relevant werden: Die Verrätselungsstruktur des Spiegels, die als unauslotbare Tiefenschicht durch die ‚reine' Oberfläche der Sichtbarkeit gebrochen wird; die Ambivalenz von Vision vs. Reflexion, von visionärer Schau eines Transzendenten und Produktion eines imaginären Bildes; die Schau des Anderen im Spiegel, das den Betrachter in einer Zone der Unausmachbarkeit situiert; das Münden dieser Spiegelbildlichkeit in niedergelegte Schriftlichkeit, die ihre Sichtbarkeit bis zur Blendung steigert; die Inskription des Wortes in Körperoberflächen, d.h. seine Transformation in die sichtbare Schrift eines epidermischen Sensoriums, die sich zudem als Gesetz in Stein gräbt; den Übergang von Transfiguration zu Transsubstantiation. Damit hält die Urszene der Allegorik alle diejenigen Elemente bereit, aus denen im Folgenden die Schriftsinne zwischen deutender Hermeneutik und sensorischer Perzeptibilität, zwischen lesbaren Bildern und sichtbaren Texten, Tiefenräumen und Oberflächen, symbolischem und optischem Code hervorgehen und schwanken werden.

Exegetische Sinnfindungsverfahren, expressiv als Allegorie und interpretativ als Allegorese, konstruieren Relationen zwischen Signifikant und Signifikat, die von Anfang an der Regulierung und Systematisierung unterlagen, um Buchstaben und sichtbare Dinge auf einen sakralen Sinn hin zu dechiffrieren. Diese Regulierung versteht sich als Mechanismus und Instrumentarium eines Alieniloquiums, das ein Sprechen des Nicht-Sagbaren ist:

---

186 Baltrušajtis, *Der Spiegel*, 78.

> Das gedankliche Schema, das der allegorischen Sinnverknüpfung zugrunde liegt, ist in der christlichen Exegese wie schon bei Philo die Analogie. Sie umgeht die Möglichkeit, eine unmittelbar zutreffende Aussage über das Geistige, Göttliche zu machen, die sich in der essentiellen Verschiedenheit von Gott und Mensch als Schöpfer und Geschöpf begründet, und ist als Denkform legitimiert, durch die für die christliche Ontologie wesentliche Vorstellung von der Analogie des Seienden, die den Abstand zwischen den Stufen des Seienden zu überbrücken vermag: So die Auffassung von Origenes und Augustin, besonders auch des Dionysius Areopagita [...].[187]

Freytags Definition begreift die analogische Allegorie als in sich immer schon gespaltene, referenziell untauglich gemachte Figur negativen Benennens und Zeigens. Er markiert das Paradoxon jener Anschlussstelle der Unbegrifflichkeit, an welche die barocke Allegorie anknüpfen kann, wenn sie den Kosmos symbolischer Totalität aufbricht. Die auf der christlichen Exegese aufbauende Strukturierung allegorischer Hermeneutik als sanktionierter Lehre vom Verstehen und Auslegen des Wortes Gottes im Buch der Schöpfung und im Buch der Schriftoffenbarung generiert kein streng verbindliches System, sondern bringt verschiedene konkurrierende und einander überlagernde Schriftsinn-Modelle hervor, von denen das einflussreichste wohl das – die origenistische Dreiteilung der Schriftsinne in Analogie zu den drei Komponenten des menschlichen Wesens (Körper/*sensus historicus*, Seele/*sensus mysticus* und Geist/*sensus moralis*) ausgestaltende – Modell des vierfachen Schriftsinnes als *sensus historicus*, *sensus allegoricus*, *sensus tropologicus* und *sensus anagogicus* ist.[188] Den Schriftsinnen entsprechen jeweils spezifische Sehsinne als Erkenntnisweisen, die sich stufenweise über Erkenntnis der Kreaturen, Erkenntnis des Selbst bis zur Erkenntnis Gottes als höchster Form, als *sensus corporis*, *sensus spiritualis*, *sensus intellectualis* begreifen.[189] In der barocken Regelkultur löst ein rhetorisiertes Allegorie-Konzept das exegetische Verständnis der Allegorie ab, das Signifizierung als religiöse Praxis, als Annäherung an eine im Buchstaben und im Ding verborgene, aber real angenommene Verheißung und Glaubenstatsache voraussetzt. Die exegetisch-hermeneutische Allegorie steht für ein Verfahren der Erkenntnisgewinnung, während die rhetorische Allegorie

---

187 Freytag, *Die Theorie der allegorischen Schriftdeutung*, 39.

188 Littera gesta docet, / quid credas allegoria, / Moralis quid agas, / quo tendas anagogia. – Im lateinischen Westen ist die Entwicklung der Bedeutungsmodi von Ding und Wort begleitet von der Entstehung allegorischer Wörterbücher und Sammlungen, die Allegorien lexikographisch zu systematisieren suchen. In der Rus' wird diese Funktion stellenweise ausgefüllt durch die *azbukovniki*, die als Fremdwörterlexika und Auslegungshilfen auch allegoretische Formeln mitverarbeiten.

189 Diese kann sich auf die bereits bei Philo von Alexandrien angelegte Unterscheidung von Sicht- als Erkenntnisformen zurückberufen.

über inversive bildliche Veranschaulichung gerade die epistemische Unabdeckbarkeit praktiziert. Eine standardisierte Formel des Übergangs allegorischer Konzepte, wie sie sie z.B. Meier in die Opposition hermeneutisch vs. illustrativ einfügt („Es stehen sich also Sinnerschließung und Versinnfälligung gegenüber"[190]), geht so glatt nicht auf. Denn so sehr beide Verfahren auch für semantische Entfaltung und Erschließung von Bedeutungsdimensionen stehen mögen, so sehr generiert doch die vermeintliche „Versinnfälligung" oder auch „Bedeutungsbildlichkeit" der barock rhetorisierten Allegorie Texte, die ihre Beziehung zu dem einen Urtext bis zur Verleugnung variabel handhaben, indem sie illustrativ in die Irre führen. Sie treibt die Bildlichkeit bis zum Erkenntnisverlust. „Denn die Allegorie ist nicht einfach eine mehr oder weniger willkürliche Veranschaulichung der Idee, sondern vielmehr ein optisches Dispositiv ihrer Wirklichkeit und materiellen Basis."[191]

Die altrussische Kultur entwickelt aus der pseudo-dionysischen Semiotik der sich selbst verneinenden Bejahung eine Auffassung der Schrift, die das mit der vierfachen Auslegung des Schriftsinns verbundene semantisch flexible Textverständnis anders fasst. Sie interpretiert die Unsagbarkeit des Einen in eine Sagbarkeit nur des Einen um und reduziert damit signifikative Varianz auf ein Paradigma: „[...] die altrussische Kultur ist an Texten orientiert, die als Paradigma wirken, nicht an Regeln, die ihre Generierung abbilden."[192] Jeder Text ist in seiner Bedeutung festgelegt, und zwar in einer einzigen Bedeutung, die heilig und zudem an eine stabile, nicht revidierbare Ausdrucksseite geknüpft ist. Jene ‚schriftmystische' Vorstellung, die auf die kirchenslavische Schriftsprache projiziert wird, knüpft die graphische Materialität des Zeichens unmittelbar an eine sakrale und unveränderliche Einsinnigkeit des geoffenbarten göttlichen Wortes.[193] Aus dem starren, a-historischen Sprachkonzept der russisch-orthodoxen Theologie resultiert ein prinzipielles Übersetzungsverdikt, das im Verlauf der altrussischen Bemühungen um Textaneignung und Textrekonstruktion aufgrund verderbter Stellen immer wieder zum Häresievorwurf

190 Meier, Überlegungen zum gegenwärtigen Stand der Allegorieforschung, 41.

191 Buci-Glucksmann, *Der kartographische Blick*, 81.

192 Lachmann, Vorbarocke Rhetorik in Rußland, 54.

193 Die religionshistorischen Hintergründe der Schriftsakralität und die Konsequenzen der Koinzidenz von Sakralsprache und Buchsprache als *einer* Schrift stellt vor dem Hintergrund der Diglossie knapp Murašov, *Jenseits der Mimesis*, 38ff, dar.

194 Eines der prominenteren Beispiele ist das Schicksal des nach seiner Übersetzertätigkeit verbannten Maksim Grek, der sich bereits auf die Tradition der Bibelauslegung bezieht, wenn er im Vorwort seines Psalmenkommentars eine Systematik der von ihm herangezogenen Autoren nach ihrer jeweiligen Methode der Schriftauslegung anfertigt. Vgl. *Sočinenija prepodobnogo Maksima Greka*, Teil 2, 296–318.

an Textbearbeiter, Übersetzer und Kommentatoren führt.[194] Uhlenbruch formuliert diese kulturumspannende semiotische Starre als Phänomen der Entarbitrarisierung: „Das altrussische Sprachbewußtsein differenzierte nicht zwischen Signifikant und Signifikat. Die reine Präsenz des Wortes als Schrift-Bild läßt im Bewußtsein die Vorstellung von der fixen Bedeutung entstehen. [...] Sakralität, nicht linguistische Differenz regelt den Zugang zur Sprache [...]."[195] Es bildet sich ein Konzept heraus, in dem „die Schriftform nicht eine neben der akustisch-phonetischen gleichberechtigte Repräsentationsform darstellt, sondern eine substanzielle und werthafte Relevanz aufweist."[196] Schriftsakralität und Schriftdignität als Prinzipien einer literal fixierten Kultur werden nach dem innerorthodoxen Schisma in der doppelcodierten russischen Kultur von den Altgläubigen (*starovery*) programmatisch weiter proklamiert. Die Gegenkultur der Altgläubigen, das von Lachmann nach deren ideologischer Leitfigur so genannte „Avvakum-Modell"[197], beharrt auf einem Identitätsprinzip von Text und Zeichen, das jede Revision, sprachliche und semantische Übersetzungstätigkeit als Glaubensbedrohung auffasst.[198] An den wechselseitigen Strategien der Zeichenzerstörung zwischen Reformern und Altritualisten (*staroobrjadcy*), den Kontroversen um die Schreibung des Namens Jesu (Isus vs. Iisus), die Gestik der Bekreuzigung, rituelle Abläufe und liturgische Formeln im Rahmen der Nikonianischen Reformen arbeitet Lachmann die a-semiotische Interpretation des Wortes durch Avvakum heraus, der ein Verständnis der Zeichen als Emanation Gottes zugrunde liegt.[199]

Demgegenüber entwickelt die pronikonianische Fraktion ein rhetorisiertes Zeichenmodell einer Regelkultur, die Texte und Textbausteine unter Ausnutzung und Erweiterung ihres semantischen Spektrums variabel kombinieren kann, wobei indes die Zuordenbarkeiten von Worten und Dingen genau zu erlernenden Regeln unterliegen und keineswegs beliebig sind.[200] Dem dehn-

195 Uhlenbruch, Die Lehre vom „vierfachen Schriftsinn" in Russland, 256f.

196 Murašov, *Jenseits der Mimesis*, 40.

197 Lachmann, Die Problematisierung der Rhetorik, 26.

198 Es wäre lohnenswert, diese Positionen noch einmal mit den als häretisch verworfenen der westeuropäischen Protestanten abzugleichen. Beispielsweise weist Campe in anderem Zusammenhang auf Luthers Worte hin: „Das Evangelium beharrt standhaft in seinem Sinn (permanet constans in suo sensu), es lässt sich nicht umformen (transformari), wie so viele es versucht haben mit ihren allegorischen, tropologischen und anagogischen Sinnen und ähnlichen Spielereien." Nichtsdestotrotz wendet Luther den Tropos zu „einem inneren Moment der Lektüre". Vgl. Campe, Melanchthons Allegorie, 49. Campe zitiert aus der Weimarer Werkausgabe von 1888.

199 Lachmann, Die Problematisierung der Rhetorik, 28f.

200 Das ist der Grund dafür, warum die textuelle Diversifikation, die ein durch Rhetorik geschultes und hervorgebrachtes Modell des Poetischen und Ästhetischen bedingt, gleichzeitig auch als ein Prozess der Homogenisierung betrachtet werden kann. Abweichung und

baren Signifikat entspricht ein revidierbarer Signifikant. Erstmals rezipiert die altrussische Kultur mit den grammatischen Techniken zeremonialisierter Kommunikationsformen aktiv die Lehre der unterschiedlichen Ausdeutbarkeit der Schrift, deren Nachvollzug einen Begriff der Ästhetik des Textes, auch des heiligen Ur-Textes propagiert.[201] Wenn sie diese Lehre zeitgleich mit dem Konzept des *acumen* adaptiert, so weist das sowohl auf die Konflikte der Exegese des Schriftsinns wie auch der schriftsinnlichen Allegorizität voraus. Das ganze Spektrum der Schrift zwischen *sensus* und *sententia* wird dadurch in den Möglichkeitsdiskurs der Literatur aufgenommen. Was sich damit ankündigt, ist die Einführung eines Begriffs der Repräsentation, der sein mediales Verhältnis von unsichtbarem Repräsentierten und sichtbarem Repräsentanten neu regelt: „Die Welt kann erst ‚Ausdruck' werden, wenn die Sichtbarkeit des Unsichtbaren nicht mehr Abbildung eines Urbilds ist."[202] Im Konzept der Schriftsinne findet dieser Wandel von der Bildlichkeit zur Schriftlichkeit seinen einflussreichsten und vielfachen ‚Ausdrucks'modus.

Dass dieses Spektrum bis zum Zerreißen gespannt werden kann, wenn einer der Schriftsinne sich autonomisiert und damit das gesamt Modell exegetisch-hermeneutischer Sinngebung den Verstrickungen selbstpräsenter Zeichen und ihrer Bildkörper ausgesetzt ist, wurde bereits an Karion Istomins *Buch der Liebe* deutlich. Das Instrumentarium der Schriftsinne wird dort als regulierte Semiotechnik durch die Körperhaftigkeit der Schriftsinnlichkeit

---

Umsemantisierung ist mit modellgebundener Reproduzierbarkeit und Konventionalisierung zusammenzudenken. Lachmann spricht von der „Ausformung einer vereinheitlichten Textpraxis" als Folge der Übernahme eines bestimmten rhetorischen Regelapparates. (Lachmann, Die Problematisierung der Rhetorik, 35). Dies wiederum steht in spannungsreicher Beziehung zur Herausbildung eines individualisierten Dichterbildes, wie es mit Simeon Polockij sich abzuzeichnen beginnt. Dieses ‚Dichterbild' ist selbst wieder zum einen standardisierte Form im Rahmen der Rechtfertigungslehre, bildet zum anderen auktoriale Werkverantwortlichkeit und Leistungsbewusstsein aus. Das Modell löst eine Vorstellung vom Schriftsteller ab, der sich als Emanationsstufe einer Materialisierung des *logos* versteht. Nach dieser Vorstellung sind diejenigen Informationen, die das Christentum dauerhafter Speicherung in der Schrift für wert erachtet, das Ergebnis von Verkündigung und Offenbarung. Schreiben ist nicht auf Weltwahrnehmung zurückzuführen, sondern der Schriftsteller ist *stilus* Gottes. Fern von jedem Autorenbewusstsein stellt sich der Schreiber als Medium der Transformation zur Verfügung, das Offenbarung graphisch materialisiert. Mit dieser sensorischen Vorlage ‚erzeugt' er vor allem ein Medium zum erneuten Vorstoßen zu immateriellen Erfahrungen.

201 Im Aneignungsprozess trifft die Rhetorik als fremdsprachiger Sprachnormenkomplex in der altrussischen Kultur auf einen kulturellen Kontext, der zu erheblichen adaptiven Verschiebungen führt. Das betrifft in Sonderheit die schon erwähnte Diglossie, die eigenwillige Überlagerungen mit der rhetorischen Lehre von den drei Stilen der Sprachverwendung eingeht.

202 Blumenberg, *Die Lesbarkeit der Welt*, 47.

aufgesprengt und in der Sensomotorik des affektiven Sprechens vorgeführt. Noch während sich das Konzept der vierfachen Auslegung des Schriftsinns im russischen Barock mühsam Akzeptanz verschafft und gegen massiven Widerstand Vielsinnigkeit gegen Einsinnigkeit durchsetzt, unterwandert Karion Istomin schon die prekäre semantische Weitung des Wortes durch eine wörtliche Einengung des *sensus* auf die Sensorik des Körpers. Jene Emblematik des Textes, die in Zusammenhang mit der Durchsetzung eines neuen Sichtbarkeitspostulats und in Zusammenhang mit der intermedialen Konfliktsituation von Schrift und Bild im barocken Emblem diskutiert wurde, artikulierte sich in einem Konzept der literalen Schriftsinne als Literalsinn des rhetorischen Körpers, der bei Karion Istomin systematisch zerlegt und in seiner physiologischen Anatomik präsentiert ist. Schriftsinnlichkeit als allegorische Weise, das Wort Fleisch werden zu lassen, war aber auch bei Karion schon gezeichnet von den inneren Aushöhlungen der Maskenhaftigkeit des zum Sprechen gebrachten Körpers. Als ausgestellte Sichtbarkeit markiert sie nicht nur Wahrnehmbarkeit, sondern auch deren Brüchigkeit. Das Konzept der Schriftsinne erweist sich als paradoxe Figur der imaginären Einkörperung, gleichzeitig jedoch auch als ein Rückzug aus der Sensorik. Sensuelle Erfahrbarkeit der Allegorie als Bild-Körper fungiert gleichsam nur als Zwischenstufe für einen performativen Imaginationsbegriff. Die These Gumbrechts, der „'Beginn von Literatur' markiert den ‚Abschied vom Körper' [...]"[203], scheint sich gerade in Bezug auf das zu konkretisieren, was sich an literaler Sinnlichkeit und Sinnhaftigkeit austrägt.

4.2. Vielfacher Sinn – vielfache Schrift

Wie wirksam das Konzept der vier Schriftsinne als Folie zur Elaborierung eines Literatur- und Literalitätsbegriffs im 17. Jahrhundert ist[204], zeigt Simeon Polockijs Gedichtzyklus *Die Heilige Schrift (Pisanie)* aus dem *Blumenreichen Garten*.[205] Simeon gibt hier die erste klassische Definition des vierfachen Schriftsinns überhaupt für den russischen Barock. *Die Heilige Schrift* ist damit einer der Grundlagentexte, welche die poetologische Diskussion um die multiple Stellvertreterschaft des Zeichens als *aliquid stat pro aliquo* eröff-

203 Gumbrecht, Beginn von 'Literatur'/Abschied vom Körper?

204 „Rußland rezipiert nun diese ausformulierte Theorie in ihrem inzwischen erfolgten Zuschnitt auf die Bedürfnisse des barocken Predigers." Uhlenbruch, Die Lehre vom „vierfachen Schriftsinn" in Russland, 260.

205 Simeon Polockij, *Der blumenreiche Garten*, Bd. 2, 492–494; der Kommentar weist die ersten beiden Gedichte des Zyklus als Bearbeitungen aus Fabers *Magnum Speculum* aus.

nen. In vier unterschiedlich langen einstrophigen Gedichten, von denen die ersten drei einen motivischen Komplex bilden, unternimmt Simeon in *Die Heilige Schrift* eine Apologie der Schriftauslegung in literaler, anagogischer, allegorischer und moralischer Hinsicht, die das Phänomen mehrfacher Lesbarkeit nicht nur als Sichtbarkeit diskutiert, sondern die optische Wahrnehmung, den artifiziellen visuellen Reiz, zur Voraussetzung jeden Lesens macht.

Bevor Simeon die Schriftsinne nennt, baut er eine Opposition von Tiefenblick vs. Oberflächenblick auf, welche die „Zwei-Welten-Ontologie"[206] der Repräsentation in die Differenz von Lesen und Sehen zwingt. Am Paradigma des Blicks auf die spiegelnde Wasseroberfläche eines Flusses entwickelt er eine Skalierung von Wahrnehmungsmodi, die Sichtbarkeit als Phänomen beschreiben, dessen adäquate Erfassung spezieller optischer Schulung bedarf. Es gilt, die glitzernde Haut der Dinge zu durchbrechen, um zu den verborgen auf dem Grund liegenden Rätseln vorzudringen. So wird das Auge, das sich am ornamentalen Reiz der Reflexe erfreut, in ein dechiffrierendes, Zeichen lesendes Instrument verwandelt. Eine analoge Dichotomie wird auch auf die Textrezeption, das heißt hier auf die Lektüre des einen Urtextes (pisanie) übertragen, für den die Metapher des flüssigen Aggregatzustands schon früh belegt ist. Wenzel verweist auf die Tradition der Metaphorisierung ‚fließender' Rede als Wasser, vor allem aber auch der biblischen Konturierung durch die Taufe, die Attribuierung Gottes als Ursprung und Quelle (*fons et origo*) der Gnade usw.[207] Als Metapher der Zeitlichkeit breche die verbale Fluidalität die Flächigkeit des Sprachbildes temporalisierend auf und führe es aus der fixativen Schriftlichkeit zurück in das Raum-Zeit-Kontinuum mündlicher Rede. Simeon hält diese Konnotation ganz im Hintergrund und konzentriert sich auf das unbeständige, wechselhafte Bild des Fließens als optisches Phänomen linearer Letternfolge. Was der Oberflächenblick war, der am Spiegel der Wasseroberfläche abprallt oder verweilt, ohne einzutauchen, ist nun der Lektürefokus, der an der Literalität als einem Außen des Textes abgleitet. *pismenno* (literal) zu lesen heißt, an der Außenseite des Zeichens zu verbleiben, fast schon aus der Literalität des einen Sinns in die Materialität der Sinnlosigkeit zu fallen. Im Koordinatensystem dieser Oppositionen von Sehen und Erkennen, von Außen und Innen der Schrift und der Natur jedoch gilt: ungeschultes wie geschultes, stumpfes wie scharfes, abtastendes wie sezierendes Auge sind gleichermaßen Organe des Sehens wie des Lesens – das gilt auch für denjenigen

206 Krämer, Sprache – Stimme – Schrift, 33.

207 Wenzel, *Hören und Sehen*, 240ff. Dieses Kapitel bei Wenzel [228–245] ist als Aufsatz nachzulesen unter ders., Die ‚fließende' Rede und der ‚gefrorene' Text.

Blick, der diese erste Allegorie des tiefen, strömenden Wassers als Heilige Schrift zu dechiffrieren hat. Was als *verbum* und *res* analog gesetzt wurde, fließt zusammen in der Allegorie des Schriftstroms. Die Buchstaben des göttlichen Wortes verwandeln sich in versifizierte, gleichmäßig dahinströmende Letternflüsse, das univoke Zeichen in die reflektierende Spiegelfläche des Gedichts, die seine Leselehre verbirgt:

> Wer auf den fließenden Strom schaut, sieht nur die Wasseroberfläche,
> doch das Verborgene, in der Tiefe Liegende, wird er nicht erblicken.
> Genauso wird auch derjenige, der die Heilige Schrift nur äußerlich nach ihrem
> Literalsinn liest, jemand sein, der nur vom Äußeren her urteilt.
> Das Innere, den eigentlichen Kern, wird er nicht sehen, denn es liegt in der Tiefe.
> Und sein Blick wird mit ungeübtem Auge darüber hinweggleiten.
> Auf diesen tiefen Wassern schwimmt das Lamm Gottes,
> in dieser Tiefe könnte ein Elefant leicht versinken.[208]

Der Text über das richtige Lesen des Textes als Sehen auf den Grund des Stroms ist eine Allegorie über die Provokation lustvoller Betrachtung der Oberfläche der Dinge. Um zum semantischen Grund der fließenden Rede vorzudringen, ist zunächst deren Oberfläche abzutasten. Die Hemmung des Lesestroms auf dem Spiegel des Wassers ist keineswegs eine zu überspringende Stufe. Sie ist irreduzibler und rhetorisch provozierter Effekt. Nur an diesem sensorischen Haften schleift sich die semiotische Raffinesse des geübten Auges („iskusno oko").[209]

---

208 Simeon Polockij, *Die Heilige Schrift/Pisanie.* („Zrjaj na rěku tekušču verch vod sozercaet, / a tain, vo glubině suščich, ne vidaet. / Podobno Pisanie pismenno čitajaj / vněšnjaja tokmo ego est' muž razsuždajaj. / Vnutrnich paki ne vidit, jaže sut' gluboka, / prechodjašča zrěnie neiskusna oka. / Na sej glubině agnec smirennyj plavaet, / a slon velikij udob' potoplen byvaet.")

209 Als zusätzlicher Beleg für diese erste Lektüre kann auf einen motivisch ähnlichen emblematischen Text aus dem *Blumenreichen Garten, Der Ungehorsam* (*Slova neslušanie*), verwiesen werden, der bereits durch Uhlenbruch und Hippisley auf seine westeuropäischen Quellen hin untersucht wurde. (Hippisley, The Emblem; Uhlenbruch, Emblematik und Ideologie; vgl. auch Uhlenbruch, *Simeon Polockijs poetische Verfahren.*) In *Das Wort* (*Slovo)* lesen wir, wie Elefant und Kamel das Wasser „mit ihren Hufen aufstören" („nogami vozmutiti"), bevor sie trinken, um im Wasser „nicht ihrer eigenen Unansehnlichkeit gewahr zu werden" („da nelěpija si v nej ne sozercajut"). Dieses Verhalten wird in der zweiten Strophe mit dem Verhalten „böser Menschen" („ljudie zlii") analogisiert, die die (rhetorische/poetische/artistische) „Rede hindern und keine Bücher lesen" („slovo obykoša, i knig ne čitati"), „um die Hässlichkeit des eigenen Antlitzes nicht sehen zu müssen" („da chudoličija si ne usmotrjajut"). (*Der Blumenreiche Garten*, Bd. 3, 123f.) Dieses Gedicht alludiert das erste Gedicht des *Heilige-Schrift*-Zyklus, variiert aber die Motive von spiegelnder, trüber, transparenter Lesbarkeit/Schrift/Buch anders. Uhlenbruch arbeitet heraus, wie das Lexem „Was-

Das zweite Gedicht des Zyklus nimmt die Schulung vor, die Simeon für eine Ausbildung des Auges fordert. Es ist lesbar gleichzeitig als Anweisung zum Sehen des semantisch Unsichtbaren wie auch als Präskription für das Lesen von retinal Wahrnehmbarem. Als Regulatorium für die Erfassung der Ähnlichkeit (*podobie*) impliziert das Gedicht vor allen semantischen Relationierungen eine Analogie der Sinne und damit eine Analogie der Wahrnehmungsweisen: wer lesen will, muss sehen, Lesen ist Sehen, Sehen ist Lesen. Semantische Decodierung verschränkt sich immer mit psychophysischer Textwahrnehmung.[210] Simeon etabliert als Prämisse der Lesbarkeit die Einführung in ein Deutungsmodell der Sprache, das als Wahrnehmungsmodell der Dinge verstanden werden muss.

Die folgenden Verse führen in die Lehre vom vierfachen Schriftsinn ein, indem sie die Metapher des Stroms aufnehmen und aus ihr einen topographischen Schrift-Bild-Komplex des Paradieses aufbauen, an dem das hermeneutische Paradigma der Schriftsinndeutung lehrbuchartig exemplifiziert wird. Das Register des Blicks wechselt zum Register der Schrift, um in der Schrift ein Bild zu entwerfen:

Wer die Heilige Schrift das Paradies nennt,
der versündigt sich nicht mit dem Wort an der Wahrheit.
In ihm sind verschiedene Bäume gepflanzt,
zur Erinnerung an die Viten der Heiligen, die von alters her sind.

---

ser" zunächst durch die Konnotation mit „Spiegel" erweitert wird und dann in der zweiten Strophe eine zusätzliche Amplifikation als „Buch" erhält. Das Prinzip der Sichtbarkeit (Spiegel) wird hier semantisch in eines der Lesbarkeit (Buch) gewendet. Beide Prinzipien erfahren Störungen. Neben der ideologiegeschichtlichen Lesart dieses Textes, die hier zu Recht die ästhetische Verarbeitung eines bildungs- und kulturpolitischen Programms in Polemik gegen die Bildungsfeindlichkeit der Altgläubigen vermutet, wäre eine mediale Spezifika berücksichtigende Lektüre vor allem an der Isotopie Wasser/Spiegel/Buch als Formen entstellter vs. leistungsfähiger Lesbarkeit und Sichtbarkeit anzusetzen. Aus einem tierallegorischen Kern entfaltet der Text eine Bildgrammatik der Schrift, die ihre eigene Sichtbarkeit in Literalität sublimiert. In der argumentativen Stufenfolge manifestiert sich der Übersetzungsprozess eines Bildes (das seine Sichtbarkeit aufgestört sieht) zu einem subtil bildhaften Text (der seine eigene Lesbarkeit behindert sieht). – Auch Stefan Javorskij bedient sich in der *Rhetorischen Hand* des Gleichnisses einer aufgestörten Wasseroberfläche, um eine eingeschränkte Merkfähigkeit des artifiziellen (chudožestvennaja) Gedächtnisses zu illustrieren: Eine Schlüsselkompetenz des Gedächtnisses ist die „Beherrschtheit des Verstandes, denn so wie sich im trüben Wasser das Bild einer davor aufgestellte Sache schlecht spiegelt, so auch im Gedächtnis, das der Speicher der Bilder ist." („K pamjati ključimstvuet tichost' uma: ibo jako že vvodě mutněj nedobrě predstavljaetsja vid ot někija protivnosti preposlanago: Tako v pamjati, jaže est' prijatelišče vidov." (85))

210 Im Gegensatz zur Verwendung eines durchgängigen Verbs für das Lesen unterscheidet der Text für die optische/imaginative (Text)Wahrnehmung *sozercat'* (betrachten, beobachten), *zrět'* (schauen, erblicken) und *videt'* (sehen, erkennen).

In ihrer Mitte steht der Baum des Lebens – die Vita Christi,
welche das fleischgewordene Wort, unser Leben, ist.
Aus diesem sinnlichen Paradies entströmen vier Flüsse,
die mit ihren Wassern die Erde tränken.
Aus dem geistigen Paradies wiederum entströmt der vierfache Sinn,
der die Seele erquickt.[211]

Gleich der erste Vers formuliert das Programm der Anders-Rede: Signifikationsprozesse sind variabel, *res* und *verba* können prinzipiell neu relationiert werden. Sie können es jedoch nur in den Grenzen eines ontologischen Fixpunktes – der göttlichen Wahrheit. Nun ist aber diese selbst – und darin liegt die eigentliche Argumentationsfigur – nach dem Prinzip innerer Selbstverbildlichungs- und Selbstmaterialisierungslogik organisiert. Wieder einmal wird das Fleischwerdungsdogma bemüht, hier jedoch in einer weitergeführten Form. Nicht der fleischgewordene Christus selbst ist es, sondern seine Vita, seine *passio* ist es, die zum Bild des lebensspendenden Baumes im Zentrum einer Toposformel des paradiesischen Gedächtnisraumes wird. Damit ist das inkarnierte göttliche Wort („voploščennoe slovo") Basis sekundärer, abgeleiteter Inventionskünste, die den Topos des Schrift-Paradieses legitimieren und rhetorisch entfalten. Hier liegt der Wendepunkt von der Verkörperung (als Fleischwerdung) zur Verzeichnung (als Bildwerdung). Der unsinnliche *logos* nimmt sinnliche Gestalt an, um in Bilder, in rhetorisch verfasste Bildlichkeit überführt zu werden. Er garantiert gewissermaßen das Prinzip des Bildkörpers als Einschleusung des hypostatischen Wortes in rhetorische (Strom)Kreisläufe. Simeon versteht diese Figur wörtlich: Aus dem Zentrum des bebilderten biblischen Ortes ergießen sich neue Ströme der Schrift. Die inkorporative Lektüre des Wortes stellt also eine Zwischenstufe dar für die Materialisierungen des Wortes in Bildkörpern, für die Doppelung, die mit den Schriftsinnen zur Vervierfachung wird.

Die dem sinnlichen („čjuvstvenna") Paradies entspringenden und die Welt durchkreuzenden vier Flüsse markieren eine Landkarte des sakralen Mysteriums der Schrift. Das alttestamentarische Bild der vier Flüsse Pischon, Gihon, Tigris und Euphrat wird bei Simeon zur Bildquelle der verflüssigten Rede. Kulturgeschichtlicher Bildspender für diese Verschiebung ist die Auffassung

211 Simeon Polockij, *Die Heilige Schrift/Pisanie.* („Svjaščenno Pisanie kto raj naricaet, / nimalo ot istinny slovom pogrěšaet, / Sut' bo v nem različnaja drevesa saždenna, / žitija lic, ot věka byvšich, pomjanenna. / V sredě ich – drevo žizni, žitie Christovo, / eže voploščennoe žizn' est' naša Slovo./ / Iz čjuvstvenna četyri rěki istekajut, / jaže navodneniem zemlju napajajut. / Iz myslennago paki razum isplyvaet / četverogubyj, iže duši oživljaet.") – An diesem Text wird ganz besonders der fast defensive Charakter der Argumentation deutlich, der um die ideologische Funktion der Verfahren semantischer Amplifikation wie auch um deren Unbekanntheitsgrad weiß.

Ephraims des Syrers, der das Paradies auf dem höchsten Berg der Erde verortete, von dem vier Flüsse (Nil, Dunaj, Euphrat und Tigris) herab fließen. Im Barock schließlich erfährt die Ausdeutung des Nils eine erhöhte Aufmerksamkeit. Der Epoche grenzenloser Sprachfaszination erscheint er als „hieroglyphischer Fluss" („ieroglifičeskaja reka")[212] Ägyptens, als Medium, das auf seiner (Wasser)Oberfläche die piktographische Vorstellung einer Schrift trägt, die das Ideal adamitischen Sprechens als einer motivierten, nun aber rätselhaft gewordenen Verbindung von Zeichen und Welt noch nicht verloren hat. Jene Spannung zwischen Verrätselung und Oberfläche, die das erste Gedicht zwischen literalem Graphismus und decodierender Semiose als Konflikt von Sehen und Lesen am Wortstrom der Heiligen Schrift entfaltete, tritt hier wieder auf. Sie potenziert sich als Figur zwischen Sinnpluralisierung und Augenlust. Nun nicht mehr *ein* Schriftstrom, verzweigt sie sich in vier Ströme, die Simeon in den nächsten Versen mit den vier Schriftsinnen identifizieren wird, um dann – in einer Art lehrhaftem Resumée – noch einmal die allegorisch eingeführten Textmanipulationsstrategien nach dem Vorbild des lateinischem Distichons als Merkvers zu benennen. Dieser gibt den Schlüssel zum Verständnis, den *ključ razuměnija*, und verklammert in seiner Formelhaftigkeit als *figura etymologica* Wasserquelle und Entschlüsselung:[213]

> Der erste ist der Literalsinn, in dem die Schriften
> der Welt die historischen Taten schildern.
> Der zweite ist der allegorische Sinn, der unter der Hülle
> des Alieniloquiums die Dinge mit Worten wiedergibt.
> Der dritte ist der Moralsinn, der zur Ausübung
> guter Taten anleitet und Segen bringt.
> Der anagogische Sinn kommt an vierter Stelle [locus],
> er wendet alles geistig hin zum (kommenden) Himmelreich.[214]

Bis in die Ummantelung des Sinns folgt diese Lehre allen Parametern der klassischen Definition. Sie wird interessant an denjenigen Stellen, an denen die Bestimmung dessen, was allegorisch heißt, sich verkehrt: wenn nicht mehr die Dinge in – anderen – Worten („daet delo slovom") gegeben werden, sondern die Worte als – andere – Dinge. An diesen Stellen kristallisiert sich ein Konzept der

212 Vgl. Jampol'skij, *Nabljudatel',* 180. Diese Bestimmung gehört in eine lange Tradition der Verortung des Paradieses in Ägypten oder – verschoben – in Äthiopien.

213 russ. *ključ* = Quelle; Schlüssel.

214 Simeon Polockij, *Die Heilige Schrift/Pisanie.* („Pervyj razum – pismennyj, iže dějanija / istoričeski miru dajut Pisanija. / Vtoryj – allegoričnyj, iže pod pokrovom / inoglagolanija daet děla slovom. / Tretij – nravom učjaščij, iže vsja privodit / k blagich děl tvoreniju, da sja blagost' rodit. / Est' onagogičeskij v četvertom lěžaščij / městě, vsja ko nebesnym duchovno rodjaščij.")

Schriftsinne heraus, das den Bereich von Sinnverschlüsselung und Sinnerschließung überschreitet und zwei neue Parameter etabliert: eine Theorie imaginativen Lesens und eine Theorie literaler Wahrnehmung. Von der Schrift-Wahrnehmung („pismenno čjuvstven znati daet") zur Imagination („umu pokazuet") kommt man im Abschreiten der sinnlichen Schrifttopoi eines imaginären *locus*, der die Ambiguität zwischen geistigem und geistlichem Sehen („myslennyj raj – duchovnyj raj") so weit offen hält, wie sich ein aisthetisches Element als resistent erweist. Diese Veränderung lässt sich an der Explizierung des Schulbeispiels Jerusalem verfolgen, die eine Verkoppelung von Schrift und Bild als verschriftlichtes Bild für die Sinne in den vierfachen Schriftsinnen vornimmt:

Im Bilde Jerusalems zeigt sich all das,
 was literal uns die Stadt sinnlich erkennen lässt.
Allegorisch bedeutet sie die heilige Kirche,
 die in dieser Welt herrscht.
Im Moralsinn bedeutet sie die Seele,
 die alles Seiende mit seinem Streben nach Zion ausrichtet.
Anagogisch zeigt sie dem Verstand
 die Kirche, die im Himmel hell strahlend herrscht.
Auf diese Weise entströmen dem Paradies
 vier lebensspendende Flüsse und erquicken uns.[215]

In nuce ist in der viersinnigen Allegorie des vierflüssigen Paradieses die Text-Garten-Konzeption des gesamten *Blumenreichen Gartens* angelegt. *Die Heilige Schrift* expliziert die Schrift des *Blumenreichen Gartens* über eine vierfache Schriftsinnlichkeit als Überlagerungsphänomen, als komplexes Beziehungsgefüge einer Rhetorik der allegorischen Andersrede („inoskazanie"), die sich als imaginäre Sensorik gibt. Im Text spiegelt sich jener programmatisch vorgetragene Anspruch semantischer Entfaltung, der sich einem sensuellen Blick auf die Worte der Dinge annähert bzw. immer aufs Neue aus einer Dechiffrierungslogik der Dinge heraus sich für eine Aisthetik der Tropologie begeistert. Die alttestamentarische Konnotation von Paradies und Heiliger Schrift, die neutestamentarisch in den Evangelisten-Gleichnissen durch die akkulturalisierten Formeln des Weinbergs, des Feldes und des Ackers abgelöst werden[216],

215 Ebd. („Ierusalim obraz sich vsěch projavljaet, / iže pismenno grad nam čjuvstven znati daet, / Inoskazatelno že Cerkov' nam svjatuju / znamenaet, vo mirě sem vojuščuju. / Nravom učja ščym paki dušu znamenaet, / vsja byvšaja v Sioně k nravom obra ščaet. / Anagogičeskij že umu pokazuet / Cerkov', jaže v nebesi světlo toržestvuet. / Sija iz duchovnago raja izplyvajut / rěki živonosnyja, i nas oživljaut.")

216 Die kulturelle Topik der Garten-Metapher vom biblischen Garten Eden über den antiken *locus amoenus*, das Renaissance-Bild des ‚Gartens des Vergnügens' bis hin zur mittelalterlichen Hypostase-Vorstellung der Maria als Garten Gottes, die sich in der europäischen Literatur zum poetischen Topos wandelt, zeichnet für den russischen Barock punktuell Sazo-

assoziiert den *Blumenreichen Garten* mit dem einen, göttlichen Urtext und setzt ihn parallel als dessen Paratext, d.h. als dessen exegetischen Kommentar. Gleichzeitig steht der literarische Textgarten des Barock aber auch innerhalb einer Tradition der Artifizialisierung und Ästhetisierung, die schon nicht mehr in den Grenzen der paradiesischen Zustände geschlossener symbolischer Verweisungen zu denken ist.[217] Als durchkomponierte Form entspricht das Motiv des Gartens als Text-Metapher den semantischen Transformations- und Transfigurationsgrammatiken des Barock. Der Garten selbst wird zum Ort der Verschiebung, der sprachlichen Verpflanzung, Pfropfung und Okulation. Das meint zum einen die Adaptionsmechanismen heterogener Textmodelle, zum anderen die mit der Möglichkeit einer solchen Adaption einhergehende Anerkennung variabler Zeichenbildung und flottierender Signifikationsprozesse:

> Ein symbolisches Motiv, das seinen Gehalt in einer Kette alieniloquialer Umsemantisierungen, die in unzähligen Brechungen entstehen, präsentierte, eröffnete dem Leser die Möglichkeit, einen literarischen Garten als Realisierung einer der Bedeutungsnuancen des Topos, oder häufiger noch als Realisierung eines Komplexes, eines ganzen semantischen Feldes aus sich überschneidenden, überlagernden, miteinander verknüpften Bedeutungen entstehen zu lassen.[218]

---

nova, *Poėzija russkogo barokko*, 163ff., nach. Auch die altrussische Literatur kennt das Motiv des Gartens als biblischen Topos. Sazonova sieht die Entfaltung dieses Motivs im Barock gebunden an die Blüte ethisch-didaktischer Texte und Textformen, die die Erziehung des Menschen als gottgleichen Menschen über Mimesis an den göttlichen Gärtner des Paradieses verfolgen. Besonderen Stellenwert erhält mit der ethischen Erziehung das biblische Weinberg-Gleichnis, das (bei Simeon Polockij, Lazar' Baranovič und Antonij Radzivilovskij) gerade im Hinblick auf seinen Moralsinn der Tugendhaftigkeit ausgedeutet wird. Davon ausgehend führt Sazonova ihren Grundgedanken der „ethischen und formalen Geschlossenheit des *Blumenreichen Gartens*" fort („Vertograd dlja poėta – ėtičeski zamknutoe prostranstvo" (167)). Sie unterwirft den Garten-Topos des *hortus conclusus* zur Gänze den Anforderungen moralischer Didaxe, geistiger Läuterung und christlicher Passion. – Vgl. zur Topographie des Paradieses Delumeau, *History of Paradise*, 39–47.

217 „Der Garten verhält sich antinomisch zur Natur wie zu ‚Urmaterie und Chaos'" („Sad protivostoit prirode kak ‚praforme i chaosu'"), formuliert Sazonova, *Poėzija russkogo barokko*, 173, mit Rückgriff auf Lichačev. Aus den neutestamentarischen Parabeln resultiert die Vorstellung des Gartens als *hortulus animae*, der bearbeitet, erzogen, geformt werden muss. Im Kontext der „inneren Bildung" von Seele und geistigem Auge als topographischer Orientierung in einem spirituellen Garten wird darauf zurückzukommen sein. Doch auch für das körperliche Wohl bildet sich ein gärtnerisches Subgenre heraus. In den *vertogrady prochladnye* sammelt man medizinisches Wissen und naturwissenschaftliche Kenntnisse von Mineralogie bis Zoologie und Botanik. Auch hier spricht sich also wieder die schon zuvor konstatierte Doppelung des Menschen aus.

218 Sazonova, *Poėzija russkogo barokko*, 174. („Simvoličeskij motiv, raskryvajuščij svoe soderžanie v cepi inoskazatel'ych pereosmyslenij, predstajuščij v bezčislennych prelomlenijach, otkryval pred pisatelem vozmožnost' stroit' literaturnyj sad kak realizaciju odnogo iz značenij toposa, čašče – kak voploščenie kompleksa, celogo semantičeskogo polja peresekajuščichsja, nakladyvajuščichsja, scepljajuščichsja drug s drugom značenij.")

Sazonovas Konzept semantischer Kettenbildung, die „Konkretisierungen“ und „Realisierungen“ einer topischen Bedeutungsschattierung ermöglicht, verweist auf die Regeln der Schriftsinne als verfremdende Übertragung für eine topische Vernetzung, die den (paradiesischen) Garten (Eden) als Genre für anthologische und enzyklopädische Weltsynopsen prädestiniert. Diese produzieren über sprachimmanente Strukturverfahren der Alphabetisierung – also einer formalen Rasterung – oder der thematischen Systematisierung eine Ordnung der Dinge, welche die analogischen Kettenbildungen florilegischer Sammlungen repräsentationslogischen Klassifizierungen unterwirft. Im Vorwort des *Blumenreichen Gartens* ist diese erste Lektüre programmatisch zur Text-Garten-Allegorie ausgesponnen:

> [...] denn der geschickte Gärtner wird die verschiedenen Blumen und Gräser nach Gattung und Untergattung ihrem ordo gemäß in Reihen und Gruppen säen und pflanzen, und so habe auch ich in diesem meinem blumenreichen Garten künstlerisch und nach einer wohlfeilen Ordnung alles angelegt, das heißt nach dem slavischen (russischen) Alphabet gedichtet.[219]

---

219 Simeon Polockij, *Der Blumenreiche Garten/Vertograd mnogocvětnyj*, Bd. 1, 4f. („[...] no jako že est' obyčaj cvětovertnikom iskusnym vsjačeskich cvětov i zelij, rody že i vidy blagočinno po spodom i lecham sějati i saditi, tako i vo moem sem vertě mnogocvětnom chudožestvenně i po blagočiniju vsja ustroišasja, ibo po alfavitnomu slavenskago dialekta sočineniju.“) Im Gegenzug kann das Paradies des Wortes als Ergebnis anagrammatischer Chiffrierung des Namens werden: in Antonij Radzivilovskijs Predigtsammlung *Der Garten der Gottesmutter* (*Ogorodok Marii Bogorodicy*, 1676) setzt die Widmung mit der Verkehrung von Maria in „jam raj“ ein. Antonij erläutert dazu „Du bist das Gute, du trägst das Paradies in deinem Namen“ („Vsja dobra esi, v tvoem imeni raj maeš'“ (2v)). Vgl. zur Namensanagrammatik auch Sazonova, Imja v ritorike i poėzii XVII veka. Die Allegorie Schrift – Garten – Natur hat eine starke mariologische/sophiologische Tradition, die textbezogen beispielsweise Antonij Radzivilovskij *Garten der Gottesmutter*, bildbezogen die Ikone Simon Ušakovs *Der Baum des Moskauer Reiches* (*Drevo moskovskogo gosudarstva*) (die auch unter den Namen Die *Gottesmutter von Vladimir* und *Lob der Gottesmutter von Vladimir* (*Bogomater' Vladimirskaja* und *Pochvala Bogomateri Vladimirskoj*) bekannt ist) strukturiert. Zum allegorischen Aufbau und der Tradition von Simon Ušakovs Ikone vgl. Čubinskaja, *Ikona Simona Ušakova ‚Bogomater' Vladimirskaja'*. Die verschiedenen Titel der Ikone verweisen bereits darauf, dass Ušakov hier mindestens zwei Traditionen miteinander verschmilzt: eine mariologische der Garten-Allegorie, deren Prätext die Bibel ist, und eine genealogische, deren Prätext das *Stufenbuch* (*Stepennaja kniga*) ist. – In diesem Zusammenhang ist interessant, dass der *Blumenreiche Garten*, dessen Gedichte in seiner Endfassung nach dem Alphabet geordnet sind, in den ersten Fassungen nicht nach formalen, sondern nach ‚inhaltlichen' Strukturprinzipien einer „Poetik der Verkettung“ („poėtika sceplenij“ (202)) aufeinander folgen. Zur Textgenese in den einzelnen Manuskripten vgl. Sazonova, *Poėzija russkogo barokko*, 196f. Sazonova stützt ihre zentrale These „der spirituellen Einheit des Buches“ („duchovnoe edinstvo knigi“) wesentlich auf diesen Umstand. Diese ethische Homogenität binde die „poetische Streuung“ („poėtičeskaja rossyp'“ (217)) als Folge der ‚Alphabetisierung des Textes' zu einer kohärenten Form zusammen.

Die Pflanz- und Sä-Ordnung des Gartens entspricht der grammatikalischen Ordnung der Sprache, welche dem Topos das Zeichensystem diskreter Anordnung und Disjunktion durch strukturelle Differenzen unterlegt. Nur zu genau erfüllt sie als präskriptive Leseanweisung den Anspruch auf Lesbarkeit der Welt und schreibt sich in die multiple Dechiffrierungslogik der Dinge ein. Summierende und semiotisierende Ambitionen des Buch-Gartens verbinden sich mit systematischen und klassifizierenden Zuschreibungen durch die Ordnung des sprachlogisch gejäteten und ästhetisch zugerichteten Feldes, das im Barock zum Buch wird.[220]

> So wie du, werter Leser, hier Anfangsbuchstaben derjenigen Dinge findest, die hier versammelt sind, so mögest du auch die Kreise und Gruppierungen dieses Gartens wahrnehmen. […] Und so wie du dann nach der Zahl der Bezeichnungen die einzelnen Dinge betrachtest, so wirst du nach der Zahl die einzelnen Pflanzen zählen. Und die Unterschiede dieser geistigen Pflanzenarten berücksichtigen: die einen sind Analogien, die anderen Bilder, noch andere Redensarten, Deutungen, Epitaphien, Bildaufschriften, Erzählungen, Chroniken, Gebete, Mahnsprüche oder Enthüllungen […].[221]

Simeon überzieht seinen *Blumenreichen Garten* mit einem Netz aus direkten und indirekten, inter- und intratextuellen Quellenverweisen, die jeden Text vorrangig als aus anderen Texten generierten bestimmen und die Gesamtheit der ca. 3000 Gedichte als *summa* der Literatur aufbauen.[222] Das Panorama der Welt führt Simeon vor, indem er es registriert, katalogisiert und sprachbildlich ausbuchstabiert.[223] Was soweit rhetorisch und hermeneutisch erlernbar wäre, drängt in eine selbstinszenatorische Sprachlichkeit, die mit den Sinnproduktionsmechanismen vierfacher Schriftsinne kaum noch erfassbar ist. Die mediale Komposition des *Blumenreichen Gartens* macht die Schrift zum enargetischen Ereignis, sie präsentiert sich als archivarische Kunstkammer der Welt, wie sie Eremin in der schon zitierten Weise als „eigentümliches Museum" („svoeobraznyj muzej") beschrieb, in dessen Vitrinen die unterschiedlichsten Dinge,

---

220 Vgl. allg. zum Buch bei Simeon Polockij Berkov, Kniga v poėzii Simeona Polockogo.

221 Simeon Polockij, *Der Blumenreiche Garten*, Bd. 1, 5. („Eliko ubo obrjaščeši, blagočestivyj čitatelju, pismen zdě načinatelnych, imenovaniem veščej obrětaemych, toliko nepščuj spod ili lěch byti verta sego. […] Naposlědok, eliko statij čisly nadznamenannych usmotriši edinyja veščy, toliko čisl edinovidnych cvět da čisliši. Ili različie rodov cvětov sich duchovnych sice da sočteši: in rod sut' podobija, in rod – obrazy, in – prislovija, in – tolkovanija, in – epitafija, in – obrazov podpisanija, in – pověsti, in – lětopisnaja, in – molitvy, in – uvěšanija, in – obličenija [...].")

222 Gemeinsam mit dem *Psalter in Versen* und dem *Rhythmologion* des gleichen Autors zählt der *Blumenreiche Garten* zu den ersten russischen Gedicht-Sammlungen.

223 Koschorke, Das buchstabierte Panorama.

„häufig Raritäten und Antiquitäten" („často redkie i očen' drevnye"), ausgestellt seien.[224] Diese Anschauungsqualität der Texte wurde schon als textualisierte Replik auf emblematische Formen eines barocken *theatrum morum* diskutiert und gibt hier erneut Anlass, die Semiotechnik des Gartenbaus in ihrer musealisierten Artifizialisierung des Archivierens und Repräsentierens als eben jenes Durchschlagen von Sichtbarkeitseffekten zu verstehen, die die Schriftsinne exegetischer Lektüre des Gartens zum Betrachterdispositiv umschreiben. Im Buchgarten verbinden sich damit ästhetische und poetische Reflexion mit optischer Perzeption. Das Buch wird zur Schauform des Museums, in dem allegorisches Sprechen ausstellbar ist. D.h. die Alphabetisierung des Textes als Systematisierung der Welt nach sprachlichen Kriterien ist unauflösbar gebunden an die Visualisierung der Dinge.[225] Was Foucault den vorklassischen Versuch nennt, „die Sprache dem Blick nahe zu bringen und die betrachteten Dinge möglichst in die Nähe der Wörter zu rücken", hat in Simeons Klassifizierung der entfalteten Seme als sprossender Samen schon den Schritt in eine Entfernung von Ding und Wort vollzogen, um das Wort als Trope zum Ding zu machen. Wenn die ‚vorklassische' „Naturgeschichte nichts anderes [ist] als die Benennung des Sichtbaren"[226], so ist die barocke Literaturgeschichte die Sichtbarmachung der Benennung als Textkörper.

In den Schaukästen des botanischen Museums liegen allegorische Sprachformen, textuelle Keime semiotischer Auslegbarkeit als Gleichnis, Bild, Lehre, Epitaphion, Fabel, Gebet usw., die ihre Allegorizität in visuelle Ausstellbarkeit wenden. Sprachbeobachtung als sinnliche Erkenntnis und sinnliche Erkenntnis als Sprache – im prologischen Paratext Polockijs ist vorformuliert, wie in *Die Heilige Schrift* die Sichtbarkeit der Dinge über schriftsinnliche Auslegung in den Diskurs übergeht und wie gleichzeitig die Sinne der Schrift eine Sichtbarkeit der Sprache hervortreten lassen. Das „Buch als Herbarium der Strukturen"[227] erweist sich schon als taxinomischer Raum der Beschreibung im ‚Sinne' einer Bebilderung, es ist Medium, eben jene Struktur als Faktur der Entfaltung erfahrbar zu machen. So wie der rhetorische Blick auf das Tableau der alphabetisch sortierten Dinge an schriftliche Vermittlung visueller Präsentation in den Schaukästen der Kunstkammer gebunden ist, so ist das Inventar

224 Eremin, Poėtičeskij stil' Simeona Polockogo.

225 Das Inhaltsverzeichnis des *Blumenreichen Gartens* ist überschrieben „Verzeichnis der Dinge" („oglavlenie veščej").

226 Foucault, *Die Ordnung der Dinge*, 173.

227 Foucault, *Die Ordnung der Dinge*, 177.

228 Dem entspricht die Tatsache, dass auch das Genre der Spiegel häufig eine alphabetische Ordnung als Strukturprinzip wählte. Nicht zuletzt kann das Alphabet auf eine lange Tradition mystischer Ausdeutung verweisen, als deren einflussreichste wohl die Assoziierung der

des Ausbuchstabierens als optische Ordnung eingesetzt.[228] Das Alphabet figuriert im *Blumenreichen Garten* bereits als Allegorie eines sekundären Weltmodells, das ein textuelles Bild der Welt in eine literale Sichtbarkeitsordnung fügt.

Mit dem Abschluss der ersten Lehr- und Einübungsphase in ein hermeneutisches Paradox der Materialität wird im dritten Gedicht von *Die Heilige Schrift* die Differenz von Oberfläche und Tiefe des Schriftstroms neu ausgelotet. Über das Paradies fließt er nun zum Meer, den Strom des Sinns zum Meer der Schrift weitend:

> Die Heilige Schrift ist ein geistiges Meer,
> angefüllt mit himmlischen Perlen,
> das heißt, mit den Lehren der Heiligen, und sehr tief,
> auch für das geistige Auge, das das Verborgene sieht.[229]

Entfaltete sich Schriftsinnlichkeit der Heiligen Schrift im Konzept des durchbuchstabierten Weltenbuchs als Konflikt von grammatischer Sprachordnung und musealer Dingordnung, so schließt sich die Deutungsvielfalt hier noch einmal auf eine Allegorie, in der die Register von Lesen und Sehen, Sehen und Imaginieren, Imaginieren und Perzipieren sich ineinander schieben. Hippisley gibt im Kommentar zum *Blumenreichen Garten* keine Quelle an, aus der sich dieses Gewässer speist, doch der aus den Flüssigkeitsmetaphern der Rede sich entwickelnde Topos des Schriftmeeres ist in der altrussischen Literatur weit verbreitet. In einem liturgischen Sammelband des 17. Jahrhunderts wird die Verehrung des Buches („knižnoe počitanie") mit eben jenem Bild begründet:

> Bücher sind wie Meerestiefen. Taucht man in ihnen, so bringt man kostbare Perlen ans Licht. Ebenso wird auch der aufmerksame Leser segensreicher Schriften sich einen Schatz erwerben, der mit Geld nicht zu bemessen, doch voller Segen, das heißt voller Seelenheil ist.[230]

---

göttlichen Wahrheit und des göttlichen Körpers mit der Universalität des Alphabets ist. „Mein Alpha ist Jesus, mein Omega Christus" („Alfa mi est' Iisus, Christos mi est' omega") heißt es in einer chiastischen Formulierung bei Simeon Polockij (RNB, F XVII. 83, l. 278). Ähnlich auch Karion Istomin im *Buch des geistigen Sehens*: „Ich bin das Alpha und Omega, / die Menschen vor gefährlichen Abründen schützend." („Az esm' alfa i omega, / chranjaj ljud ot zlobna brega." (3)) So leitet Christus dort sein Lehrgespräch mit Peter ein.

229 Simeon Polockij, *Die Heilige Schrift/Pisanie*. („Svjaščenno Pisanie more myslennoe / biserej est' nebesnych dovolno polnoe, / Siréč', učenij svjatych, i zělo gluboko, / daže esli umnoe tajny vidit oko.")

230 *Was man erlangt, wenn man sich in die heiligen Bücher vertieft/Čto priobretajut prinikajušče vo svjatyja knigi*, 3vf. („Knigi podobny sut' glubině mor'stej. v nju že ponyrjajušče, iznosjat biser dragij. tako i priničjušče v blagoduchnovennyja knigi, priobrětajut sebě sokrovišče, ceny neimušče vsěch blagych ispolneno; // siréč duševnych projavlenij.")

Eine Grammatik bezeichnet sich im Vorwort als Steuermann, der den Leser sicher durch das schwierige Gewässer der heiligen Schrift geleiten werde. Denn so, wie es auch über reale Gewässer schwierig sei, unbeschadet zu gelangen, so sei es doch erst recht ein nahezu aussichtsloses Unterfangen, ohne Schiffbruch durch die virtuellen Untiefen und Stromschnellen der Schrift zu steuern.[231] Was Simeon Polockij an polysemantischer Entschlüsselung gibt, schreibt eine Bildtradition um, die den Aggregatzustand der liquiden Schrift in der Sakral-Grammatik des *einen* Textes verfestigte. Simeon hingegen stellt seinem Text nicht das allegorische Bild der sicheren Lektüre voran, sondern er vollzieht diese Allegorie als eine poetische, nachdem er durchdekliniert hat, dass Zeichen Werte sind, die als kostbare Perlen zur tropischen Dinghaftigkeit des ästhetischen Objekts drängen. Jede stabile Lektüre steht permanent unter signifikativer Schiffbruchgefahr. Damit ist die Allegorisierung der Lektüre als kinetischen Akts der Kreuzfahrt, der tastenden, sich vorsichtig orientierenden Bewegung durch die fließende Rede, durch die Schriftströme des Buches, das Eintauchen in sie, über seine semiotische Funktion der Regulierung eines Bedeutungsverfahrens hinaus gerade verstanden als psychophysischer Akt, der im Ergreifen eines optisch verlockenden Gegenstandes seinen Höhepunkt findet. Den Sinn als aisthetischen Reiz gilt es nach oben zu holen, die Tiefe zur Oberfläche zu machen, *sensus* als semantische und somatische Wahrnehmungsform zusammenzuschließen. Die hermeneutische Methode der Bedeutungszuschreibung mittels Durchdringung einer äußeren Erscheinung (*visibilis forma*) zu ihrem inneren Wesen (*invisibilis natura*) und damit der Sichtbarmachung eines hinter dem Sichtbaren verborgenen Unsichtbaren, entäußert sich zu einem sprachlich-ornamentalen Verfahren der Ver-Äußerlichung. Mit der Pluralisierung einer transgressiv-dienenden Funktion zur Erlangung transzendenter Erkenntnis entdeckt Simeon Polockij in den Schriftsinnen gerade die Sichtbarkeit des rhetorischen Wortes.

Dabei scheint es, als würde sich der Text umso stärker verbergen, je elaborierter die Instrumentarien zu seiner Lektüre werden. Protagonist bzw. Explikationsfigur dieser Unsicherheit ist einmal mehr das Auge, das sich im ersten Gedicht von den Spiegelreflexen der Wasseroberfläche täuschen ließ und sich nun in den Tiefen des Meeres verliert. Mit dieser Strophe schließt sich nur scheinbar der Zyklus. Die Veränderung der Deutungsperspektive verlangt eine neue Wahrnehmungsperspektive. Durch Einübung in Dechiffrierungsverfahren und Repräsentationsordnungen bringt sie eine Lesefigur hervor, die

---

231 *Vorwort zur Grammatik/Predislovie k knizě glagolemoj grammaticě*, 205: „Diese Grammatik wurde geschrieben, um einige Regeln für das geistige Befahren der Heiligen Schrift zu geben." („k duchovnomu plavaniju božestvenago pisanija grammatikiiskoe učenie jako někoe pravilo napisaša i ustroiša.")

sich das Unsichtbare nun als ein innersprachlich generiertes Ästheticum aneignet. Nach Absolvierung des allegorischen Parcours hat der *oculus spiritualis* (*umnoe oko*) des Lesers seine Lesbarkeitslektion gelernt und sich zum *oculus imaginationalis* umgeschult. Hieß es im ersten Doppelvers noch „doch das Verborgene, in der Tiefe liegende wird er nicht erblicken […], sein Blick wird mit ungeübtem Auge darüber hinweggleiten", und wurde damit ein ‚Neues Sehen' eingefordert, so verfügt der Leser gegen Ende des Gedichts *Die Heilige Schrift* bereits über ein philologisch trainiertes Auge mit Tiefen- und Geheimnisblick. Er vermag seinen ‚Adel des Sehens' so einzusetzen, dass die Decodierung des Textes in seiner Zeichenhaftigkeit für etwas anderes und der Text in seiner selbstpräsenten Materialität einander schärfen. Die in *Die Heilige Schrift* als ‚Poetik der Tiefe' durchgeführte Theorie der Zeichenbildung, die sich gleichzeitig als Wahrnehmungsschulung verstand, stimuliert eine Konkurrenz- und Profilierungssituation von Lesen und Sehen. In diese Differenz hinein formuliert der Gedicht-Zyklus ein Imaginäres, das dort auf den Topos des geistigen Auges zurückgreift, wo das retinale Sehen nichts mehr vermag, die geistige Schau des *logos* jedoch ebenfalls verfehlt und feststellen muss, dass die Schriftsinne als hermeneutisches Instrument zur Schau Gottes sich zurückziehen. Und zwar sich Zurückziehen vor einer Sinnlichkeit der Schrift, die Wahrnehmungsbedingungen zur Konstitution von Vorstellungsgegenständen inszeniert. Mit den allegorischen Sinnen der Schrift vom literalen Bericht bis zur anagogischen Antizipation erwirbt sich der Text eine Dimension der Transformation von Referenzwelten, die sich einen Aspekt der unhintergehbaren Gemachtheit der Schrift als Heilige Schrift überhaupt erst erschließen. Simeon führt die Umformung des einen, univoken, sakralen Textes über das Konzept der vierfachen Schriftsinne in einen artifiziellen Text vor, der sich aisthetischer Erfahrbarkeit öffnet. Der Eintritt in das Reich der vielfachen Zeichen, der die Sichtbarkeit des Lesbaren verhieß, zeigt das Buch der Bücher als vielfaches Buch. Dessen Macht, mentale Bilder zu produzieren, in die der Blick eindringen kann oder die sich dem Blick verwehren, steht unter dem Verdacht, eine Einbildungskraft freizusetzen, die sich nicht nur auf die Re-Produktion von Text konzentriert. Setzt die Schrift in den Grenzen der Vervier/lfachung den Blick auf Literalität als Sprachmaterialität wie auch auf Pluralisierung der unsinnlichen Sinne frei, erzeugt sie zwischen ihnen, an der Schnittstelle von Literalität und *logos* das Imaginäre. An dieser Stelle wird deutlich, wie Simeon versucht, den paradiesischen Raum der Bibel als literarischen Heterotop von Imagination und Fiktion zu besetzen, wie er versucht, die kulturell sanktionierten Wege der Sichtbarmachung des Unsichtbaren für ein literarisches Unsichtbares zu nutzen. Dabei wird die *Heilige Schrift* (*Pisanie*) zum allegorischen Auge dessen, was sich in eine ‚sekundäre' Unsichtbarkeit zurückgezogen hat.

5. Lesend Sehen – sehend Lesen

Buchstabenmenschen sind im Grunde Blinde.[232]

5.1. Das totale Buch

Die Welt ist chaotisch geworden, aber das Buch bleibt Bild der Welt, […] welch seltsame Mystifikation: das Buch wird umso totaler, je zerstückelter es wird.[233]

Versteht man, wie Simeon Polockij in seiner Präsentation der Schriftsinne als Schriftsinnlichkeit, Deutungsgeschichte als Wahrnehmungsgeschichte und Wahrnehmungsgeschichte als Artifizialisierung, so ist damit der gesamte Nexus von Lesbarkeit und Sichtbarkeit der Schrift, des Buches und der imaginierten Bildlichkeit betroffen. In diesem Geflecht geht es um die Ausarbeitung eines Zuschauertums, eines lesenden Betrachters und betrachtenden Lesers, der sich in den Büchern, denen neue Textmodelle zugrunde liegen, in einer Form orientiert, die primär semantische Faltungen und Entfaltungen der Schrift hin zur Forderung steigern, „einen Körper zu haben" und mit diesem Körper zu perzipieren.[234] Sie fasst, um mit einer Formel Benjamins zu sprechen, den „Bildraum" als „Leibraum" und berücksichtigt damit die Irreduzibilität einer nicht-ausdeutbaren Struktur.[235] Mit dem deleuzianischen Insistieren auf dem Körper ist das Wahrnehmungsdispositiv des Barock gerade in jener Zwiespältigkeit begriffen, die bisher als Profilierung sensorischer Mechanismen und deren Implementierung beschrieben wurde. Perzeption, die den Körper eher als ‚monadischen Empfänger von Schwingungen' begreift, meint jene schillernde Figur zwischen Wahrnehmung, bewusster Stimulierung der Sinne und Imagination als Interiorisierung des Sensoriums, als Abstraktion von einem physischen, motorisch abzutastenden Objekt, um es in ein inneres Bildbewusstsein zu verlagern. „Perzeption ist halluzinatorisch,

232 Derrida, *Aufzeichnungen eines Blinden*, 26.
233 Deleuze/Guattari, *Tausend Plateaus*, 17.
234 Deleuze, *Die Falte*, 139.
235 Benjamin, Der Sürrealismus, 214f.

weil die Perzeption keinen Gegenstand besitzt."[236] Damit ist sie der Aufmerksamkeitsmodus, der insofern mit dem Begriff der Repräsentation spielt, als er „Figuren ohne Gegenstand" erfassbar macht, Figuren, die nur einen Moment lang sichtbar wurden und das, so Deleuze, in den Ent- und Einfaltungen der Dinge.[237] Mehr noch als Simulakren sind es Phantasmen. Aus dem vervielfältigten Sinn der Schrift heraus entwickelt der Barock Phantasmen des Sinnbesitzes, der sinnhaften Erscheinung, die der sehende Leser formt, dessen physische Stimulierung und phänomenale Erfahrung nur mehr dunkler Grund oder Oberfläche einer Wahrnehmung im Imaginären sind, die in sich als doppelte Struktur simulativer Stimulation oder stimulierter Simulation gedacht wird. Die Schrift spielt innerhalb dieser Bewegung nach innen eine plurale Rolle. Sie ist das multiple Medium, das im Innen, im Inneren des Lesekabinetts, etwas zu sehen gibt, sie ist der papierne Fächer aus Vervielfältigungen, in dem das Sichtbare und das Lesbare, Theater und Lektüre zusammenfallen. Sie führt zur Utopie des Barock, zum „totalen Buch" als Einlösung von Virtualität im Sinne der Vielzahl möglicher Welten, zum „Buch der Monaden, [...] das ebenso weite Streuung wie Kombination aushalten" kann.[238]

Was in diesem Konzept des Buchs einen Modus gegenseitigen Verweisens von Betrachten und Buchstabieren meint, lässt noch einmal zurückblicken auf die Reibung zwischen Deutung und Wahrnehmung, den die deleuzianische Kritik der Repräsentation im Blick hat, jedoch mit dem leibniz'schen ‚Motiv' der Falte nicht unmittelbar für das Problem von Lesen und Sehen löst. Diesen Komplex vermag eine apparative Leitfossilien der Wahrnehmung berücksichtigende Metaphorologie der Lesbarkeit, wie sie Blumenberg vorgelegt hat, noch schärfer zu fassen.[239] Sie setzt sowohl eine sprachzentristische Hermeneutik außer Kurs, wie sie reine Technikgeschichtsschreibung zurückweist. Stattdessen begreift sie, auf einem immer zwiefältigen Begriff von Erfahrung fußend, Lesbarkeit in konstanter Auseinandersetzung mit der Sichtbarkeit der Welt, teils diese usurpierend, teils mit dieser konkurrierend. Damit ist sie nah an den kulturellen Selbstbeschreibungen Altrusslands, das jene A-Figuralität als ein Problem der „Doppelstruktur" zwischen Poetik und Hermeneutik auf-

---

236 Deleuze, *Die Falte*, 153. Im Original kursiv.

237 Deleuze, *Die Falte*, 154.

238 Deleuze, *Die Falte*, 56. „Die Monade ist das Buch oder Lesekabinett."

239 Blumenberg, *Die Lesbarkeit der Welt*. Blumenberg ist es um die Einsetzung der Lesbarkeitsmetapher im Kontext der Wirklichkeitserfahrung, -ausdeutung und Sinnzuschreibung zu tun, mithin um ein perpetuierendes Konkurrenzverhältnis von Wirklichkeit und Buch, das sich in gegenseitigen Zuweisungen von Surrogatfunktionen abspielt. Vgl. auch Koep, *Das himmlische Buch in Antike und Christentum.*

fasst und diskutiert.[240] Gerade wenn man nicht mit Gadamer und Haverkamp davon sprechen will, dass die rhetorische Tradition und gerade die der Allegorie „im Grunde immer schon Hermeneutik war" und damit die „Hinter- und Überwelt des Unsichtbaren" als historische Implikation der (mittelalterlichen) Allegorie auffasst[241]: Die Basis-Tropologie, in der Schriftlichkeit und Bildlichkeit verhandelt werden, ist in ihren verzweigten Semantisierungsstrategien als medialer Modellierungs- und Figurierungsversuch zu betrachten. Die Allegorie des Buches als Welt und der Welt als Buch, die der Barock entfaltet, macht das nachvollziehbar.

5.2. Die Kunst des Lesens

Die Ausbildung halluzinogener Lektüre samt Provozierung der dazugehörigen Akuasmen kündigt sich in der ersten Hälfte des 17. Jahrhunderts ungefähr zeitgleich mit der ersten russischen Rhetorik an. Im versifizierten Prolog einer Herrschergenealogie, dem *Vorwort zum Buch der Zaren* (*Predislovie k car'stvennoj knigě*), wird sie als Leseanleitung zum Programm historiographischer Einbildungskraft zugespitzt: Wer liest, der sieht.[242] Lesen ist Imaginieren, ist imaginäres Betreten von Texträumen, ist halluzinogene Kinästhetik der Lektüre und Lust am Spektakulären der betrachteten Welten:

> Bevor man in eine große Stadt kommt, betritt man die Vorstadt
> und betrachtet hier deren Vorzüge.
> Was in jener Stadt gefallen wird,
> muss nicht auch in der Vorstadt schön sein.
> Wenn man nun die Vorstadt zur Genüge betrachtet hat,
> so wird man auch in die Stadt gehen wollen.
> Sodann begibt man sich zur eigentlichen Stadt
> und geht, sobald sich ihre Tore öffnen, hinein.
> An zahlreichen Wunderdingen findet man dort Gefallen
> und staunt über all ihre Einrichtungen.
> Nach Verlassen der Stadt erzählt man dann den anderen,
> was man dort für Künste gesehen hat.

---

240 Haverkamp/Menke, Allegorie, 52.

241 Haverkamp/Menke, Allegorie, 53f. Haverkamp bezieht sich an dieser Stelle auf Jauss, *Alterität und Modernität der mittelalterlichen Literatur*, 155.

242 Das *Vorwort zum Buch der Zaren* ist Teil einer Vorwortsammlung, die sich explizit der *ars rhetorica* verpflichtet sieht: „Verschiedenste Vorworte, nach den Regeln der rhetorischen Kunst verfasst." („Predislovija mnogorazlična, ot ritorskich mnogoveščatelnych nauk složeno.") M. W. handelt es sich hier um den frühesten Beleg offensiver Suche nach imaginativen Leseerfahrungen in der altrussischen Literatur.

Nun spitzen auch diese ihre Ohren
und stellen sich vor, es mit ihren eigenen Augen zu sehen.
Als würden sie sich ebenso an dem Gesehenen ergötzen
und danach in ihre Häuser zurückkehren.
Genauso soll auch dieses Vorwort aufgenommen werden,
man soll im Geiste und in Gedanken darin umhergehen
und die dort zusammengestellten Dinge betrachten,
so ist unserem Unvermögen Ehre genug getan.
Um danach in das eigentliche Buch einzutreten
und viele solcher Erzählungen und Geschichten zu schauen
und damit ebenfalls ihre Vorstellung zu ergötzen
und anderen Suchenden dorthin den Weg zu bereiten.
Denn auch sie begehren zu sehen
und mit ihren Ohren zu hören.
Sowohl um Vergnügen zu finden
als auch das Herz zu erfreuen.
Um sich dann in die Welt der Vorstellung zu begeben
und die Kunst des Lesens zu beherrschen.[243]

Das *Vorwort zum Buch der Zaren* konstruiert die Kettenreaktion eines unabschließbaren Lese- und Imaginationsprozesses, der an der Schwelle zum Text einen Lehr-Gang zur Einübung in imaginäre Welten als erzählerisch stimuliertes imaginatives Sehen abhält. Über die Inszenierung performativer Erfahrbarkeit von virtuellen Topoi schult der Prä-Text seinen Leser für die imaginäre Erfahrung eines Abwesenden und den Vollzug der Lektüre als Kinesis. Der Augenzeuge des Erzählten schafft als Erzähler seines sensationellen Reiseberichts neue Augenzeugen der Einbildung. Die imaginative Codierung des Lesers organisiert sich dabei als imaginäre Wanderung in Form einer Endlosschleife des Sehens – Erzählens – Hörens – Imaginierens – Sehen, die der Re-

243 *Predislovie k car'stvennoj knige/Vorwort zum Buch der Zaren*, 312f. („Dostojno prežde velikago grada v maloe predgradie vniti / i udobstva izrjadstva v nem smotriti. / Kakovo ljubo budet k podobstvu togo grada, / byvaet bo nekogda krasnaja i v predgrada. / Ašče budut chotjašče i smotrjat dovolno, / dondeže vo grad itti budet povolno. / Potom k samomu gradu prichodjat / i po otverzenii vrat von' vchodjat. / I mnogich dives naslaždajutsja, / i vsěmu součinennomu v nem udivljajutsja. / Potom izšedše von povedajut i inem, / kakovy chitrosti videli v nem. / Da i tii tako že sluchi svoja ustremljajut, / i očima svoima videti pomyšljajut. / Jako že bo tako že vsjakogo viděnija nasladitisja, / i vo ustroennyja domy svoja voszvratitisja. / Tako že podobaet i sie predislovie predvariti, / / i umom svoim i mysliju v nem pochoditi. / I zreti podobstva k složeniju, / i dostojno li budet po našemu nemoženiju. / I potom samyja knigi vnutr' vniti, / i mnogich těch skazov i pověstej smotriti, / I tako že mysl' svoju upokoiti, / i inem chotjaščim put' predustroiti. / Da i tii paki voschodjat [vermutl. ein Fehler in der Edition; in der Handschrift „voschotjat" (RGB, f. 299, No. 380, 81v)] videti / i ušimja svoima slyšeti. / Kupno že i nasladitisja, / i serdcy svoimi vozveselitisja. / I otiti vo umnoe prebyvanie, / i paki vedeti knižnoe počitanie.")

zipient nachzuvollziehen hat. Durch konfigurative Parallelismen und Wiederholungen des Verfahrens, im Kommen und Gehen der Vorstadt/-wort-Besucher und -Hörer, die durch Affizierung ihrer Augen und Ohren seriell neue Erzähler ihrer Imaginationen erzeugen, vollzieht sich im *Vorwort zum Buch der Zaren* der Verdoppelungsmechanismus der Repräsentation des Abwesenden bzw. des abwesend Gesehenen selbst. Innerhalb des unabschließbaren Prozesses aus Text- und Vorstellungsbildung ist dem Adressaten ein fester Platz als Kettenglied innerhalb des Vermittlungswegs vom Buchstaben zum Bild zugeschrieben. Imagination ist dabei mehr als eine notwendige stimulative und simulative Zwischenstufe. Das Vorwort involviert das Vermögen der Einbildungskraft notwendig in jede zeichenhafte Konstitution von Textualität als Konstruktion symbolischer Welten.

Diese Welt konkretisiert sich hier im Topos der Stadt als Textraum und als *orbis pictus*, in dem sich ein Betrachter-Erzähler fortbewegt, um „kunstvolle Dinge" („chitrosti") zu schauen. Was er sieht, gibt er weiter. In dieser Übersetzungsfunktion ist er das fiktive korporale Auge eines Lesers bzw. die Allegorie des Lesers selbst. Die Impersonation der Lesefigur als erzählenden Betrachters markiert als Trope die Transformation der Imagination des Absenten als energetische Intensität.[244] Sie ist prospopoische Text-Maske und allegorischer Text-Körper, die bzw. der Phantasmen sehen, Szenerien durchschreiten und den Text sprechen lässt. Was sich der Augenkontrolle des Lesers über die Schrift hinaus entzieht, ist dem Text so als ausgelagertes Organ und ferngesteuerte Instanz zur Herstellung eines *Als-ob* optischer Unmittelbarkeit implementiert: Der *oculus imaginationalis* erzeugt einen imaginären *oculus corporalis* als rhetorisch vor-geschriebene Fiktion.

Die Doppelung dieser Figur eines lesenden Betrachters als prosopopoisch-allegorischer Instanz des Textes schließt sich als repräsentationsfiktionale Figur

---

244 Darin liegt auch der entscheidende Unterschied zu den Stimulationen eines *oculus imaginationalis* in den Texten der Kirchenväter, die die russische Kultur bis in den Barock hinein als Wissensessenz rezipiert. Johannes Damascenus entfaltet im Vorwort seiner *Dialektik* ein Raster aus Antinomien (oberflächlich – tief, außen – innen, Dinge – Erscheinung, Enthaltendes – Enthaltenes usw.) in das auch die Kategorien der *visio corporalis* und der *visio spiritualis* eingetragen werden: „Und dies soll man nicht mit den äußeren, sondern mit den inneren Augen wahrnehmen, und im Geiste reisen, schauen und pilgern wie auf einem Meer und in die Tiefen des Verstehens eintauchen und zum höchsten Sinn emporfliegen. [...] und so soll man das Sehen mit dem Herzen üben und die Grundlage des Verstandes festigen." („I sego ne vnešnemu, no vnutrenima očima podobaet siju vnimati, i myslenno prostranstvovati smotrjati i šestvovati umně jako po nekoemu morju i ponirati paki vo glubinu razuměnija i k prevysprenemu smyšleniju vozletati. [...] i eže utverditi serdečnoe zrěnie i v-koreniti osnovanie razuma." (8)) Johannes Metaphorik des Buches als geographischer Räumlichkeit nähert sich nie der reinen Rhetorizität des Topos an, es bleibt immer der Raum des *logos*.

noch einmal auf sich selbst. Denn die vom textinternen Stellvertreter-Auge des Lesers geschauten ästhetischen Objekte sind selbst schon wieder Texte („skazov i povestej smotriti"), die als optisch wahrgenommene Textartefakte ausgestellt sind. Die *praefatio* positioniert den Leser als Beobachter eines Beobachters von Texten, die als Bilder wahrnehmbar sind. Fast schematisch setzt das *Vorwort zum Buch der Zaren* damit das Grundprinzip rhetorischer *inventio* und antiker Mnemotechnik um. Von *locus* zu *locus* innerhalb einer Textstadt schreitend und die *imagines* innerhalb des *ordo* einer sequenzierten Gedächtnisarchitektur betrachtend bringt der Redner seinen Text hervor, um ihn den Hörern durch Tropen der Bild- und Affekterregung selbst wieder vor Augen zu stellen. Offensiver kann ein Text kaum an den Transpositionsmodi regelgeleiteter Bilderproduktion partizipieren, um sie für die Kunst literarischer Einbildungskraft auszubeuten.[245] Mit der Reproduktion, der erinnernden Abrufung evoziert das Vorwort die Verfahren der Übertragung von Gegenständen in ihre imaginativen Bildvertreter. Mehr noch aber entwickelt es aus den Mnemotechniken eine rhetorische Lektürestrategie des inneren Sehens und Hörens. Der Text verspricht eine innere opto-akustische Welt als Lektüre-Effekt. Entscheidend für die Stimulierung der Vorstellungskraft ist, dass die *imagines* selbst bereits Texte sind, dass die bildlichen Stellvertreter eines Textes bereits als textuelle Platzhalter für imaginierte Bilder figurieren. Sie halten keine Gegenständlichkeit bereit, die jenseits der Zeichenhaftigkeit verfasst wäre, sondern referieren auf Tropen als Gegenständlichkeiten.

Die narrativen *simulacres*, die der Erzähler auf seinem Gedächtnisparcours abschreitet und dem Leser/Hörer als „Wunder" („divo") und „Künste" („chitrosti") präsentiert, haben keinen Referenten außerhalb des Textes. Sie verweisen ihrerseits auf Zeichenvertreter in seinem Zentrum, dem eigentlichen *Buch der Zaren* (*Car'stvennaja kniga)*, welches das *Vorwort* paratextuell kommentiert. Das *Buch der Zaren* macht im Stadtraum der visuellen Statthalter von Namen und Taten die Zeitachse eine Geschichte lesbar, die für die Gegenwart unkenntlich geworden ist oder zu werden droht. Chronikalische Aufzeichnung soll Erinnerung garantieren, soll – ganz im Sinne der mnemonischen Mythen – als Lesbarmachung des Entstellten, der nicht mehr entzifferbaren Zeichenordnungen der Vergangenheit fungieren. Will das ineinandergeschichtete Phantasma aus ‚Textstadt – Texttopos – Texttext' imaginative Wiederholbarkeit garantieren, so führt es uns der Text in seiner paratextuellen Supplementkonstruktion selbst vor. Wer die Text-Bilder der Vorstadt gesehen

245 Rieger, Medienwissenschaft der Literatur, nennt die Mnemonik als ein zentrales semiotechnisches Modell der Präfigurierung zeitgenössischer medientechnischer Verfahren der Einbildungskraft, virtuelle Bildspeicher auszubilden.

hat, will die aufgeschobenen Bilder der Stadt, des Textkerns, schauen, die selbst wiederum Abbilder sind. Jedes (Vorstellungs)Bild enthält so notwendig eine doppelte Markierung des *hors-texte* und des *dans-texte*[246]. Die Fabel vom imaginativen Lesen führt mit ihren zweifachen Codierungen gleichzeitig ein in das *dissentaneum* zeichen-/bildusurpatorischer Textpraktiken. Und sie tut das ohne Skepsis gegenüber dem mnemotechnischen Gebrauch der Bilder, ohne Scheu vor der möglichen Manipulation, ohne Zweifel an der semantischen Stabilität, ohne Warnung vor der *visio insana*, wie man sie für Bildkonzepte der Zeit noch für obligatorisch zu halten glaubt. Im Gegenteil scheint der Text offensiv Bildbegriffe des einbildungssteigernden Fingierens zu erproben, die imaginäre, aus Textualität heraus geschaffene Repräsentanten als selbstverständliche Textkonstituenten einschätzen. In Parallelismen wie „dives naslaždajutsja" („ergötzen sich an den Wundern") – „součinennomu udivljajutsja" („staunen über die Einrichtungen") bricht sich das formal Bahn. Aus den Äquivalenzen von Wunder und Poiesis, Genuss und Erstaunen spricht eine Lust am Text, die Fiktion als Kompositionsmoment und -movens einkalkuliert, um die „Lust am Betrachten" („videnija nasladitisja"), die das imaginäre Theater der Stadt als eine wunderbare Vorstellungs-Vorstellung verspricht, als erdichtete Einbildungs-Einbildung zu reizen.

Teil dieser Exploration fiktiver Textordnungen ist die textgenetische Geschichte des Vorwortes selbst. Denn das Vorwort – der Ort, wo die gewählte ‚Methode' des Textes am unmittelbarsten auf sich selbst zugreift – ist eigentlich ein Nachwort zum sich um- und weiterschreibenden ursprünglichen Vorwort des *Buchs der Zaren*. Damit ist es eine nachgetragene Vorschrift zu dem, was bereits geschrieben wurde. Vorgeordnete Beziehungen der Repräsentation als Referenz verkehren sich zu nachgeordneten einer immer schon mitzudenkenden Vorgängigkeit. Derrida hat dies supplementäre Verhältnis der Vorwegnahme mit der Formel des *effacement surchargé*, der überschriebenen Ausstreichung des Textes präzisiert.[247] So wie der Text des nachträglich zugefügten ersten Vorwortes in den Text des zweiten (aber in entstehungsgeschichtlicher Hinsicht eigentlich ersten) Vorwortes eintritt, entwirft er den anderen noch einmal, spiegelt ihn als Intertext in den Raum seines Vorwortes hinein. Der imaginative Raum des *Vorworts* entsteht so aus der reziproken Bewegung zwischen beiden Räumen, aus den Rückkopplungen und Antizipationen, die über sie sprechend und schreibend hergestellt werden. Was perzeptiv zu erkundende Vor-Stadt des Textes war, wird imaginativ zu erschießendes Vor/Statt.

---

246 Das *hors-texte*, das Text-Außerhalb, als Instanz einer Versicherung des Textes selbst im Sinne eines „transzendentalen Signifikats" löst sich dekonstruktiv auf. Vgl. zur Logik von *texte* und *hors-texte* Derrida, *Dissemination*, 13ff.

247 Derrida, *Dissemination*, 21.

Mit der schwindenden Leitdifferenz textrahmender und textinterner Instanzen, mit dem Verlust klar verortbarer konsekutiver und hierarchischer Referenzstrukturen von Text und Bild, mit der Fiktionalisierung historiographischer Zeit-Schrift entwickelt die Vor-Schrift der Präambel ein Konzept von Imagination als Texterlebnisstil in einem Dazwischen visueller und textueller Konzepte, das permanente Transfiguration ‚bedeutet'. Durch beliebige Verlagerung des Realitätsakzents auf die hier topographisch abgegrenzten, aber topologisch verschwimmenden Sinnbezirke kann keiner von ihnen epistemologische Priorität beanspruchen. Das latente Rivalitätsverhältnis von Bucherfahrung und Welterfahrung scheint sich hier schon zugunsten der ersteren zu entscheiden. Mit der kulturellen Idee des Buches als Schule imaginärer Erfahrbarkeit von Welt, mit Modellen der Lektüre als phantasmatischen Erlebens hat sich der Wahrnehmungsmodus durch Schrift, das alphabetisierte Denken durchgesetzt. Dass dieses Modell für die russische Kultur von einer chronikalischen Notation der Weltgeschichte allegorisch vorexerziert wird, indem über Instanzen geliehener Leserkörper im Text und Instanzenbrüche texthierarchischer Referenzen im *Vorwort zum Buch der Zaren* halluzinatorische Wahrnehmungen der sprachlich verfassten Gegenständlichkeit erzeugt werden, verweist auf ein weitaus entwickelteres Bewusstsein für Illusionismen der Schrift im 17. Jahrhundert als bisher angenommen.

5.3. Das Buch der Welt im Buch des *Blumenreichen Gartens*: Von der Schöpfungsmaterie zum Schriftphantasma

Aus der vor-barocken Vor-Stadt schreitet der Barock weiter zum Buch als Garten. Seine ausdifferenzierteste Topographie erhält der *hortus conclusus* im *Blumenreichen Garten* Simeon Polockijs. Der *Blumenreiche Garten* entwickelt den Topos des Buchs als Welten-Buchs zu einem ersten Höhepunkt in der russischen Literatur.

Die theoretische Systematisierung dieses Topos ist vergleichsweise jung. Ein erster systematischer Versuch dazu ist 1948 von Curtius vorgelegt worden. Teil seiner epochemachenden Studie *Europäische Literatur und lateinisches Mittelalter* ist auch ein Abschnitt über das „Buch als Symbol", in dem Curtius die Metaphorik des Schrift- und Buchwesens von der Antike bis zur Romantik nachzeichnet. Punktuell sind hier zentrale Bildfelder und kulturpragmatische Funktionalisierungen benannt: Schriftsakralität, Mnemotechnik, Re-Oralisierung, Kosmologie, anthropologische und animalische Somatik. Für die Slavistik hat Čiževskij acht Jahre später die Metapher des „Buch[s] als Symbol des Kosmos" aufgearbeitet. Čiževskij sucht eine Leerstelle in Curtius' *Europäische Literatur und lateinisches Mittelalter* auszumerzen und gibt eine komparatistisch angelegte Übersicht über die kosmologische Buchmetapher bei den Slaven. Für den Barock nennt er jedoch trotz „reicher Fülle" an Belegen nur fünf Verweise aus der tschechischen, polnischen und ukrainischen Literatur: Comenius' Konzept der drei Bücher (Bibel, Welt, Seele), Bridels Beschreibung der Himmelsgestirne in Buchbegrifflichkeiten, Potockis Beschreibung des Buchs der Natur, Kochowskis Metapher der Gottesmutter als Buch und Veličkovskijs Umkehrung des Buchs der Welt in die Welt des Buchs.[248] Über einen Verweis auf die Stabilität der Wendung vom „Buch der Natur" geht seine summierende Zusammenfassung kaum hinaus.

Während Curtius zahlreiche Quellen anführt, die sich dezidiert auf die Materialität der Metaphorisierungen beziehen, lässt Čiževskij diesen Aspekt vollkommen beiseite. Dabei ist es gerade der Nexus von Materialität und Metaphorizität, der in den barocken Allegorien der Welt als Schrift den Doppelcharakter von Sensorik und Imagination ausmacht. Barocke Weltenbuch-Allegorik sucht die Schnittstelle zwischen dem körperlichen Einbezug in der Performanz des Schreibakts und der Schriftaufnahme einerseits, und der Lektüre der in den Dingen und als Ding erfahrbaren Schrift als Imaginationsübung, als erstes und vorsichtiges Ausreizen von Einbildungskraft und imaginärer Sensorik andererseits. Jene Metaphern einer Materialität der Kommunikation sind Präsumptionen einer Phänomenologie des Lesens, die die Emergenzen der Schrift freisetzt. In Wenzels Mediengeschichte der Personalisierungen des Buches und der materiellen Manifestationen des göttlichen Wortes sind diese Stränge zu einer Theorie der sensorischen Schriftwahrnehmung, die auf ein rhetorisches Imaginäres übergreift, zusammengeführt.[249]

Diese Verbindung zwischen Materialität und Imagination der Welt als Buch fokussiert Simeon Polockij im Gedicht *Die Welt als Buch* (*Mir est' kniga*).[250] Es treibt die Metapher der Welt als Buch in ihre Umkehrung zum Buch der Welt. Dieses Buch der Welt faltet, fächert sich hier auf in fünf Blätter, die partiell die Genesis nachvollziehen. Mit jedem Schöpfungstag schreibt sich Gott auf einer neuen Seite in das Buch der Natur ein, und mit jedem Vers treibt Simeon seine Apologie der Lesbarkeit als adäquater Wahrnehmungsform des göttlichen Weltenbuchs weiter:

Diese über und über geschmückte Welt ist ein großes Buch,
  in das unser aller Herrscher Sein Wort geschrieben hat.
Fünf große Seiten enthält es,
  auf denen wunderbare Schriftzeichen stehen.

---

248 Čiževskij, Das Buch als Symbol des Kosmos.
249 Wenzel, *Hören und Sehen*.
250 Simeon Polockij, *Der Blumenreiche Garten/ Vertograd mnogocvětnyj*, Bd. 2, 334f.

Das erste Blatt ist der Himmel, auf dieses hat die göttliche Macht
wie Buchstaben Gestirne gesetzt.
Das zweite Blatt ist ein gewaltiges Feuer unter dem Himmel,
in ihm erkennt das Auge wie in einer Schrift die unerschütterliche Kraft.
Das dritte Blatt kann man das weite Himmelszelt nennen,
auf ihm liest man Regen, Schnee, Wolken und Vögel.
Das vierte Blatt umfasst die Gewässer,
in ihm sind zahlreiche Tiere leicht lesbar.
Das letzte Blatt ist die Erde mit Bäumen, Gräsern,
Erz und Lebewesen wie mit Buchstaben [geschrieben].
In diesem Buch kann jeder lesen,
wie allmächtig derjenige ist, der es geschaffen hat, [...].[251]

Der biblische Gott ist, das vollzieht Blumenberg noch einmal eindrücklich nach, mindestens seit den Tafeln, die Moses auf dem Sinai erhält, ein schreibender Gott, ein Gott der Schrift(offenbarung). Auch Curtius betont für seine Synopse der Buchmetapher, wie das Christentum als Religion, die das Buch ins Zentrum ihres Kultes stellt, in der Hervorbringung sakraler Schriften – Evangelien, Apostelbriefe, Apokalypsen, Märtyrerakten, Heiligenleben, liturgische Bücher als Urkunden des Glaubens etc. – geradezu exzessiv produktiv ist.[252] Simeon konzentriert sich auf das Bildfeld des Naturbuchs, in dem schon Plotin liest, wenn ihm die Sterne „gleichsam Buchstaben [sind], die immer auf den Himmel geschrieben werden, oder auch Buchstaben, die ein für alle Mal geschrieben sind und sich bewegen".[253] Der Blick auf die Natur ist der auf eine Buchstabenwelt, in der jedes Ding, jede Erscheinung, jedes Tier eine Letter im göttlichen Buch der Natur ist. Rhythmisch insistiert das Gedicht im Reim auf dem Modus der Lektüre („čitati" (lesen)). Wenn diese Lesehoheit durch „oko" („das Auge") unterbrochen wird, so signalisiert dies die Differenz, die sich in das machtvolle Gefüge des monumentalen Letternkosmos schiebt. Lesen ist als Ab-Lesen auf sichtbare Markierung angewiesen.[254]

---

251 Simeon Polockij, *Die Welt als Buch/Mir est' kniga.* („Mir sej preukrašennyj kniga est' velika, / juže slovom napisa vsjačeskich Vladyka. / Pjat' listov preprostrannych v nej sja obrětajut, / jaže čjudna pismena v sebě zaključajut. / Pervyj že list est' nebo, na nem že světila, / jak pismena, božija krěpost' položila. / Vtoryj list – ogn' stichijnyj pod nebom vysoko, / v nem jako pisanie, silu da zrit oko. / Tretij list preširokij aer možno zvati, / na nem dožd, sněg, oblaki i pticy čitati. / Četvertyj list sonm vodnyj v nej sja obrětaet, / v tom životnych množestvo udob' sja čitaet. / Poslědnij list est' zemlja s drevesy, s travami, / s krušicy i s životnymi, jako s pismenami. / V sej knizě est' vozmožno komuždo čitati, / kol' velik, iže onu izvoli sozdati, [...].")

252 Curtius, *Europäische Literatur*, 314ff.

253 Zit. nach Curtius, *Europäische Literatur*, 311.

254 Und hier wird ein anderer Aspekt der Organisation des Weltbuchs des *Blumenreichen Gartens* berührt, der im Kap. III.4. schon zur Sprache kam. Bezieht sich Simeon Polockij in seinen Weltbuchgedichten auf ein enzyklopädisches Projekt, das sich auf ein stabiles Zei-

Mit der Schrift der Dinge als kosmologischer Urschrift ruft Simeon eine epistemische Ordnung auf, die das „Privileg der Schrift", das „Primat des Geschriebenen" gegen die Stimme setzt, aber auch zugleich durch das Sehen der Schrift diesen Graphozentrismus in einen der latenten Bildlichkeit wendet: „Zunächst handelt es sich um die Nichtunterscheidung zwischen dem Gesehenen und dem Gelesenen, zwischen dem Beobachteten und dem Berichteten, also um die Konstitution einer einzigen glatten Schicht, auf der der Blick und die Sprache sich unendlich oft kreuzen."[255] Diese Schrift ist – ein augustinischer Gedanke – für jeden, auch für den Schriftunkundigen lesbar („komuždo čitati").[256] Und sie ist es nicht nur deshalb, weil jeder potentiellen Lektüre ein einziges unveränderliches Signifikat unterläge[257], sondern weil Zeichen und Bezeichnetes im sichtbaren Ding zusammentreffen. Man muss sich nicht bemühen, Zeichen zu lesen, im Gegenteil starrt die Welt vor Schriftzeichen, an denen nicht vorbeizusehen ist. Lesekompetenz resultiert hier noch nicht aus einem (esoterischen) Geheimwissen um verborgene Zeichen. „Der Laie, der nicht lesen kann, ist", so Blumenberg über die Gestalt des *Idiota* bei Nikolaus von Cues, „der unbefangene Leser des Buchs der Natur."[258]

Im Bild des illiteraten Lesers, der die Zeichen der natürlichen Welt sieht, statt sie zu lesen, liegt der Schlüssel zu den Transfigurationen, die alphabetisches und optisches Laientum auslösen, sobald eben jene Zeichen in den Kulturraum von Simeons Garten transferiert werden und vor die Augen derjenigen geraten, die an der Phantasie einer All-Lesbarkeit ästhetisches Vergnügen

---

chennetz aufgrund von Zeichenähnlichkeit stützen kann, so signalisiert die alphabetische Anlage dessen Konterkarierung mit einem Strukturprinzip der Arbitrarität.

255 Foucault, *Die Ordnung der Dinge*, 70; 71.

256 Der Gedanke der laienhaften Lesbarkeit ruft eine Opposition auf den Plan, auf die bereits Uhlenbruch hingewiesen hat. Uhlenbruch verdeutlicht anhand einiger Gedichte des *Blumenreichen Gartens* die durchaus polemische Auseinandersetzung Simeon Polockijs mit dem Bildungskanon seiner Zeit und dem Ideal des *poeta doctus*, dem er bei allem Engagement für ein solches Ideal gleichzeitig karnevalistische Entblößungsstrategien entgegenhält. Dieser Gedanke der A-Rhetorizität des Rhetorischen scheint sich in der Rede von der Welt als Buch wiederzufinden. Rhetorisierung der Dinge und Verdinglichung der Rhetorik überformen so einander. Oder anders gefasst: als Reaktion auf die Herausbildung einer rhetorischen Buchkultur wären die Naturalisierung des Buches (der Buchsprache) zum einen und die Literalisierung der illiteraten Natur beobachtbar. Oder noch anders: *Die Welt als Buch* sucht nach einer Säkularisierung des heiligen Buches, indem dieses als weltliches reklamiert wird, und sakralisiert damit die Welt der Dinge. Was hier durchschlägt, ist erneut die Idee der ‚Unmittelbarkeit' der Immedialität, die auch den optischen Diskurs bestimmt.

257 Simeon Polockij, *Die Welt als Buch/Mir est' kniga*: „Und alle, die dieses Buch lesen, sagen: Lob sei Dir, / oh Menschenfreund, der Du herrschst im Himmel!" („Tu knigu čitajušče, rcem vsi: Slava tebě, / o Čelověkoljubče, carstvujaj na nebě!")

258 Blumenberg, *Die Lesbarkeit der Welt*, 59.

finden. An Stelle der in der Schöpfung materiell niedergelegten Zeichen eines sich offenbarenden Gottes bringen im Kosmos des *hortus conclusus* die Zeichen sich und ihre Referenzen selbst hervor, die vernetzenden Ähnlichkeiten des Weltenbuchs als tropisches Inventarium nutzend. Das epistemische Modell einer „Schrift der Dinge", wie es Foucault zwischen Codierung und Uncodiertheit ansiedelt, erhält nun den Stellenwert einer rhetorischen Figur. Die All-Lesbarkeit der Welt wird zur Allegorie einer Sichtbarkeitskultur, die Lektüretechniken zitiert, welche Dingschrift sowohl in ihrer Arbitrarität wie auch in ihrer Materialität zu betrachten vermag. Die Schriftverfasstheit der Dinge selbst wird nun zum Topos eines Schriftartefakts, Literalität wird als Literarizität konzeptualisiert. Wer als Laie sich an einer Sprache der Natur versuchte, die er zu enträtseln vermochte, weil sie trotz ihres Rätselcharakters eindeutiges, weil sichtbares, „absolut sicheres und wahres Zeichen der Dinge" war, wird in einem Gartenbuch des figurativen Blumenschmucks zur Folie eines Betrachterdispositivs, welches Lesen als Sehen zelebriert. Teil dieses optischen Rituals des *Blumenreichen Gartens* ist die Simulation schriftzentristischer Modelle göttlicher Inskription, adamitischer Zeichengebung und paracelsischer Signaturenlehre, die zu musealen Ausstellungsobjekten der Kunstkammer Simeon Polockijs werden. Als solche stimulieren sie eine Wahrnehmungslehre der Schrift, die nicht mehr die Welt als Schrift betrachten muss, sondern die in der Schrift die Welt als Schrift bildlich imaginieren kann.

Die Welt als Buch geht dabei weit über eine Konzeption hinaus, die in der russistischen Barockforschung als Setzung der Natur im Sinne eines „Materialfundus für […] Moralpredigten" („vspomogatel'nyj material dlja […] nravstvennych propovedej") gesehen wurde.[259] Natur ist immer schon verschriftlicht, immer schon Schrift-Materie. Hier scheint, wie auch in *Die Heilige Schrift*, das Projekt Simeons auf, ein totales Buch zu erschaffen. ‚Total' nicht im Sinne Sazonovas als in sich geschlossener lebensdidaktischer Kosmos oder als „ethisch-ästhetisches Ganzes" („ėtiko-ėstetičeskoe celoe"[260]), sondern im Sinne unabschließbarer Kommentierung, Amplifikation, Einschließung und Aushöhlung des Buches im Buch, des Buches in der Materie und schließlich des Buches als Materie. Es ist ein Projekt, welches das Weltenbuch der Natur me-

---

259 Zu einer solchen Deutung von *Die Welt als Buch* vgl. Bylinin/Grichin, Simeon Polockij i Simon Ušakov, 216.

260 Neben Sazonova, *Poėzija russkogo barokko*, unterstreicht auch Uhlenbruch, *Simeon Polockijs poetische Verfahren*, beim Aufzeigen intra- und intertextueller Verbindungen den summierenden Charakter des Werks im Rahmen des traditionellen Verständnisses vom Barock als Epoche der Systematiken und Enzyklopädien. So ist der *Blumenreiche Garten* synthetisch in einen teleologischen Buch-Entwurf zurückgeführt. Vgl. auch Bylinin, K voprosu o polemike vokrug ikonopisanija, 286.

tatropologisch entfaltet. Das Territorium des Weltenbuches wird im Buch des Buches zur tropologischen Topographie eines durchzählbaren, systemisch rationalisierten Topos. Sakrale Lesbar- und Sichtbarmachungen eines Unsichtbaren besiedeln ihn in allegorischen Figurationen von Schrift und Bild – was Schrift-Schöpfung der Welt war, gerinnt im *Blumenreichen Garten,* der immer wieder als Realisierung einer Universal-Allegorie des Buchs als Garten bezeichnet wurde[261], zur „Geo-Topik" eines „allegorischen Blicks der Kunst"[262]. Der Leser des *Blumenreichen Gartens* verfügt anders als der analphabetische Leser des göttlichen Weltenbuchs über einen Blick, der einen geographischen Raum allegorisch als textuelles Sichtbarkeitsdispositiv zu lesen vermag, der überall Schriftflächen als Übertragungsebenen entdeckt und die Schriftplastizität der Dingschrift imaginativ über rhetorische Figurierung evozieren kann. Aus der Metapher des Buchs von der Welt ist so die Allegorie des Buchs vom Buch in der Schrift des Weltenbuchs geworden.

Die Aufspaltung des Totalitätsbegriffs vom einzigen Buch zeigt sich noch deutlicher in *Das Buch* (*Kniga*), einem weiteren Gedichtzyklus des *Blumenreichen Gartens.*[263] *Das Buch* verarbeitet die Fülle der Schriftmetaphorik des Alten und Neuen Testaments und erweitert diese zur *metaphora continua* einer Schriftallegorik, die neben der in *Die Welt als Buch* aufgenommenen Weltenbuchallegorik ein komplexes Netz jener Materialisierungs- und Somatisierungsmedien spinnt, die Umbruchstellen hypostatischer, inkarnatorischer und emanativer Argumente zu allegorischen Figuren darstellen.[264] Damit wird die Gedichtsequenz als Zusammenführung der Stränge von Sprachfiguren, Sehfiguren und Lesefiguren ‚lesbar'.

261 Sazonova, *Poėzija russkogo barokko*; Čubinskaja, Ikona Simona Ušakova, 300.

262 Buci-Glucksmann, *Der kartographische Blick*, 72.

263 Simeon Polockij, *Der blumenreiche Garten/ Vertograd mnogocvětnyj*, Bd. 2, 199–202. Laut Hippisleys Kommentar ebf. auf Fabers *Magnum Speculum* beruhend.

264 Zu *Das Buch* (*Kniga*) gehören drei titellose Gedichte. Das erste propagiert die exklusive Lektüre christlicher Texte und verurteilt Hieronymus' Lektüre griechischer Bücher („ellinski knigi"), die mit den Werken Ciceros in eins gesetzt werden („knigi Kikeroni čteši"). Es beschreibt Effekte dieses Lesens als körperliche Beeinträchtigung („na tělě jazvenny, / aki po chrebtě bičmi onymi sěčenny") und Vorwegnahme der im Traum imaginierten Strafe durch das jüngste Gericht. Das dritte, schon im Kap. III.2. angesprochene, ist ein Kommentar der Stelle Hes 3, 1–3. Hier wird neben dem omnisensorischen Aspekt der Schriftapperzeption der Effekt der „Schrift der Dinge" als unendliche Schrift des Kommentars wirksam. Das dritte, hier besprochene, ist mit Abstand das längste des Triptychons und umfasst 64 Verse. Vgl. zu einer ausführlicheren Lektüre des Textes im Kontext der Rhetorisierung des nicht-rhteorischen göttlichen Wortes Verf., Die Lesbarkeit der Welt als Sichtbarkeit der Schrift – Bibellektüren und Buchmetaphorik zwischen Kult und Kunst.

„Verschiedene Bücher sind uns von Gott gegeben“[265], setzt das zweite Gedicht des Zyklus ein und erweitert die Polylogik der fünf Blätter zum Buchplural. Die göttliche Schrift materialisiert sich sechsfach: als Welt („pervaja kniga – mir sej“), in den Gesetzestafeln („pisannyj zakon Moisiem predasja“), in Christus („ta est’ Christos“), durch die Jungfrau Maria („četvertaja kniga est’ Děvica Marija“), als Gewissen („pjataja kniga – sověst’“) und als Geheimnis („šestaja kniga – tajna“). Simeon entwirft eine allegorische Kette skripturaler Materialisierung, die von Natur/Dingwelt über Tafel, Körper, Geist bis zum Ritual reicht. Bücher werden hier zu flexiblen Medien der Spiritualität. Die Bewegung des Textes verläuft spiralförmig ausgehend von einer ‚Veräußerlichung‘ der Schrift in der Welt der Dinge über die Inkorporalisierung der göttlichen Graphie hin zur Internalisierung des Schriftprinzips als ethischer Kontrollinstanz. Steht die Niederlegung des Wortes in den Dingen zu Beginn des unendlichen, weltschaffenden Verschriftlichungsprozesses der Schöpfung als sichtbare Ein-Schreibung, so markiert die Inskription als Inkorporation in fleischliche Materie gleichsam die Schlüsselstufe zu einer mnemonischen Gewissens- und Gedächtnisschrift subjektiver Innerlichkeit, die in spirituellen Versenkungstechniken auf den ersten Blick den Bogen hin zum reinen, materielosen *logos* spannt. Die Differenz besteht in der Verschiebung von der Ein-Schreibung zur Ein-Bildung der Schrift.

Das erste Buch aktiviert die Metapher der Genesis als Schrift der Welt. Von Laienlektüre ist in diesen Versen nicht mehr die Rede. Das Buch der Welt muss studiert werden, wenn aus den Dingen die Macht des Schöpfers erkennbar werden soll. Die Schriftmetapher der Schöpfung gibt das Maß einer Weltwahrnehmung, die Alphabetismus, die „Vorprägung der Wünsche auf Sinnzugang durch Schrift“[266] und die kulturelle Idee des Buchs als Erfahrungstotalität voraussetzt. Mit der ersten Metapher ist neben dem Wahrnehmungsparadigma von Welt durch Buchstabieren auch das Konkurrenzverhältnis der zwei Bücher aufgerufen, in deren Spannungsfeld sich die Metapher des Weltenbuchs konstant befindet.[267] Denn die Lektüre der Schöpfung verfügt über eine ungebrochene Evidenzkraft der Anschauung. Sie als schriftlich Verfasste zu begreifen, sucht sowohl etwas von der Unmittelbarkeit der *evidentia* in die Schrift zu retten, wie sie auch die Welt schon tendenziell formalisiert.

Genau diese Polarität ruft Simeon auf, wenn er als zweites Buch mit den mosaischen Tafeln ein nicht mehr metaphorisch, sondern ein buchstäblich als Schrift materialisiertes göttliches Wort anführt. Das Alte Testament gibt mit Ex 31, 18 die Formulierung der vom Finger Gottes beschriebenen steinernen Ge-

---

265 Simeon Polockij, *Das Buch/Kniga*. („Različnyj knigi nam sut’ Bogom predloženy“).
266 Blumenberg, *Die Lesbarkeit der Welt*, 10.
267 Vgl. Blumenberg, *Die Lesbarkeit der Welt*.

setzestafeln vor: „Und als der Herr mit Mose zu Ende geredet hatte auf dem Berg Sinai, gab er ihm die beiden Tafeln des Gesetzes; die waren aus Stein und beschrieben von dem Finger Gottes." Der zuvor als Schöpfer, Baumeister und Lebensspender apostrophierte Gott figuriert nun als Schreiber, metonymisch durch seinen Schreibfinger vertreten: „Das zweite Buch, vom Finger Gottes gezeichnet, / als er das geschriebene Gesetz Moses übergab".[268] Mit dem Einprägen der Gebote in die steinernen Schrifttafeln ist der Schöpfungsbegriff von einem Materie und Leben schaffenden zu einem Text schaffenden geworden. Ding-Schrift formalisiert sich zu Gesetzes-Schrift. Was als fließende Rede des unsichtbaren Gottes zum steinernen Schriftkörper von Gewicht sich härtet, markiert die Verschiebung von einer Codierung der Dinge hin zum Code selbst, von einer Lektüre der in der Welt niedergelegten Schrift bzw. den Dingen *als* Schrift hin zur Schrift als solcher, die sich soweit von einem konkreten Objekt lösen muss wie sie als universale, normative Präskription Geltung erlangen will. Sie ist so sehr, wie sie bezeichnet. Zu einer solchen Wirksamkeit gehört von nun an eine Schriftkenntnis, die über das Paradoxon illiterater Lektüre des *Idiota* im Sinne eines sehenden Lesens der Sterne und Pflanzen hinausgeht. Sie muss das Buch in der ganzen kulturellen Konsequenz dessen begreifen, was Buchreligion heißt. Entscheidend ist damit das Sichtbarkeitsdenken berührt, das sich noch im ersten Buch eins mit der Lesbarkeit wusste. Mit den Tafeln des Gesetzes ist das ikonoklastische Verfahren gegen einen Blick, der sich Bildobjekte sucht, der das Auge als sehend begehrendes und verführtes anspricht, eingeleitet. Moses erster Rechtsakt gegen die Anbetung des Goldenen Kalbes spricht ebenso davon wie die Prophezeiungen Daniels, die Simeon Polockij in der *Comoedia vom König Nebukadnezar, dem goldenen Kalb und den drei Jünglingen, die im Ofen nicht verbrannten* zum unsichtbaren Schauspiel verarbeitet.[269] Lesen und Sehen stehen einander als Erfahrungen der Mittelbarkeit (Zeichen der Absenz) und der Unmittelbarkeit (Zeichen der Präsenz) gegenüber. Von nun an schiebt sich das Buch als Medium zwischen nicht zu Habendes und Betrachter, während der Blick auf die Welt als Buch noch diese Vorläufigkeitserfahrung auszuschalten meinte. Nur metaphorologischer Defizienz des Lesens wären Buchstaben nun Surrogate für bildhafte Dinge. Verschriftlichungsimpetus ist jedoch die Austreibung der Bildhaftigkeit, der „Bildverstrickung", von der Assmann spricht.[270]

Dass das Anschauungsbedürfnis so nicht zu brechen ist, davon handeln die nächsten Bücher. Buch drei und vier formulieren Schrift als Prinzip der Inkorporation bzw. der inkorporalen Inskription. Sie sprechen von der christologi-

268 Simeon Polockij, *Das Buch/Kniga*. („Vtoraja kniga perstom Božim načertasja, / egda pisannyj zakon Moisiem predasja [...].")
269 Vgl. Kap. II.4.2.
270 Assmann, Bildverstrickung.

schen Hypostase und der mariologischen Medialisierung der Schrift. Christus ist das „lebendige Buch" („živaja kniga"), die Vitalisierung dessen, was dem mosaischen Menschen nur als Stein gegeben war, Maria ist das leibliche Medium dieser Fleischwerdung. Der Leib Christi figuriert bei Simeon in einer mindestens dreifachen Rolle: Er ist als fleischgewordenes Wort vor allem Mund, Sprecher des *logos*. Zum zweiten ist er bereits hier der Leib des Abendmahls („da budem pričastnici věčnago blažěnstva") und damit Körper, der verzehrt, der einverleibt wird, der die Einkörperung im Ritual partizipierend erfahrbar macht. Und nicht zuletzt ist er – das wurde vor allem in Bezug auf den Ikonendiskurs verhandelt – Garant einer Bildlichkeit, die noch die mosaischen Tafeln unterbanden. Nach dem sichtbaren Buch der Welt, das durch die abstrakte Buchlehre verdrängt wurde, steht das dritte Buch wieder für eine Schrift der Sichtbarkeit. Allerdings für eine Sichtbarkeit, die nun schon grundsätzlich verschieden von der visuellen Dingschrift des Weltenbuchs gedacht werden muss. Sie ist eine der Darstellung, der abbildlichen Darstellbarkeit, und begibt sich damit in einen (medialen) Kontext, den Blumenberg als prinzipiell schriftfeindlich enthüllt hat. Es ist ein prekäres Konkurrenzmodell, in das Schrift und Bild mit der Hypostase eintreten und das in der Allegorisierung der Figur offen zu Tage treten wird. Maria stellt den Leib, ihren Leib, für die Fleischwerdung des Wortes in der sichtbaren Schrift des Körpers, und sie ist es, die der Legende nach die ersten vom Evangelisten Lukas gemalten Bilder segnen wird. Damit wird die *immaculata* zur entscheidenden literal-optischen Mediatrix. Die unbefleckte Empfängnis als Ergebnis eines Beschriftungsakts zu deuten, geht auf eine lange Tradition unter den Kirchenvätern zurück, die gerade Jes 8,1 und – darauf konzentriert sich der im orthodoxen Raum stärker rezipierte Johannes Chrysostomus – Jes 29,11 als entscheidende Bibelstellen heranziehen.[271] Gottvater schreibt sich mit seinem Finger, dem Phallus seines Wortes, befruchtend in den weiblichen Körper ein, Zeugenschaft und Vaterschaft zu Autorschaft umschreibend[272]: „In ihr

271 Vgl. dazu Schreiner, Marienverehrung, Lesekultur, Schriftlichkeit; vgl. auch ders., „…wie Maria geleicht einem puch".

272 Das später von Freud in *Hemmung, Symptom, Angst* aufgenommene Bildfeld ‚Schrift – Same, Beschriftung – Befruchtung' ist formuliert im *Phaidros* Platons, hier allerdings ganz in der platonischen Schriftkritik, die vom Schreiber- und Schriftgott Thot ausgeht, verankert. Die Weisheitslehre ist ein Same, den der verständige Landmann nicht „in schwarzes Wasser schreiben" wird, es sei denn, er wird „zur Spielerei das Gartenland der Schrift besäen und beschreiben, für sich selbst Erinnerungen aufspeichernd auf die Zeit, da er das vergeßliche Greisenalter erreichen wird". Schrift wird entsprechend in positiven Konnotationen zur Metapher für mündliche Unterweisung, „die mit Wissenschaft in die Seele des Lernenden geschrieben wird" (276c-d). Eine interessante Verkehrung dazu zitiert im Kontext der Pflüg- als Schreibmetapher Curtius, *Europäische Literatur*, 318, aus einem mozarabischen Gebetbuch einen Schreiberspruch. Dort heißt es: „Er trieb die Ochsen an, pflügte weiße Felder, hielt einen weißen Pflug und säte schwarzen Samen."

ist das Wort auf ewig mit dem väterlichen Finger geschrieben".[273] Wenn der Körper Mariens wie auch derjenige Christi lebendige Buchstaben sind, so sind Schrift und Körper Medien der Offenbarung, die sich an das Auge richten.

Vom verschriftlichten Körper, der inkorporierten Schrift und dem Körper als Schrift schreitet Simeon im fünften Buch weiter zur Verschriftlichung der Seele, zur Verinnerlichung des Schriftprinzips und damit zur Alludierung des paulinischen Ausdrucks der *tabulae carnales cordis*.[274] Die Schrift verschwindet wieder aus dem Feld der optisch wahrnehmbaren Somatisierungen, doch diesmal zieht sie sich als Buch in das Innere des Menschen zurück. Das Wort des Fleisches spiritualisiert sich zur Seelenschrift. Was die Tugendlehren der Anähnelung an Christus (podobit'sja) und der Nachahmung Christi (podražat') bedeuten, ist hier in der Kontrollinstanz des Gewissens, in dem Taten und Gedanken ihre graphischen Spuren hinterlassen, verortet. Schrift tritt als ethische Instanz in den ‚Bewusstseinsapparat' ein. Das Gewissen figuriert als „verschlossenes Buch" („ležit zaključenna") des Menschen, der, zum Schreiben verdammt, immer schon ‚autobiographisches' Subjekt ist. Wie er schreiben wird, steht in seiner Verantwortung, doch sind die Parameter der Gewissensschrift klar benannt: „Oh, Brüder, lasset uns in Demut schreiben, / auf dass wir von Gott ewigen Segen erhalten."[275] Der innere Schreibzwang gleicht sich so einer Rechenschaftspflicht an, die sowohl zurück weist auf die Gesetzestafeln wie auch voraus auf das sechste Buch der Gerichtsbarkeit. Gesetzesschrift und Gewissensschrift treffen sich in ihrer Funktion als Regulativ menschlichen Handelns.

Vom verschlossenen Buch ethischer Kontrolle geht Simeon über zum geheimnisvollen Buch der Abrechnung. Das sechste Buch macht das Subjekt des Schreibens, den ‚Autor' von Buch 5, zum Objekt der Schrift des *einen* Autors, der nun allerdings kein poietischer der Schöpfung mehr ist, sondern ein Re-

273 Simeon Polockij, Das Buch/Kniga. („V nej i prevěčno Slovo, perstom napisanno / Otčim [...].") – Möglicherweise ist als ein Prätext dieser Strophe Wespasian Kochowskis *Garten der Jungfrau* (*Ogród Panieński*) zu sehen. Kochowski verwendet die Buchmetapher in Bezug auf die Gottesmutter (die Diamanten-Metaphorik bezieht sich wiederum zurück auf Potockis *Ein Garten von Sinngedichten* (*Ogród fraszek*). Vgl. dazu auch die insgesamt reiche Garten-Gottesmutter-Literatur. Der basale und v.a. sakrale Prätext der mariologischen Allegorie ist natürlich das Hohelied Salomons. Im Garten wird die personifikatorische Allegorie zu einer Allegorie des Raumes. Vgl. das Kap. „Der allegorische Garten" in Stammler, Wort und Bild. Zu deren Aktualität in der Moderne vgl. Ecker, Hortus conclusus. Ecker spitzt die Gartenallegorie auf eine Metapher des begehrten und sich verbergenden Körpers zu.

274 Kor 2, 2–3. Auch hier muss man wohl antike Reminiszenzen, etwa der Wachstafelmetaphern im *Theaitet* Platons (191c) oder Aristoteles *Peri psyches* (III 4, 430a I), vermuten.

275 Simeon Polockij, *Das Buch/Kniga*. („O bratie, tščimsja blagaja pisati, da by Bogom blaženstvo věčnoe prijati.")

gistrator und Examinator dessen, was er schuf. Es ist das Buch des Lebens, von dem Johannes in der Apokalypse (Apoc 20, 12) spricht: „Und ich sah die Toten groß und klein, stehen vor dem Thron, und Bücher wurden aufgetan. Und ein andres Buch wurde aufgetan, welches ist das Buch des Lebens. Und die Toten wurden gerichtet nach dem, was in den Büchern geschrieben steht, nach ihren Werken.“[276] Was im juridischen Buch Gottes aufgeschrieben wird, ordnet sich in die doppelte Buchführung von Lohn und Strafe: „In ihm werden die Namen der Auserwählten aufgeschrieben, / die sich das ewige Leben verdient haben“.[277] Notiert der graphomane Mensch im fünften Buch noch für sich selbst, im abgeschlossenen Raum des Gewissens, das Verzeichnis seiner Taten, so schreibt diese im sechsten Buch Gott als Richter und Sachwalter allen Lebens im großen Über-Buch des Lebens auf. Strukturell parallelisiert Simeon Polockij das göttliche Gerichtsbuch dem Gedächtnis. Die autobiographische Gewissensschrift des Gläubigen wird im totalen Buch nach mnemonischen Prinzipien zum literalen Erinnerungsraum Gottes: „Die Kirche nennt es das Buch des Lebens, / es ist auf ewig in Gottes Gedächtnis enthalten.“[278] Die sich gewissenhaft selbstverschriftlichenden Gläubigen sind Memorialfiguren in einer bürokratischen Gedenkarchitektur, die alle Zeiten und Räume umfasst.

Mit diesen sechs Büchern schreitet Simeon Polockij im ersten Lektüregang einen Weg von der Schöpfung bis zum Jüngsten Gericht als Mediengeschichte ab: von der Schrift der Dinge über die somatische Medialisierung der Schrift bis hin zur Memorialschrift, in der Mensch und Ding imaginäre Stellvertreter der Aufzeichnung sind; von der Niederlegung des göttlichen Wortes in der Schrift der Welt bis zur Niederlegung der Welt in der Schrift Gottes. Parallel zur Wandlung der Verschriftlichungsformen und -gesten verändert sich auch die Form der Schriftwahrnehmung. Einen phänomenologischen Bogen von Weltwahrnehmung hin zu Selbstwahrnehmung, von der Emanation des Göttlichen bis hin zur Selbstbespiegelung beschreibend, konstruiert Simeon Interaktionsmuster von Lesbarkeit und Sichtbarkeit, die rezeptive und perzeptive Modelle durchspielen. Buch 1, das Welten-Buch, ist die Schrift, in der sich Gott der Evidenzerfahrung des Augen-Blicks eröffnet. Die Reimfolge „čitaem“ („wir lesen“) – „poznavaem“ („wir erkennen“), „vidjašče“ („sehend“) – „chvaljašče“ („lobend“), „sozercaem“ („wir betrachten“) – „proslavljaem“ („wir preisen“) analogisiert optische Wahrnehmung und unmittelbar sich dem Blick eröffnendes Wissen, Beobachtung und Erkenntnis, Be-

---

276 Weitere Verweise auf das Buch des Lebens in Ex 32,32; Ps 139, 16; Apoc 3,5.

277 Simeon Polockij, *Das Buch/Kniga*. („Pišut bo sja imena v nej Bogom izbrannych, / na věčnuju žizn' v nebo predugotovannych.“)

278 Ebd. („Cerkov' knigu životа onu naricaet / V pamjati že Božiej vynu soderžitsja.“)

trachtung und Lektüre als gleichzeitig stattfindende Prozesse, die automatisch und untrennbar miteinander verbunden sind: „So lesen wir die Schrift in dem Moment, / wenn wir in den Dingen die Kraft Gottes erkennen/erfahren.“[279] Bucherfahrung und Welterfahrung sind keine rivalisierenden Modi, weil das Sichtbare ganz unter dem Vorzeichen der Schriftlichkeit steht. Alles Sichtbare ist immer schon schriftlich verfasst. Eine Einschränkung dieses graphozentristischen Apriori ist in keiner Form expliziert oder auch nur angelegt. Das Buch der Welt, wie es die Genesis vorgibt, ist für alle offen, durch reine, fromme Anschauung entzifferbar und in den Dingen jederzeit konkret erfahrbar. Nichts verbirgt sich hier, nichts verweist auf den Rest eines Unsichtbaren. Im Gegenteil ist das problematische Sichtbare vollständig in den Status des Legitimen aufgerückt. Doch dies um den Preis seiner Schriftwerdung.

Die Erfüllung der Buchmäßigkeit der Welt, die uneingeschränkte Herrschaft eines Graphozentrismus der Wahrnehmung ist jedoch, das wird in Abgrenzung zum zweiten Buch deutlich, eine präliterale. Noch vor jeder Kenntnis der einen, der Heiligen Schrift liest der Mensch in einer Art anthropologischem Impuls die Schöpfung. Erst das zweite Buch präsentiert das Konkurrenzmodell, die Heilige Schrift, aus dem sich Asymmetrien gegenüber dem ersten ergeben. Sie lassen auseinanderbrechen, was als Automatik von lesendem Sehen und sehendem Lesen im Buch der Natur organisch zusammen zu fallen schien. Buch 2 setzt einen Lernprozess voraus. Es zeigt Schrift, die an der Grenze zum artifiziellen Zeichensystem steht. Keine Naturzeichen mehr, sondern schon graphische Symbole, die von der Schöpfungs-Aura der unreproduzierbaren Gottesschrift umgeben sind, jener Aura, die auch im Konzept der Schriftsakralität fortwirkt. Die göttliche Schrift erschließt sich nicht mehr unmittelbar als Anschauung des Schöpfungswunders, an dem der Mensch selbstverständlich teilhat, vielmehr ist sie als literale Offenbarung mühsam anzueignen, zu internalisieren und umzusetzen. In ihren abstrakten graphischen Symbolen tritt der Modus der Zeichenhaftigkeit offen hervor. Sie ist eine juridische und didaktische, eine normative Lehrschrift, mehr eine Verbots- als eine Gebotsschrift, die präskriptiv Lebensregeln formuliert und damit die für das erste Buch noch so fraglos erscheinende Gottesebenbildlichkeit des Menschen zur Aufgabe des „gottgefälligen Lebens“ („bogougodno žiti podobaše“) umformuliert. Mit den Gesetzestafeln verändert sich der Modus der Schriftlichkeit und damit der Schriftwahrnehmung vollkommen. Alles begrenzt sich nun: die Reichweite der Wirksamkeit, der Horizont des Verständnisses, die Möglichkeiten ihrer Einlösung[280]: „Doch

279 Ebd. („To že my pisanie v to vremja čitaem, / egda ot tvari Tvorca silu poznavaem, [...].“)

280 Vgl. zu diesem Exklusivitätsphänomen der Buchreligionen Assmann, Text und Ritus, und ders., *Das kulturelle Gedächtnis.*

weil dieses [Buch] nur ein Geschlecht las, / erlangte es nicht viel an Tugenden […].“[281]

Diese Begrenztheit der Schrift als juridischen Diskurses, die den Gedanken der Auserwähltheit („edin rod“) intimer Schriftkenntnis vorwegnimmt, liefert schon die Begründung bzw. die Notwendigkeit einer neuen Form der sinnlichen Anschaulichkeit, die mit den steinernen Gedächtnistafeln verloren zu gehen droht: das dritte Buch als fleischgewordenes Wort. Mit dem Erscheinen Christi auf Erden wird Schrift wieder als materialisierter Schriftkörper gesehen und – als Verkündigung – gehört: „In ihm steht geschrieben, / was seine Lippen der Welt verkünden“.[282] Die Schrift der Dinge, die im ersten Buch sich dem Blick offen und unverstellt darbot, erfährt im Typos Christi eine Kommentierung, die qua optischer Anschauung das Verstehen einer im Gesetz kryptisch und unzugänglich gewordenen Schrift erst wieder ermöglicht. Durch die Schau dessen, was sich somatisch materialisiert hat, eröffnet sie die Teilhabe an der ewigen Gnade. Simeon Polockij konstruiert die Verunsicherung, die aufkommt, wenn ein graphisches Zeichensystem an die Stelle des Blicks auf dinghafte Materie tritt, als Voraussetzung für die Präsentation eines neuen Schauobjekts. Vor-Schrift wird über Hypostase zum Vor-Bild. Als solches verlangt sie einen neuen Modus der Schriftwahrnehmung als Abbildlichkeit und Ebenbildlichkeit. Schrift Lesen und Verstehen heißt Schrift Ausagieren, heißt sich selbst zum Medium der Realisierung des göttlichen Wortes zu machen:

> Dieses Buch lesen die Menschen mit Gewinn,
> wenn sie seine Worte in die Tat umsetzen
> und sich dem Bild seiner Vita ähnlich
> und zu seinen Nachfolgern machen.[283]

Lesen als bildhafte Anähnelung durch text-analoge Performanz durchzieht von nun an jede Lektüre.

Das vierte Buch nennt mit der Gottesmutter den zweiten Prototypos dieses Handelns, verschiebt ihn allerdings in zweifacher Hinsicht: Zum einen wandelt sich die lesende Anähnelung (podobie) zur lesenden Nachahmung (podražanie), mithin zu einem Konzept, das in sich einen mimetischen Kern birgt: „Wer mit seinem Leben danach strebt, sie nachzuahmen, / der vermag dieses heilige Buch zu lesen“.[284] Zum anderen ist im beschrifteten Leib der

281 Simeon Polockij, *Das Buch/Kniga*. („A zane že tu tokmo edin rod čital est’ / i vo dobrodětelěch malo uspěval est’, […].“)

282 Ebd. („[…] v nem že napisanno, / čto javě usty ego miru bě věščanno.“)

283 Ebd. („Siju knigu polězno ljudie čitajut, / iže slovesa Ego dělom soveršajut. / I obrazu žitija ego podobjatsja, / da naslědnici Christu byti spodobjatsja.“)

284 Ebd. („Jaže kto žitiem si tščitsja podražati, / toj siju knigu svjatu uměet čitati“.)

Maria die göttliche Gesetzesschrift aufgenommen und aufgehoben. Waren die Schriftzeichen im zweiten Buch der mosaischen Tafeln unverständlich und abstrakt, so bewirkt der Medienwechsel von Stein zu Fleisch eine Steigerung der Lesefähigkeit. Mit der Inskription eines Wortes, das immer nur auf ein Unsichtbares verwies, das den Wunsch nach optischer Befriedigung, nach der Anschaulichkeit eines Antlitzes streng verwehrt, in somatische Materie gewinnt Schrift einen Körper und damit den Anspruch auf Sichtbarkeit zurück. Mehr noch: Auch die Lizenz der Bildwerdung ist hiermit erworben. Mit Mariae Verkündigung zitiert Simeon Polockij den zentralen Topos der ikonentheologischen Rechtfertigungslehre des Bildes, der Bildwerdung des Wortes im Körper schlechthin. Inskription ist in dieser Logik bereits Impikturalisierung.

Doch mit dem Rekurs auf den Anschauungsnotstand der christlichen Buchreligion ist auch suggeriert, dass die Einlösung der Schrift immer hindernisreicher wird, immer schwerer vor allem das Entziffern derselben. Unleserlichkeit ist das Attribut, das das göttliche Buch der Welt auch und gerade in seinen Visualisierungen zunehmend kennzeichnet – bis es sich ganz verschließt. Das fünfte Buch führt diesen Verschluss vor: „Das fünfte Buch ist das Gewissen eines jeden, / wie es heute verschlossen vor den Menschen liegt.“[285] Inskription meint hier nicht mehr die Einschreibung Gottes in eine fleischliche Sichtbarkeitsmaterie, die Schrift zum anthropomorphen Bild formt, sondern Schrift, die sich individualisiert, Schrift des Innen, Seelenschrift, die sich verbirgt, die unlesbar und unsichtbar geworden ist. Mit der Implementierung des Schreibens in das Bewusstsein ist der entscheidende Schritt getan: Schrift ist internalisiert, in den Menschen eingedrungen.[286] Doch nicht nur der Charakter des Buches und der Ort der Aufzeichnung haben sich verändert – statt der Heiligen Schrift in ihren verschiedenen Aggregatzuständen verzeichnet das fünfte Buch menschliche Worte und Taten. Was hier mit der Verlagerung des gewissenhaften Schreibens ins Innere des Subjekts praktiziert wird, ist der Austausch zweier Rollen: Wer nun schreibt, ist der Mensch. Und wer nun zu lesen hat, ist Gott. Denn das verschlossene Buch eines jeden wird sich am Tag des Jüngsten Gerichts vor Ihm öffnen. Die Performativität der Schrift formiert also die gesamte Schreib- und Lesestruktur um, indem der Leser selbst zum Schreiber wird und der Schreiber zum Leser. Als Handelnder gräbt der

---

285 Ebd. („Pjataja kniga – sovest', komuždo svojstvenna, / jaže nyně pred ljudmi ležit zaklJučenna.“)

286 Vgl. Köpf, Religiöse Erfahrung in der Theologie Bernhards von Clairvaux, 178: „Hinter der Metapher vom Buch des Innern steckt die Vorstellung, das Bewusstsein gleiche einer Schreibtafel, einer Rolle, einem Buch, in das im Laufe des Lebens und Erlebens die einzelnen Erfahrungen eingetragen werden.“

Mensch mit jedem Akt seine Autobiographie in die Tafeln seiner Seele ein, über die Rechenschaft abzulegen sein wird. Als höchster Richter des Jüngsten Gerichts studiert Gott die Akten des Menschen und verkündet nach der Lektüre sein Urteil. Hier finden die Gesetzestafeln des zweiten Buches dann ihre Anwendung. Schrift trifft auf Schrift, Gesetz auf Richtspruch.

Im sechsten Buch, dem „Buch des Lebens" („kniga života"), gehen alle unlesbaren kleinen Menschenbücher auf. Im großen Rechnungsbuch, das den juridischen Diskurs der mosaischen Tafeln wieder aufnimmt, finden sowohl die Verborgenheit der Schrift wie auch die Umkehrung der Schreib- und Leseordnung ihre Erfüllung. Gott hat sich als Leser etabliert („šestaja kniga – tajna, sam tu Bog čitaet"). Gibt er auch das Schreiben nicht auf, so hat sich doch die Rolle dieses Schreibers gründlich verändert. Der schreibende Schöpfer der Dinge des ersten Buches ist im sechsten der registrierende, protokollierende, klassifizierende Sachwalter. Sein Buchmodell ist das der Buchführung, die strebsame und im Glauben gescheiterte Jünger sorgsam verzeichnet. Der Text bleibt für alle unsichtbar bis zum Tag der Auferstehung Christi und des Jüngsten Gerichts. Hier gibt es nichts mehr zu lesen, hier wird nach dem Buch des Lebens abgerechnet. Statt angestrengt im Buche Gottes zu studieren, wird dieses jetzt im Weltgericht per Richterspruch offenbart. So löst sich die konkrete Schöpfungsmaterie der lesenden Anschauung stufenweise auf bis zum Buchphantom, das nicht gelesen, noch gesehen wird, sondern das als eschatologisches Versprechen oder apokalyptische Drohung über jeder Existenz schwebt, um das man wissen muss, das man aber nicht kennen kann. Jede konkrete Erfahrbarkeit von Schrift und Bild verliert sich damit in der Struktur unabsehbaren Aufschubs. Der Leser als integrativer Bestandteil der Welt, auf die er erst direkt zugreifen konnte, die er dann dechiffrierte und in Offenbarungsmedien sinnlich erfuhr, ist mit dem Ermächtigungsprozess zum kompetenten Leser, zu dem er sich aufschwang bzw. aufschwingen musste, wollte er der Gnade teilhaftig werden, zum Objekt der Verschriftlichung geworden, ohne selbst auf Schrift zugreifen zu können.

Simeon Polockijs Stufenfolge der Literalisierung, seine Entfaltung eines Kosmos der Welten-, Seelen- und Gesetzesbücher führt mit wachsender Differenzierung der Schriftkenntnis zu immer weniger greifbaren Erscheinungsformen der Schrift selbst. Von der optischen und haptischen Erfahrbarkeit des Dings, die auch gebrochen noch in den schwer und gewichtig in der Hand liegenden Tafeln spürbar ist und die einen bildlichen Höhepunkt in den hypostatischen Körperschriften findet, von der Evidenzkraft, die Berührbarkeiten für ungläubige Augen und kontagiöse Reliquien ermöglichen, zieht sich Schrift zunächst in die inneren Wachstafeln des Gewissens zurück, um sich dann im zwar unbestritten existenten, aber unerreichbaren Buch des Lebens in den Modi eines nur noch als Aussicht, Verheißung oder Perspektive Erfahrbaren aufzulösen. Von einer omnisensorisch sich darbietenden Schrift, die das Auge als betrachtendes und lesendes anspricht, von der Schrift, die Körper und Faktur ist, wandeln sich die Materien der Bücher seitenweise in ein chimärisches, phantasmatisches Medium – unlesbar und unsichtbar.

Uhlenbruchs Lesart dieser Bücher bleibt ganz im Rahmen sekundärer Weltmodularisierungen, wenn er konstatiert, Simeon Polockij propagiere „die von ihm vertretene Konzeption [und] das Postulat, vermittels Lektüre Strukturierungsprozesse einleiten zu können."[287] Zugleich hält seine These, dass der Leser des Gedichts „als Textproduzent und damit als Umkodierer und Sinngenerator" aufzutreten habe, Anhaltspunkte bereit, die semiotischen Prozesse zur Elaboration von Rede- und Sprachkompetenz im Sinne eines Textualitätskonzepts zwischen Lesen und Sehen weiterzudenken. Simeon konstruiert in *Das Buch* einen an die Bibel angelehnten Textaufbau. Während die ersten beiden Bücher die Teile des Pentateuch, Genesis und Exodus verarbeiten, ordnen das dritte und vierte Buch in typologischem Verständnis das Neue dem Alten Testament zu. Das fünfte und sechste Buch schließlich kommentieren die Offenbarung des Johannes.

Die aufgeführten sechs Bücher sind über die Verfahren mannigfacher Übersetzung und Verschlüsselung konstruiert, nach denen nicht nur ein Text den anderen erläutert, glossiert und kommentiert, sondern nach denen auch der göttliche Urtext nahezu unabschließbar fort- und weitergeschrieben werden kann. Perpetuierende Transschriftlichkeit bedient sich der vorangehenden Texte als Zeicheninventar, das bereits in sich den Kern der Umcodierung als Ummedialisierung birgt. So generiert sie den ästhetischen Text einer Sammlung, die den Schöpfungsgedanken eines Weltenbuchs in das poietische Prinzip einer Bücherwelt umwandelt. Was sich als fleisch- und steingewordenes Wort in seiner plastischen Konkretizität, Dinghaftigkeit und Präsenz sinnerfüllt darbot, bildet den materialen Textbaustein für ein barockes Œuvre, das die Körperlichkeit der Schrift virtuell als polysemantisches Potenzial zu evozieren vermag. Zeigt sich das biblische Wort wirkungsmächtig, indem es sich einen materiellen Körper gibt, so zeigt sich die Performanz des barocken Wortes in der Stimulierung dieses Körpers als allegorischen Bildkörpers. Darin entleert sich die Substanzialität des hypostatischen Körpers zur Simulationsform der tropischen Figur der *hypotyposis*. Nichts Geringeres hat das von A – Z durchbuchstabierte Konvolut des *Blumenreichen Gartens* im Sinn, als eine ‚Buchsprache der Literatursprache' zu schaffen, die sakrale Schriftmetaphern als Prätext ausbeutet, um sie im artifiziellen Kosmos des *hortus* allegorisch in ihrer Band-

287 Uhlenbruch, *Simeon Polockijs poetische Verfahren*, 236.

breite und gegenseitigen Bedingtheit von Literalität und Literarizität zu entfalten. Das verschriftlichte Wort Gottes bedient sich verschiedener Zeichen, findet verschiedene Modi der Materialisierung, die selbst wiederum unterschiedliche Wege der Erfahrung des Wortes als Welt, Körper, Gesetz erschließen. Im allegorischen Durchgang durch die verschiedenen Bücher des *Buches* zeigte sich in den variablen Gestalten und Figurationen der Schriftlichkeit, wie der Standort des Weltenbetrachters und -lesers vor Dingen und Körpern, Schriften und Bildern in Bewegung gerät, wie sich Lesbarkeiten in Sichtbarkeiten wandeln, Sichtbarkeiten Unlesbarkeiten kompensieren und Sichtbarkeiten in Unsichtbarkeiten entgleiten. Es ist diese phänomenale und materielle Inkonsistenz der Schrift, ihr Drängen in die Sichtbarkeit der Letter und ihr Rückzug aus derselben, die die konzeptionelle und mediale Folie bildet, auf der sich das Schreiben des barocken Dichters neu definiert. Dieser nimmt Verschiebungen und Verdichtungen vor, die das Verhältnis von Lesen und Sehen, Schrift und Bild subtil umakzentuieren. Unterstand die Sichtbarkeit der göttlichen Schrift der Onto-Logik eines Bildes der Unsichtbarkeit, die stets noch auf den göttlichen *logos* verwies, so verliert sich die Sichtbarkeit der poetischen Schrift in Figurationen, die mediale Frömmigkeitsimplementierungen als Allegorie der Verbildlichung und Entbildlichung des Buches inszenieren.

Wenn das Inkorporationsgebot der biblischen Schriftmetaphern im Zeichen einer Orthopraktik gedeutet wurde, also eines performativen Nachvollzugs durch den Gläubigen als Anähnelung, so geht es nun darum, eine Imaginationstechnik als performative Poiesis auszubilden.[288] Anstelle von Annäherung an das uneinholbare Urbild geht es nun um halluzinogene Effekte entsubstanzialisierter Bilder. Oder um es in den semantischen Umcodierungen des Imaginationsbegriffs zu sagen: Ringt sich die biblische Schrift bis zu ihrer Darstellbarkeit durch, so setzt die barocke Schrift dort an, wo aus der Darstellung das Konzept der Vorstellung erwächst.[289] Textualität heißt jetzt zum einen Abschrift, Neuschrift, aber auch allegorische Umschrift jener in den multiplen Corpora Gottes eingezeichneten Buchstaben, die in hypostatische Verkörperung und juridische Kodifizierung drängten.

---

288 Zum Begriff der „Orthopraktik" als ritualisierten Erfahrungskonzepts an der Peripherie einer Schriftreligion vgl. Carruthers, *The Craft of Thought*. Carruthers spricht von der Mnemotechnik als von einer „Denkmaschine" („thinking machine" als *machina memorialis*), die wie eine Mühle konkrete Wahrnehmung zu „mentalem Staub" („mental flour") zermahle, aus dem beliebige neue Formen gestaltet werden könnten (3). Wenn auch diese Formulierung in ihrer Werkzeughaftigkeit (vgl. auch den Begriff des „tool-making") etwas mechanistisch klingt, so markiert sie doch wieder die Triade, die eine kulturtechnisch orientierte Perzeptionstheorie anvisiert, nämlich die aus Hand, Auge und Wort.

289 Vgl. Kap. II.2.

Modelle einer allgemeinen Rhetorisierung des Textbegriffs, wie sie bisher für die zweite Hälfte des 17. Jahrhunderts vertreten wurden, sind damit über- und unterschritten. Auch im neu angebrochenen Zeitalter der Semiotechniken aktiver Rhetorizität gibt Textualität den Charakter der Texturalität, der perzeptiven Schrifterfahrung als fakturaler Wahrnehmungsoption, nicht auf. Doch die Materialisierungsformen des göttlichen Lesekabinetts spielen ihre dingliche Resistenz nun auf einer neuen Ebene aus. Sie erfinden ihre Materien ebenso wie ihre Referenzen selbst, sie härten die Lehren der rhetorischen Umcodierung zu perzeptiblen Materialitäten. Doch in dem Maße, wie diese Materien allegorische Figurativität (v)erlangen, lösen sich Schriftsubstanzen in imaginative Schriftkörperlichkeit auf. Sie bilden Exponate eines spektakulären Schauraums der Literatur, dessen Re-Präsentationsordnung substanzielle Präsenzerfahrung des Haptischen, Kontagiösen, Gustativen über Verdinglichung evoziert und zugleich ausschließt.

Mit der Umkehrung des Hervorbringungsverhältnisses von Weltschöpfung als Buchschöpfung und Buchschöpfung als Weltschöpfung, mit der Selbsteinsetzung des demiurgischen Dichters an die Stelle des literalen Weltenschöpfers, werden die Koordinaten von Schrift, Materialität und Lesbarkeit für ein Konzept von Literalität eingesetzt, das insofern allegorisch ist, als es das Buch als Bildkörper versteht, in dem sich ein Konzept des Imaginären medial transformiert. Jene Koppelungen von Körpern und Graphien an sensitiven Schnittstellen literal-somatischer Erlebnisformen von Schrift, jene hybride Gestaltbildung in variablen Konstellationen von Körpermedien und Medienkörpern, die Simeon Polockij zitiert, bilden nun das Bildinstrumentarium für imaginative „Weisen der Welterzeugung“[290] und für die Konstruktion von Schrift aus anderen Schriften. Pluralisierung des *einen* Textes und seiner Schriftsprachen, Allusion der materiellen Kommunikationsmedien des göttlichen *logos* und Übertragungen von vertikalen Enträtselungslogiken auf horizontale Serialisierungen sind die Techniken, mit denen Simeon Polockij den Begriff der Schrift und die Option der Lesbarkeit vorbereitet für eine Umbesetzung durch einen sprachlichen Begriff des Bildes und der Sichtbarkeit, für das Spiel der Sprache, der Materien und des Sehens. Sie sind Verfahren zur Produktion des Textes als visuellen und sprachlichen Artefakts. Das Auge, das diesen Text liest, vollzieht eine Bewegung vom Lesbar-Werden über das Sichtbar-Werden zum Unsichtbar-Werden. In dieser Bewegung schneidet es genau den Punkt, der in einer Art Verweigerungshaltung gegenüber der Unterordnung des Bildes unter die Schrift Lesen als imaginatives Sehen produziert.

290 Goodman, *Weisen der Welterzeugung*; vgl. auch ders., *Sprachen der Kunst*, 7.

Idolatrien des Unsichtbaren in der Schrift

Kunstwerke sind Bilder ohne Abgebildetes
und darum auch bilderlos.[1]

Simeon Polockijs Transformation schriftsakraler Einschreibungsmetaphorik zu schriftmedialer Einbildungsallegorik markiert den kulturgeschichtlichen Wendepunkt eines Kultwerks der Schrift am Übergang zum literarischen Kunstwerk, welches sich gerade am geschlossenen Kosmos dessen, was heilsgeschichtliche Welt war, den allegorischen ‚Rahmen' artifizieller Textualität gibt. Eine theologisch fundierte Strategie der sichtbaren Darstellung eines Unsichtbaren steht nun für ein ästhetisch erzeugtes Imaginäres der Vorstellung ein. Mit der Ablösung eines Erfahrensmodus epiphanischer Erscheinungen in evidenten Bildern durch freischwebende Bildlichkeiten, die offen für Verhandlungen zwischen Erscheinung und Bedeutung sind, tritt die russische Kultur in das Zeitalter der literarischen Einbildungskraft ein.

Imagination entsteht an den Schnittstellen, Brüchen und wechselseitigen Besetzungsinnervationen von Schrift und Bild. Was in den Chiasmen von Lesbarkeit und Sichtbarkeit, Sichtbarkeit und Unsichtbarkeit, Unsichtbarem und Imaginärem sich als allegorische Figur herauskristallisierte, war die Genese eines Bildhaften unter Bildverlust, die Suche nach imaginativ erfahrbarer Bildlichkeit, die nicht den Ursprüngen des Einen (Wortes, Zeichens, Sinnes, Bildes) zuzuschreiben war, sondern die sich unter den Interferenzen der Schrift in Sichtbarkeitssplitter aufspaltete. In immer wieder neuen Konstellationen waren Korporalisierungen, Somatisierungen, Materialisierungen zu beobachten, welche das Konzept des Abbildes in seinen typologischen Ausprägungen unterminierten für tropologische Figurierungen des Körpers, die sensorische Erfahrbarkeit von Offenbarungsmaterien zur Überstimulierung von Wahrnehmungsimitationen und suggestiven Erscheinungsbildern pervertierten. Transsubstanzen entleerten sich in Transmedialitäten, Hypostase verkehrte sich in Hypotypose, Hypotypose kippte in Diatypose, d.h. in die allegorische Ruinierung des Bildes, in das bilderlose Kunstwerk, das von der Bildhaftigkeit spricht. Den Einsatz von Körperschemata der abbildenden Darstellung von Wort und Schrift im Bild missbraucht der Barock in allegorischer *abusio* zur Konzeptualisierung eines ästhetischen Modells von Bild und Schrift als

1 Adorno, *Ästhetische Theorie*, 427.

trans- und de-figurativem Körper. Gab sich auch die Rhetorik einen affektiven Ausdrucksleib des Wortes, das Bild eine illusionistische Plastik des Raumes und die Schrift einen tastbaren Korpus des Buches – deren Gestalt bestimmte sich im Grenzgebiet des Medialen und des Imaginären als „schattenhafte Substanz [oder] substantielle[r] Schatten".[2] Das Medium fungierte nur mehr als Suggestion. Materialitäten erwiesen sich als Chimären eines ontologisch Unsichtbaren, das in eine Darstellbarkeit drängt, deren ambivalenten Status der Barock als allegorische Undarstellbarkeit für ein Imaginäres hintergeht. Bildkörperlichkeit zog sich zurück auf eine Ebene, die ihr phantasmatische, halluzinogene Gestalt gab.

Die Allegorien des Barock oszillieren in einem breiten Spektrum von Aufmerksamkeitsstrukturen zwischen Erkennen und Wahrnehmen, Dechiffrierung und Affektion, Sinn und Sensation. Hypothetisch verfolgten die Analysen innerhalb dieser interferierenden und miteinander in Komplementär- wie in Konfliktbeziehungen eintretenden Dispositive von sinnlicher und unsinnlicher Kommunikation eine Entwicklung hin zu perzeptiv geprägten Modellen, die innerhalb der Hierarchie der Rezeptionsmöglichkeiten das menschliche Sensorium aktivieren. Die Beschreibung tropologischer Bildkörperlichkeit bezog sich dabei nicht nur auf das Paradigma einer streckenweise dingfetischisierenden ‚Materialität der Kommunikation', sondern erweiterte dieses vielmehr in Richtung auf eine „Anthropologie der Kommunikation"[3], die in den Abschattungen von Schrift- und Bildwahrnehmungen die Aufspaltungen, Überschreitungen und Auslagerungen des Sinnesvermögens entdeckt und sinnliche Wahrnehmung mit Imaginationsvermögen zusammendenkt. Denn in dem Maße, wie der Prozess einer Entgrenzung der Intelligibilität in die Sensorik ein Stadium des Imaginären einzuschließen begann, das körperliche Wahrnehmungsmuster zunehmend subvertierte, musste das Imaginäre sowohl als Steigerungsform des Antagonismus von Erkennen vs. Wahrnehmung gelten wie auch als Zwischenschritt zur Einführung eines Sensoriums in die Möglichkeiten des Weltwissens überhaupt. Es ist das Residuum einer bis in die Antike reichenden Sinnesskepsis und Produkt einer kulturellen Spektakularisierung, die in ihre Wahrnehmungsformen den Spiegel der Sichtbarkeit und damit das Fehl-Erkennen einführt.

Dieser Effekt war im Bereich der Rhetorik als anthropomorphe Maske, in der Schriftfigurativik als Einverleibung des Bildkörpers in die Schrift, in der Emblematik als Fragmentierung des Bildkörpers, im Ikonendiskurs durch die Einführung eines Spektakulären und im Theater als Schauspiel des Unsicht-

2 Pfeiffer, *Das Mediale und das Imaginäre*, 243.
3 Loenhoff, *Körper, Sinne, Schrift*.

baren beobachtbar. Über die Einübung des Sprechers in das körperliche Vor-Augen-Stellen seiner rhetorischen Performanz als *imago agens*, über die Positionierung des Betrachters in den perspektivisch-dekorativen Ordnungen des Blicks und seine Reziprozitäten, über die Initiation des Lesers in die medialen Manipulationen schriftbildlicher Gestaltungen des Wortes, welche die Entwicklung eines lesenden Sehens hin zu einem sehenden Lesen zuspitzen – über all diese Konditionierungen bildet sich eine Kompetenz heraus, das Sensorium der Wahrnehmungsbildlichkeit für eine materielle Konkretizität des Lesens und Sehens zu nutzen wie auch fiktiv für die Produktion von Vorstellungsbildern zu stimulieren. Es entsteht ein Vermögen und Verlangen, sich in imaginären Welten zu bewegen, textuelle Imagination als Erlebensmodus einer neuen Bild(er)kultur der Schrift zu begreifen.

Das Abbildlichkeits-Modell von Bild und Schrift, das in sich die ganze Ambiguität der Konkurrenz von Schrift und Bild als Trug- oder Emanationsform des Unsichtbaren trug, verschiebt seine Aporien materiell infizierter Immaterialität auf eine poietische Frage manipulativ-gestaltender S(t)imulierung von Bildbezügen: Das Kultwerk, das um den Preis seiner ideologischen Antastbarkeit omnisensorisch bildhafte Wahrnehmbarkeit erlangt, macht sich als Kunstwerk erneut bilderlos, wenn es in einer nahezu unkontrollierbaren Bildproduktion den Onto-Logiken des Bildbegriffs die ihnen inhärenten Potenzen ihrer performativen Übersteigung entreißen will. Was Ikonizität als Absenz des Gegenstandes im Medium seiner Repräsentation heißen kann, zeigt sich als sein schwebend Imaginäres; was reduplizierende Darstellung der Welt impliziert, zeigt sich als chimärische Stellvertreterschaft. Das Ikonische als barockes Bild- und Sprachprinzip der Sichtbarkeit tritt immer nur in der ikonischen Differenz, zwischen den Bildern, Worten und Schriften, als eine „spécularisation“[4] auf, die sich in virtuelle Ikonizität des Imaginären wendet. Barocke Sichtbarkeiten sind nicht Negative einer potenteren Unsichtbarkeit, sondern die Vexierbilder ihrer Imagination.

Die Geschichte der Sprachfiguren begann mit dem Aufbau eines geliehenen Körpers und endete mit der Dissoziation seines *prosopon*. Die Geschichte der Sehfiguren begann mit der Einübung in ein doppeltes Sehen des Epiphanischen und endete mit dem *Als-Ob*-Sehen eines Spektakulären. Die Geschichte der Lesefiguren begann mit einer bilderlosen Visualisierung der Schrift und endete mit der Simulation des Schriftlesens als Sehen. Über diese Triade legte sich eine Dyade, welche alle drei genannten Felder der Umcodierung in sich differenziert: die der Lesbarkeit und der Sichtbarkeit, die im frühen russischen

4 Irigaray, *Speculum*, 24.

Barock ihre eigene Geschichte der reziproken Usurpationen, Supplementierungen und Projektionen austragen. Beiden Feldern wurden die Begriffe des Graphozentrismus und des Ikonozentrismus zugeordnet. Von einem Graphozentrismus der altrussischen Kultur zu sprechen, erwies sich als soweit tragfähig, wie sich das Schriftprivileg des *einen* Textes auch auf Bildmedien ausdehnt. Demgegenüber schien der Barock ein Bildprivileg in die nun *vielfache* Schrift hineinzutragen. Im Spannungsfeld dieser beiden Pole vollzog die Sprachkritik, die einer der Hauptschauplätze des russischen Schismas (*raskol*) ist, eine Neudefinition von Textkonzepten unter poetologischem und rhetorischem Fokus. In ihr schlossen sich die schriftmedialen Veränderungen (unter den Stichworten der Permutierbarkeit, der Rekombinierbarkeit und der Modulierbarkeit des Signifikanten) mit den Entwicklungen in der Malerei zusammen, die Bildlichkeit als Spiegelbildlichkeit virtualisieren.

Aus den konkreten Analysen ergab sich gleichwohl ein komplexeres Bild, das die beschriebenen Dispositive literaler oder ikonischer Fixierung in sich differenziert. Denn neben (und generiert von) einem latenten Ikonoklasmus, den die altrussische Kultur in oxymoralen Wendungen negativer Bildlichkeit sublimiert und der sich in der Unterwerfung des Bildes unter die Graphie sein Recht verschafft, kann man von einer Überlagerung des schriftdominierten Medienverbundes durch einen Ikonodulismus der Schrift sprechen: So wie die Ikone unter dem Diktat, dem Primat und der Autorisierungshoheit der Schrift steht, die in ihrer offensiven Materialisierung auf dem Bild diesem erst seine Aura verleiht, so sehr zeigt sie auch Schrift als Anschauungsobjekt. Sie ist Bild der Schrift im Zeichen der Urbildlichkeit. Im Lesbarkeitsindex des Bildes erscheint die Schrift als etwas zu Sehendes. Gerade in einer semiliteralen Kultur ist Schriftkult vor allem auch Bildkult. Man muss also von einer medialen Spaltung ausgehen, die den Bildbegriff von Anbeginn an prägt und die als das Zeigen eines eigenen Nicht(s)-Zeigen-Dürfens durch Schrift umschrieben werden kann. Der Rückzug des Bildes im Bild als seine Verschriftlichung ist eine paradoxe Form der Medialitätsnegierung und zugleich der Medialitätsostentation, die im Zeichen spiritueller Evidenz steht. Präsenz des Abbilds und bzw. als Absenz des Urbilds sind über graphische Be-Zeichnung miteinander verkoppelt. Schrift figuriert sowohl als Erosion wie auch als Möglichkeit der Erscheinung. In dieser medialen Konstellation wird der Rezipient in ein doppeltes Sehen, einen doppelten Blick eingeübt.

Mit der Reform der drei Kulturtechniken von Sprache, Schrift und Bild kommt es zu einer Umstrukturierung der Verhältnisse. Nicht mehr das Bild wird nach dem Modell der Schrift geformt. Schrift formt sich nun figurativ nach dem Bild, und zwar nach einem Bild, das illusionistisches Sehen ermöglicht, indem es optische Wahrnehmung nicht auf ein inneres Sehen hin verfremdet, sondern retinale Optik imitiert. Mit der perspektivischen Wende tritt das Bild in ein neues Stadium der Sichtbarkeit seiner Oberfläche und seiner fiktiv geschaffenen Tiefe ein, aber auch in ein neues Stadium der Unsichtbarkeit des nur Simulierten. Indem sich das Bild aus dem Code der Schrift befreit und zum Medium des Alles-Zeigen-Könnens aufsteigt, dieses Alles aber ein Fiktives ist, kommt es zu einer ausgehöhlten Bildlichkeit, die andere Medien usurpiert, um sich Gestalt zu geben. Als dissoziativer Bildspender erzeugt sie sich in der Figurativik von Wort und Schrift einen Bildkörper, der qua medialer Spezifik die so verlockende wie beängstigende Virtualität der neuen Bildlichkeit immer aufs Neue verstellt und verfremdet als ein Imaginäres verfasst. Gleichzeitig überschreitet der geliehene, fremde Körper die imaginäre Bildlichkeit als Matrix, um die eigene Materialität als Objekt der Betrachtung auszustellen. Im Medium der tropologisch zugerichteten Sprach- und Schriftfigurativik kommt die performative Setzung der Bildlichkeit als von der Ähnlichkeit losgekettete, als Invention und Halluzination wie auch als objekthaftes Artefakt zu sich selbst. Von einem Ikonozentrismus des Barock zu sprechen heißt also, von einem Bildverlust zu sprechen, der als Ikonozentrismus des Unsichtbaren einen sekundären Graphozentrismus der Figur stimuliert, der einen Spalt in die Sichtbarkeit des Bildes treibt. Die barocke Geschichte der Imagination beginnt mit der Autonomisierung des Bildes wie mit seinem Rückzug. Die Begriffe von Graphozentrismus und Ikonozentrismus sind so in ihren ‚Zentrismen' nur eingeschränkt noch operationabel, denn Schrift und Bild dezentrieren einander.

Diese Doppelfigur von Bildwerdung und Bildzerstreuung, Gestaltung und Entstaltung in den gegenseitigen medialen Affizierungen, An- und Übergriffen von Schrift und Bild visiert die Allegorie an. Sie ist ikonischer Körper, der weniger der Versinnbildlichung gehorcht, als dass er optisches Dispositiv zur imaginären Bildproduktion in der Schrift ist. Im Barock tritt die Allegorie in vielfachen Körper-Masken auf. Sie wird im Kontext der Durchsetzung vierfacher Schriftsinnlichkeit als Prisma eingesetzt, das den Körper zum Gefäß formt, dessen Gehalt Gegenstand spiritualer Hermeneutik ist und literale Körperlichkeit transzendiert. Diese Funktion semantischer Pluralisierung überschreitet und sprengt die Allegorie, indem sie ihre Bildkörperlichkeit zum selbstpräsenten Ereignis macht und deren semiotische Verweisstruktur entblößt. Ekklesiale Leiber, asketisch domestizierte Leiber, Auferstehungsleiber und gottfähige Leiber, eucharistische und sakramentale Leiber – diese abbildenden Korpora der Inkorporation zerbricht die barocke Allegorie in Bild-Torsi, wenn sie die materialisierende Veranschaulichung und Versinnlichung/Versinnbildlichung expressiv und zum visuellen Performativum werden lässt, das sich ikonoklastisch gegen (die eigene) Bildlichkeit richtet. Körperlichkeit, also der Bildmodus, auf den sich die Allegorie beruft, degeneriert damit zu einem brüchigen Schema psychophysischer Stimulierung von

Bild-Ruinen. Von der Figur der Unlesbarkeit verschiebt sich die Allegorie so zu einer Figur der Unsichtbarkeit.

In den Allegorien der Imagination ist dieser fragmentierte Körper Kristallisationsform der medialen Konflikte von Lesen und Sehen, die im Spektrum der Schriftrezeption zwischen Dechiffrieren und Wahrnehmen, Transitorik und Intransitorik, Abbildung und Entbildlichung der Schrift die Differenz des Bildes entlocken. Sie markieren innerhalb der medialen Hierarchie von Schrift und Bild eine neue Inversion. Was als ruinöses Sichtbarkeitsprinzip auftritt, ist als Dissemination referenzieller und figurativer Gestaltgebungen im Kontext eines imaginativen Vermögens zu sehen, das Gestalthaftigkeit im Phantasmatischen zu unterwandern vermag. Die Allegorie als Figur, die sich ins Zeigen verbohrt und doch die Gefahr des Erblindens in sich trägt, evoziert im Dazwischen von Bild und Schrift eine Sensomotorik des Lesens und Sehens, welche ihre Ambiguität aus dem und im Imaginären erhält. Meta- und objektsprachliche Figur der De-Figuration ist die Allegorie im Barock deshalb, weil sie Absenz und Präsenz des Dargestellten immer in oxymoralen Formen des Imaginären inszeniert: in Bildern des Unsichtbaren, Imaginationen des Unvorstellbaren, Texten des Unsagbaren.

Chiffren

AJuB	Akty otnosjaščiesja do juridičeskogo byta drevnej Rusi. Izd. Archeologičeskoj komissii pod red. N. Kalačova. T. 1–3. St. Petersburg 1957–1884
BAN	Biblioteka Akademii nauk
ČOIDR	Čtenija Obščestva istorii i drevnostej rossijskich pri Moskovskom Universitete
D IRLI AN	Drevlechranilišče Instituta russkoj literatury Akademii nauk
GIM	Gosudarstvennyj istoričeskij muzej
GPIB	Gosudarstvennaja publičnaja istoričeskaja biblioteka
IORJaS	Izveščenija II. Otdela imperatorskoj Akademii nauk
OLDP	Obščestvo ljubitelej drevnej pismennosti
PDPI	Pamjatniki drevnej pis'mennosti i iskusstva
PDS	Pamjatniki diplomatičeskich snošenij Drevnej Rossii s deržavami inostrannymi
RGADA	Rossijskij gosudarstvennyj archiv drevnych aktov
RGB	Rossijskaja gosudarstvennaja biblioteka
OR RGB	Otdel rukopisej RGB
MK RGB	Muzej knigi RGB
RNB	Rossijskaja nacional'naja biblioteka
OR RNB	Otdel rukopisej RNB
RK RNB	Sektor redkoj knigi RNB
TODRL	Trudy Otdela drevnerusskoj literatury
ŽMNP	Žurnal Ministerstva narodnogo prosveščenija

Bibliographie

1. Text- und Bildquellen

1.1. Handschriften

Andrej Christoforovič Belobockij: *Ritorika*, OR RNB, sobr. Egorova, No. 1363.
Ders.: *Velikaja nauka Rajmunda Ljullija*, OR RNB, F III.1.
Azbuka, OR RNB, f. 588, No. 2050.
Azbukovnik, RGB, f. 178, No. 3364.
Bukvar' grekoslavjanskij, BAN, Archang. sobr. C 211.
Čto priobretajut prinikajušče vo svjatyja knigi. In: Sbornik religiozno-nravoučitel'nyj, RGB, f. 310, No. 592, 3v-5.
Grammatika, RGB, f. 299, No. 380.
Grammatika, OR RNB, f. 299, No. 326.
Ikonopisnyj podlinnik, RGB, f. 178, No. 3342.
Ioann Damaskin [Johannes Damascenus]: *Kniga glagolemaja Dialektika*, BAN, Archang. sobr., No. C 210, 8–28.
Karion Istomin: *Malaja grammatika, jaže imjanuemaja orfografija*, BAN, P.I.B 105.
Ders.: *Kniga želatelno privětstvo mudrosti, o svjatěj mudrosti, jaže izbavljaet i spasaet ot trudnosti vsja ljudi, deržaščyjasja ej i vosklonjajuščyjasja na nju*, BAN, P I A 8.
Ders.: *Slovo o čudotvornych ikonach*, OR RNB, Sofijskoe sobr., No. 1369.
Ders.: *Kniga vrazumlenie umnago zrěnija i tělesnago dělanija, v božii mudrosti*, RNB, F.I.905.
Kniga glagolemaja Dialektika, BAN, Archang. sobr., No. C 210.
Kniga glagolemaja prostoslovie, In: RGB, f. 236, No. 181, 158–190.
Kniga glagolemaja Ritorika, BAN, No. 1.1.35, 83–111.
Kosmografija Kozmy Indikoplova, BAN, P I A 68.
Predislovie knizě glagolemoj grammaticě. In: Sbornik grammatičeskij, RGB, f. 299, No. 336, 205–206.
Nadpisanie jazykom slovenskim o bukovnicě, RGB, f. 651, 6.
Nikolaj Spafarij: *Chrismologion, sirěč kniga perečenoslovnaja ot proročestva Daniilova*, RNB, sobr. Ėrmitažnoj biblioteki, No. 27 und BAN, Archang. sobr., No. C 129.
Ders.: *Kniga o sivillach, kolika byša i kiimi imjany i o predrečenii ich*, RGB, sobr. Rumjanceva, No. 227.
Ders.: *Kniga izbranaja vkratce o devjatich musach i o sedmich svobodnych chudožestvach*, RNB, Q.XVII.13.
Ders.: *Sbornik*, BAN, Archang. sobr., No. C 129.
O čjuvstvach duševnych i tělesnych. In: Sbornik, Archang. sobr., No. D 429, 146v-148.

O poklonenii svjatych i čistych ikon. In: Sbornik, RGB, f. 29, No. 55, 360–363.
O svjatěj troicy. In: Sbornik, RGB, f. 29, No. 55, 358–360.
Personnik. In: Sbornik, RGB, f. 299, No. 547, 174r-197.
Predislovie k car'stvennoj knigě siirěč' k Granografu. In: Grammatika, RGB, f. 299, No. 380, 80–101v.
Problemata Aristotelevy, OR RNB, Q.VI.9.
Sil'vestr Medvedev: *O prestavlenii ot zemnago carstva v nebesnoe blažennoj pamjati velikogo gosudarja i carja i velikogo knjazja Feodora Aleksěeviča vseja velikija i malyja i bělyja Rossii samoderžca plač i utěšenie dvadesjatma i dvěmja věrěami, po čislu lět ego carskogo presvetlogo veličestva, jaže požive v mirě, opisano*, BAN, P I A 6.
Simeon Polockij: *Proščenie ob usoveršenstvovanii ikonnogo pis'ma*. In: Sbornik, RGB, sobr. Rumjanceva, No. 376, 12–20.
Ders.: *Vertograd mnogocvětnyj, polzy radi duševnyja pravoslavnych christian, božiim nastavleniem i posobiem, a trudopoločeniem mnogogrešnago vo ieromonasech Simeona Polockago, utrjažannyj i nasaždennyj v leto ot sozdanija mira 7186*, BAN, P I A 54.
Ders.: *Virši k gravjuram na biblejskie sjužety*, BAN, P I B 10271–2.
Ders.: *Rifmologion*, GIM, Sinod. sobr., No. 287.
Skazanie o pjatich čjuvstv. In: Sbornik, RGB, f. 29, No. 56, 208–211.
Soborno otvět o živopiscach i o čestnych ikonach. In: Sbornik, RGB f. 178, No. 3342, 1–4.
Sofronij Lichud: *Ritorika*, RNB, f. 588, No. 1659.

1.2. Drucke

Antonii Radzivilovskij: *Ogorodok Marii Bogorodicy razmaitymi cvětami sloves na prazdniki gospodskija, gogorodny i proč*. Kiev 1676, RK RNB, IV.4.8^{b}.
Burcov, Vasilij: *Azbuka*. Moskva 1634, RK RNB.
Caussinus, Nicolaus: *Polyhistor Symbolicus. Electorum Symbolorum et Parabolarum historicarum stromata, XII. Libris complectens*. Paris 1618.
Ioanikij Galjatovskij: *Duši ljudej umerlych iz těla vichodjačii odchodjat na tri měscja, inšii do neba, inšii do pekla, inšii do mytarstva*. Černigov 1687, RK RNB, V.7.9^{v}.
Karion Istomin: *Bukvar' jazyka slavenska [Bol'šoj bukvar']*. Moskau 1696, RK RNB, V.8.28.
Lazar' Baranovič: *Blagodat' i istina*. Kiev 1674, RK RNB, V.I.I^{b}.
Ders.: *Meč duchovnyj eže est' glagol božij na pomošč cerkvi vojujuščej, iz ust Christovycj podanyj ili Kniga propovědi slova Božiego*. Kiev 1666, RK RNB, IV.2.10.
Ders.: *Truby na dni naročityja prazdnikov gospodskich, bogorodičnych, aggelskich, proročeskich, apostolskich, mučeničeskich, svjatitelskich, čudotvorcov, bezsrebrennikov, blagočestivago carja i knjazja, i proč*. Kiev 1674, RK RNB, IV.5.5^{a}.
Paterik. Kiev 1661, RK RNB, IV.1.6^{v}.
Simeon Polockij: *Bukvar' jazyka slavenska*. Moskau 1679, RK RNB, V.6.I^{b}.

Ders.: *Istorija ili pověst' svjatago i prepodobnago otca našego Ioanna, iže ot Damaska, o prepodobnom otcě Varlaame pustynnožiteli i o Ioasafě carě indijstem.* Moskva 1680, Verchnjaja tipografija, RK RNB, IV.6.7[g].
Ders.: *Obed duševnyj.* Moskva 1681, Verchnjaja tipografija, RK RNB, IV.7.1[a].
Ders.: *Psaltyr' rifmotvornaja.* Moskva 1680, Verchnjaja tipografija, RK RNB IV.6.4[a].
Ders.: *Večerja duševnaja.* Moskva 1683, Verchnjaja tipografija, RK RNB, IV.7.5[a].
Stefan Javorskij: *Vinograd Christov.* Kiev 1698, RK RNB, XIII.9.141[b].
Varlaam Jasinskij: *Věnec molitv sedmičnych dvanadesjat zvezdnyj.* Kiev 1694, RK RNB, V.8.18.

1.3. Editionen

Alberti, Leon Battista: *De Pittura / Über die Malkunst* [1435]. Hg. v. Oskar Bätschmann u. Sandra Gianfreda. Darmstadt 2002.
Altrussische Heiligenleben. Hg. v. Konrad Onasch. Berlin 1977.
Aristoteles: *Über die Seele / Peri psychēs.* Mit Einleitung u. Kommentar hrsg. v. Horst Seidl. Hamburg 1995.
Artakserksovo dejstvo. Pervaja p'esa russkogo teatra XVII v. Podg. teksta, stat'ja i kommentarii I.M. Kudrjavceva. Moskva; Leningrad 1957.
Avvakum: *Kniga besed.* In: PLDR. XVII vek. Kn. 2. Moskva 1989, 408–425.
Cicero: *Über den Redner / De Oratore.* Stuttgart 1976.
Das Väterbuch des Kiewer Höhlenklosters. Hg. v. Dietrich Freydank u. Gottfried Sturm. Leipzig 1988.
Dejstvo o semi svobodnych naukach. In: Rannjaja russkaja dramaturgija (XVII – pervaja polovina XVIII v.). T. 3: P'esy škol'nych teatrov Moskvy. Moskva 1974, 127–192.
Die Dogmatik des Johannes von Damaskus in der Übersetzung des Fürsten An-drej M. Kurbskij (1528–1538). Hg. v. Juliane Besters-Dilger. Freiburg/Br. 1995.
Die großen Lesemenäen des Metropoliten Makarij (Uspenskij spisok). Bd. 3 (26. – 31. März). Hrsg. unter der Leitung v. Eckard Weiher. Freiburg/Br. 2001.
Dmitrij Rostovskij: *Komedija na roždestvo Christovo.* In: PLDR. XVII v. Kn. 3. Moskva 1994, 403–448.
Dionisij Areopagit [Dionysios Areopagita]: *O božestvennych imenach. O mističeskom bogoslovii.* Izd. podg. G.M. Prochorovym. St. Peterburg 1994.
Ders.: *Mystische Theologie und andere Schriften.* München 1956.
Dvorcovye razrjady po vysočajšemu poveleniju izdannye. T. III. St. Peterburg 1852, str. 1131–1132.
Fedorov, Ivan: *Sija povest' ubo iz-javljaet otkudu načasja i kako s-veršisja drukarnja sija.* In: Russkoe istoričeskoe povestvovanie. Pod red. Ju.A. Labynceva. Moskva 1984, 21–24.
Harsdörffer, Georg Philipp: *Poetischer Trichter. Die Teutsche Dicht- und Reimkunst / Ohne Behuf der lateinischen Sprache / in VI. Stunden einzugiessen. Drei Teile in einem Band.* Hildesheim; New York 1971 [Reprografischer Nachdruck der Ausgabe Nürnberg 1648–1653].

Ders.: *Frauenzimmer Gesprächsspiele*. 4. Teil. Tübingen 1968, 380 [Reprografischer Nachdruck der Ausgabe Nürnberg 1641–49].

Intermedii (Meždorečie). In: Rannjaja russkaja dramaturgija (XVII – pervoj poloviny XVIII). Kn. 2. Moskva 1973, 275–290.

Ioann Ėkzarch Bolgarskij: *Šestodnev*. In: Barankova, G.S. / Mil'kov, V.V.: Šestodnev Ioanna ėkzarcha Bolgarskogo. Pamjatniki drevnerusskoj mysli: issledovanija i teksty. Vyp. II. St. Peterburg 2001, 300–651.

Ioann Lestvičnik [Johannes Klimakos]: *Lestvica*. In: Die großen Lesemenäen des Metropoliten Makarij (Uspenskij spisok). Bd. 3 (26. – 31. März). Hrsg. unter der Leitung v. Eckard Weiher. Freiburg/Br. 2001, 841a1–947a1.

Iosif Vladimirov: *Poslanie nekoego izugrafa Iosifa k carevu izugrafu i mudrejšemu živopiscu Simonu Fedorovіču*. In: Ovčinnikova, E.: Iosif Vladimirov. Traktat ob iskusstve. In: Drevnerusskoe iskusstvo. XVII vek. Moskau/Leningrad 1964, 24–61.

Johannes Damascenus: *Drei Reden über die Bilderfeinde*. In: Bonifatius Kotter: Die Schriften des Johannes von Damaskus. Berlin 1975.

Karion Istomin: *Bukvar' sostavlen Karionom Istominym, gravirovan Leontiem Buninym, otpečatan v 1694 godu v Moskve*. Izd. i vstup. stat. V.I. Luk'janenko u. M.A. Alekseeva. Leningrad 1981 [Faksimile- Ausgabe].

Ders.: *Kniga ljubvi znak v česten brak*. Izd. pod red. L.I. Sazonovoj. Moskva 1989 [Faksimile-Ausgabe].

Ders.: *Kniga želatelno privětstvo mudrosti o svjatěj mudrosti*. In: S.N. Brajlovskij: K voprosu o literaturnoj dejatel'nosti russkich pisatelej XVII stoletija, nosivšich imja Karion. In: IORJaS 1909, T. 14. Kn. 1, 12–58.

Ders.: *Malaja grammatika, jaže imjanuetsja orfografija*, BAN, P.I.B 105.

Ders.: *Slovo k ljubotščatel'nomu ikonnogo pisanija*. In: Věstnik Archeologii i Istorii, vyp. XX (1911), 65–77.

Kniga, glagolemaja Urjadnik, novoe uloženie i ustroenie čina sokol'ničja puti. In: PLDR, XVII v. Kn. 2. Moskva 1989, 286–298.

Locke, John: *Versuch über den menschlichen Verstand*. 2 Bde. Leipzig 1911.

Materialy i soobščenija po fondam otdela rukopisnoj i redkoj knigi Biblioteki Akademii nauk. Leningrad 1966.

Materialy k istorii russkogo teatra v gosudarstvennych archivach SSSR. Obzory dokumentov. XVII vek – 1917. Moskva 1966.

Melanchthon, Philipp: *Corpus Reformatorum*. Hg. v. C.G. Bretschneider. ND Frankfurt 1963, Bd. 13, Sp. 416–505.

Moskovskij teatr pri carjach Alekseja i Petre. Materialy, sobrannye K. Bogojavlenskim. Moskva 1914 [Izd. Imp. Obšč. Ist. i Drevn. Ross. pri Mosk. Univ.].

Newton, Isaac: *Optik oder Abhandlungen über Spiegelungen, Brechungen, Beugungen und Farben des Lichts*. Übs. u. hg. v. William Abendroth. Braunschweig; Wiesbaden 1983.

Nikolaj Spafarij: *Kniga ieroglifičeskaja svjaščennovajatel'na, sireč' tajnopismennaja, jako obykoša egiptjane i elliny ne pismennym, no živopisaniem nekim tajnym i premudrym javiti vysokuju mudrost' i učenie*. In: Nikolaj Spafarij. Ėstetičeskie traktaty. Podg. tekstov i vstup. stat'ja O.A. Belobrovoj. Leningrad 1978, 125–135.

Ders.: *Kniga izbranaja vkratce o devjatich musach i o sedmich sovobodnych chudožestvach.* In: Nikolaj Spafarij: Ėstetiĕesie traktaty. Podg. tekstov i vstup. stat'ja O.A. Belobrovoj. Leningrad 1978, 25–47.

Ders.: *Kniga o sivillach, kolika byša i kiimi imjany i o predrečenii ich.* Nikolaj Spafarij: Ėstetičeskie traktaty. Podg. tekstov i vstup. stat'ja O.A. Belobrovoj. Leningrad 1978, 48–86.

O bukvach sirěč o slovech. In: M. Petrovskij: Starinnoe rassuždenie „O bukvach sirěč o slovech" po rukopisi biblioteki Kazanskogo universiteta, spisok XVII v., l. 68–74. In: PDPI, LXXIII. Sankt Peterburg 1888, 9–19.

O čelovečestem estestve (O vidimem i nevidimem). In: R.A. Simonov: Estestvennonaučnye predstavlenija Drevnej Rusi. Moskva 1988, 220–227.

Okružnaja carskaja gramota ob ikonnom pisanii. In: Akty, sobrannye v bibliotekach i archivach Rossijskoj imperii archeografičekoju ėkspedicieju imperatorskoj Akademii nauk, t. IV (1645–1700), St. Peterburg 1836, 224–226, st. 174.

Pamjatniki istorii staroobrjadčestva XVII v. Kn. 1 Vyp. 1. RIB t. XXXIX. Leningrad 1927.

Patriaršaja gramota o zapreščenii pečatat' na bumažnych listach izobraženie Svjatych i torgovat' Německimi pečatnymi listami s takovymi že izobraženijami. In: Akty, sobrannye v bibliotekach i archivach Rossijskoj imperii archeografičekoju ėkspedicieju imperatorskoj Akademii nauk, t. IV (1645–1700), St. Peterburg 1836, 254–255, st. 200.

Patriaršaja Okružnaja gramota ob ikonnom pisanii. Pod red. P.P. Pekarskogo: Materialy dlja istorii ikonopisnija v Rossii. In: Izvestija Imperatorskogo Archeologičeskogo Obščestva. T. V. St. Peterburg 1865, 320–325.

Pervaja russkaja ‚Ritorika' XVII veka. (Tekst. Perevod. Issledovanie). Pod red. V.I. Annuškina. Moskva 1999.

Philippos Monotropos: *Dioptra, ili Dušezritel'noe zercalo* (1097) In: PLDR. Bd. 6. Moskva 1984, 68–151 [Teiledition].

Platon: *Politeia / Der Staat.* Reinbek b. Hamburg 1994 [Schleiermacher-Übersetzung].

Ders.: *Sämtliche Dialoge.* Übers. v. Otto Apelt. Hamburg 1988.

Plotin: *Enneaden.* Jena; Leipzig 1905.

Predislovie „Pervoučebnej sej malej knižice Azbuce". In: Virševaja poėzija (pervaja polovina XVII veka). Sost., podg. tekstov, vstup. stat'ja i komm. V.K. Bylinina / A.A. Iljušina. Moskva 1989, 321–322.

Predislovie k car'stvennoj knigě siirěč' k Granografu. In: Virševaja poėzija (pervaja polovina XVII veka). Moskva 1989, 312–319 [Teiledition].

Prja meždu tělom i dušeju. In PLDR. XVIII vek. Bd. 3. Moskva 1994, 308–314.

Psevdo-Aristotel [Pseudo-Aristoteles]: *Tajnaja tajnych* In: M.N. Speranskij: Iz istorii otrečennycj knig. IV. ‚Aristotelevy vrata', ili ‚Tajnaja tajnych'. St. Peterburg 1908. [Auszüge wiederabgedruckt PLDR. Bd. 6. Moskva 1984, 534–591].

Quintilianus: *Ausbildung des Redners. 12 Bücher.* Übers. u. hrsg. v. H. Rahn. Darmstadt 1988.

Rannjaja russkaja dramaturgija v 5–i tt. Moskva 1972–1976.
Silvester Medvedev: *Izvestie istinnoe pravoslavnym i pokazanie svetloe o novopravlenii knižnom i o pročem*: Izd. pod red. S.A. Belokurova. In: ČOIDR 1885. Kn. 4.Otd. II. I-XLII und 1–88.
Ders.: *[Podpis' k portretu carevny Sof'i]*. In: Russkaja sillabičeskaja poėzija XVII-XVIII vv. Pod. red. A.M. Pančenko. Leningrad 1970, 201–202.
Ders.: *Vručenie blagorodnoj i christoljubivoj velikoj gosudaryne, premudroj carevne, miloserdnoj Sofii Aleksievne, privilija na akademiju*. In: Russkaja sillabičeskaja poėzija XVII-XVIII vv. Pod. red. A.M. Pančenko. Leningrad 1970, 191–197.
Simeon Polockij: *Beseda o počitanii ikon svjatych*. In: V.K. Bylinin: K voprosu o polemike vokrug russkogo ikonopisanija vo vtoroj polovine XVII v.: „Beseda o počitanii svjatych" Simeona Polockogo. In: TODRL 38/1985, 281–289 [Teiledition].
Ders.: *Komidija pritči o bludněm syně*. In: PLDR. XVII vek. Kn. 3. Moskva 1994, 371–392.
Ders.: *O Navchudonosorě carě, o telě zlatě i o triech otrocěch, v pešči ne sožžennych*. In: PLDR. XVII vek. Kn. 3. Moskva 1994, 393–402.
Ders.: *Orel Rossijskij*. Izd. pod red. N.A. Smirnova. St. Peterburg 1915 [OLDP, No.133].
Ders.: *Proščenie ob ikonnom pisanii*. In: L.N. Majkov: Simeon Polockij o russkom ikonopisanii. St. Peterburg 1889 [Teiledition].
Ders.: *Predislovija k „Psaltyr'i rifmotvornoj"*. In: Simeon Polockij. Izbrannye sočinenija. Podg. teksta, st. i komm. I.P. Eremina. Moskva 1953, 210–217.
Ders.: *Vertograd mnogocvětnyj*. Ed. by Anthony Hippisley and Lidija I. Sazonova. 3 Bde. Köln; Weimar; Wien 1996–2001 [Bausteine zur slavischen Philologie und Kulturgeschichte. Reihe B, 10/1,2,3].
Ders.: *Virši*. Sost., vstup st., podg. tekstov i kommentarii L. Zvonarevoj, V. Bylinynym, Minsk 1990.
Simon Ušakov: *Slovo k ljubotščatel'nomu ikonnogo pisanija*. In: Filosofija russkogo religioznogo iskusstva XVI-XX vv. Sost. N.K. Gavrjušinym. Moskva 1993, 56–60 [neuruss. Übers. in: Istorija ėstetiki. Pamjatniki mirovoj ėstetičeskoj mysli. T. 1, Moskva 1962, 455–462].
Skazanie izvestno o voobraženii knig pečatnago dela. In: Russkoe istoričeskoe povestvovanie XVI-XVII vekov. Pod red. Ju.A. Ladyninceva. Moskva 1984, 99–106.
Skazanie o sedmi mudrostech. In: Nikolaj Spafarij: Ėstetičeskie traktaty. Podg. tekstov i vstup. stat'ja O.A. Belobrovoj. Leningrad 1978, 141–151.
Slovo Danila Zatočenika, eže napisa svoemu knjazju Jaroslavu Vladimiroviču. In: PLDR. XII vek. Moskva 1980, 388–399.
Sočinenija prepodobnogo Maksima Greka. Č. 2. Kazan' 1860.
Speranskij, M.N.: *Iz istorii otrečennych knig. IV. ‚Aristotelevy vrata', ili ‚Tajnaja tajnych'*. St. Peterburg 1908.
Starinnye dejstva i komedii Petrovskogo vremeni. Izvlečennye iz rukopisej i prigot. k pečati I.A. Šljapkinym. Petrograd 1921.

Statejnij spisok posol'stva dvorjanina i borovskogo namestnika Vasilija Lichačeva vo Florenciju v 7167 [1659] gode. In: Drevnjaja Rossijskaja Vivliofika. Č. IV. Moskva 1788² [weitere Edition in PDS. t. X, SPb 1871].

Stefan Javorskij: *Emblemmata et symbola.* In: PLDR. XVII vek. Kn. 3. Moskva 1989, 263–267.

Ders.: *Ritoričeskaja Ruka.* St. Peterburg 1878 [Lithographierte Ausgabe der OLDP; XX].

Zapiski russkich putešestvennikov XVI-XVII vv. Moskva 1988.

2. Sekundärliteratur

Adler, Jeremy / Ernst, Ulrich (Hgg.): *Text als Figur. Visuelle Poesie von der Antike bis zur Moderne.* Weinheim ²1988 [Ausstellungskataloge der Herzog August Bibliothek, 56].

Adorno, Theodor W.: *Ästhetische Theorie.* Frankfurt/M. 1973.

Alekseev, M.P.: *Slovari inostrannych jazykov v russkom azbukovnike XVII v.* Leningrad 1968.

Alexander, J.G.G.: *Initialen aus großen Handschriften.* München 1978.

Alpers, Svetlana: *Kunst als Beschreibung. Holländische Malerei des 17. Jahrhunderts.* Köln 1998.

Alt, Peter-André: *Begriffsbilder. Studien zur literarischen Allegorie zwischen Opitz und Schiller.* Tübingen 1995.

Assmann, Aleida: Die Sprache der Dinge. Der lange Blick und die wilde Semiose. In: H.-U. Gumbrecht / K.L. Pfeiffer (Hgg.): *Materialität der Kommunikation.* Frankfurt/M. 1988, 237–251.

Dies.: Zur Metaphorik der Erinnerung. In: dies. /D. Harth (Hgg.): *Mnemosyne. Formen und Funktionen der kulturellen Erinnerung.* Frankfurt/M. 1991, 13–55.

Assmann, Jan: Bildverstrickung. Vom Sinn des Bilderverbots im biblischen Monotheismus. In: Gerhart v. Graevenitz et al. (Hgg.): *Die Unvermeidlichkeit der Bilder.* Tübingen 2001, 59–76.

Ders.: *Das kulturelle Gedächtnis. Schrift, Erinnerung und politische Identität in frühen Hochkulturen.* München 1992.

Ders.: *Herrschaft und Heil. Politische Theologie in Altägypten, Israel und Europa.* München 2000.

Ders.: Text und Ritus. Die Bedeutung der Medien für die Religionsgeschichte. In: Horst Wenzel / Wilfried Seipel / Gotthardt Wunberg (Hgg.): *Audiovisualität vor und nach Gutenberg. Zur Kulturgeschichte der medialen Umbrüche.* Wien 2001, 97–106.

Babkin, D.: Russkaja ritorika načala XVII v. In: *TODRL* VII/1951, 346–353.

Bahr, Andreas: Imagination und Körpererleben. In: H.-U. Gumbrecht / K.L. Pfeiffer (Hgg.): *Materialität der Kommunikation.* Frankfurt/M. 1988, 680–702.

Ders.: *Imagination und Körper. Ein Beitrag zur Theorie der Imagination mit Beispielen aus der zeitgenössischen Schauspielinszenierung.* Bochum 1990.

Baltrušajtis, Jurgis: *Der Spiegel. Entdeckungen, Täuschungen, Phantasien*. Giessen 1996.
Baraš, Moše: *Icon. Studies in the History of an Idea*. New York; London 1992.
Barenbaum, I.E. / Davydova, T.E.: *Istorija knigi*. Moskva 1971.
Barthes, Roland: *Die Lust am Text*. Frankfurt/M. 1974.
Ders.: *Sade, Fourier, Loyola*. Frankfurt/M. 1974.
Beierwaltes, Werner: Plotins Metaphysik des Lichts. In: Clemens Zintzen (Hg.): *Die Philosophie des Neuplatonismus*. Darmstadt 1977, 75–117.
Belobrova, O.A.: Allegorii nauk v licevych spiskach "Knigi izbrannoj vkratce..." Nikolaja Spafarija. In: *TODRL* 32/1977, 107–120.
Dies.: K izučeniju "Knigi izbrannoj vkratce o devjati musach i o sedmich svobodnych chudožestvach" Nikolaja Spafarija. In: *TODRL* 30/1976, 307–317.
Dies.: Nikolaj Spafarij. *Ėstetičeskie traktaty*. Leningrad 1978.
Belting, Hans: *Bild und Kult. Eine Geschichte des Bildes vor dem Zeitalter der Kunst*. München ^{5}2000.
Ders.: Medium und Körper. Auf: www.iconic-turn.de/upload/Fessenbach 20010915_Vortrag_Hans_Belting.pdf (20.5.02).
Benjamin, Walter: Das Kunstwerk im Zeitalter seiner technischen Reproduzierbarkeit. In: ders.: *Illuminationen. Ausgewählte Schriften 1*. Frankfurt/M. 1977, 136–169.
Ders.: Der Sürrealismus. Die letzte Momentaufnahme der europäischen Intelligenz. In: ders.: *Angelus Novus. Ausgewählte Schriften 2*. Frankfurt/M. 1988, 200–215.
Ders.: Über die Malerei oder Zeichen und Mal. In: ders.: *Gesammelte Schriften*. Bd. 2. Frankfurt/M. 1977, 603–607.
Ders.: *Ursprung des deutschen Trauerspiels*. Frankfurt/M. 1978.
Berger, Carol: The Hand and the Art of Memory. In: *Musica disciplina* 35/1981, 87–120.
Berkov, P.B.: Kniga v poėzii Simeona Polockogo. In: *TODRL* 24/1969, 260–266.
Bexte, Peter: *Blinde Seher. Die Wahrnehmung von Wahrnehmung in der Kunst des 17. Jahrhunderts*. Dresden 1999.
Białostocki, Jan: Skizze einer Geschichte der beabsichtigten und der interpretierenden Ikonographie. In: E. Kaemmerling (Hg.): *Bildende Kunst als Zeichensystem*. Köln 1979, 15–63.
Bickenbach, Matthias / Fliethmann, Axel (Hgg.): Visuelle *Kulturen zwischen Früher Neuzeit und Gegenwart*. Köln 2002.
Blumenberg, Hans: *Die Genesis der kopernikanischen Welt*. 3 Bde. Frankfurt/M. 1981.
Ders.: *Die Lesbarkeit der Welt*. Frankfurt/M. 1981.
Ders.: Wirklichkeitsbegriff und Möglichkeit des Romans. In: H.R. Jauß (Hg.): *Poetik und Hermeneutik I. Nachahmung und Illusion*. Kolloquium Gießen 1963, 9–27.
Böning, Thomas: Allegorisieren / Symbolisieren. In: Heinrich Bosse / Ursula Renner (Hgg.): *Literaturwissenschaft. Einführung in ein Sprachspiel*. Freiburg/Br. 1999, 157–175.
Bogojavlenskij, N.A.: *Drevnerusskoe vračevanie v XI – XVII vv*. Moskva 1960.
Ders.: *Otečestvennaja anatomija i fiziologija*. Moskva 1970.

Bolz, Norbert: *Eine kurze Geschichte des Scheins*. München 1991.

Botvinnik, Marat: *Otkuda est' pošel bukvar'*. Minsk 1983.

Brajlovskij, S. N.: K voprosu o literaturnoj dejatel'nosti russkich pisatelej XVII stoletija, nosivšich imja Karion. In: *IORJaS* 1909. T. 14. Kn. 1, 12–58.

Ders.: *Odin iz ,pestrych' XVII-go stolětija*. Istoriko-literaturnoe issledovanie v dvuch častjach s priloženijami. Sankt Peterburg 1902.

Brandstetter, Gabriele: *Tanz-Lektüren. Körperbilder und Raumfiguren der Avantgarde*. Frankfurt/M. 1995.

Braun, Christina von: *Versuch über den Schwindel. Religion, Schrift, Bild, Geschlecht*. Zürich 2001.

Briesemeister, Dietrich (Hg.): *Bilder des Todes*. Unterschneidheim 1970.

Brooks, J.: *When Russia learned to read. Literacy and Popular Culture, 1861–1917*. Princeton 1985.

Brown, Peter: *Die Keuschheit der Engel. Sexuelle Entsagung, Askese und Körperlichkeit am Anfang des Christentums*. München; Wien 1991.

Brumlik, Micha: *Schrift, Wort und Ikone. Wege aus dem Bilderverbot*. Frankfurt/M. 1994.

Buci-Glucksmann, Christine: Der beschreibende Blick und die Allegorie. In: dies.: *Der kartographische Blick der Kunst*. Berlin 1997, 65–91.

Dies.: *La folie du voir. De l'estetique baroque*. Paris 1986.

Bundy, Murray Wright: *The Theory of Imagination in Classical and Mediaeval Thought*. Urbana/Illinois 1927.

Bürger, Peter: *Theorie der Avantgarde*. Frankfurt/M 1974.

Burckhart, D.: Text-Bild-Relationen und ihre kulturanthropologische Dimension in russischen Bilderbögen. In: W. Harms (Hg.): *Text und Bild, Bild und Text*. Stuttgart 1990, 298–308.

Byčkov, V.V.: *Russkaja srednevekovaja ėstetika XI – XVII veka*. Moskva 1992.

Bylinin, V. K.: K voprosu o polemike vokrug russkogo ikonopisanija vo vtoroj polovine XVII v.: „Beseda o počitanii ikon svjatych" Simeona Polockogo. In: *TODRL* 38/1985, 281–289.

Ders.: 'Predislovija mnogorazlična' v rukopisjach pervoj poloviny XVII v. In: *Zapiski Otdela rukopisej GBL*. Moskva 1983. Vyp. 44, 19–37.

Bylinin, V.K. / Grichin, V.A.: Simeon Polockij i Simon Ušakov. K probleme ėstetiki russkogo barokko. In: *Barokko v slavjanskich kul'turach*. Moskva 1982, 191–219.

Camille, Michael: Seeing and Reading. Some Visual Implications of Medieval Literature and Illiteracy. In: *Art History* 8/1985, 26–49.

Campe, Rüdiger: *Affekt und Ausdruck. Zur Umwandlung der literarischen Rede im 17. und 18. Jahrhundert*. Tübingen 1990.

Ders.: Melanchthons Allegorie zwischen Rhetorik und Hermeneutik. In: Eva Horn / Manfred Weinberg (Hgg.): *Allegorie. Konfigurationen von Text, Bild und Lektüre*. Opladen 1998, 46–58.

Ders.: Vor Augen stellen: Über den Rahmen rhetorischer Bildgebung. In: Gerhard Neumann (Hg.): *Poststrukturalismus. Herausforderung an die Literaturwissenschaft*. Stuttgart; Weimar 1997, 208–225.

Carruthers, Mary: *The Craft of Thought. Meditation, Rhetoric, and the Making of Images, 400–1200.* Camebridge 1998.
Chippisli, A. [Hippisley, Anthony]: *Carmen echicum* u Simeona Polockogo. In: *TODRL* 24/1974, 361–364.
Čiževskij, Dmitrij: Das Buch als Symbol des Kosmos. In: ders.: *Aus zwei Welten. Beiträge zur Geschichte der slavisch-westlichen literarischen Beziehungen.* `S-Gravenhage 1956, 85–114.
Ders.: Plato im alten Russland. In: ders.: *Aus zwei Welten. Beiträge zur Geschichte der Slavisch-westlichen literarischen Beziehungen.* `S-Gravenhage 1956, 45–65.
Clarke, David: Der Blick und das Schauen. In: Gregor Stemmrich (Hg.): *Minimal Art.* Dresden 1995, 678–708.
Crary, Jonathan: *Techniken des Betrachters. Sehen und Moderne im 19. Jahrhundert.* Dresden 1996.
Crummey, Robert O.: Court Spectacles in Seventeenth-Century Russia: Illusion and Reality. In: *Essays in Honor of A.A. Zimin.* Columbia, Ohio 1985, 130–158.
Čubinskaja, V.G.: Ikona Simona Ušakova ‚Bogomater' Vladimirskaja, ‚Drevo Moskovskogo gosudarstva', ‚Pochvala Bogomateri Vladimirskoj'. Opyt istoriko-kul'turnoj interpretacii. In: *TODRL* 38/1985, 290–308.
Čumičeva, O.V.: ‚Vse myslennoe mnitsja videniem'. K voprosu o vosprijatii ikonnogo obraza v pervoj polovine XVII v. In: *Germenevtika drevnerusskoj literatury.* Sbornik 10. Moskva 2000, 429–446.
Curschmann, Michael: Hören – Lesen – Sehen. Buch und Schriftlichkeit im Selbstverständnis der volkssprachlichen literarischen Kultur Deutschlands um 1200. In: *PBB* 106/1984, 218–257.
Curtius, Ernst Robert: *Europäische Literatur und lateinisches Mittelalter.* München 1948.
Daiber, Thomas: *Aufschriften auf russischen Ikonen.* Freiburg/Br. 1997.
Dal', Vladimir: *Tolkovyj slovar' živogo velikorusskogo jazyka.* 4 Bde. Moskva 1989.
Deleuze, Gilles / Guattari, Félix: *Anti-Ödipus. Kapitalismus und Schizophrenie I.* Frankfurt/M. 1977.
Dies.: *Tausend Plateaus. Kapitalismus und Schizophrenie.* Berlin 1992.
Deleuze, Gilles: *Die Falte. Leibniz und der Barock.* Frankfurt/M. 1995.
Ders.: *Differenz und Wiederholung.* München [2]1997.
de Man, Paul: Autobiographie als Maskenspiel. In: ders.: *Die Ideologie des Ästhetischen.* Hg. v. Chr. Menke. Frankfurt/M. 1993, 131–146.
Ders.: Die Rhetorik der Zeitlichkeit. In: ders: *Die Ideologie des Ästhetischen.* Hg. v. Chr. Menke. Frankfurt/M. 1993, 83–130.
Ders.: Lesen (Proust). In: ders.: *Allegorien des Lesens.* Frankfurt/M. 1988, 91–117.
Ders.: Rhetorik der Persuasion (Nietzsche). In: ders.: *Allegorien des Lesens.* Frankfurt/M. 1988, 164–178.
Ders.: Rhetorik der Tropen (Nietzsche). In: ders.: *Allegorien des Lesens.* Frankfurt/M. 1988, 146–163.
Ders.: Semiologie und Rhetorik. In: ders.: *Allegorien des Lesens.* Frankfurt/M. 1988, 31–51.

Ders.: Shelleys Entstellung. In: ders.: *Die Ideologie des Ästhetischen*. Hg. v. Chr. Menke. Frankfurt/M. 1993, 147–182.

de Kerckhove, Derrick: *Schriftgeburten. Vom Alphabet zum Computer*. München 1995.

Delumeau, Jean: *History of Paradise*. New York 1955

Demin, A.S.: Demokratičeskaja poėzija XVIIv. v pis'movnikach i sbornikach viršcevych poslanij. In: *TODRL* 21/1965, 74–79.

Ders.: *Pisatel' i obščestvo v Rossii XVI – XVIII vekov*. Moskva 1985.

Ders.: *Russkaja literatura vtoroj poloviny XVII – načala XVIII veka*. Moskva 1977.

Ders.: Russkie p'esy 1670–ch godov i pridvornaja kul'tura. In: *TODRL* 27/1972, 273–283

Demkova, N.S.: Iz istorii rannej staroobrjadčeskoj literatury. 1. ‚Pisanejce' Protopopa Avvakuma Feodoru Michajloviču Rtiščevu. In: *TODRL* 28/1974, 385–389.

Dies. / Droblenkova, N.F.: K izučeniju slovenskich azbučnych stichov. In: *TODRL* 23/1968, 27–61.

Derrida, Jacques: *Aufzeichnungen eines Blinden*. München 1997.

Ders.: *Die Schrift und die Differenz*. Frankfurt/M. 1972.

Ders.: *Dissemination*. Wien 1995.

Deržavina, O. / Demin, A. / Robinson, A.: Pojavlenie teatra i dramaturgii v Rossii v XVII v. In: dies.: *Pervye p'esy russkogo teatra*. Moskva 1972, 7–98.

Didi-Hubermann, Georges: Heuristik der Ähnlichkeit. Der Fall der Votivbilder. In: Jan Gerchow (Hg.): *Ebenbilder. Kopien von Körpern – Modelle des Menschen*. Ausstellungskatalog. Ostfildern 2002, 65–72.

Dmitriev, Ju. N.: Teorija iskusstva i vzgljady na iskusstvo v pis'mennosti drevnej Rusi. In: *TODRL* 9/1953, 97–116.

Döpmann, Hans-Dieter: *Die Ostkirchen vom Bilderstreit bis zur Kirchenspaltung von 1054*. Zwickau 1990.

Donnert, Erich: *Das Moskauer Rußland. Kultur und Geistesleben im 15. und 16. Jahrhundert*. Leipzig 1976.

Ebbinghaus, Andreas: *Die altrussischen Marienikonenlegenden*. Wiesbaden 1990.

Ecker, Gisela: Hortus conclusus. Weiblicher Körper und allegorischer Raum in der Literatur der Moderne. In: Sigrid Schade / Monika Wagner / Sigrid Weigel (Hgg.): *Allegorien und Geschlechterdifferenz*. Köln; Weimar; Wien 1994, 171–185.

Eisenstein, Elisabeth: *The Printing Press as an Agent of Change. Communications, and Cultural Transformations in Early Modern Europe*. 2. Bde. Cambridge 1979.

Eremin, I. P.: Poetičeskij stil' Simeona Polockogo. In: ders.: *Literatura drevnej Rusi*. Moskva; Leningrad 1966, 211–233.

Ernst, Ulrich: Die Entwicklung der optischen Poesie in Antike, Mittelalter und Neuzeit. In: U. Weisstein (Hg.): *Literatur und bildende Kunst. Ein Handbuch zur Theorie und Praxis eines komparatistischen Grenzgebietes*. Berlin 1992, 138–151.

Ders.: Lesen als Rezeptionsakt: Textpräsentation und Textverständnis in der manieristischen Barocklyrik. In: *Lesen historisch: Sonderheft der Zeitschrift für Literaturwissenschaft und Linguistik*, 57/58 (1985), 67–94.

Ders.: The Figured Poem. Towards a Definition of Genre. In: *Visible Language*, 10/1986, 8–27.

Filatov, V.V.: *Slovar' izografa*. Moskva 1997.

Filimonov, G.: *Simon Ušakov i sovremennaja emu ėpocha russkoj ikonopisi*. Moskva 1873.

Fischer-Lichte, Erika: *Semiotik des Theaters*. Bd. 2: Vom "künstlichen" zum "natürlichen" Zeichen: Theater des Barock und der Aufklärung. Tübingen 1983.

Florenskij, Pavel: Obratnaja perspektiva. In: *Svjaščennik Pavel Florenskij. Izbrannye trudy po iskusstvu*. Moskva 1996, 7–72.

Flusser, Vilém: *Die Schrift*. Göttingen [4]1992.

Ders.: Eine neue Einbildungskraft. In: Volker Bohn (Hg.): *Bildlichkeit. Beiträge zu einer neuen Poetik*. Frankfurt/M. 1990, 115–126.

Foucault, Michel: *Die Ordnung der Dinge. Eine Archäologie der Humanwissenschaften*. Frankfurt/M. 1974.

Ders.: *Dies ist keine Pfeife*. München 1997.

Freytag, Hartmut: *Die Theorie der allegorischen Schriftdeutung und die Allegorie in deutschen Texten besonders des 11. und 12. Jahrhunderts*. Bern; München 1982 [Biblioteca Germanica, 24].

Gadamer, Hans-Georg: *Wahrheit und Methode. Grundzüge einer philosophischen Hermeneutik*. Tübingen [6]1990.

Gavrjušin, N.K.: Drevnerusskij traktat "O čelovečestem estestve". In: R.A. Simonov (Hg.): *Estestvennonaučnye predstavlenija Drevnej Rusi*. Moskva 1988, 220–227 .

Geimer, Peter (Hg.): *Ordnungen der Sichtbarkeit*. Frankfurt/M. 2002.

Genette, Gérard: *Figures I*. Paris 1966.

Gerchow, Jan (Hg.): *Ebenbilder. Kopien von Körpern – Modelle des Menschen*. Ostfildern 2002.

Gewehr, Wolf: Der Topos ‚Augen des Herzens' – Versuch einer Deutung durch die scholastische Erkenntnistheorie. In: *DVjs* 46/1972, 348–378.

Giesecke, Michael: *Der Buchdruck in der frühen Neuzeit. Eine historische Fallstudie über die Durchsetzung neuer Informations- und Kommunikationstechnologien*. Frankfurt/M. 1998.

Göttert, Karl-Heinz: *Geschichte der Stimme*. München 1998.

Golubev, I.F.: Vstreča Simeona Polockogo, Epifanija Slavineckogo i Paisija Ligorida s Nikolaem Spafariem i ich beseda. In: *TODRL* 26/1971, 294–301.

Goody, Jack / Watt, Ian (Hg.): *Entstehung und Folgen der Schriftkultur*. Frankfurt/M. 1986.

Gombrich, Ernst: ‚Icones symbolicae'. The Visual Image in Neo-Platonic Thought. In: *Journal of the Warburg and Courtauld Institutes*, vol. VIII (1945), 7–60 [vol. 11, 1948, 163–192].

Ders.: *Kunst und Illusion. Eine Studie über die Psychologie von Abbild und Wirklichkeit in der Kunst*. Stuttgart [5]1978.

Goodman, Nelson: *Sprachen der Kunst. Ein Ansatz zu einer Symboltheorie*. Frankfurt/M. 1973.

Ders.: *Weisen der Welterzeugung*. Frankfurt/M. 1984.

Grabes, Herbert: *Speculum, Mirror und Looking-Glas. Kontinuität und Originalität der Spiegelmetapher in Buchtiteln des Mittelalters und der englischen Literatur des 13. bis 17. Jahrhunderts.* Tübingen 1973.

Gross, Sabine: Lesen – Körper – Text. In: Eva Kimminich / Claudia Krülls-Hepermann (Hgg.): *Zunge und Zeichen.* Frankfurt/M. u.a. 2000, 151–186.

Gumbrecht, Hans U.: The Body vs. The Printing Press Media in the Early Modern Period, Mentalities in the Reign of Castile and Another History of Literary Form. In: *Sociocriticism* 1/1985, 179–205.

Ders.: Beginn von 'Literatur' / Abschied vom Körper? In: Gisela Smolka-Koerdt et al. (Hgg.): *Der Ursprung von Literatur. Medien, Rollen, Kommunikationssituationen zwischen 1450 und 1650.* München 1988, 15–50.

Hans-Ulrich Gumbrecht / Karl Ludwig Pfeiffer (Hgg.): *Materialität der Kommunikation.* Frankfurt/M. 1988.

Gurjewitsch, Aaron: *Das Weltbild des mittelalterlichen Menschen.* München 1980.

Gurevič, A.Ja.: Zapadnoevropejskie videnija potustoronnego mira i ‚realizm' Srednich vekov. In: *Trudy po znakovym sistemam.* Bd. 8. Tartu 1977, 3–27.

Guseva, A.A.: Buchdruck. In: *1000 Jahre russische Kunst.* Moskau – Schleswig – Wiesbaden 1988/89, 429–433.

Dies.: Oformlenie izdanij Simeona Polockogo v Verchnej tipografii (1679–1683 gg.). In: *TODRL* 38/1984, 457–475.

Hamacher, Werner: Unlesbarkeit. In: Paul de Man: *Allegorien des Lesens.* Frankfurt/M. 1988, 7–26.

Harms, W. / Freytag, H. (Hgg.): *Außerliterarische Wirkung barocker Emblembücher.* München 1975.

Haug, Walter (Hg.): *Formen und Funktionen der Allegorie.* Stuttgart 1979.

Hauptmann, P.: Das russische Altgläubigentum und die Ikonenmalerei. In: *Beiträge zur Kunst des christlichen Ostens. Erste Studiensammlung.* Recklinghausen 1965, 5–36.

Havelock, A.: *The Muse learns to write. Reflections on Orality and Literacy from Antiquity to the Present.* New Haven; London 1986.

Haverkamp, Anselm / Menke, Bettine: Allegorie. In: Karlheinz Barck (Hg.): *Historisches Wörterbuch ästhetischer Grundbegriffe in sieben Bänden.* Bd. 1. Stuttgart 2000, 49–104.

Hébert, Maurice: *Hesychasm, Word-weaving, and Slavic Hagiography.* München 1992.

Henkel, Arthur / Schöne, Albrecht (Hgg.): *Emblemata. Handbuch zur Sinnbildkunst des XVI. und XVII. Jahrhunderts.* Stuttgart 1996 [Neuauflage].

Hillach, Ansgar: Allegorie, Bildraum, Montage. Versuch einen Begriff avantgardistischer Montage aus Benjamins Schriften zu begründen. In: Martin Lüdke (Hg.): *Theorie der Avantgarde. Antworten auf P. Bürgers: Bestimmung von Kunst und bürgerlicher Gesellschaft.* Frankfurt/M. 1976, 105–142.

Hippisley, Anthony: Cryptography in Simeon Polockij's Poetry. In: *Russian Literature*, 5/1977, 389–402.

Ders.: The Emblem in the Writings of Simeon Polockij. In: *SEEJ* 15/1971, 167–183.

Hirt, Günter / Wonders, Sascha (Hgg.): *Präprintium. Moskauer Bücher aus dem Samizdat*. Ausstellungskatalog. Bremen 1998.

Hocke, Gustav René: *Manierismus*. Bd.1: Die Welt als Labyrinth. Manier und Manie in der europäischen Kunst. Hamburg 1957. Bd. 2: Manierismus in der Literatur. Sprach-Alchemie und esoterische Kombinationskunst. Hamburg 1959.

Holl, K.: *Gesammelte Aufsätze zur Kirchengeschichte*. o.O. 1928.

Horn, Eva: „Ehren-Zeichen" und „zärtlicher Euphemismus". Allegorien des Todes. In: dies. (Hg.): *Allegorie. Konfigurationen von Text, Bild und Lektüre*. Opladen 1998, 133–147.

Huizing, Klaas: Die Lust des Lesers bei der Wiedergeburt, oder: Welchen Genuss bieten biblische Texte. In: Klaus Maiwald / Peter Rosner (Hgg.): *Lust am Lesen*. Bielefeld 2001, 35–54.

Husserl, Edmund: *Phantasie, Bildbewußtsein, Erinnerung*. Gesammelte Werke XXIII. Hg. v. E. Marbach. Den Haag 1980.

Illich, Ivan: *Im Weinberg des Textes. Als das Schriftbild der Moderne entstand*. Frankfurt/M. 1991.

Irigaray, Luce: *Speculum. Spiegel des Geschlechts*. Frankfurt/M. 1980.

Iser, Wolfgang: *Das Fiktive und das Imaginäre. Perspektiven literarischer Anthropologie*. Frankfurt/M. 1993.

Ders.: *Der Akt des Lesens. Theorie ästhetischer Wirkung*. München ^{4}1994.

Jakobi-Mirwald, Christine: *Text – Buchstabe – Bild. Studien zur historisierten Initiale im 8. und 9. Jahrhundert*. Berlin 1998.

Jampol'skij, Michail: *Demon i labirint. Diagrammy, deformacii, mimesis*. Moskva 1997.

Ders.: „Ja ne uvižu znamenitoj Fedry". Zametki o reprezentacii smerti v baročnoj tragedii. In: *NLO* 44/2000, 5–42.

Ders.: *Nabljudatel'. Očerki istorii videnija*. Moskva 2000.

Ders.: *O blizkom*. Moskva 2001.

Jauss, Hans Robert: *Alterität und Modernität der mittelalterlichen Literatur*. München 1977.

Jay, Martin: Die skopischen Ordnungen der Moderne. In: *Leviathan* 20/1992, 178–195.

Kamper, Dietmar: *Eine Geschichte der Einbildungskraft*. Frankfurt/M. 1982.

Kamper, Dietmar / Wulf, Christoph: *Die Wiederkehr des Körpers*. Frankfurt/M. 1976.

Kelber, Werner H.: Die Fleischwerdung des Wortes in der Körperlichkeit des Textes. In: H.-U. Gumbrecht / K.L. Pfeiffer (Hgg.): *Materialität der Kommunikation*. Frankfurt/M. 1988, 31–42.

Keller, Hildegard: *Wort und Fleisch. Körperallegorien, mystische Spiritualität und Dichtung des St. Trudperter Hoheliedes im Horizont der Inkarnation*. Bern; Berlin; Frankfurt/M. 1993.

Kelly, Catriona: Territories of the Eye: The Russian Peep Show (Raek) and Pre-Revolutionary Visual Culture. In: *Journal of Popular Culture*, vol. 31. Spring 1998, 49–74.

Kern, Hermann: *Labyrinthe. Erscheinungsformen und Deutungen. 5000 Jahre Gegenwart eines Urbilds*. München 1982.

Kilb, Andreas: Die allegorische Phantasie. Zur Ästhetik der Postmoderne. In: Christa und Peter Bürger (Hgg.): *Postmoderne: Alltag, Allegorie und Avantgarde*. Frankfurt/M. 1987, 84–113.

Kirschbaum, E., Braunfels, W. (Hgg.): *Lexikon der christlichen Ikonographie*. Rom; Freiburg; Basel; Wien 1968.

Kiselev, N.P.: O moskovskom knigopečatanii XVII veka. In: *Kniga*, t.2. Moskva 1960.

Kittler, Friedrich: *Aufschreibesysteme. 1800 – 1900*. München ³1995.

Ders.: Buchstaben – Zahlen – Codes. In: Horst Wenzel / Wilfried Seipel / Gotthardt Wunberg (Hgg.): *Audiovisualität vor und nach Gutenberg. Zur Kulturgeschichte der medialen Umbrüche*. Wien 2001, 43–49.

Knižnye centry Drevnej Rusi. XVII v. Raznye aspekty issledovanija. Pod red. R.N. Dmitrieva i D. Lichačeva. St. Peterburg 1994.

Koch, Hugo: *Die altchristliche Bilderfrage nach den literarischen Quellen*. Göttingen 1917

Koep, Leo: *Das himmlische Buch in Antike und Christentum. Eine religionsgeschichtliche Untersuchung zur altchristlichen Bildersprache*. Bonn 1952.

Köpf, Ulrich: Religiöse Erfahrung in der Theologie Bernhards von Clairvaux. In: *Beiträge zur Historischen Theologie* 61/1980.

Kofman, Sarah: *Camera obscura de l'idéologie*. Paris 1973.

Konersmann, Ralf: *Lebendige Spiegel. Die Metapher des Subjekts*. Frankfurt/M. 1991.

Koschmal, Walter: *Der russische Volksbilderbogen. Von der Religion zum Theater*. München 1989.

Koschorke, Albrecht: Das buchstabierte Panorama. Zu einer Passage in Stifters Erzählung Granit. In: *Adalbert-Stifter-Institut des Landes Oberösterreich, Vierteljahrsschrift* 38/1989, 3–15.

Košenina, Alexander: *Anthropologie und Schauspielkunst. Studien zur „eloquentia corporis" im 18. Jahrhundert*. Tübingen 1995.

Kostjuchina, L.M.: Iz istorii rukopisnogo dela Rossii XVII veka. In: *Archeografičeskij ežegodnik* za 1964 god (1965), 56–76.

Kovtun, L.: Azbukovniki sredi drugich tekstov drevnej leksikografii i problemy ich izučenija. In: *TODRL* 36/1981, 3–12.

Dies.: *Azbukovniki XVI-XVII vv. (Staršaja raznovidnost')*. Leningrad 1989.

Dies.: *Leksikografija v Moskovskoj Rusi XVI-nač. XVII v*. Leningrad 1975.

Krämer, Sybille: Sprache – Stimme – Schrift. Sieben Thesen über Performativität als Medialität. In: Erika Fischer-Lichte / Doris Kolesch (Hgg.): *Kulturen des Performativen* [= Paragrana 7,1]. Berlin 1998, 33–57.

Dies.: Zentralperspektive, Kalkül, Virtuelle Realität. Sieben Thesen über Weltbildimplikationen symbolischer Formen. In: Gianni Vattimo / Wolfgang Welsch (Hgg.): *Medien-Welten Wirklichkeiten*. München 1998, 27–38.

Kukuškina, M.V. (Hg.): *Rukopisnaja i pečatnaja kniga v Rossii*. Leningrad 1988.

Kušaev, N.A.: *Chronika kul'tury 1600–1970*. Moskva 1993.

Lacan, Jacques: Das Spiegelstadium als Bildner der Ichfunktion wie sie uns in der psychoanalytischen Erfahrung erscheint. In: ders.: *Schriften 1*. Berlin 1986, 61–70.

Lachmann, Renate: Barockrhetoriker in Rußland und ihre Kritiker: Simeon Polockij, Lomonosov und Sumarokov. In: dies.: *Die Zerstörung der schönen Rede. Rhetorische Tradition und Konzepte des Poetischen*. München 1994, 148–172.

Dies.: Die Problematisierung der Rhetorik: Kanon und Gegenkanon in der russischen Kultur des 17. Jahrhunderts. In: dies.: *Die Zerstörung der schönen Rede. Rhetorische Tradition und Konzepte des Poetischen*. München 1994, 21–50.

Dies.: Die Tradition des *ostroumie* und das *acumen* bei Simeon Polockij. In: D. Tschiżewskij (Hg.): *Slavische Barockliteratur I*. München 1970, 41–72.

Dies.: Einleitende Untersuchung. In: *Feofan Prokopovič: De arte rhetorica libri X Kijoviae 1706*. Hg. v. R. Lachmann. Köln; Wien 1982, XIII-XCVII.

Dies.: *Gedächtnis und Literatur. Intertextualität in der russischen Moderne*. Frankfurt/M. 1990.

dies.: Phantasia, imaginatio und rhetorische Tradition. In: Kopperschmidt, Josef (Hg.). *Rhetorische Anthropologie. Studien zum Homo rhetoricus*. München 2000, 245–270.

Dies.: Polnische Barockrhetorik: Die problematische Ähnlichkeit und Maciej Sarbiewskis Traktat *De acuto et arguto* (1619/1623) im Kontext concettistischer Theorien. In: dies.: *Die Zerstörung der schönen Rede. Rhetorische Tradition und Konzepte des Poetischen*. München 1994, 101–134.

Dies.: Rhetorik und kultureller Kontext. In: H. F. Plett (Hg.): *Rhetorik*. München 1977, 167–186.

Dies.: Rhetorik und Kulturmodell. In: *Slavistische Studien zum VIII. Internationalen Slavistenkongreß in Zagreb*. Köln; Wien 1978, 279–298.

Dies. (Hg.): *Slavische Barockliteratur II. Gedenkschrift für Dmitrij Tschiżewskij (1894–1977)*. München 1983.

Dies.: Vorbarocke Rhetorik in Rußland: Das ‚Makarij'-Handbuch. In: dies.: *Die Zerstörung der schönen Rede. Rhetorische Tradition und Konzepte des Poetischen*. München 1994, 51–100.

Ladner, Gerhard B.: Der Bilderstreit und die Kunstlehren der byzantinischen und abendländischen Theologie. In: *Zeitschrift für Kirchengeschichte* 50/1931, 1–23.

le Goff, Jacques: *L'imaginaire médieval*. Paris 1985.

Ders.: *Phantasie und Realität des Mittelalters*. Stuttgart 1990.

Lebedeva, I.N.: K istorii izdanija Simeonom Polockim „Povesti o Varlaame i Ioasafe". In: M.V. Kukuškina (Hg.): *Rukopisnaja i pečatnaja kniga v Rossii*. Leningrad 1988, 50–65.

Leinkauf, Thomas: *Mundus combinatus. Studien zur Struktur der barocken Universalwissenschaft am Beispiel Athanasius Kirchers SJ (1602–1690)*. Berlin 1993.

Lepachin, Valerij: *Ikona v russkoj chudožestvennoj literatury. Ikona i ikonopočitanie, ikonopis' i ikonopiscy*. Moskva 2002.

Leroi-Gourhan, André: *Hand und Wort. Die Evolution von Technik, Sprache und Kunst*. Frankfurt/M. 1988.

Les miniatures russes du XIe au XVe siècle. Hg. v. Olga Popova. Leningrad 1975.

Lichačev, D.S.: *Istoričeskaja poètika drevnerusskoj literatury*. St. Peterburg 1997.

Ders. (Hg.): *Slovar' knižnikov i knižnosti drevnej Rusi*. Vyp. 3 (XVII v.). Čast' 1. St. Peterburg 1992. Čast' 2. St. Peterburg 1993. Čast' 3. St. Peterburg 1998.

Ders. / Pančenko, A. M.: *‚Smechovoj mir' drevnej Rusi*. Leningrad 1976.

Lindbergh, David C.: *Auge und Licht im Mittelalter. Die Entwicklung der Optik von Alkindi bis Kepler*. Frankfurt/M. 1987.

Ders.: *A Catalogue of Medieval and Renaissance Optical Manuscripts*. Toronto 1976 [The Pontifical Institute of Medieval Studie Subsidia Mediaevalia IV].

Lippe, Rudolf zur: *Naturbeherrschung am Menschen*. Bd. 2. Frankfurt/M. 1974.

Ljustrov, M.Ju.: Drevnerusskie ‚divy' v literature petrovskogo vremeni. In: *Germenevtika drevnerusskoj literatury*. Sbornik 10. Moskva 2000, 551–562.

Lobsien, Eckhard: Bildlichkeit, Imagination, Wissen: Zur Phänomenologie der Vorstellungsbildung in literarischen Texten. In: V. Bohn (Hg.): *Bildlichkeit. Internationale Beiträge zur Poetik*. Frankfurt/M. 1990, 89–114.

Loenhoff, Jens: Körper, Sinne, Schrift: Kommunikationstheoretische Anmerkungen zum Verhältnis von Körper und Schrift. In: Günter Krause (Hg.): *Literatur und Körperlichkeit / Littéralité et corporalité*. Tübingen 1997, 275–288.

Lotman, Jurij M.: Die künstlerische Natur der russischen Volksbilderbögen. In: Wolfgang Till (Hg.): *Lubok. Der russische Volksbilderbogen*. München 1985, 21–34.

Ders. / Uspenskij, B.A.: O semiotičeskom mechanizme kul'tury. In: *Trudy po znakovym sistemam*. Bd. 5. Tartu 1971, 144–166.

Dies.: Otzvuki koncepcii ‚Moskva – tretij Rim' v ideologii Petra Pervogo. K probleme srednevekovoj tradicii v kul'ture barokko. In: Boris Uspenskij: *Izbrannye trudy*. Moskva 1996, 124–141.

Luhmann, Niklas: *Die Gesellschaft der Gesellschaft*. 2 Bde. Frankfurt/M. 1998.

Majkov, L. N.: *Simeon Polockij o russkom ikonopisanii*. St. Peterburg 1889.

Mančeva, L.N.: O grafičeskoj semantike stichotvorenij Simeona Polockogo. In: *TODRL* 42/1989, 363–368.

Marker, Gary: Literacy and Literacy Texts in Muscovy. In: *Slavic Review* 49, no. 1 (Spring 1990), 74–89.

Martynov, I.F. / Kukuškina, E.D.: Zabytie teksty russkoj sillabičeskoj poėzii XVII v. In: *Pamjatniki kul'tury. Novye otkrytija. Ežegodnik 1975*. Moskva 1976.

Mattl, Siegfried: Sichtbares und Unsichtbares. Konzepte zum Sehsinn. In: Elisabeth Vavra (Hg.): *Bild und Abbild vom Menschen im Mittelalter*. Klagenfurt 1999, 31–45.

Mazin, Viktor: *Kabinet nekrorealizma: Jufit i*. St. Peterburg 1998.

McLuhan, Marshall: Das gedruckte Wort. Baumeister des Nationalismus. In: ders.: *Die magischen Kanäle. Understanding Media*. Dresden ^{2}1995, 261–274.

Ders.: Das geschriebene Wort. Ein Auge für ein Ohr. In: ders.: *Die magischen Kanäle. Understanding Media*. Dresden ^{2}1995, 129–140.

Ders.: *Die Gutenberg-Galaxis. Das Ende des Buchzeitalters*. Düsseldorf 1968.

Medved'ev, Ju.: Meždu čudes i čudovišč... In: *Biblioteka russkoj fantastiki v 20–i tt.*, t. 2. Zvezdočtec. Russkaja fantastika XVII veka. Moskva 1990.

Meier, Christel: Überlegungen zum gegenwärtigen Stand der Allegorieforschung. In: *Frühmittelalterliche Studien* 10/1976, 1–69.

Dies. / Ruberg, Uwe (Hgg.): *Text und Bild. Aspekte des Zusammenwirkens zweier Künste in Mittelalter und Früher Neuzeit*. Wiesbaden 1980.

Mendeleeva, D.S.: Motiv ‚telesnoj tolstoty' v tvorčestve protopopa Avvakuma. In: *Germenevtika drevnerusskoj literatury*. Sbornik 10. Moskva 2000, 475–481.

Menke, Bettine: Aufgezeichnete Bewegung: Bild und Klangfigur. In: I. Arns / M. Goller / S. Strätling / G. Witte (Hgg.): *Kinetografien*. Bielefeld 2004, 159–178.

Dies.: Dekonstruktion. Lesen, Schrift, Figur, Performanz. In: M. Pechlivanos et al. (Hgg.): *Einführung in die Literaturwissenschaft*. Stuttgart; Weimar 1995, 116–137.

Dies.: De Mans ‚Prosopopöie' der Lektüre. Die Entleerung des Monuments. In: Karl Heinz Bohrer (Hg.): *Ästhetik und Rhetorik. Lektüren zu Paul de Man*. Frankfurt/M. 1993, 34–78.

Dies.: Prosopopoiia. Die Stimme des Textes – die Figur des ‚sprechenden Gesichts'. In: Gerhard Neumann (Hg.): *Poststrukturalismus. Herausforderung an die Literaturwissenschaft*. Stuttgart; Weimar 1997, 226–251.

Dies.: *Prosopopoiia. Stimme und Text bei Brentano, Hoffmann, Kleist und Kafka*. München 2000.

Dies.: *Sprachfiguren. Name – Allegorie – Bild nach Walter Benjamin*. München 1991.

Menke, Christoph: „Unglückliches Bewußtsein". Literatur und Kritik bei Paul de Man. In: Paul de Man: *Die Ideologie des Ästhetischen*. Frankfurt/M. 1993, 265–299.

Michel, Paul: *Alieniloquium. Elemente einer Grammatik der Bildrede*. Bern u.a. 1987.

mon, franz: zur poesie der fläche. In: *konkrete poesie*. stuttgart 1972.

Morgner, Ulrike: *„Das Wort aber ist Fleisch geworden". Allegorie und Allegoriekritik im 18. Jahrhundert am Beispiel von K. Ph. Moritz 'Andreas Hartknopf'. Eine Allegorie*. Würzburg 2002 [Epistemata, Reihe Literaturwissenschaft; 388].

Morozov, A.A. / Sofronova, L.A.: Ėmblematika i ee mesto v iskusstve barokko. In: *Slavjanskoe barokko. Istoriko-kul'turnye problemy ėpochi*. Moskva 1979, 13–38.

Morozov, P.O.: *Istorija russkogo teatra do poloviny XVIII stoletija*. St. Peterburg 1889.

Moser, Walter: Barock. In: Karlheinz Barck (Hg.): *Historisches Wörterbuch ästhetischer Grundbegriffe in sieben Bänden*. Bd. 1. Stuttgart 2000, 578–618.

Müller, Jan-Dirk (Hg.): *‚Aufführung' und ‚Schrift' in Mittelalter und früher Neuzeit*. Stuttgart 1996.

Ders.: Der Körper des Buchs. Zum Medienwechsel zwischen Handschrift und Druck. In. H.-U. Gumbrecht / K.L. Pfeiffer (Hgg.): *Materialität der Kommunikation*. Frankfurt/M. 1988, 203–217.

Ders.: Ritual, pararituelle Handlungen, geistliches Spiel. Zum Verhältnis von Schrift und Performanz. In: Horst Wenzel / Wilfried Seipel / Gotthart Wunberg (Hgg.): *Audiovisualität vor und nach Gutenberg. Zur Kulturgeschichte der medialen Umbrüche*. Wien 2001, 63–71.

Murašov, Jurij: *Jenseits der Mimesis. Russische Literaturtheorie im 18. und 19. Jahrhundert von M.V. Lomonosov bis V.G. Belinskij*. München 1993.

Nordenfalk, Carl: *Studies in the History of Book Illumination*. London 1992.

Onasch, Konrad: *Die Ikonenmalerei. Grundzüge einer systematischen Darstellung*. Leipzig 1968.

Ong, Walter: *Oralität und Literalität. Die Technologisierung des Wortes*. Opladen 1987.
Ot azbuki Ivana Fedorova do sovremennogo bukvarja. Moskva 1974.
Ouspensky, L. / Lossky, W.: *Der Sinn der Ikonen*. Bern 1952.
Ovčinnikova, E.: Iosif Vladimirov. Traktat ob iskusstve. In: *Drevnerusskoe iskusstvo. XVII vek*. Moskva/Leningrad 1964, 1–61.
Pančenko, A.M.: Pridvornye virši 80–ch godov XVII stoletija. In: *TODRL* 21/1965, 65–73.
Ders.: *Russkaja literatura na rubeže dvuch ėpoch (XVII – nač. XVIIIvv.)*. Moskva 1971.
Ders.: *Russkaja sillabičeskaja poėzija XVII-XVIII vv*. Leningrad 1970.
Ders.: *Russkaja stichotvornaja kul'tura XVII veka*. Moskau 1973.
Panofsky, Erwin: *Die Perspektive als ‚symbolische Form'*. Berlin 1998.
Penckert, Sybille (Hg.): *Emblem und Emblematikrezeption*. Darmstadt 1978.
Pfeiffer, Karl Ludwig: *Das Mediale und das Imaginäre. Dimensionen kulturanthropologischer Medientheorie*. Frankfurt/M. 1999.
Pigler, Andor: *Barockthemen. Eine Auswahl von Verzeichnissen zur Ikonographie des 17. und 18. Jahrhunderts*. 3 Bde. Budapest 1974.
Pigin, A.V.: Videnie potustoronnego mira v rukopisnoj tradicii XVIII-XX vv. In: *TODRL* 50/1997, 551–557.
Ders. / E.M. Juchimenko: K istorii žanra videnij v vygovskoj literaturnoj škole („Videnie nekoej staruchi"). In: *Vygovskaja pomorskaja pustyn' i ee značenie v istorii Rossii*. Petrozavodsk 1995, 37–49.
Poljanskij, S.M. / Barankova, G.S. / Mil'kov, V.V.: Drevnerusskaja mysl i Šestodnev Ioanna ekzarcha Bolgarskogo. In: G.S. Barankova / V.V. Mil'kov (Hgg.): *Šestodnev Ioanna ekzarcha Bolgarskogo*. St. Peterburg 2001, 181–278.
Ponyrko, N.V.: Ėstetičeskie pozicii pisatelej vygovskoj literaturnoj školy. In: R.N. Dmitriev i D. Lichačev (Hgg.): *Knižnye centry Drevnej Rusi, XVII v. Raznye aspekty issledovanija*. St. Peterburg 1994, 104–112.
Dies.: Učebniki ritoriki na Vygu. In: *TODRL* 36/1981, 154–162.
Praškovič, N.I.: Iz rannich deklamacii Simeona Polockogo («Metry» i «Dialog kratkij»). In: *TODRL* 21/1965, 29–38.
Rabbow, Paul: *Seelenführung. Methodik der Exerzitien in der Antike*. München 1954.
Rajnov, G.: *Nauka v Rossii XI – XVII vekov. Očerki istorii do naučnych i estestvenno-naučnych vozzrenij na prirodu*. Moskva 1940.
Rezanov, V.I.: *Iz istorii russkoj dramy. Škol'nye dejstva XVII-XVIII vv. i teatr iezuitov*. Moskva 1910.
Ders.: *Pamjatniki russkoj dramatičeskoj literatury*. Nežin 1907.
Ricœur, Paul: *Hermeneutik und Strukturalismus*. München 1973.
Rieger, Stefan: *Die Individualität der Medien. Eine Geschichte der Wissenschaft vom Menschen*. Frankfurt/M. 2001.
Ders.: *Speichern / Merken. Die künstlichen Intelligenzen des Barock*. München 1997.
Ders.: Medienwissenschaft der Literatur – Literaturwissenschaft der Medien. In: Miltos Pechlivanos et al. (Hgg.): *Einführung in die Literaturwissenschaft*. Stuttgart; Weimar 1995, 402–411.

Rittelmeyer, Christian / Wirsin, Erhard: *Bild und Bildung. Ikonologische Interpretationen vormoderner Dokumente von Erziehung und Bildung*. Wiesbaden 1991.

Robinson, A. N.: *Bor'ba idej v russkoj literature XVII veka*. Moskva 1974.

Ders.: *Razvitie Barokko i zaroždenie klassicizma v Rossii XVII – načala XVIII v*. Moskva 1989.

Rogov, A.I.: Knigopečatanie. In: *Očerki russkoj kul'tury XVII veka*. Č. II. Moskva 1979, 155–169.

Ders.: Vozniknovenie in razvitie knigopečatanija. In: *Očerki russkoj kul'tury XVI veka*. Č. II. Moskva 1979, 262–278.

Rommel, Bettina: Psychophysiologie der Buchstaben. In: H.-U. Gumbrecht / K.L. Pfeiffer (Hgg.): *Materialität der Kommunikation*. Frankfurt/M. 1988, 310–325.

Rosenmeyer, Th.G.: Fantasia und Einbildungskraft. Zur Vorgeschichte eines Zeitbegriffs in der eruopäischen Ästhetik. In: *Poetica* 18 (1986), 197–248.

Rorty, Richard: *Der Spiegel der Natur. Eine Kritik der Philosophie*. Frankfurt/M. ^{4}1997.

Rosenmeyer, Thomas: Fantasia und Einbildungskraft. Zur Vorgeschichte eines Leitbegriffs der europäischen Ästhetik. In: *Poetica* 18 (1986), H. 3–4, 197–248.

Rovinskij, D.: *Materialy dlja russkoj ikonografii*. St. Peterburg 1890.

Ders.: *Podrobnyj slovar' russkich graverov XVI-XIX vv. v dvuch tt*. St. Peterburg 1895.

Rozov, N.N.: O kul'turno-istoričeskom značenii rukopisnoj knigi posle vvedenija knigopečatanija v Rossii. In: *Russkie knigi i biblioteki v XVI – pervoj polovine XIX veka*. Leningrad 1983, 13–22.

Ruh, Kurt: Die Augen der Liebe bei St. Thierry. In: *Theologische Zeitschrift* 45/1989, 103–114.

Russkie knigi i biblioteki v XVI – pervoj polovine XIX veka. Leningrad 1983.

Saltykov, A. A.: Ėstetičeskie vzgljady Iosifa Vladimirova (po „Poslaniju k Simony Ušakovu"). In: *TODRL* 27/1974, 271–288.

Sarafanova-Demkova, N.S.: Ioann Ėkzarch Bolgarskij v sočinenijach Avvakuma. In: *TODRL* 19/1963, 367–372.

Sartre, Jean-Paul: *Das Imaginäre. Phänomenologische Psychologie der Einbildungskraft*. Reinbek b. Hamburg 1971.

Sazonova, L.I.: Ėmblematičeskaja ėpitalama Kariona Istomina „Kniga ljubvi znak v česten brak". In: *Karion Istomin: Kniga ljubvi znak v česten brak*. Stat'ja, translit. tekst, archeograf. komm. i slovar' L.I. Sazonovoj. Moskva 1989, 65–92.

Dies.: Imja v ritorike i poėzii XVII veka u vostočnych slavjan. In: *Slavjanovedenie* 1/2002, 4–22.

Dies.: Karion Istomin – pevec mudrosti. In: *Karion Istomin: Kniga ljubvi znak v česten brak*. Stat'ja, translit. tekst, archeograf. komm. i slovar' L.I. Sazonovoj. Moskva 1989, 43–64.

Dies.: *Poėzija russkogo barokko*. Moskva 1991.

Dies.: Teatral'naja programma XVII veka. 'Aleksej čelovek božij'. In: *Pamjatniki kul'tury. Novye otkrytija. Ežegodnik 1978*. Leningrad 1979, 131–149 [mit Textedition].

Schade, Sigrid / Wagner, Monika / Weigel, Sigrid: Allegorien und Geschlechterdifferenz. Zur Einführung. In: dies. (Hgg.): *Allegorien und Geschlechterdifferenz*. Köln; Weimar; Wien 1994, 1–7.

Scheidegger, Gabriele: *Endzeit. Rußland am Ende des 17. Jahrhunderts*. Bern 1999.

Scheller, Robert: *Model-Book Drawings and the Practice of Artistic Transmission in the Middle Ages*. Amsterdam 1995.

Schipperges, Heinrich: Historische Aspekte einer Symbolik des Leibes. In: M. Eliade / E. Jünger (Hgg.): *Antaios*. Bd. 9. Stuttgart 1968, 166–180.

Schivelbusch, Wolfgang: *Lichtblicke. Zur Geschichte der künstlichen Helligkeit im 19. Jahrhundert*. München; Wien 1983.

Schleusener-Eichholz, Gudrun: *Das Auge im Mittelalter*. München 1985 [Münstersche Mittelalter-Schriften, Bd. 35, I und II].

Schöne, Albrecht: Emblemata. Versuch einer Einführung. In: *DVjS für Literaturwissenschaft und Geistesgeschichte* 37/1963, 197–231.

Ders.: *Emblematik und Drama im Zeitalter des Barock*. München 1968.

Scholz, Oliver Robert: Bild. In: Karlheinz Barck (Hg.): *Historisches Wörterbuch ästhetischer Grundbegriffe in sieben Bänden*. Bd. 1. Stuttgart 2000, 619–669.

Schreiner, Klaus: Marienverehrung, Lesekultur, Schriftlichkeit. Bildungs- und frömmigkeitsgeschichtliche Studien zur Auslegung und Darstellung von ‚Mariä Verkündigung'. In: *Frühmittelalterliche Studien* 24/1990, 314–368.

Ders.: „…wie Maria geleicht einem puch". Beiträge zur Buchmetaphorik des hohen und späten Mittelalters. In: *Archiv für Geschichte des Buchwesens* 11/1971, 1437–1464.

Schröder, Gerhart: Anamorphosen der Rhetorik. In: ders. / Barbara Cassin / Gisela Febel / Michel Narcy (Hgg.): *Anamorphosen der Rhetorik. Die Wahrheitsspiele der Renaissance*. München 1997, 11–32.

Schütz, Heinz: Das Theater der Embleme. Wort – Bild – Ding. In: *Kunstforum* 102/1989, 49–131.

Seebohm, Th. M.: *Ratio und Charisma. Ansätze und Ausbildung eines philosophischen und wissenschaftlichen Weltverständnisses im Moskauer Rußland*. Bonn 1977.

Šemšurin, Andrej: *O gravirovannom i rukopisnych licevych bukvarjach Kariona Istomina*. Moskva 1917 [ČOIDR 1917. Kn. 1, Č. 2].

Serman, I.Z.: „Psaltyr' rifmotvornaja" Simeona Polockogo i russkaja poėzija XVIII v. In: *TODRL* 18/1962, 214–232.

Setin, F.: "Bukvari" Simeona Polockogo v rjadu drevnerusskich učebnikov XVI-XVIIvv. In: *Simeon Polockij i ego knigoizdatel'skaja dejatel'nost'*. Moskva 1982, 93–104.

Sidorov, A.A.: *Drevnerusskaja knižnaja gravjura*. Moskva 1951.

Ders.: *Istorija oformlenija russkoj knigi*. Moskva; Leningrad 1946.

Simeon Polockij i ego knigoizdatel'skaja dejatel'nost'. Moskva 1982.

Simon, Gérard: *Der Blick, das Sein und die Erscheinung in der antiken Optik. Mit einem Anhang: Die Wissenschaft vom Sehen und die Darstellung des Sichtbaren*. München 1992.

Simonov, R.A.: *Estestvennonaučnye predstavlenija Drevnej Rusi*. Moskva 1988.
Šljapkin, I.A.: *Carevna Natal'ja Alekseevna i teatr ee vremeni*. St. Peterburg 1989 [PDPI Bd. 128].
Slovar' russkogo jazyka XI-XVII vv. Moskva 1976ff.
Slovar' russkogo jazyka XVIII veka. Leningrad 1988ff.
Smirnov, S.: *Istorija Moskovskoj Slavjano-Greko-Latinskoj Akademii*. Moskva 1855.
Sobolevskij, A.I.: *Perevodnaja literatura Moskovskoj Rusi XVI-XVII vekov. Bibliografičeskie materialy*. St. Peterburg 1903.
Sofronova, L.A.: *Poėtika slavjanskogo teatra XVII – pervoj poloviny XVIII v. Pol'ša, Ukraina, Rossija*. Moskva 1981.
Dies.: Nekotorye čerty chudožestvennoj prirody pol'skogo i russkogo teatrov XVII-XVIII vv. In: *Slavjanskoe barokko. Istoriko-kul'turnye problemy ėpochi*. Moskva 1979, 171–218.
Soldat, Cornelia: *Urbild und Abbild. Untersuchungen zu Herrschaft und Weltbild in Altrussland. 11.-16. Jahrhundert*. München 2001.
Stafford, Barbara: *Body Criticism. Imaging the Unseen in Enlightenment Art and Medicine*. Cambridge/Mass.; London 1992.
Stammler, Wolfgang: *Wort und Bild. Studien zu Wechselbeziehungen zwischen Schrifttum und Bildkunst im Mittelalter.* Berlin 1962.
Starinnyj spektakl' v Rossii. Sbornik stat'ej. Leningrad 1928.
Starobinski, Jean: *Psychoanalyse und Literatur*. Frankfurt/M. 1990.
Steinkühler, Heinrich: Die Theorie der Rede in Rußland zu Beginn des 17. Jahrhunderts. Die Makarij-Rhetorik im europäischen Kontext. In: Renate Lachmann (Hg.): *Slavische Barockliteratur II*. München 1983, 153–177.
Stoichita, Victor: *Das selbstbewusste Bild. Vom Ursprung der Metamalerei*. München 1998.
Strätling, Susanne: Barocke Blicke. Blinde Ikonoklasten im Russland des 17. Jahrhunderts. In: P. Deutschmann / E. Hausbacher / W. Weitlaner (Hgg.): *Anzeiger für Slavische Philologie* (XXVIII-XXIX), Sondernummer zur 3. JFSL-Tagung. Salzburg 1999, 209–220.
Dies.: Das alphabetische Auge und die Ordnung der Schrift im Bild. In: Gernot Grube, Werner Kogge u. Sybille Krämer (Hrsg.): *Kulturtechnik Schrift: Graphé zwischen Bild und Maschine*. München 2005, 329–342.
Dies: Der Körper der schönen Rede. Eine Rhetorik der Sinne in Karion Istomins *Buch der Liebe* (*Kniga ljubvi znak v česten brak*, 1689). In: Joost van Baak und Sander Brouwer (Hgg.): *Leib, Geist und Seele in der russischen Literatur und Kultur*. WSA Sonderband 54 (2004), 41–78.
Dies.: Die Lesbarkeit der Welt als Sichtbarkeit der Schrift. Bibellektüren und Buchmetaphorik zwischen Kult und Kunst. Erscheint in: Holt Meyer und Dirk Uffelmann (Hgg.): *Religion und Rhetorik. Entwicklungen und Paradoxien ihrer unvermeidlichen Allianz*.
Dies.: Zavitki-ni-k-čemu. Initiale (und) Schriftornamentik. In: M. Goller / G. Witte (Hgg.): *Minimalismus. Zwischen Leere und Exzeß*. WSA Sonderband 51 (2001), 329–354.

Strasser, Gerhard: *Emblematik und Mnemonik der Frühen Neuzeit im Zusammenspiel: Johannes Buno und Johann Justus Winckelmann*. Wiesbaden 2000.

Sulzer, Dieter: *Traktate zur Emblematik. Studien zu einer Geschichte der Emblemtheorien*. St. Ingbert 1992.

Svirin, A.N.: *Drevnerusskaja miniatjura*. Moskva 1950.

Ders.: *Iskusstvo knigi Drevnej Rusi*. Moskva 1964.

Tarabrin, I.M.: Licevoj Bukvar' Kariona Istomina. In: *Drevnosti*. T. 25. Moskva 1916. St. XV-LIII.

Thon, Nikolaus: Ikone und Liturgie. Trier 1979.

Tichonravov, N.: *Russkie dramatičeskie proizvedenija 1672–1725*. St. Peterburg 1874.

Tschižewskj, Dmitrij: Emblematische Literatur bei den Slawen. In: *Archiv für das Studium der neueren Sprachen und Literaturen*. Bd. 201/1964, 175–184.

Ders. (Hg.): *Slavische Barockliteratur*. München 1960.

Uhlenbruch, Bernd: Die Lehre vom „vierfachen Schriftsinn“ in Rußland. In: *Bochumer Slavistische Beiträge*. Wiesbaden 1990, 253–267.

Ders.: Emblematik und Ideologie. Zu einem emblematischen Text Simeon Polockijs. In: Renate Lachmann (Hg.): *Slavische Barockliteratur II*. München 1983, 115–127.

Ders.: Rhetorica Slavica – Rhetorica Latina (Stefan Javorskijs „Ritoričeskaja Ruka). In: *Die Welt der Slaven* 29/1984, 330–352.

Ders.: *Simeon Polockijs poetische Verfahren. „Rifmologion“ und „Vertograd mnogocvetnyj“. Versuch einer strukturellen Beschreibung*. Bochum 1979.

Uspenskij, A.I.: *Carskie ikonopiscy i živopiscy XVII v*. Slovar'. Moskva 1910.

Uspenskij, B.A.: Raskol i kul'turnyj konflikt XVII veka. In: *Sbornik statej k 70-letiju prof. Ju. M. Lotmana*. Tartu 1992.

Ders.: Vosprijatie istorii v Drevnej Rusi i doktrina ‚Moskva – tretij Rim‘. In: ders.: *Izbrannye trudy*. T.1. Moskva 1996, 83–123.

Ders. / Živov, V.: Car' i Bog. Semiotičeskie aspekty sakralizacii monarcha v Rossii. In: B. Uspenskij: *Izbrannye trudy*. T. 1. Moskva 1996, 205–337.

Vavra, Elisabeth: Menschen-Bilder. Eine Einführung. In: dies. (Hg.): *Bild und Abbild vom Menschen im Mittelalter*. Klagenfurt 1999, 13–30.

Vinken, Barbara: Dekonstruktiver Feminismus. Eine Einleitung. In: dies. (Hg.): *Dekonstruktiver Feminismus. Literaturwissenschaft in Amerika*. Frankfurt/M. 1992.

Volodichin, D.M.: *Knižnost' i prosveščenie v Moskovskom gosudarstve XVII v*. Moskva 1993

Vomperskij, V.P.: *Ritorika v Rossii XVII-XVIII vv*. Moskva 1988.

Vsevolodskij-Gernegross, V.: *Russkij teatr. Ot istokov do serediny XVIII v*. Moskva 1957.

Vucinich, Alexander: *Science in Russian Culture. A History to 1860*. Stanford 1963.

Weinrich, Harald: Typen der Gedächtnismetaphorik. In: *Archiv für Begriffsgeschichte* 9/1964, 23–26.

Weitz, Michael: Die romantische Arabeske als Klartext. In: Gabriele Rippl / Susi Kotzinger (Hgg.): *Zeichen zwischen Klartext und Arabeske*. Amsterdam 1994, 263–270.

Wenzel, Horst: Die ‚fließende' Rede und der ‚gefrorene' Text. Metaphern der Medialität. In: Gerhard Neumann (Hg.): *Poststrukturalismus. Herausforderung an die Literaturwissenschaft*. Stuttgart; Weimar 1997, 481–503.

Ders. (Hg.): *Gutenberg und die neue Welt*. München 1994.

Ders.: *Hören und Sehen. Schrift und Bild. Kultur und Gedächtnis im Mittelalter*. Berlin 1995.

Ders.: *Hören und Sehen – Schrift und Bild. Zur mittelalterlichen Vorgeschichte audiovisueller Medien*. Antrittsvorlesung 4.Mai 1994. Berlin 1995 [Öffentliche Vorlesungen; 46].

Ders.: Partizipation und Mimesis. Die Lesbarkeit der Körper am Hof und in der höfischen Literatur. In: H.-U. Gumbrecht / K.L. Pfeiffer (Hgg.): *Materialität der Kommunikation*. Frankfurt/M. 1988, 178–202.

Willems, Gottfried: *Anschaulichkeit. Zu Theorie und Geschichte der Wort-Bild-Beziehungen und des literarischen Darstellungsstils*. Tübingen 1989.

Witte, Georg: *Bilder des Unsichtbaren*. Typoskript. Berlin 2000.

Ders.: Katalogkatastrophen – Das Alphabet in der russischen Literatur. In: Susi Kotzinger / Gabriele Rippl (Hgg.): *Zeichen zwischen Klartext und Arabeske*. Amsterdam 1994, 35–55.

Wölfflin, Heinrich: *Kunstgeschichtliche Grundbegriffe*. München 1915.

Wurm, Barbara: „Wachs/Persona: Abdruck & Pseudo-Organismus". Material-Anthropologie in Jurij Tynjanovs *Voskovaja persona*. In: M. Goller / S. Strätling (Hgg.): *Schriften – Dinge – Phantasmen. Literatur und Kultur der russischen Moderne I*. WSA Sonderband 56. München 2002, 318–358.

Yates, Frances: *The Art of Memory*. London 1966.

Zabelin, I.E.: *Domašnij byt russkich carej v XVI i XVII stoletijach v dvuch tt*. Moskva 2000 [Reprint der Ausgaben Bd.1 1918, Bd. 2 1915].

Žegin, L.F.: Nekotorye prostranstvennye formy v drevnerusskoj živopisi. In: *Drevnerusskoe iskusstvo. XVII vek*. Moskva 1964, 175–214.

Zeil, Wulfhild: *Der russische Volksbilderbogen in Bild und Text – ein kulturhistorisches Intermedium*. Frankfurt/M.; Berlin; New York; Paris; Wien 1996.

Zernova, A.: *Knigi kirillovskoj pečati, izdannye v Moskve v XVI – XVII vekach*. Svodnyj katalog. Moskva 1958.

Dies.: *Ornamentika knig moskovskoj pečati kirillovskogo šrifta XVII – XVIII vekov. 1667–1750*. Moskva 1963.

Žižek, Slavoj: *Liebe dein Symptom wie dich selbst. Jacques Lacan und die Medien*. Berlin 1991.

Zumthor, Paul: *Die Stimme und die Poesie in der mittelalterlichen Gesellschaft*. München 1994.

Register

Sachregister

Autorenregister

Werkregister